58281 C€ 10,-

Oscar grandi classici

RACCONTI ITALIANI DELL'OTTOCENTO

Introduzione di Carla Riccardi

A cura di Mara Santi

OSCAR MONDADORI

© 2005 Arnoldo Mondadori Editore S.p.A., Milano

I edizione Oscar grandi classici giugno 2005

ISBN 88-04-54627-1

Questo volume è stato stampato
presso Mondadori Printing S.p.A.
Stabilimento NSM - Cles (TN)
Stampato in Italia. Printed in Italy

www.librimondadori.it

Introduzione
di Carla Riccardi

La novella dell'Ottocento: rinascita di un genere

Perché la novella rinasce nell'Ottocento in Italia, dopo secoli di oblio proprio nell'ambito di una letteratura che aveva prodotto il *Decameron*, paradigma della novella europea e repertorio di temi e di intrecci variamente ripresi e sfruttati, è domanda che sembra avere ormai una risposta definitiva. La novella è consustanziale al romanzo, quando c'è questo, c'è anche la novella: e il romanzo italiano e moderno nasce verso gli estremi anni Venti del diciannovesimo secolo, e nasce storico. Il romanzo e la novella hanno bisogno di pubblico che acquisti e legga, che sia conquistato; e se il romanzo è un grande affresco, un testo esteso, che richiede applicazione e concentrazione, la novella è invece un meccanismo dinamico e veloce, focalizza un fatto, un personaggio, un segmento della realtà colto nel momento di crisi e nella sua soluzione, è immediatamente fruibile e, perciò, occuperà presto le appendici di giornali e riviste. Ambedue rappresentano la realtà, si spingono nel fantastico, si impegnano sul piano politico e sociale, riflettono il mondo contemporaneo o interpretano epoche passate, indagano, insomma, la complessità. La letteratura italiana nel diciannovesimo secolo è ormai definitivamente uscita dal mondo delle corti, il pubblico è quindi cambiato, è un pubblico non solo aristocratico, ma borghese, conquistato dal romanzo storico, quello manzoniano e non, dalle traduzioni dei romanzi stranieri, francesi prima e poi inglesi e russi, una conquista testimoniata dal proliferare delle collane di editori, soprattutto milanesi, che le diffondono.

Influiscono sul successo della forma narrativa lunga e

sulla vera e propria esplosione di quella breve nella seconda metà del secolo gli avvenimenti storici clamorosi con il cambiamento dell'assetto politico dell'Italia, soprattutto per l'annessione di regioni rimaste in certo modo fuori dall'evoluzione intellettuale e letteraria prodottasi da metà Settecento in poi in particolare al Nord, per i problemi che ciò comporta e la curiosità che suscitano luoghi e modi di vita diversi, per i contrasti città-campagna emersi nella prima industrializzazione del paese, per i nuovi modi di vita di una borghesia in fermento, per l'emancipazione delle classi povere, per la questione meridionale, per la partecipazione più intensa delle donne alla vita civile e politica del paese. La prosa narrativa diventa un modo per conoscere e conoscersi, confrontarsi non solo tra realtà molto variegate, ma anche per indagare i sentimenti, il profondo, per fare analisi psicologica, cercando il rapporto di causalità, come i veristi, o addentrandosi nelle zone più buie della coscienza, nei misteri e nelle paure inconsce secondo le linee tracciate dal realismo e dal *noir* europeo.

Contestualmente all'affermazione della prosa narrativa moderna si tentano le prime teorizzazioni. Non vogliamo restringere in poco spazio una rassegna di teoria della prosa, ma accennarne solo alcune tappe fondamentali che forniscano al lettore altrettante piste per l'approfondimento del problema.

Le prime definizioni moderne della specificità della novella sono quelle degli scrittori tedeschi dei secoli diciottesimo e diciannovesimo, e mettono in evidenza aspetti tipici e riscontrabili nei testi novellistici più diversi, oltre alla incontestabile *brevitas*. «Avvenimento senza precedenti» la giudica Goethe, richiamando l'idea di novità insita nel nome e sintetizzando le opinioni di altri critici come August e Friedrich Schlegel, Ludwig Tieck, Paul von Heyse: le novelle trattano avvenimenti eccezionali che si verificano fuori dalle regole borghesi, storie fuori della storia, casi sorprendenti che realizzano i loro effetti tramite il punto di svolta (la *pointe*) dell'intreccio, come nella nuova condiscendenza della donna amata da Nastagio degli Onesti dopo la visione della pena infernale di colei che ha rifiutato l'amore o nel lieto fine amoroso della famosa novella boccacciana di Federigo degli Alberghi, anche se questi non ha più il falcone richiesto, sacrificato per ricevere degnamente la donna amata.

Da quest'ultima nasce la teoria "del falcone" ovvero di un'immagine chiave simbolica dell'atteggiamento dell'eroe verso la vita; eccezionalità, punto di svolta, simbolo vengono anche assemblati per interpretare la novella come passaggio dall'evento sorprendente e/o casuale al fatto generale di significato universale. Alla concentrazione simbolica viene opposta la tendenza al realismo e al sociale; sullo sfondo rimane sempre la valutazione quantitativa rispetto al romanzo, la brevità o la lunghezza contenuta, con la conseguenza della scelta di un tema specifico, di una riduzione dell'angolo visuale, di una focalizzazione su una situazione determinata, su un conflitto fondamentale, un soggetto specifico svolto con un basso numero di personaggi.

Gli studi dei formalisti russi nei primi decenni del Novecento si sono concentrati sui procedimenti narrativi, sull'intreccio cioè che trasforma l'ordine naturale degli avvenimenti, la *fabula*, in un ordine narrativo, in una struttura: e, come è evidente, la novella ha un alto grado di strutturazione. Alla novella viene riconosciuta una organizzazione narrativa intensiva e concentrata (**M.A.** Petrovskij) rispetto a quella estensiva e diffusa del romanzo; la novella non riunisce materiali eterogenei, è dinamica e densa soprattutto nella conclusione, talché la *pointe* e il finale possono coincidere (B. Eijchenbaum); narra un unico evento (I. Klein), esponendo in modo essenziale premessa, punto di svolta, epilogo; l'unico evento è ciò che appare in sezione trasversale, i molti eventi del romanzo sono la sezione longitudinale di un destino (W. Pabst), posizione che riprende il criterio quantitativo che oppone tutta una vita / un momento di una vita.

Gli autori inglesi si occupano piuttosto di *short story* – i cui problemi, tuttavia, sono *grosso modo* i medesimi della novella –, riprendendo sostanzialmente, anzi quasi parafrasando le definizioni della critica tedesca e russa. E, in particolare, proprio il criterio quantitativo: per H. Bonheim la tipica strutturazione di un testo in narrazione, descrizione, commento e discorso dei personaggi non può realizzare la sua complessità, la sua ricchezza che nella forma lunga del romanzo; per M.L. Pratt si è determinata una contrapposizione tra una vita / un frammento di vita, una sola cosa / molte cose, un campione / tutto l'insieme, un testo intero / un testo non intero.[1]

Non si tratta certo di analisi risolutive, quanto piuttosto riduttive di un fenomeno, il testo narrativo breve, di cui è ormai evidente l'imprendibilità. La stessa riconosciuta da Victor Šklovskij nel suo ancor valido saggio *La struttura della novella e del romanzo* (1925),[2] dove abbandonata la pretesa di definire, di circoscrivere il genere, il critico ne inizia una proficua analisi storica cercando di individuare dei tipi ricorrenti e non delle norme compositive:

> Cominciando questo capitolo, devo dire innanzitutto che non ho una definizione per la novella. Cioè non so quali proprietà debba avere il motivo né come debbano combinarsi i motivi, perché ne derivi un intreccio.

Un'affermazione in negativo che, cogliendo le grandi potenzialità e l'enorme varietà del genere, può essere un buon viatico per il nostro percorso attraverso la novella italiana dell'Ottocento, da arricchire con una pagina centrale dell'ampia ricerca storica condotta da Eleazar M. Meletinskij in *Dai generi minori arcaici alla novella* (1989),[3] ineludibile base di partenza per la definizione della novella rispetto al romanzo e alla fiaba, che, prendendo l'avvio dalla definizione di Pabst, ne cerca, attraverso le differenze, i caratteri specifici:

> La novella, così come il romanzo, è rivolta alla vita privata, cosa che la rende in parte un pre- ed un microromanzo. Oltre alle caratteristiche della novella che so-

---

[1] H. Bonheim, *The Narrative Modes. Techniques of the Short Story*, Brewer, Cambridge 1982; M.L. Pratt, *The Short Story: The Long and The Short of It*, in «Poetics», X, 1981. Si veda anche P. De Meijer, *La prosa narrativa moderna*, in *Letteratura italiana. Le forme del testo*. II. *La prosa*, Einaudi, Torino 1984.
[2] V. Šklovskij, *Teoria della prosa*, Einaudi, Torino 1976.
[3] E.M. Meletinskij, *Introduzione alla poetica storica dell'epos e del romanzo*, Il Mulino, Bologna 1993.

no più o meno legate alla sua minore estensione (la concentrazione dell'azione, la scelta di motivi singoli, di un avvenimento centrale e di un punto di svolta, dei tratti salienti del carattere, la sostituzione del dispiegamento epico con l'abbondanza delle associazioni e dei paralleli, raggruppati intorno ad un «centro focale» principale), ce ne sono anche altre alle quali è stata rivolta un'attenzione minore.

M.A. Petrovskij non ha del tutto ragione, quando parla di riproduzione della vita umana nella sua pienezza da parte della novella. Secondo noi la riproduzione totale della vita, come vita concreta dell'eroe, non rientra nell'ambito della novella. Come vedremo questa tesi si adatta maggiormente alla favola.

Più vicina al vero ci sembra l'opinione di Pabst sulla «sezione trasversale» del destino nella novella e «longitudinale» nel romanzo, ma anche quest'intuizione, per quanto acuta, resta metaforica e tocca soltanto la superficie del fenomeno. Questa concezione si apparenta in sostanza ai giudizi che si ispirano a criteri quantitativi: tutta la vita / un momento della vita. Anche nella fiaba, che è come la novella un genere minore, tra l'altro più arcaico, troviamo una «sezione longitudinale», ma in forma schematizzata; la schematizzazione viene realizzata attraverso il ricorso al modello rituale dei riti di passaggio, soprattutto di iniziazione e di nozze. La fiaba, come la novella, si occupa del destino individuale ed in pratica si limita spesso a pochissimi avvenimenti, i quali però debbono simboleggiare il destino nel suo complesso, in ogni caso la formazione dell'eroe, il suo raggiungimento della maturità e di un definitivo status sociale. In questo senso la fiaba ancor più della novella si rivela pre- e micro-romanzo [...]. Il romanzo, come la fiaba e a differenza della novella, è orientato alla rappresentazione della formazione dell'eroe, alle vicende della sua vita, e i singoli fatti compaiono per lo più come gradini di questa formazione o addirittura del destino stesso nel suo complesso.

Come sappiamo il romanzo si libera gradualmente della schematicità ritualistica della favola, e introduce la descrizione delle emozioni dell'eroe e dei suoi conflitti interiori, cosa che è assolutamente fuori discussione per la favola e non è caratteristica della novella.

Quando si cerca di chiarire la differenza tra la novella

e la fiaba o la leggenda si dice di solito che la novella rifugge dal fantastico o dal sovrannaturale. In effetti i motivi fantastici non sono caratteristici della novella, ed essa in definitiva tende alla rappresentazione dell'esistenza (cosa che la differenzia non soltanto dalla fiaba o dalla leggenda, ma anche dal romanzo cavalleresco e la rende precorritrice del romanzo di costume). Tuttavia in una serie di casi anche nella novella si trovano motivi fantastici ed essa non perde per questo la sua specificità. Un certo paradosso è racchiuso nel fatto che nonostante tutta la «fantasticità» della fiaba, questa non è orientata verso l'eccezionale e l'inconsueto, ma verso il tipico: la formazione rituale dell'eroe, che però viene descritta attraverso immagini fantastiche, eredi delle rappresentazioni mitiche, un tempo adeguate specificamente ai rituali. Sarebbe più esatto dire che a differenza del mito la fiaba si trova al confine tra l'idea di una sorta di naturalezza, di quotidianità, addirittura di obbligatorietà di momenti magico-fantastici (o mitico-rituali) e l'idea del prodigio fiabesco come di qualcosa di sorprendente, che esce fuori dall'ordine normale delle cose. È proprio questo confine che la avvicina, invece di allontanarla, la fiaba alla novella.

Tale paradosso non viene di solito rilevato né dai folkloristi né dai critici letterari. Per quanto riguarda la novella, il sorprendente, l'eccezionale, o anche il prodigioso (ma con una preferenza per ciò che è possibile in condizioni naturali) sono suo oggetto preferito. La tendenza della novella al sorprendente è già stata sottolineata come sappiamo, dagli autori tedeschi a cavallo tra il XVIII ed il XIX secolo. [...]

Il nome occidentale di questo genere letterario, «novella» – cioè etimologicamente «notizia» –, riflette indubbiamente non solo la parziale origine da «notizie» contemporanee, da racconti popolari locali, eccetera, ma anche l'idea del sorprendente in quanto precedentemente sconosciuto.

Dunque strumenti per la storia e l'analisi della novella sono, oltre le modalità storico-genetica e formalistica, anche quella comparativa tra generi (per l'Ottocento il rapporto è romanzo-novella), strumenti che ci condurranno attraverso l'analisi tematica, strutturale e linguistica delle sezioni più importanti del *corpus* novellistico ottocentesco.

Romanzo storico e novella storica

Perché iniziare l'antologia con una delle due novelle storiche brevi di Niccolò Tommaseo? La ragione principale è la filiazione dal romanzo storico, che, nella fatidica data del 1827, cambia radicalmente la storia della prosa narrativa italiana proiettandola di slancio, quasi senza esperimenti preparatori, ma subito con il capolavoro, nella sua epoca moderna. Non solo, è sul romanzo storico, genere nuovo anche in Europa, che si svolge il dibattito più vivace e proficuo a proposito di teoria letteraria. E quanto a quest'ultima, è certamente Manzoni che la fonda in Italia con la *Lettre à M. Chauvet* (1819-23), che riesamina il rapporto storia-invenzione nella *tragédie classique* e nel dramma scespiriano creando la nuova poetica dei «componimenti misti». Altra ragione è che la prosa di primo Ottocento è ancora strettamente legata all'esperienza del secolo precedente, se non, sull'onda del purismo, al Trecento e al Cinquecento: autobiografie, biografie, racconti morali, novella romantica, novella sentimentale in versi, generi e sottogeneri che si realizzano, ad esempio, nelle *Mie prigioni* di Silvio Pellico (1832) o nel *Manoscritto di un prigioniero* di Carlo Bini (1833), nelle *Vite degli eccellenti italiani* di Francesco Lomonaco (1802), nelle novelle agiografiche, moralistiche e puristiche del Cesari.

Molto più di questi testi agiscono sul farsi del racconto ottocentesco i grandi poemi narrativi di Carlo Porta, dove storie individuali di protagonisti contemporanei realizzano insieme al racconto l'analisi sociale e psicologica: influenzeranno una delle creazioni più originali di Tommaso Grossi, la novella in versi milanesi *La fuggitiva* (1816), in cui una vicenda privata si svolge ed è determinata da un contesto storico recente, la campagna di Russia – 1812 – di Napoleone Bonaparte. Perché è proprio l'accelerazione degli eventi storici che provoca decisive svolte in letteratura. Continua a esser valida l'analisi di György Lukács consegnata al saggio *Il romanzo storico* (1947)[4] che vede nella Rivoluzione francese e nelle campagne napoleoniche l'affermarsi sia del concetto di nazione sia di una nuova co-

---

[4] G. Lukács, *Il romanzo storico*, Einaudi, Torino 1965.

scienza del coinvolgimento individuale e di massa nella storia. Non per nulla la produzione di narrativa storica in Italia è strettamente legata all'affermazione dell'unità nazionale attraverso lo strumento del confronto tra passato e presente, e con la ricerca di nuove modalità espressive: nuove o, meglio, rinnovate strutture e lingua di comunicazione che veicoli il messaggio letterario ma anche quello politico-sociale.

Se pensiamo al primo grande romanzo moderno, *Le ultime lettere di Jacopo Ortis* (1798-1816), ne cogliamo immediatamente la valenza sul piano storico in relazione agli scottanti recentissimi avvenimenti veneziani (1797, trattato di Campoformio: Napoleone cede Venezia all'Austria) e il forte sentimento patriottico-unitario che ispirerà tutta la prima metà dell'Ottocento, ma, insieme, ne avvertiamo lo stile alto, lirico-oratorio più che prosastico-narrativo. Questo si ritrova nei tre racconti inseriti secondo la tecnica del racconto nel racconto che fa da superficie riflettente dell'intreccio principale, che Foscolo mutua dal suo modello diretto, *I dolori del giovane Werther* (1774) di Goethe: la storia di Olivo, del tenente e di Lauretta, quest'ultimo frammento scritto da Jacopo, cui si può aggiungere l'incontro con la gentildonna padovana – descrizione d'ambiente e ritratto di gusto neoclassico, quasi un quadro sul gusto dell'Appiani.

Anche le digressioni dei *Promessi sposi* (1827) sono racconti nel racconto – e lo sono soprattutto quelle della prima redazione, il *Fermo e Lucia* (1821-23) – così estese e così autonome e legate al genere gotico, quelle di Gertrude e dell'Innominato, o a quello agiografico, delle vite di santi per Federigo Borromeo, o storie di pentimento e redenzione come quella di fra' Cristoforo. E raccontano, in maggioranza, storie vere che indagano la psicologia dei protagonisti attraverso descrizione, dialogo e monologo secondo la tecnica del componimento misto. La monaca di Monza e fra' Cristoforo sono microstorie costruite nelle tre fasi canoniche dell'intreccio novellistico: premessa, punto di svolta, conclusione; l'episodio dell'assassinio ordinato dal Conte del Sagrato-Innominato, presente solo nella prima stesura, è un *antiexemplum*, quella del cardinale Borromeo un *exemplum*.

Dalla novella storica al racconto campagnolo

Ora, se il romanzo è un modello per i molti romanzi storici che nascono tra gli anni Trenta e Quaranta, anche le digressioni sono un punto di riferimento per la novella storica. E lo sono tanto più per Tommaseo così vicino a Manzoni, ma anche tanto diverso da scegliere la struttura romanzo per *Fede e bellezza* (1840), primo esempio di letteratura psicologica borghese, come il precedente racconto lungo *Due baci* (1831), e la novella per il filone storico dal *Duca d'Atene* (1837) – classificabile anche come romanzo breve – a *Il sacco di Lucca* (scritta nel '34 e pubblicata nel '38) e *L'assedio di Tortona* (1844). I due generi hanno un denominatore comune definibile come moralità nella realtà. Aderenza ai fatti per la storia, alla semplicità e naturalità dell'azione per le trame contemporanee, scavo nelle zone inesplorate dell'animo umano sono gli ingredienti per ottenere insieme «verità e poesia». Tommaseo le vede coniugate perfettamente in Manzoni, ma già a partire dagli anni Trenta coglie il problema del rapporto con l'invenzione, che tormenta quell'«ingegno mirabile» (recensione a *I Promessi sposi* in «Antologia», LXXXII, ottobre 1827). In un articolo intitolato *Del romanzo storico* («Antologia», CXVII, settembre 1830) affonda il coltello nella piaga, stigmatizzando la pratica di creare personaggi immaginari per reggere il filo della trama storica, il

> vezzo, quasi costante in Walter Scott, a cui s'è piegato anco il nostro Manzoni: e al suo Renzo e alla sua Lucia ognun sa quanta importanza sia data in quel grande lavoro. Io veggo bene ch'anco siffatta importanza nella mente di quell'uomo raro ha i suoi fini; né intendo si debba escludere dall'arte questa specie di ripiego, il qual rende appropriati a narrazione romanzesca soggetti che difficilissimo sarebbe trattare altrimenti: giacché come mai fare un romanzo della peste di Milano senza crearvi un attore che la storia non dà? Io dico soltanto che cotesta consuetudine costante di dare al romanzo storico un protagonista non istorico, è quasi sempre cagione d'inconvenienti notevolissimi all'arte ed al vero: perché trasporta l'attenzione sopra oggetti che non la meritan così viva; perché a' veri affetti assegna finte cagioni, le vere dimenticando; perché forma il quadro di ciò che do-

vrebb'essere tutt'al più la cornice; perché colloca i personaggi storici in situazioni fantastiche affatto, e loro attribuisce virtù ed imputa colpe delle quali ad essi non viene né il merito né l'infamia.

Certo Manzoni li avrebbe avuti i protagonisti non inventati e, infatti, rifiutato il genere romanzo storico in quanto ibrido impossibile (lo farà teoricamente nel 1850 con il discorso *Del romanzo storico*), li farà agire creando una nuova struttura storiografico-narrativa nella *Storia della Colonna Infame* (1840). Ma questo è un altro e troppo moderno filone che sarà riscoperto nel Novecento. Per Tommaseo negli anni Trenta la soluzione è non il romanzo, ma la novella storica, meno sfruttata, più breve e più facile a suo dire, soprattutto perché non bisognosa di una vicenda inventata per legare i fatti storici e, perciò, più produttiva quanto all'esemplarità etica del confronto passato-presente, soprattutto se il passato è scelto tra «quelle epoche di cui la storia non dà che un barlume, e dove la fantasia può far libera pompa della sua luce». Si tratterà poi di

> scegliere avvenimenti tali, che senza bisogno d'intreccio immaginario offrano di per sé già quasi tessuta la tela di una narrazione epica e più che romanzesca; non creare a protagonista un fantoccio ideale, ma, posto che storico è il romanzo, storico eleggerne (come si suole nella tragedia) e rinomato l'eroe.[5]

Nell'*Assedio di Tortona* l'epoca è l'Alto Medioevo, l'eroe è il popolo, l'argomento la sua epica resistenza non solo agli scontri, ma alla tortura della sete cui Federico Barbarossa (unico personaggio storico), con le sue truppe e quelle della vicina Pavia, ricorre nel tentativo di far arrendere la città. La funzione educativa, esemplare è l'accento posto sull'unità nazionale e il rifiuto del coinvolgimento straniero nei conflitti interni. Rispetto alla medietà e alla ricerca-

---

[5] Tutte le citazioni dagli interventi critici di Tommaseo sono tratte da *Discorsi sul romanzo. Italia 1821-1872*, a cura di M. Columni Camerino, Lisi, Taranto 2000.

ta prosaicità manzoniane, la scelta linguistica non è in linea con quella della fiorentina lingua viva, ma punta sulla letterarietà e sulla varietà ricercata nel lessico disusato, purché presente nella tradizione dal Trecento al Settecento. L'attacco del racconto, poi, è decisamente lirico con le interrogazioni che nascondono settenari e endecasillabi; le descrizioni sono ridotte al minimo in osservanza delle critiche mosse agli eccessi descrittivi del romanzo storico alla Scott. Così il dialogo, ridotto a una sola battuta di Federico. Tutto è, dunque, narrazione e commento dell'autore, che esplicitamente si rivolge a un pubblico da informare e istruire a fini morali: «Del resto, credete voi che tutti coloro che intingono nell'atto scellerato, lo facciano senza punto ribrezzo?», «Sempre, o fratelli miei, fate questo pensiero», «Serbate, o fratelli, nella memoria il vostro dolore passato», «Affrettiamoci: compensiamo la colpa degli avi». La novella è una costruzione retorica che alterna le tecniche della lirica, dell'epopea, dell'*exemplum*, ne adotta il parallelismo, il confronto oppositivo, i toni esortativi, la conclusione morale.

Mentre il filone storico si va esaurendo, nonostante la produzione romanzesca di Francesco Domenico Guerrazzi che si estende dal 1827 al 1865 (da *La battaglia di Benevento* a *L'assedio di Roma*) e provoca il passaggio obbligato attraverso il genere di un grande narratore agli esordi come Giovanni Verga (con *Amore e patria*, 1856-57, *I carbonari della montagna*, 1861, *Sulle lagune*, 1863), a rimanere viva e operante è la prospettiva sociale, educativo-moralistica estratta sempre dalla lezione manzoniana. Che tuttavia si rivitalizza per influsso del romanzo europeo, soprattutto francese, diffuso a partire dagli anni Trenta sia negli originali (il francese è la lingua conosciuta dalle classi colte) sia nelle numerosissime traduzioni.

Gli anni 1840-1850 vedono, dunque, una forte spinta al rinnovamento tematico, attraverso la scelta di personaggi delle classi popolari, in particolare contadine, provocata soprattutto dai romanzi della Sand e di Balzac che, tradotti quasi immediatamente in Italia, danno inizio alla tradizione del *roman châmpetre*: tra quelli citati per le traduzioni, *Le medecin de campagne* (*Il medico di campagna*), 1833,

Le curé de villane (*Il curato del villaggio*), 1839, *Les paysans* (*I contadini*), 1844, di Balzac; *La mare au diable* (*La palude del diavolo*), 1846, *La petite Fadette* (*La piccola Fadette*), 1848, *François le champi* (*Francesco il trovatello*), 1850, della Sand.

Dopo il '48 un altro filone trae linfa dalla produzione narrativa francese e inglese, quello sociale: Eugène Sue, autore di *Les Mystères de Paris* (*I misteri di Parigi*, 1842-43), testo imitatissimo dopo il '60 in Italia, tra il '49 e il '56 aveva pubblicato *Les Mystères du peuple ou Histoire d'une famille des prolétaires* (*I misteri del popolo: storia di una famiglia di proletari attraverso i secoli*), i cui motivi socialisti e anticlericali saranno raccolti da narratori come Hugo, Flaubert, i Goncourt, Zola, e, attraverso questi, trapiantati nella narrativa italiana. Ma questa seconda tendenza avrà fortuna solo più tardi in Italia, anche se già nel 1839 era apparso a Napoli *Ginevra o l'orfana della Nunziata* di Antonio Ranieri, romanzo singolarmente anticipatore del nuovo genere nei confronti dello stesso Sue (il Ranieri conosceva però l'Hugo di *Nôtre Dame*, 1831, e i romanzi di Dickens), a metà tra il *feuilleton* e il libello socio-politico di tono esplicitamente eversivo, tanto che, sequestrato dalla polizia borbonica, non fu più ripubblicato se non dopo l'Unità.

Immediata invece l'eco della narrativa filantropica alla Sand: a richiamare l'attenzione degli scrittori italiani verso il mondo contadino sono anche gli interventi teorici, ad esempio di Cesare Correnti che nel 1846 scrive e pubblica nella «Rivista Europea», diretta da Carlo Tenca, il saggio *Della letteratura rusticale. Lettera a Giulio Carcano*. Il Carcano, che già nel '39 aveva affrontato almeno in parte tale tematica con il romanzo *Angiola Maria*, triste vicenda di una contadina comasca, di imitazione manzoniana e di modestissimo livello, risponde con la novella *Nunziata* (1852), suo massimo sforzo nella direzione del realismo sociale, per l'analisi delle condizioni di lavoro e di vita delle operaie dei cotonifici. Non è questa la prima prova nella narrativa breve di Carcano che aveva pubblicato nel 1843 i *Racconti semplici* e nel 1845 *Rachele*, esempi piuttosto di una «letteratura domestica» che «rusticale», secondo le definizioni di Tenca. Ai *Racconti semplici* appartiene *La vecchia della*

Mezzegra (ripresa poi nelle raccolte *Dodici novelle* del 1853 e *Novelle campagnole* del 1871), di costruzione esemplare del metodo di Carcano; le sue novelle sono come brevissimi romanzi articolati in varie fasi: introduzione in cui l'autore-narratore presenta il tema generale, la vicenda narrata in sequenze narrative distinte, la conclusione moraleggiante. Qui la premessa inizia con un'allocuzione al Lario, alle memorie che il lago evoca, e continua con una dichiarazione d'amore per «le grandi e semplici tradizioni di questa contrada» attraverso le cui bellezze naturali e architettoniche fino agli «oscuri e poveri paeselli» della montagna si conduce per mano il lettore («Se discendi... Vedi... incontri») e dove è auspicabile ritirarsi verso la fine della propria vita. L'attacco della storia è canonico, con la segnalazione stagionale, «Sul cader di settembre 1841...» che apre all'idilliaco quadro di vendemmia, seguito dalle sequenze del terribile nubifragio, della vita della vecchia e dei suoi, della spiegazione della pazzia del vecchio. A chiudere, la riflessione moralistica su quest'ultima, interpretata come punizione delle antiche malefatte. In ogni parte lungaggini descrittive, continui commenti tra il pietistico e il religioso, di una religione fatta di fede rassegnata, di attesa, quasi necessità della punizione da parte di un Dio dagli aspetti quasi biblici. Al curato del paese è affidato tutto ciò, compreso il commento edificante: «ma d'allora in poi e' mutò vezzo; fatto vecchio, vive rassegnato e contento nella povertà [...] e benedice la mano del Signore che lo percosse».

Se il Carcano risponde, in certo modo, alle sollecitazioni di Correnti, non lo fa certo su un terreno del tutto vergine di testi educativi, che anzi lo stesso Carlo Tenca si premurerà di indicare in una nota redazionale al saggio, senza per altro sottilizzare sul loro valore letterario. Non erano mancati negli stessi anni gli almanacchi popolari curati dallo stesso Tenca, dal Correnti (*Il nipote di Vesta-Verde*), da Giovanni Cantoni (*L'amico del contadino*), le inchieste sulla situazione delle campagne (tra cui lo studio giovanile di Stefano Jacini *La proprietà fondiaria e le popolazioni agricole in Lombardia* pubblicato nel '54), che diffondono questo tipo di problematica, cercando di disancorarla in campo letterario dal genere puramente educativo e pedagogico.

L'operazione è condotta da scrittori lombardi e, soprattutto, veneti: nel '41 il friulano Francesco Dall'Ongaro pubblica la novella *I complimenti di Ceppo*, indirizzandola a Caterina Percoto, la friulana «contessa contadina», che gli risponde con *Lis cidulis*. Dall'Ongaro cercherà di realizzare il programma di una narrativa popolare con le *Novelle vecchie e nuove* (1861) e i *Racconti* (1869), ma con risultati minimi per i suoi limiti artistici e per lo scarso impegno sociale, il che non gli impedì, tuttavia, di essere il tramite tra vecchia e nuova generazione, diventando amico e protettore di Verga a Firenze.

Più incisiva l'opera della Percoto, descrittrice precisa della dura e spesso tragica realtà del Friuli rurale: le sue novelle, *Lis cidulis*, *Un episodio dell'anno della fame*, *La coltrice nuziale*, *La donna di Osopo*, *Malata*, *Prete poco*, *Contrabbando*, riunite nel '58 sotto il titolo *Racconti*, testimoniano un'accorata partecipazione di una classe aristocratica illuminata per il proprio carattere libero e anticonformista e per l'adesione ai sentimenti di *pietas* religiosa. Più che protesta sociale, si realizza la descrizione dello stato delle campagne e della vita dei contadini, di cui si evidenzia la sostanziale bontà d'animo: se deviazione c'è, questa è causata dall'oppressione dei padroni, dalla guerra, dalla carestia. Gli equilibri tra le classi restano inalterati: a chi è classe dirigente si offre l'esempio di una conduzione umana e solidale del "potere", perché i conflitti restino sopiti in un momento storico in cui la tensione risorgimentale è molto forte e la nascente rivoluzione industriale fa mutare l'assetto economico e sociale, con fenomeni come l'inurbamento e la conseguente involuzione dell'agricoltura. È per ciò che personaggi come la contessa Ardemia, protagonista di *Il licof*, diventano il simbolo di un nuovo comportamento paternalistico e filantropico, che entra in frizione con quello conservatore della precedente generazione dell'aristocrazia proprietaria terriera. Non solo, Ardemia ha divorziato da un marito con ogni evidenza impostole dalla famiglia, sopporta la discriminazione sociale che ne consegue e, rifugiandosi nelle sue terre (di un Friuli ancora austriaco: diventerà italiano nel 1866), libera la sua personalità, il suo carattere non convenzionale, persistendo nelle sue iniziative, nonostante l'ostracismo della famiglia. Femminista *ante litteram*?

Forse, visto che al *licof*, tradizionale banchetto di fine autunno, invita anche le donne, tradizionalmente escluse dalla tavola non solo delle feste, ma quotidiana. E partecipa lei stessa, ricevendo qui, infine, la visita del *deus ex machina* della vicenda, un vecchio amico del padre che le procurerà la riconciliazione con la famiglia. La Percoto, che pure trasmette alcuni suoi tratti alla protagonista, dunque elementi reali (l'indipendenza, la capacità di gestire la terra, l'abbigliamento semplice, il fumare il sigaro), costruisce la novella con una tecnica fiabesca: l'eroina esclusa dalla società dei suoi passa attraverso le difficili prove che si concluderanno con l'accettazione della visione del mondo e del codice di comportamento maturati con il divorzio, l'autoesilio, l'anatema familiare. Altri tratti tipici sono la sentenziosità che apre addirittura il racconto, le descrizioni dei personaggi principali e dei paesaggi cui non manca il quadro dell'idillio agreste della vendemmia, e, infine, la costruzione tradizionale (presentazione del protagonista, antefatto, evoluzione della vicenda, punto di svolta e conclusione) e la lingua, sorvegliatissima, letteraria, anzi sorprendentemente affettata soprattutto nelle battute dei contadini, con indulgenze volute nell'introduzione di termini dialettali friulani (la Percoto fu autrice anche di testi in dialetto), ma segnata anche da improprietà ed errori. Caratteristiche già presenti tutte nel suo primo racconto *Lis cidulis*, dove la vicenda di Rosa, sorta di Cenerentola campagnola uscita di casa per sfuggire alla matrigna e malata per l'eccessivo lavoro, si evolverà felicemente grazie all'intervento di una fata borghese (e si noti ancora una volta la presentazione favolistica: «Tra i forestieri venuti a bere le acque, ci era una ricca signora di B***»). D'altra parte il racconto sfrutta già la tecnica del soliloquio in discorso indiretto libero, ad esempio nell'interrogarsi ansioso di Giacomo sulla sorte dell'amata ragazza; non solo, presenta con grande realismo il delirio della febbre, e, altro tratto che diventerà tipico del "bozzetto" regionale, inserisce la spiegazione di usi e costumi sconosciuti al pubblico, realizzandola con il presente indicativo che sostituisce l'imperfetto del discorso narrativo («Tra que' monti vige un antico costume. La sera precedente a un dì solenne, alcuni giovinotti del villaggio ascendono...»). Tutti elementi che troveremo in *Nedda*, così come la modalità fiaba, ad esempio, in

La roba. Non per nulla nel primo successo verghiano sarà riconosciuto il legame con la Percoto: a lei sarà indirizzata la lettera di Francesco Dall'Ongaro premessa a *Storia di una capinera* (1871) per presentare il giovane autore «che si mette sotto la nostra bandiera».

La Percoto, dunque, offre un contributo originale, ma a imprimere uno scatto al filone rusticale sia sul piano creativo sia su quello teorico e a farne un ponte di passaggio verso il realismo è Ippolito Nievo. Anzitutto Nievo riprende le linee dell'intervento di Carlo Tenca sulle *Condizioni dell'odierna letteratura in Italia* pubblicato nella «Rivista Europea» nel febbraio 1846: Tenca avverte i problemi tematici, strutturali, formali che si presentano per la costituzione di una moderna narrativa, un disagio non solo italiano, ma europeo, se è vero, almeno per il critico romantico, che tutte le letterature devono procedere in parallelo: manca, in Italia, una filosofia portante tale da orientare il pensiero, da guidare la società, i comportamenti e, più in particolare, la produzione letteraria. La crisi è generale; dunque investe anche la letteratura, i cui problemi non sono solo di stile e di lingua. È ancora Tenca a sottolinearlo:

> Altre e più immediate cagioni d'inerzia pesano sulla nostra letteratura, e si vorrebbe anzitutto cercarle nella condizione morale della nostra società. Il concetto letterario non può andare scompagnato dallo spirito pubblico, e dove questo è debole ed incerto, anche la letteratura si snerva ed immiserisce. Nella storia sono le ragioni della grandezza e del decadimento delle lettere. Chi seguisse passo passo lo svolgimento del pensiero italiano nelle opere de' suoi grandi scrittori, da Dante a Manzoni, incontrerebbe questo perpetuo avvicendarsi di decadenza e di risorgimento, secondo che lo spirito pubblico fu più o meno elevato e grande.

Tenca ha perfetta coscienza che i cambiamenti avvenuti nella società tra Sette e Ottocento hanno favorito l'accesso alla cultura, uscita infine dalle corti e dalle accademie, di una moltitudine di persone, che si possono definire popolo, un «popolo immenso» del quale il letterato deve farsi interprete e, quasi, profeta. Questo immenso popolo intravisto da Tenca in una sorta di «fiumana» della cultura è, certo, da ridimensionare in un non ampio pubblico aristocratico-borghese, quel pubblico che sarà il destinatario dei romanzi e dei racconti dell'Italia unita. Il che non toglie merito al generoso, ma prematuro, tentativo di Tenca di individuare una platea più vasta, socialmente variegata e complessa, in grado anche di orientare le scelte degli autori. Nella visione progressista di Tenca la critica dovrà individuare il pubblico, gli scrittori dovranno cogliere l'ansia di rinnovamento, dovranno far progredire la parte più viva del romanzo soprattutto sul piano della realtà degli uomini, e risolvere la crisi aderendo all'elemento popolare.

In questa problematica si inserisce pienamente e fattivamente Nievo, dapprima con le analisi consegnate agli *Studi sulla poesia popolare e civile massimamente in Italia* del 1854, poi dal '55 con i testi del *Novelliere campagnuolo*. Gli *Studi* si situano sulla linea di Tenca: la letteratura non disgiunta dalla società, l'orizzonte europeo in stretta connessione con le problematiche e le strutture letterarie italiane – il tutto semmai più spinto sul versante civile e popolare –, la consapevolezza di aver ormai superato il romanticismo, elemento questo molto importante, soprattutto perché il nuovo è volutamente innestato su una vasta e qualificata tradizione. C'è, infatti, la volontà creativa più che teorica che Nievo esprime attraversando la letteratura civilmente impegnata, da Parini a Porta (con un'attenzione speciale al dialetto come lingua poetica nazionale), Manzoni, Berchet, e ricercando il rinnovamento dei contenuti prima che della lingua e della forma. Anche se queste saranno comunque centrali nelle scelte per il *Novelliere*, dove confluiscono le esperienze italiane con quelle europee del realismo delle scene provinciali e di campagna di Balzac e di George Sand. Né manca la suggestione della novellistica di Turgenev o del racconto a veglia di Puškin e Gogol', che si diffondono attraverso le traduzioni francesi degli anni Cinquanta, seguite più tardi – a partire, tranne pochissime eccezioni, dagli anni Ottanta – da quelle italiane. Su tutto, poi, continua ad aleggiare lo spirito sterniano, che tanta parte aveva già avuto sulla prosa italiana dall'*Ortis* ai *Promessi sposi*.

Nella linea rusticale i temi sono ancora le condizioni delle campagne e dei contadini, i temi del Carcano, e della Percoto, di tutta la pubblicistica rusticale. Il tutto profondamente rinnovato, però, proprio dalla teoria propositiva e creativa di Nievo. La formula che riassume l'atteggiamento nieviano può essere, dunque, novità nella tradizione. E la prima applicazione è nella novella-cornice *La nostra famiglia di campagna* del 1855: lo scrittore vi espone l'ideologia che presiede la composizione della stessa e di quelle che seguiranno, così come la materia, realizzando pure uno *specimen* dello stile o degli stili che saranno adottati. Anzitutto si rivolge al lettore con quel tratto tipico del narratore settecentesco, che anche Manzoni aveva conservato, piegandolo però ai suoi fini di narratore demiurgo: «Voglio rappresentarti, o ingenuo lettore, per ischizzi e profili quella parte più pura dell'umana famiglia che vive nei campi». Un tratto che qui mira a più scopi: anzitutto agganciare la tradizione orale canonica dell'antico novellare e riesumata nelle chiacchiere delle veglie contadine (tipico racconto a veglia, nella stalla, sarà quello di Carlone in *Il milione del bifolco*, sottotitolo *Novella campagnuola*), rispolverando il piacere del racconto, che è il piacere della finzione in sé e per sé, ma è anche piacere del narratore che ascolta la propria parola, che vede riflessa la propria esperienza nella reazione e nel giudizio di chi ascolta; poi instaurare uno scambio con il pubblico, persuaderlo e forse avviarlo, in un rapporto di complicità ideologica, a operare concretamente nella società: così come il narratore che lavora «di braccia» e non si limita a passeggiare nei campi «un'orettina pei freschi della sera»: narrare è uno strumento non facile da usare, ma straordinario per conoscere e far conoscere.

Ma chi è il lettore virtuale di Nievo? È un rappresentante della classe borghese-aristocratica, proprietaria terriera e cittadina che deve rivedere la calunnia sul mondo contadino:

> Né di codesta tua spensierata opulenza cerco farti carico per ora, sibbene innamorarti di coloro che allenano per te, e de' quali in onta al diuturno consorzio conosci ben poco indole, mente, e costumi; o se li conosci, non te ne dai per inteso, e seguiti a trattarli come mandra da bastone. Ma quando io t'abbia sincerato del-

la cosa, e dimostratoti splendidamente quanto a te sovrastino per bontà d'animo e rettitudine di coscienza quelle genti che gridi maestre di malizia, scioperate e imbestialite, allora non potrai più adagiarti all'ombra di simili calunnie, lasciando le cose rovinare alla peggio per quei poveretti.

Perché dunque l'allocuzione all'«ingenuo» e più innanzi «paziente lettore»? Da quanto sopra non parrebbe tale; lo scrittore vuole scuoterlo dalla pigrizia mentale inveterata, ma anche accattivarselo, perché è preoccupato delle reazioni di questi che dovrà diventare a sua volta diffusore delle idee innovatrici. Nievo è consapevole della problematica comunicativa per cui nel circuito della comunicazione letteraria, autore-testo-lettore, la parte più debole, sfocata, indeterminata è l'ultima, sfuggente e anonima. Egli cerca in qualche modo di individuarne degli stati d'animo, delle reazioni al racconto da parte del lettore: sia esso ingenuo, sprovveduto o colto, paziente, amico, stizzito, tenero, gentile, incredulo, benigno. Forse è una donna di «pietosa gentilezza e di candida fede». Allo scrittore manca il rapporto diretto della tradizione orale, manca il riscontro immediato di ciò che gli preme: presentare il mondo campagnolo da un diverso punto di vista: un colpo di spugna deve cancellare l'antico pregiudizio, un occhio nuovo, ingenuo, paziente deve seguire l'itinerario proposto. Un itinerario sul campo, in presa diretta, non teorico per «sfoderare la dottoreria d'uno scrittore di gala», un itinerario che il lettore sia messo in grado di percorrere non come

quel pubblico pedante dagli occhiali verdognoli, che compera i libri, o più sovente li toglie a prestito, per averne quel diletto che i fanciullini prendono dai passerotti spiumandoli vivi.

Inizia così il viaggio: quasi superfluo segnalare ancora il modello sterniano o la suggestione del viaggio-dialogo filosofico, volterriano e diderotiano – dunque una forte componente culturale settecentesca, ma anche della più antica tradizione novellistica dell'itinerario attraverso luoghi e dell'incontro con personaggi narratori che permettono una sorta di narrazione a infilzamento[6] – con un compagno ideale, «sollazzevole e disposto con mente [...] serena alla vita»: dai colli di Solferino, dopo aver traversato le bellezze del lago di Garda, alla pianura padana (mantovana in particolare). Mentre i due lasciano la «bella montagna della speranza», cadono una descrizione e un addio fatti di echi foscoliano-manzoniani, adattati alla prosa semplice che è l'obiettivo dello scrittore e sdrammatizzati dal tono ironico con cui è comunicato l'incidente:

> Addio, bella montagna della speranza! Grazie a tè, che nei giorni sereni palesandoti fino a noi ci sei guida nel pensiero alle ridenti costiere di Liguria, e alle operose valli di Piemonte, e alla gentile Toscana, e alle agguerrite Romagne, e alle Puglie ondeggianti di messi, e alle incantevoli baie di Napoli, e alle fiere Calabrie, e al triplice paradiso di Sicilia! Addio, simulacro de' nostri destini, che corri la vita a ritroso, e dalle nevi dell'Alpi ti digradi fino al Vesuvio ed al mare, per risorgere folgoreggiando sul trono dell'Etna!
>
> Avevamo finito appena d'alternare quest'inno, quando nel precipizio d'una discesa si sfasciò senza misericordia una ruota del biroccino.

E, poi, ancora un capitoletto, il V, di riflessioni sulla propria «maniera di scrivere», senza pretese, «un intrattenimento di ciarle», «un dialogo in confidenza», non uno scritto strutturato secondo i canoni e ben tornito. Ecco, dunque, i capitoletti come tante tappe di un percorso fatto di momenti saggistici e di sequenze narrative, continuamente mescolati, perché gli incidenti (il primo è appunto la ruota che si spezza), gli incontri, alla maniera del *Don Chisciotte* e del *Tristram Shandy* di Sterne, sono occasioni fortunate o sfortunate che determinano la narrazione, il dialogo, la riflessione, ovvero raccontini e commenti correlati, e fanno nascere naturalmente la scrittura a frammento, lo stile digressivo e umoristico.

Si tratta di «schizzi e profili» della «nostra famiglia di campagna», dipinture morali come nel sottotitolo, che

---

[6] La definizione è di Šklovskij, cfr. p. VIII, nota 2.

conferma l'altro segmento del DNA novellistico, oltre quello dell'oralità, la vocazione esemplare, educativa o, forse meglio, dimostrativa della vera realtà del mondo rurale diretta a un lettore come si è visto ben individuato, il proprietario terriero. Subito, ad esempio, l'incontro col vecchio suscita una serie di capitoli, dall'VIII all'XI, realizzati come un'allocuzione continuata al lettore: dietro ci sono non solo i già citati *Studi*, ma anche le inchieste, pure già ricordate, di Stefano Jacini, degli almanacchi popolari curati dal Tenca, da Cesare Correnti (*Il nipote del Vesta-Verde*), da Giovanni Cantoni (*L'amico del contadino*), che diffondono questo tipo di problematica, cercando di non confinarla nelle scritture di genere puramente pedagogico ed educativo.

La nostra famiglia di campagna è, insomma, un vero e proprio racconto programmatico, un manifesto di una personale teoria della narrazione, forse il primo consapevolmente tale, e si colloca come un momento nodale nell'evoluzione della novella ottocentesca, dando corpo letterario alla polemica sociale, discussa a partire dagli anni Quaranta, recuperando la finalità etica, l'impegno civile.

Nievo scrive e pubblica le sue novelle dal '55 al '59 o al '60, se vogliamo annoverare nel genere *Il barone di Nicastro* (romanzo breve o racconto lungo, come del resto *Il Varmo*); tra il '55 e il '58 è impegnato nella stesura del suo grande romanzo, romanzo aperto, fondamentale per la prosa narrativa moderna (innegabile il suo influsso su Dossi), che interpreta con acutezza gli avvenimenti degli ultimi vent'anni del Settecento, soprattutto il tragico, per la Serenissima, 1797, fino alle soglie dell'Unità. Un romanzo che posto come le novelle a metà secolo rinnova lo schema storia-invenzione, un romanzo aperto anche linguisticamente e stilisticamente, la cui norma è il pluralismo non solo tematico, dei tempi, degli spazi, ma anche delle voci e dei toni.

Ma negli anni successivi all'Unità le speranze nieviane vengono quasi totalmente disattese: le nuove classi dirigenti, travolte dai molti e urgenti problemi posti dal cambiamento politico, non si dedicano al problema agrario (se non per reprimere con la forza le sommosse contadine), giudicando più importante la recente espansione industriale del Nord. Rapporti sullo stato delle campagne non si ebbero che verso il '70 con le *Relazioni sulle condizioni dell'agricoltura* (Roma 1870-74), dopo la creazione dei comizi agrari (1866), con le prime e fondamentali ricerche di Leopoldo Franchetti e di Sidney Sonnino (*Condizioni economiche ed amministrative delle provincie napoletane* e *La mezzeria in Toscana*, editi in un unico volume a Firenze nel 1875) e con l'inchiesta agraria promossa da Agostino Bertani nel 1872, ma operante solo dal 1877.

Il programma e l'impegno sociale scapigliato.
Gli esperimenti narrativi: verso i modelli europei

Tra il '60 e il '70 uguale disinteresse si riscontra nella produzione letteraria: se, infatti, in area veneta la linea nieviana era portata avanti da personalità di secondo piano come la trevigiana Luigia Codemo e, in misura minima, dal veneziano Pompeo Gherardo Molmenti,[7] il massimo movi-

---

[7] Luigia Codemo (Treviso 1828 – Venezia 1898), di famiglia colta e aristocratica, dopo una giovinezza intensa (viaggi in Italia e in Europa, contatti con letterati, quali Dall'Ongaro e Tommaseo) si stabilì a Venezia col marito, dando inizio alla sua produzione letteraria dedicata alle condizioni sociali, economiche e politiche del Veneto. Ricordiamo tra le sue opere *Le memorie di un contadino*, Antonelli, Venezia 1856; *La rivoluzione in casa. Scene della vita italiana*, Cecchini, Venezia 1869; e soprattutto *Miserie e splendori della povera gente. Scene popolari del Veneto*, Caumo, Rovereto 1865. Al di là del titolo pomposamente balzachiano, è la storia esemplare delle sfortune e fortune di due contadini. Fa parte di una lunga serie di romanzi e novelle dello stesso genere campagnolo, di modesto livello artistico, ma di interesse documentario sulle condizioni del Veneto e sui rapporti tra le classi in una regione estremamente conservatrice sul piano politico, sociale e religioso. Pompeo Gherardo Molmenti (Venezia 1852 – Roma 1928), letterato e storico, dal 1889 deputato e poi senatore, con *Maria: bozzetti della campagna veneta* (Salvi, Milano 1873) si cimenta nella narrativa campagnola con una storia di ascendenza manzoniana, filtrata attraverso il Carcano e la Sand, che rientra nel filone della povera ragazza perseguitata o sedotta da un aristocratico e, insieme, fornisce un quadro preciso della vita nella campagna veneta.

mento culturale e letterario di questo decennio, la Scapigliatura, opererà in direzioni diverse (unica eccezione, di elevato livello stilistico, la prima novellistica di Faldella).

La Scapigliatura respinge l'eredità del Risorgimento, ponendosi in un atteggiamento di totale ribellione, di rifiuto della situazione culturale, politica, sociale, e tenta un rinnovamento tematico e stilistico al di fuori degli schemi tradizionali (sintomatico il rapporto problematico con Manzoni) per sprovincializzare la letteratura e riportarla a un livello europeo. Nasce, come prodotto di una civiltà eminentemente cittadina, la figura dello scapigliato, analoga al *bohémien* francese, dell'intellettuale anticonformista, non appartenente ad alcuna classe sociale, *déclassé* o spostato, di cui ci dà il ritratto Cletto Arrighi (pseudonimo dell'avvocato Carlo Righetti, giornalista e scrittore, direttore della «Cronaca grigia» dal '60 all'82) nel romanzo eponimo della prima avanguardia italiana, *La Scapigliatura e il 6 febbraio* (Sanvito, Milano 1862):

> In tutte le grandi e ricche città del mondo incivilito esiste una certa quantità di individui di ambo i sessi fra i venti e i trentacinque anni, non più, pieni d'ingegno quasi sempre, più avanzati del loro tempo, indipendenti come l'aquila delle Alpi; pronti al bene quanto al male; irrequieti, travagliati, turbolenti - i quali - o per certe contraddizioni terribili tra la loro condizione e il loro stato - vale a dire tra ciò che hanno in testa e ciò che hanno in tasca - o per certe influenze sociali da cui sono trascinati, o anche solo per una certa particolare maniera eccentrica e disordinata di vivere, o infine per mille altre cause, e mille altri effetti, il cui studio formerà appunto lo scopo e la morale del mio romanzo - meritano d'essere classificati in una nuova e particolare suddivisione della grande famiglia sociale, come coloro che vi formano una casta *sui generis* distinta da tutte le altre.

> Questa casta o classe - che sarà meglio detto - vero pandemonio del secolo; personificazione della follia che sta fuori dai manicomii; serbatoio del disordine, della imprevidenza, dello spirito di rivolta e di opposizione a tutti gli ordini stabiliti; - io l'ho chiamata appunto la *Scapigliatura*... La *Scapigliatura* è composta da individui di ogni ceto, di ogni grado possibile della scala sociale. Proletariato, medio ceto, e aristocrazia; foro, letteratura, ar-

te e commercio; celibato e matrimonio; ciascuno vi porta il suo tributo, ciascuno vi conta qualche membro d'ambo i sessi; ed essa li accoglie tutti in un amplesso amoroso, e li lega in una specie di mistica consorteria, forse per quella forza simpatica che nell'ordine dell'universo attrae fra di loro le sostanze consimili. La speranza è la sua religione; la fierezza è la sua divisa; la povertà il suo carattere essenziale. Non la povertà del pitocco che stende la mano alla elemosina, ma la povertà di un duca, a cui tocca di licenziare una dozzina di servitori, vendere molte coppie di cavalli, e ridurre a quattro le portate della sua tavola, perché fatti i conti con l'intendente, ha trovato di non avere più a questo mondo... che cinquantamila lire di rendita. Come il Mefistofele del Nipote, essa ha dunque due aspetti, la mia *Scapigliatura*. Da un lato: un profilo più italiano che milanese, pieno di brio, di speranza e di amore; e rappresenta il lato simpatico e forte di questa classe, inconscia della propria potenza, propagatrice delle brillanti utopie, focolare di tutte le idee generose, anima di tutti gli elementi geniali, *artistici*, *poetici*, rivoluzionari del proprio paese; che per ogni causa bella, grande, o folle balza d'entusiasmo; del riso conosce la sfumatura arguta come lo scroscio franco e prolungato; che ha le lagrime d'un fanciullo sul ciglio e le memorie feconde nel cuore. Dall'altro lato, invece, un volto smunto, solcato, cadaverico; su cui stanno le impronte delle notti passate nello stravizio e nel giuoco; su cui si adombra il segreto d'un dolore infinito... i sogni tentatori di una felicità inarrivabile, e le lagrime di sangue, e le tremende sfiducie, e la finale disperazione. Nel suo complesso perciò la *Scapigliatura* è tutt'altro che disonesta. Se non ché, come accade anche nei partiti politici, che gli estremi accolgono nel loro seno i rifiuti di tutti gli altri, anch'essa conta un buon numero di persone tutt'altro che oneste, le quali finiscono collo screditare la classe intera... Però la vera *Scapigliatura* li fugge per la prima, e li rinnegherebbe ad alta voce se ella fosse conscia della propria esistenza.

Non è un programma rivoluzionario, bensì la premessa, sulla scorta delle *Scènes de la vie de Bohème* (*Scene della vita di Bohème*, 1847-51) di Henry Murger, per l'evoluzione che, dopo le disillusioni politiche e militari degli anni Sessanta, porterà molti scapigliati alle posizioni radicali, filocomunarde e internazionaliste del «Gazzettino rosa». Nelle pagine dell'Arrighi

> che sono per così dire la sua carta statutaria, la Scapigliatura infatti è una condizione esistenziale, riconducibile senza troppa fatica entro gli schemi descrittivi di qualsiasi evento o atteggiamento anticonformista, dai *bohémiens* ai *beatnik* di oggi, o già di ieri l'altro: giovane età ("fra i venti e i trentacinque anni" si precisa), ingegno (ma solo "perlopiù"), inadattabilità ad ogni forma di vita preordinata, con relativa disponibilità a qualunque esperienza nuova sia nel bene sia nel male, infine, definita ottocentescamente come "speranza dell'avvenire" e sentita addirittura come sua religione, una generica carica ideale, incapace quasi sempre di esprimersi in altri modi che non siano l'esteriore, ostentata declamazione di se medesima.[8]

Tra i molti nomi della Scapigliatura (tra il '60 e il '70) una delle personalità più interessanti e impegnate (non solo sul piano letterario, ma anche in una decisa propaganda ideologica, se non proprio politica) è Igino Ugo Tarchetti, attivo per un periodo breve ma intenso a Milano, dal '65 al '69, anno della prematura morte.

Il primo romanzo del Tarchetti, *Paolina. Misteri del coperto dei Figini*, apparso a puntate nella «Rivista minima» dal 30 novembre 1865 al 31 gennaio 1866 e subito dopo in volume (Andreis, Milano 1866), già dal titolo alla Sue e dalla dedica («Alla santa memoria di Celestina Dolci operaia prostituitasi per fame e morta in una soffitta della via di S. Cristina l'11 gennaio 1863») rivela l'intento di inserirsi nel filone delle esplorazioni nei «ventri» delle città, nei bassifondi e tra i miserabili del proletariato. Qui è scelto il coperto dei Figini, un campione di quei ghetti per il popolo che, dietro le architetture misere e fatiscenti, nascondono un mondo di miseria e di oppressione. Ed è la visione

---

[8] D. Isella, *La Scapigliatura letteraria lombarda: un nome, una definizione*, in "Mostra della Scapigliatura. Pittura. Scultura. Letteratura. Musica. Architettura", Milano 1966.

del «coperto» sventrato per la costruzione della nuova galleria a richiamare alla memoria del Tarchetti la vicenda della perseguitata Paolina, tipica «povera tosa» di tradizione lombarda, anzi di ascendenza manzoniana. Ma già la lettera-premessa ad Antonio Ghislanzoni (direttore della «Rivista minima») ci dà la misura della riduttiva morale del libro: la lotta fra le classi è adombrata in un banale contrasto vizio-virtù, incarnati il primo nell'aristocrazia, il secondo nel proletariato.

Non si limita, tuttavia, il Tarchetti a un appello ai buoni sentimenti, alla Dall'Ongaro, ma avanza un programma di mutamenti dei rapporti tra le classi, facilmente attuabile in quanto la dinamica di tali rapporti è stata creata dall'uomo e dall'uomo può, quindi, essere modificata. Siamo nell'ambito di un'ideologia risorgimentale (Mazzini, Pisacane) con mediazioni da Proudhon e con punte un poco più avanzate, come nell'accostamento finale tra intellettuali e operai adombrato nel patto tra Luigi e l'amico pittore, che, parimenti emarginati e oppressi dalle classi dominanti, incanalano la loro ribellione nel gesto patriottico ed eroico (si vedano il colloquio tra Paolina e Luigi, prima che questi sia arrestato, e tra Luigi e il pittore prima della partenza con i Mille di Garibaldi).

Libro più complesso e maturo è *Una nobile follia. Drammi della vita militare*, uscito nelle appendici del «Sole» dal 12 novembre 1866 al 27 maggio 1867 e, subito dopo, in volume (Vallardi, Milano 1867). Il motivo antimilitarista e la forte polemica sociale ne fanno un romanzo di rottura, che suscitò plausi entusiastici, soprattutto negli ambienti radicali, e severe censure sui giornali di regime. Nato da una diretta e sofferta esperienza di vita militare (come l'autore tiene a sottolineare nella prefazione alla seconda edizione), culminata con le campagne repressive nel Sud, derivazione romanzesca di un «programma» antimilitarista pubblicato nel '66 dal Tarchetti, *Una nobile follia* rappresenta il momento di punta dell'impegno sociale nella narrativa scapigliata fino al '70. La struttura narrativa, a parte le concessioni al gusto del tempo per gli intrecci complicati, nella «cornice», cioè l'incontro tra il narratore e un amico con il caso di omonimia, non ricalca gli schemi tradizionali, ma è costruita con un procedimento a incastro di due racconti principali in prima persona. Due nuclei tematici acquistano particolare rilievo: la potente descrizione della battaglia della Cernaia e la rivoluzionaria (o ribelle?) follia del protagonista.

A un attacco tanto forte segue quasi subito la reazione di Edmondo De Amicis che risponde con gli edulcorati bozzetti della *Vita militare*, pubblicandoli significativamente sulle colonne di «L'Italia militare» nel 1866 (nel '68 uscirono in volume presso il Treves). De Amicis, che aveva partecipato alla sconfitta di Custoza, parte dall'osservazione diretta senza mancare di obiettività nel raccontare la durezza della disciplina e della guerra dei soldati nel confronto con gli ufficiali (una differenza che sarà più tardi percepita come di classe all'interno delle sue scelte di socialismo borghese), ma ogni conflitto si compone sempre in un'armonia generale, in una "medietà" di rapporti riflessa nello stile, alieno dall'espressionismo o dalla dialettalità scapigliata, dalla complessità sintattica dei veristi, stile semplice, lucido, ordinato, perbene, che caratterizzerà anche le *Novelle* del 1872, scritte sull'onda del successo della *Vita*.

Nulla di più lontano dalla livellatrice prosa deamicisiana dello stile e della struttura complessi di *Una nobile follia*. Alle sequenze antimilitariste si sovrappone, non si fonde, la continua polemica sociale enunciata dal personaggio, ma anche realizzata fino alle estreme conseguenze. L'ideologia che Tarchetti propone sviluppa le tesi di suoi interventi giornalistici e si modella sul proudhonismo diffuso negli ambienti intellettuali contemporanei. Le pagine sulla proprietà discendono direttamente dallo scritto di Proudhon *Qu'est-ce que la propriété?(Che cos'è la proprietà?)*:

> La proprietà è l'usurpazione [...] la proprietà è il furto. Chi ha rogato il testamento di Adamo? Ora, se le leggi difendono un'usurpazione, se le leggi basano sopra un falso principio, la vostra coscienza non vi può impedire di violarle. Io vorrei che mi diceste che cosa è il debito. [...] Il debito è il riacquisto di una parte della vostra proprietà (intendo dell'eredità comune a tutti gli uomini) – non v'ha debitore che non sia già creditore; che se voi siete costretto a contrarre il debito, egli è perché siete tuttora creditore di questa parte che vi è dovuta; ed è

ragionevole che non potendola riavere colla forza, la riacquistiate a brano a brano coll'astuzia: ella è cosa più nobile ancora il riaverla colla violazione della legge, che abbiamo veduto non esser altro che l'immorale difesa dell'usurpazione.

È una posizione decisamente rivoluzionaria (o anarco-idealista come è stata definita) che mette in crisi dalle fondamenta l'istituto giuridico e, quindi, tutte le istituzioni politiche e sociali su quello basate.

Se il proudhonismo del Tarchetti dipende dalla larga diffusione delle tesi del filosofo francese nella Lombardia postquarantottesca, la sua polemica antimilitarista si inserisce in una precisa posizione politica delle generazioni uscite dal Risorgimento e successive a questo: i ricordi brucianti di Villafranca, del freno imposto a Garibaldi a Teano, degli scontri di Aspromonte erano rinnovati, oltre che dalle campagne contro il brigantaggio per imporre l'adesione totale delle province meridionali, dal disonore di Custoza e di Lissa. Le sconfitte militari e politiche esasperano, quindi, le posizioni repubblicane e radicali e determinano una opposizione più decisa al governo e alle istituzioni, in particolare, dopo il '70, nel gruppo degli intellettuali del «Gazzettino rosa» (fondato nel '68 da Bizzoni e Cavallotti). Negli anni immediatamente successivi al '66, invece, le disillusioni politiche, dopo un primo disorientamento, si placano nel moderato riformismo propagandato prima dalla «Cronaca grigia», poi dalla «Rivista minima», secondo una linea che arriverà fino al programma fortemente innovatore sì, ma all'interno di una realtà accettata *in toto* (Italia unita e monarchica) di Pasquale Villari e della «Rassegna settimanale».

Le prime prove novellistiche (1865-66) di Tarchetti si presentano all'insegna dello sperimentalismo, nonché dell'imitazione di modelli stranieri: da *La fortuna del capitano Gubart*, *Un suicidio all'inglese*, *L'elixir dell'immortalità*, *Tragico fine di un pappagallo* ai *Racconti umoristici* si ritrovano mescolati e distillati Sterne, la Sand, Foscolo, Chateaubriand, Dumas, Radcliff, Hoffmann e Balzac. In nome del rinnovamento della letteratura si collocano anche gli interventi critici nella «Rivista minima» fino a quelle *Idee minime sul romanzo* in cui si coniugano l'idea del romanzo come espressione artistica capace di rappresentare la realtà e, nello stesso tempo, «istruire e [...] educare allettando». E si noti novità, originalità, realismo, stile d'avanguardia non sono pressoché mai disgiunte nella produzione scapigliata.

Se i romanzi partono da una posizione ideologica che oggi definiremmo progressista, o per lo meno polemica, e trasformano la novella rusticale in racconto sociale e cittadino, fanno emergere tuttavia tendenze e adesioni a modelli narrativi ben identificabili, che finiranno per affermarsi, in certo modo, disattendendo le dichiarazioni teoriche delle *Idee minime*: *Paolina* può essere definito un romanzo nero per la presenza del personaggio persecutore, della fanciulla vittima inerme e innocente, dei luoghi della città, il coperto Figini luogo di squallore e di miseria, i palazzi aristocratici; *Una nobile follia* presenta il tema del "doppio" con il caso di omonimia, la patologia della disgregazione della personalità; *Fosca* l'amore-passione ossessivo non per la bellissima donna fatale, ma per una donna brutta, malata, distruttiva; tutte situazioni che portano alla follia e/o alla morte, follia e morte desiderate e, insieme, temute fino al terrore in un contrasto non conciliabile.

Sicché la presenza della modalità racconto nero e/o racconto fantastico traspare sin dal titolo *Racconti fantastici*, appunto pubblicati nel 1869. Si tratta del resto di un filone consapevolmente e criticamente aperto dagli scapigliati che cercano i loro modelli nella letteratura europea. E vi trovano Hoffmann (1776-1822), Poe (1809-1849) tra gli eredi più diretti del gotico, nato nel 1764 con *Il castello di Otranto* (1764) di Walpole e proseguito con *I misteri di Udolfo* (1794) e *L'italiano, o il confessionale dei Penitenti Neri* (1797) di Ann Radcliff, *Vateck* (1786) di William Beckford, *Il monaco* (1796) di Mattew Gregory Lewis; un genere che influenza anche Manzoni nella prima stesura del suo romanzo nei racconti della monaca di Monza, del Conte del Sagrato, del rapimento di Lucia, della carestia e della peste, con strascichi anche nelle pagine, pur più controllate, della ventisettana, e sopravvive nell'orrore delle torture della storia nera aggiunta al romanzo, quella della *Colonna Infame*. In Inghilterra il racconto gotico si evolve in storia del mistero, dell'angoscia metafisica in opere come *Frankenstein* (1817), *The Last Man* (*L'ultimo uomo*, 1826) di Mary Shelley, dei terrori dell'anima con *Melmoth the Wanderer* (*Melmoth l'errante*, 1820) di Charles Robert Maturin. Ma se il romanzo gotico classico aveva scelto epoche del passato e luoghi esotici (l'Italia meridionale, la Spagna) per ambientare le proprie complesse e paurose trame, già Hoffmann rivolge la propria attenzione alla contemporaneità solo apparentemente normale e concreta per farla entrare in corto circuito con quella che considera la naturale realtà ovvero l'elemento magico, nascosto e folle che rivela l'inconscio, la psicologia del profondo. Nel 1808 scrive il primo dei suoi strani racconti, *Il cavaliere Gluck*, nel 1815 pubblica le *Fantasie alla maniera di Callot*, dal 1818 al 1821 i *Notturni* e *I fedeli di San Serapione*, nel '22 l'ultimo *Mastro Pulce*. Poe inizia nel 1840 con i *Racconti del grottesco e dell'arabesco*, scritti a partire dal 1832, fino ai *Racconti* del 1845 una letteratura dell'incubo in cui si inserisce anche l'invenzione del racconto poliziesco, primato contesogli dal Balzac di *Une tenebreuse affaire* (*Un tenebroso affare*, 1840-41).

Entrano così nella narrativa occidentale i temi dell'angoscia esistenziale, dei mostri della coscienza, gli abissi dell'animo, i casi sorprendenti, gli intrighi, i misteri delittuosi per lo più su sfondi contemporanei e metropolitani. Balzac dà nuova vita non solo al romanzo-inchiesta, definizione per altro riduttiva, su casi oscuri della storia recente del periodo napoleonico (oltre a *Une tenebreuse affaire* sulla congiura antinapoleonica del 1803 e il rapimento del senatore Clement de Ris avvenuto nel 1800 e trasportato da Balzac nel 1806, *Les Chouans*, *Gli sciuani*, 1829 sulla ribellione della Bretagna controrivoluzionaria nel 1799), ma anche all'indagine poliziesca condotta da un investigatore che deve riportare la società all'ordine sconvolto dall'azione criminale; né trascura la tendenza fantastica in molti racconti, alcuni dei quali influenzano Tarchetti: *L'elixir dell'immortalità*, tormento dell'uomo condannato a un'eterna giovinezza, si rifà a *Elixir de longue vie* (*L'elisir di lunga vita*, 1830) e *Elixir de jeunesse* (1833).

Naturalmente questa breve sintesi accenna solo ad alcune punte emergenti di un tessuto ricchissimo: basta scorrere la classica antologia *Racconti fantastici dell'Ottocento* (1983), scelti da Italo Calvino, per constatare il fenomeno quasi epidemico nel corso di tutto l'Ottocento, tanto che ne risentirà lo stesso Verga in alcuni dei suoi primi racconti come *X*, vicenda di una misteriosa fanciulla incontrata a un veglione della Scala, delusa dall'amore e destinata alla tomba, e *Le storie del castello di Trezza* (1875), in cui la fosca storia barocca di amore e morte tra il castellano e donna Violante si riverbera e si replica in quella contemporanea e altrettanto tragica di Matilde e Luciano. E non mancherà di richiamarvisi più consistentemente Luigi Capuana.

L'influsso di Hoffmann su Tarchetti, influsso che si mescola alle suggestioni inglesi e francesi indicate a cui aggiungere Heine e Baudelaire, i *Contes bizarres* di Achim von Arnim nella traduzione di Théophile Gautier del 1856 (ma anche gli stessi racconti di Gautier tra cui *Jettatura*, *Avatar* del 1857 e *Spirite* del 1865) e le opere narrative e poetiche di Gerard de Nerval, giunge al punto che la raccolta *L'amore nell'arte* (anche questa uscita postuma nel 1869) avrà come motivo ispiratore la musica, sulla scia di *Kreisleriana. I dolori musicali del direttore d'orchestra Johannes Kreisler* (1809), sorta di doppio dello scrittore e musicista tedesco, un genio che vede nella musica lo strumento di redenzione, ma è posseduto da forze oscure e demoniache.

Quali sono i temi del racconto nero e fantastico scapigliato? Nella sostanza gli stessi di quello europeo sintetizzabili, comunque, in «ossessione, allucinazione, incubo, malattia, morte».[9] Possiamo aggiungere sdoppiamento della personalità, premonizione, follia, reincarnazione, fenomeni paranormali, amori bizzarri, necrofili o amore per l'orrido. In tutti i *Racconti fantastici* di Tarchetti però c'è una netta propensione al realismo, all'attenuazione della *suspense*, dell'orrore, nonostante il ricercato contrasto tra una prima parte del racconto dedicata alla quotidianità e una seconda al manifestarsi di una realtà altra, non norma-

---

[9] Così li elenca G. Finzi nell'antologia *Racconti neri della Scapigliatura*, Mondadori, Milano 1980.

le, allucinata e trasgressiva, comunque spiegabile in base alle conoscenze scientifiche del tempo, addirittura al punto da portare alla scoperta di una verità, come il colpevole dell'omicidio di *Lo spirito in un lampone*. Alcuni racconti si svolgono, secondo il canone "nero", in luoghi lontani, l'Italia meridionale dello *Spirito*, «una terra che non era la mia, e alla quale mi avevano attratto delle tradizioni piene di superstizioni e di tenebre», il Nord della Francia ai confini con la Germania, in *Le leggende del castello nero*, vero campionario di tutti i luoghi comuni della narrativa fantastica, notevole per altro per la premessa teorica sul genere, sugli abissi del tempo, sul passato e sull'avvenire come tenebra che avvolge il doloroso presente, e sul fenomeno narrato della possibilità di rivivere una vita altrui. Non manca l'espediente tradizionale del manoscritto che l'autore ufficiale dichiara di aver trovato e pubblicato, né mancano luoghi e date e descrizioni di assoluta precisione. Altri racconti manifestano gli strani fenomeni paranormali in una realtà domestica, come *Un osso di morto*, che così inizia: «Lascio a chi mi legge l'apprezzamento del fatto inesplicabile che sto per raccontare. Nel 1855, domiciliatomi a Pavia, m'era dato allo studio del disegno...».

I fatali, ricalcati sugli *Illuminés* di Nerval, svolge il tema dell'influenza sinistra esercitata da alcuni esseri «sugli uomini e sulle cose che li circondano» ed è preceduto dalla solita premessa in cui il fenomeno psicologico viene osservato e analizzato, mentre la narrazione vera e propria inizia con la consueta precisazione spazio-temporale, questa volta un carnevale milanese, un concretissimo e borghesissimo veglione. Ma la Milano quotidiana e domestica vedrà l'azione funesta di due uomini, aristocratici di provenienza incerta, suggestiva perché lontana e ignota (America, Polonia, Boemia). A parte la goticità del racconto, si presenta un tema caro agli scapigliati (si pensi al racconto di Dossi intitolato *Al veglione*, un grottesco quasi espressionistico con evidenti intenzioni etiche) e che, come il tema del castello, delle corrispondenze misteriose, tornerà nella prima raccolta verghiana, *Primavera*, anzi nel primo racconto scritto da Verga alla fine del 1873, *X*, insieme alla discussione iniziale, qui brevissima e incentrata sul mistero amoroso, così come in quella più estesa e preludente alla lettera al Farina di un'altra novella della raccolta, *La coda del diavolo*, dove a prevalere è il motivo del sogno che innesca per vie quasi paranormali un fenomeno amoroso.

Gli anni Sessanta vedono anche la produzione narrativa, minore rispetto alle altre attività, di Arrigo Boito: del 1867 è *L'alfier nero*, del '68 *Iberia* e del '73-74 *Il trapezio*, *Il pugno chiuso* del 1870, testi diversissimi che dovevano entrare in un progetto dal titolo *Prose da romanzo*. Diversi, ma accomunati dal tema dell'ossessione, della monomania. *L'alfier nero* contiene in più il motivo del doppio, della doppia partita mortale giocata l'una sulla scacchiera, l'altra nelle colonie inglesi sul terreno di una rivolta, nonché l'opposizione uomo bianco / uomo nero, richiamata dal colore degli scacchi, che simboleggia il contrasto alla base del mondo tra bene e male in una visione esoterico-massonica, che fa parte della cultura boitiana.[10] L'altro elemento è la trasmissione della volontà che fa sì che la vittoria agli scacchi di Tom, che identifica se stesso, il fratello, la sua intera "razza" con l'alfiere nero, contro l'americano Anderssen produca la vittoria del fratello ribelle, mentre la morte possibile per questi venga attratta nel suo destino da Tom:

> Vi è una specie di allucinazione magnetica che la nuova ipnologia classificò col nome di ipnotismo ed è un'estasi catalettica, la quale viene dalla lunga e intensa fissazione d'un oggetto qualunque.
> Se si potesse affermare evidentemente questo fenomeno, le scienze della psicologia avrebbero un trionfo di più: ci sarebbero il magnetismo che prova la trasmissione della semplice volontà sugli oggetti inanimati, l'ipnotismo che prova l'influenza magnetica delle cose inanimate sull'uomo.

L'informazione parascientifica fa parte del canone di questi racconti, come tutti i fenomeni paranormali che causano la dislocazione delle esperienze fisiche e psicolo-

---

[10] Si veda A. Boito, *Opere letterarie*, a cura di A.I. Villa, IPI, Milano 1996, *Introduzione* e bibliografia.

giche attraverso lo spazio e il tempo: lo dimostra anche la fumosa premessa teorica delle *Leggende del castello nero*:

> Nell'abisso che ha inghiottito il passato non vi sono più fatti od idee, vi è il passato: i grandi caratteri delle cose si sono distrutti come le cose, e le idee si sono modificate con esse – la verità è nell'istante – il passato e l'avvenire sono due tenebre che ci avviluppano da tutte le parti, e in mezzo alle quali noi trasciniamo, appoggiandoci al presente che ci accompagna e che viene con noi, come distaccato dal tempo, il viaggio doloroso della vita.

Boito non manca di polemizzare con il romanticismo e la poetica del vero di Manzoni e di Verdi ricorrendo alla parodia più dissacrante: il reale va sostituito con il grottesco e il deforme, il «Bello» con l'«Orrendo»: «Noi scapigliati romantici in ira, alle regolari leggi del Bello, prediligiamo i Quasimodi delle nostre fantasticherie» (lettera dal titolo *Buon anno* premessa a *Ballatella* in «Cronaca grigia», gennaio 1865).[11]

Concentrata in un quindicennio, 1868-1883, la produzione novellistica di Camillo Boito non porta solo date significative di un periodo felicissimo per la prosa narrativa italiana, ma segna la storia letteraria con l'impronta di novità e originalità tematiche, di capacità costruttive non comuni e di uno stile moderno, sciolto, in una parola europeo. La critica concorda nell'attribuire almeno in parte tali qualità alla sua professione di architetto (giovanissimo professore all'Accademia di Venezia e poi a Brera, critico e teorico d'arte): la struttura dei suoi racconti è quasi sempre esemplare, degna del più grande Verga, anche se profondamente diversa la tecnica. Come Verga, Boito è essenziale, mai prolisso, anche quando indulge al commento, al saggio o alla citazione colta, come ad esempio nella sua prima prova *Baciale 'l piede e la man bella e bianca* (1868), dove l'impalcatura del racconto è il viaggio da Roma ad Ancona del giovane pittore, occhio attento e taccuino alla mano per schizzi e appunti, e cuore e mente pronti a invaghirsi di belle sconosciute, in un itinerario tra Sterne e Stendhal. Cadono qui le prime

[11] Cfr. p. XXXVII, nota 10.

memorabili descrizioni di paesaggi e persone che rendono così visivi i racconti, quasi quadri in cui si svolga o si fissi una densa storia intellettuale, sentimentale, psicologica. Ecco una delle prime osservazioni del viaggiatore, paradigmatica nel gioco di luci-ombre, chiari-scuri:

> Pagai dunque lo scotto; ma, prima di ripigliare il cammino, mi fermai un poco sotto la loggia a contemplare il cielo, che, tutto gravido di nubi, minacciava un diluvio. Le nuvole non si distendevano equamente sotto la volta celeste; di qua s'ammonticchiavano nere, di là, diradandosi, spinte dal vento, che aveva lasciato la terra per soffiare in alto, brillavano in larghe chiazze biancastre, e talvolta da uno squarcio lasciavano vedere un lembo azzurro. La intensità della luce e la direzione de' riflessi mutavano quindi secondo la posizione delle masse opache o trasparenti; sovente una larga pennellata di sole rallegrava per un istante il dorso d'un colle, un casolare lontano, una fila d'alberi sul piano sfuggente della campagna. Quando i raggi del sole, passando, proiettavano l'ombra del mio corpo e dei paracarri sul bianco della via, il cuore mi balzava dalla gioia e pensavo che il contadino, il quale aveva il dì innanzi presagito la pioggia, era una bestia. Ma, dopo un minuto, l'animo e la strada tornavano nella tristezza. Da Monterosi vidi lontano, verso Nepi, dove appunto m'avviavo, una larga zona sull'orizzonte bruno, formata di fili argentei verticali; parevano i segni di una scopa sul fondo ancora fresco di un negro quadro di paese. Non ero infatti giunto a metà tra Monterosi e Nepi, e già cominciavano a cadere dei grossi goccioloni, i quali, piombando sulla polvere fina, la rialzavano un palmo.

E le citazioni potrebbero fare un'antologia; cambiando oggetto, vediamo due corpi nel loro splendore, nella forza e bellezza della gioventù, Carlotta di *Un corpo* (1870), fresca e flessuosa nell'idillio dei suoi diciott'anni all'inizio del racconto, e Remigio in *Senso* (1883), quando in una scena inedita nella narrativa contemporanea emerge nella *Sirena*, la vasca dove Livia nuota, sfolgorante come un dio marino:

> La mia compagna non so se fosse ninfa o folletto. Io la chiamavo col verso di un vecchio stornello: *La bizzarrina del campo dei fiori*. Aveva diciott'anni. Di quando in

quando si svincolava dal mio braccio per fuggire sull'erba verde di que' bei prati del *Prater*. Talvolta le correvo dietro, ed ella mi scansava, girando intorno all'enorme tronco di una quercia, o sbalzando da ogni parte con salti da gazzella; talvolta la lasciavo andare, ed ella allora, vedendosi lontana, si fermava, si sdraiava sull'erba, e m'aspettava ansando. Nel giungerle vicino, guardavo tutto intorno se qualcuno ci vedesse. Facendo puntello delle braccia ella rovesciava indietro il corpo flessuoso, che s'incurvava come l'ansa di un vaso greco. (*Un corpo*)

Sapevo che tutte le mattine, alle sette, il tenente Remigio vi andava a nuotare. In acqua era un eroe: saltava dall'alto a capo fitto, ripescava una bottiglia sul fondo, usciva dal recinto attraversando di sotto lo spazio dei camerini. Avrei dato non so che cosa per poterlo vedere, tanto m'attraevano l'agilità e la forza.

Una mattina, mentre guardavo sulla mia coscia destra una macchietta livida, forse una contusione leggiera, che deturpava un poco la bianchezza rosea della pelle, udii fuori un romore come di persona, la quale nuotasse rapidamente. L'acqua si agitò, la ondulazione fresca mi fece correre un brivido per le membra, e da uno dei larghi fori tra il suolo e le pareti entrò improvviso nella *Sirena* un uomo. Non gridai, non ebbi paura. Mi parve fatto di marmo, tanto era candido e bello; ma il suo ampio torace si agitava per il respiro profondo, e i suoi occhi celesti brillavano, e dai capelli biondi cadevano le gocciole come pioggia di lucenti perle. Ritto in piedi, mezzo velato dall'acqua ancora tremolante, alzò le braccia muscolose e morbide: pareva che ringraziasse i numi e dicesse: "Finalmente!". (*Senso*)

Carlotta sul tavolo dell'anatomo nel sorprendente finale sarà la prova materiale di ciò che resta delle passioni e il pretesto per un omaggio al gusto gotico scapigliato, nonché alle inclinazioni scientiste della cultura contemporanea nelle parole del dottor Gulz, che assegnano, in modo un po' confuso, nell'ansia di unire vari modi di conoscenza, un compito parallelo alla scienza e all'arte, la ricerca della verità:

Qui ho bisogno che mi soccorra l'artista, richiamandomi alla memoria l'apparenza della vita. Ma l'apparenza è forma soltanto: io ricerco le ragioni nella sostanza. Le ossa, i visceri, i tessuti dell'uomo, come spiegano la vita, così spiegano la bellezza. L'arte abbraccia la scienza. [...] La fisiologia e la psicologia verrà tempo, lo giuro, in cui saranno uno studio solo. [...] si svelerà finalmente ciò che gli uomini cercano da migliaia e migliaia di anni, il come del loro essere, la materia e il processo delle loro sensazioni e del loro pensiero. [...] Insomma la sola cosa effettiva, la sola cosa reale, è la scienza. Il resto è illusione o fantasmagoria.

Carlotta alla fine sarà composta in una «simmetria lugubre, ghiacciata, vana», Remigio si presenterà al plotone d'esecuzione «nudo fino alla cintura» abbagliando ancora Livia e suscitandole il ricordo della piscina, ma lei stessa ne metterà in luce l'animo vile e perverso registrandone l'andatura: «fiancheggiato da due soldati, che lo reggevano con molta fatica alle ascelle, si strascinava singhiozzando», come a sottolineare il contrasto apparenza-realtà, vero motivo conduttore di molte trame della narrativa di secondo Ottocento, la maschera esteriore e il carattere, comportamento formale e scelte interiori, intenzioni nascoste. Così in *Dall'agosto al novembre* (1871) la virtuosa e spiritosa affascinante marchesa Giulia, tra Intra e Pallanza, rifiuta con sottili discorsi il grande amore che l'io narrante le propone, pur riconoscendo di aver trovato la possibile-impossibile felicità di un'anima gemella; a Firenze si piega a un banale adulterio con un capitano di cavalleria, «biondo, grande e grosso come un gladiatore», lasciando l'antico innamorato in balia del dileggio dei salotti di Milano.

Si può anche rilevare che c'è una geografia articolata: lo spazio del racconto è scelto in luoghi inediti nella narrativa: l'Italia centrale, i laghi (Maggiore, di Como, Idro in *Macchia grigia* 1877), Vienna, il Trentino in *Vade retro Satana* (1879), le montagne innevate di *Santuario* (1881), tra Treviglio e Caravaggio in *Meno di un giorno* (1881), fino alla Venezia ambigua di *Il collare di Budda* (1880) e quella fatale di *Senso*, in cui il viaggio di Livia da Trento a Verona apre su visioni non solo paesaggistiche ma di terre sconvolte dalla guerra del 1866.

È sempre un io narrante che conduce il racconto ricostruendolo sui suoi ricordi o su appunti. Ad esempio in *Macchia grigia*:

> Bisogna ch'io entri finalmente nel cuore del mio racconto. Vi siete accorto che mi ripugna; infatti nello scorrere gli sgorbii buttati sulla carta conosco di aver fatto come colui, al quale duole un dente e va per farselo strappare.

Qui il narratore è riluttante a proseguire perché dovrà rivelare al medico, suo interlocutore muto, che il suo comportamento incauto provocherà una tragedia familiare, la morte di Teresa, la giovane montanara conquistata per curiosità e abbandonata per una sopraggiunta repulsione per la sua natura e per il suo profumo ferino, e del padre di lei. Infine il narratore racconta, deciso ad andare alla sostanza del fatto, impietoso e, in certo modo, cinico, ma capace di autopunirsi sostituendo al male morale un male fisico, la febbre prima, poi l'ossessionante macchia grigia. Forse solo la consegna del manoscritto al dottore potrà liberarlo: «vi consegnerò io stesso domani questo manoscritto. O guarisco o mi strappo gli occhi». In *Senso*, sottotitolo *Dallo scartafaccio segreto della contessa Livia*, la protagonista stende le sue memorie intorno all'evento capitale della sua esistenza, avvenuto sedici anni prima, per trovare conforto alla sua inquietudine, e lo fa con gioia, perché scrivere la verità senza risparmiarsi nulla, confessare a se stessa le bassezze, umiliarsi (fino a descrivere la scena in cui l'ufficiale boemo le sputa in faccia) è per lei liberatorio, la esalta e la fa sentire diversa dalle altre donne, come si è sempre sentita, grazie alla bellezza e alla spregiudicatezza.

Tra i racconti in terza persona citiamo *Il collare di Budda* e *Il maestro di setticlavio* (1891, l'altro capolavoro "veneziano"). Nel primo il narratore tradizionale interviene («Bisogna sapere che», «Il nostro cassiere») dimostrando la sua posizione onnisciente: il protagonista entra in scena al momento della crisi, viene data notizia dei fatti che l'hanno causata secondo un procedimento di *suspense* che fa presagire un finale "nero", che invece, con improvviso ribaltamento, diventa se non lieto, comunque non drammatico (Gioacchino apprende la scarsa moralità della donna amata, ma si libera anche dall'ossessione di aver contratto la rabbia), come nella maggior parte delle novelle dove è la morte tragica per lo più dei personaggi femminili a sancire l'impossibilità della trasgressione o della follia. Nel *Maestro*, di un verismo attardato anche nel sottotitolo *Novella veneziana*, lo scrittore è presente con il ricordo della sua Venezia, la Venezia della sua infanzia, ormai scomparsa, una Venezia pittorica nelle descrizioni di gusto impressionista, o meglio pittorico-scapigliato, e musicale per i temi e i personaggi: anzi proprio nel passaggio tra vecchia e nuova musica è adombrato il cambiamento dei tempi, l'abbandono delle tradizioni, la crisi anche di un modo di fare letteratura tra Scapigliatura e verismo, un'esperienza intellettuale e creativa che lo stesso Verga avrebbe di lì a poco dichiarato chiusa con il *Don Candeloro e C.i.*

La lingua di Boito riflette le qualità pittoriche del suo occhio: ricca, incisiva, colorita, ma mai dialettale – o con pochissime concessioni a regionalismi – si esercita con scioltezza nelle minutissime descrizioni, nei dialoghi sempre controllati, nelle escursioni riflessive e saggistiche che si mescolano abilmente nei testi scritti in prima persona. Nel passaggio dalle prime edizioni di *Storielle vane* del 1876 alla terza del 1895 e di *Senso. Nuove storielle vane*, 1883 alla seconda del 1899 anche certa letterarietà, certo prezioso arcaismo lessicale si smorzano in favore di una lingua più contemporanea, quotidiana e parlata.

Racconto e romanzo:
la sperimentazione espressionista di Carlo Dossi

Nel fatidico passaggio dagli anni Sessanta ai Settanta ecco apparire sulla scena uno scapigliato anomalo: l'aristocratico, coltissimo (di amplissime letture europee da Rabelais a Cervantes, da Montaigne a Jean Paul, passando per Sterne, Swift, Smollett, Fielding, Poe, Dickens, per non citare i molti padri italiani), conservatore, se non reazionario, nella maturità, Carlo Alberto Pisani Dossi. Nel 1870 appare, sua seconda fatica, la *Vita di Alberto Pisani*, una novità assoluta nel panorama italiano. Perché con la *Vita* è addirittura un romanzo a far da cornice a tredici novelle, un romanzo quasi autobiografico, tutto incentrato sull'amore e sulla scrittura per amore, tema dominante già nell'*Altrieri*

(1868) e che sarà portato avanti fino ai racconti di *Amori* (1887). La vita di Alberto è seguita dalla nascita al suicidio per amore sul corpo di Claudia morta, finale sorprendente, umoristico, da *humour* nero, a chiudere un itinerario al novantanove per cento libresco o, meglio, vissuto di riflesso sui libri o insinuandosi nelle vite altrui, nelle altrui storie amorose, come appunto in quella di Claudia e Guido. I raccontini che non nascono indipendenti, ma come tanti pezzi del libro scritto per amore di quest'ultima, dal titolo *Le due morali*, sono tante superfici riflettenti dell'incapacità di vivere di Alberto, e anche di tutti i difetti e i vizi degli uomini e delle cose del tempo che Alberto ritrova e vivisgeziona in se stesso. Non solo, sono la sua unica forma di vita, tutta tesa all'amore, sempre insoddisfatto: fin dalle prime infatuazioni infantili questo sospirato sentimento è stato sempre cartaceo (lettere e composizioni poetiche) o virtuale (le sante, le regine, le dee delle pinacoteche) ma pervicacemente volto alla ricerca di quella «gentilissima» che potesse condurlo in un percorso stilnovistico sulla falsariga della dantesca *Vita Nuova*, «mignone libruccio», sempre incontrato con un «tremito di simpatia» e scelto a modello del «secondo ed ùltimo tomo». Un modello che è l'anti-*Decameron*, e infatti nel capitolo IV, che fa da introduzione secondo la tecnica destrutturante di Dossi per cui il paratesto, la parte extradiegetica si colloca sì all'inizio ma è un capitolo interno al romanzo, Boccaccio viene lasciato cadere a terra perché «intoppa». Notiamo però la simmetria e l'opposizione: capitolo IV – Giornata IV, dichiarazioni di poetica e giustificazione dello stile nella stessa sezione del libro, ma portate fuori dal libro. Perché Boccaccio intoppa, perché diventa l'antimodello per uno scrittore all'avanguardia come Dossi; uno scrittore che come Boccaccio vuole costruire una struttura romanzesco-novellistica in cui rifondere il *corpus* romanzesco europeo (dei suoi diversi tempi), che come Boccaccio vuole imprimere una svolta ai generi della narrazione, che come Boccaccio rovescia gli schemi contenutistici e stilistici della narrazione breve – e di quella lunga. Si pensi per esempio a *Odio amoroso*, scottante episodio – dal III al IX capitoletto – di amore incestuoso, non realizzato, ma intensamente sofferto, che ribalta il racconto romantico costruendo non solo un finale non tragico, un borghesissimo matrimonio, come deterrente alla tentazione, ma addirittura svelando il gioco dell'autore, il filtro umoristico nel brevissimo capitoletto finale che con uno schiocco di dita riporta il lettore alla realtà:

> E Ines e Leopoldo si sono partiti per sempre, in questo mondo almeno, dato che l'altro ci sia. C'è? Speriamo allora trovarli – non condannati ad una *fraternità eterna*.

È proprio la componente umoristica a spiegare l'avversione al Boccaccio: lo

> scrittore umorista deve mediocremente rendere interessante l'intreccio, affinché per la smania di divorare il libro il lettore non sorvoli a tutte quelle minute e acute osservazioni che costituiscono appunto l'*humour*.[12]

La linea narrativa dossiana è una linea sinuosa che insidia il racconto tradizionale, ne sconvolge le strutture, l'ordine; è una linea che spezza, devia, tralascia, svaria, riprende, una linea che presuppone una miscela di generi letterari diversi, che è antinaturalistica, che serve a una struttura spiazzante, che metta in difficoltà il lettore, ma insieme lo coinvolga nella ricerca del narratore, del senso del testo. La novella boccacciana è in massima parte costruita mediante un intreccio complesso, ma in cui vengono poste tutte le premesse per lo scioglimento finale, spessissimo secondo la tecnica del punto di svolta. Nei raccontini di Dossi c'è invece accumulo, variazione, rispecchiamento, duplicazione, non c'è mai una *fabula* che si realizzi e si risolva in un intreccio canonico: che la storia di Claudia Salis sia narrata diversamente nel "romanzo" della vita di Alberto, prima dall'amico Andalò, poi dallo scrittore ufficiale (introdotta com'è dalla didascalia «Lettori miei; conterò intanto una storia.») e, infine, nel raccontino *La provvidenza*, è già una fondamentale prova. Il racconto di Dossi procede per sbalzi, frammenti commenti e intrusioni del narratore, per non parlare del

---

[12] C. Dossi, *Note azzurre*, 2 voll., a cura di D. Isella, Adelphi, Milano 1964, n. 2174.

gioco espressionistico tra livelli lessicali diversi. *Le due morali* è una storia con «molte lacune», fatta di pezzi di una storia da ricostruire con l'immaginazione, il lettore è lasciato a bocca asciutta, anzi lo si dileggia pure con una strofetta: «Se imàgini cos'è / c'è un gràppolo per te». *Le due morali* appare solo come titolo del penultimo frammento, ed è l'inizio del libro che nel Capitolo duodecimo Alberto legge nella copia fresca di stampa e appare come la presa di posizione etica di Carlo Dossi. Nella *Prefazione generale ai "Ritratti umani"* lo scrittore afferma:

> Io qui non mi occupo che dei difetti e de' vizi degli uomini. E studiàndoli e descrivèndoli e pungèndoli per farne uscire tutto il marcio, tento non solo di curare altrùi, ma mè stesso;

e ancora:

> Simili descrizioni appartengono evidentemente alla storia – storia mia, ove si tratti di [...] "quasi autobiografie" [...] o "storia altrui".[13]

Dunque un intento educativo tradizionale per la novella si direbbe, ma in realtà soprattutto autoammaestramento, autocorrezione esercitati su altri «ii», come è nell'indole assolutamente egocentrica del narratore umorista:

> In un libro d'umorismo il protagonista è sempre l'autore, non lo si può perdere mai di veduta, e ne fa il principale interesse. Di qui la nessuna importanza, anzi il nessun bisogno dell'*intreccio* o *intrigo* nel romanzo umoristico.[14]

La *Vita di Alberto Pisani* è la dimostrazione di questa tecnica antitradizionale che deve intaccare sia il romanzo sia la novella; il libro ingloba i raccontini in modo apparentemente casuale, come un filone d'ambra corpuscoli vari, li

---

[13] C. Dossi, *Opere*, a cura di D. Isella, Adelphi, Milano 1995, pp. 904 e 903.
[14] C. Dossi, *Note azzurre*, cit., n. 2267.

imprigiona in una struttura narrativa più ampia, in una architettura disarticolata e sorprendente, come infine non casuale e però sorprendente è la disposizione: dopo le storie della nonna, riprese dall' *Altrieri*, *La cassierina* – flash su bimbi saltimbanchi in una festa di paese – è ricordo di dieci anni prima, risvegliato dallo spettacolo a cui Alberto assiste di un fanciullo contorsionista. Al teatro di saltimbanchi Alberto vede Claudia e ascolta la sua storia da Andalò, narrata in termini così volgari da indurlo a riraccontarla nella *Provvidenza*. *Il mago* è la storia di chi ha abitato la «misteriosa casina» in cui Alberto si rifugia dopo i molti tentativi di scrivere il romanzo «per giungersi [...] in ispirito» a Claudia. Qui, osservando la «portinarìa», scrive *Il lotto*. Negli otto mesi passati alla casina Alberto Pisani scrive tutti i pezzi del libro *Le due morali* e all'inizio del Capitolo undecimo Carlo Dossi ne propone «de' scampoli» ai lettori. Finché all'inizio del Capitolo duodecimo arriva il volume, fresco di stampa; Alberto lo apre e inizia a leggere la premessa sulle due morali, ma irritato dall'errore di stampa che dopo una pagina vi scopre e, insieme, dalla «miseria» del libro («un periodare contorto... male assonante... a stroppiature d'idee») lo butta, si dispera e piange; poi finisce per raccattarlo, lo apre a caso e, leggendo *Le caramelle*, si consola.

Così *Le due morali* non è ultimo, come ci si aspetterebbe dal dispettoso costruttore, ma penultimo, per lasciare la conclusione a *Le caramelle*, «note di un'armonìa allargastòmaco-e-cuore» dopo l'irritazione violenta per il refuso e la pochezza del libro.

Dalla chiusa struttura della *Vita* i raccontini verranno poi liberati, anzi «spannati» (*Avvertenza*) nelle *Goccie d'inchiostro* (1880), a dimostrazione non solo della loro autonomia, ma anche dell'identificazione del loro autore romanzesco Alberto (che per altro si nasconde sotto il *nom de plume* di Guido Etelredi) con lo scrittore Carlo Dossi, che gioca con i suoi materiali narrativi, mostrandone tutte le possibilità di manipolazione. Vengono liberate nelle *Goccie* anche altre parti della *Vita*, storie inglobate nella «quasi-autobiografia», nella zona diegetica del libro: *I frequentatori della portinarìa* riproduce la descrizione di due personaggi che Dossi aveva visto mancare nel bozzetto *Il lotto* e perciò li aveva descritti subito dopo; *Un romanzo abortito* trasforma in novella l'avventura non vissuta durante il viaggio notturno di Alberto verso la casina; *Adelina* è la cronaca della malattia e della morte della fanciulla di cui Alberto vede il convoglio funebre, *Mezzanotte* è la Milano notturna percorsa da Alberto insonne perché appena caduto nella rete d'amore. E, come in un mazzo di carte, i racconti estratti dal romanzo vengono capricciosamente mescolati a quelli nuovi, caduti da una goccia d'inchiostro.

Il racconto scapigliato piemontese

L'opzione espressionista caratterizza, sempre nell'ambito della Scapigliatura, gli esperimenti narrativi di Giovanni Faldella, un poco più tardi dei testi tarchettiani e non toccati dalle polemiche e dagli avvenimenti politici e sociali degli anni Settanta. Faldella fa capo a un'ala periferica, ma attiva del movimento, quella piemontese rappresentata da Giuseppe Giacosa, Giovanni Camerana, Giuseppe Cesare Molineri. Tra i meriti del gruppo la fondazione di due riviste di un certo rilievo nel fitto panorama giornalistico del tempo: «Il Velocipede» e «Le Serate italiane», la prima di vita breve (dal '69 al '70), non aliena dalla problematica sociale, attenta alle polemiche politiche e anticlericali, sia pure con motivi di ispirazione goliardica; la seconda (dal '74 al '78) rivolta a un pubblico più borghese al quale si presentano campioni della produzione narrativa contemporanea (tra i collaboratori Salvatore Farina, Pompeo Gherardo Molmenti, Vittorio Bersezio).[15] L'attività di Faldella è fittissima tra gli anni Settanta e Ottanta: narrativa

---

[15] Bersezio scrisse anche romanzi sociali, tra cui il grande affresco *La plebe* (Favale, Torino 1868) con lo scopo dichiarato di dare un contributo all'elevazione della plebe, priva di coscienza di classe e disorganizzata nella sua lotta, a grado e dignità di popolo. Non fu tuttavia alieno dalla satira del socialismo umanitario e filantropico. Ad esempio in *La carità del prossimo* (Treves, Milano 1868). Il suo testo più significativo rimane, senz'altro, *Le miserie di monsù Travet* (1863), indagine, per il teatro, sulla piccola borghesia.

"di viaggio" e di costume con *A Vienna* (1874), *Viaggio a Roma senza vedere il Papa* (1880), *Roma borghese* (1882), *Ai nostri monti* (1886); racconti e bozzetti con *Figurine* (1875), *Il male* (1887), *Madonna di fuoco e madonna di neve* (1888); sono gli anni d'oro dello sperimentalismo scapigliato e verista, della ricerca narrativa più nuova e impegnata e originale. Gli anni Novanta vedranno, come per tanti della stessa generazione, un progressivo declino, una stanchezza, un inaridimento per Faldella verso una quasi esclusiva produzione di poligrafo, in direzione moralistica e perbenistica.

Con *Figurine* (apparse prima nelle «Serate italiane» e nella «Rivista minima», poi in volume nel 1875) siamo evidentemente lontanissimi dall'impegno totale del corifeo del realismo scapigliato, Tarchetti: i temi "campagnoli", estranei, come si è visto, alla Scapigliatura, sono pretesto per giochi stilistici e linguistici (dialetto piemontese accostato al più cruscante toscano), per divertimenti in direzione grottesca. L'intento di Faldella, in ciò scapigliato a pieno titolo, è di rompere con la tradizione narrativa italiana, puntando sulla descrizione fortemente espressionista, mirando a sconvolgere i canoni stilistici e i modelli strutturali attraverso il rifiuto dell'intreccio (e già si sente la propensione alla prosa di taglio giornalistico). Tale disposizione vanifica qualsiasi intento di polemica sociale, pure espresso, ad esempio in *High life contadina*, nel contrasto tra la folla campagnola e l'aristocratico palazzo in cui si svolge il ballo. Ma la rozzezza dei personaggi è continuamente sottolineata, anzi esasperata, nel confronto, con espedienti lessicali e stilistici fino al grottesco. La predilezione per le «contadine dai zoccoli» piuttosto che per i «globi di trine e mussole chiamate banchiere, contesse e marchese» non è un programma sociale, ma una scelta tematica. E si noti come certi tocchi quasi impressionistici, soprattutto nei paesaggi, si trasformino subito in segni deformanti non appena a contatto con i personaggi contadini, in un gusto di contrasto, di commistione di stili, che è appunto il maggior pregio, oltre che la ragione di vita, dei racconti.

Di fuori nevicava; ed era bello vedere dalla sala calda del ballo il formicolio di quei pizzichi bianchi che spruzzava il nero azzurro dell'aria quasi virgole di gesso che si muovessero sopra una lavagna. Ma quei pizzichi di neve giungono infesti sulla faccia arsa e sudata di cinque moscioni cacciati allora dall'ultima osteria, con l'anima mescolata di mangiamoccoli e di brigante. La neve candida li noia e li stizzisce, come la fanghiglia del trivio...

Ed è, quindi, significativa l'involuzione dello scrittore, una volta passato alla politica militante (nel 1881 è eletto deputato e nel '96 senatore) verso posizioni sempre più moderate, anzi decisamente conservatrici.

Una più sentita adesione al mondo raccontato si riscontra in altre «figurine»: ad esempio *La figliuola da latte*, dove la semplice epopea dei campi si contrappone all'arido ambiente nobiliare torinese, nel contrasto canonizzato da Nievo tra città e campagna, o *I fumajuoli*, nella descrizione in toni quasi elegiaci di una vita povera, ma fisicamente e moralmente sana, in contrasto con la folla «sparuta» all'uscita dell'opificio, con l'esperienza dura dell'inurbamento e dell'emigrazione, o con l'indifferenza e la falsità cittadine.

Non ci si può sottrarre, in un giudizio sullo stile faldelliano, alla citazione del passo che sigla *A Vienna*, non foss'altro per mettere in evidenza l'assoluta consapevolezza del gioco stilistico scelto:

Vocaboli del Trecento, del Cinquecento, della parlata toscana e piemontesismi; sulle rive del patetico piantato uno sghignazzo da buffone: tormentato il dizionario come un cadavere, con la disperazione di dargli vita mediante il canto, il pianoforte, la elettricità e il reobarbaro...

Così seguiterò finché avrò carta e fiato. Tale il mio stile, come venne ridotto dal mondo piccino e dai libri grossi.

La serenata ai morti è esemplare dell'espressionismo, dello stile macaronico e parodistico di Faldella che lo ha fatto inscrivere da Gianfranco Contini nella linea Dossi-Gadda.[16] La disposizione parodistica è così forte da investire la dedica premessa al testo in forma di lettera e da far

---

[16] G. Contini, *Varianti e altra linguistica*, Einaudi, Torino 1970.

sospettare un voluto contrasto tra teoria e prassi, un rovesciamento nella sostanza del racconto del credo stilistico verista e del tradizionalista messaggio etico. In realtà lo sdegno moralistico ha qualche aggancio con il medesimo atteggiamento di Dossi; dunque, lo scrittore espressionista con la parodia, con il grottesco persegue un fine morale o esprime un disgusto moralistico, approdando poi a posizioni conservatrici, se non reazionarie: si pensi alle furie gaddiane. Ma è anche vero che lo scrittore verista, Verga in particolare e De Roberto, per temperamento e patologia di carattere, compiono analogo percorso.

La serenata è una sorta di sinfonia in tre tempi che dall'osteria della Ghita, controcanto manzoniano – secondo Contini «una sorta di vigna di Renzo (poiché c'è anche tanto di pergolato) scrutata con cuore zoliano», ma, aggiungeremmo, con occhio divertito e penna puntuta – passa a disegnare una bizzarra comunità di paese che nella sfida tra due gruppi rivali si troverà coinvolta in un finale *noir* da danza macabra e grottesca, esempio di quella «prosa singolare, dagli atteggiamenti stupefacenti, dai paragoni inaspettati, seminata di piemontesismi, piena zeppa di parole disusate», subito rilevata da Carlo Rolfi nella lunga ed esaustiva prefazione posposta alla prima stampa della *Serenata*, quella romana del 1884.

Il vento comunardo sul giornalismo e la narrativa in Italia

Gli anni '70-71 sono segnati da un avvenimento decisivo per l'evoluzione delle posizioni politiche e sociali dei gruppi radicali e internazionalisti e destinato a influenzare, attraverso le derivazioni ideologiche, non solo giornali e riviste, ma di riflesso anche la produzione letteraria, che vi viene accolta prima della pubblicazione in volume presso i nuovi editori che si affermano soprattutto a Milano, avviata a diventare capitale morale e intellettuale: la Seconda Repubblica francese nel pieno della guerra franco-prussiana e la Comune di Parigi (1870-71). L'influsso della Comune in Italia è immediato, sia sugli intellettuali democratici, sia sui movimenti internazionalisti, nonostante l'opposizione ferma di Mazzini e grazie forse all'approvazione, non del tutto consapevole e in nome di un generico umanitarismo, di Garibaldi. Il primo sintomo è la nascita di giornali comunardi in moltissime città italiane (con testate suggestive e indicative spesso dei programmi rivoluzionari)[17] che contribuiscono a creare la leggenda dell'esperimento parigino e ad accreditarlo come prima realizzazione di un governo socialista. La diffusione dei principi della Comune guadagna molti adepti all'Internazionale, che proprio nel '71 compie notevoli progressi in Italia. Si ricordi tra l'altro che dopo la Comune si stabilisce in Italia Benoît Malon, il quale viene a contatto con l'ambiente della «Plebe», mentre Bakunin è a Firenze già nel '64. Non mancano echi diretti nella narrativa, sia pur destinata a un breve momento: oltre alle traduzioni dei romanzi di Jules Vallés, l'unico libro che si rifà esplicitamente alla rivolta parigina (poiché *I misteri dell'assedio di Parigi* di Ulisse Barbieri riguarda piuttosto la guerra franco-prussiana) è *Il grido della rivolta* di Ettore Socci.[18] La Comune contribuì alla creazione di un clima diverso: se non influì più largamente sulla letteratura, fu determinante per molte riviste (come il «Gazzettino rosa» che, impegnato anche sul versante letterario, si occupò a fondo dei suoi significati e problemi) e segnò una svolta ideologica nella Scapigliatura in direzione di un impegno politico e letterario piena-

---

[17] Ne citiamo solo alcuni: «Il Petrolio» di Ferrara, «La Canaglia» e «La Libertà» di Pavia, «La Favilla» di Mantova, «La Fame» di Genova, «Il Satana» di Cesena, «Il Ladro» e «Il Vero Satana» di Firenze, «Lo Scarafaggio» di Taranto, «Il Mongibello» di Catanzaro, «La Giustizia» di Agrigento e «Il Povero» di Palermo, tutti fondati tra il '70 e il '72 e attivi non oltre il 1880.

[18] Ulisse Barbieri (Mantova 1842 – San Benedetto Po 1889), giornalista, rivoluzionario (garibaldino di idee libertarie e socialiste), scrittore disorganico e farraginoso, a lui si devono le due opere più popolari sugli avvenimenti prima della Comune: il romanzo citato (Restetti, Milano 1871) e *L'assedio di Parigi*, dramma popolare (1871). Curò anche la pubblicazione delle corrispondenze parigine del Petruccelli della Gattina, *Gli incendiari della Comune o le stragi di Parigi* (F. Legros ed., Milano 1871), d'ispirazione filocomunarda (pubblicata anche dal «Monitore di Bologna»). Il Socci è il tipico intellettuale radicale, garibaldino, comunardo internazio-

mente cosciente e organizzato: ciò grazie soprattutto alla mediazione e alla funzione catalizzatrice di un critico di grande rilievo nel ventennio '70-90: Felice Cameroni.

La rivoluzione letteraria di un critico borghese

L'operazione cameroniana consiste nell'individuare una linea evolutiva che dal *bohémien*, passando per il refrattario, si completa nel comunardo e, identificando col *bohémien* lo scapigliato, traccia un uguale sviluppo dell'intellettuale italiano per il quale il superamento della linea d'ombra sta pure nella adesione all'ideologia comunarda. Gli estremi di tale teoria si ritrovano nei *Paradossi del Pessimista* (uno degli pseudonimi del Cameroni) premessi alla traduzione italiana della *Bohème* del Murger *(La Bohème: scene della Scapigliatura parigina*, significativa versione del francese *Scènes de la vie de Bohème*, pubblicato in due volumi a Milano nel 1872 presso l'editore Sonzogno) e nella prefazione, firmata ancora «Pessimista», alla traduzione di *Les réfractaires* di Jules Vallés (*I refrattari*, Croci, Milano 1874):

> La Scapigliatura è la negazione del pregiudizio, la propugnatrice del bello e del vero, l'affermazione dell'iniziativa individuale contro il quietismo. La Scapigliatu-

nalista, collaboratore e fondatore di giornali estremisti (subì sequestri, processi e fu spesso incarcerato), infine deputato, che, memore delle sue passate esperienze e coerente con le sue idee, continuerà le lotte democratiche fino alla morte avvenuta all'ospedale dei poveri di Firenze. Il suo romanzo si apre con un ambiente e con personaggi da Scapigliatura, i quali, partendo da posizioni di generico ribellismo, diventano protagonisti della Comune, in qualità di intellettuali dirigenti del movimento, e concludono tragicamente la loro esperienza rivoluzionaria. Confrontando l'esito del *Grido della rivolta* con il racconto *Revanche* di Leon Cladel (tradotto nel 1881 per la biblioteca di propaganda socialista della «Rivista internazionale del Socialismo»), si nota che il protagonista del primo è l'intellettuale rivoluzionario tipicamente italiano e scapigliato, l'eroe-martire, la cui sconfitta è scontata e inevitabile, e che il proletariato, protagonista del racconto francese, è significativamente assente.

ra non ha fede, ma convinzioni; ama ciò che non esiste ancora, e si ribella a quanto le si vuole imporre per tradizioni ed interesse. La Scapigliatura politica prepara la mina rivoluzionaria col giornale, la carica di polvere coll'agitazione, la fa scoppiare alle barricate. La *bohème* è destinata a passare dal campo semplicemente artistico alla lotta sociale. Dopo il *pensiero, l'azione*.

I refrattari del secondo impero divennero i Comunardi del 71; fu la *bohème* delle arti e delle scienze, dei giornali e delle officine, dell'esercito e del commercio, quella che diede il più glorioso contingente alla rivoluzione socialista. Sino al 1871 la propugnarono nelle file della Scapigliatura, fra gli spostati e i perduti; dal marzo al maggio di quell'anno, la dirissero come delegati alla guerra, alle finanze, all'istruzione, agli esteri; oggi i non assassinati dai fucili e dalle mitragliatrici dell'ordine, per lei stoicamente subiscono le conseguenze della sconfitta, forzati nei bagni, deportati, esuli e poveri.

Dal Vallés, narratore rivoluzionario di cui già è messa in rilievo l'appartenenza alla «scuola del verismo», è inevitabile per Cameroni passare alla definitiva e costante ammirazione per Zola, portabandiera della nuova narrativa di forte impegno sociale e originale innovatore sul piano delle soluzioni formali. I primi accenni al romanziere francese, la cui affermazione in Italia è dovuta pressoché esclusivamente all'opera, si vorrebbe dire alla propaganda, del Cameroni, datano dalla fine del 1873, mentre la prima recensione, a *La Conquéte de Plassans* (*La conquista di Plassans*), esce nel «Sole» il 31 luglio 1874. Un breve profilo, tracciato per «La Farfalla» del 18 gennaio 1880, ci dà la misura del giudizio cameroniano su Zola, che nell'apparentarne l'opera alla *Comédie humaine*, richiama anche il padre del realismo, Balzac, che, insieme ai Goncourt, sarà base di partenza per Verga, più di Zola e di Flaubert:

> Propugna le teorie del realismo in pittura, colle riviste del «Salon» e colla difesa dell'impressionista Manet. Propugna la teoria del realismo in letteratura, con *Mes haines* ed arditamente la applica con *Thérèse Raquin* e *Madeleine Férat*. Rimonta al 1871 il primo volume dei *Rougon-Macquart*, il massimo capolavoro di Zola, la *Comédie humaine* della società contemporanea. [...] con-

tinua la propaganda realista sui giornali, con tutta la vigoria del suo spirito militante [...]. Sin qui era stato ammirato con entusiasmo, soltanto dalla minoranza radicale di Russia, di Francia e d'Italia. Dall'*Assomoir* ha principio la tempestosa sua celebrità in tutta Europa ed in America. [...] Nella prima metà di questo secolo, fu preceduto da Stendhal e Balzac, nella seconda da Flaubert e dai De Goncourt; ma è allo Zola, che spetta il merito d'aver dato al realismo una formula scientifica e d'avergli assicurato la vittoria, per l'avvenire, nelle masse.

È Zola insomma, sostanziato dai grandi romanzieri che l'hanno preceduto, il grande modello da proporre alle giovani generazioni di scrittori per la narrativa, unico «genere» adatto ad accogliere sia la totalità del reale sia la problematica politica e sociale e aperto alle più rivoluzionarie sperimentazioni stilistiche. Singolare, d'altra parte, che la via indicata dal Cameroni, sulla scorta del naturalismo francese, sia percorsa in maniera originale da autori non particolarmente sollecitati dalle istanze sociali, non radicali, non socialisti, per lo più riformisti moderati, se non conservatori.

I periodici riformisti verso il verismo

A preparare il terreno per la nuova tematica (le teorie stilistiche saranno formulate compiutamente solo dal Capuana e, in misura minore, dal Verga) contribuiscono in particolar modo alcuni periodici «riformisti»: la «Rivista minima» dal '70 al '75 con Salvatore Farina condirettore; «Il Preludio» dal '75 al '77, anno in cui si fuse con la milanese «Vita nuova», fondato a Cremona da Andrea Cantalupi, Leonida Bissolati e Arcangelo Ghisleri, e «La Rassegna settimanale di politica, scienze, lettere ed arti» dal '78 all'82, fondata a Firenze da Leopoldo Franchetti e Sidney Sonnino.

La «Rivista minima» elabora un programma che da un lato raccoglie i temi e i problemi della Scapigliatura, tra cui la questione sociale, dall'altro tenta un recupero degli ideali risorgimentali, come spinta ad agire, a modificare la realtà, rifiutando posizioni scettiche o genericamente ribellistiche. Mentre il Farina difende il romanzo proprio per la possibilità di rappresentare «la vita, la società, il cuore», senza perdere di vista il Buono, il Bello e il Vero, e critica il realismo per gli eccessi descrittivi e analitici e per il «sorriso troppo amaro» al limite del cinismo, Vittorio Bersezio anticipa, in una serie di articoli del 1873, ripresi nel '74 nelle «Serate italiane», l'«ideologia» del verismo, cogliendo nella nuova società la «febbre», la «smania» di

> arrampicarsi uno scalino più su della scala sociale, di acciuffare ad ogni modo un po' della ricchezza che è la potenza del mondo, di saziarsi di tutti i frutti dell'albero della civiltà, od almeno di avere di ciò le apparenze,

anche se rispetto a Verga permane in lui l'illusione o la speranza di poter mutare il corso del moderno progresso.

Il «Preludio», partendo dal radicalismo repubblicano di Cattaneo e dal positivismo, si propone un totale rinnovamento in campo letterario, così come in quello sociale, non tuttavia con un'operazione rivoluzionaria, ma con un'evoluzione progressiva delle strutture. Un articolo di Bissolati, *Il realismo in arte* (15 aprile 1876), compie una diagnosi precisa della situazione letteraria di quegli anni e propone una sorta di realismo "universale":

> La letteratura che s'intitola giovane esce dalla generazione che ha compito il riscatto nazionale e lo seguita di poco. Ora questa generazione, davanti al nuovo problema sociale che le si è affacciato all'uscire dalla lotta politica, s'è trovata sprovveduta di convinzioni e perché intenta a conquistare la indipendenza patria non ebbe agio di occuparsene e perché neppure nella rivoluzione politica, necessario precedente della sociale, operò logica e convinta, ma fu sempre ondeggiante tra monarchia e repubblica, tra unità e federazione, tra cattolicesimo e razionalismo. Ho detto generazione e dovevo dire classe: poiché la rivoluzione che ci ha dato la patria non fu che il lavoro della borghesia: il popolo moralmente non vi ha preso che pochissima parte. Le mancò quindi e le manca tuttavia la forza di affrontare il problema di una società che riposi su una base unica e razionale, non ripugnandole frattanto di appoggiare la propria vita ad una morale che contraddice alla morale delle altre classi. [...] Come nella vita vogliamo attuare tutt'intera la

nostra coscienza, così nell'arte, più veramente realisti dei *realisti*, vogliamo sia rappresentata tutt'intera la vita.

Audacemente riformista nei programmi e nelle realizzazioni è la «Rassegna settimanale»: per l'attenzione alla questione sociale in generale, al Meridione e al quasi dimenticato e urgentissimo problema agrario in particolare, in un momento in cui la classe dirigente si orienta verso un più deciso conservatorismo, dopo le delusioni della Sinistra e l'attentato di Passanante (1878). Seguendo le indicazioni del Villari, la «Rassegna» vede nella conoscenza approfondita della realtà italiana la necessaria premessa a ogni riforma, poiché il vero ostacolo alla soluzione della questione sociale è il distacco dal paese reale, l'ignoranza dei veri problemi individuati nello squilibrio tra un Nord industrializzato e un Sud arcaico, dominato da mafia, camorra, brigantaggio, e nella situazione delle campagne, non meno esplosiva in potenza dell'industrializzazione, matrice delle rivolte comunarde.

La rivista si può definire quasi «un catalogo di documenti umani e sociali»,[19] una vera rassegna dei problemi regionali (ecco finalmente il collegamento con le esperienze della letteratura campagnola risorgimentale), realizzata attraverso inchieste e testi narrativi dei grandi nomi del verismo (tanto più moderati, si noti, della redazione). Accanto a Carducci, Neera, De Marchi, troviamo Fucini, con la maggior parte delle *Veglie di Neri*, Pratesi con i racconti di *In provincia* e Verga con quattro *Novelle rusticane* e una di *Per le vie* (*In piazza della Scala*).

La grande narrativa verista: Verga

Milano è, tuttavia, il centro catalizzatore di tutte le teorie politiche, sociali, artistiche; i caffè e i salotti letterari milanesi, i luoghi di scambio tra scrittori e intellettuali; l'incon-

---

[19] R. Bigazzi, *I colori del vero*, Nistri-Lischi, Pisa 1969. Il Bigazzi disegna un panorama molto preciso degli orientamenti delle riviste citate e dei rapporti di queste con gli scrittori veristi.

tro degli scapigliati "democratici" con Verga e Capuana, il detonatore del verismo.

Al suo arrivo a Milano nei primi anni Settanta, dopo il soggiorno fiorentino, Verga aveva già scritto *Storia di una capinera* (significativamente presentato dal Dall'Ongaro con una lettera-prefazione a Caterina Percoto) e si era provato nel realismo borghese, ma il contatto con l'ambiente culturale milanese, sensibilmente più avanzato di quello fiorentino, soprattutto per l'esperienza della Scapigliatura, aveva messo in crisi il suo programma di affermarsi come scrittore di romanzi borghesi e, eventualmente, come autore teatrale. Tornato a Milano nel gennaio '74, dopo un periodo di permanenza a Catania, il Verga attraversa un momento di sconforto, grave al punto da fargli meditare l'abbandono della carriera letteraria e il rientro definitivo in Sicilia. Ed è singolare che a fargli superare la crisi, esistenziale sì, ma soprattutto intellettuale, sia proprio la stesura di un racconto, o meglio, un bozzetto, *Nedda* (febbraio-marzo '74), intrapresa quasi come passatempo e giudicata un'inezia, un riempitivo dei vuoti finanziari. *Nedda* segna, invece, l'avvio di quell'analisi della realtà, regionale, ma di significato universale, indicata da più parti come necessaria per realizzare la nuova prosa dell'Italia unita. Verga aveva già scritto, come si è detto, un racconto, *X*, in parte influenzato dal racconto nero scapigliato: l'incontro con la fanciulla mascherata, rivista per le strade del centro di Milano, la curiosità di conoscere il suo mistero e, infine, la morte per malattia, annunciata dalla lettera di lei listata di nero. Ma questa prova era stata considerata dallo scrittore un fallimento.

Nedda è, invece, il primo passo verso una ricerca stilistica straordinaria, dai risultati rivoluzionari per la prosa narrativa italiana, e l'inizio di un recupero in senso nostalgico del mondo meridionale, come unico luogo di certezze (la famiglia, la religione, la casa) in una società messa in crisi dal progresso. Ecco le ragioni dell'idillio e dei sentimenti primitivi di *Vita dei campi* (Treves, Milano 1880), confermate dalla genesi di *Jeli il pastore*, terza novella scritta dopo *Fantasticheria* e *Rosso Malpelo*. Le prime stesure rivelano infatti l'autobiografia del racconto: Verga ricorda in prima persona il suo amico Jeli, la sua vita e le sue amicizie fermando la narrazione alla partenza di Mara, ancora bambina, per un'altra fattoria. Ma per tutti i personaggi-mito, i personaggi-eroi è già in agguato la realtà. Emergono, anche al di là delle intenzioni dell'autore, i temi sociali, non attraverso polemiche enunciazioni, ma nelle storie dei personaggi: la vita miserabile e stentata dei marinai sulla costa (*Fantasticheria*), una embrionale coscienza di classe (il mutato rapporto tra Jeli e Alfonso, una volta sfumato l'idillio dell'infanzia), le subumane condizioni dei minatori, il lavoro e l'emarginazione minorile (*Rosso Malpelo*), il brigantaggio, come reazione a novità politiche senza vantaggi per i contadini sempre più sfruttati all'interno del latifondo (*L'amante di Gramigna*), la religione ridotta a superstizione, feticcio, strumento di potere (*Guerra di Santi*). Un mondo, quindi, che sotto il mito mostra il suo volto degradato, peggiore, se possibile, dopo l'Unità. Intanto si perfeziona quello stile particolarissimo che spiazzerà il pubblico conservatore soprattutto alla lettura dei *Malavoglia*. La scelta di Verga è di rendere dialettale la sintassi, usando i nessi irrazionali tipici del parlato, i famosi «che» e le coordinazioni alogiche, che introducono temporali, causali, consecutive in modo a-normale, i continui cambiamenti di soggetto che spostano l'attenzione da un argomento all'altro come nel parlato popolare, il tutto filtrato attraverso il discorso indiretto libero in periodi lunghi, avvolgenti, dall'interpunzione rara e irregolare, che saranno il modulo costante del coro malavogliesco.

Tutti i racconti sono pubblicati tra il 1878 e il 1880 in varie riviste tra cui «La Fronda» (fondata nel 1880 da Emanuele Navarro della Miraglia con programma analogo a quello della «Rassegna settimanale»), «Il Fanfulla» e «Il Fanfulla della Domenica», dal 1879 diretto da Ferdinando Martini, già critico della «Rassegna», e la «Rivista minima» (vi apparve *L'amante di Raia*, poi *Gramigna*, con la lettera-premessa al Farina, di estrema importanza per la teoria dell'impersonalità).

E già agli stessi anni appartengono la prima stesura del bozzetto marinaresco *Padron 'Ntoni* e il progetto (in una lettera del 1878 a Salvatore Paola Verdura) della *Marea*, il futuro *Ciclo dei vinti*:

> Ho in mente un lavoro che mi sembra bello e grande, una specie di fantasmagoria della lotta per la vita, che si estende dal cenciaiuolo al ministro e all'artista, e assu-

me tutte le forme, dalla ambizione all'avidità del guadagno, e si presta a mille rappresentazioni del grottesco umano; lotta provvidenziale che guida l'umanità, per mezzo e attraverso tutti gli appetiti alti e bassi, alla conquista della verità. Insomma cogliere il lato drammatico, o ridicolo, o comico di tutte le fisionomie sociali, ognuna colla sua caratteristica, negli sforzi che fanno per andare avanti in mezzo a quest'onda immensa che è spinta dai bisogni più volgari o dall'avidità della scienza ad andare avanti, incessantemente, pena la caduta e la vita, pei deboli e i maldestri. [...] Ciascun romanzo avrà una fisionomia speciale, resa con mezzi adatti. Il realismo, io, l'intendo così, come la schietta ed evidente manifestazione dell'osservazione coscienziosa; la sincerità dell'arte, in una parola, potrà prendere un lato della fisionomia della vita italiana moderna, a partire dalle classi infime, dove la lotta è limitata al pane quotidiano, come nel *Padron 'Ntoni*, e a finire nelle varie aspirazioni, nelle ideali avidità de *L'uomo di lusso* (un segreto), passando per le avidità basse alle vanità del *Mastro don Gesualdo*, rappresentante della vita di provincia, all'ambizione di un deputato.[20]

L'idea zoliana del *Ciclo*, e balzachiana di una commedia umana della «vita italiana moderna» sarà esposta e analizzata in forma definitiva nella Prefazione ai *Malavoglia* (Treves, Milano 1881):

Il cammino fatale, incessante, spesso faticoso e febbrile che segue l'umanità per raggiungere la conquista del progresso, è grandioso nel suo risultato, visto nell'insieme, da lontano. Nella luce gloriosa che l'accompagna dileguansi le irrequietudini, le avidità, l'egoismo, tutte le passioni, tutti i vizi che si trasformano in virtù, tutte le debolezze che aiutano l'immane lavoro, tutte le contraddizioni, dal cui attrito sviluppasi la luce della verità. Il risultato umanitario copre quanto c'è di meschino negli interessi particolari che lo producono; li giustifica quasi come mezzi necessari a stimolare l'attività dell'individuo

---

[20] G. Verga, *I grandi romanzi*, a cura di F. Cecco e C. Riccardi, Milano, Mondadori 1979, pp. 751-52.

cooperante inconscio a beneficio di tutti. Ogni movente di cotesto lavorìo universale, dalla ricerca del benessere materiale alle più elevate ambizioni, è legittimato dal solo fatto della sua opportunità a raggiungere lo scopo del movimento incessante; e quando si conosce dove vada questa immensa corrente dell'attività umana, non si domanda al certo come ci va. Solo l'osservatore, travolto anch'esso dalla fiumana, guardandosi attorno, ha il diritto di interessarsi ai deboli che restano per via, ai fiacchi che si lasciano sorpassare dall'onda per finire più presto, ai vinti che levano le braccia disperate, e piegano il capo sotto il piede brutale dei sopravvegnenti, i vincitori d'oggi, affrettati anch'essi, avidi anch'essi d'arrivare, e che saranno sorpassati domani.

Con *I Malavoglia* la narrativa verista raggiunge uno dei momenti più alti, sia per le innovazioni strutturali e stilistiche, sia per la rappresentazione di eccezionale «aderenza al vero» di quella realtà meridionale, chiusa e immutabile per secoli, che reagisce ora negativamente al nuovo sistema politico, a «quella rivoluzione di satanasso che avevano fatto collo sciorinare il fazzoletto tricolore dal campanile». Le uniche conseguenze sono tasse, disastrose per quell'economia povera, il servizio di leva che toglie per anni l'aiuto dei figli maschi (quando l'urto con la realtà continentale non rovina i giovani isolani), le guerre incomprensibili in nome di un re lontano e sconosciuto (qui la battaglia di Lissa in cui muore Luca, ma si veda tutto il racconto dei due marinai), mentre il progresso sconvolge una esistenza regolata sui ritmi della natura, senza portare alcun vantaggio, anzi aggravando la miseria e deteriorando irrimediabilmente l'arcaico sistema di vita delle plebi meridionali.

Con le *Novelle rusticane* (Casanova, Torino 1883) Verga compie un'indagine esauriente sulla realtà provinciale siciliana: religione, giustizia, politica, economia vengono analizzate a fondo attraverso i personaggi di *Il Reverendo*, *Il Mistero*, *Cos'è il Re*, *Don Licciu Papa*, *I galantuomini*, *La roba*, *Pane nero*, mentre l'equivoco del Risorgimento è chiarito in *Libertà*, una prova straordinaria e coraggiosa, soprattutto al confronto con la contemporanea memorialistica garibaldina.

Milano, «la città più città d'Italia», è oggetto dei racconti di *Per le vie*. La nuova tematica è anticipata in *Di là del mare*, testo programmatico delle *Rusticane*, dove della «immensa città nebbiosa e triste» sono messi già in rilievo le contraddizioni, i contrasti: povertà e ricchezza, folla e solitudine o emarginazione, quartieri lussuosi e catapecchie con il loro contenuto di miseria, «vetrine scintillanti di gemme» e «teschi umani e scarpe vecchie». La punta massima dell'esplicita denuncia sociale è espressa in *In piazza della Scala* attraverso il personaggio del vetturino. *Per le vie*, nonostante la definizione limitativa che ne diede il Cameroni (bozzetti impressionisti alla De Nittis), è forse la trasposizione narrativa più riuscita del proletariato milanese, della vita dei bassifondi, che proprio in quegli anni è al centro degli interessi degli intellettuali milanesi legati prima al «Gazzettino rosa» e poi alla «Plebe». Si pensi all'inchiesta sociologica di Ludovico Corio *La plebe di Milano* (in «La Vita nuova» dall'agosto 1876, ristampata, con varianti, nel 1885 col titolo *Milano in ombra. Abissi plebei*), a *Milano sconosciuta* di Paolo Valera[21] e *La canaglia felice* (1885) dell'Arrighi, tutti discendenti dal filone inaugurato dal Sue con *Les Mystères de Paris* e rinnovato ora attraverso l'approfondimento della questione sociale (con la Comune e il socialismo internazionalista) e gli apporti del naturalismo zoliano e del verismo. Il tema dei bassifondi, degli emarginati e dei miserabili di Milano, così sfruttato e dibattuto dai cosiddetti «palombari del sottosuolo socia-

---

[21] Paolo Valera (Como 1850 – Milano 1926), giornalista, collaboratore del «Gazzettino rosa» e della «Plebe» (vi pubblicò l'indagine *Milano sconosciuta*), fondatore del primo giornale anarchico «La lotta» (1881), passò dall'esperienza tipica dell'intellettuale scapigliato e *réfractaire* a un socialismo combattivo e consapevole. La sua opera, vastissima, ma di scarso livello artistico, di polemista e di romanziere è lo strumento di una guerra dichiarata alle istituzioni politiche e culturali borghesi. Il romanzo *La folla* (Tip. degli operai, Milano 1901) è il punto d'arrivo di tale evoluzione: dalla lotta isolata del *déclassé*, dello spostato, alla partecipazione delle masse proletarie che hanno, infine, acquisito la coscienza di classe.

le», negli anni Settanta-Ottanta ispirerà i due volumi del *Ventre di Milano. Fisiologia della capitale morale* (Milano 1888), frutto di una collaborazione tra vari scrittori: Cima, Arrighi, Fontana, Barilli, Giarelli, Colombo. Questo filone narrativo ha, tuttavia, un valore più sul piano del documento che su quello della realizzazione stilistica: la lezione del verismo è in tutt'altra direzione, anche se gli esiti altrui non raggiungeranno i vertici dei testi verghiani.

Le *Rusticane, Drammi intimi* (1884), *Vagabondaggio* (1887) sono i testi che accompagnano la faticosa stesura del *Mastro-don Gesualdo*, che, iniziato già nell'82 sull'onda della soddisfazione per i risultati dei *Malavoglia* (ma non del successo: Verga ne parla ben presto come di un «fiasco pieno e completo»), dopo una prima edizione in rivista nel 1888 approderà con un lavoro intensissimo al volume del 1889. Con il personaggio di Gesualdo e il ritratto della complessa società di Vizzini, lo scrittore adotta una struttura più tradizionale (romanzo scandito in parti, divise in capitoli) e si colloca sempre più decisamente nella categoria del grottesco, già sperimentato nelle novelle, lasciando solo al protagonista una sua grandezza da eroe negativo, l'unico con cui infatti si identifichi attraverso l'ambiguo filtro del discorso indiretto libero.

La crisi "ideologica" e creativa è però in agguato: la ricerca di una letteratura realista, dopo trent'anni di teorie e realizzazioni, si sta esaurendo, il positivismo è in crisi, spiritualismo e fumosi misticismi vi si sostituiscono, insieme con un "artefice" ingombrante come d'Annunzio, che proprio nell'89 fa scalpore con *Il piacere*. Il progetto dei *Vinti* si arena: Verga scrive *I ricordi del Capitano d'Arce* (1890), che attraverso il «romanzo di Ginevra», ovvero i primi sette racconti, tentano un'indagine dei rapporti di amicizia e di amore nell'alta società, per ora quella napoletana degli ufficiali di marina, in vista della più complessa realtà palermitana della *Duchessa di Leyra*. Al di là dell'esercizio su descrizioni, dialoghi, analisi dei rapporti più sottili e sfuggenti delle alte sfere, è di un certo interesse la ripresa di antico e canonico modello di racconto a infilzamento per cui da un titolo all'altro si ripresenta lo stesso personaggio a fare da filo rosso (Ginevra, la seduttrice, e due personaggi maschili fissi: d'Arce, che si fa narratore in prima persona sull'onda del ricordo, Casalengo, l'amante fedele fino alla ineludibile morte della mutevole eroina).

La tecnica ritorna con variazioni nel *Don Candeloro e C.i*. I racconti sono disposti a blocchi tematici: cinque racconti teatrali, due storici, tre conventuali, uno di amore e gelosia più un racconto epilogo. Il primo che dà il nome alla raccolta è programmatico, in quanto imposta il tema del contrasto realtà-finzione e del fallimento dell'arte e della sua funzione. Con il secondo, *Le marionette parlanti*, costituisce un primo blocco narrativo che esaurisce la storia dei personaggi, don Candeloro, sua moglie Grazia, la figlia Violante, Martino, il ragazzo saltimbanco, riproducendo a specchio la vicenda dei primi nei due più giovani. È un caso di racconto sul teatro – di marionette – e di teatro nel racconto: don Candeloro conquista Grazia recitando la dichiarazione d'amore tra Guerin Meschino e la bella Antinisca, Violante cerca di tener legato Martino rivolgendo a lui le implorazioni delle Clorinde e delle Rosamunde. Ma gli epici sentimenti dei burattini lasciano il posto a una realtà di miseria, di degradazione, di vagabondaggi in provincia, e a liti e botte. Intanto le antiche vicende dei pupi hanno stancato il pubblico che vuole le farse, le canzonette e le attrici poco vestite. Candeloro si piega al nuovo gusto: «Cercava le farsacce più stupide e più indecenti. Si tingeva il viso per fare il pagliaccio», ma «Sputava sul pubblico dietro le quinte: "Porci! Porci!"». Qui per un attimo c'è un sospetto di identificazione dello scrittore col suo personaggio. Anche se Verga, pur consapevole del fallimento del verismo e facendo sue le parole del farmacista don Erasmo nel *Peccato di donna Santa*,

> La verità... la verità... Non si può sapere la verità! [...] Non vogliono che si dica la verità!... preti, sbirri, e quanti sono nella baracca dei burattini!... che menano gli imbecilli per il naso!... proprio come le marionette!...

non si piega alle nuove tendenze letterarie, preferendo il silenzio.

Il racconto successivo, *Paggio Fernando*, introduce il personaggio di Barbetti che da giovane provinciale corrispondente della «Frusta teatrale» e dell'«Ape dei teatri» e autore di un'improbabile tragedia, *Vittoria Colonna*, diventa critico teatrale, ricercatissimo in *La serata della diva*, dedicato ai retroscena dei trionfi della famosa cantante-attrice, e temuto nel *Tramonto di Venere*, da Leda, già «astro della danza», ora decaduta e costretta a rincorrere gli ingaggi e a mantenere il suo ex grande amore e nullafacente Bibì. Racconto, questo, straordinario, che ricostruisce in scrittura parodica le vicende sentimentali di Leda con i versi dei libretti più famosi che mettono in scena amori romantici, folli gelosie, passioni eterne, dove invece ci sono squallidi tradimenti, miseria e, come da copione, malattia. Le novelle sono un campionario della finzione sociale, dell'impossibilità di veri sentimenti, della follia di voler essere se stessi, di essere sinceri nei rapporti umani. Il cappellano del monastero in cui suor Agnese si trova confinata, non avendo potuto sposare don Giacomino per la rovina del padre, pronuncia la sentenza:

> Guardate suor Agnese Arlotta! Specchiatevi su di lei che ha provato quel che c'è nel mondo. C'è l'inganno e la finzione. – Imbrogliami che t'imbroglio. – Una cosa sulle labbra e un'altra nel cuore. – E poi che resta alla fine di tante angustie, di tanti pasticci? Un pugno di polvere! *Vanitas vanitatum*!...

Sembra quasi che ogni racconto sia offerto come ammaestramento al lettore per disilluderlo completamente e convincerlo che il mondo è rappresentazione del mondo, è grottesco "gioco delle parti", in cui si è a un passo dal diventare "uno, nessuno, centomila" in una perdita progressiva di identità. Penultimo racconto, *Gli innamorati* è la trasposizione parodica dei drammi d'amore e gelosia di *Vita dei campi*: il promesso sposo di Nunziata difende il suo onore non con il coltello di compar Alfio, ma con meno tragiche pedate rivolte a un rivale vestito da Pulcinella.

A chiudere la raccolta un campionario di finzioni, una classificazione, una tassonomia quasi come quelle dossiane del *Campionario* dei *Ritratti umani*, sottotitolo di questo e di altri libri (*Dal calamajo di un medico*, *La desinenza in A*), con *Fra le scene della vita*, titolo nei manoscritti *Farse tragiche*, racconto epilogo che incornicia, insieme con il *Don Candeloro e C.i*, la sconsolata galleria teatrale, storica, conventuale, paesana o cittadina dell'alta società rappresentata nella raccolta. Qui lo scrittore non delega più, è lui il testimone oculare («Ho visto») e il narratore, e confida in apertura la sua sconsolata delusione:

> Quante volte, nei drammi della vita, la finzione si mescola talmente alla realtà da confondersi insieme a questa, e diventar tragica, e l'uomo che è costretto a rappresentare una parte, giunge ad investirsene sinceramente, come i grandi attori. – Quante altre amare commedie e quanti tristi commedianti!

La Milano di De Marchi

È ancora Milano (o la campagna della Bassa con le sue cascine) al centro della narrativa di Emilio De Marchi. Con lo scrittore milanese siamo al di fuori delle correnti letterarie contemporanee, anche se sono evidenti, soprattutto nei primi testi, i suoi legami con la Scapigliatura, più lontani quelli col Manzoni, e il rapporto-confronto con il verismo.

Alcuni dati biografici assumono particolare interesse: la professione di insegnante (diresse anche una collana di testi popolari, "La buona parola", presso Vallardi) e la sua carriera politica come consigliere comunale e, in particolare, nell'Amministrazione degli Orfanotrofi e Luoghi pii: un'esperienza di contatti diretti con i problemi della realtà milanese e in direzione di iniziative umanitarie e benefiche che segneranno la sua attività letteraria, caricandola di scopi educativi e moralistici.

Che De Marchi prenda le mosse dalla Scapigliatura è provato dalla presenza di elementi fantastici e umoristici, che tuttavia non sono sfruttati alle estreme conseguenze e, soprattutto, non sono realizzati con soluzioni stilistiche altrettanto devianti dalla norma. Nel discorso sullo stile cade il collegamento col Manzoni, cioè con la linea narrativa tradizionale, anche se non mancano dialettalismi sul piano lessicale (ma ciò fa parte di una consuetudine lombarda riconducibile sempre al Manzoni) e tentativi di adottare il modulo sintattico distintivo del verismo, il discorso indiretto libero. Il confronto con Verga e il verismo non è, quindi, solo sul piano tematico; ma, se De Marchi è sensibile alle istanze sociali, gli manca, d'altra parte, ogni supporto teorico in grado di universalizzare la polemica che risulta invece stemperata in un moralismo continuamente enunciato, spesso in prima persona, in commenti a fini educativi che, soprattutto negli ultimi libri, soffocano il racconto puro. Di questo ci sono felicissimi esempi, come *Carliseppe della Coronata* (della raccolta *Sotto gli alberi*, Agnelli, Milano 1882) novella ormai matura rispetto alle *Storielle di Natale* (Agnelli, Milano 1880) tra le quali è pur degna di nota *Due scarpe vecchie*, un bozzetto con una conclusione di umorismo surreale e con tipici personaggi della Milano di De Marchi: un vagabondo un po' artista e un piccolo impiegato statale, sullo sfondo dei quartieri poveri e della periferia.[22]

In *Carliseppe* sono messi a fuoco importanti motivi sociali: la miseria dei contadini, danneggiati dalla cattiva e superficiale amministrazione dei padroni, l'impossibilità dei rapporti tra i due ceti se non attraverso la mediazione di un'ottusa borghesia impiegatizia, il rapporto difficile e negativo con la grande città, mentre Carliseppe con la sua fiducia ingenua (riposta nell'esser stata la moglie balia del «sor conte») e con la sua muta disperazione, ritmata solo dal richiamo all'asino («Je, va là, pinì!»), è personaggio di notevole grandezza drammatica.

Altre novelle, sia quelle già apparse insieme al romanzo *Due anime in un corpo* (1878), debitore di una attenta lettura dell'opera di Tarchetti, che vuole approfondire il tema dell'inconscio, sia in *Storie d'ogni colore* (1885) vengono ri-

---

[22] Si vedano anche *Tra gli stracci* apparso nel novembre 1876, in «La famiglia e la scuola», foglio settimanale di istruzione e di educazione diretto da Ludovico Corio; *I dintorni di Milano* (in *Milano e i suoi dintorni*, Civelli, Milano 1881) che è interessante confrontare con un racconto dello stesso titolo e dello stesso anno del Verga (cfr. Giovanni Verga, *Tutte le novelle*, a cura di C. Riccardi, Milano, Mondadori 2001[6]); la descrizione, infine, del sobborgo in cui si è rifugiato Marcello, protagonista di *Due anime in un corpo* («La Vita nuova», II, 11-23, poi Tip. ed. Bortolotti, Milano 1978).

fatte e ripubblicate in *Racconti* (1889). Tra queste *Zoccoli e stivaletti* derivata da *Carletto in collegio*, dove a De Marchi interessa studiare l'opposizione tra carattere aristocratico (stivaletti) e contadino (zoccoli) secondo una tecnica realista e non convenzionale. L'attacco sentenzioso, nonostante l'inizio *in medias res*, cioè nel bel mezzo del temporale, avverte subito della forte presenza del narratore che non manca di commentare, spesso ironizzando, l'avventura dei due aristocratici, con una punta polemica e misogina verso la contessa – «un caratterino nervoso», «come sono in genere tutte le donne e come devono essere tutte le contesse». Anche l'uso dei termini francesi è piegato al medesimo scopo realistico e ironico a un tempo, come il dialetto o l'italiano semidialettale: sono le tecniche più esteriori del realismo, così come la lettera, riportata a più riprese, in cui donna Ines descrive l'avventura a un'amica.

L'intento realista, la disposizione all'osservazione di minimi fatti, che diventano *specimina* di situazioni inveterate come l'inefficienza burocratica, motivano la stesura di *Regi impiegati*, assurda storia di equivoci che si estendono da due periferici uffici postali attraverso il ministero delle Poste fino alla Direzione delle medesime e alla Tesoreria di Milano fino al comico telegramma finale che chiude come una battuta idiota il racconto.

Alla sperimentazione di generi, all'intento realista, alla tematica borghese, piccolo-borghese di vicende quotidiane appartengono i romanzi di De Marchi. All'intenzione di dare nuova dignità al romanzo d'appendice è dovuto *Il cappello del prete*, apparso appunto nelle appendici dell'«Italia» di Milano e del «Corriere» di Napoli nel 1888. Significativo nell'*Avvertenza* al romanzo lo sforzo di rivolgersi attraverso il giornale a una massa di lettori al fine di «servirsi [...] di questa forza naturale per rinvigorire la tisica costituzione dell'arte nostra» e di «suscitare in mezzo ai palpiti della curiosità qualche vivace idea di bellezza che ajuti a sollevare gli animi». La realtà contemporanea non ha spazio nella vicenda – quasi un «giallo» (Contini) psicologico, di un assassinio e del tormentoso rimorso che ne segue – se non nello scenario: la città di Napoli con i suoi bassifondi, già noti attraverso le pagine della Serao e di Fucini.

Il tentativo di riportare l'attenzione sui problemi materiali e psicologici della piccola borghesia impiegatizia, costretta a conservare una facciata decorosa, ma destinata a vivere la squallida e grigia routine del *travet*, trova la sua realizzazione più riuscita in *Demetrio Pianelli*. Uscito col titolo *La bella pigotta* e coll'indicativo sottotitolo *Ritratti e costumi della vita milanese* nell'«Italia» dal settembre '88 e ripubblicato in volume nel '90 (presso l'editore milanese Galli) col titolo definitivo, il romanzo analizza il dramma di un impiegato che si dedica, fino a rovinarsi, alla famiglia del fratello suicida, come a una missione eroica rispetto alla sua esistenza arida e monotona. Il libro ha una struttura tradizionale: la storia della famiglia Pianelli, di svolgimento assolutamente lineare, è delimitata, con effetto di simmetria, da due fatti di violenza: il suicidio di Cesarino dà il via alla storia, l'assassinio della Palmira ne segna la conclusione. Segue il commento dell'autore, un breve paragrafo, *Gli altri*, dove si tirano le fila e si fa la morale della vicenda. Il grande motivo è, però, l'«oscura tragedia» di Demetrio nei rapporti con la cognata, un dramma psicologico che De Marchi scandaglia sapientemente, realizzando alcune tra le sue migliori pagine. Sullo sfondo è la Milano grigia, triste, nebbiosa che diventa quasi protagonista, animandosi dei tipici personaggi meneghini e della loro parlata dialettale con cui lo scrittore rompe la pagina, nel tentativo di ricreare la lingua non colta di quella piccola borghesia.

I veristi toscani

Tra il '76 e l'83 Mario Pratesi pubblica i racconti di *In provincia* (e in volume nel 1883 presso l'editore Barbèra di Firenze) proprio sulle pagine della «Rassegna settimanale», vero trampolino di lancio dei testi del verismo regionale in questi anni. I racconti mostrano la formazione dei temi che lo scrittore svilupperà nei romanzi. *Belisario*, ad esempio, rappresenta il primo contatto con la città e con il proletariato cittadino. Ed è subito polemica, espressa con toni di indignazione moralistica, legata da un lato all'esperienza liberale antigranducale (si veda anche *Le memorie del mio amico Tristano*), dall'altro alla nuova denuncia della condizione delle classi povere e del loro sfruttamento. *Un vagabondo*, pur continuando la tendenza moralistica, anticipa un tema tipicamente pratesiano, il contrasto città-campagna, e quella che è stata definita una «ossessione» dello scrittore: la malattia (Pratesi era affetto dalla tisi) e l'ospedale, dove i personaggi concludono spesso la loro disgraziata esistenza (come, nei romanzi, Arrigo Casamonti e Dolcetta). *Un corvo tra i selvaggi* e *Sovana* costituiscono i momenti della analisi più approfondita del contrasto città-campagna e uomini-animali, tra la violenza umana e la legge naturale che si traduce in polemica sociale: nel finale della prima novella il corvo diventa il simbolo dell'umanità che soffre a causa della «corruttela, ipocrisia e rozzezza» delle classi dominanti; nella seconda altrettanto simboliche sono le descrizioni della Maremma e delle sue campagne malsane (motivo che tornerà nel verghiano *Malaria*). Pratesi è un particolarissimo narratore nella forma breve: anzitutto sceglie una misura lunga che gli permette di esercitarsi in descrizioni ampie, in escursioni riflessive o saggistiche, in allocuzioni ai suoi personaggi (si veda quella rivolta al corvo prima della vendita al narratore), in discorsi riportati (come quello del domatore). Il racconto in prima persona non impedisce l'uso di tecniche sintattiche diverse: si veda per esempio all'inizio della novella il passaggio dalla descrizione realizzata con un canonico imperfetto, ripreso negli inserti di discorso indiretto libero, all'indicativo presente, usato non solo in presa diretta, ma per rappresentare azioni ripetute, sempre uguali nel tempo, codificate:

> E si vedeva bene che il domatore fremeva, ma perché prendersela con que' buoni abitanti? Quello non era tempo [...]. Era il *sabato santo*, e quel giorno diversamente dagli altri, c'è movimento, c'è vita nella città *ecc.*

Forse più congeniale a Pratesi è il respiro ampio del romanzo, anche se non raggiungerà mai la vastità e la profondità del romanzo europeo, come quello inglese, modello proposto proprio dalla «Rassegna settimale», la rivista che fornisce allo scrittore i temi e gli strumenti per una tematica nuova, per l'analisi della crisi contemporanea. *L'eredità* (1889), saga di una famiglia contadina del Senese, i Casamonti, è l'opera più moderna del Pratesi, dove si fa sentire la lezione del verismo, senza per altro che vi siano adottati canoni che, come l'impersonalità, costituiscono i cardini di quel metodo. Dal punto di vista dell'impegno sociale e della disposizione etica, sempre presenti in Pratesi, *L'eredità* ha il merito di rappresentare la vita dei contadini toscani al di fuori di ogni leziosa retorica e di esaminare il conflitto città-campagna, dove di nuovo città vale corruzione e campagna moralità, salute fisica e mentale. Il personaggio del figlio degenere di Stefano Casamonti, Amerigo, incarna tale dissidio: per la volontà del padre di sottrarlo alla dura vita dei campi egli viene a contatto di tutti i vizi e le corruzioni della società cittadina e, a differenza dell'avo Margaritone che usciva trionfante dalla città, ne è vinto fino a morire in seguito a una volgare rissa da postribolo. La descrizione dei luoghi cittadini è particolarmente importante (l'ascendente è *Belisario*): mentre la piazza con i suoi piccoli commercianti e l'osteria con gli avventori sono di impianto bozzettistico e macchiaiolo, pienamente realistiche sono le sequenze del postribolo, sia pure con una forte dose di grottesco, e dell'ospedale. L'assassinio di Amerigo e il processo (dove la trascrizione letterale dell'arringa è un eccesso di documentarismo) chiudono drammaticamente la storia della famiglia in perfetta aderenza ai moduli veristici.

Il mondo di Dolcetta (1895) è romanzo più complesso, ma forse meno originale dell'*Eredità* di cui gli mancano la struttura compatta e il ritmo stringente. Nella storia di Dolcetta sono incastrate e svolte fino a prevalere le storie di altri personaggi, borghesi e aristocratici. Nella foga della denuncia contro costoro il Pratesi sembra dimenticarsi il nucleo narrativo fondamentale: la vicenda di una povera contadina senese nell'incontro-scontro con gli strati sociali superiori e con la città. I motivi ideologici e polemici sono, infatti, fortissimi: Pratesi sente ancora drammaticamente l'esperienza risorgimentale, nel suo significato di opposizione antigranducale, antiaristocratica, anticlericale, e vive la delusione politica postunitaria di chi vede irrimediabilmente disattese le speranze di rinnovamento ed è costretto a constatare il trionfo del compromesso e l'ascesa di una classe dirigente corrotta, ipocrita e, al fondo, ancora reazionaria.

Con *Il Mondo di Dolcetta* siamo ormai alle soglie del nuovo secolo: il verismo ha compiuto la sua parabola e altre vie si sono aperte alla narrativa, mentre Pratesi rimane in certo modo su posizioni ottocentesche, lasciando irrealizzate le premesse dell'*Eredità* e abbandonando così la ricerca sul racconto verista ambientato in una provincia decentrata, con personaggi psicologicamente problematici, e tagliato drammaticamente (si veda, nel Novecento, Tozzi).

Ancora in ambito toscano sono da segnalare le novelle di Renato Fucini, *Le veglie di Neri* del 1883 (presso l'editore fiorentino Barbèra, ma molte escono nella «Rassegna settimanale» dal gennaio 1878) e *All'aria aperta* (Bemporad, Firenze 1897), esplorazioni su un materiale umano diverso, condotte secondo i moduli del racconto a veglia (si veda il contadino Carlone nel nieviano *Novelliere campagnuolo*) da un narratore che si fa interprete della vicenda presso un suo pubblico, qui borghese e cittadino, e mantiene le distanze dai personaggi, quando non esprime una morale riduttiva o pietistica. Manca la tensione drammatica (ad esempio *Sereno e nuvole* accostabile a *Cavalleria rusticana* o *Menico* a *La roba*). Restano, perciò, bozzetti, squarci documenti di vita campagnola (affini ai quadri dei macchiaioli) osservati in modo distaccato e ironico da un borghese cittadino pronto a coglierne i lati arretrati e grotteschi.

Il rapporto di Fucini con la «Rassegna settimanale» dà risultati più notevoli dal punto di vista del realismo sociale in un libro che precede le novelle: *Napoli a occhio nudo* (Le Monnier, Firenze 1878).

La realtà napoletana nelle cronache sociali della Serao e nelle descrizioni lirico-drammatiche di Di Giacomo

L'attenzione per la complessa e variegata realtà regionale sostenuta dalle riviste "progressiste" (ma forse meglio liberali-democratiche) e dagli scrittori più avvertiti e sensibili non manca di rivolgersi a Napoli e alla questione meridionale.

Un invito accorato a visitare Napoli era partito da Pasquale Villari:

> Gli parlai delle miserie dei montanini poveri emigranti per le Maremme, e ci si interessò e si commosse... Forse quel giorno gli nacque nell'animo l'idea di arruolarmi al suo servizio per la guerra che allora egli faceva alle piaghe del Mezzogiorno d'Italia, [...] di mandarmi a Napoli a studiare la miseria di quella virtuosa plebe.[23]

> Pregai, supplicai alcuni amici perché andassero a Napoli, vedessero coi propri occhi e descrivessero. Qualcuno sorrise, qualche altro mi dette ascolto.[24]

La proposta viene accolta anche da Jessie White Mario, moglie del patriota garibaldino Alberto Mario, la quale, prendendo le mosse dal confronto, discusso col Villari, tra Napoli e Londra, dà con *La miseria in Napoli* (Le Monnier, Firenze 1877) un saggio sociologico, un'analisi, anche su dati statistici, della situazione napoletana, indicando possibili soluzioni sulla base del modello inglese.

Il libro di Fucini, invece, si apre come un resoconto di viaggio alla De Amicis, come un *reportage* giornalistico: la prima lettera riflette l'entusiasmo del viaggiatore per la novità del luogo, mentre sono abbozzati i primi confronti con altri paesi esotici (l'Oriente) e l'attenzione è tutta rivolta al pittoresco, allo spettacolo. La seconda lettera è un passo avanti verso la presa di coscienza della realtà napoletana fino alle terribili descrizioni dei quartieri dei poveri e alle lugubri scene del camposanto. Fucini rappresenta quella componente intellettuale e borghese della nuova Italia che si accosta con spavento e quasi con raccapriccio alla degradata realtà meridionale e alimenta «l'autocritica» del liberalismo risorgimentale.

L'operazione, dunque, era stata avviata a livello non letterario, ma storico e politico da Pasquale Villari con *Le let-*

---

[23] R. Fucini, *Acqua passata*, La Voce, Firenze 1921.
[24] P. Villari, *Le lettere meridionali*, Bocca, Torino 1885.

tere meridionali, apparse per la prima volta nel '75 nel giornale «L'Opinione». Le *Lettere* sono la prima indagine seria e circostanziata su Napoli e sulle campagne meridionali (sulla camorra, sulla mafia e sul brigantaggio), e sono il testo decisivo per il risveglio della questione meridionale.[25] Uscite in volume nel '78, presso il Le Monnier di Firenze, vengono ripubblicate nell'84 con una nuova lunga prefazione, in cui l'autore ribadisce il significato della sua appassionata denuncia, in quegli anni sottovalutata o, addirittura, non creduta, e l'urgenza di trovare i rimedi a una situazione esplosiva, sfruttando anche l'ondata di emozione per l'epidemia di colera:

> Le parole però furon parole e Napoli restò nelle condizioni di prima. Quello sopra tutto che nessuno quasi mi volle mandar buono, fu il sostenere io che le condizioni della città non solo erano pessime, ma ogni giorno peggioravano. Se non ci si mette pronto, radicale rimedio, io dicevo, o verrà il colèra o un'altra epidemia qualunque, si vedrà allora se ho esagerato. Ed aggiungevo: il rimediarvi supera le forze del Municipio. È necessario quindi che intervengano lo Stato, il Banco di Napoli, altre grandi istituzioni. Questa pareva allora un'altra pericolosa esagerazione. Dove si andrà a finire, se lo Stato deve risanare le città italiane? Non si sovverte così ogni amministrazione?
> Ma ora, pur troppo, tutto è mutato. Il colèra è venuto. I cadaveri sono rapidamente scesi a migliaia nella tomba. E si è chiaramente visto da tutti, quali erano le cagioni che lo facevano fermare e persistere in un luogo piuttosto che in un altro.

Il colera dell'84 fa insorgere anche una scrittrice come la Serao, non particolarmente impegnata nella questione sociale, spingendola a scrivere *Il ventre di Napoli*, serie di

---

[25] Nel marzo 1875 era apparso il libro di Leopoldo Franchetti, *Sulle condizioni economiche ed amministrative delle provincie napoletane* (Tip. «Gazzetta d'Italia», Firenze) e nel 1876 uscivano i due volumi di Sidney Sonnino e del Franchetti con i risultati dell'inchiesta su *La Sicilia* nel 1876 (Barbèra, Firenze).

articoli giornalistici per il «Capitan Fracassa», in polemica col progetto di sventramento della città sostenuto dal ministro Depretis.[26] Pagine realizzate a caldo, con la foga e qualche volta la retorica dello sfogo polemico, sono tra le migliori della Serao (almeno nell'ambito della sua produzione veristica), certo più penetranti e stringenti di *Il paese di cuccagna* (Treves, Milano 1890), e sicuramente riproponibili oggi non solo per la scottante attualità, soprattutto nelle descrizioni dei vichi, dei bassi, delle subu-

---

[26] L'antecedente "popolare" degli scrittori attenti alla vita napoletana è Francesco Mastriani, autore prolifico e prolisso, noto soprattutto per l'imponente trilogia "socialista" *I Vermi* (1863-64), *Le Ombre* (1868), *I misteri di Napoli* (1869-70). Il suo modello è l'Hugo dei *Miserabili* e il Sue dei *Mystères de Paris*, ma la sua attenzione al proletariato non ha un'origine progressista e il suo atteggiamento, anche nelle denunce più violente, è paternalistico. Nei *Misteri di Napoli*, dal significativo sottotitolo *Studi sulle classi pericolose in Napoli*, sono ripresi e accentuati tutti i temi dei romanzi precedenti (già nei testi prima del '60 vi sono accenni di polemica sociale) all'interno di un racconto complicato e farraginoso in cui agiscono personaggi di tutte le classi sociali dai nobili ai proletari, ai contadini (un capitolo è dedicato a *I proletari della campagna* e contiene una distinzione tra proletariato urbano e rurale), oltre agli esponenti della tipica malavita meridionale, camorristi e briganti. Dato, quest'ultimo, di particolare interesse per l'interpretazione che viene offerta del brigantaggio, visto come prima forma di lotta organizzata contro il ceto dei possidenti. L'opera di Mastriani, ormai quasi illeggibile, è, tuttavia, di grande interesse in quanto tentativo, ancor prima dell'Unità, di discutere e far conoscere i problemi di Napoli e delle province meridionali, sulla scorta dei modelli francesi (Hugo, Balzac, Sue), della *Ginevra* del Ranieri, unico antecedente italiano (anche nel gusto dell'intreccio complesso, che ha fatto pensare a influssi del romanzo nero alla Radcliffe), e forse delle prime inchieste storico-sociologiche su Napoli (Marino Turchi, *Sulla igiene pubblica della città di Napoli*, 1862 e Marc Monnier, *Notizie storiche sul Brigantaggio nelle province napoletane dai tempi di Fra Diavolo ai giorni nostri*, 1862; *La Camorra. Notizie storiche raccolte e documentate*, 1863). Sui modelli di Mastriani si vedano le pagine di Antonio Palermo in *Da Mastriani a Viviani. Per una storia della letteratura a Napoli fra Otto e Novecento*, Liguori, Napoli 1972.

mane condizioni di miseria del popolo. *Il paese di cuccagna*, massimo sforzo della Serao in direzione realistica, è quasi la versione narrativa del *Ventre*, un grande affresco della città e dei suoi abitanti, un'analisi di tutte le classi e dei rapporti tra queste, accomunate dalla sfrenata e contagiosa passione per il gioco del lotto, giudicato piuttosto ingenuamente «il vero cancro» della città.[27]

La Serao fu soprattutto una straordinaria giornalista (fu collaboratrice del «Corriere del mattino», del «Capitan Fracassa», della «Nuova Antologia», della «Cronaca bizantina», fondò con il marito Edoardo Scarfoglio il «Corriere di Roma», trasformato poi nel «Corriere di Napoli») efficacissima nella cronaca, nell'evocare situazioni, personaggi, conversazioni, fogge attraverso sintetici cenni su singoli particolari, una tecnica per creare il grande quadro. La capacità di osservazione, di analisi, se non approfondita sul versante sociale e psicologico, è, tuttavia, la qualità che permette alle sue novelle di sopravvivere al gusto perbenistico di fine Ottocento e di conservare qualche interesse, non foss'altro documentario sui modi di vita e sulla mentalità non solo della Napoli dei bassifondi, ma della società aristocratica e borghese, cittadina e provinciale. Insieme a questa dote innata, la vivacità culturale, la molteplicità degli interessi e delle letture, dei rapporti con gli autori contemporanei italiani e francesi (da Verga a d'Annunzio, da Zola a Bourget) la sollecitano su

---

[27] *Il Ventre* ebbe due edizioni in volume: nell'84 (Treves, Milano), subito dopo la pubblicazione nel «Capitan Fracassa», e nel 1906 (Perrella, Napoli), con due parti aggiunte (*Adesso* e *L'anima di Napoli*, mentre le pagine dell'84 sono intitolate *Venti anni fa*) e una nuova prefazione. *Adesso* è il bilancio fallimentare degli interventi del governo: a partire dal Risanamento le nuove realizzazioni urbanistiche hanno creato solo un «paravento» pretenzioso per nascondere i ghetti dei poveri, mentre la corruzione dilaga, rendendo impossibile il progresso della città. Molto debole l'ultima parte (*L'anima di Napoli*), dove la Serao tenta una rivalutazione del carattere napoletano e propone piuttosto qualunquisticamente la scelta di buoni amministratori al di là di ogni programma politico.

fronti diversi, dal verismo allo spiritualismo, agli atteggiamenti preziosi e decadenti. Atteggiamenti, appunto, non risolti in una fusione dei vari stili, ma in uno svariare dall'uno all'altro restando in superficie, senza mai penetrare a fondo le varie poetiche: troppa partecipazione patetica per le miserie napoletane rispetto al canone dell'impersonalità, divagazioni decadenti soprattutto nelle descrizioni di ambienti e personaggi di elevato livello sociale accostate a momenti di esibito realismo: esemplari in questo senso i suoi primi romanzi di amore-passione, *Cuore infermo* (1881) e *Fantasia* (1883), mentre l'occhio giornalistico e cronachistico le permette di raggiungere migliori risultati in *La conquista di Roma* (1885) e *Vita e avventure di Riccardo Joanna* (1886), sorta di Andrea Sperelli, prima dello Sperelli dannunziano, in una Roma politica, aristocratica, giornalistica, insomma pre-"bizantina", predannunziana. È nelle novelle, *Opale* (1878), *La virtù di Checchina* (1884), *Il Romanzo della fanciulla* (1885), che la Serao meglio sfrutta, a parte le già dette aporie, l'esperienza verista: l'attenzione agli strati sociali più miserabili, se suscita la sua lacrima compassionevole atta non a sconvolgere l'ordine sociale, ma a consolare, a lenire, non è però folklorica, superficiale, ma precisa e attenta, come nel *Ventre*, e se la struttura non è elaborata, la lingua aderisce al mondo narrato, al parlato popolare. Altro tema trattato con frequenza e con risultati in parte innovativi è quello della condizione femminile ai vari livelli della società e nelle diverse età: *Il Romanzo della fanciulla* è incentrato sull'analisi del mondo femminile giovanile, in cui la Serao si vale della propria esperienza autobiografica (diplomata maestra alla scuola normale, fu per due anni impiegata al telegrafo) e dei propri ricordi, ricordi di compagne, amiche o colleghe di lavoro, un enorme campionario («uno stupendo erbario umano») di cui intrecciare e seguire o indovinare i destini, se non fissarli in un catalogo secondo un gusto tipicamente tardottocentesco. Anche qui l'idea di una serie di novelle fortemente compatte ci riporta al confronto novella-romanzo che caratterizza quasi tutta la produzione ottocentesca: la Serao nella *Prefazione* dichiara di non voler «fare un romanzo», né «risolvere un problema di psicologia sperimentale», ma di voler dare «delle novelle senza protagonisti, o meglio dove tutti sono protagonisti», delle novelle «corali». Ed è proprio nel coro, nel dialogo fittissimo delle molte voci, che alternano comunicazioni di lavoro, confidenze, pettegolezzi che si realizza meglio la capacità di osservazione della Serao, il suo occhio e il suo orecchio prensili, mimetici dei caratteri e degli ambienti. Dunque, autobiografia in *Telegrafi dello Stato, Scuola normale femminile*; osservazione delle rampolle dell'aristocrazia e delle loro vite matrimoniali o decisioni conventuali in *Per monaca*; la variegata scena dei bagni di mare con le storie delle ragazze borghesi che vi appaiono fino all'eruzione che causa la morte di alcune di loro in *Nella lava, Non più* sulla fine delle speranze d'amore, il tutto legato più dai temi e dall'abilità delle descrizioni dei tipi, dei luoghi, delle *toilettes*, dalla narrazione di storie individuali e collettive più che da alcuni personaggi femminili che si ritrovano da un racconto all'altro.

La virtù di Checchina è la storia di un rapporto matrimoniale insoddisfacente: Checchina, bella, ma succube del marito, un medico avaro e un po' volgare, nonché della serva bigotta, rinuncia alla possibile storia extramatrimoniale con l'affascinante marchese, più per mancanza di coraggio, per paura del giudizio sociale che per intima convinzione alla fedeltà coniugale.

Fior di passione del 1888 dà inizio alla produzione novellistica mondana e sentimentale che caratterizzerà gli anni 1890-1900 con la scelta di temi come il triangolo amoroso nelle classi alte

Posizione femminista? Non propriamente, perché la scrittrice, pur mettendo in risalto il tema della donna lavoratrice, si adegua per lo più alla morale perbenistica: il matrimonio, la cura della famiglia sono (al contrario della sua scelta individuale e delle dichiarazioni giornalistiche su divorzio, scuola, lavoro, voto per le donne) il vero scopo assegnato ai suoi personaggi, che si devono adeguare all'«ordine delle cose».

L'altra voce napoletana – e la definizione "voce" è quanto mai pertinente – è Salvatore Di Giacomo. Esordisce nella scrittura novellistica molto giovane, a diciannove anni, con una serie di racconti gotici ambientati in una Germania di maniera: *Pipa e boccale* è il titolo sotto cui raccoglie nel 1893 i più riusciti, tra cui *Brutus, Garofani rossi, L'«Odochantura melanura», Suzel, Addio!*, a testimonianza sia di un apprendistato condotto nel genere nero, quasi un doveroso tributo a un genere di tendenza tra gli anni Settanta e i primi anni Ottanta, sia di un ineludibile autobiografismo rintracciabile nel calore dei sentimenti e nel sostanziale disprezzo della scienza, dopo l'abbandono degli studi di medicina per l'orrore suscitatogli soprattutto dall'anatomia.

Pressoché in parallelo, a partire dai primi anni Ottanta, Napoli e la sua gente diventano il centro della sua successiva, copiosa, produzione: *Nennella* (Quadrio, Milano 1884), *Mattinate napoletane* (Pierro, Napoli 1886), *Rosa Bellavita* (Pierro, Napoli 1888) sono le prime tre raccolte, rifuse nel 1914 nell'unico volume *Novelle napolitane* (con prefazione del Croce); più tarda, e assai composita quanto a temi e soluzioni stilistiche, *Nella vita* (Laterza, Bari 1903), ristampata nel 1920 col titolo *L'ignoto* (Carabba, Lanciano).

Lo sfondo è quello cittadino dei «ventri» e dei «misteri»: i quartieri dei poveri, vichi, bassi, fondaci, le carceri, i conventi, gli ospedali, i postriboli, che si animano della presenza di bambini cenciosi o malati (*Bambini, Vulite o vasillo?...*), ragazze miserabili (*"Cocotte", L'ignoto*), prostitute, personaggi emarginati o alla deriva e i loro casi, a volte vere *tranches de vie*, squallidi o drammatici (*Sfregio, Serafina, L'abbandonato, Fortunata la fiorista, Rosa Bellavita, Documenti umani, Quella delle ciliege, La taglia*), rappresentati con moduli teatrali (dialoghi fittissimi con minime didascalie) tipo "scene popolari" o con la brevità e la secchezza del resoconto giornalistico.

Le novelle di Di Giacomo sono state definite quadri di vita napoletana (Croce): si veda in *La regina di Mezzocannone* come le continue notazioni coloristiche ricreino la cupa miseria e la soffocante atmosfera della via napoletana; così la descrizione del banco dell'acquaiolo in *L'impazzito per l'acqua*, la terapia truculenta in *Le bevitrici di sangue*, il sopraggiungere della notte nella strada e nel basso di *Assunta Spina*, l'inferno variopinto della tintoria in *Il voto*, il tramonto invernale in *L'ignoto* sono solo alcuni esempi di una tecnica narrativa che ricostruisce e individua luoghi, personaggi e situazioni attraverso il colore. Si veda l'inizio di *Assunta Spina*:

> Era l'ora del tramonto e un silenzio di persone e di cose stanche chiudeva la grigia e triste giornata di febbraio. Come il buio sopravveniva rapidamente e penetrava nelle case, tutte le porte dei pianterreni, una dopo l'altra, s'aprirono sulla via e ancora per un poco l'ultimo chiaror freddo del giorno bagnò, ne' poveri interni, della scarsa mobilia, qualche immagine, davanti alla quale ingialliva la fiammella d'una lampada, e la pallida sagoma d'un letto. Assunta Spina schiuse le sue vetrate e sulla soglia del basso trasse una seggiola, per un pezzo rimanendovi accanto, ritta, la mano sinistra sulla spalliera, le dita della destra tamburinanti sulla vetrata. Davanti a lei s'allargava la solitaria piazzetta di Sant'Aniello Caponapoli, tra le case alte, tra la chiesa, a manca, e il bianco fabbricato del teatro anatomico. In fondo, l'arco del vicoletto di San Gaudioso pareva una gran porta spalancata, sbadigliante sull'oscurità della stradicciuola, già tutta confusa nelle ombre. Ma il giorno moriva come tra una infinita dolcezza. Nel lontano tintinnavano le campanelline d'una invisibile mandra di capre, arrivanti forse dalla strada d'Atri, o sparse a leccar le mura, laggiù, a Regina Coeli. E nella piazzetta di Sant'Aniello alcuni piccini giocavano sullo sterrato, sotto gli alberi nudi, ai cui vecchi rami la gente di laggiù attacca le corde per isciorinare il bucato. I piccini si rincorrevano senza gridare; a volte una risata argentina suonava nel silenzio, o una fresca voce infantile. Due amanti si spiavano alla finestra, scambiandosi la molle tenerezza dei loro sguardi.

Mentre riproduce così le tinte e le luci di Napoli, col dialetto dei dialoghi e delle canzoni Di Giacomo suggerisce al lettore le voci della città, soprattutto nei momenti più lirici o commossi della narrazione (esiste uno stretto rapporto, anche tematico, tra novelle e poesie). La sua produzione novellistica è intesa a fissare atmosfere, costumi e caratteri napoletani, non a fini documentari o realistici, ma se mai evocativi, con quello che è stato definito «sadismo sentimentale»,[28] che pervade tutta la narrativa di secondo Ottocento e non esclude, tuttavia, una capacità di penetrazione psicologica e di partecipazione patetica insieme. Un esempio nel declino inesorabile del piccolo vecchio di *Un menuetto*, posto in apertura di *Novelle napolitane*, accostabile per certi aspetti al *Maestro di setticlavio* di Camillo Boito, con riconoscimento di precedenza a Di Giacomo: 1881 il primo racconto, 1893 il secondo. A unire il vecchio descritto nella sua casa invecchiata con lui, fuori moda e consunta, e disperato infine perché, diventato sordo, non può udire il suono della sua spinetta, le note del suo «minuetto», e il maestro Zen e il Chisiola, cultori del setticlavio, del racconto boitiano è quel senso di inesorabile decadenza e l'angosciante certezza di un'impossibile saldatura del passato con il presente in corsa verso il nuovo, la modernità, più tragico e segnato dalla morte e dalla follia quest'ultimo, dolcemente sconsolato il primo:

> Il vecchietto, sorridendo al ricordo, rimise le mani sulla tastiera, tentò qualche nota dell'adagino, un delizioso fa *minore* pel quale ella chiudeva gli occhi e abbandonava mollemente il capo sui cuscini del divano. Gli tornò il primo impeto di collera, come nessun'armonia gli arrivava all'orecchio. Si chinò, accostò il capo alla tastiera: i polpastrelli percotevano, due, tre volte... Nulla, nulla; qualcosa d'indistinto, di vago, un soffio. Davvero tutto era finito, proprio tutto. Un'immensa amarezza gli strinse il cuore, le mani si raffreddarono, madide. Il vecchietto, poggiato il braccio all'angolo della spinetta, abbandonata la testa sul braccio, rimase immobile. Pareva dormisse.
> Annottava; l'ombre si raffittivano nella camera, vi mettevano larghe macchie d'oscurità intorno alle quali ogni cosa nuotava in una dolce confusione di linee. Perdeva la stradicciuola la sua gente e il romore; un impreciso mormorio ne saliva, e penetrava nella stanzetta come un soffio. E la stanzetta taceva, in una gran pace.

---

[28] Da E. Croce nella *Prefazione* a Di Giacomo, *Poesie e prose*, Mondadori, Milano 1977.

Pure, il malinconico silenzio, di tanto in tanto era rotto. Si sarebbe detto che lì, dietro la spinetta, nell'ombra, qualcuno singhiozzasse.

Teoria e prassi: Capuana e la novella verista

È forse superfluo sottolineare ancora come, dopo l'Unità, il problema del Meridione diventi il tema più dibattuto in sede storico-politica e come gli scrittori meridionali (per lo più intellettuali borghesi moderatamente riformisti, ma con forti inclinazioni conservatrici, «galantuomini» del Sud, insomma) diano i contributi più notevoli, anche sotto l'aspetto letterario e stilistico, alla narrativa ispirata al realismo sociale. Ciò non significa che si debba vedere il verismo in una luce missionaria, come movimento portatore di un messaggio umanitario e scientifico per una società nuova, perché, nonostante gli innegabili contenuti umani e sociali, il rinnovamento è anzitutto formale e implica il ritorno al «culto disinteressato dell'arte» e reagisce da un lato alla letteratura oratoria risorgimentale, dall'altro alla retorica del vero (la descrizione eccessivamente analitica o fotografica della realtà) e, infine, ricerca strumenti espressivi originali.

La formazione del Capuana, teorico e critico del verismo, è, infatti, desanctisiana, e, dal punto di vista filosofico, oltre che al positivismo s'ispira al neo-hegelismo napoletano di tendenza idealistica di cui è promotore Camillo De Meis, in particolare nel dialogo filosofico *Dopo la laurea* (1868-69). Se per Capuana la hegeliana *Fenomenologia dello spirito* era «il poema moderno del pensiero, della riflessione assoluta», il libro di De Meis gli «giungeva proprio in tempo per trascinar[lo] più accosto alla realtà e dar[gli] un equo senso della vita» (*Spiritismo?* Giannotta, Catania 1884). Le tre componenti, traducendosi in realtà (e scienza), idealità, forma, si fondono e provocano le teorie letterarie di Capuana che vede nella narrativa, nel romanzo il genere che «rappresenta e riproduce lo stato dello spirito diviso tra l'arte e la scienza, fra la prosa e la poesia».

Da queste componenti derivano al Capuana i due concetti base, storicistico e formale, dell'arte: arte come serie di forme che non si ripetono, che non tornano indietro o in avanti a loro capriccio o piacere, ma necessità logiche, ma processi dialettici che si compiono con esattezza e precisione ammirabili», e dell'arte come forma.

Sulla scorta di De Meis gli inizi narrativi di Capuana tengono come modello Poe, visto come uno dei pochi a privilegiare come soggetto il cervello, non il cuore e i caratteri: nel '67 pubblica *Il dottor Cymbalus* e scrive *Un caso di sonnambulismo* che, inviato nel '73 a Verga, sarà pubblicato solo nel 1881 in *Un bacio e altri racconti*, dando inizio a un filone fantastico e straordinario di lunga vita nella vasta produzione novellistica dello scrittore. Seguono tra il 1872 e il 1876 i *Profili di donne*, editi nel '77, profili psicologici su base fisiologica, ma non ancora il romanzo nuovo che sul modello francese (Balzac, i Goncourt, Zola) deve realizzare la nuova teoria. Nel '77 inizia a scrivere *Giacinta*, avendo ben presenti i due problemi di una moderna narrativa: il punto di vista e la lingua. La sperimentazione va di pari passo con gli *Studi sulla letteratura contemporanea* (1880): il romanzo esce nel '79, e, quando uscirà la revisione (1885), il fondamento teorico sarà la seconda serie di *Studi* (1882), la cui idea portante è che la scienza ha nell'arte la funzione di metodo, fornisce gli strumenti per l'osservazione oggettiva del fatto umano e cerca di ricostruirlo in totale aderenza al vero. È la nuova chiave di lettura, interpretazione e resa della realtà che Verga ha già maturato sul campo raccogliendo l'eredità di Enrico Lanti di *Eva* (1873) e facendosi scienziato del cuore con la fisiologia dell'amore di *Primavera* (1876). Nella seconda *Giacinta* a incarnare il metodo è il dottor Follini, ancora una volta un medico, come già l'Angiolini nella verghiana *Una peccatrice* (1866), osserva distaccato:

> per lui, già discepolo del De Meis alla Università di Bologna, per lui che se non credeva all'anima immortale, credeva nell'anima e anche nello spirito, una passione come quella non poteva essere soltanto il prodotto delle cellule de' nervi e del sangue. E voleva scoprirne tutto il processo, che era l'essenziale. Gli interessava pel suo libro, *Fisiologia e patologia delle passioni*.

Idee che riprendono la premessa teorica di *La coda del diavolo* (inserita nella raccolta *Primavera*):

> Questo racconto è fatto [...] per tutti coloro che considerano col microscopio gli uncini coi quali un fatto ne tira un altro, quando mettete la mano nel cestone della vita; per i chimici e gli alchimisti che da 5000 anni passano il loro tempo a cercare il punto preciso dove il sogno finisce e comincia la realtà, e a decomporvi le unità più semplici della verità nelle vostre idee, nei vostri principii, e nei vostri sentimenti, investigando quanta parte del voi della notte ci sia nel voi desto, e la reciproca azione e reazione.

Se Verga mette in evidenza anche la componente inconscia del fatto umano, richiamando anche la teoria della scissione della personalità, cara agli scapigliati, nondimeno fa emergere il rapporto di causa-effetto, il nesso psicologico, come meglio spiegherà nella prefazione all'*Amante di Gramigna*. Per Capuana

> nell'arte quel che più ci attrae è sempre la vita. [...] Non occorrono secondi fini, intenzioni di moralità, intenzioni scientifiche, intenzioni di nessuna sorta. Il personaggio viene giustificato dalla sua esistenza stessa, come nella natura (*Studi*, 1880).

Di qui le storie particolari, sì, ma non eccezionali, strane, ma non sconvolgenti, in equilibrio tra aderenza alla contemporaneità e indagine psicologica dei personaggi. Ecco dunque le «sensazioni vere», i «sentimenti veri», i «dolori veri» annunciati nella prefazione ai *Profili*; lo «studio psicologico» dei caratteri, dell'ambiente, delle circostanze, rivendicati come più importanti del fatto in *Storia fosca* (1883), che riprende i testi di *Un bacio* (1881), i «casi di coscienza dolorosi o tragici, intramezzati da novelline dove, più che un caso, è accennata una sfumatura di passione» delle *Appassionate* (1893).

Se la dichiarazione verista più importante è affidata agli *Studi* sulla falsariga della prefazione all'*Amante di Gramigna* («Un'opera d'arte, novella o romanzo, è perfetta quando l'affinità e la coesione d'ogni sua parte divien così completa che il processo della creazione rimane un mistero», *Studi*, 1880), pochi sono i testi in cui sono applicati in senso stretto i canoni veristici o è seguita la lezione verghiana, e quei pochi sono singolarmente tardi (ma si pensi che il Verga dal '93 in poi rivede la raccolta chiave del verismo, *Vita dei campi*): *Le paesane*, testi già editi in *Homo* (1883) e *Fumando* (1889), recano la data 1894, le *Nuove Paesane* e *Scurpiddu*, 1898. Le prime due sono raccolte di bozzetti ispirati al Verga di *Vita dei campi*, *Novelle rusticane* e, in parte, *Vagabondaggio*. Capuana non possiede l'essenzialità e la concentrazione drammatica verghiane, ma si disperde in un descrittivismo ricco di particolari che sfocia spesso nel ritratto ironico di tipi provinciali bizzarri o grotteschi, mentre la denuncia non emerge, se non da una lettura attenta alla realtà sociale che fa da sfondo alla galleria di personaggi.

Scurpiddu, racconto per ragazzi, accostato spesso a *Jeli il pastore* (ma gli manca il taglio deciso e drammatico del racconto verghiano) è la storia dell'adolescenza e della formazione di un fanciullo abbandonato fino al passaggio alla condizione di adulto, segnata dalla partenza per il servizio militare, mentre è delineata la vita arcaica dei contadini siciliani nell'ambiente ristretto di una masseria.

Dagli anni Novanta, comunque, Capuana rivolge la sua attenzione in modo quasi esclusivo alla sua fittissima novellistica, strutturando in molti volumi i testi senza tener conto il più delle volte dell'unità tematica. Nascono così *Il Decameroncino* (1901), novelle tutte nuove legate dalla figura del narratore delegato, il medico-filosofo ottuagenario dottor Maggioli; *Delitto ideale* (1902), che propone casi di psicopatologia, spiritismo, psicologia dell'artista nel processo creativo, miti del progresso tecnologico, insomma il *conte fantastique* di Hoffmann, Poe, Tarchetti, rivisti alla luce della fantascienza (soprattutto nel *Decameroncino*); *Coscienze* (1905), che in una situazione di «scoramento» per la consapevolezza di essere stato ormai abbandonato dal grande pubblico propone appositamente temi già svolti per riaffermare la

> convinzione che la novella debba essere unicamente creazione di caratteri, di personaggi che vivano nell'ope-

ra d'arte come nella realtà, per conto loro [...] e che la forma debba essere così intimamente fusa col contenuto da non doversi distinguere affatto da esso.

Un vampiro (1907) riunisce un caso clinico sugli effetti dell'ipnotismo al racconto fantastico sul caso di un marito *revenant* e geloso, forse per isteria, della compagna del protagonista che non solo parla con lui, ma lo vede chinato sulla culla del proprio bambino in atteggiamento vampiristico; motivi fantascientifici si sperimentano invece attraverso la narrazione del dottor Maggioli (vengono riciclate anche undici novelle del *Decameroncino*) in *La voluttà di creare* (1911). La produzione di novelle continua: per citare solo qualche titolo, *Perdutamente!* (1911), *Eh! La vita...* (1913), a *Riaverti* (1920), *Ribrezzo e fascino* (1921), *Le ultime paesane* (1923).

Una scrittrice di successo: Neera

Anna Radius Zuccari, in arte Neera, appartiene alla generazione degli scrittori nati negli anni Quaranta e affermatisi a partire dai fatidici Settanta. Collaboratrice di numerosi giornali e riviste, su cui, oltre ai testi creativi, pubblica le sue battaglie di idee sulla questione femminile, sull'educazione della gioventù, sulla rivoluzione industriale, ebbe un largo seguito di lettori fedeli e di critici attenti tra cui negli anni del successo Luigi Capuana (gli dedicò la sua autobiografia, 1891) e in quelli del declino Benedetto Croce, autore nel 1905 di un saggio ancora fondamentale: una consacrazione, ripensandoci dopo un secolo, che dovette ripagarla non solo del relativo oblio primonovecentesco, ma dei rilievi spesso severi dei contemporanei. Scrittrice prolifica, con un'attività che dal 1876 (*Un romanzo*) si prolunga fino al 1921 con le novelle di *Fiori*, è un'attenta osservatrice di caratteri e di situazioni, portata all'analisi minuziosa e non alla costruzione stringente della novella, che spesso declina in finali deludenti o postici. Neera a volte sembra coltivare il genere per necessità, per comparire sulle riviste, per tenere viva l'attenzione del pubblico, per ragioni economiche, come del resto anche il grande Verga. A livello teorico il suo motto può essere «l'ideale del reale» come afferma nell'*Autobiografia*, e di fatto si muove tra realismo e idealismo. I suoi personaggi femminili sono come bloccati in situazioni statiche, prigionieri del loro ruolo, fantasticanti infelici che sognano il fuori, la vita sociale, le esperienze forti, le emozioni, ma spesso devono o vogliono rinunciarvi e si condannano a esiti negativi. Ma uscire dalla famiglia, sottrarsi al confronto con la bella matrigna ed emanciparsi con un lavoro di maestra che cosa rappresenta in un ambiente borghese per la Paolina dell'omonimo racconto di *Iride* (1881)? La sconfitta di lei, «brutta e malinconica», «taciturna e malcontenta», rispetto ad Aurora, «bella, gaia», «cara e gentile», nell'amore del padre e marito? Il triste destino di lavoro di una fanciulla povera o la conquista di un'indipendenza? Di una vita fuori? Il finale è ambivalente: certo se lo scopo di Paolina è di attirare tutta l'attenzione, questo fallisce nel momento in cui la piccola figlia di Aurora cade e la protagonista narratrice commenta: «Aurora non pensava più a me».

Neera sceglie spesso un io narrante per scandagliarne meglio la vita interiore, come in *Nora*, sempre compresa in *Iride*, ancora un racconto lungo, una misura più congeniale a lei che si considera non novellatrice ma romanziera e rifugge dalla struttura concentrata e tesa del racconto. Anche qui in una famiglia aristocratica due personaggi femminili a contrasto, Nora, la bambina bruna dall'aspetto zingaro, dall'animo insondabile e vittima di un precoce amore per il fidanzato e poi marito della bionda e verginale sorella Elisa, Roberto, io narrante della vicenda, consapevole e anche vagamente attratto da quel sentimento. O ancora in *Monastero* (da *Masuccio*, 1903) Tecla e Maria, ancora l'una bionda, fredda e vergine, e l'altra bruna, bruciata dalla passione amorosa e dal senso di colpa per la morte dei due uomini che l'hanno amata. Situazioni forti, melodrammatiche, che tuttavia Neera riesce a sorvegliare o con lo strumento della narrazione intradiegetica da parte di un io coinvolto e osservatore, non distaccato, ma abbastanza freddo e riflessivo da costruire realisticamente i fatti, o attraverso la diegesi tradizionale con ampio uso, però, dei monologhi in discorso indiretto libero. E ciò soprattutto nei racconti in cui si segue il destino di un personaggio singolo, come in molti testi di *Voci della notte* (1893): *Angelica, Notte bianca, Il merciaiolo ambulante, Falena, Zia Severina*, novelle che toccano un po' tutti i temi della narrativa realista: la fanciulla bellissima ma con handicap mentale lasciata a se stessa, con un finale che ricorda la *Nedda* verghiana; il tormento della moglie che ama un altro; la povertà e la solitudine, l'emarginazione e la malattia della prostituta alla fine della sua carriera; le amarezze e i ricordi della quarantenne zitella. Notevole dalla raccolta *La villa incantata* (1901) il tormento amoroso di un personaggio maschile, che attende invano la donna amata in *Il convegno*: una situazione e un alternarsi di sentimenti quasi esclusivamente attribuiti alla donna dagli scrittori realisti. Su tutto si riversa il moralismo di Neera, che avverte la discriminazione sociale e quella femminile, ma alle aspettative delle classi povere, come ai desideri amorosi, assegna la delusione, la rassegnazione, la morte, come estrema punizione del peccato erotico. Proprio per la convinzione che la vita matrimoniale e le cure familiari rappresentano il fine della donna, che non ha bisogno della cultura e dell'affermazione sul lavoro, espressa in un articolo pubblicato nel 1899 sul «Corriere della Sera», la scrittrice sarà attaccata polemicamente sulle colonne dell'«Italia femminile» (ma anche su altri giornali e non solo da intellettuali femministe), periodico di moderata innovazione, che pure aveva accolto molti suoi racconti, e da Sibilla Aleramo, che rivendicava con forza la necessità di emancipazione culturale della donna: e si è visto come l'ultimo ventennio del secolo sia denso di dibattiti sociali a tutti i livelli, sia nella pubblicistica sia nella prosa narrativa, dove si affermano firme femminili tra cui ricordiamo Bice Speraz, Contessa Lara, Grazia Deledda.

Neera è una scrittrice dotata certo di una vena facile, ma anche di una notevole capacità di introspezione e di una scrittura di livello medio, senza punte di particolare intensità, una scrittura normale che le deriva certo dalle fittissime letture dei testi del realismo francese e italiano, ma anche dalla sua non comune capacità di osservazione.

Tanto che, rispondendo a Georges Herelle, potrà a buon diritto definire così la sua opera:

> Idealité dans la conception et dans le but; realisme dans les moyens. C'est mon Credo artistique, le résultat de l'observation dans l'âme et dans la vie – ce que je crois la Verité.[29]

Tra decadenza aristocratica e patologia amorosa: Federico De Roberto

Un'attenzione tutta formale è dedicata al verismo da Federico De Roberto. Le sue prime raccolte di novelle sono esercizi sulla scia di Verga, ma di un Verga filtrato attraverso Capuana per la spiccata propensione all'intrigo e allo psicologismo e superato in direzione di una ricerca che si potrebbe azzardare a definire iperrealistica. I racconti di *La sorte* sono indagini sui rapporti tra classi sociali: popolo, piccola borghesia, borghesia, patriziato sono accomunati da un'inevitabile «sorte» di miseria, ignoranza, sfruttamento, legate dall'esile filo della storia della decadenza fatale di una famiglia aristocratica (*La disdetta*), in modo che il libro sia una sorta di fisiologia del fallimento nella lotta per la vita, in una prospettiva fortemente positivista e materialista. De Roberto già da questa prima raccolta dimostra di unire la lezione del verismo al naturalismo di Bourget e di Maupassant, professando un determinismo assoluto che gli permette di rileggere anche la lezione rusticana di Verga secondo una prospettiva ideologica che fonde le posizioni dei modelli e che dal punto di vista della struttura narrativa e dello stile sceglie l'amplificazione, la reiterazione degli stilemi delle due scuole fino quasi allo svuotamento degli stessi: è il caso di *Ragazzinaccio*, versione annacquata senza rit-

---

[29] «Idealità nella coscienza e nello scopo; realismo nei mezzi. È il mio credo artistico, il risultato dell'osservazione sull'animo e sulla vita – ciò è quello che credo sia la verità», cfr. Neera, *Monastero e altri racconti*, a cura di A. Arslan e A. Folli, Scheiwiller, Milano 1987, p. 19.

mo drammatico di *Cavalleria rusticana*, o di *San Placido* ispirato a *Guerra di Santi*.

Alla formazione della prosa d'esordio già così matura, come di quella delle successive raccolte, contribuisce l'influsso di Flaubert, secondo la lettura di uno dei giovanili saggi di *Arabeschi* (1883):

> Non si era mai vista tanta vitalità di concezione, accoppiata alla forza dell'osservazione, alla sottigliezza dell'analisi, alla cura, alla precisione, alla combinazione sapiente dei particolari, alla necessità delle deduzioni, all'abbagliante splendore dello stile.

Una lezione che renderà al meglio in novelle come *La disdetta* e *Nel cortile*.

La sorte esce nel 1887, in contemporanea con il *Vagabondaggio* verghiano, ed è già un passo oltre il verghismo delle novelle e dei *Malavoglia*, anticipando quasi il quadro sociale ampio e articolato del *Mastro-don Gesualdo* (1889): anzitutto i temi e gli ambienti, ovvero il destino, la "sorte" delle varie classi sociali, esaminate non separatamente ma nella rete fitta dei rapporti, nella vicinanza quotidiana, nella vita intrecciata, nei quartieri dove i palazzi principeschi confinano con le case borghesi e le catapecchie dei poveri (*La disdetta*, *Nel cortile*). Vero *specimen* della situazione cittadina, della grande città e non della provincia, come nel *Mastro* verghiano, è il palazzo della principessa Roccasciano, che si apre a tutti e a tutti rivela la decadenza di un grande casato, una rovina che si propaga a protagonisti e comprimari della *Disdetta*, come delle altre novelle che a questa si legano tramite luoghi e personaggi riproposti da un testo all'altro e messi a fuoco nella loro sorte o sullo sfondo di altri destini. Cambia l'ottica del racconto: un occhio imperturbabile e freddo, una disposizione farsesca di fronte allo squallore, alla miseria umani, agli intrighi e ai maneggi economici ed erotici, un'ottica che sarà, sia pur con più efficacia grottesca, ma anche diverso coinvolgimento nei riguardi della rilettura del mito rusticano, teatrale, amoroso, del Verga del *Don Candeloro e C.i*. Cambiano le strutture portanti, la sintassi narrativa: il dialogo dilaga, sopravanzando il discorso indiretto e eludendo quasi del tutto l'indiretto libero. La tendenza comporta l'adozione dei vari livelli di parlato, che vengono diversificati, a volte anche con inserzioni dialettali, in modo da creare un coro in cui ogni voce è sì distinguibile, ma fusa in un tutto omogeneo, a rappresentare un unico turbine, un gorgo in cui tutti sono irrimediabilmente travolti. Cambia la misura, il taglio del racconto che abbandona la sintesi verghiana e si distende in quella maniera «calma e blanda che non si commuove e non si appassiona di nulla», notata dal Capuana nella recensione che modifica il giudizio di fiacchezza dato nell'83 sulla *Malanova*, penultimo pezzo del libro.

Nella *Prefazione* a *Documenti umani*, dopo aver ripetuto più volte il precetto verghiano della forma che è tutt'uno col soggetto, lo scrittore giustifica la sua scelta linguistica, stretta tra toscano e dialetto:

> Io tento, con l'esempio del Verga, una conciliazione: sul canovaccio della lingua conduco il ricamo dialettale, arrischio qua e là un solecismo, capovolgo certi periodi, traduco qualche volta alla lettera, piglio di peso alcuni modi di dire e riferisco molti proverbii, pur di conseguire questo benedetto colore locale non solo nel dialogo, ma nella descrizione e nella narrazione ancora.[30]

In questo senso è esemplare *Rivolta* con le molte esclamazioni, imprecazioni, tradotte dal dialetto, o le battute dialettali di Teresa; e ciò dimostra come la vera novità di Verga, la sintassi dialettale, sgrammaticata, non sia capita neppure dal discepolo e amico, che applica il suo metodo lessicale misto nei *Documenti umani*, per esempio nella parlata poliglotta della protagonista di *Una dichiarazione*, adottata anche a fini caricaturali e sarcastici. E ciò, nonostante che manchi la «*localizzazione* artistica» (*Prefazione*), e manchi deliberatamente, perché «un modello che convenga a tutti non potrà essere mai troppo preciso». Qui il problema è l'analisi psicologica che deve essere il

---

[30] L. Capuana, *Novelle* in «Fanfulla della Domenica», 1° maggio 1887, poi in *Libri e teatro*, Catania 1892 e, a cura di E. Scuderi, Catania 1972.

«prodotto d'un particolar genere d'imaginazione: l'imaginazione degli stati d'animo». Come arrivarci dal momento che non si possono «osservare se non gli atti, le parole, i gesti»? Le soluzioni sono quella del romanziere che interpreta gli altri guardando troppo in se stesso, quella dei realisti che riproducono i segni esteriori in una sorta di «sintesi fisiologica», contrapposta alla «sintesi psicologica», lasciando l'interpretazione ai lettori, quella dell'«analista» dell'anima che ritiene di poter ricostruire al posto dei lettori gli stati d'animo dei personaggi. De Roberto cita la prefazione di Maupassant a *Pierre et Jean* come precedente analisi della questione, ed esemplifica in Stendhal l'«imaginazione psicologica», mentre Flaubert «ne ha una tutta fisica». La conclusione è banale e dimostra la scarsa saldezza teorica dell'autore: «i metodi sono molteplici, l'arte è una» e, comunque, non mancheranno le critiche: se i racconti della *Sorte* erano troppo rusticani, i «documenti umani» saranno giudicati «troppo romantici, [...] i personaggi [...] troppo convenzionali, [...] lo stile [...] troppo artificioso».

Anche i *Documenti* raccolgono un tema verghiano, quello del dramma intimo, per lo più amoroso, che si manifesta e si evolve nel documento: la lettera, il manoscritto lasciato come testamento sentimentale, come nel racconto eponimo esattamente diviso in due tra la farneticazione amorosa e la prosaica realtà, o nel diario-delirio di *Donato del Piano*, chiuso dalla nota impersonale sul suicidio di colui che l'ha scritto e che ricorda la conclusione di *Storia di una capinera*. Si afferma anche il sostanziale eclettismo della narrazione derobertiana che non sceglie tra la via realista e l'idealista, ma le pratica entrambe e le mescola, le usa in contemporanea, come evidenzia la realizzazione a distanza di un anno (1890) dei *Processi verbali*.

Qui l'applicazione dei canoni veristici è esasperata fino a esiti di maniera: De Roberto evidenzia nella *Prefazione* la natura delle novelle, «relazioni semplici, rapide e fedeli di un avvenimento svolgentesi sotto gli occhi di uno spettatore disinteressato». L'autore vuole annullare il distacco tra il fatto osservato e la trasposizione narrativa, registrare immediatamente e con metodo impassibile, più che impersonale, da cui la scelta del dialogo come strumento della impersonalità assoluta. Si arriva così alla novella teatrale, come l'autore stesso dichiara: «novelle che sono la nuda e impersonale trascrizione di piccole commedie e piccoli drammi colti sul vivo» (*Prefazione*). Dunque, vengono ridotte a minime didascalie la narrazione e la descrizione, perché incompatibili con il canone dell'impersonalità da conseguirsi con il «puro dialogo», mentre l'analisi psicologica sarà evidenziata dai «segni esteriori», non dalle «intuizioni» del narratore. Ma nonostante che venga sottolineato l'uso dell'unità di luogo e di tempo, non quella rigida e inverosimile della ribalta, ma quella della «scena del mondo», spesso il meccanismo perde di incisività drammatica, poiché il discorso diretto si stempera e si prolunga in misura eccessiva, dando luogo al bozzetto (si vedano, ad esempio, *Lupetto*, *Donna di casa*, *La trovatura*, *Mara*, che svolgono temi di ascendenza verghiana). La novella più originale è quella posta in apertura: *Il rosario*, un dialogo che disegna una società contadina e un ambiente familiare di tipo autoritario (madre padrona e figlie schiave). Nel dialogo, spesso nonsensico, svuotato di vera sostanza, si discioglie la realtà, non specchio di veri rapporti umani, ma riflesso di situazioni e fatti ridotti a cicaleccio, a pettegolezzo; anche la storia perde del tutto i suoi valori nel racconto dei vecchi della novella *I vecchi* di *Documenti umani*, nel momento in cui una delle rivolte contadine del 1860 diventa lo sfondo del coinvolgimento marginale e servile del narratore in una sorta di abbassamento ad aneddoto dell'episodio di Bronte raccontato in *Libertà*. Anche l'amore-passione nella lettera-*pastiche* di *Una dichiarazione* perde la sua drammaticità trasformandosi in una presa in giro nell'equivoco della dama internazionale che scambia un prodotto letterario per, appunto, una dichiarazione. E d'altra parte il capolavoro di De Roberto, *I Viceré*, può essere considerato, sotto l'aspetto della prevalenza del modulo sintattico del discorso diretto, il romanzo della chiacchiera che stempera nell'«inautentico i valori della storia». Così nei *Processi* i motivi verghiani vengono ripresi e riletti, esasperati nella ripetizione, nei discorsi, nella riduzione a grotteschi quasi per liberarsi dall'ossessione del maestro, venerato e ammirato, e adombrato in vari personaggi delle novelle,[31] lui sì vero scettico e grande conquistatore, e realmente capace di innovare, rivoluzionare la narrativa, e poi di isolarsi, di rifiutare il mondo letterario, condizione a cui De Roberto sarà invece costretto per il progressivo affievolirsi del suo successo.

A riprova della possibilità di gestire tematiche e maniere diverse, l'iperletterato scrittore produce nello stesso anno *L'albero della scienza*, di cui Verga gli scriverà:

> L'ho letto subito in ferrovia. Tu non sai che vi passo la vita ormai e l'ho assaporato proprio come va fatto per questo genere di scritti suggestivi. Ti predico che avrai, o meglio che il tuo *Albero della scienza* avrà un gran successo colle donne, le quali amano questi titillamenti voluttuosi sotto l'apparenza della ricerca psicologica. [...] Tu sei un vero Professore. E un professore furbo e *lader* come dicono qui, – perché sai che i due volumi di cui si pavoneggiano le vetrine del Galli [l'editore], così diversi e tanto forti in uno, devono mettere in un bel posto il nome dell'autore. (26 ottobre 1890)[32]

Al di là della predizione di gran successo, è chiara la critica di Verga all'estrema letterarietà, all'artificiosità del libro: non per nulla lo incorona «Professore» e non scrittore, e, per di più, «furbo e *lader*», perché ha fiutato i mutamenti di gusto e ha saccheggiato i suoi modelli, i già citati francesi (Stendhal, Michelet, Balzac e Bourget) e in aggiunta Poe. Meno scherzoso, il Capuana critica severamente gli eccessi dell'*Albero della scienza*, che allontanerebbero dall'arte; e gli eccessi sono lo psicologismo, la tendenza saggistica, la prosa analitica e lucida, le caratteristiche che rendono diverso e nuovo nella novellistica di fine Ottocento questo libro di trattatistica d'amore, di studi, di ritratti femminili negli ambienti mondani e cosmopoliti. La breve *Prefazione* giustifica la scelta dei temi, le modalità narrative, nonché il contrasto cercato, voluto con i *Processi verbali*:

---

[31] A. Di Grado, *La vita, le carte, i turbamenti di Federico De Roberto, gentiluomo*, Fondazione Verga, Catania 1998, pp. 120-26.
[32] A. Ciavarella, *Verga, De Roberto, Capuana*, N. Giannotta, Catania 1955.

La composizione di questo volume non è forse molto omogenea. Accanto a dei racconti in cui si svolge un'azione, come *Il Serpente*, si trovano degli studii quasi astratti come *Il gran Rifiuto* e delle fantasie analitiche come *La scoperta del Peccato*. Però, in tutti si discorre di qualche caso di coscienza sentimentale, in tutti si presenta qualche problema dell'amore; e questo nesso appunto ho procurato di mettere in evidenza intitolando il mio volume dal simbolico *Albero della Scienza*.

Vi è un altro legame più intimo e, credo, più saldo. Malgrado l'apparente diversità della forma, le presenti novelle sono condotte con quel metodo d'arte che attribuisce la maggiore importanza al mondo interiore dell'anima, che ne narra le vicende, che ne studia i fenomeni, che ne spiega le azioni e le reazioni. A questo metodo corrisponde necessariamente un particolar genere di contenuto. Siccome non è possibile guardare dentro il cervello della gente né scorgere in altro modo quel che vi accade, la psicologia si riduce, per lo scrittore, a imaginare ciò che egli stesso proverebbe quando fosse al posto dei suoi personaggi. Il patto è, dunque, che egli possa mettersi nella loro pelle, che essi siano fatti a sua imagine e somiglianza, e che le circostanze in cui sono chiamati ad agire sieno a lui familiari. In altre parole, non si possono analizzare delle situazioni o dei caratteri senza *simpatizzare* con essi: ecco dunque come gli argomenti repugnanti, odiosi, brutali, restano esclusi. Essi esistono, però, e l'arte ha il dovere di trattarli.

Ordinariamente, ogni scrittore sceglie quei soggetti e nello stesso tempo, per conseguenza, quei metodi, ai quali è portato di più. È stato per me un raffinato godimento da dilettante il condurre di pari passo due serie di novelle opposte nella forma e nelle intenzioni; e il lettore che volesse paragonare i *Processi Verbali* a questo *Albero della Scienza* che li accompagna, vedrebbe subito, meglio che le più lunghe discussioni critiche non possano far vedere, come una diversa qualità d'arte s'imponga a una diversa qualità di fatti umani.

L'amore o meglio la riflessione, l'analisi sull'amore saranno al centro dell'attenzione del De Roberto novellieresaggista nei decenni successivi in trattati e racconti da *L'Amore. Fisiologia. Psicologia. Morale* (1895), *Una pagina della storia dell'amore* (1898), *Gli amori* (1898), a *Come si ama*, studi su amori celebri, (1900), *Le donne, i cavalier...* (1913), una raccolta di articoli, *La morte dell'amore* (1928). Quest'ultima opera riunisce pezzi scritti in tempi diversi (i primi tre furono pubblicati per la prima volta nel 1892), sei in tutto indicati come *Primo esempio, Secondo esempio* e di seguito il titolo; sono il tentativo di riunire ancora una volta parti analitiche con narrazioni dimostrative delle teorie sull'amore, in cui De Roberto, nonostante il riconoscimento che ogni amore è diverso e che ogni essere umano ama diversamente, si è accanito, da una posizione dichiaratamente antifemminile, fino a stilare una formula così esposta in *L'Amore. Fisiologia ecc.*:

> Chiamiamo dunque I l'istinto, l'amor sensuale, e b l'apprezzamento della bellezza, condizione di I (adoperiamo le maiuscole pei fattori dell'amore e le minuscole per le loro condizioni), quindi la formula bI rappresenterà l'amore sensuale. Col segno s indicheremo la simpatia; condizione e coefficiente dell'amore morale, della solidarietà, e con S questa solidarietà, il sentimento essenziale dell'amore, l'affezione; avremo dunque la formula sS, alla quale bisognerà aggiungere il gruppo (che chiuderemo tra parentesi) dei sentimenti di vanità: V, piú gratitudine: G, piú pietà: Pi piú proprietà: Pr, piú curiosità: C, gruppo animato dal sentimento della poesia: Po, che metteremo dall'altro lato della parentesi.

Il mancato successo di pubblico dei *Viceré* (1894) non è ininfluente sul progetto di una fisiologia dell'amore, di nuovo un'idea verghiana teoricamente chiarita in *Eva* e subito applicata nelle novelle di *Primavera*, ma, a differenza di Verga, anche di una psicopatologia, come lo scrittore accenna nella *Prefazione* a *Come si ama*, riesaminando i casi proposti da Capuana – e da lui ritenuti, soprattutto il secondo, casi estremi, rari – di un tentato suicidio e di una morte per amore di due giovanissime nella lettera riportata in apertura. De Roberto risponde parlando appunto di patologia (oggi diagnosticheremmo nella malattia di sfinimento l'anoressia della fanciulla, figlia unica, ricca, bella, adorata e idoleggiata dai genitori, che, per protesta contro il materialismo di colui che ama, lo rifiuta e ne muore) e contestando che si tratta di evento per nulla straordinario rispetto a quelli più strani e complessi che sono stati e sono al centro della narrativa sua e dell'amico. E, di nuovo sbilanciandosi sul rapporto realtà-arte, ribadisce che l'arte «deve dare, non può far altro che dare un'immagine della vita, del vero, della realtà», in cui l'artista sceglie liberamente tra i fatti consueti e quelli insoliti, a rischio di esser tacciato di bugiardo e falso, quando tutto è vero, anche se l'arte non può certificarlo, perché «l'arte crea immagini, ma non dà documenti». Che è una bella smentita del documento umano sbandierato da naturalismo e verismo.

Insieme a una sempre più fitta attività giornalistica, altri filoni della produzione derobertiana inseguiranno il gusto del momento: non solo psicologismi su sfondi mondani, ma addirittura il giallo nel romanzo *Spasimo* (1897), e nel periodo romano – un periodo più libero, lontano dalla madre possessiva e castratoria – degli anni 1908-13, accanto al progetto del grande romanzo, l'incompiuto *Imperio*, nascono il racconto lungo *La messa di nozze* e le due novelle *Un sogno* e *La bella morte* (1911), tentativi di modernizzare i suoi temi con l'aggiunta di un certo dannunzismo, con esiti più positivi nel primo, dove all'argomento paradossale si unisce la sottigliezza psicologica, ma anche un pesante moralismo.

L'esperienza novellistica si chiude con le novelle di guerra, la cui stesura inizia nel 1919, pubblicate in *La "Cocotte"* nel 1920, nello stesso anno della raccolta *Ironie*. Della *"Cocotte"* fa parte *La paura*, la più interessante di questo gruppo di testi dedicati alla guerra e alle sue miserie e ai suoi orrori: dalla separazione dai propri affetti familiari della novella eponima (con l'estremo e rischioso stratagemma della giovane moglie per rivedere il marito), all'attesa della posta del soldato siciliano analfabeta a cui il tenente nasconde le disgrazie comunicate, alla situazione di malattia e di autoemarginazione del tenente pugliese che risparmia su tutto per mantenere una famiglia numerosa e indigente, alla paura che porta addirittura al suicidio un soldato pur di non affrontare un percorso che è già costato la vita a molti compagni. Una serie di casi, fotografati con occhio realistico e narrati con un di più di espressività, tramite la mimesi dei vari dialetti in cui comunicano i soldati e a volte gli ufficiali, macchie folkloriche tese a sottolineare le varie provenienze e culture. De Roberto nella sua ricerca di consenso non è sostenuto da un'ideologia antimilitarista (come Verga, per esempio, in *Camerati*), ma mescola edificazione, moralismo e partecipazione patetica. Quasi suo malgrado emerge però da questa miscela il vero volto della guerra nella sua disumanità, di «un sistema come quello militare, che gioca con le vite dei soldati una folle partita mortuaria».[33]

Cultura genovese e sperimentazione verista:
"Le anime semplici – Storie umili" di Remigio Zena

Noi vogliamo il vero nel suo nudo e nel suo crudo [...]: il vero non è la banalità, il vero non si può manifestare senza averlo studiato negli uomini di tutti i paesi e di tutte le età.

È il grido di battaglia lanciato da Zena già nel 1878 dalle colonne della «Farfalla» in un breve proclama sul realismo intitolato *Un grido*. Con la stessa foga asseverativa poco sopra raccomandava:

Per essere realisti non basta cantare in musica: io sono realista, bisogna saperlo essere, bisogna aver studiato. Aver studiato sul gran libro del mondo prima e poi anche sui libri stampati,

e concludeva:

Non creda di scansar fatiche chi si mette sotto la bandiera inalberata per combattere il convenzionale e il romantico. Questa bandiera finora non sventola che sopra un campo di battaglia e chi con noi la segue sia pronto a

---

[33] Cfr. *Introduzione* di C.A. Madrignani a F. De Roberto, *Romanzi, novelle e saggi*, Mondadori, Milano 1984, p. LXIV.

sostener la lotta e a subirne tutte le conseguenze. Chi confessa un sistema, una scuola, una religione deve rassegnarsi, occorrendo, ad esserne vittima. Tarchetti e Praga sono i nostri martiri come lo sono in Francia Nerval, Murger e Baudelaire.[34]

Il ventottenne Zena (*nom de plume* dell'aristocraticissimo Gaspare Invrea) arriva singolarmente presto a posizioni critiche estremamente nette, radicali come nemmeno Capuana aveva ancora osato, se si pensa che la prima definizione del verismo del suo teorico ufficiale cade nella recensione a *Storia di una capinera* del 1872, che, proposta al direttore della «Nazione», rimase tuttavia inedita.[35] Qui Capuana dava sì le coordinate essenziali della narrativa verista ma evitava i toni battaglieri e polemici, cercando piuttosto di spiegare pacatamente la nuova arte, senza tuttavia nascondere l'ambizione sconfinata del nuovo metodo rivelata dagli esempi addotti.

Quando pubblico e scrittori saranno abituati a riguardare un'opera d'arte principalmente anzi unicamente come opera d'arte, le cose cambieranno aspetto. In ogni vera opera d'arte, ripeto, la lezione, la moralità c'è di suo diritto, e c'è tanto più grande quanto meno l'autore abbia avuto l'espressa intenzione di mettervela. Talora accade anzi ch'essa non risulti preciso l'opposto. E la ragione di questo vien facilissimo a trovare. Una vera opera d'arte è la vita colta nei suoi caratteri più rilevanti; e vita vuol dire prima d'ogni altra cosa un movimento reale dello spirito, quindi storia fermata nell'opera d'arte proprio sul punto di farsi. Così l'*Iliade* e l'*Odissea* non sono soltanto due immortali capolavori poetici, ma anche due immortali documenti di storia; così la *Comédie humaine* sarà consultata in avvenire

---

[34] R. Zena, *Un grido*, in «La Farfalla», 28 aprile 1878. Lo si legge ora in R. Zena, *Verismo polemico e critico*, a cura di E. Villa, Silva Editore, Roma 1971.
[35] Si legge in L. Capuana, *Verga e d'Annunzio*, a cura di M. Pomilio, Cappelli, Bologna 1972.

con maggior profitto di qualunque altra opera storica più propriamente detta.

Dall'*Iliade* e dall'*Odissea* alla *Comédie humaine* è certamente un salto azzardato; ma ecco che si istituisce per il testo in questione un confronto con due precedenti fondamentali: il romanzo europeo del Settecento e il primo vero romanzo italiano moderno:

> Quella povera Maria, perché studiata sinceramente dal vero, non è soltanto la ragazza sacrificata sull'altare dall'ingordigia dei parenti, una Monaca di Monza – Susanna Simonin qualunque (la *Religieuse* di Diderot); – ma innanzi tutto è la ragazza della borghesia siciliana della prima metà di questo secolo XIX, è un carattere, un tipo.

Se la storia della monaca di Monza nei *Promessi sposi* è ritenuta «troppo lontana dalle nostre idee, dai nostri sentimenti», la Suzanne della *Religieuse* di Diderot appare come un personaggio programmatico, costruito per dimostrare una tesi, sia pur con un realismo «spinto alla sua estrema arditezza»; se ne ricava che Maria «incerta, morbida, senza lineamenti spiccati» è un carattere di giovinetta più vero, che l'autoanalisi attraverso le lettere è un documento umano più credibile.

Capuana comunque si collega, anche operando delle distinzioni, alla grande tradizione settecentesca, al maestro italiano con cui a parole si rifiuta il confronto, ma lo si esercita continuamente nella pratica della scrittura, e con l'*auctoritas* massima del realismo francese, Balzac. Nettamente diverse le coordinate letterarie di Zena che avverte anzitutto un forte legame con gli scapigliati e possiede un diverso bagaglio di letture francesi: aggiornatissimo per quanto riguarda Baudelaire, raffinato per Nerval, ossequente al mito scapigliato per Murger.

Zena gode e, nello stesso tempo, paga per la sua perifericità: dal punto di vista critico è soggettivamente precoce e molto attivo grazie al fatto di giungere a letture assai vaste, soprattutto sul versante francese, in maniera autonoma rispetto alle avanguardie o alle scuole letterarie, mentre a livello creativo le sue opere veriste escono quando è già iniziata la crisi del verismo verghiano e non hanno risonanza adeguata.

Le collaborazioni critiche a riviste come la «Rassegna Nazionale» di Firenze, «La Rivista Paglierina» e «La Farfalla» di Milano e la genovese «Frou-Frou» (di cui è uno dei fondatori) tra la fine degli anni Settanta e i primi anni Ottanta con i ritratti letterari di Murger, Champfleury, Hégésippe Moreau, e le recensioni a Gualdo (*Nostalgie*), Zola (*Au bonheur des dames*, *Il paradiso delle signore*), Capuana (*Storia fosca* e *Homo*), Maupassant (*Une vie*, *Una vita*), Verga (*Per le vie*), Boito (*Senso*) sono esemplari della sua attenzione agli sviluppi dei due filoni narrativi più importanti che in Italia trovano il loro terreno di germinazione nella Scapigliatura: il racconto realista e il racconto fantastico. Zena non trascura la poesia, anzi inizia come poeta pubblicando sonetti e quartine sulla «Farfalla» insieme con il suo primo bozzetto in un anno fittissimo di collaborazioni, anche critiche, alla rivista: il 1878.

La produzione narrativa di Zena è, comunque, la perfetta realizzazione dello sforzo di amalgamare la cultura scapigliata e il rinnovamento verista, sforzo reso possibile da una salda conoscenza della letteratura francese. I suoi generi di scrittura saranno il racconto scapigliato-verista e il racconto fantastico; dopo un breve tirocinio esercitato con due novelle di impianto tradizionale: *La carriera di Natalino* («La Farfalla», 18 agosto 1878), *Caccia alle farfalle* («La Farfalla», 13 e 20 ottobre 1878) pubblica nel 1886 *Le anime semplici – Storie umili*, tutte uscite in riviste tra il '79 e l'85, in anni di verismo trionfante.

Nel '79 Zena pubblica, nella «Rassegna Nazionale» di Firenze, *Serafina*, che si inserisce nella narrativa di denuncia sociale, ispirandosi anche alla *Nedda* verghiana, in quanto sorta di storia d'amore, con conclusione tragica, di due ragazzi saltimbanchi in un circo miserabile. Il tema è senz'altro originale, ma Zena lo svolge nella posizione del narratore esterno e onnisciente, racconta usando la sua lingua colta, letteraria, in una sintassi indiretta e tradizionale. Si limita a sottolineare che quello di Serafina e, quindi, di tutto il gruppo di girovaghi «era un linguaggio bastardo, miscuglio di cattivo italiano e di un linguaggio da ladri» e solo in qualche raro discorso diretto ne tenta una incerta mimesi: usa timidamente qualche espressione popolare o di gergo della malavita («guerci», «far salsiccia», «battere le gazzette») all'interno di un esperimento di discorso indiretto libero.

Proprio il «linguaggio da ladri» sarà la chiave linguistica della revisione uscita nell'84 nella «Strenna di Frou-Frou». La novella viene rimaneggiata, e a fondo, anche nelle strutture – Zena ha già sperimentato nel *Canonico* le tecniche costruttive verghiane – ma soprattutto viene adottato in maniera costante il gergo della malavita all'interno di moduli sintattici antitradizionali (discorso indiretto libero) con esiti indubbiamente espressionistici.

Nell'80 appare su «Intermezzo» una novella che non entrerà nella raccolta, ma che si segnala per nuovi esperimenti di discorso indiretto libero, *Le idee di Mastro Hoffman*. Nell'82 esce, ancora nella «Rassegna Nazionale», un altro fondamentale esperimento narrativo, *Il canonico*. Qui Zena dimostra anzitutto di avere ormai assimilato le strutture e le tecniche linguistico-sintattiche del verismo, ma di voler accogliere anche le sollecitazioni scapigliate. *Il canonico* è un racconto lungo che mette a fuoco la vita di un prete di provincia lungo un trentennio, dal 1830 al 1860 circa. Verga aveva pubblicato nell'ottobre dell'81 *Il Reverendo* (nella «Rassegna settimanale di Politica, Scienze, Lettere ed Arti»), dove il tema e lo sfondo storico sono i medesimi, diverso è il carattere del personaggio. Zena adotta la struttura e il punto di vista del racconto verghiano: inizio "qui e ora" della storia, raccontata da un narratore anonimo dall'interno della società di Manassola, immaginario paese della riviera ligure che sarà poi il luogo delle gesta di Marinetta nella parte centrale della *Bocca del lupo*:

> L'unguento del canonico Marmo è prodigioso, le lombaggini, le sciatiche, le artriti che esso ha fatto sparire in quattro e quatt'otto, non si contano più [...] Non si vanta d'essere medico; lui è prete, e suo ufficio è quello del prete, però i medici in generale non sanno e non capiscono niente. Gira e rigira, tutte le malattie sono prodotte da due sole cause: riscaldamento e vermi. [...] Cosa sono questi rimedi di moda, che il farmacista, d'accordo col medico, fa pagare cari e salati? Pasticci e veleni per far male i sani.

E a guardar bene la misura lunga del racconto è tipicamente balzachiana e scapigliata: Zena si discosta, dunque, da Verga che, di questa misura, scriverà solo *Pane nero*. Ma la differenza più importante non sta in ciò, quanto piuttosto nell'atteggiamento ideologico: Verga applica alla narrativa i principi di una ricerca scientifica allo scopo di indagare le cause psicologiche o sociali delle azioni dei personaggi e, nelle *Rusticane*, è ormai arrivato alla denuncia dei meccanismi perversi della società provinciale siciliana nei suoi aspetti economici, politici, sociali e religiosi; Zena ricostruisce uno spaccato di vita ligure dove i protagonisti sono mossi da autentica ignoranza, ingenuamente pervicaci nei loro spropositi o nelle loro manie.

C'è, insomma, una partecipazione affettiva e umoristica insieme, che in Verga non c'è più, e se in qualche misura c'è mai stata è sempre stata nascosta e mai dimostrata come succede per Zena, per esempio nel contrasto tra l'assimilazione culturale al mondo descritto da parte del narratore anonimo e l'ironia continuamente esercitata nei confronti di quello, che rivela la superiorità dello scrittore ufficiale, l'aristocratico Gaspare Invrea. Proprio l'umorismo – tratto tipicamente scapigliato – permette, però, dei risultati stilisticamente originali anche là dove c'è una piena – e ben riuscita – adesione alle tecniche verghiane. Sfruttando il motivo dell'ignoranza del canonico, Zena ironizza sugli errori e gli equivoci causati dalla scarsa propensione per il latino e per il francese, mettendo in atto un gioco linguistico ai limiti dell'espressionismo. Pochi, invece, sono i genovesismi, lasciati cadere con cautela, forse per esperimento o per dare un minimo di colore locale, pochi rispetto alle *Figlie della Bricicca* e alla *Bricicca in gloria*.

Serafina e *Il canonico* sono i testi in cui Zena impara, per così dire, a costruire secondo tecniche rivoluzionarie il racconto e in cui trova le sue personalissime soluzioni linguistiche: il linguaggio dei ladri, il dialetto del popolino e, sia pure incidenti in misura minore, linguaggi settoriali, qui quello ecclesiastico e in seguito anche quello giuridico e marinaresco. È così che arriva alla *Bricicca in gloria*, racconto lungo diviso in sette capitoletti, che sarà l'avvio del romanzo, *La bocca del lupo*. *La Bricicca in gloria* è preceduto da *Le figlie della Bricicca*, uscito, senza alcuna divisione in capitoli, in «Frou-Frou», in otto puntate dal marzo al novembre 1883: una nona puntata appare nel numero del 15 aprile 1885 come bozzetto indipendente anche nel titolo, *Il Castigamatti*, senza dichiarati legami col nucleo precedente, col quale sarà legato poi nel romanzo: si tratta dello scandalo suscitato dal «Castigamatti», giornale genovese di cui parleremo tra poco, col mettere in ridicolo la storia di Bricicca e Bastiano.

A questo punto torniamo a guardare nella sfera della cultura genovese dagli anni Settanta in poi per vedere quali suggestioni possano aver determinato Zena nella scelta delle soluzioni linguistiche e dei temi della sua novellistica. Si è già accennato a riviste che nascono verso la fine del decennio con l'intento di agganciarsi alla nuova letteratura, di impostazione, tono ed esiti molto vari, discontinui, anche all'interno dello stesso foglio. Tra il '78 e l'81 «Il Crepuscolo» di Gustavo Chiesi inaugura uno scontro, più esteriore e rumoroso che approfondito, tra verismo e romanticismo, tra clericali e anticlericali, propugna il socialismo, il materialismo, il bello e il vero scapigliati ai fini di una ribellione sociale e morale e indaga gli strati più bassi della società, gli ambienti fuori dall'ordine borghese.

«La Rivista Azzurra Giornale dell'High Life Genovese» vive per un anno, il 1879, e unisce suggestioni dalla poesia europea (Heine, Baudelaire) al gusto anche folklorico della vita genovese contemporanea. Le succede, in un certo senso, «Intermezzo» nel 1880, tutta impostata sulla letteratura: vi escono la prima *Storia grigia* di Zena, testi di Graf, di Carducci, di Turati. Più caratterizzata e originale «Frou-Frou, Cronaca di Sport e Letteratura» nata da un gruppo di amici, aristocratici amanti del mare e della vela, aperti alla letteratura europea e alle nuove esperienze italiane: Cesare Imperiale, Gaspare Invrea, Emilio Spinola, Enrico Zunini, Roberto Biscaretti. Un genere molto coltivato è il diario dei viaggi per mare intrapresi per praticare lo sport preferito e visitare in modi non consueti paesi esotici: diari raffinati, fitti di echi e di riflessioni letterarie, diretti ad aprire su altre realtà in modo non esteriore o convenzionale (e Zena scriverà nel 1887 il *Giornale di bordo. In yacht da Genova a Costantinopoli*).

Tutto ciò contribuisce a farlo, ma non spiega completamente le scelte originalissime di Zena. Bisogna, quindi, guardare fuori dalla letteratura in lingua e dalle riviste che pur decisivamente agiscono nello sprovincializzare l'ambiente genovese, e cercare, per così dire, nella cultura dialettale cittadina.

È qui infatti il serbatoio di Zena, ma un serbatoio dai connotati affatto generici, anzi con quelli molto precisi dei periodici in genovese che nascono nei tardi anni Sessanta e nei romanzi, sempre in dialetto, pubblicati dagli anni Settanta in poi, anche nelle appendici degli stessi periodici.

Nel 1868 nasce «O Balilla» (1868-1904), a pochi anni di distanza seguono «O Stafi» (1874-1883), «O Zeneize» (1880-1883), «O Castigamatti» (1875) che ha una parte anche nella *Bocca del lupo*, e altri. Questi giornali si iscrivono nell'area di una pubblicistica popolare militante, democratica, liberale, antimonarchica, che, se ha il difetto di propendere per il pettegolezzo scandalistico cittadino o di asservirsi a gruppi politici in modo non sempre cristallino, dall'altro può vantare il merito di dibattere problemi sociali usando un linguaggio realmente popolare, accessibile a tutti gli strati culturali, di creare una prosa, dopo secoli di assenza della medesima, magari poco curata stilisticamente, ma efficace, che si modella o cerca di modellarsi su quella veristica.

Se uniamo a queste fonti locali la tematica della Scapigliatura democratica, da Tarchetti a Valera, le esplorazioni nei ventri delle città, la scoperta dei personaggi e delle storie dei ghetti popolari, la suggestione descrittiva di libri come *Napoli a occhio nudo* del Fucini, le squallide storie della borghesia milanese del De Marchi, il Verga di *Per le vie* per la scelta dei luoghi e dei personaggi (bassifondi di una grande città: Milano-Genova, Angela come una sorta di «canarino del n. 15», Marinetta nella scia delle Gilde, Olghe, Santine, che si perdono dietro il miraggio della ricchezza) e, alle spalle, i francesi da Hugo, ai Goncourt, Maupassant, Zola, ecco che abbiamo tutte le componenti e tutti i temi svolti nella *Bricicca in gloria* sinteticamente e, in misura distesa, nella *Bocca del lupo*. Già nella *Bricicca in gloria* le varie sollecitazioni avvertite da Zena e le esperienze linguistico-sintattiche realizzate nei testi precedenti confluiscono tutte, amalgamandosi armonicamente nella pagina, senza punte eccessive in singole direzioni, anche se qualche critica su questo punto vi fu da parte di Capuana che, recensendo *Le anime semplici* insieme alle novelle di De Roberto, sottolineava:

> e verranno certamente notati subito, come peccati grossi e imperdonabili, qualche sicilianismo [nei testi di De Roberto], qualche genovesismo forse messi lì a posta o sfuggiti ai due autori nell'entusiasmo eccessivo di rendere un effetto di movimento e di colorito.[36]

Ma vediamo la qualità della nuova pagina zeniana: anzitutto un tessuto solidamente dialettale realizzato secondo la tecnica verghiana di narrare dal punto di vista del narratore popolare anonimo o da un punto di vista interno – che è in prevalenza quello della Bricicca – da cui l'uso intensivo di una sintassi anormale, deviante come trama di base sulla quale intrecciare i modi popolari genovesi, il lessico della Pece Greca, quello più basso e colorito, al limite del gergo della malavita, rappresentato nella novella soprattutto dal signor Costante, ma presente anche nelle frequenti deformazioni popolari di frasi della liturgia, usate metaforicamente spesso a fini blasfemi. Così come con intenti realistici Zena usa le bestemmie, sia pure eufemizzate: una rottura con una tradizione di autocensura che neppure Verga aveva osato violare.

L'inizio del racconto testimonia del successo dei tentativi stilistici precedenti e dell'ormai sicura selezione dei temi. È il narratore anonimo a scendere per primo in campo, ma per lasciare quasi subito il suo punto d'osservazione alla Bricicca.

E intanto, nel quadro tracciato attraverso questa sorta di chiacchiericcio confidenziale che rimbalza dal narratore alla protagonista (e si notino gli artifici dell'indiretto libero come l'impersonale collettivo: «tagliarvi», «si tira») ecco delinearsi subito il mondo miserabile della Pece Greca, una povertà disperante aggravata dalle disgrazie: l'abbandono del marito rimasto in America, la morte del figlio e anche del marito finalmente tornato, un'incapacità quasi genetica di risollevarsi e, insieme, il desiderio del lusso, dell'avanzamento sociale, causano dispetti, vanità, pettegolezzi, intrighi

---

[36] Si veda il saggio intitolato *Novelle* citato a p. XCI, nota 30.

con e contro i vicini: e al centro la comunione di Marinetta, dopo la sua partecipazione allo spettacolo teatrale. Zena raccoglie qui alcuni temi, altri ne accenna (ad esempio il lotto clandestino) e li svilupperà poi nel romanzo: per il momento dà un assaggio, sia pure assai cospicuo, di vita popolare genovese, mettendo le basi per un'indagine in direzione morale il cui assunto sta nella constatazione della tendenza alla corruzione, all'immoralità del basso ceto cittadino, nella novella contrapposto alla sincera solidarietà del paese.

Il tempo del racconto è manipolato secondo il tempo mentale della Bricicca, secondo la ricostruzione a salti cronologici degli avvenimenti che l'hanno portata alla condizione attuale.

La soluzione sintattica della rievocazione è ovviamente il discorso indiretto libero di derivazione verghiana: sintassi nominale, serie di interrogative ed esclamative, lessico dialettale e gergale. E questo già nelle *Figlie della Bricicca*, quasi coincidenti, a parte la mancanza di divisione in capitoli, con la *Bricicca in gloria* tranne che per poche ma significative aggiunte che testimoniano dello sforzo mimetico del linguaggio della protagonista, di cui Zena cerca di riprodurre persino la cadenza genovese.[37]

---

[37] Citiamo alcuni casi comuni alle due redazioni che rivelano l'eccezionale "orecchio" di Zena: «una palanca che è una palanca non l'aveva tirata fuori»; «[...] Non ce ne erano più dei fondi, e come va allora che per tante e tante che non ne avevano bisogno, che la festa marciavano vestite di seta e con degli ori al collo, i fondi li aveva trovati?»; «La comunione si piglia o non si piglia, e quando si piglia, le cose si fanno in regola, perché davanti alla gente non si deve scomparire, e se non si può spendere, piuttosto che mandare la figliuola in chiesa senza almeno una veste nuova, non si fa nulla»; «Quella era Marinetta? Bella, bella figliuola, caramba! [...] Quanti anni aveva? Bella figliuola, e che occhietti, e che portamento! [...] Doveva essere un peperonetto di quelli ben graniti, un accidente in salsa bianca, che non si lasciava mangiare neanche dal diavolo. Bella figliuola!»; «Voleva recitare dei paternostri perché non era mica ebrea lei e la religione, si sa, è la prima cosa»; «Se non si gonfiavano allora, quando avrebbero dovuto gonfiarsi?»; «Sissignore, la Bricicca vestita di fai, colla figlia della comunione, che quell'anno di quante ce n'erano dalla Lanterna alla Pi-

La mimesi della parlata della Pece Greca è ottenuta attraverso tutti gli artifici retorici già presenti nei grandi testi verghiani: sintassi irregolare, prevalenza della coordinazione, cambiamenti repentini di soggetto, ellissi del verbo, serie di esclamative e interrogative e, insieme, anacoluti, foderatura del discorso, uso della parola nucleo, generatrice di discorso, ripresa di uno stesso sintagma all'interno di uno stesso periodo o dalla fine di una frase all'inizio della successiva.

Elementi fondamentali di questo tessuto sintattico sono il dialetto e il gergo, quest'ultimo in misura minore che, ovviamente, nel romanzo, i modi di dire genovesi o più largamente settentrionali, tipici degli abitanti dei bassifondi, vicini alla piccola malavita, di un sottobosco che vive di espedienti, di sfruttamento, di prostituzione e attività illegali.

Dopo *La bocca del lupo* (1892) Zena cambia i suoi modelli, virando verso i temi *noir* delle *Storie dell'altro mondo* (1897), abilmente costruite su *suspense* e colpi di scena (particolarmente riuscite *La cavalcata* e *Confessione postuma*); e approdando alla sensibilità decadente e allo psicologismo di *L'apostolo* (1901), accolto con molti contrasti dalla critica contemporanea, dove la situazione psicologica del protagonista è riflesso in parte autobiografico di perplessità e angosce dell'uomo diviso tra materia e spirito in un monologare, pensare, sognare in una scrittura che si colloca tra Fogazzaro e Huysmans. Qualche interesse lo

la, era la più di lusso, e così? Volevano tagliarle i panni addosso queste signore, gialle dall'invidia? Lei le mandava tutte, da Luccoli, faceva la somma e portava sette!»; «Non lo sapevano che a tavola, in un giorno come quello, l'acqua era scomunicata? Se non lo sapevano, glielo diceva lui, sacramenico! pigliava le bottiglie bianche pel collo e le faceva volare dalla finestra a una a una!»; «Santa fede benedetta, sua madre e le sue sorelle non s'erano mica nascoste sotto terra in una tana, non s'erano mica, e a forza di girare, in un luogo o in un altro le avrebbe trovate»; «Potessero rompersi il collo e morire senza sacr...!! non avevano occhi se non stava attento al mulo di punta, gli cacciavano il timone nella pancia, gli cacciavano, quelle sacristie d'Olanda!».

suscita la descrizione dell'ambiente romano tra clero, giornali e parlamento in una fine di secolo, definito dallo stesso Zena, «agonizzante» in un «misticismo nevrastenico».

Le novelle abruzzesi del grande "imitatore" d'Annunzio

Ultimo capitolo della nostra rassegna antologica d'Annunzio, non per motivi cronologici, perché la sua produzione novellistica si colloca tra il 1880 e il 1892, ma perché nelle varie raccolte, *Terra vergine* (1882), *Il libro delle vergini* (1884), *San Pantaleone* (1886), *I violenti* e *Gli idolatri* (1892), lo scrittore, appropriandosi dei modelli, da Verga a Maupassant, da Flaubert a Zola, svuota il racconto verista e naturalista attraverso un'imitazione che è esibizione, quasi gara con l'*auctor* di turno o, meglio, le *auctoritates*, ridotte a una manieristica miscela. Conta poi, e non solo per motivi interni ed economici, che nel 1902 le novelle siano riprese, scelte e pubblicate come *Novelle della Pescara* a sottolineare la collocazione abruzzese, il mito della propria terra d'origine ritrovato, rivissuto e rafforzato, dopo le determinanti esperienze romanzesche e l'irripetibile itinerario alcionio, dall'apporto di altre arti e culture, dall'estetismo inglese di Pater, Ruskin, Swinburne alla musica di Wagner, alla filosofia di Nietzsche. *Sogni di terre lontane* è l'ultima parte dell'ultima sezione di *Alcyone*, ed è subito il sogno della «terra d'Abruzzi» e poi del mare di Levante, l'«Adriatico selvaggio», seguito dal desiderio di altri luoghi e non più della Versilia e del Tirreno, luoghi del mito, ormai chiuso, della propria poesia. Ed è stato notato da più parti che il 1902 è l'anno della *Figlia di Iorio*, il più deciso ripescaggio dell'Abruzzo delle tradizioni e del folklore.

Il folklore è tra l'altro la componente caratterizzante delle novelle dannunziane: usi e costumi, superstizioni, credenze magiche si mescolano ai riti religiosi (funzioni liturgiche, processioni, preghiere, prediche), alle feste, alle canzoni popolari, di cui si riportano i versi dialettali, alle battute dialettali dei personaggi. E insieme c'è un compiacimento nel connotare la selvatichezza del popolo, la sua ferinità, la violenza dei rapporti, che sconfina nel macabro, nel gusto della carne ferita, del sangue. Tutto ciò va al di là dei modelli: dopo *Nedda*, la dialettalità di Verga è tutta sintattica, solo i nomi dei personaggi e dei luoghi sono dialettali, poiché il racconto è affidato ai protagonisti, alla loro mentalità. Già in *Terra vergine*, il cui primo testo è *Cincinnato*, uscito in rivista nel 1880 (l'autore, diciassettenne, è ancora in collegio), si registra il fenomeno dell'inserto folklorico, che fa macchia in un contesto normale, ma anche contrasto con un esotismo fantastico sfogato nei paragoni animali, non quelli della quotidianità regionale, ma incredibili draghi, leopardi, centauri, che contribuiscono a smentire il modello verista. *Terra vergine* è una prova giovanile, ma già rivelatrice della capacità di cogliere le tendenze di successo: Verga pubblica *Vita dei campi* proprio nell'80; e se Carducci aveva pubblicato nel '77 le *Odi barbare*, due anni bastano al precocissimo fiutatore di mode per esordire, nel '79, con *Primo vere*. Per tutto il decennio, quindi, novelle, fortunato genere di tendenza, e un intreccio di naturalismo-verismo: la forma breve è per di più di scrittura veloce, è richiesta da giornali e riviste con ottima resa economica per lo scrittore, ormai romano e giornalista, cronachista mondano.

Il libro delle vergini, comprendente quattro racconti di genere assai diverso – dal romantico all'autobiografico, dal naturalistico al mondano –, esce nell'84 con una copertina che fa scalpore (tre donne nude), scelta dall'editore Sommaruga e contestata dall'autore forse scosso per le polemiche su *Intermezzo di rime*. D'altra parte d'Annunzio gli aveva annunciato una materia assai audace, soprattutto in una sequenza realizzata «tra un bordello e una chiesa, fra l'odore dell'incenso e il lezzo del fradiciume».[38] E in effetti il primo racconto *Le vergini*, che diventerà, unico ripreso nel 1902, *La vergine Orsola* nelle *Novelle della Pescara*, è l'itinerario da malattia del corpo a malattia dello spirito, a corruzione e desiderio erotico di Giuliana-Orsola, che tra seduzioni e pentimenti morirà – è ovvio – orribilmente.

Già dell'85 è il progetto di un altro libro di novelle: saranno le diciassette del *San Pantaleone*, di cui quindici entreranno nelle *Novelle della Pescara*, con mutamenti di titoli e

---

[38] Cfr. lettera al Sommaruga citata in *Note* a *Le novelle della Pescara*, a cura di M. De Marco, Mondadori, Milano 1996, p. 448.

rimaneggiamenti tesi a eliminare i moduli troppo veristici e naturalistici e, soprattutto, con una attenzione lessicale all'esperienza delle *Laudi* (in particolare *Alcyone*). A raggiungere il numero di diciotto delle *Novelle* saranno recuperate *La morte del Duca d'Ofena* e *La madia* da *I violenti* del 1892. Il *San Pantaleone* e *I violenti* non sfuggono alla consuetudine imitatoria di d'Annunzio: la critica ha indicato *Guerra di Santi* e *Libertà* per *Gli idolatri* e *La morte del Duca d'Ofena*, *Un cœur simple* (*Un cuore semplice*, dai *Trois contes*, *Tre racconti* del 1877) di Flaubert per la *Vergine Anna*, la novella VIII, 6 del *Decameron* per *La fattura*, Manzoni per *La guerra del ponte*, lo Zola delle *Soirées de Medan* (*Le serate di Medan*, 1880) per *La veglia funebre*, nonché un saccheggio sistematico dei racconti di Maupassant da *La maison Tellier* (*Casa Tellier*), 1881, *Contes de la bécasse* (*I racconti della beccaccia*), 1883, *Miss Harriet*, 1884, *Yvette* 1885. Altre fonti, oltre alla pittura dell'amico Francesco Paolo Michetti, sono i testi di tradizioni popolari: *Usi e costumi abruzzesi* (1879-1897) di Antonio De Nino, *Novelle popolari abruzzesi* (1882 e 1885) e il *Vocabolario abruzzese* con appendice di *Canti popolari* di Gennaro Finamore. Ma contano anche i ricordi e l'osservazione diretta (le escursioni a Sulmona e a Casalbordino per il fanatismo religioso), la sua già personalissima elaborazione. A guardar bene, le indicazioni di plagio riguardano per lo più spunti tematici: *La contessa d'Amalfi* ha sì uno spunto in *Artisti da strapazzo*, racconto compreso in *Vagabondaggio* (ed è pur vero che il testo verghiano esce in rivista nel gennaio dell'85 e quello dannunziano nel luglio '85), ma il carattere e la storia della cantante Violetta Kutufà sono ben diversi dalla triste parabola di Assunta-Edvige, come diverso è il punto di vista: la dolente partecipazione verghiana è sostituita dall'ironico disegno di un ambiente provinciale risvegliato dall'attrice e dal grottesco amore dell'anziano Giovanni Ussorio. Se mai, ci possono essere punti di contatto con la vicenda della signora Aglae e dei suoi amori con Ninì Rubiera nel *Mastro-don Gesualdo* (1889), se si considerano i temi della novità, curiosità suscitate dal teatro e dagli attori in un centro provinciale, del clima di facile erotismo che l'attrice risveglia in un pubblico maschile represso. A d'Annunzio interessa però descrivere, più che rappresentare, e descrivere sontuosamente, insistendo sui particolari ripugnanti o sulle personalità deboli, deviate o vili come nella *Morte del duca d'Ofena*, che ha un aggancio verghiano in *Libertà*, da cui la divide un abisso, quanto a scelta del punto di vista, struttura, concentrazione narrativa. Il tumulto contro il duca è un pretesto per la descrizione dei personaggi aristocratici: il vecchio duca nell'orrore della vecchiaia e il giovane prepotente e sensuale, che sparirà in mezzo alle fiamme del suo palazzo, portando con sé il corpo del servo-amante. A d'Annunzio interessano gli aspetti patologici, che si esprimono attraverso i corpi dei personaggi, un'umanità bestiale, descritta con una compiaciuta insistenza, che sembra nascere dallo stupore di un occhio che si è avviato a diventare osservatore (e lettore) vorace: si veda, ad esempio, nell'itinerario di Laura Albònico, alla ricerca del figlio (tema dell'*Abbandoné*, *L'abbandonato*, di Maupassant) attraverso paesi dell'Aquilano, il ritratto dei figli della «femmina mostruosa per l'adipe»:

> Tre o quattro bambini nudi, anch'essi col ventre così gonfio che parevano idropici, si trascinavano sul suolo, borbottando, brancicando, portando alla bocca per istinto qualunque cosa capitasse loro sotto le mani. [...] la femmina parlava oziosamente, tenendo fra le braccia un quinto bambino, tutto coperto di croste nerastre tra mezzo a cui si aprivano due grandi occhi, puri ed azzurri, come due fiori miracolosi.

O ancora le molte morti orribili con cui quasi sempre si concludono i racconti: per tutte quella della *Vergine Anna* dopo pagine di descrizione dei prodigi che la coinvolgono:

> Consunto e piagato, quel miserabile corpo ormai nulla più conservava di umano. Lente deformazioni avevano viziata la postura delle membra; tumori grossi come pomi sporgevano sotto un fianco, su una spalla, dietro la nuca. [...] Anna agonizzava. [...] Alcune bolle di saliva le apparvero su le labbra; un'ondulazione brusca le corse e ricorse, visibile, le estremità del corpo, su gli occhi le palpebre le caddero, rossastre come per sangue travasato, il capo le si ritrasse nelle spalle. E la vergine Anna così alfine spirò.

D'Annunzio ripubblica, dunque nel 1902, le sue novelle, escludendo *Terra vergine*, e ritoccando soprattutto la lingua, influenzato dall'esperienza delle *Laudi*, ma se *Maia* e *Alcyone* segnano un momento capitale per l'evoluzione lirica del Novecento, le *Novelle della Pescara* sono solo un *repêchage*, un salvataggio dal possibile oblio di una prosa preparatoria dei grandi cicli romanzeschi. E ad imporsi come modelli nel nuovo secolo non saranno la composita novella dannunziana, ma la linea verista degli scrittori siciliani e quella espressionista e fantastica degli scapigliati.

Bibliografia*

Niccolò Tommaseo

NOVELLE

Due baci. Traduzione dall'illirico di N. Tommaseo, Società degli Annali Universali, Milano 1831.
Il Duca d'Atene, Baudry, Paris 1837.
Il sacco di Lucca, in *Memorie poetiche e Poesie*, Gondoliere, Venezia 1838.
L'assedio di Tortona, in «Letture per la Gioventù» della «Guida dell'educatore», 1844.

EDIZIONI POSTUME

Un medico, a cura di R. Ciampini, in «Nuova Antologia», 1° agosto 1939.

EDIZIONI RECENTI

Racconti storici. Il sacco di Lucca. Il Duca d'Atene. L'assedio di Tortona, a cura di M. Pozzi, Marzorati, Milano 1970.
Fede e bellezza. Racconti, a cura di G. Pampaloni, Vallecchi, Firenze 1972.
Prose narrative, a cura di M. Cataudella, Longanesi, Milano 1975.
Tutti i racconti, a cura di G. Tellini, San Paolo, Cinisello Balsamo 1993.

* Sia per le edizioni curate dagli autori sia per quelle postume si riporta la prima edizione in volume o, mancando questo, in rivista. La bibliografia critica è limitata a una selezione di studi, prevalentemente recenti, dedicati alle novelle.

Due baci, a cura di F. Danelon, Salerno, Roma 2000.
Il Duca d'Atene, edizione e commento a cura di F. Michieli, Antenore, Roma-Padova 2003.
Racconti Storici, a cura di F. Senardi, Carocci, Roma 2004.

REPERTORI BIBLIOGRAFICI

P. Tecchi – E. Poletti, *Bibliografia di Niccolò Tommaseo*, con una nota di C. Angelini, All'insegna del Pesce d'oro, Milano 1974.

SAGGI E STUDI

A. Verzera, *In margine al racconto "Il Duca d'Atene" di Niccolò Tommaseo*, in «Filologia e Letteratura», XVI, 1970.

M. Cataudella, *Invenzione e utopia nei racconti storici* e *Per l'edizione critica delle prose narrative di Niccolò Tommaseo*, in *Forma letteraria e cultura d'opposizione*, SES, Salerno 1974.

P. De Tommaso, *Racconti storici del Tommaseo*, in *Nievo e altri studi sul romanzo storico*, Liviana, Padova 1975.

C. Varese, *Commento e racconto nel "Duca d'Atene" di Niccolò Tommaseo*, in «La Rassegna della Letteratura Italiana», LXXXIV, 1980.

G. Barberi Squarotti, *La narrazione storica e il Tommaseo*, in *Dall'anima al sottosuolo. Problemi di letteratura dell'Ottocento da Leopardi a Lucini*, Longo, Ravenna 1982.

G. Petrocchi, *"Il Duca d'Atene" di Tommaseo*, in AA.VV., *L'età romantica e il romanzo storico in Italia*, Bonacci, Roma 1988.

A. Di Benedetto, *I racconti storici di Niccolò Tommaseo*, in *Ippolito Nievo e altro Ottocento*, Liguori, Napoli 1996.

F. Danelon, *Osservazioni sul processo correttorio in "Due baci" di Niccolò Tommaseo*, in «Studi e Problemi di Critica Testuale», 54, 1997.

J. Fasano, *Tommaseo, Machiavelli e le congiure. Postille ad una rilettura del "Duca d'Atene"*, in AA.VV., *Studi per Umberto Carpi, un saluto da allievi e colleghi pisani*, a cura di M. Santagata e A. Stussi, ETS, Pisa 2000.

F. Michieli, *Niccolò Tommaseo tra storia e patriottismo: il "Dell'Italia, "Il Duca d'Atene" e "Le nuove speranze d'Italia"*, in «Quaderni Veneti», 31-32, 2000, Atti del Convegno internazionale di studi "Daniele Manin e Niccolò Tommaseo. Cultura e società nella Venezia del 1848", Venezia 14-16 ottobre 1999, a cura di T. Agostini, Longo, Ravenna 2000.

Giulio Carcano

NOVELLE

Racconti semplici, Manzoni, Milano 1843.
Dodici novelle, Le Monnier, Firenze 1853.
Novelle domestiche, Carrara, Milano 1870.
Novelle campagnole, Carrara, Milano 1871.
Dolinda di Montorfano, novella campestre [novella campagnola in versi], Barbera, Roma 1881.

EDIZIONI RECENTI

Novelliere campagnolo e altri racconti, Einaudi, Torino 1956.
La Nunziata. Novelle campagnuole, in appendice un saggio di Cesare Correnti, a cura di F. Tancini, Serra e Riva, Milano 1984.

REPERTORI BIBLIOGRAFICI

A. Vismara, *Bibliografia del senatore Giulio Carcano*, Vismara, Como 1893.

SAGGI E STUDI

P. De Tommaso, *Il racconto campagnolo dell'Ottocento italiano*, Longo, Ravenna 1973.
M. Colummi Camerino, *Idillio e propaganda nella letteratura sociale del Risorgimento*, Liguori, Napoli 1975.
P. Luciani, *Armonia della casa e "dipintura" del popolo nelle novelle di Giulio Carcano*, in «Critica letteraria», VI, 1978.
F. Portinari, *Le parabole del reale*, Einaudi, Torino 1983.
F. Tancini, *Novellieri settentrionali tra sensismo e romanticismo*, Soave-Carrer-Carcano-Mucchi, Modena 1993.
A. Di Benedetto, *Ippolito Nievo e altro Ottocento*, cit.

Caterina Percoto

NOVELLE

Racconti, Le Monnier, Firenze 1858.
Dieci raccontini, Weiss, Firenze 1865.
Dieci raccontini per le fanciulle, Tipografia Italiana, Trieste 1868.
Nuovi raccontini, Rechiedei, Milano 1870.

Ventisei racconti vecchi e nuovi, Carrara, Milano 1878.
Novelle scelte, 2 voll., Carrara, Milano 1880.
Novelle popolari edite ed inedite, Carrara, Milano 1883.

EDIZIONI POSTUME

Quindici nuovi raccontini, Carrara, Milano 1888.

EDIZIONI RECENTI

Racconti, 3 voll., Edizioni Paoline, Pescara 1962.
Racconti, a cura di M. Prisco, Vallecchi, Firenze 1972.
Novelle, a cura di B. Maier, Cappelli, Bologna 1984.

REPERTORI BIBLIOGRAFICI

G. D'Aronco, *Contributo a una bibliografia ragionata di Caterina Percoto*, in «Aevum», XXI, 1947.

SAGGI E STUDI

P. De Tommaso, *Caterina Percoto*, in AA.VV., *Studi in memoria di Luigi Russo*, Nistri-Lischi, Pisa 1974.
G. Livi, *Da una stanza all'altra*, Garzanti, Milano 1984.
I. De Luca, *Sulla novella "I gamberi" di Caterina Percoto*, in «Giornale Storico della Letteratura Italiana», CLX-CLXI-CLXII, 1983-84-85.
B. Maier, *La narrativa di Caterina Percoto*, in «La Rassegna della Letteratura Italiana», XCIII, 1989.
AA.VV., *Caterina Percoto cent'anni dopo*, convegni di studio del settembre 1987 - gennaio 1988, Del Bianco, Vago di Lavagno 1990.
A. Chemello, *Le "Penelopi" campagnole di Caterina Percoto*, in *Libri di lettura per le donne: l'etica del lavoro nella letteratura di fine Ottocento*, Edizioni dell'orso, Alessandria 1995.
A. Di Benedetto, *Il carattere della narrativa campagnola italiana* e *Per un profilo della narrativa campagnola*, in *Ippolito Nievo e altro Ottocento*, cit.
T. Scappaticci, *La contessa e i contadini. Studio su Caterina Percoto*, Edizioni Scientifiche Italiane, Napoli 1997.

Ippolito Nievo

NOVELLE

La nostra famiglia di campagna, in «La Lucciola», I, 1855.
La Santa di Arra, in «Il Caffè», I, 1855.
L'Avvocatino, in «Panorama universale», I, 1856.
Le maghe di Grado, in «La Lucciola», II, 1856.
Il milione del bifolco, in «La Lucciola», II, 1856.
Il Varmo, in «Annotatore friulano», IV, 1856.
La corsa di prova, con il titolo *L'uomo fa il luogo e il luogo fa l'uomo*, in *Proverbi italiani illustrati*, Francesco Sanvito, Milano 1858.
La pazza del Segrino, Francesco Sanvito, Milano 1860 (comprende anche *La viola di San Sebastiano*).

EDIZIONI RECENTI

Novelle campagnuole, a cura di E. Bartolini, Mondadori, Milano 1956.
Novelliere campagnuolo e altri racconti, a cura di I. De Luca, Einaudi, Torino 1956.
Romanzi, racconti e novelle, in *Tutte le opere narrative di Ippolito Nievo*, 2 voll., a cura di F. Portinari, Mursia, Milano 1967.
Il Varmo, a cura di A. Romano, Salerno, Roma 1990.
Novelliere campagnolo, a cura di A. Nozzoli, Mursia, Milano 1994.
Novelliere campagnolo, a cura di F. Portinari, Mondadori, Milano 1994.

REPERTORI BIBLIOGRAFICI

G. De Blasi, *Studi nieviani*, in «Giornale Storico della Letteratura Italiana», CXXX, 1953.
A. Balduino, *Rassegna nieviana*, in «Lettere italiane», XIV, 1962.
S. Romagnoli, *Il ritorno del Nievo. Momenti di vita civile e letteraria*, Liviana, Padova 1966.
O. Locatelli, *La fortuna critica di Ippolito Nievo*, La Prora, Milano 1971.
S. Tamiozzo Goldmann, *Contributi su Ippolito Nievo*, in «Problemi», 92, 1991.

P. Zambon, *Ippolito Nievo e la critica. Rassegna di studi (1971-1990)*, in «Quaderni veneti», 13, 1991.

A. Abate Storti, *Alcuni recenti contributi su Ippolito Nievo*, in «Metodi e Ricerche. Rivista di studi regionali. Udine», 1, 1993.

SAGGI E STUDI

S. Romagnoli, *Nievo narratore rusticale*, Liviana, Padova 1966.

L. Guicciardi, *Un libro ipotetico: il "Novelliere campagnolo" di Ippolito Nievo*, in «Atti dell'Istituto Veneto di Scienze, Lettere ed Arti. Classe di scienze morali, lettere ed arti», CXXXVI, 1977-78.

M.A. Cortini, *Narrazione e racconto nel "Novelliere campagnolo" di Ippolito Nievo*, in AA.VV., *Dalla novella rusticale al racconto neorealista*, Bulzoni, Roma 1979.

G. Petronio, *Nievo e la letteratura popolare*, in *L'autore e il pubblico*, Studio Tesi, Padova 1981.

U.M. Olivieri, *La riscrittura del genere rusticale: Ippolito Nievo collaboratore de "La Lucciola"*, in AA.VV., *Riscrittura, intertestualità, transcodificazione*, Atti del Seminario di studi, facoltà di Lingue e Letterature straniere, Pisa gennaio-maggio 1991, a cura di E. Scrivano e D. Diamanti, TEP, Pisa 1992.

AA.VV., *Ippolito Nievo e il Mantovano*, Atti del Convegno nazionale, a cura di G. Grimaldi, introduzione di P.V. Mengaldo, Marsilio, Venezia 2001.

Camillo Boito

NOVELLE

Storielle vane, Treves, Milano 1876.
Senso. Nuove storielle vane, Treves, Milano 1883.

EDIZIONI RECENTI

Storielle vane, tutti i racconti, a cura di R. Bigazzi, Vallecchi, Firenze 1970.
Storielle vane, introduzione e note di M. Guglielminetti, Silva, Roma 1971.

Senso. Storielle vane, introduzione e note di R. Bertazzoli, Garzanti, Milano 1990.

SAGGI E STUDI

E. Scarano, *L'anatomia del corpo in una storiella vana di Camillo Boito*, in «Linguistica e letteratura», VI, 1981.

P. Pellini, *Camillo Boito, Luigi Capuana e il tema fantastico del quadro animato*, in «Problemi», 112, 1998.

A. Carli, *Letteratura, arte e scienze anatomiche. Su "Un corpo" di Camillo Boito*, in «Otto/Novecento», XXIV, 2000.

E. Porciani, *"Senso" di Camillo Boito: desiderio narrativo e racconto inattendibile*, in «Filologia antica e moderna», 21, 2001.

A. Carli, *"Un corpo": storiella vana fra arte e anatomia*, in AA.VV., *Camillo Boito. Un protagonista dell'Ottocento italiano*, a cura di G. Zucconi e T. Serena, giornata di studi promossa dall'Istituto veneto di Scienze, Lettere ed Arti il 31 marzo 2000, Istituto Veneto di Scienze, Lettere ed Arti, Venezia 2002.

—, *Anatomie scapigliate. L'estetica della morte tra letteratura, arte e scienza*, prefazione di A. Langella, Interlinea, Novara 2004.

Igino Ugo Tarchetti

NOVELLE

La fortuna del capitano Gubart, in «Giornale per tutti», 4 maggio 1865.

Un suicidio all'inglese, in «Rivista minima», 15 maggio 1865.

Ad un moscone. Viaggio sentimentale nel giardino Balzaretti, in «Rivista minima», 30 giugno e 15 agosto 1865.

Il mortale immortale (dall'inglese), in «Rivista minima», 30 giugno e 31 agosto 1865 [ristampato come *L'elixir dell'immortalità (Imitazione dall'inglese)* su l'«Emporio Pittoresco», febbraio 1868].

Tragico fine di un pappagallo (Frammento), in «Rivista minima», 15 febbraio 1866.

Storia di un ideale, in «Strenna Italiana», Milano 1868.

Il lago delle tre lamprede (Tradizione popolare), in «Emporio Pittoresco», giugno 1868.

Amore nell'arte, Treves, Milano 1869.
Racconti fantastici, Treves, Milano 1869.

EDIZIONI POSTUME

Racconti umoristici, Treves, Milano 1869.

EDIZIONI RECENTI

Tutte le opere, 2 voll., a cura di E. Ghidetti, Cappelli, Bologna 1967.
Racconti fantastici, a cura N. Bonifazi, Guanda, Milano 1977.

REPERTORI BIBLIOGRAFICI

P. Nardi, *Igino Ugo Tarchetti. Profilo con alcuni documenti epistolari inediti e un'appendice bibliografica*, Rumor, Vicenza 1921.
R. Scaglia, *Bibliografia di I.U. Tarchetti*, Studio Editoriale Piemontese, Alessandria 1928.
E. Paccagnini, *Contributo alla bibliografia d'esordio del Tarchetti. Testi dispersi e varianti*, in «Otto/Novecento», XVIII, 1994.

SAGGI E STUDI

R. Ceserani, *A proposito dell'interpretazione psicanalitica di un racconto fantastico di I.U. Tarchetti*, in AA.VV., *Studi in memoria di Luigi Russo*, cit.
AA.VV., *Igino Ugo Tarchetti e la Scapigliatura*, Atti del Convegno S. Salvatore Monferrato 1-3 ottobre 1976, Comune di San Salvatore Monferrato e Cassa di Risparmio di Alessandria, 1978.
N. Bonifazi, *Teoria del "fantastico" e il racconto "fantastico" in Italia: Tarchetti-Pirandello-Buzzati*, Longo, Ravenna 1982.
R. Severi, *Tarchetti e Sterne: considerazioni sui "viaggi sentimentali"*, in «Rivista di Letterature Moderne Comparate», XXXVII, 1984.
G. Tardiola, *Il sogno, l'anima e la morte. Una lettura dei racconti fantastici di I.U. Tarchetti*, in «La Rassegna della Letteratura Italiana», XCIII, 1989.
M. Muscariello, *L'umorismo di Igino Ugo Tarchetti, ovvero la passione delle opinioni*, in AA.VV., *Effetto Sterne. La narrazione umoristica in Italia da Foscolo a Pirandello*, Nistri-Lischi, Pisa, 1990.

E. Ghidetti, *Il tema della follia nei "Racconti fantastici" di Tarchetti*, in AA.VV., *Nevrosi e follia nella letteratura moderna*, Bulzoni, Roma 1993.

M. McLoughlin, *Tarchetti traduttore / traditore: "L'elixir dell'immortalità" e "The Mortal Immortal" di M. Wollstonecraft Shelley*, in «Giornale Storico della Letteratura Italiana», CLXX, 1993.

G. Tortorella Esposito, *Tra reale e immaginario. La dimensione dell'artista nella trilogia "Amore nell'arte" di I.U. Tarchetti*, in «Esperienze letterarie», XIX, 1994.

A.M. Mangini, *La voluttà crudele: fantastico e malinconia nell'opera di Igino Ugo Tarchetti*, Carocci, Roma 2000.

T. Pomilio, *Asimmetrie del due. Di alcuni motivi scapigliati*, Manni, Lecce 2001.

A. Carli, *Anatomie scapigliate. L'estetica della morte tra letteratura, arte e scienza*, cit.

Luigi Capuana

NOVELLE

Profili di donne, Brigola, Milano 1877.
Un bacio ed altri racconti, Ottino, Milano 1881.
Homo!, Brigola, Milano 1883.
Storia fosca, Sommaruga, Roma 1883².
Ribrezzo, Giannotta, Catania 1885.
Fumando, Giannotta, Catania 1889.
Le appassionate, Giannotta, Catania 1893.
Le paesane, Giannotta, Catania 1894.
Fausto Bragia e altre novelle, Giannotta, Catania 1897.
Il braccialetto, Brigola, Milano 1898.
Nuove "paesane", Roux Frassati, Torino 1898.
Anime a nudo, Società editrice nazionale, Roma [1900].
Il benefattore, Aliprandi, Milano 1901.
Il Decameroncino, Giannotta, Catania 1901.
Delitto ideale, Sandron, Milano-Palermo-Napoli 1902.
Coscienze, Battiato, Catania 1905.
Un vampiro, Voghera, Roma 1907.
Figure intraviste, Voghera, Roma 1908.
Passa l'amore, Treves, Milano 1908.
La voluttà di creare, Treves, Milano 1911.

Perdutamente!, Puccini, Ancona 1911.
Eh! la vita..., Quintieri, Milano 1913.
Il nemico è in noi, Giannotta, Catania, 1914.
Istinti e peccati, Libreria ed. "Minerva", Catania 1914.
Passanti, Cappelli, Rocca San Casciano 1914.
Dalla terra natale, Sandron, Milano-Palermo 1915.
Nostra gente, Sandron, Milano-Palermo-Napoli [1915].

EDIZIONI POSTUME

Riaverti, Vitagliano, Milano 1920.
Come l'onda..., Sandron, Palermo 1921.
Ribrezzo e fascino, Sandron, Palermo 1921.
Le ultime paesane. Novelle postume, Treves, Milano 1923.

EDIZIONI RECENTI

Novelle, a cura di E. Scuderi, Giannotta, Catania 1972.
Racconti, 3 voll., a cura di E. Ghidetti, Salerno, Roma 1973-74.
Le paesane, a cura di E. Villa, Marzorati, Milano 1974.
Tortura, con una nota di C.A. Madrignani, Sellerio, Palermo 1987.
L'al di là, a cura di S. Nicolosi, Tringale, Aci Reale 1988.
Istinti e peccati, a cura e con un'introduzione di C. Bernari, Lucarini, Roma 1988.
Il Decameroncino, a cura di A. Castelvecchi, Salerno, Roma 1991.
Un vampiro, Passigli, Firenze 1995.
Novelle inverosimili, a cura e con un saggio di M. La Ferla, Avagliano, Cava de' Tirreni 1999.

REPERTORI BIBLIOGRAFICI

A. Navarria, *Bibliografia delle novelle di Luigi Capuana*, estratto da Archivio Storico Siciliano, serie III, vol. XVIII, 1968, presso la Società Siciliana per la Storia Patria, Palermo 1969.
G. Raya, *Bibliografia di Luigi Capuana (1839-1968)*, Ciranna, Roma 1969.
G. Oliva, *Capuana nella critica recente (1960-1978)*, in *Capuana in archivio*, Sciascia, Caltanissetta 1979.

SAGGI E STUDI

R. Bigazzi, *I colori del vero, vent'anni di narrativa: 1860-80*, Nistri-Lischi, Pisa 1969.

A. Alexander, *Il Comparatico di Luigi Capuana e gl'inizi del verismo*, Ciranna Roma 1970.
D. Tanteri, *Lettura delle "Paesane" di Luigi Capuana*, in «Siculorum Gymnasium», XXIV, 1971.
F. Pappalardo – **B.** Brunetti, *Crisi della "grand'arte" e letteratura di massa: sul racconto fantastico di Luigi Capuana*, in AA.VV., *I canoni letterari. Storia e dinamica*, Lint, Trieste 1981.
AA.VV., *Capuana verista*, Atti dell'incontro di studio (Catania, 29-30 ottobre 1982), Biblioteca della Fondazion Verga, Catania 1984.
E. Scarano – **L.** Lorenzi – **F.** Ferrara – **C.** Vannocci – **M.** Failli – **C.A.** Madrignani, *Novelliere impenitente. Studi su Luigi Capuana*, Nistri-Lischi, Pisa 1985.
AA.VV., *L'illusione della realtà. Studi su Luigi Capuana*, Atti del Convegno di Montreal, 16-18 marzo 1989, a cura di M. Picone e E. Rossetti, Salerno, Roma 1990.

Giovanni Verga

NOVELLE

Primavera, Brigola, Milano 1876.
Vita dei campi, Treves, Milano 1880.
Novelle rusticane, Casanova, Torino 1882.
Per le vie, Treves, Milano 1883.
Drammi intimi, Sommaruga, Roma 1884.
Vagabondaggio, Barbera, Firenze 1887.
I ricordi del capitano d'Arce, Treves, Milano 1891.
Don Candeloro e C.i, Treves, Milano 1893 [ma 1894].

EDIZIONI RECENTI

Tutte le novelle, introduzione, testo e note a cura di C. Riccardi, Mondadori, Milano 1979.
Le novelle, a cura di G. Tellini, Salerno, Roma 1980.
Drammi intimi, a cura di G. Alfieri, Le Monnier, Firenze 1987.
Vita dei campi, a cura di C. Riccardi, Le Monnier, Firenze 1987.
Don Candeloro e C.i, a cura di C. Cucinotta, Le Monnier, Firenze 1994.

REPERTORI BIBLIOGRAFICI

M. Ricciardi, *Rassegna verghiana*, in «Lettere italiane», XX, 1968.
G. Raya, *Bibliografia verghiana (1840-1971)*, Roma, Ciranna 1972.
E. Ghidetti, *Verga. Guida storico-critica*, Editori Riuniti, Roma 1979.
R. Verdirame, *Rassegna verghiana (1969-1983)*, in «Lettere italiane», XXXVII, 1985.
V. Masiello, *Il punto su: Verga*, Laterza, Bari 1986.

SAGGI E STUDI

V. Spinazzola, *La verità dell'essere. Tre novelle verghiane*, in «Belfagor», XXVII, 1972.
C. Riccardi, *Dal primo al secondo "Mastro-don Gesualdo"*, in AA.VV., *Studi di filologia italiana offerti a Carlo Dionisotti*, Ricciardi, Milano-Napoli 1973.
G. Tellini, *Le correzioni di "Vita dei campi"*, in *L'avventura di Malombra e altri saggi*, Bulzoni, Roma 1973.
G.C. Mazzacurati, *Scrittura e ideologia in Verga ovvero le metamorfosi della lupa*, in *Forma e ideologia*, Liguori, Napoli 1974.
C. Riccardi, *Gli abbozzi del "Mastro-don Gesualdo" e la novella "Vagabondaggio"*, in «Studi di Filologia italiana», XXXIII, 1975.
— *Il problema filologico di "Vita dei campi"*, in «Studi di Filologia italiana», XXXV, 1977.
— *Il primo capitolo del "Mastro-don Gesualdo"*, in «Nuova Antologia», luglio-settembre 1979.
AA.VV., *Studi di letteratura italiana offerti a Dante Isella*, Bibliopolis, Napoli 1983.

Arrigo Boito

NOVELLE

L'Alfier nero. Novella, in «Politecnico», marzo 1867.
Iberia, in *Un pajo di novelle*, in «Strenna Italiana», Milano 1868 [con *L'Alfier nero*].
Il pugno chiuso. Novella, in «Appendice» del «Corriere di Milano», 11-18 dicembre 1870.

Il trapezio. Novella, in «Rivista minima», 2 febbraio 1873 - 18 gennaio 1874.

EDIZIONI RECENTI

L'Alfier nero, Trapezio, Iberia, a cura di A. Seppili, Cappelli, Bologna 1979.
Poesie e racconti, a cura di R. Quadrelli, Mondadori, Milano 1981.
Il pugno chiuso, a cura di R. Ceserani, Sellerio, Palermo 1981.
Iberia, a cura di I. Donfrancesco, Lucarini, Roma 1988.
Le novelle, a cura di O. Pugliese, Loggia de' Lanzi, Firenze 1998.
Il trapezio, a cura di R. Allegrucci, Falena, Gubbio 1998.
Opere letterarie, a cura di A.I. Villa, IPL, Milano 2001.

SAGGI E STUDI

R. Ceserani, *Una novella fantastica sinora ignorata di Arrigo Boito*, in «Giornale Storico della Letteratura Italiana», CLVII, 1980.

G. Gronda, *Testo diegetico o testo simbolico? "L'Alfier nero": un "pezzo segnato" in più sensi*, in AA.VV., *Teoria e analisi del testo*, Atti del V Convegno interuniversitario di studi (Bressanone, 1977), a cura di D. Goldin, CLUEP, Padova 1981.

G. Rosa, *L'arte dell'"Alfier nero"*, in AA.VV., *Studi di lingua e letteratura lombarda offerti a Maurizio Vitale*, 2 voll., Giardini, Pisa 1983.

AA.VV., *Arrigo Boito*, a cura di G. Morelli, Olschki, Firenze 1994.

T. Pomilio, *Asimmetrie del due. Di alcuni motivi scapigliati*, Manni, Lecce 2001.

C. Verbaro, *Il Castello di carta: l'impotenza sperimentale nella narrativa scapigliata*, Università degli Studi della Calabria, Centro Editoriale Librario, Rende 2001.

A. Carli, *Anatomie scapigliate. L'estetica della morte tra letteratura, arte e scienza*, cit.

Mario Pratesi

NOVELLE

In provincia, Barbera, Firenze 1883.
Le due figliuole dell'ostessa: novella toscana, in «Nuova Antologia», 1-16 febbraio 1910.
La dama del minuetto, Sandron, Milano-Palermo 1910.
Il capitano delle corale: novella fiorentina del XVII secolo, in «Nuova Antologia», 1-16 maggio, 1° giugno 1911.
Don Angelo e la sua nipote, in «Nuova Antologia», 16 maggio, 1° giugno 1914.
Troppa grazia, Sant'Antonio, in «Nuova Antologia», 1-16 maggio 1915.
Acque passate, in «Nuova Antologia», 1° ottobre 1917.
Un povero militare, in «Nuova Antologia», 16 agosto, 1° novembre 1918.
Il sogno del vecchio Benvenuto, in «Nuova Antologia», 16 agosto, 1° settembre 1920.

EDIZIONI RECENTI

Racconti, a cura di G. Luti e J. Soldateschi, Salerno, Roma 1979.

REPERTORI BIBLIOGRAFICI

M. Guidotti, *Un'aurora dell'Amiata*, Maia, Siena 1956.

SAGGI E STUDI

G. Luti, *La provincia di Mario Pratesi*, in *Narrativa italiana dell'Otto e Novecento*, Sansoni, Firenze 1964.
R. Bigazzi. *I colori del vero, vent'anni di narrativa: 1860-80*, cit.
M. Guidotti, *Il romanzo toscano e Mario Pratesi*, Vallecchi, Firenze 1983.
R. Toppetta, *Mario Pratesi. L'alba inquieta di Tozzi e Pratolini*, Bulzoni, Roma 1985.
M.G. Fausti, *Tra paludi e strade bianche: con Renato Fucini, Ettore Socci, Manfredo Vanni, Mario Pratesi*, con la collaborazione di L. Serafini, Capponi, Firenze 1995.

Edmondo De Amicis

NOVELLE

Novelle, Le Monnier, Firenze 1872.
Fra scuola e casa. Bozzetti e racconti, Treves, Milano 1892.
Capo d'anno. Pagine parlate, Casanova, Torino 1902.

EDIZIONI POSTUME

Ultime pagine II. Nuovi racconti e bozzetti, Treves, Milano 1908.

EDIZIONI RECENTI

Opere, a cura di A. Baldini, Garzanti, Milano 1945.
Opere scelte, a cura di F. Portinari e G. Baldissone, Mondadori, Milano 1996.

REPERTORI BIBLIOGRAFICI

G. Carella, *Appunti per una bibliografia su De Amicis*, Tipografia Levante, Bari 1960.
Edmondo De Amicis. Mostra bio-bibliografica e iconografica, a cura di F. Contorbia, Dominici, Imperia 1981.

SAGGI E STUDI

R. Fedi, *Il romanzo impossibile: De Amicis novelliere*, in *Cultura letteraria e società civile nell'Italia unita*, Nistri-Lischi, Pisa 1984.
AA.VV., *Edmondo De Amicis*, Atti del Convegno nazionale di studi, Imperia 30 aprile - 3 maggio 1981, a cura di F. Contorbia, Comune di Imperia, Garzanti, Milano 1985.
B. Traversetti, *Introduzione a De Amicis*, Laterza, Bari 1991.
A. Brambilla, *De Amicis: paragrafi eterodossi*, prefazione di L. Tamburini, Mucchi, Modena 1992.

Neera

NOVELLE

Novelle gaie, Brigola, Milano 1879.
Iride, Ottino, Milano 1881.
La freccia del Parto, Brigola, Milano 1883.
Voci della notte, Pierro, Napoli 1893.
La villa incantata, Belforte, Livorno 1901.

Conchiglie, Voghera, Roma 1905.
La sottana del diavolo, Treves, Milano 1912.

EDIZIONI POSTUME

Fiori, Salani, Firenze 1921.

EDIZIONI RECENTI

Neera, a cura di B. Croce, Garzanti, Milano 1942.
Monastero e altri racconti, a cura di A. Arslan e A. Folli, Scheiwiller, Milano 1987.

SAGGI E STUDI

A. Arslan, *La donna soggetto e oggetto nella letteratura fra '800 e '900*, in «Appunti», III, 1980.
—, *Luigi Capuana e Neera: corrispondenza inedita 1881-1885*, in AA.VV., *Miscellanea di studi in onore di Vittore Branca*, Olschki, Firenze 1983.
L. Kroha, *Neera: the Literary Career of a Woman of the Nineteenth Century*, in «Yearbook of Italian Studies», 5, 1983.
A. Arslan – A. Folli, *"Il concetto che ne informa". Benedetto Croce e Neera: corrispondenza (1903-1917)*, in «Intersezioni», 3, 1985.
A. Folli, *Le arpe eolie: lettura di Neera*, Sansoni, Firenze 1987.
A. Arslan – M. Pasqui, *Ritratto di signora: Neera (Anna Radius Zuccari) e il suo tempo*, Comune di Milano, Milano 1999.
A. Folli, *Penne leggère. Neera, Ada Negri, Sibilla Aleramo. Scrittrici femminili italiane fra Otto e Novecento*, Guerini e Associati, Milano 2000.

Giovanni Faldella

NOVELLE

Il male dell'arte, Beuf, Torino 1874.
Figurine, Tip. Editrice Lombarda, Milano 1875.
Le conquiste. Il male dell'arte. Variazioni sul tema, Brigola, Milano 1876.
Rovine. Degna di morire. La laurea dell'amore, Tip. Editrice Lombarda, Milano 1879.

Un serpe. Storielle in giro, Roux e Favale, Torino 1883 (comprende: *Idillio a tavola*, 1881, *Un consulto medico*, 1882, *Amore architetto*).
La giustizia del mondo, 1884.
Una serenata ai morti, Pierino, Roma 1884.
Le litanie della mamma, Bona, Torino 1886.
Tota Nerina, Roux, Torino-Napoli 1887.
La contessa del Ritz, Treves, Milano 1891.
Il medaglione del nonno, Gallardi e Ugo, Vercelli 1895.
Cullata dalle acque (farfalla angelica), Porta, Piacenza 1913.

EDIZIONI POSTUME

Donna Folgore, edizione critica a cura di G. Catalano, Adelphi, Milano 1974.
Nemesi o Donna Folgore. Romanzo verista scritto da Spartivento (non per innocentine), a cura di M. Masonero, introduzione di G. Zaccaria, Fogola, Torino 1974.

EDIZIONI RECENTI

Tota Nerina, introduzione di A. Briganti, Cappelli, Bologna 1972.
Una serenata ai morti, con un saggio di Carlo Ridolfi. In appendice: *A Parigi. Viaggio di Geronimo e comp.*, introduzione e cura di B. Mortara Garavelli, Serra e Riva, Milano 1982.

SAGGI E STUDI

C. Segre, *Polemica linguistica e espressionismo dialettale*, in *Lingua, stile e società. Studi sulla storia della prosa italiana*, Feltrinelli, Milano 1963.
R. Bigazzi. *I colori del vero, vent'anni di narrativa: 1860-80*, cit.
G. Contini, *Pretesto novecentesco sull'ottocentista Giovanni Faldella*, in *Varianti e altra linguistica*, Einaudi, Torino 1970.
F. Spera, *Il principio dell'antiletteratura: Dossi-Faldella-Imbriani*, Liguori, Napoli 1976.
C. Segre, *La tradizione macaronica da Folengo a Gadda (e oltre)*, in AA.VV., *Cultura letteraria e tradizione popolare in Teofilo Folengo*, Atti del Convegno di studi promosso dall'Accademia virgiliana e dal Comitato Mantova-Padania 77, Mantova 15-16-17 ottobre 1977, a cura di E. Bonora e M. Chiesa, Feltrinelli, Milano 1979.

B. Mortara Garavelli, *Lo scapigliato Faldella*, in «Alfabeta», VI, 1984.
G. Contini, *Narratori della Scapigliatura piemontese*, prefazione di D. Isella, Einaudi, Torino 1992.

Carlo Dossi

NOVELLE

C. Dossi – L. Perrelli, *Giannetto pregò un dì la mamma che il lasciasse andare alla scuola... Due racconti*, Tipografia Lombardi, Milano 1866.
Per me si va tra la perduta gente, racconto, Tipografia Lombardi, Milano 1867.
Ritratti umani, dal calamaio di un mèdico, Perelli, Milano 1873.
Goccie d'inchiostro, Perelli, Roma 1879 [ma 1880].
Ritratti umani. Campionario, Dumolard, Milano 1885.
Amori, Dumolard, Milano 1887.

EDIZIONI RECENTI

Ritratti umani. Dal calamajo di un medico, a cura di L. Della Bianca, Istituto propaganda libraria, Milano 1992.
Due racconti giovanili. Con un racconto di Luigi Perrelli, a cura di P. Montefoschi, Salerno, Roma 1994.
Opere, a cura di D. Isella, Adelphi, Milano 1995.

REPERTORI BIBLIOGRAFICI

L. Avellini, *La critica e Dossi*, Cappelli, Bologna 1978.

SAGGI E STUDI

D. Isella, *La lingua e lo stile di Carlo Dossi*, Ricciardi, Milano-Napoli 1958.
M. Serri, *Carlo Dossi e il racconto*, Bulzoni, Roma 1975.
F. Spera, *Il principio dell'antiletteratura: Dossi-Faldella-Imbriani*, cit.
G. Cerina – L. Mulas, *Modi e strutture della comunicazione narrativa. Il racconto breve da Dossi a Pirandello*, Paravia, Torino 1978.
A. Saccone, *Carlo Dossi: la scrittura del margine*, Liguori, Napoli 1995.

F. Caputo, *Sintassi e dialogo nella narrativa di Carlo Dossi*, Accademia della Crusca, Firenze 2000.

Remigio Zena

NOVELLE

Le anime semplici – Storie umili, Sordo-Muti, Genova 1886.
Confessione postuma, in «Almanacco delle famiglie cristiane», Einsiedeln 1897.

EDIZIONI POSTUME

L'invitata, in E. Vivaldi, *Remigio Zena (Marchese Gaspare Invrea)*, con prefazione di A. Pescio, Off. Tip. Giavino, Genova 1930.
La cavalcata, a cura di C. Muscetta, in «Nuova Antologia», agosto 1962.
La pantera, in *Note su Remigio Zena prosatore*, a cura di A. Briganti, in «Trimestre», VI, 1972.

EDIZIONI RECENTI

Romanzi e racconti, con prefazione di E. Villa, Cappelli, Bologna 1971.
Confessione postuma. Quattro storie dell'altro mondo, a cura di A. Briganti, Einaudi, Torino 1977.
Il battesimo, a cura di R. Giani, in «Ariel», 2, 1992.

REPERTORI BIBLIOGRAFICI

F. Poggi, *Gaspare Invrea*, in «Atti della Società Ligure di Storia Patria», XLIX, 1919.
E. Vivaldi, *Remigio Zena*, cit.
Romanzieri tra realismo e decadenza. Fogazzaro, Zena, Gualdo, Lucini, De Marchi, Capuana, scelta e introduzione di S. Ramat, bibliografia a cura di G. Accardo, Istituto Poligrafico Zecca dello Stato, Roma 1995.

SAGGI E STUDI

A. Mangione, *Sperimentalismo fine secolo di Remigio Zena*, Milella, Lecce 1969.
G. Spagnoletti, *La "verve" satirica di Zena*, in «Nuova Antologia», 1° luglio 1972.

E. Gioanola, *Sperimentalismo piemontese e ligure: Sacchetti, Faldella, Zena*, in *La Scapigliatura*, Marietti, Torino 1975.
G. Petrocchi, *Fogazzaro e Zena*, in *Lezioni di critica romantica*, Il Saggiatore, Milano 1975.
A.T. Ossani, *"Capricci mimici" di Remigio Zena tra Scapigliatura ed estetismo*, 4 venti, Urbino 1981.
M. Di Giovanna, *Remigio Zena narratore*, Bulzoni, Roma 1984.
S. Campailla, *Zena: una città e un autore*, in AA.VV., *Scrittura e società. Studi in onore di G. Mariani*, Herdr, Roma 1985.
G. Carnazzi, *Remigio Zena da "La bocca del lupo" all'"Apostolo"*, in *Verga e i veristi*, Piccin, Padova 1991.
C. Riccardi, *Verismo ligure: Zena novelliere*, in *I verismi regionali*, Atti del Congresso internazionale di studi, Catania 27-29 aprile 1992, Fondazione Verga, Catania 1996.

Emilio De Marchi

NOVELLE

Carletto in collegio, Lucia, Don Asdrubale, in *Due anime in un corpo*, Bortolotti, Milano 1878.
Storielle di Natale, Agnelli, Milano 1880.
Sotto gli alberi, Agnelli, Milano 1882.
Storie di ogni colore, Dumolard, Milano 1885.
Racconti, Sonzogno, Milano 1889.
Nuove storie d'ogni colore, Chiesa e Guindani, Milano 1895.

EDIZIONI POSTUME

Vecchie storie, Treves, Milano 1926.

EDIZIONI RECENTI

Esperienze e racconti, in *Tutte le opere di Emilio De Marchi*, 3 voll., a cura di G. Ferrata, Mondadori, Milano 1959-65, vol. I.
Varietà e inediti, ibid., vol. II, t. I.
Parole per Natale. All'ombrellino rosso, Cassa di Risparmio, Verona 1984.
Racconti lombardi, Meravigli, Milano 1984.
Novelle, a cura di F. Brevini, Mondadori, Milano 1992.

Storie d'ogni colore: racconti lombardi, Passigli, Firenze 1993.
Vecchie storie, Lampi di stampa, Milano 2003.

REPERTORI BIBLIOGRAFICI

V. Branca, *Rassegna demarchiana*, in «Lettere italiane», XII, 1960.
G. De Rienzo, *Rassegna demarchiana*, in «Lettere italiane», XVIII, 1966.
Vita e opere di Emilio De Marchi. Prime edizioni, manoscritti, documenti e iconografia originale, a cura di G. Bezzola, Comune di Milano, Milano 1980.
Emilio De Marchi (1851-1901), Documenti, immagini, manoscritti, a cura di N. Trotta, presentazione di M. Corti, Catalogo della mostra, Museo di Storia Contemporanea, Milano 3 dicembre 2001 - 29 gennaio 2002, Comune di Milano, Settore musei e mostre, Biblioteca Trivulziana, Milano 2001.

SAGGI E STUDI

M. Gorra Cecconi, *Il primo De Marchi fra storia, cronaca e poesia*, La Nuova Italia, Firenze 1963.
C.A. Madrignani, *Demarchiana. Punti fermi e punti interrogativi*, in «Belfagor», XIX, 1964.
G. Nava, *Emilio De Marchi e la crisi di un'età*, Patron, Bologna 1964.
V. Spinazzola, *Emilio De Marchi romanziere popolare*, Edizioni di Comunità, Milano 1971.
C.A. Madrignani, *Il realismo popolare e cristiano di Emilio De Marchi*, in AA.VV., *Il secondo Ottocento*, vol. VIII, t. I, Laterza, Bari 1975.
F. Portinari, *Epica borghese in minore di De Marchi*, in *Un'idea di realismo*, Guida, Napoli 1976.
V. Branca, *Emilio De Marchi*, Nuove Edizioni del Noce, Camposampietro 1983.
A. Gorini Santoli, *Invito alla lettura di Emilio De Marchi*, Mursia, Milano 1986.
A. Briganti, *Introduzione a De Marchi*, Laterza, Roma 1992.

Matilde Serao

NOVELLE

Dal vero, Perussia e Quadrio, Milano 1879.
Raccolta minima, Perussia e Quadrio, Milano 1881.
Pagina Azzurra, Quadrio, Milano 1883.
Piccole anime, Sommaruga, Roma 1883.
La virtù di Checchina, Giannotta, Catania 1884.
Il romanzo della fanciulla, Treves, Milano 1885.
Fior di passione, Galli, Milano 1888.
All'erta sentinella!, Treves, Milano 1889.
Piccolo romanzo, Pierro, Napoli 1892.
Gli amanti, Treves, Milano 1894.
Le amanti, Treves, Milano 1894.
L'indifferente, Pierro, Napoli 1896.
Donna Paola, Voghera, Roma 1897.
L'infedele, Brigola, Milano 1897.
Storia di una monaca, Giannotta, Catania 1898.
Lettere d'amore, Giannotta, Catania 1901.
Novelle sentimentali, Belforte, Livorno 1902.
Tre donne, Voghera, Roma 1905.
Cristina, Voghera, Roma 1908.
Il pellegrino appassionato, Perrella, Napoli 1911.
Idillio di Pulcinella, Quattrini, Firenze 1914.
La vita è così lunga!, Treves, Milano 1918.
La moglie di un grand'uomo, e altre novelle scelte dall'autrice, Quintieri, Milano 1919.
Preghiere, Treves, Milano 1921.

EDIZIONI RECENTI

La virtù di Checchina, Emme, Milano 1974.
Il romanzo della fanciulla. La virtù di Checchina, a cura di F. Bruni, Liguori, Napoli 1985.
Racconti napoletani, a cura di P. Sabbatino e R. Abbate, Ferraro, Napoli 1992.
Il romanzo della fanciulla, a cura di C. D'Agostino, Danilo, Napoli 1994.
O Giovannino, o la morte, E/O, Roma 1995.
La virtù di Checchina, Terno secco, E/O, Roma 1995.
Scuola normale femminile e altri racconti, a cura di P. Bernardini, Liguori, Napoli 1997.

Giovannino, o la morte, Terno secco, Araba Fenice, Cuneo 1998.
Opale e altri scritti, a cura di C. De Caprio, Dante & Descartes, Napoli 1999.
La virtù delle donne, con uno scritto di P. Pancrazi, nota critica e cura di T. Iermano, Avagliano, Cava de' Tirreni 1999.
Dal vero, a cura di P. Bianchi, Dante & Descartes, Napoli 2000.
Tutti hanno ragione... tratto da "La vita è così lunga!", Filema, Napoli 2000.
La virtù di Checchina. Racconto interpretato da Marina Polacco, P. Manni, Lecce 2000.
La virtù di Checchina, Armando, Roma 2002.
Tre donne, a cura di M. Landolfi, Mephite, Atripalda 2003.

REPERTORI BIBLIOGRAFICI

M.G. Martin-Gistucci, *L'Oeuvre romanesque de Matilde Serao*, Presses Universitaires de Grenoble, Grenoble 1973.
V. Pascale, *Sulla prosa narrativa di Matilde Serao (con un contributo bibliografico 1887-1890)*, Liguori, Napoli 1989.
A. Laurino, *Letteratura napoletana tra '800 e '900, orientamenti bibliografici: Bracco, Di Giacomo, Mastriani, Russo, Serao*, Flores, Napoli 1996.
L. Palma, *Matilde Serao tra riedizioni di testi e studi critici: una rassegna (1996-2002)*, in «Esperienze Letterarie», XXVII, 2002.

SAGGI E STUDI

C.A. Madrignani, *La virtù di Checchina*, in *Ideologia e narrativa dopo l'unificazione*, Savelli, Roma 1974.
A. Gatto, *Il realismo nelle novelle e nei romanzi della Serao*, Glaux, Napoli 1976.
AA.VV., *Matilde Serao tra giornalismo e letteratura*, a cura di G. Infusino, Guida, Napoli 1981.
W. De Nunzio Schilardi, *L'antifemminismo di M. Serao*, in AA.VV., *La parabola della donna nella letteratura italiana dell'Ottocento*, Adriatica Editrice, Bari 1983.
M. Jeuland-Meynaud, *Immagini, linguaggio e modelli del corpo nell'opera narrativa di Matilde Serao*, Ed. dell'Ateneo, Roma 1986.
A. Palermo, *Le due narrative di Matilde Serao*, in *Da Mastriani a Viviani. Per una storia della letteratura a Napoli fra*

Otto e Novecento, edizione accresciuta, Liguori, Napoli 1987.
M. Olivieri, *Tra libertà e solitudine, saggi su letteratura e giornalismo femminile: Matilde Serao, Sibilla Aleramo, Clotilde Marghieri*, Ed. dell'Ateneo, Roma 1990.
A. Palermo, *Il vero, il reale, l'ideale*, Liguori, Napoli 1995.
P. Bianchi, *La riscoperta di "Tuffolina": le prime prove narrative di Matilde Serao*, in «Filologia e critica», XXXIII, 1998.
L.A. Salsini, *Gendered Genres, Female Experiences and Narrative Patterns in the Works of Matilde Serao*, Madison Teaneck, Fairleigh Dickinson University Press, Associated University Presses, Cranbury 1999.
W. De Nunzio Schilardi, *Le "Piccole anime" della Serao*, in W. De Nunzio Schilardi – A. Neger – G. Fagliano, *Tracce d'infanzia nella letteratura italiana fra Ottocento e Novecento*, Liguori, Napoli 2000.

Salvatore Di Giacomo

NOVELLE

Minuetto settecento, Pierro, Napoli 1883.
Nennella, bozzetti napoletani, Quadrio, Milano 1884.
Mattinate napoletane, Casa Editrice Artistica-Letteraria, Napoli 1886.
Rosa Bellavita, Pierro, Napoli 1888.
Pipa e boccale. Racconti fantastici, Bideri, Napoli 1893.
La piccola ladra e *Perlina e Gobbetta*, Sandron, Palermo 1899.
Nella vita, Laterza, Bari 1903.
Novelle napolitane, Treves, Milano 1914.
Garofani rossi, Borrelli, Napoli 1916.
L'ignoto, Carrabba, Lanciano 1920.

EDIZIONI RECENTI

Le poesie e le novelle, in *Opere*, 2 voll., a cura di F. Flora e M. Vinciguerra, Mondadori, Milano 1946.
Poesie e prose, a cura di E. Croce e L. Orsini, Mondadori, Milano 1977.
Pipa e boccale e novelle rare, a cura di S. Minichini, Il Sorriso di Erasmo, Massa Lubrense 1990.
Pipa e boccale, prefazione di F. Cuomo, Lucarini, Roma 1990.

Tutte le novelle, in *Tutte le opere*, 3 voll., introduzione di A. Ghirelli, prefazione di F. Grisi, Newton, Roma 1991.
Pipa e boccale e tre novelle dimenticate, introduzione e nota al testo di T. Iermano, Vecchiarelli, Roma 1994.
Rosa Bellavita e altri racconti, introduzione e cura di T. Iermano, Avagliano, Cava de' Tirreni 2001.

REPERTORI BIBLIOGRAFICI

F. Schlitzer, *Salvatore Di Giacomo. Ricerche e note bibliografiche*, a cura di G. Doria e C. Ricottini, Sansoni, Firenze 1966.

SAGGI E STUDI

A.L. De Vito, *Le novelle di Salvatore Di Giacomo*, Istituto Meridionale di Cultura, Napoli 1961.

A. Del Monte, *Temi e simboli nelle novelle del Salvatore Di Giacomo*, in *Saggi di letteratura italiana in onore di Gaetano Trombatore*, Istituto Editoriale Cisalpino, La Goliardica, Milano 1973.

C. De Caprio, *Il giovane Di Giacomo: i "racconti fantastici" dimenticati*, in «Annali dell'Istituto Universitario orientale», XIX, Napoli 1977.

G. Congiu Marchese, *Su una novella di S. Di Giacomo nella «Rivista popolare di Colajanni»*, in «Galleria», 1984.

S. Minichini, *L'attività narrativa di S. Di Giacomo*, in *Cultura meridionale e letteratura italiana. I modelli narrativi dell'età moderna*, a cura di P. Giannantonio, Loffredo, Napoli 1985.

M. Aversano, *Il "fantastico" in Salvatore Di Giacomo*, in «Otto/Novecento», IX, 1985.

L. Mirone, *Le "Novelle napolitane" di Salvatore Di Giacomo*, in «Critica letteraria», XXII, 1994.

T. Iermano, *Il melanconico in dormiveglia. Salvatore Di Giacomo*, Olschki, Firenze 1995.

A. Benvenuto, *Di Giacomo novelliere*, in «Critica letteraria», XXVIII, 2000.

S. Minichini, *Novelle extravaganti di Salvatore Di Giacomo*, in *Di Giacomo ed altri: saggi digiacomiani ed altri studi di letteratura meridionale*, Loffredo, Napoli 2001.

T. Iermano, *Il romanzo "invisibile". Fantasia e realtà nei racconti napoletani di Salvatore Di Giacomo*, in *Esploratori delle nuove Italie. Identità regionali e spazio letterario nella letteratura del secondo Ottocento*, Liguori, Napoli 2002.

Federico De Roberto

NOVELLE

La sorte, Giannotta, Catania 1887.
Documenti Umani, Treves, Milano 1888.
L'albero della scienza, Galli-Chiesa-Guindani, Milano 1890.
Processi Verbali, Galli-Chiesa-Guindani, Milano 1890.
La messa di nozze. Un sogno. La bella morte, Treves, Milano 1911.
La "Cocotte", Vitagliano, Milano 1920.
Ironie, Treves, Milano 1920.

EDIZIONI RECENTI

La messa di nozze. Un romanzo e sette racconti, a cura di G. Spagnoletti, Garzanti, Milano 1963.
Processi Verbali, introduzione di G. Giudice, Sellerio, Palermo 1976.
La sorte, introduzione di D. Fernandez, Sellerio, Palermo 1977.
La "Cocotte", a cura di S. Zappulla Muscarà, Curcio, Milano 1979.
Romanzi Novelle e Saggi, a cura di C.A. Madrignani, Mondadori, Milano 1984.
Il Rosario, introduzione di D. Perrone, testo teatrale con in appendice il testo narrativo tratto da *Processi verbali*, Pungitopo, Marina di Patti 1989.
Processi verbali, Sellerio, Palermo 1990.
La sorte, Sellerio, Palermo 1990.
Il paradiso perduto e altri racconti, note di L. Ferrari Trecate, consulenza linguistica di F. Fava, La Spiga, Vimercate 1992.
Il paradiso perduto e altri racconti, La Spiga, Vimercate 1993.
Federico De Roberto, introduzione di D. Maraini, Istituto Poligrafico Zecca dello Stato, Roma 1995.
L'albero della scienza (ed. del 1911), introduzione di R. Castelli, in appendice *Rimorso*, Lussografica Caltanissetta, Caltanissetta 1997.
Processi verbali, con una nota di G. Giudice, Sellerio, Palermo 1997.
Il Rosario, a cura di F. Cotticelli, in appendice V. Viviani, *Il Rosario, rapsodia tragica da F. De Roberto*, Luciano, Napoli 1997.
La sorte, con una nota di D. Fernandez, Sellerio, Palermo 1997.

Adriana, un racconto inedito e altri studi di donna, introduzione a cura di R. Castelli, postfazione di A. Di Grado, G. Maimone, Catania 1998.

I.U. Tarchetti, *Una nobile follia*, F. De Roberto, *La paura*, Araba Fenice, Cuneo 1999.

L'erede, a cura di R. Castelli, Il Girasole, Valverde 2001.

REPERTORI BIBLIOGRAFICI

A. Navarria, *Bibliografia di Federico De Roberto. 1876-1965*, in *Federico De Roberto. La vita e l'opera*, Giannotta, Catania 1974.

F. De Roberto, *mostra bio-bibliografica*, catalogo della mostra bio-bibliografica tenutasi a Zafferana Etnea il 23-25 ottobre 1981, a cura di S. Zappulla Muscarà con la collaborazione di G. Congiu Marchese, Comune di Zafferana Etnea, Catania 1981.

SAGGI E STUDI

C.A. Madrignani, *Illusione e realtà nell'opera di Federico De Roberto*, De Donato, Bari 1972.

G. Mariani, *Federico De Roberto narratore*, in *Ottocento romantico e verista*, Giannini, Napoli 1972.

G. Spagnoletti, *De Roberto novelliere*, in «Nuova Antologia», marzo 1972.

G. Catalano, *Riflessioni sul primo De Roberto ("Arabeschi" – "La sorte")*, Ferraro, Napoli 1975.

L. Sannia Nowè, *Palese conformismo e connotazione occulta nei "Documenti Umani" di F. De Roberto*, in AA.VV., *Letteratura e società*, Scritti di italianistica e di critica letteraria per il XXV anniversario dell'insegnamento universitario di Giuseppe Petronio, 2 voll., Palumbo, Palermo 1980.

N. Tedesco, *Le "Novelle della guerra": De Roberto e la pluralità dei mondi reali*, in «Galleria», numero dedicato a Federico De Roberto, XXXI, 1981.

C.A. Madrignani, *Federico De Roberto l'inattuale*, in «Belfagor», XXXVI, 1981.

N. Tedesco, *La norma del negativo. De Roberto e il realismo analitico*, Sellerio, Palermo 1981.

L. Sannia Nowè, *Le voci dell'onore e della paura: le novelle di guerra di F. De Roberto (1919-1923)*, in «Italianistica», XI, 1982.

AA.VV., *Federico De Roberto*, Atti del Convegno nazionale tenuto a Zefferana Etnea in occasione del XIII premio Brancati-Zafferana, a cura di S. Zappulla Muscarà, Palumbo, Palermo 1984.
G. Longo, *Appunti sul naturalismo critico di Federico De Roberto*, in AA.VV., *Naturalismo e Verismo. I generi: poetiche e tecniche*, Atti del Convegno internazionale di studi, Catania 1986, Fondazione Verga, Catania 1988.
V. Spinazzola, *Il romanzo antistorico*, Editori Riuniti, Roma 1990.
A. Di Grado, *La vita, le carte, i turbamenti di Federico De Roberto, gentiluomo*, Biblioteca della Fondazione Verga, Catania 1998.

Gabriele d'Annunzio

NOVELLE

Terra vergine, Sommaruga, Roma 1882.
Il libro delle vergini, Sommaruga, Roma 1884.
San Pantaleone, Barbera, Firenze 1886.
Gli idolatri, Pierro, Napoli 1892.
Nell'assenza di Lanciotto, Bideri, Napoli 1892.
I violenti, Pierro, Napoli 1892.
Le novelle della Pescara, Treves, Milano 1902.

EDIZIONI RECENTI

Le novelle della Pescara, a cura di S. Sabbadini, Mondadori, Milano 1969.
Il libro delle vergini, a cura di R. Scrivano, Mondadori, Milano 1980.
Terra vergine, a cura di P. Gibellini, Mondadori, Milano 1981.
Tutte le novelle, a cura di A. Andreoli e M. De Marco, introduzione di A. Andreoli, Mondadori, Milano 1992.

REPERTORI BIBLIOGRAFICI

R. Forcella, *D'Annunzio, 1886-1883*, Roma 1926-28.
E. Paratore, *Il rinnovamento della critica dannunziana*, in «Quaderni dannunziani», XXX-XXXI, 1965.
Inventario dei manoscritti di d'Annunzio al Vittoriale, in «Quaderni dannunziani», XXXVI-XXXVII, 1967-68.

G. Luti, *Situazione della critica dannunziana*, in «Quaderni dannunziani», XXXVIII-XXXIX, 1969.

M. Vecchioni, *Bibliografia critica di Gabriele d'Annunzio*, Edizioni Aternine, Roma-Pescara 1970.

A. Baldazzi, *Bibliografia della critica dannunziana nei periodici italiani dal 1880 al 1938*, Cooperativa Scrittori, Roma 1977.

N. Lorenzini, *Rassegna di studi dannunziani (1963-1982)*, in «Lettere italiane», XXXV, 1983.

AA.VV., *D'Annunzio e la critica*, Atti del XIII Convegno di studi, Pescara-Penne 10-12 maggio 1990, Centro Nazionale di Studi Dannunziani in Pescara, Ediars, Pescara 1990.

AA.VV., *D'Annunzio e la giovane critica*, Atti del XIV Convegno internazionale, Pescara - Francavilla al Mare - Penne 10-11 maggio 1991, Centro Nazionale di Studi Dannunziani in Pescara, Ediars, Pescara 1991.

SAGGI E STUDI

E. Paratore, *Studi dannunziani*, Morano, Napoli 1966.

AA.VV., *L'arte di Gabriele d'Annunzio*, Atti del Convegno internazionale di studio, Venezia-Gardone-Pescara 7-13 ottobre 1963, Mondadori, Milano 1968.

I. Ciani, *Storia di un libro dannunziano. "Le novelle della Pescara"*, Milano-Napoli 1975.

R. Scrivano, *Appunti su d'Annunzio novelliere. Da "San Pantaleone" alle "Novelle della Pescara"*, in «Quaderni del Vittoriale», 5-6, 1977.

R. Daverio – C. Ferri, *Echi verghiani in "Terra vergine"*, in «Quaderni del Vittoriale», 8, 1978.

M. Pistelli, *La rielaborazione della novella "Le vergini"*, in «Quaderni del Vittoriale», 13, 1979.

G. Tosi, *D'Annunzio et "La faute de l'abbé Mouret"*, in «Quaderni del Vittoriale», 14, 1979.

AA.VV., *D'Annunzio giovane e il verismo*, Atti del I Convegno internazionale di studi dannunziani, Pescara 21-23 settembre 1979, Arti Grafiche Garibaldi, Pescara 1981.

S. Sarkany, *"Gli idolatri" de Gabriele d'Annunzio*, in «Quaderni d'Italianistica», III, 1982.

E. Lunardi, *D'Annunzio's "Gli idolatri" at the Dawn of Verismo*, in «Forum Italicum», 2, 1983.

AA.VV., *D'Annunzio giornalista*, Atti del V Convegno internazionale di studi dannunziani, Pescara 14-15 ottobre 1983, Fabiani, Pescara 1984.

AA.VV., *D'Annunzio e l'Abruzzo*, Atti del X Convegno di studi dannunziani, Pescara 5 marzo 1988, Centro Nazionale di Studi Dannunziani in Pescara, Pescara 1988.

AA.VV., *D'Annunzio a cinquant'anni dalla morte*, 2 voll., Atti dell'XI Convegno internazionale di studi dannunziani, Pescara 9-14 maggio 1989, Centro Nazionale di Studi Dannunziani in Pescara, Pescara 1989.

Nota della curatrice

I testi inclusi nella presente edizione, fatti salvi gli adattamenti redazionali, fanno riferimento alle seguenti edizioni: N. Tommaseo, *Racconti storici*, a cura di F. Senardi, Carocci, Roma 2004. G. Carcano, *La Nunziata. Novelle campagnuole*, in appendice un saggio di Cesare Correnti, a cura di F. Tancini, Serra e Riva, Milano 1984. C. Percoto, *Novelle*, a cura di B. Meier, Cappelli, Bologna 1984. I. Nievo, *Novelliere campagnuolo e altri racconti*, a cura di I. De Luca, Einaudi, Torino 1956. C. Boito, *Storielle vane*, introduzione e note di M. Guglielminetti, Silva, Roma 1971. I.U. Tarchetti, *Tutte le opere*, 2 voll., a cura di E. Ghidetti, Cappelli, Bologna 1967. L. Capuana, *Racconti*, 2 tomi, a cura di E. Ghidetti, Salerno, Roma 1974. G. Verga, *Vita nei campi*, a cura di C. Riccardi, Le Monnier, Firenze 1987 per *L'amante di Gramigna*; Id., *Don Candeloro e c.*, a cura di C. Cucinotta, Le Monnier, Firenze 1994 per *In piazza della Scala*; Id., *Tutte le novelle*, introduzione, testo e note a cura di C. Riccardi, Mondadori, Milano 1979 per *Il tramonto di Venere*. A. Boito, *Opere letterarie*, a cura di A.I. Villa, IPL, Milano 2001. M. Pratesi, *Racconti*, a cura di G. Luti e J. Soldateschi, Salerno, Roma 1979. E. De Amicis, *Novelle*, Treves, Milano 1909. Neera, *Monastero e altri racconti*, a cura di A. Arslan e A. Folli, Scheiwiller, Milano 1987. G. Faldella, *Una serenata ai morti*, con un saggio di Carlo Rolfi. In appendice: *A Parigi. Viaggio di Geronimo e comp.*, introduzione e cura di B. Mortara Garavelli, Serra e Riva, Milano 1982. C. Dossi, *Opere*, a cura di D. Isella, Adelphi, Milano 1995. R. Zena, *Romanzi e racconti*, a cura di E. Villa, Cappelli, Bologna 1971. E. De Marchi, *Esperienze e racconti*, a cura di G. Ferrata, Mondadori, Milano 1959. M. Serao, *Il romanzo della fanciulla. La virtù di Checchina*, a cura di F. Bruni, Liguori, Napoli 1985 per *Telegrafi dello Stato*; Id., *Fior di passione*, Madella, Sesto San Giovanni 1915 per *Scena*. S. Di Giacomo, *Le poesie e le novelle*, a cura di F. Flora e M. Vinciguerra, Mondadori, Milano 1952. F. De Roberto, *La sorte*, III edizione riveduta dall'autore, Treves, Milano 1910 per *Rivolta*; Id., *Documenti umani*, Castoldi, Milano 1898 per *Una dichiarazione*; Id., *Processi verbali*, introduzione di G. Giudice, Sellerio, Palermo 1976 per *Il krak*. G. d'Annunzio, *Tutte le novelle*, a cura di A. Andreoli e M. De Marco, introduzione di A. Andreoli, Mondadori, Milano 1992.

Racconti italiani
dell'Ottocento

Avvertenza

In mancanza di altra indicazione le note e le citazioni a carattere linguistico sono da intendersi tratte da S. Battaglia, *Grande Dizionario della Lingua Italiana*, 11 voll., UTET, Torino 1961-2002. Per le traduzioni dal latino: F. Calonghi, *Dizionario della lingua latina*, 2 voll., III edizione interamente rifusa e aggiornata del dizionario Georges-Calonghi, Rosenberg & Sellier, Torino 1951; dal francese: *Grand Larousse de la langue Française*, 7 voll., Larousse, Paris 1978 e R. Boch, *Dizionario francese italiano italiano francese*, con la collaborazione di C. Salvioni, Zanichelli, Bologna 1995; dall'inglese: N. Webster, *Webster's New Twentieth Century Dictionary of the English Language*, 2 voll., versione integrale, II edizione, The World Publishing Company, Cleveland – New York 1963; dal tedesco: *Dizionario delle lingue italiane e tedesca*, 2 voll., sotto la direzione di V. Macchi, II edizione corretta e ampliata, Sansoni, Firenze-Roma 1984; dal dialetto milanese: F. Cherubini, *Vocabolario milanese-italiano*, Regia Stamperia, Milano 1839, ristampa anastatica, Rusconi, Milano 1983; dal dialetto friulano: G.A. Pirona – E. Carletti – G.B. Corgnali, *Il Nuovo Pirona*, Bossetti, Udine 1935; dal dialetto abruzzese: E. Giammarco, *Dizionario abruzzese e molisano*, 4 voll., Edizioni dell'Ateneo, Roma 1968. Le citazioni dantesche sono tratte da D. Alighieri, *La Commedia secondo l'antica vulgata*, 4 voll., a cura di G. Petrocchi, Mondadori, Milano 1966. Le citazioni dalla Bibbia in italiano sono tratte da: *La Bibbia*, a cura di L. Pacomio, F. Dalla Vecchia, A. Pitta, Piemme, Casale Monferrato 1995; in latino da: *Biblia Sacra, Vulgatae Editionis*, Sixti V pontifici maximi iussu recognita, et Clementis VIII auctoritate edita, Logicis partitionibus aliisque subsidiis ornata a Alberto Colunga et Laurentio Turrado professoribus sacrae scripturae in p. universitate eccl. salmaticensi, San Paolo, Cinisello Balsamo 1995.

NICCOLÒ TOMMASEO

La vita e le opere

Niccolò Tommaseo nasce l'8 ottobre del 1802 in Dalmazia, a Sebenico. Studia a Spalato dal 1811 al 1817, quindi a Padova dove stringe amicizia con il filosofo spiritualista Antonio Rosmini e consegue la laurea in Legge, nel 1822, dopo la quale, non intenzionato a mettere a frutto gli studi giuridici, si dedica esclusivamente alle discipline letterarie e linguistiche. Trasferitosi nel 1824 a Milano, lavora presso l'editore Stella e conosce Manzoni. Nel 1827 Vieusseux lo chiama a collaborare all'«Antologia» e a Firenze entra in contatto con gli ambienti del cattolicesimo liberale toscano, ma, dopo la forzata chiusura della rivista, si trasferisce a Parigi, nel 1834. Rientrato in Italia, si stabilisce a Venezia, nel 1840, e prende parte all'insurrezione cittadina del '48, ricevendo dal governo provvisorio l'incarico di ambasciatore a Parigi; lasciata Venezia al fallimento dell'insurrezione, nel 1849, soggiorna a Corfù, poi a Torino e in ultimo torna a Firenze, dove rimane fino alla morte avvenuta il 1° maggio 1874. Tommaseo è autore di una ragguardevole mole di opere, prevalentemente in lingua italiana ma anche in serbo-croato e in francese, sia in prosa che in versi – novelle, romanzi, preghiere, traduzioni, testi autobiografici, storici, politici, critici, di estetica, di educazione e di edificazione morale – oltre che di ponderosi studi filologici e linguistici.

Personalità complessa sino alla contraddizione, frequentemente in dissenso con il proprio tempo, sia sul piano storico-politico – cattolico liberale, combatte contro l'occupazione austriaca ma, antisabaudo, rifiuta l'incarico nel parlamento unitario – sia sul piano critico-letterario – appassionato cultore della tradizione letteraria ma non classicista, sostenitore del romanticismo contro Monti ma non romantico, polemico verso il romanzo storico teorizza una narrativa breve di argomento storico ma realizza il proprio capolavoro con il romanzo psicologico – Tommaseo si presenta nel contesto della prima metà dell'Ottocento come voce spesso dissonante, eppure emblematica della mediazione impossibile, che caratterizza il secolo diciannovesimo, tra il conservatorismo di fondo e le istanze innovatrici della cultura nazionale. Tommaseo sintetizza la dinamica delle opposte tensioni e, all'interno di un impianto ideologico tradizionalista inadeguato a sostenere una poetica moderna, porta intuizioni che precorrono gli sviluppi del secondo Ottocento, specie nelle strutture, nelle tematiche e nelle ambientazioni della prosa narrativa, dando vita alla prima letteratura borghese di argomento psicologico in Italia. Appartengono a questo filone la novella *Due baci* (1831) e il romanzo *Fede e Bellezza* (1840), mentre le restanti prose narrative rientrano nel genere storico: *Il Duca d'Atene*, romanzo breve o novella lunga (1837) e le due novelle *Il sacco di Lucca* (scritto nel '34, edito nel '38) e *L'assedio di Tortona* (1844).

Racconto assolutamente borghese, per ambiente, personaggi e morale, *Due baci* ha come protagonista una donna, Eugenia, che rievoca il proprio sentimento per un uomo, il signor D., che non le è stato concesso sposare e che lei continua per anni a ricordare con amore fino a quando lui le si ripresenta, intenzionato a riallacciare la relazione sentimentale; il signor D. viene allora respinto da Eugenia che non vuole compromettere il proprio onore e che riesce a trovare la serenità emotiva nell'affetto per il figlio e nella comprensione del marito. Sotto il profilo ideologico e letterario la vicenda di Eugenia rappresenta la crisi dell'illusorio mito romantico dell'amore assoluto di fronte alla normalità dell'amore coniugale, concepito come sistema etico e sociale dal quale viene esclusa la passione. Sotto il profilo strutturale la novella è impostata come racconto nel racconto:[1] la confessione della donna si inserisce all'in-

---

[1] A ciò si aggiunga la finzione del testo riportato; il sottotitolo della novella recita infatti: *Traduzione dall'illirico di N. Tommaseo*.

terno di una cornice gestita da una voce maschile, un narratore di primo grado che ricorda le parole di Eugenia e le riferisce al proprio interlocutore per invitarlo a riflettere «sul processo misterioso e terribile delle passioni umane» e sul valore dell'educazione femminile: «tu che hai una figlia, approfitta di questi consigli»;[2] nonostante questa introduzione, la prospettiva dominante la novella è quella della donna (narratore di secondo grado), il che determina l'assoluta soggettività dell'analisi psicologica del personaggio. Sebbene sia inequivocabile la presenza della voce dell'autore nella morale espressa dalla stessa Eugenia e dal suo interlocutore, Tommaseo non interferisce con il punto di vista della donna che ripercorre i propri sentimenti, sicché, ad esempio, le figure del pretendente e del marito sono per il lettore comprensibili solo attraverso le coordinate fornite dall'autoanalisi di Eugenia.

La contrapposizione tra passione e matrimonio, con la finale affermazione del valore del secondo, si ritrova nel romanzo *Fede e Bellezza*, che sviluppa anche l'adozione di punti di vista interni per l'analisi psicologica dei personaggi, complicandola con prospettive parallele. Il romanzo presenta infatti una struttura composita in cui alle narrazioni in terza persona e ai dialoghi si affiancano monologhi, brani di diario e di lettere che esprimono il punto di vista soggettivo dei protagonisti.

In entrambi i casi, sia nella novella sia nel romanzo, l'intreccio degli eventi è meno rilevante rispetto alla componente psicologico-sentimentale; al contrario, la novellistica a sfondo storico è una narrativa tutta di fatti, di episodi in cui i caratteri dei singoli individui risultano semplificati e prevalgono le scene corali. Ciò che allora accomuna i due tipi di racconti è da un lato la subordinazione di ogni tema narrativo a una verità morale, dall'altro lato la volontà di Tommaseo di mantenersi fedele alla "realtà":

Dalla storia o dalla tradizione o dalla vita odierna togliete i fatti, con l'invenzione aggiungete i particolari od

---

[2] N. Tommaseo, *Due baci*, a cura di F. Danelon, Salerno, Roma 2000, p. 110.

incogniti o sottintesi; aggiungete l'intimo della morale lor vita: vestite insomma lo scheletro di forme visibili, dello spirito invisibile animatelo dentro, e avrete insieme verità e poesia.[3]

Il rispetto della realtà, concetto su cui si gioca l'evoluzione della letteratura europea nel corso dell'Ottocento, in Tommaseo non implica l'adesione alle posizioni della letteratura realista che si vanno affermando in Francia, ma significa, per i racconti di ambientazione contemporanea, la descrizione di una realtà sfrondata dalle idealità romantiche e più prossima alla quotidianità borghese; mentre per i racconti di ambientazione storica significa la narrazione della «potente semplicità dell'azione, dove ogni cosa, piuttosto che voler essere straordinaria, a null'altro aspira che a parere la più naturale di tutte».[4] Su entrambi i fronti, storico e contemporaneo, il confronto con "i fatti" è sempre subordinato all'adesione di Tommaseo al cattolicesimo, quindi al riconoscimento nel reale di un significato ideale. Quest'ultimo, per quanto riguarda la novellistica storica, è correlato direttamente al valore stesso degli studi storici, poiché, come si vedrà nella novella antologizzata, lo studio del passato offre esempi morali che il narratore trae dalla storiografia per proporli al lettore:

> Condotta all'insegna dell'etica, la riflessione tommaseiana si rivolge [...] ad un progetto di rinnovamento sociale dove trovano luogo tutti gli ordini sociali e le varie istituzioni politiche attraverso le quali si organizza la società moderna.[5]

---

[3] Voce "Thouar Pietro", in Id., *Dizionario di estetica*, 2 tomi, III edizione riordinata e accresciuta dall'autore, Perelli, Milano 1860, t. I, pp. 447-48. La I edizione del *Dizionario* è del 1840.
[4] Voce "Guerrazzi", *ibid.*, pp. 180-81.
[5] F. Michieli, *Niccolò Tommaseo tra storia e patriottismo: il "Dell'Italia, "Il Duca d'Atene" e "Le nuove speranze d'Italia"*, in «Quaderni Veneti», 31-32, 2000, Atti del Convegno internazionale di studi "Daniele Manin e Niccolò Tommaseo. Cultura e società nella Venezia del 1848", Venezia 14-16 ottobre 1999, a cura di T. Agostini, Longo, Ravenna 2000, p. 304.

In tal senso la narrativa storica (come quella borghese) ha funzione educativa: narrare a uso del popolo «la storia scientificamente provata» è per Tommaseo «corona d'utilità insieme e di lode»[6] e consiste nel cercare di

> adattare quant'è possibile, i grandi soggetti, alla capacità delle piccole menti, gli storici quadri animare con ischietti colori, senza offenderne la verità [...]. Dipingere le cose quali sono, ecco ciò ch'io m'intendo allor che dico doversi alla fantasia raccomandare la storia.[7]

Come Tommaseo non manca di puntualizzare,

> cadrebbe qui della grave questione proposta dalla coscienza e dal sapere e dal senno del più grande tra i viventi poeti d'Italia e d'Europa; se il romanzo storico sia opera conforme agli alti fini dell'arte, conciliabile alla religione del vero.[8]

Ossia pone a questo punto, inevitabile, il confronto con le posizioni manzoniane in merito al rapporto tra verità storiografica e invenzione poetica nella narrativa storica. Al proposito Tommaseo considera:

> chi può farsi mallevadore ad altri e a sé stesso che ciascuna parola corrisponda così fedelmente alla proprietà delle cose da non lasciar sospettare gli inconvenienti del romanzo storico nella cronaca, nel giornale, nella lettera famigliare, in quei giudizi ove dalla intelligenza d'una voce dipende tante volte l'onore e la vita? Potrebbesi nelle cose d'arte e in tutte distinguere il falso, l'immaginario, ed il finto; notare che il falso è sempre illecito, e mai bello per sé.[9]

---

[6] Voce "Frapporti", in N. Tommaseo, *Dizionario di estetica*, cit., p. 133.
[7] Voce "Levy", *ibid.*, p. 205.
[8] Id., *Il Duca d'Atene*, a cura di F. Michieli, Antenore, Roma-Padova 2003, p. 202.
[9] *Ibid.*

In altri termini, Tommaseo estremizza il dubbio manzoniano sulla liceità dell'invenzione nel discorso storico e riconduce la questione letteraria alla inscindibile coesistenza nel pensiero umano di verità oggettiva e interpretazione soggettiva. Ma per l'autore se l'immaginazione è connaturata al pensiero umano e se questo, così come il linguaggio, è una diretta emanazione di Dio, allora l'invenzione non solo non è un elemento che contrasta con l'oggettività della storia, perché ne rispecchia l'oggettiva verità morale, ma è da coltivare:

> Io so che la fantasia dai più tiensi per irreconciliabile nemica del vero; ma veggo altresì che troppo ai poeti moderni venne di danno dal credere *che la verità sia prosaica*. E dal lasciare l'immaginazione [...] venne e la fiacchezza degl'ingegni, e [...] la freddezza degli animi.[10]

La soluzione proposta in conclusione da Tommaseo porta il discorso a una questione di ordine linguistico, poiché se «è gran parte della verità oggettiva il linguaggio. Onde certe proprietà del linguaggio serviranno a rivelarci i segreti della natura»,[11] allora negli studi come nella narrativa di argomento storico

> questi nuovi scrupoli intorno alle difficoltà e ai pericoli e ai doveri dell'arte [...] ci insegnano a usare e nel consorzio degli scritti e in quel della vita il prezioso talento della parola con sempre più attenta ponderazione, con sempre più severo amore.[12]

Ovvero: se attraverso la lingua si comprende la verità del reale, allora alla verità si arriva solo attraverso la cura scrupolosa del linguaggio.

Infine, in quanto alle ragioni della scelta della novella invece del romanzo storico, queste si pongono sullo sfondo della critica mossa da Tommaseo al «genere fecondo,

---

[10] Voce "Levy", in Id., *Dizionario di estetica*, cit., p. 205.
[11] Id., *Nuova proposta di correzioni e di giunte al dizionario italiano*, Gondoliere, Venezia 1841, p. 1.
[12] Id., *Il Duca d'Atene*, cit., p. 203.

ma dalla imitazione sfruttato».[13] In una polemica recensione ai *Prigionieri di Pizzighettone* di Carlo Varese,[14] Tommaseo lamenta la ripetitività dei romanzi che si susseguono sull'esempio manzoniano e ne elenca ironicamente le regole irrinunciabili.[15] Poiché cerca una narrativa che non ricostruisca i dettagli della storia ma ne intenda il valore moralmente esemplare, Tommaseo non è interessato al lungo intreccio: al contrario, lamentando che «tra le tante novelle, poche ne abbiamo di storiche», ne rileva i meriti sia sul piano della riuscita estetica – «Eppure la novella è cosa più comoda del romanzo; sì perché più breve e lascia maggior curiosità, se buona, minor tedio, se trista; sì perché la fattura n'è più probabilmente felice» – sia sul piano della maggiore efficacia educativa: «sono tanto importanti gli argomenti morali e storici da trattarsi, che se a tutti volessimo dare un romanzo ne riuscirebbe biblioteca soverchiamente ricca» mentre «una novelluccia farebbe a un dipresso il medesimo effetto». «Tutti insomma i difetti che appaiono nel romanzo, perché a bella posta allungati, in una novella darebbero meno nell'occhio.»[16]

---

[13] Voce "Jäger Carlo", in Id., *Dizionario di estetica*, cit., p. 186.
[14] La recensione del marzo 1829, anno di edizione del romanzo di Varese, viene pubblicata sull'«Antologia».
[15] In sintesi: tutti i capitoli hanno *in esergo* una citazione anche se incoerente con il contenuto del capitolo; i romanzi si aprono con «il brano di storia e la parafrasi d'una carta geografica», cioè con la dettagliata descrizione del contesto storico e geografico; nelle prime pagine si trova un lungo dialogo sull'argomento del testo; le descrizioni dei personaggi sono lunghe e dettagliatissime e riguardano «tanto i peli della barba quanto i moti primi dell'anima», e via dicendo.
[16] Voce "Saluzzo", in N. Tommaseo, *Dizionario di estetica*, cit., p. 383.

L'assedio di Tortona

Chi son que' soldati che intorno a quella fonte s'affaccendano a gettare nell'acqua cadaveri? Perché ve li gettano senza rispetto della morte, senza ribrezzo, con rabbia e con gioia negli occhi feroce?

Cotesto castello che dal suo poggio riguarda la pianura a diritta del Po, e adesso vede dall'alto luccicare al sole migliaia di lance italiane e alemanne, che lo stringono d'assedio e minacciano, cotesto castello è Tortona. Lo assedia da ponente Federico Barbarossa imperatore co' suoi: Enrico di Sassonia da mezzodì, nel sobborgo stesso della città, ch'è già preso; da tramontana e da levante lo assediano cittadini della nemica Pavia. Perché dunque nemica?

Le cose che siamo per raccontare accadevano nel secolo duodecimo dopo la Natività di Cristo Signore. Gl'Italiani, che pur dicevano sé cristiani, credevano cosa onorevole odiare il fratello, chiamare i lontani in aiuto per isterminare i vicini. Allora Tortona era nemica a Pavia; e Milano era amica a Tortona, perché Milano era la principale nemica, siccome di molte altre città lombarde, così di Pavia. E le città lombarde alle quali il gioco[1]

---

[1] Da intendersi per "giogo" nonostante la grafia, non risulta infatti giustificabile attraverso il *Dizionario* di Tommaseo alcuna accezione di "gioco" o "giuoco" riconducibile al significato traslato di "servitù, assoggettamento"; cfr. N. Tommaseo – B. Bellini, *Nuovo Dizionario della Lingua Italiana*, 4 voll. in 8 tomi, UTET, Torino 1861-1879.

di Milano pesava fieramente, chiamavano Federico Barbarossa che co' suoi forestieri fiaccasse e Milano e le città con lei collegate.

Un largo fosso divide la città dalla circostante campagna, per chiudere agli assediati ogni scampo. Armi e bandiere e vesti di genti diverse, ne' medesimi accampamenti vedi aggirarsi, avanzarsi, giacere: e volan per l'aria parole di diversi linguaggi, ferri cavati dalle viscere di lontane montagne. S'innalzano macchine molte a percuotere col forte urto le mura, e a scagliare nel mezzo della città grandi massi. Un giorno stavano nella piazza tre de' più notabili cittadini di Tortona, consigliandosi del comune pericolo: quando piomba, gettato dalle lontane macchine, un macigno che tutti e tre d'un colpo gli schiaccia. Fra le torri della città era una sola che non avesse le fondamenta nel sasso vivo: onde ci si poteva, scavando, per via sotterranea penetrare e riuscire improvviso. Federico co' suoi tentava aprire una via sotterra: ma i Tortonesi, avvistisene, colsero i nemici, già lieti della rovina la qual venivano apparecchiando.

E perché mai quelle forche rizzate contro alle mura? Per impiccare quanti uomini di Tortona avrà Federico Barbarossa in sua mano prigioni. Ma Federico è egli guerriero o carnefice? «Io combatto» dic'egli «non per trionfare di nemici, ma per punire ribelli.» La forca al Barbarossa è trofeo. E i Pavesi non corrono a atterrare quel vessillo di maledizione?

I Pavesi stanno buttando nell'acqua i cadaveri. Questa è la sola acqua che resti da dissetare l'assediata Tortona; e i Pavesi voglion togliere ai compatrioti esecrati questo poco di refrigerio, voglion rendere il gusto di quell'umore insoffribile alla sete loro. E siccome con l'acque infondesi, irrigando, nelle piante la vita; così costoro, intendono con l'acque diffondere ne' petti umani la morte.

I soldati di Germania stanno a vedere come i fratelli contro fratelli si faccian arme perfin de' cadaveri. A quella vista chi degli stranieri freme, chi si compiace crudelmente, chi guarda freddo, chi si volge al compagno e parla sommesso, chi torce gli occhi; pochi s'allontanano, nessuno va per istornarli da tanta scelleraggine. Del resto, credete voi che tutti coloro che intingono nell'atto scellerato, lo facciano senza punto ribrezzo? Tutti, più o meno, sentono ribrezzo di quello che fanno; ma altri si vergogna di parer meno ardito de' compagni, meno amante la patria; perché di que' tempi odiare il vicino era un ben amare la patria: altri si sdegna con se stesso di quella ripugnanza che prova, e tanto più odia quanto più l'odio gli fa male: altri vorrebbe celiare del fatto orrendo, ma non gli riesce, e il suo ghigno è come di spasimo acuto.

Gli assediati vedevano dalle mura contaminarsi di corpi morti quell'acqua ch'era necessaria alla loro difesa più che le mura e le spade; e rabbrividivano nel pensare ai giorni dell'angoscia imminente.

Rabbrividivano tacendo; perché le imprecazioni e il lamento erano repressi dalla vergogna di parer pusillanimi in faccia a' compagni, e dalla pietà de' mali che già sovrastavano alle persone care. Ma i nemici, nel fare immonda quell'acqua, non pensavano dunque alla sete, all'agonia de' vecchi, delle donne, de' bambini innocenti? Oh! se l'uomo vedesse tutti a uno a uno gli effetti lontani e ultimi del male ch'egli incomincia a commettere, ne sentirebbe orror più profondo.

Pensate il raccapriccio delle donne infelici nell'immaginarsi come forse in quell'acqua che le si mettevano in bocca era stato a infradiciare il corpo amato del loro proprio marito o del figlio uccisi nell'armi; pensate la pietà delle madri nel dar bere ai cari bambini quel liquore di putredine. Le più buone di loro, quelle che meno volevano male ai nemici, adesso con più forza sostengono la fiera angustia: le più loquaci a maledire, sono adesso o le più loquaci a dolersi, o le più chiuse in silenzio cupo.

Pur nondimeno la città si reggeva. Come il malato che a gran pena trangugia una medicina disgustosa senza punto speranza di guarire per essa; così que' disgraziati nell'aspra sete s'accostavano alle labbra quell'acqua fetente, e, sorseggiandola adagio adagio, più la sentivano abbominosa.[2] Vivevano e combattevano: della qual cosa veniva al nemico non so se più maraviglia o dispetto.

Ma vedendo resistere i petti de' Tortonesi alla sete, così come le mura alle macchine abbattitrici, pensarono modo di poter rendere ancora più intollerabili quell'acque. E cercarono con istudio, e trovarono. Trovarono che buttandovi dentro zolfo acceso e pece, le renderebbero amare tanto da non potere la sete più bramosa reggere a berne. Gettarono adunque e pece e zolfo: l'acqua riuscì di tanto orribil sapore, che i Tortonesi languivano assetati a morte.

Chiunque ha provato, dopo lungo camminare negli ardori del solleone, necessità di ristorarsi con un po' d'acqua; ha provato quel senso che provano la lingua, la gola, e il profondo del petto, senso di pena indicibile con parole; s'immagini quanto questa gente dovesse soffrire, non per minuti e per ore, ma per giorni e per settimane. Sempre, o fratelli miei, fate questo pensiero: dal molto o dal poco che avete voi patito, argomentate quel molto più ch'hanno altri uomini simili vostri patito o patiscono. Serbate, o fratelli, nella memoria il vostro dolore passato, siccome sorgente viva di compassione e di carità: e di là con l'immaginazione traetelo all'occorrenza, per impietosire del dolore altrui, e, potendo, alleviarlo.

In ogni via, in ogni casa, in ogni persona si spargeva sempre più affannosa l'inquietudine di quell'ardore incessante. Le trafitture di ferita o piaga, o ristanno per alcun tempo, o, se rinfieriscono, levan l'uomo di mente: nella fame, passati i primi morsi e il primo basire, le

---

[2] «Che suscita abominazione; detestabile, spregevole, ripugnante.»

smanie si placano: ma la sete è travaglio instancabile, sempre crescente; e pe' sensi, quasi per porte spalancate, entra allo spirito, che ne sente con lucido e distinto dolore ogni colpo. Nella peste altri giace, altri campa: e può talvolta il parente o l'amico assistere alle agonie de' suoi cari: e i morenti non tutti almeno patiscono del tormento altrui, né tanto lungamente patiscono. Nella sete è universale l'incendio, uguale da ogni petto l'anelito; tutta la città un'agonia. Come in nave vinta dalla tempesta, ai naviganti manca il vigor di soccorrersi, e tutti barcollano sul ponte, tutti veggono aperte le voragini del mare, e lo sgomento di ciascuno si specchia e moltiplica nello sgomento di tutti; tale era quivi. Le donne affettuose, al vedere i vecchi venerandi, al vedere i pargoletti amati languire per qualche malattia che rendesse l'arsione più affannosa, si disperavano del non avere più gocciola di latte nel seno, del non gli potere con un po' d'acqua pura inumidir le labbra. Vedevano ritornar dalle mura i guerrieri trafelati, boccheggianti, che con le fauci enfiate potevano a pena profferire parola che l'orecchio intendesse: e non avere un po' d'acqua da porgere in ristoro del sangue! Guardavano al cielo con ansietà fatta omai disperata dal languire lungo, guardavano se con qualche spruzzolino di pioggia volesse refrigerarli: ma più l'inverno se ne andava, e più crudelmente bello appariva il sereno, e il sole quasi sorridere ai mali umani.

Odiosa la luce del giorno; aspettate le notti, per il vegliare smanioso, lunghissime. I rintocchi della campana nelle tenebre parevano suono di morte. E' mettevan fuori quante cose potessero imbeversi dell'umidità dell'aria notturna; e strizzavano quel po' di umore, e lo succiavano con le labbra riarse, e que' corpi rinfrescati se li accostavano al viso od al seno per mitigare il bruciore delle carni e la fatica del respiro. Al nemico intanto (ah perché debbo io chiamare nemici uomini nati poche miglia lontano, parlanti la medesima lingua?), al nemico quel loro perire lento era festa: e se fossero poche gocciole d'acqua cadute dal cielo a dissetare per poco migliaia d'uomini, qualche Pavese forse ne fremeva di rabbia.

S'avvicinava la Pasqua: e Federico concedeva agli assediati quattro giorni di tregua. Ma nel tacere dell'armi, lo strazio de' miseri non aveva posa. Anco il venerdì santo eran ritte le macchine minaccianti, ritti di contro alle mura i patiboli. Che era a Federico permettere che in que' giorni di sacro dolore entrasse nella città tant'acqua da provvedere ai malati, alle donne che allattavano, ai sacerdoti i quali dovevano cantare la risurrezione del Re mansueto?

A che poco costo, che lode grande acquistava cotesto Barbarossa, di gentile pietà! Ma Dio non permette che il fior della rosa cresca sul rovo; non permette che certe ispirazioni generose entrino alle anime grossolane; non permette che le anime grossolane ricoprano la sconcezza loro con que' delicati ornamenti che appena son dati in premio a lunghi anni di virtù umile e vereconda.

Nel silenzio de' giorni santi che piangono sulla morte del Figliuol di Maria, si faceva sentire più cupo il silenzio della città disperatamente assetata. Per non accrescere all'ansima[3] grave, risparmiavan la voce; e, se parlare era forza, la parola usciva, faticosa e rotta, dalle fauci anguste, e moriva nel secco palato, tra la lingua ruvida e le labbra rosseggianti. Chi ritto in arme, appoggiato alla muraglia come spettro; chi, slacciata l'armatura, bocconi per terra; come per sentire il mormorio d'una polla nascosta, consolatrice. La persona smaniante non trovava luogo dalla febbre interna, che faceva il battito delle arterie enfiate simile a scossa: e avrebbero pur bramato quetarsi, sì per non far l'affanno più acre, sì per non accorare i lor cari, i quali e' guardavano con occhi affossati, oscuri, senza lagrime, come pieni d'un altro pensiero, come fuori di

---

[3] «Respiro affannoso.»

sé. La gente povera, usi allo scalmanarsi e al correre sotto la sferza del sole, e a nutrirsi di cibi acquosi che non irritan la sete; la gente povera pativano meno. Pietosa legge d'Iddio giusto, che fa meno gravi i dolori grandi a coloro che a men grandi si sono quasi educati. A chi il dolore è fratello, non è tiranno. Ma i fortunati del mondo, come l'uomo che accumula debiti sopra debiti, per poi tutti pagarli a un tratto, scontano in pochi giorni di pene non aspettate, e impotentemente patite, i suoi fiacchi godimenti. Così colui che porta un gran peso, col dibattersi, lo sollalza[4] un po', ma lo sente più grave piombare sul petto.

Più alto gridava il dolore, e l'odio abbassava la cruda sua voce; e, freddato dalla necessità estrema, sembrava serpente intormentito, non morto. E pure, se a calmare la sete della vendetta, volevansi le agonie della morte; provvido dono del cielo anco le agonie della morte!

Erano in Tortona dugento Milanesi, venuti a rinchiudersi nell'amica città, a cimentare la vita per essa. I quali, siccome dianzi al combattere, adesso si mostravano forti al soffrire: onde i Tortonesi (quell'esempio dando ad essi coraggio dapprima, poi vergogna di parer più dappoco eglino[5] in casa propria che quelli nell'altrui) tacevano reprimendo il lamento. Ma giunta già l'egra arsura all'estremo, parve a' Milanesi dovere d'umanità ormai parlare di resa: e senza lunghi giri di parole, senza paura d'essere sospettati codardi, dissero ai cittadini: che abbastanza aveva Tortona dato pensiero al nemico, una sola, e non grande città, resistendo a tanto esercito ben sessanta giorni; espugnata non dalle macchine né dall'armi, ma dall'orribile sete: dissero che tante vite amate e innocenti di figliuoli, di padri, di donne, tante vite benemerite di guerrieri, non era da seppellirle vive, e concedere agli assediatori sì facile

---

[4] Da "sollalzare", ossia «sollevare lievemente».
[5] Essi.

preda, sì ampia vendetta; dissero che, se biasimo dalla resa era per venire ad alcuno, verrebbe tutto su loro, che primi avevano pregato e forzatavi la città renitente; che accusa di viltà non temessero, e ch'eglino i Milanesi del proprio e dell'altrui coraggio si facevano mallevadori[6] nel cospetto del mondo: profferivano[7] da ultimo ai profughi dalle sedi natìe, nuova patria Milano, e mura quasi note, ed unanime famiglia, e comuni le vendette, i guai, le speranze.

Con quella franchezza che i Milanesi proposero, i cittadini di Tortona accolsero la proposta; senza finte ritrosie, ché non v'era tempo né bisogno a dar saggio della loro fermezza indomata; senza mettersi a dire che non per la salute propria divenivano a patti, ma per pietà de' lor cari, per rispetto de' Milanesi stessi, e per serbare la vita a tempi migliori. Queste altre cose sottintendevansi meglio che a dirle: e guai quando s'ha di bisogno di dir con parole ogni cosa. A quei tempi di passione terribilmente sincera, e di fede salda, e di vita continuamente operosa, e d'urgenti necessità, gli stessi nemici s'intendevano in certe cose fra loro meglio che non facciano oggidì certi amici.

E per questo, allorché i Tortonesi scesero a' patti, il nemico che troppo sapeva l'estremità nella quale erano, non si sdegnò dell'altero portamento con che venivano a chiedere, infelici, lo scampo; né con lunghi indugi li tenne fra la vita e la morte. Ma o fosse che il Barbarossa temeva mettere con rigori atroci a disperazione le altre città resistenti, o fosse che di maggiori atrocità paventava l'infamia; o piuttosto (e perché non credere, potendo, un nobile sentimento anco in un'anima ignobile?), o piuttosto che sentisse pietà di tanto penare di tante anime umane, che sentisse rispetto di tanta costanza e contro a violenti pericoli e contro la consun-

---
[6] Garanti.
[7] Offrivano.

zione lenta, Federico concedette sgombrassero dalla città, salve le vite, portando seco quel che potevano in collo.

Or questo che ai Tortonesi sull'orlo della morte doveva parere un'uscita da' guai, sentirono essere cominciamento di guai: e tra il morire di sete e l'errare tapini sopravvivendo alle mura tanto tremendamente dilette, le anime non sapevano qual fosse più duro.

I vecchi cadenti e le gracili donne che più avevano ne' corpi patito, più pativano adesso nel cuore: perché cosa più forte dell'odio, è l'affetto. Allora per tutta la città una confusione grande succedere al morto silenzio di prima, un affaccendarsi doloroso, un chiamarsi a vicenda senza attendere la risposta: come quando la piena minaccia, che il fiume sta per inondar la campagna e le dolci case degli avi. Nello scegliere le robe da portar seco a ristoro della miseria e a memoria della vita passata, non sapevano più quali fossero le più care: ogni piccola cosa acquistava valore dal gran dolore ch'era costata in difenderla, e che adesso costava il privarsene. Si caricavano di roba; ma poi, rammentandosi di qualch'altro arnese diletto, o secondando le preghiere di persona amata, posavano le cose prese, e ne prendevano in quella vece altre. E quelle che non potevano portare, baciavano. Le immagini sante mettevano in collo o tra le braccia a' bambini piccoli; e i bambini piccoli soppesavano or questo arnese ora quello, a vedere se lo potessero; e col correre e col chiedere e col profferirsi, accrescevano il subbuglio, le dubbiezze, e il rammarico. Non so dire se ai vecchi decrepiti o agli ammalati fossero date carrette, o se si strascinarono a passo tardo o portati a braccia per la mestissima via.

Giunge l'ora che debbono uscire, uscire esuli tutti; lasciar vuote le strade note, le camere fide, le chiese in cui furono battezzati. Ma quando si fu all'atto del comparire in presenza del vincitore allora la confusione e le voci cessarono; e fecesi silenzio come d'esequie funerali. Sfilavano come usciti dalle porte di morte; i visi allungati, le occhiaie livide, i corpi esausti. Sfilavano lenti, sì perché domati dal patimento grande, e sì per non parer di fuggire paurosamente il nemico. Uomini robusti vedevi, per toccate ferite, reggersi sul bastone o al braccio di più attempati di loro. La testa alta, ma gli occhi alla terra, non come scornati, ma come pensosi. La lunga malattia della sete aveva come lavoro d'incessante scalpello, scolpiti più fortemente in que' volti gl'intimi sensi dell'animo; e le donne modeste parevano in quella sfinitezza più santamente modeste; e i guerrieri arditi parevano in quel pallore più minacciosamente guerrieri. I bambini, per quell'istinto che li fa consentire per poco ai dolori non mai provati, e rendere come specchio le attitudini de' circostanti ch'egli amano, i bambini, con gli occhi chini e in collo le cose sante, mettevano riverenza a guardarli più che pietà. Nel dolore, anco che sia meritato, purché sostenuto valentemente, è una virtù che trasporta la vittoria dal lato di chi più patisce, e rende meritevoli di compassione gli sciagurati che fanno patire. Que' Pavesi, poc'anzi sì baldanzosi pur della speranza di vincere, adesso paion eglino i vinti; così lo squallore degli uscenti e il lento loro procedere, gli sgomenta: come cacciatore che guata alla fiera ferita, e pensa il passato pericolo, e la sua vittoria gli fa paura. Sempre la speranza del male è traditrice, e promette godimenti maggiori del vero. Coloro i quali più s'immaginavano di gioire nello spettacolo di cotesti cadaveri, che, cavati da una comun sepoltura, si disperdono per la campagna; coloro son quelli che meno attenti li guardano e vorrebbero che la lunga fila fosse finalmente finita. Ma il Barbarossa co' suoi baroni, egli sì, ci assisteva più da vicino siccome a mostra trionfale, e il cuore gli balzava d'orgoglio; e non pensava che per sessantadue giorni egli aveva picchiate indarno le mura di sola quella città, e che non il valore de' suoi gliene apriva le porte. Coloro che nel buon successo de' fatti hanno men parte di merito, più ne gonfiano.

Già si perdeva lontano l'ultimo suono de' passi, e tra

il verde novello degli alberi sparivano i colori delle vesti lacere e sanguinose. Quando, coperti dalle piante, potettero i Tortonesi senz'esser visti rivolgere gli occhi indietro alle mura deserte, si volsero e piansero. Piansero sommessamente, che l'aura nemica non apportasse al vincitore la fiera gioia del loro abbattimento. Chi inginocchiarsi, chi alzare le mani al cielo, chi tenderle alla casa natia riconosciuta fra molte, chi abbracciare i figliuoli tacendo.

E i sacerdoti? I sacerdoti consolavano il comune dolore pur[8] con l'aspetto degli abiti sacri. Ma eglino nell'assedio avevano dato a' lor cittadini un ignobile esempio: erano in processione iti al campo del Barbarossa chiedendo grazia per sé soli, e abbandonando la città alla vendetta. Il Barbarossa disprezzò gli uomini e la preghiera, e li rimandò a consumarsi di sete nelle mura ove nacquero. Ma il popolo, che, quando non sia aizzato da tristi, ha il bisogno di perdonare, d'onorare, e di credere; il popolo che sa, meglio de' superbi sapienti, distinguere nella religione la parte umana dalla divina, la divina verità venerare, e i falli umani né seguitare alla cieca, né scandalosamente moltiplicare divulgando; il popolo in quella fuga misera non pensava al passato, e nell'affetto compassionevole tutti quanti i suoi concittadini abbracciava.

Mentre che nella muta città entrati con gli alemanni i Pavesi, la saccheggiano e distruggono tutta; erano i Tortonesi a Milano ricevuti con meste e rispettose accoglienze. E invero, per cagion di Milano aveva Tortona patito gli estremi danni. Senza patria, senza tetto, senza vicine speranze; a carico di gente non vista mai; per istrade e per case che con la stessa ampiezza insolita smarrivano; pensare il nemico che ruba e brucia e atterra que' luoghi che costarono tanti travagli, que' luoghi da' quali il cuore non s'era staccato mai! E con tutto

---

[8] Solamente.

questo, l'animo dell'uomo è così fatto, e Dio buono lo governa così, che quando l'affanno pareva ch'avesse a rinfierire, allentava. La cordialità milanese, maggiore ancora delle speranze; quelle parole di familiarità riverente che vanno all'anima perché dimostrano ch'altri senza tante parole v'ha inteso, e che sente degnamente di voi; l'essere usciti di man della morte e averne salve le famiglie care, salva la fama guerriera; attutavano in parte le smanie e i timori. Aggiungete quello stanco letargo che segue al molto agitarsi, e che rintuzza il pungolo del dolore; aggiungete la novità delle cose, che, pur non volendo, svaga; ond'è che l'uomo, quand'ama disperatamente il dolor suo, fugge come ferita nuova o come colpa indegna, tutto quanto lo diverte da quello. Fatto è che i Tortonesi soffrivano meno spatriati che in patria innanzi che il fiero assedio cominciasse. Soffrivano meno, perché meno badavano a far patire.

I Milanesi promisero, appena il torrente[9] nemico desse luogo, riedificare Tortona. E Tortona risorse. E questa grande riedificazione, e le castella qua e là costrutte e i bastioni e i ponti, dicesi che intorno a quel tempo costassero a Milano ventisette milioni e mezzo di lire. Ma le rovine che l'odio aveva fatte negli animi, né per denaro né per lavoro né per vittorie era facile risarcire.

Flagello certamente tremendo fu all'Italia il Barbarossa; ma essa, Milano, chiamò sopra sé i suoi furori angariando le città sorelle più deboli, che, vinte dal dolore e dall'ira alzarono agli stranieri la voce. E quando pensiamo che più d'una volta Milano s'inchinò a Federico, e gli profferse danaro (danaro profferse al Barbarossa), purch'egli la lasciasse opprimere gl'Italiani fratelli; allora le maraviglie della lega lombarda si coprono

---

[9] «Fig., si dice di alcune cose per riguardo alla loro quantità e impeto», in N. Tommaseo – B. Bellini, *Nuovo Dizionario della Lingua Italiana*, cit.

come d'un velo nero agli occhi nostri. L'odio che fece di tutta Italia un gran campo d'insidie e di sangue, l'odio doveva rendere vane all'uso della comune grandezza le eccelse prove dell'ingegno italiano e della virtù e del coraggio.

Ricordiamoci di quell'acqua là sotto Tortona, dove il nemico getta cadaveri e zolfo, e la fa insopportabile a bere. Così gli antenati con l'odio avvelenarono nella fonte le acque da cui dovevano i nepoti attingere refrigerio, e non lo potettero avere. Affrettiamoci: compensiamo la colpa degli avi: amiamoci con amore generoso; perché senza generosità non è né civile grandezza, né vita.

Commento al testo

L'assedio di Tortona compare sulle pagine delle «Letture per la Gioventù» della «Giunta dell'Educatore» nel 1844 e successivamente viene incluso, con *Due baci*, nel volume *La Donna* del 1868; *Il sacco di Lucca* invece, il più breve dei racconti storici, dopo la prima edizione del 1838 nelle *Memorie poetiche e Poesie* (Gondoliere, Venezia) viene incluso nella seconda ristampa dell'edizione commentata della *Commedia di Dante Alighieri* (Reina, Milano) del 1854; solo la lunga narrazione del *Duca d'Atene* trova una collocazione autonoma nelle due edizioni di cui Tommaseo curò la pubblicazione. Il fatto che i due racconti storici minori non vengano mai affiancati al *Duca d'Atene* e siano al contrario posti in appendice l'uno a un volume con intenzioni pedagogiche, l'altro a un testo di critica letteraria, significa che Tommaseo non concepisce la propria narrativa storica come un *corpus* con tratti unitari e autonomi, anche se i tre testi condividono caratteri sostanziali, a partire dalla concezione tommaseiana della storia e della funzione educativa che riconosce alla narrativa storica.

In primo luogo è analoga l'ambientazione medievale dei tre testi: il 1314 per *Il sacco di Lucca*, il 1343 per *Il Duca d'Atene*, mentre i fatti di cui tratta *L'assedio di Tortona* risalgono alla prima campagna militare di Federico Barbarossa in Italia nel 1155 e sono basati su «un episodio della *Cronaca* medievale di Ottone di Frisinga».[1] Il Medioevo per Tommaseo rappresenta un alto momento della storia nazionale caratterizzato dal «reggimento popolare», ossia dalla partecipazio-

---

[1] N. Tommaseo, *Racconti storici*, a cura di F. Senardi, Carocci, Roma 2004, p. 55.

ne attiva del popolo alla vita politica, partecipazione che l'autore auspica si rinnovi anche nell'Italia dell'Ottocento:

> L'Italia non bene uscita della lunga barbarie, trovò il reggimento popolare, prima via di salute; vi si gettò di gran corso; la divorò in trecent'anni, poi cadde sotto le ambizioni dei tristi e sotto la propria lassezza [...] e tre secoli di libertà e di giovinezza abusati, dovevano con cinque di schiavitù e di letargo espiarsi. Quella forte e provvidente semplicità di costumi per cui l'Italia antica fu libera, conviene che sotto altre forme rinasca, perciocché i costumi perversi causarono i mali nostri.[2]

D'altro canto il Medioevo vede anche le città italiane contrapposte in guerre di cui approfittano gli stranieri, e quindi tutti e tre i racconti consentono a Tommaseo di affrontare il tema della disunione e della sottomissione del popolo italiano non in chiave storica, ma con diretto riferimento alla situazione politica pre-unitaria: «le storie municipali prendono nazionale grandezza»,[3]

> né la sola la moralità ch'io ho notata riesce dal mio racconto, o per dir meglio dalla storia che gli porge argomento: e per questo la mi è parsa notabile, che offre quasi un esempio ideale di quella concordia meritamente fortunata la quale raccoglie le forze dissipate d'un popolo a fine giusto, concordia rara quanto l'innocente esecuzione d'imprese per sé legittime, e quanto il loro felice riuscimento. Il convenire dei diversi e divisi ordini della città, e delle divise città di Toscana; l'accordarsi del sentimento religioso col patrio, e la parte principale che prende un vescovo alla cacciata del duca, erano cose tanto più degne di commemorazione.[4]

Nel richiamo all'unità nazionale e nella condanna del ricorso agli stranieri nelle lotte intestine si riconosce uno dei

---

[2] Id., *Dell'Italia. Libri cinque*, 2 voll., introduzione e note di G. Balsamo Crivelli, UTET, Torino 1921, vol. I, p. 14.
[3] Voce "Frapporti", in Id., *Dizionario di estetica*, cit., p. 133.
[4] Id., *Il Duca d'Atene*, cit., p. 200.

punti forti della polemica politica che Tommaseo conduce attraverso il racconto storico, che presenta una rilettura in chiave etica della storia tramite la ricerca di episodi che consentano di «dedurre esempi beneauguranti ed ammaestramenti tremendi».[5]

Nella postfazione al *Duca d'Atene* Tommaseo chiarisce che la funzione dimostrativa e pedagogica attribuita al fatto storico determina la scelta di taluni fatti su altri: «giacché quella sentii essere la parte maggiormente esemplare»,[6] ma la scelta degli eventi maggiormente significativi risponde anche a un'esigenza di brevità del racconto. Tommaseo infatti non vuole offrire al lettore ampi resoconti storici, al contrario: convinto che «i più grandi fatti della storia si possano senza mutilazione rappresentare in assai piccolo spazio»,[7] ritiene che il maggiore risultato si colga «raccogliendo l'attenzione nel diritto centro de' fatti senza disperderla nelle minuzie de' particolari».[8]

> Frattanto restano ai novellieri aperte due vie: restringersi agli avvenimenti estremi di un fatto, e quelli animare della vita pratica; o distendersi a raccontare una lunga serie di varii e quasi abbozzati accidenti.

Evidentemente per Tommaseo alla novella conviene la prima via:

> Gli ultimi moti de' rivolgimenti e morali e sociali essendo i più veementi, scuotono vivamente. E se il poeta riesce a fedelmente ritrarli e dedurne un pensiero degno, ha compiuto l'uffizio suo.[9]

A livello formale le tre novelle condividono un'ulteriore serie di caratteristiche, a cominciare dall'andamento fortemente ritmico, poetico, della prosa, intessuta di misure

---

[5] Voce "Leoni Carlo", in Id., *Dizionario di estetica*, cit., p. 203.
[6] Id., *Il Duca d'Atene*, cit., p. 201.
[7] Voce "Saluzzo", in Id., *Dizionario di estetica*, cit., p. 383.
[8] Voce "Jäger Carlo", *ibid.*, p. 186.
[9] Voce "Saluzzo", *ibid.*, p. 384.

metriche, parallelismi, anafore, strutture ternarie, rime, allitterazioni ecc. Nel XII dei *Colloqui col Manzoni*, intitolato *"Non conviene che la poesia venga a disturbare le cose di questo mondo"*, Tommaseo tratta delle opinioni manzoniane contro la mescolanza della poesia con la storia» e riferisce che Manzoni:

> prima ancora che scrivesse contro la mescolanza della poesia con la storia, diceva a me nel vensette che la poesia contata per numero di sillabe doveva finire, rimanendo eterno il suo spirito nella prosa.[10]

Analogamente nel dialogo XXI intitolato *Il numero* l'autore si stupisce del fatto che Manzoni nella propria prosa non ponga agli aspetti prosodici l'attenzione che Tommaseo ritiene imprescindibile e ribadisce che «l'armonia è [...] necessità di natura».[11] La delega manzoniana dell'ufficio della poesia alla prosa lascia Tommaseo perplesso poiché non ritiene, come Manzoni, il ritmo un fatto "di convenzione", ma al contrario sostiene che

> il metro, dico il metro ancora più che il ritmo, è un bisogno non tanto del senso quanto dell'anima umana e della ragione stessa che, come imagine di Dio, ama le cose in misura ed in numero.[12]

La riflessione sul ritmo nella prosa arriva a toccare anche il linguaggio della narrativa, che si dimostra altrettanto lirico: «E oserei credere che [...] quando si può nella prosa usare quelli [i vocaboli] che si avvengono al verso, meglio è».[13] Tommaseo non adotta quindi un lessico uniformemente improntato all'uso vivo (come propone Manzoni nell'edizione dei *Promessi Sposi* del 1840 con il fiorentino parlato dalle persone colte), non cerca una lin-

---

10 Id., *Colloqui col Manzoni*, pubblicati per la prima volta da T. Lodi, Sansoni, Firenze 1929, p. 36.
11 *Ibid.*, p. 80.
12 *Ibid.*, p. 37.
13 *Ibid.*, p. 82.

gua media, ma piuttosto una lingua espressiva, forte della propria tradizione letteraria e della propria varietà e che dunque accoglie anche espressioni e lemmi attestati dalla tradizione ma non più in uso: «I modi che trovate viventi ne' Toscani del settecento e di poi, usateli a occhi chiusi [...]. De' più vecchi usate i più evidenti e i più semplici, che rado errerete».[14]

---

[14] Voce "Buffa", in Id., *Dizionario di estetica*, cit., p. 60.

GIULIO CARCANO

La vita e le opere

Giulio Carcano nasce il 4 agosto 1812 a Milano e muore a Lesa (Novara) il 30 agosto 1884. Di estrazione nobile e di convinzioni politiche liberali moderate, frequenta i circoli intellettuali della Milano risorgimentale, dove stringe amicizia, tra gli altri, con Cesare Correnti, Tommaso Grossi, Massimo D'Azeglio, Carlo Tenca, Alessandro Manzoni e Giuseppe Verdi.

Protagonista attivo della vita politica e culturale lombarda, partecipa, nel 1848, ai moti delle Cinque giornate e al governo provvisorio della città, ma è costretto all'esilio fino al 1850 dalla repressione austriaca. Dopo l'annessione della Lombardia al Piemonte sabaudo, nel 1859, Carcano viene nominato

> Segretario dell'Accademia di Belle Arti e professore di Estetica, nel 1860 Provveditore agli Studi, nel 1867 Membro straordinario del Consiglio superiore di Pubblica istruzione, nel 1868 Presidente della Giunta delle Belle Arti, nel 1882 Vice presidente e nel 1884 Segretario dell'Istituto Lombardo,[1]

e nel 1876 viene eletto al Senato del Regno.

A partire dagli anni Trenta, quando esordisce con alcune opere in versi, Carcano svolge un'intensa attività letteraria come autore di romanzi e di novelle, di testi teatrali, poetici,

---

[1] G. Carcano, *La Nunziata. Novelle campagnuole*, in appendice un saggio di C. Correnti, a cura di F. Tancini, Serra e Riva, Milano 1984, p. 328.

saggistici e come traduttore di Shakespeare.[2] Della produzione narrativa si ricordano i romanzi *Angiola Maria* (1839), *Damiano. Storia di una povera famiglia* (1850) e *Gabrio e Camilla. Storia milanese del 1859* (1874), oltre alle numerose novelle, le più note delle quali sono i racconti campagnoli *Nunziata* (1852) e *Selmo e Fiorenza* (1853). Delle novelle l'autore dà frequentemente una prima edizione in rivista[3] e poi una seconda edizione in volume.[4] Tale prassi è una costante della produzione novellistica ottocentesca e risponde a due esigenze, entrambe connesse con lo sviluppo dell'editoria in senso imprenditoriale e con la conseguente affermazione di uno specifico mercato della letteratura. Sotto il profilo strettamente remunerativo, la doppia pubblicazione, e l'eventuale riedizione in sillogi ulteriori, garantisce al letterato il massimo sfruttamento economico del proprio lavoro e in questo senso la novella, data la minore estensione, è il genere narrativo che meglio si presta a un ri-utilizzo differenziato (in periodico e in libro).[5] D'altro canto l'evoluzione del mercato letterario e la parallela affermazione anche in Italia della borghesia, determinano l'ampliamento del pubblico dei lettori, che si estende, al di fuori della *élite* culturale, a "consumatori" di letteratura edita in rivista che non necessariamente coincidono con gli acquirenti della medesima letteratura edita in volume. Ciò fa sì che l'intellettuale che ambisce alla massima presa sulla società incontri buona parte del proprio

---

[2] Membro e vicepresidente della London Shakespeare Society, pubblica la traduzione delle opere shakespeariane tra il 1875 e il 1882.
[3] La strenna patriottica «Presagio», la «Rivista Europea», «il Crepuscolo».
[4] Le novelle si trovano anche edite più volte, con varianti, in volumi successivi. La raccolta complessiva di tutte le novelle coincide con la pubblicazione postuma delle *Opere complete. Pubblicate per cura della famiglia dell'autore*, in dieci volumi a Milano presso Cogliati, dal 1892 al 1894.
[5] Alla stessa esigenza si adeguano anche i romanzi editi a puntate nei periodici prima che in volume; alla pubblicazione a puntate si ricorre anche per le novelle di maggiore lunghezza, che tuttavia obbligano a una minore dilazione del racconto. In entrambi i casi si ottiene di generare nel lettore un'attesa che garantisce al periodico la vendita di più numeri successivi.

pubblico nelle riviste e ad esso si rivolga in particolare attraverso la novella, genere più facile del saggio e più agile del romanzo, quindi adatto a una lettura meno impegnativa. La novella diventa allora un modulo da riscoprire e adattare alle nuove esigenze pedagogiche e ricreative, soprattutto per quegli autori che, come Carcano, raccolgono il testimone del mito romantico della letteratura popolare e della pubblica utilità dell'arte.

Le prove narrative di Carcano si collocano all'ombra delle parabole, rispettivamente discendente e ascendente, di due ben maggiori movimenti letterari: il romanzo storico, in patria, e la scuola realista che si sviluppa dagli anni Trenta, oltralpe. Da un lato dunque Manzoni, che significa il primato della morale cattolica, la funzione educativa dell'arte, la scelta degli umili a protagonisti di storie improntate a realismo, ossia a una resa fedele delle epoche rappresentate; dall'altro lato Honoré de Balzac, Victor Hugo, George Sand, Eugène Sue, Stendhal, che risolvono l'antitesi lasciata irrisolta da Manzoni tra vero storico e invenzione artistica orientandosi decisamente sull'analisi realistica della società contemporanea. Tra i due poli Carcano si trova attratto prevalentemente dal modello manzoniano, che però aggiorna attualizzandone la prospettiva storica con la scelta di soggetti contemporanei, in linea con la narrativa francese; tale aggiornamento tiene fede alla tematica degli umili e, coerentemente con l'effettiva situazione socio-economica italiana, ancora prevalentemente rurale, dà vita a una narrativa incentrata sulla campagna lombarda e sui suoi abitanti, la cosiddetta narrativa "campagnola", che registra un notevole successo intorno alla metà del secolo diciannovesimo.

A livello teorico Carcano accoglie come manifesto il testo *Della letteratura rusticale. Lettera a Giulio Carcano*, scritto da Cesare Correnti e pubblicato sulla «Rivista Europea» (a firma O. Z.) nel 1846 (quindi dopo che il narratore ha già pubblicato il suo maggiore romanzo campagnolo, *Angiola Maria*, e alcune delle novelle, tra cui *Rachele*, del 1845), e lo pone come introduzione a più di un volume di novelle dall'edizione delle *Dodici novelle* del 1853 in poi. Nella lettera Correnti, lodata la via intrapresa con *Angiola Maria* e *Rachele*, lamenta che «manca all'Italia chi studi il popolo campagnuolo» dal quale i cittadini potrebbero trarre «mille esempi di modesta virtù, di schietto amore, di lealtà», quindi esorta Carcano a far aprire gli occhi al lettore sullo «spettacolo quotidiano d'una natura domestica e sublime», e fornisce una precisa ricetta:«Difendili dunque i poverelli, e s'altro non t'è concesso, falli guaire e gemere innanzi a coloro», «ricorda a codeste schizzinose damine, che una contadina può amare e soffrire meglio di loro».[6]

Si profila nelle parole di Correnti una narrativa che alterna moralismo e patetismo e proprio la pervasività dell'intenzione morale rappresenta la caratteristica fondamentale e il limite dell'opera di Carcano, che mette in scena non personaggi a tutto tondo, ma campioni di virtù, le cui vicende servono alla dimostrazione di un assunto morale, e che sono figure immerse in una cornice paesaggistica il cui tratto di maggiore realismo è forse solo la precisione toponomastica. Poiché l'intento di Carcano è educare il corpo sociale destinatario della narrativa attraverso l'idealizzazione della plebe rurale, ne deriva che è il concetto stesso di "vero" a distanziare l'autore dalla coeva letteratura realista europea e dalla successiva letteratura verista italiana. Il "vero" cui Carcano conforma la propria produzione narrativa è un vero ideale: come già nota De Sanctis, «la sua verità diventa un'idea fuori della vita»,[7] di conseguenza non solo viene negata la carica di contestazione che si esprime nella rappresentazione realistica della società, ma la polemica non è portata oltre la contrapposizione simbolica tra la campagna, luogo della purezza spirituale, e la città, luogo della corruzione e dell'insincerità.

Il momento più alto di realismo e modernità che Carcano raggiunge si trova nel racconto lungo *Nunziata*, nel quale sono descritte le inumane condizioni di vita e lavoro delle operaie delle tessiture lombarde; tuttavia questa realtà di profonda ingiustizia viene riassorbita dal vittimismo della protagonista, la giovane operaia, destinata a una vita di sacrificio e a un destino di sconfitta sopportato con cristiana rassegnazione nel volere della Provvidenza.

---

[6] G. Carcano, *La Nunziata. Novelle campagnuole*, cit., pp. 287, 293, 304, 293.

[7] F. De Sanctis, *Antologia critica sugli scrittori d'Italia*, 3 voll., a cura di Luigi Russo, Vallecchi, Firenze 1925, vol. III, t. 1, p. 405.

La vecchia della Mezzegra

> Vide oscurarsi a un tratto l'orizzonte
> La donna, e al basso la procella intese,
> Allor che, giunta ove s'inaspra il monte,
> Stette, ed al chiostro solitario scese.
> Ahi! non sapea su quale amata fronte
> Le furie di quei nembi eran sospese!
> A che naviglio intorno furibonde
> In quell'istante imperversavan l'onde.
>
> GROSSI

Se mai, un dì, dovesse adempirsi il migliore de' miei desiderii, se l'anima mia potesse cercarsi in questa cara parte di terra italiana un asilo tranquillo e solitario, consolato dal sorriso del cielo e da quello dell'amore, dalle bellezze di natura e dalla pace degli studi, l'asilo che fu sogno prediletto delle mie prime poetiche canzoni; io verrei, come il più felice degli uomini, alla tua perpetua primavera, o vaghissima riva di Tremezzo, che ti fa specchio dell'antico Lario, il più bello dei nostri laghi. – E talora mi par quasi che, ov'io fossi nato nella tua aria pura, benedetta, avrei sortito un cuore più capace di sentire il vero, unica speranza, e d'amar la poesia, unica gioia di mia vita.

Quante memorie d'altri tempi popolano ancora questa contrada a me così cara!... Io voleva cercare su questa sponda, negli avanzi della più remota antichità, nell'impronta che tutti i secoli, passando su questi monti e su queste acque, lasciarono ne' dirupi più alpestri e sulle più alte cime, nell'umili case, e nelle ville superbe, nella chiesa, solitaria regina della montagna, e nel silenzioso campo santo, nella torre diroccata, e fra le rovine del vecchio castello, io voleva un giorno cercare le sacre tradizioni della patria, i pochi e dispersi monumenti, risvegliare con la magia del verso, in questo quieto e ridente angolo di terra, le grandi ombre del passato, i nomi che non sono più!

Chi mai venne, solo una volta, a visitare quest'incantevole riva del lago, e non fece voti di ritornarvi al più presto, di tornar qui a cercare, nella bella e maestosa solitudine, consolazione e rimedio a' dolori, a' disinganni, alle sventure, onde ciascuno ha sua parte su questa terra? – Io per me, che, sebben giovine ancora, appresi a non mettere grandi speranze negli uomini e nelle loro promesse, io per me dico che se altrove non mi strascina la forza prepotente de' casi umani, cercherò di finire in questo beato terreno il pellegrinaggio degli anni miei.

Io amo le grandi e semplici tradizioni di questa contrada. Sulle sue sponde, sui monti e nel seno delle sicure vallate che circondano il lago, forse trovarono il primo asilo gli antichi abitatori (sien essi Orobii o Reti) contro la gallica invasione; poi, quando le tribù galliche si furono mischiate con quelle degl'Insubri, queste rive stesse divennero baluardo alla nuova gente minacciata dall'aquile latine. Poi Roma vinse, e i nomi dei più grandi Romani e quelli di molte nobili famiglie greche, qui trasportate, leggonsi tuttora sulle iscrizioni più antiche, vivono ancora nella denominazione di parecchi villaggi che abbelliscono le famose rive del Lario.

Quell'isoletta deserta che sorge, poco stante dal Dosso di Lavedo, in mezzo al gemmeo seno dell'onde,[1] co-

---

[1] «In mezzo al gemmeo seno dell'onde»: nelle lettere di Plinio Cecilio Secondo, Gaio, il Giovane, (61 o 62 - 113 d.C.), originario di Como, si trovano numerosi riferimenti al lago, nessuno però corrispondente all'espressione usata da Carcano, che tuttavia è plausibile derivi dalla memoria di passi distinti: «Quid euripus viridis et gemmeus? Quid subiectus et serviens lacus?» (Che mi dici del ruscello verde e gemmeo? Che cosa del lago al di sotto fluttuante?) (1.3.1) (dove «gemmeo» non è riferito al lago) e «Haec lacu propius, illa latius utitur; haec unum sinum molli curvamine amplectitur» (Una [villa] è più vicina al lago, l'altra ne gode da lontano; l'una abbraccia un solo seno con una morbida curva" (9.7.4), cfr. *C. Plini Caecili Secundi epistularum libri novem. Epistularum ad Traianum liber Panegyricus*, recognovit Henricus Keil, B.G. Teubneri, Lipsiae 1876.

me Plinio il chiamava, fu per anni e anni la stanza de' martiri della lombarda prodezza contro la tirannide del Barbarossa. Ora, da sette secoli, essa è una muta solitudine; non ha che una chiesuola, sorgente ancora fra le vestigia delle antiche mura e de' rovinati spaldi,[2] che la fatica del tempo e quella dell'uomo hanno ricoperti del verde manto della campagna.

Là, sul ridente promontorio, il cui nome ricorda quello dell'antica Abido, siede l'altiera villa un tempo prediletta stanza al cardinal Durini; quel potente signore, che, adornata la riviera di giardini, di palazzi, di viali, di boschetti, di sentieri serpeggianti sulla montagna, qui spendeva la vita con gran corteggio, ne' magnifici ozii e nella pompa del suo fasto spagnolesco. Se discendi dall'altra parte del poggio, tu attraversi allora il solitario villaggio di Lenno, e trovi nell'antico sotterraneo tempietto marmi e are, con le sacre inscrizioni del tempo pagano; poi, salendo su per l'alpestre montagna, ti si presentano tre o quattro poveri, oscuri paeselli, dove campano in pace uomini che forse non han mai veduto una città, che conoscono se il cielo prometta bel tempo al loro vigneto, dalla nube che passa o si mette a sedere sulla cresta del monte; che pongono tutta speranza nella buona annata, che cercano la fortuna della pesca sulla povera lor barca; che altro amore non hanno fuor quello de' molti figliuoli, a cui sperano lasciar l'eredità della poca terra, ch'essi medesimi han già ricevuto dai padri e dagli avi loro.

Vedi l'alto campanile e la solitaria chiesa in cima del monte, dietro a cui s'innalzano, a grado a grado, altri monti, più dirupati, più giganteschi? E quel cammino all'erta, lungo il quale incontri, a ogni angolo, a ogni svolta, una modesta cappella, a riposo del buon cristiano pellegrinante su quell'altura? È la chiesa della Madonna del Soccorso. – E di sotto, quelle grandi case bianche, a cui mena un viale d'alti e secolari cipressi,

---

[2] Spalti.

erano, al tempo de' nostri buoni vecchi, il monastero dell'Acquafredda. Ora la badia e il pingue e vasto territorio di quei frati divennero proprietà e delizie d'una ricca famiglia comasca. Ma i più antichi, che vivono ancora nei villaggi del contorno, si ricordano con le lagrime agli occhi delle solenni funzioni che videro a quel tempo nella chiesa della Madonna, delle belle prediche del padre abbate ne' dì delle feste, delle pie distribuzioni di pane e vino, che, in certi giorni, i frati della porta del convento andavan facendo a' poveri della contrada; e così, ricordandosi soltanto del bene che non è più, come avvien quasi sempre, rimpiangono il passato. –

No! la memoria di questi luoghi, ch'io amo, non sarà cancellata dall'anima mia, per qualunque sia vicenda della vita. Il sentimento del cuore può mutare; coloro ch'ebbero un dì la nostra speranza, il nostro amore, ponno abbandonarci a mezzo del cammino, dirizzare il passo per altra via; ma i luoghi almeno son sempre gli stessi e conservano fedelmente le più care immagini dell'anima nostra... Felice colui che può riposare ne' sogni del passato!

I

Sul cader di settembre del 1841, tutta l'amena riviera della Tremezzina appariva ancora nella magnificenza di sua fecondità, nella pienezza de' migliori suoi doni: sicché molti dicevano non essersi mai veduta quella parte del lago così allegra, ubertosa e bella.

Tutte le rive, tutti i piani vicini all'acqua, verdeggianti ancora, come alla primavera: ogni lembo, ogni costiera, ogni collina, vedevasi incoronata dagli allegri vigneti, dalle pallide piante d'ulivo, dalle folte macchie de' castagni, dagli alti e ombrosi noci. Le viti sorgenti in lungo ordine, al paro[3] d'appese ghirlande, sugli sca-

---

[3] Al pari di, come.

glioni dei novali,[4] lungo le alture, sovr'ogni poggio, in ogni più angusta lingua di terreno, promettevano la più lieta e abbondante vendemmia che fosse stata mai: i tralci parevano ingemmati da' preziosi grappoli color di rubino, che il raggio d'un sole limpidissimo aveva fatto maturare innanzi tempo; le campagne eran tutte una festa; la buon'annata aveva fatto certo il povero contadino della ventura ricchezza e della desiderata pace: il paese pareva veramente una terra promessa.

Su per le strade delle montagne, lungo le viottole che costeggiano e attraversano i campi, salendo con dolce o erto pendio secondo le sinuosità del terreno, vedevasi tutto il dì andare e venire il festevole popolo di quella contrada. I paesetti eran vuoti, deserti; a guardia delle povere casipole non rimanevano che le nonne, o qualche reggitore poco lontano da' suoi cent'anni. Intorno a que' patriarchi del villaggio, avresti veduto saltellare, razzolar sul terreno, in mezzo a' polli e a' pulcini, sotto la guardia severa del vecchio cane del pagliaio, accovacciato,

che d'un lione aveva faccia e contegno,

un venti o trenta fanciulli di due, tre o quattr'anni, tutta la più piccola generazione del paese.

Intanto gli altri, uomini, donne, vecchi e ragazzi, se n'erano iti, prima che spuntasse l'alba, a' campi, alle vigne, a' chiusi,[5] ai dossi, alle colline; ma se n'erano iti festosamente in compagnia, a schiere spicciolate o in frotta, cantando le lor canzoni montanine, framezzate dal

---

[4] *sugli... novali*: lo scaglione è un «ripiano sul fianco di un monte o di un'altura», quindi un terrazzamento di un terreno montano "novale" ossia «messo a coltura per la prima volta» oppure «preparato alla coltivazione dopo un periodo di riposo».
[5] Terreni recintati.

ritornello d'acute grida di gioia, e secoloro[6] recando non già zappe, marre,[7] e vanghe e altri strumenti della fatica, ma canestre, zane,[8] corbe[9] e gerle e tinozze, quante n'avevan potuto trovare e ragunare; contenti che all'abbondanza del ricolto non parevan bastare.

E chi non avrebbe, in quel dì, benedetta con la voce del cuore la provvidenza della natura? Chi non avrebbe sentito nell'anima la gioia di quella povera e buona gente?...

Se n'andavano lietamente sparsi per le campagne, lungo gli ordinati filari, intorno agli alberi inghirlandati, anzi vestiti di ricco frascame e di tralci, già curvi e cadenti sotto il soverchio peso de' grappoli maturi. A tre, a quattro, a sei, intorno a ogni tralcio, dietro ogni filare, ricoglievano le uve, riponevanle nelle ceste ben presto ricolme, e cantavano, cantavano a voce alta e pura, in faccia al bel sole d'autunno. I figliuoletti correvano di qua, di là, vispi come capretti; e furtivi cacciandosi sotto le viti più basse, s'accoccolavano non veduti al piè degli alberi, dietro i grossi tronchi; rubandosi l'un l'altro i grappoli più grevi ed eletti, ne mangiavano con gran festa; poi apparivano fuor de' fogliami colle lor tonde facciozze tinte del color dell'uve, come soglionsi veder dipinti i satirelli[10] compagni di Bacco fanciullo. – Le donne tenevano d'occhio a' ragazzi più grandicelli, e ponendo nell'ampie ceste le uve ricolte, curavano non andassero disgranate o peste; quando le prime eran ricolme, se le recavano, aiutandosi mutuamente, bilicate[11] sul capo; e

---

[6] Con loro.
[7] Tipo di zappe.
[8] «Cesta di forma ovale, poco profonda, fatta di sottili stecche di legno intrecciate.»
[9] «Grossa cesta intrecciata di vimini e di rami di castagno.»
[10] Piccoli satiri: divinità minori della mitologia greca, abitanti dei boschi.
[11] Participio passato di "bilicare", «messo in bilico; che sta in equilibrio».

pronte e ritte sull'anche n'andavano così cantarellando fino all'entrata del campo; dove gli uomini, riservate le uve nelle piccole tinozze tratte da un lento bue, ovvero capaci zane, onde si caricavan le spalle inforcandone le cinghie, pigliavano l'uno dopo l'altro, in lunga ordinata fila, la strada del paese.

E io vidi più d'un vecchio messere,[12] spedito e franco come a trent'anni, muovere il passo sotto quel grave carico, e scendere il sentiero serpeggiante e sassoso, zufolando per allegria, e pensando alla felice invernata. E pareva veramente che quelle oneste, aperte fisonomie, rozze sì ma sincere, dicessero la gioia che abbondava nel cuor di tutti: in passando, si salutavano con maggior fede e con più calde parole che mai; si raccontavano a vicenda i pochi fatti loro; di quando in quando, calati ch'e' fossero fino al piè della montagna, gli avreste uditi mettere un'esclamazione di giubilo, alla quale rispondevano, insieme agli echi dei monti, altre voci più acute, più vive, di qua, di là, da tutte le circostanti alture.

Sul mezzodì, udivasi da' campanili de' paesetti sparsi sul monte o lungo la riva, che capovolti ripetevansi nel lago, un suono di festa, un concerto, che diffondendosi per l'aria quieta, armoniosa, pareva quasi una voce di gratitudine di tutte quelle contadinesche famiglie, la quale si levasse al cielo; una preghiera di ringraziamento al Datore di tutte le cose, per consecrar quel dì fortunato dei poverelli, che nella gioia raccolgono il frutto della lunga fatica. La terra e il cielo parevano rallegrarsi insieme.

Ma, sulla bass'ora[13] di quello stesso dì, dietro le creste delle montagne vedevansi sorgere lentamente, accavallate le une sopra le altre, certe grandi nuvole tempo-

---
[12] Capo famiglia, patriarca.
[13] L'ora si dice bassa quando «il sole è basso sull'orizzonte, prossimo a tramontare».

ralesche, cenerognole, dense, che parevan pregne di gragnuola, e si sedevano sulle montagne: il contadino, dal mezzo del suo campo, e il pescatore dalla prua della barca palleggiata dall'onde crescenti, le contemplava attonito, le additava con insolito spavento. E tutto il dì, quell'immensa corona di nubi aggruppate, immobili, minacciose, stette sulle alte cime d'ogn'intorno, distaccandosi col suo nerastro funereo colore sul purissimo sereno di tutto il resto del cielo.

Alla sera, tutti i contadini eran tornati alle lor case; ma, innanzi mettersi al riposo, avresti veduto ciascuna famiglia radunarsi in crocchio presso la sua porta, recitare con devota nenia il rosario della Madonna, e volgere di tanto in tanto timidamente gli occhi nel cielo, per vedere se la tempesta s'avanzasse, o se il provvido vento della montagna cominciasse a rompere le cupe e profonde nuvolaglie. I vecchi si ricordavano allora delle terribili tempeste del lago, nell'autunno; tutti gli altri pensavano con animo incerto all'intralasciata vendemmia, e forse vedevan fallite nel miglior momento le più belle speranze. – Oh perché mai, o Signore, la vostra mano s'aggrava sul nostro capo, nel giorno che la nostra gioia è più sicura e più grande?...

Il dì seguente era la domenica. Ma il sole non venne a consolare quella felice parte di terra. Un velo uniforme, melanconico coperse, tutto il dì, la faccia del cielo; avresti detto che la natura, piena di tristezza e di timore, antivedesse uno straordinario sconvolgimento nell'aria. I contadini erravano per le vie anguste e scure dei paeselli, attraversavano le spianate, vagavano inquieti sulla riva, guardando il cielo a ogni momento, scrollando il capo, come andassero cercando la loro aria viva e sottile, quell'aria che sentivano mancare e farsi sempre più greve e immota sotto il peso delle nubi, le quali calavano a vista. E il lago, commovendosi, sentiva quel patimento; l'atmosfera torbida, muta; tutto l'orizzonte dipinto d'un cupo colore di bronzo.

Nella piccola chiesa parrocchiale, sotto l'atrio antico

e sull'erboso sagrato, s'inginocchiava il popolo del villaggio, devotamente aspettando la benedizione del Signore. Molti pregavano; molti, inginocchiati sull'erba, curva la testa al suolo, stavano sbigottiti e oppressi, nel silenzio dell'aria; pensavano all'imminente sciagura, ma non sollevavano i loro cuori al Signore.

Finita la sacra funzione, l'aere cominciò ad agitarsi, a echeggiar sordamente; il vento discese dalle montagne e si scatenò da tutte le parti sui campi, sulle case e sull'acque. Era una guerra di molte e contrarie bufere, che s'incontravano, si cozzavano furiosamente nelle gole de' monti, nei burroni, nelle vallate; la tempesta aveva messo il suo urlo tremendo, e le nubi, urtandosi con rapido movimento, facevano tra loro una battaglia di lampi incessanti. La natura parve mandare un gemito a quella minaccia, e gli uomini cominciarono a correre di qua, di là, di su, di giù, sbigottiti, perduti; le donne tenevan più stretto al seno i loro lattanti; i vecchi oravano, e si udiva dall'interno delle stalle il mugghio lamentoso delle giovenche.

I nuvoloni s'avanzavano sempre più aggomitolati, e ricoprendo del loro negro vestimento tutto il cielo. Un fulmine scoppiò sull'altura che domina la Tremezzina, e troncò il capo d'un'antichissima quercia che aveva veduto più di un secolo. – E parve il segnale della sciagura: in un momento cominciò una gran pioggia dirotta, larga, portata dall'impeto di contrari venti; e il lago a sollevarsi, a mormoreggiare dal fondo; e le poche barchette che lo solcavano ancora, a tentennare, balzate con gran pericolo; e i barcaiuoli a far gran forza di remi per guadagnare la riva.

All'avvicinarsi della sera, il mal tempo si andava facendo sempre più cruccioso, il vento più forte, la bufera più violenta: già i monti scomparivano dietro il continuo velo della pioggia, e l'oscurità cresceva il terrore. Il tenebrore del cielo e la fitta notte, che s'avanzava assai prima dell'ora, erano rotti solamente pel lunghissimo guizzo de' lampi che faceva rabbrividire, dallo scroscio meno frequente, ma più terribile, delle folgori. Le campane delle chiese suonavano da ogni parte l'Avemmaria della sera; era quasi uno sparso lamento, il lamento della terra impaurita dal vicino disastro; ma que' tocchi lenti, prolungati li soffocava, o via portavali la furia del vento. Il lago, le rive, tutte le vie, le callaie[14] de' villaggi eran deserte, ciascuna famiglia raccolta sotto al suo tetto: aspettavano la volontà del cielo; tutti pregavano in comune.

Era la notte, e già da parecchie ore continuava la pioggia non mai interrotta, scrosciante, un rovescio d'acqua, un diluvio. E col venir della notte vennero il disordine, lo spavento e la sciagura. Dall'alte montagne, dalle cime più diroccate, dalle gole, dal seno de' burroni, dagli antichi letti avvallati de' torrenti, precipitavasi infuriando, ingrossando sempre più, sradicando alberi e sassi e terra, un turbinìo d'acqua; mille vene d'impetuosa corrente eransi come aperte nel punto stesso in grembo delle montagne. I rivi a mano a mano gonfiavansi, diventavano gorghi e torrenti; rompevano di costiera in costiera, sbarbicando le radici degli alberi, trascinando i tronchi caduti come festuche[15] o ramicelli, rotolando giù con rovina sempre maggiore massi, tufi, siepaglie e grossi macigni staccati dalle più alte vette per il subitano gruppo de' venti. Allagate le sottoposte campagne, lunga e preziosa fatica di cento e cento povere famiglie contadinesche, disertavano i colti,[16] sollevavano di netto le glebe portate sulle dure schiene del monte, devastavano, spazzavan via piante, viti, frutti e l'erba e la terra; e dove meno poteva la furia, ne' giri delle acque montane, ivi lasciavano enormi ammassi di ciottoli, di sabbie, di schegge di rupe, che, saldati quasi dalla poltiglia e dal fango, mutando in un istante la fac-

---

[14] Viottoli.
[15] Fuscelli, pagliuzze.
[16] I torrenti in piena devastano («disertano») i campi coltivati.

cia del luogo, ne facevano un deserto. E tutto quello spaventoso ingorgarsi d'onde, rimescolarsi di mota, di selci, di sradicate ceppaie, di spezzati alberi, di frantumi, di macigni precipitanti al basso; quell'urtar de' torrenti ne' fragili ponti gettati a cavalcione delle gole e fenditure dell'alpe, in guisa che tronchi e assi e sbarre trabalzavano non visti nel vortice fragoroso e spumeggiante; quello scoscender continuo d'una rabbiosa piova,[17] che faceva lago di ogni breve tratto di pianura, torrente d'ogni declivio, confusione e rovina d'ogni cosa s'attraversasse al suo tremendo passare; e, in mezzo a tanta furia d'acqua e di venti, l'incrocicchiarsi dei baleni, il continuo rumoreggiar del tuono, ripercosso interminatamente da tutti quanti gli echi delle montagne; in una parola tutta quell'ira del cielo, che pareva aver diserrate le sue cataratte per riversarle sopra la terra, avevano già messo negli animi di tutti il pensier della morte. Gli uomini s'accorgono in cosiffatti momenti quant'essi sien piccoli e grami in faccia al primo corrucciarsi di natura.

Ma il più terribile fu allorquando la piena dell'acque, investite le coste soprastanti, dinudati i colti, sfasciati i novali e calpestate le vigne, correndo giù a precipizio con la rapidità di un miglio per minuto, invase in un momento le vie che menavano all'abitato e i declivi volgenti verso la riva del lago. Allora i torrenti diventavan fiumi; né soli torrenti d'acqua, eran torrenti di sassi, che con ruggito simile a quello delle valanghe, trasportando di netto gli archi de' ponti e il selciato delle vie, urtavano i muricciuoli rovesciandoli, come fossero foglie, sul terreno; sgretolavano le muraglie de' chiusi, disfacevano in passando le baracche piantate dal montanaro nel suo campo; e divallavano con furor peggiore contro le case crollanti e allagate. Perocché il soffiar del turbine aveva nudati i comignoli de' tetti, in guisa che l'acqua, pene-

---

[17] Pioggia.

trando nelle tarlate soffitte, filtrava a goccioloni nelle stanze superiori; e gli abitatori sbigottiti, non sapendo quale schermo trovare, rifugiavansi nei luoghi terreni. Ma quivi più doloroso era lo spettacolo, il rischio più grande. Le acque di fuori precipitando spalancavano porte e finestre, rompevano nell'interno, mescolando o travolgendo le domestiche masserizie, i legnami, le scorte, e madie, cassettoni, ferraglie e alari e ogni altra cosa; e già eran piene le cantine, le stalle, le botteghe, di sassi, di sabbia, di ghiaie, di fango: da per tutto muraglie screpolate o cadute, porte scassinate, infrante, usci sgangherati e travolti dalla piena, panche, travi, botti, secchie galleggianti sull'onda furiosa; tutto il bene di tante e tante famiglie strascinato in picciol'ora ne' profondi gorghi del lago.

Era mezzanotte; da tutte le parti, desolazione, confusione e spavento. Le campane suonavano a stormo; gli uomini uscivano al richiamo incessante di quei tocchi, e, sotto la pioggia turbinante, accorrevano dove il pericolo credevan più grande; le donne, co' figliuoletti a mano e co' bambini in collo, fuggivano di qua, di là, cercando asilo dove non le potesse giungere l'impeto delle alpestri correnti; i vecchi, gl'infermi fuggiti da' loro stramazzi[18] andavan cercando guida, pietà, ricetto; tutti fuggivano lasciando le case aperte, senza osar di volgere gli sguardi, temendo vederle crollare. Molti accorrevano alla chiesa; ma, dove le chiese eran pure allagate, dove le vie che vi conducevano erano scomparse, o divenute un fiume: allora que' poveretti battevano alle più sicure porte de' signori, alle ville che, situate sull'alto della ripa, non temevano il precipizio delle acque.

E alcuna di quelle porte s'aperse e ricettò a cento a cento i poveri e nudi contadini; vecchi, donne, fanciulli, che piangevano, tremavano, trafitti dal freddo e maceri di pioggia, e lamentandosi e pregando credevan venuta

---

[18] «Saccone o strapunto imbottito di paglia e foglie o anche panno, spesso ripiegato più volte, usato come giaciglio.»

la fine del mondo. Ma più d'uno di que' superbi palagi rimase tutta notte chiuso, sbarrato al tempestar de' poveretti. Gli alteri padroni, accovacciati nelle tepide lenzuola, non avevano osato sollevare il capo da' morbidi guanciali, per tema che lo scroscio della piova, e gli arrabbiati buffi del vento non rompesser loro i sonni; e i castaldi, fedeli agli ordini, sprangavano più saldamente ogni entrata, senza rispondere alle preghiere, alle bestemmie del di fuori.

Ma gli uomini del paese, i coraggiosi e buoni montanari aiutavano a tutto potere a diviare dall'abitato le grandi fiumane; e ponevano a rischio la vita a ogni momento per salvar dall'acque que' che non eran fuggiti a tempo. Nuda la testa, coperti appena d'un lacero camicione, gli avresti veduti correre qua e là, sotto l'acqua che continuava a secchie, e darsi mano dove il pericolo era più grande; e quali cacciarsi nella piena, attraversare il vortice dell'acqua, ed asportar in salvo dalle stanze già inondate il meglio che potessero ghermire al furore dell'elemento; quali recarsi sulle spalle coloro che, rimasti addietro, già vedevan la morte; e quali, come avviene in caso d'incendio, per contrario fine, formavano catena in lunga fila, facendo rapidi passar dall'uno all'altro le secchie, per votar dell'acque le povere stanze dove l'inondazione aveva fatto scempio maggiore. In mezzo a questa scena, risonavano le querele di chi aspettava soccorso, pianti di madri e bambini, gridi di segnale di chi tentava mettere un po' d'ordine in quegli affrettati soccorrimenti, e l'eco lontano del tuono che non aveva cessato quasi mai.

Quest'orror di cose durò tutta notte. A memoria dei più vecchi, il paese non aveva veduto mai simile sciagura. Non fu solo una gran procella, fu lo scoppio improvviso di molti temporali, che rovesciaronsi tutti insieme su quella parte di terra, come un altro diluvio. Fu solamente verso la mattina del lunedì, che il cielo, sfogata la piena della sua rabbia, cominciò a tornare in pace. – Ma il disastro che toccò a quella eletta contrada che specchiasi nel bellissimo lago, lo sentirono qual più, qual meno, tutte le contrade della nostra Lombardia. E chi non ricorda che in quell'autunno, non solo nell'Alta Italia, ma lungo le riviere de' nostri mari e del mezzogiorno di Francia, si succedettero in breve tempo procelle, temporali, straripamenti di fiumi, allagamenti e rovine? Fu una di quelle comuni sventure, che mettono a grandi prove la pietà e l'egoismo degli uomini.

Io non dirò a parte a parte le miserande scene che quella notte vide; ma non potrò mai scordarmi del racconto, che una donna del contorno mi fece, la mattina seguente, di quanto essa aveva patito in quella sciagurata circostanza.

II

La mattina appresso, era il cielo bello, spazzato lucidissimo; e questa gioia del cielo, dopo gli orrori del dì innanzi, addoppiava l'angoscia del passato pericolo. L'atmosfera pura, la lontananza più tranquilla, più lieta di prima: ma lo spettacolo delle case e delle ville, delle campagne e de' monti, presentava da ogni parte scene di guasto, di disertamento, di miseria, che non ponno esser descritte. Il sole regnava nell'alto, sgombro di nubi; ma da tutte le cime circostanti, da ogni scoscenditura, da ogni seno vedevansi ancora sgorgare mille rigagnoli, mille torrentelli, che dirupavano giù giù fino al lago, voltolando ancora macerie e reliquie della strage già fatta.

Movendo lungo le rive del lago, su per le strade rotte, corrose, ingombre, e dove non eran più strade, arrampicandosi sulle sdrucciolevoli frane, a traverso terre e fossati, dietro alle povere genti disperse, senza casa, senza campo, senza cosa alcuna al mondo, era una pietà, una pietà che spezzava il cuore, l'aspetto di tante e così diverse rovine. Ne' paeselli, sulle piazze, in mezzo ai crocicchii, vedevansi portar fuori conquassate e fangose masserizie, che l'acque non avevano involate; e trascinare al sole letti, stramazzi e sacconi perché asciugassero; vedevansi gli uomini purgare le tinozze dell'onda e della melma, di ch'eran piene; e qua e là donne piangenti, inginocchiate sull'umida terra, pescar ne' rivi limacciosi le preziose uve, i pochi grappoli rimasti di quell'abbondante vendemmia de' giorni appena passati. Era una stessa sciagura, una miseria stessa che si ripetevano a ogni momento, in nuova e sempre più compassionevole sembianza.

Così, attraversai l'un dopo l'altro Griante, Tremezzo, San Lorenzo, Bolvedro, e Porlezza. Salii a Viano, a Bonzanigo, alla chiesa di Sant'Abbondio, a que' sparsi gruppi di casipole che chiamano la Mezzegra, tutti desolati e rovinosi. – Tornando poi lungo la riva, mi scontrai in una torma di contadini, che facevano cerchio a una povera donna, la quale piangeva e gridava miseramente.

Quella donna era vecchia, ma alta della persona, ritta ancora, come non sentisse il peso de' suoi sessant'anni. Levava ardito il capo, mezzo coperto d'un grossolano fazzoletto rosso che le s'era sgroppato, e del quale i lembi cadevanle sulle spalle; i capegli aveva lunghi e radi, ma nerissimi ancora e fuggenti di sotto il fazzoletto in sottili ciocche scompigliate; sulla sua faccia estenuata, emunta,[19] avresti letto a un tempo il cruccio dell'ira e il dolore della disperazione: la bocca componeva a uno strano e convulso riso; ma dagli occhi piovevanle due rivi di lagrime, che solcavano le sue guancie appannate e d'uniforme terreo colore. Era vestita d'un bianco giubbone di lana, all'usanza montanara, scendente fin sotto a' fianchi, e lasciava vedere, tra lo sparato del busto, sul petto abbronzato e grinzoso, una di quelle reliquie, dette *agnusdei*,[20] che suol portare per divozione la

---

[19] Smunta, emaciata.
[20] "Agnello di Dio", immagine benedetta che rappresenta l'agnello di Dio e di frequente raffigura un agnello.

povera gente: una rozza sottana di cotone bianca e turchina e un paio d'alti e grossi zoccoli compivano il suo vestimento. Ma, sollevando un braccio ignudo e scarno, coll'indice della mano teso verso la cima della montagna, mentre raccoglievasi coll'altra sul seno l'aperto giubbone, e parlando insieme e lagrimando, aveva l'aria dignitosa e terribile d'un'antica sibilla.[21]

«Vedete,» diceva nel linguaggio energico e figurato degli abitatori di que' luoghi, somigliante al linguaggio di tutti coloro che respirano un'aria libera e viva, e contemplano le grandi scene d'una bella natura; «vedete quella macchia bianca, là sul dosso di quel colmo, che pare un sasso abbandonato sulla via, una scheggia caduta dall'Alpe? Chi direbbe che là stanno un venti poveretti, a' quali non rimase più nulla al mondo? E il Signore che abita sopra i cieli, volete che guardi a quella tettoia che il vento si può portar via come una foglia?... Egli ha tutto il mondo sotto gli occhi suoi; ma, per quanto buono, bisogna che anche Lui si stanchi del male, che non finisce mai; bisogna che mandi a ognuno la sua parte di castigo: oggi a noi, domani toccherà agli altri. – È vero sì, che i grandi, i signori, sono anche loro pieni di peccato; ma tutti facciamo a chi più per metterlo in collera; e, quel ch'è vero è vero, di peccati n'abbiam fin sopra del capo. Andate là,[22] credete che Dio s'addormenti?... L'avete veduto ieri se chiude gli occhi. Anche il tuono e il fulmine non ci son per nulla; essi sono le parole del Signore.»

E qui la vecchia volgeva intorno gli sguardi, e veduto

---

[21] Sibille erano chiamate alcune profetesse dell'antica Grecia in grado di comunicare con le divinità e di emettere vaticini, che erano però di difficilissima interpretazione. Il riferimento alla protagonista è giustificato dal fatto che una parte dell'iconografia rappresenta le sibille come vecchie decrepite (contrapposta a una seconda linea iconografica che le raffigura invece come donne giovani e belle).
[22] Lasciate perdere, suvvia.

un figliuolino lacero e seminudo correre verso di lei, gli andò incontro, lo pigliò per mano, e tenendolo serrato alle sue vesti, «Pover'anima innocente!» continuava «che sei venuta al mondo nell'ora della disgrazia! vieni, vieni qua dalla tua vecchia mamma! Lo vedete!... è l'ultimo de' miei dieci figliuoli; e toccò l'altro dì i nov'anni. È il figliuolo del mio amore, questo!... E voi, sapete cosa vuol dire aver de' figliuoli, e non aver del pane per loro?... Oh Signore! Noi siamo cattivi, ma voi siete giusto!..».

Parecchi facevansi vicino alla donna, per cercar di acchetarla, per dirle qualche buona parola; ma essa, cacciando lontano tutti coloro: «Andate per la vostra via!» soggiungeva «ché gli avrete anche voi i vostri guai, le vostre piaghe a cui pensare. Io, povera vecchia, ho veduta l'ultima delle mie sciagure. Ma voi... non avete madri? non avete donne? non avete figliuoli?... Se non fu questa volta, la verrà anche per voi. Fate penitenza, se siete a tempo ancora; perché Quegli ch'è lassù non lo dice allor che viene; e il mondo va di male in peggio. Grandi o piccoli, ricchi o poveretti, superbi o grami, cos'importa? Il diluvio non ha annegata tutta la terra?...».

A tali funeste parole, che la vecchia pronunziava come inspirata, gli astanti guardavansi con un misto di terrore e di compassione. Ma ella scrollava il capo, e rasciugandosi col rovescio della mano gli occhi pieni di lagrime: «Io ho veduti de' dolori» esclamava «e so che a questo mondo bisogna dir sempre: Quel che Dio vuole! ma tutto quanto ho patito in tanto tempo mi par poco, se penso alla notte passata! Oh Madonna del Soccorso!... Requie eterna a que' due angioletti!...».

Così dicendo, si faceva il segno della croce, giungendo le mani in atto di orazione, senza far più parola.

«Buona donna,» le diss'io allora tutto commosso «il cielo vi terrà conto di questa tribolazione. Ma via, raccontateci la vostra disgrazia; ché se non possiamo aiutarvi, pregheremo con voi.»

«Lei non sa nulla?... Oh Vergine Santa!»

«Son tante le sciagure di quest'orrenda notte, che

ciascuno in cui v'incontrate ha qualche ragione di piangere.»

«Ma tutto il paese lo sanno!... oh, le povere creature!»

Allora più d'uno fra' contadini che ci stavano intorno, fece atto di volerne narrar qualche cosa. – E la vecchia, collo sguardo smarrito, ma pure iroso: «Tacete voi» gridò «che non avete fatto niente per noi! Io stessa gli ho veduti, io li vedo ancora...».

E qui, facendo sommessa e quasi cupa la voce:

«Ieri, nessuno sapeva che cosa facesse; tutti andavano, venivano, come pecore sbrancate, e non leggevano la sentenza scritta lassù. – Anch'io, smemorata e fatua! anch'io non pensava a' miei peccati. Ma chi semina il vituperio raccoglie la miseria. – Il mio uomo... voi altri lo conoscete, voi altri che dite che il suo giudizio batte la campagna;[23] e, lo confesso io pure, dopo quella maledetta notte ch'e' s'acciuffò con le carabine d'Argegno, il poveretto ha più del matto che del savio... Bene, il mio uomo, ieri sull'alba – quando si dice che i matti l'indovinano! – venne fuori, sedé sul sasso a canto dell'uscio, guardò in alto, poi al basso; tese più volte l'orecchio, come per sentire il fiato del vento, e col ferrato bastone, che non l'abbandona mai, facendo due solchi in terra a guisa di croce: "C'è per aria" disse "qualche spavento. Andate al monte, Geltrude, e gridate a' nostri due figliuoli, all'Andrea e al Battista, che calino con le bestie; poi mandate al paese Donato, che dica a Pietro e Tonio, di non istarsene sul sagrato a baloccare, di non correre a Lenno con que' della Mezzegra; le figliuole sono in casa, Menica alla pentola, Dolinda a cercare un ramoscello d'ulivo benedetto per bruciare; non manca che l'Annunziata: se vedete alcuno di Bolvedro, fatele dire che l'aspettiam quassù, lei e

---

[23] Con "battere la campagna" si intenda «divagare, perdere il filo del discorso»; riferito al "giudizio", ossia alle facoltà mentali, indica una persona non sempre o poco lucida di mente.

i due figliuoli. Così saremo qui tutti, e se dobbiam morire, moriremo tutt'insieme!". E io gli rispondeva alzando le spalle, rimbrottandolo che non sapeva quel che si dicesse. Ma egli mi lasciò parlare, e poco stante uscì, ragionando da per sé, Dio sa che cose... Appena fuori, avendo trovato lungo la via un albero morto quest'estate, si mise con gran forza a levarlo su, come fosse una manata di paglia; e dandogli un forte spintone, lo rovesciò attraverso del sentiero, che poco mancò non cadesse addosso alla casa: poi, non guardandosi più addietro, salì a gran passi la montagna lungo il letto del torrente. Arrivato alla croce, cominciò a gridare, chiamando i figliuoli: ma loro non ne udirono la voce; ond'egli se ne tornò per la stessa parte, facendo certi gesti strani, parlando con sé, riguardando il cielo e il lago; e dietro la via raccolse un fascio di ramicelli secchi... Non erano passate due ore, e il diluviare incominciò. Pietro, Tonio e Donato eran venuti al primo lampeggio; mancavano il Battista, l'Andrea, e mancava l'Annunziata: tanto che il pover'uomo per tutto il dì non ebbe pace. Venuta la sera, Dolinda accendeva la lampanetta della Madonna; eravam là, tutti raccolti intorno al vecchio, guardandoci in faccia senza parole; l'acqua veniva che Dio la mandava; un fulmine non aspettava l'altro; non ci si sentiva, non ci si vedeva più; pareva la fin del mondo. Non pensavam più nemmeno alla nostra poca terra, al nostro pane che il fiume divorava... E Donato cominciò a piangere; io aveva un bel tenerlo stretto colle braccia al seno, egli strepitava, gridava più forte. L'acqua già penetrava per l'uscio e per le finestre, e il vento faceva cigolare impannate[24] e soffitte; la voce del tuono soffocava i lamenti delle povere figliuole. Il vecchio messere se ne stava muto, tranquillo sul suo sgabello; china la persona, appuntati i gomiti sulle ginocchia, e il viso fra le mani. Noi eravam tutti

---

[24] Gli infissi delle finestre.

tremanti: ed egli era là, come quando siede la mattina in faccia al sole; né moveva pur gli occhi, e pareva sorridesse. La Menica cominciò a dire il rosario, e tutti a rispondere: lui solo tacque. A mezzo la corona, il messere si levò in piedi, e fissando cogli occhi spalancati l'acqua scorrente per la stanza e che già gli bagnava le piante: "Tacete una volta," disse: "che cosa fanno le vostre orazioni? Non vedete che l'acqua è color di sangue?... Oh quella notte, quella notte!... e il sogno che non finisce mai! mai! mai!...". Intanto noi stavamo a guardarlo muti; Donato solo piangeva. Ma il vecchio, mettendosi il dito alla bocca: "Silenzio! chi piange?". E dopo altre parole, che non potemmo capire: "I figliuoli la scontano per i padri suoi!".[25] E guardava l'acqua che cresceva, cresceva sempre... Finalmente, tremando da capo a piedi, vacillò e cadde disteso sul terreno, come morto.»

Noi eravamo tocchi nell'anima dall'appassionato racconto della povera montanara. Ed essa, che più non lagrimava, ma che nel rinato suo dolore pareva pigliare anima novella (tant'è vero che nel dolore viviam più fortemente), mi afferrò per la mano, e continuò:

«Era un'ora di notte; il maledetto tempo si faceva peggiore, e già per noi si pensava di finire a ogni minuto. Allora, tra l'uno e l'altro scoppio di tuono, s'udì in lontananza suonar campana a martello in tutti i paesi della montagna; que' tocchi ne fecero gelare il sangue, perché vedemmo che tant'altri disgraziati erano a rischio più grande del nostro. Tonio e Pietro non poterono tenersi più; e avendo, in quella, un gran buffo di tramontana spalancata la finestra, vi s'arrampicarono, balzarono nella strada, corsero difilati al paese. Pensai in quel momento alla mia povera Annunziata, a' suoi figliuoli, e raccomandato ben bene

---

[25] Adattamento di diversi passi biblici: cfr. *Deuteronomio*, 5,9-10; *Esodo* 20,5, 34,7; *Numeri*, 14,18.

alle due tose di guardar dietro al padre e condurlo al suo letto se potevano, corsi all'uscio, camminando nell'acqua fino alle caviglie; e sola, in mezzo alla notte, sotto la piova disperata, calai giù a Bolvedro, cadendo a ogni poco tra i sassi ed il pacciume. E vidi quasi tutta la Mezzegra inondata; e m'accorsi che la nostra casipola, per un miracolo del Signore, era rimasta in piedi; e che quell'albero, gittato là dal mio uomo, voltando la furia della piena in altra parte, aveva solo potuto salvarla. E non l'era stata proprio un'ispirazione del cielo?...»

«E non avete voi temuto in una notte così tremenda?...»

«Non sono io madre?» rispos'ella «e per noi madri non c'è lassù la Madonna? – Ora, date bene ascolto. Io non sapeva, in quel momento, dove fossi, dove andassi: correvo giù disperatamente verso la casa dell'Annunziata. Io era lavata, macera; l'acqua mi vestiva tutta in vece di que' pochi panni; incontrava gente che andava, che veniva, fuggendo, salvando roba e bestie, quel che si poteva. A ogni passo, bisognava attraversar pozze e pantani, saltar muri caduti: a ogni passo, il cuore si serrava più forte per quel flagello di Dio... Scendendo dalla parte di Bonzanigo, mi trovo sulla piazza di Bolvedro, tutta piena di confusione e di gridi... Quando, oh santi del paradiso! sulla strada superiore, vedo uno che corre al basso, portandosi dietro, sotto l'uno e l'altro braccio, due povere creature; quell'uomo correva, correva per attraversar la piazza, prima che il torrente lo assaltasse alle spalle; tutti guardavano a quella parte, e lo chiamavan gridando. Egli calava a tutte gambe, di tanto in tanto volgendosi indietro; cadde due o tre volte sui ginocchi, ma si rialzò di botto e continuava... Ma il fiume veniva; egli non è più a tempo; un turbine di sassi e pietre lo rovescia a terra... Oh caro il mio Signore! si rileva, ma uno de' figliuoli non l'ha più... Egli getta un grido, che forse l'hanno udito di là del lago, si ferma, si guarda intorno, non vede più nulla... Poi, un fianco di rupe, rotolando giù, l'urta a tergo, lo ributta nel fiume, e il fiume gli porta via dal fianco anche l'altro figliuolo... Quel poveretto tenta afferrarlo pei capegli; ma l'acqua era più forte... e le due povere anime eran già ite insieme. Intanto molti s'eran gittati per salvare il disgraziato; e lo trassero fuori più morto che vivo, e me lo lasciarono lì, a' miei piedi! Ho conosciuto allora ch'era Bernardo, il marito della mia Annunziata; e che que' due erano i figliuoli de' miei figliuoli!»

La vecchia montanara si tacque, e girò lo sguardo sopra ciascuno di noi. Indi, come stanca del grande sforzo fatto nel narrare i suoi guai, ricominciò a piangere, come piange un fanciullo.

«E quella misera madre?» domandai.

«L'hanno accompagnata su in casa di suo padre, che pareva divenuta matta» rispose un di quei di Bolvedro. «Le dico ch'era proprio una compassione. E chi sa fin dove sono andati quei due bamboli? Stamattina, abbiamo scavato la terra, la sabbia e i sassi, laggiù per ogni parte, senza trovar nulla.»

«Il Signore gli avrà voluti con lui» ripigliò un altro, con non so quale stoica indifferenza: «due di più o di manco non fa caso; i poveretti n'han sempre troppi dei figliuoli.»

«Via, tacete! non è questo il momento di dir certe cose!...» gli diede un altro sulla voce.

Io intanto ripensava nel cuor mio a quelle parole dette dal vecchio messere:

«I figliuoli la scontano per i padri suoi!»

La povera montanara rifiutò con qualche disdegno i soccorsi che le offerimmo; ella pareva quasi superba del suo dolore. Levò ancora la mano, e indicando la sua casuccia: «Noi possiamo ancora morire là su, come ci siamo vissuti!».

E se n'andò malinconicamente per la sua strada.

III

Salii, la mattina seguente, sull'alpe della Mezzegra; né potei resistere alla brama di visitar la povera casa della Geltrude. Si ascendeva a quel tugurio per un sentieruolo ora scavato nel sasso, ora formato nel dorso terrigno del monte al passaggio di que' del paese. Davanti alla casa, aprivasi un breve spianato, da una parte sostenuto con un di que' muricciuoli di montagna, costrutti di schegge di macigno sovrapposte con grand'arte, senza cemento; dall'altra parte, da una siepe di spinosi cespugli, irta e fitta; ma il muricciuolo vedevasi qua e là rovinato dalla piena, la siepe aperta, strappata, e tutto il terreno umidiccio ancora e attraversato da lenti rigagnoli. Lo spianato era ingombro degli arnesi della campagna, arrovesciati, confusi, coperti di mota disseccata, e delle poche suppellettili malconce e fatte putride dall'inondazione. La miseria aveva messo fuori tutti i suoi cenci, perché il raggio del sole ristorasse l'abbandonato suo covile.

Sul margine della riva, stavano pascolando una grama erba fangosa, tre magre vaccherelle. I due figliuoli del montanaro, Andrea e Battista, eran calati dalla cima del monte dopo la gran bufera, e stavano rafforzando con grossi pali e stecconi una specie di bastia,[26] per riparare la caduta parete d'una baracca affinché servisse di stalla alle bestie. Vedevansi gli altri tre garzoni, nell'orticello attiguo, raccogliere e gittar fuori dalle calpeste zolle gli ammassati strati de' sassi, onde l'acqua l'aveva da cima a fondo ricoperto; e sullo spianato, la vecchia Geltrude e le due figliuole, razzolando ramicelli e legne sparse, alimentavano con quelle un fuoco acceso all'aria aperta, sul quale da una catena appiccata a tre bronconi[27] legati a

---

[26] Propriamente è una fortificazione; si intenda qui per recinto o steccato.
[27] «Grosso ramo, irto di monconi tronchi delle minori ramificazioni; palo non sgrossato, spuntone di legno.»

un capo e confitti in terra, pendeva una capace pentola fumante. Era il desinare di quella sgraziata gente, l'avanzo di due pani di miglio ammuffati e stantii, che bollivano in acqua torbida e condita di poco sale. Seduto presso l'uscio della casa, sul rozzo sgabellone, stava il vecchio messere, nella sua postura consueta; inchinata tra le mani la lucida e calva testa, a cui facevan contorno radi e bianchi capegli, e sostenendo le gomita coi ginocchi. A' suoi piedi era accovacciata quasi in gruppo, un'altra poveretta; la quale, sebben fosse sotto il raggio diritto del sole, era tutta tremante. Conobbi in quella misera l'Annunziata, la povera madre senza figliuoli.

M'avanzai, ma nessuno di loro s'avvide o mostrò avvedersi di mia venuta; nessuno tralasciò quello di che era occupato. Il fumo nericcio sorgente dal focolare, avvolgendo ne' suoi densi globi la robusta figura della vecchia montanara inginocchiata presso gli ardenti tizzoni, innalzavasi lentamente nell'aria, coprendo d'un malinconico velo quella scena muta e dolorosa.

M'avvicinai al messere, che levato il capo, mi piantò in faccia due occhi di fuoco. E cominciai a dirgli non so che parole di compassione per la sciagura a lui toccata; parole a cui non rispose sulle prime, ma che poi parvero averlo tocco nella viva parte del cuore. Allora, con voce interrotta, confusa, mi disse tante cose, come per farmi capire che i suoi guai erano grandi, che gli aveva però meritati, e che il Signore s'era ricordato anche troppo di lui: ma il suo linguaggio m'era così nuovo, così strano, non mai pronto e seguente,[28] ch'io mi persuasi quell'uomo non aver più l'intelletto sano. Mi faceva una compassione da non dire; ché lo vedevo ridere e piangere a un tempo, poi con le mani stringersi fortemente il capo, mentre mi diceva ch'egli la vedeva bene, dentro di sé, la ragione delle cose; indi battersi il petto co' pugni ed esclamare ch'egli aveva, quantunque vecchio, il suo cuo-

---

[28] *pronto e seguente*: scorrevole e logico, consequenziale.

re antico di buon montanaro. – Alcune parole assai bizzarre, che lasciò sfuggirsi di bocca, mi rammentarono un sublime verso di Shakespeare: «Là, dall'altra parte della montagna, in mezzo a un sentiero, c'è una macchia, una gran macchia, che tutto il diluvio dell'altra notte, e neppur tutta l'acqua del lago, se venisse a coprire i monti, non potranno lavar via, mai più!». E dicendo così, le labbra del vecchio si contrassero a un riso, direi come, disperato; poi ricadde nell'immobilità di prima.

La sua infelice figliuola che non levò mai gli occhi dal terreno, teneva fra le mani un rosario; e, senza mover le labbra, senza quasi dar altro segno di vita, ne faceva scorrer fra le dita sbadatamente le avemmarie.

La Geltrude intanto aveva tolto dal focolare la pentola, e stava scodellando quel misero cibo. I suoi figli, che avevan fame, le si raccolsero intorno, e il più giovine, il piccolo Donato, mi s'accostò con non so quale esitanza; poi presentommi il suo cucchiaio di legno, stendendo verso di me il tegame, perché ne gustassi. Lo ringraziai, egli si pose a mangiare avidamente.

Io sentiva in me ben altro volersi in quella miseria, che una scarsa limosina, sebben fatta col cuore; pure, innanzi dipartirmi da loro, poste in mano del fanciullo poche monete, dissi: «Povera e buona gente!... Colui ch'è lassù vi darà altro compenso nel tempo migliore».

Quel dì medesimo, sulla bass'ora, passeggiando col curato di ***, lungo la riva del lago, gli narrai l'incontro avuto colla vecchia della Mezzegra, la scena della mattina, e quegli accenti del montanaro che m'avevan fatto rabbrividire.

«Le spiegherò io il mistero» dissemi il brav'uomo. «È una storia, una storia trista di parecchi anni fa. – Quell'uomo, che fin dalla gioventù era sempre stato uno de' buli[29] del paese, un de' capi più scarichi, s'era lasciato metter su da certi compagnoni, là delle parti d'Argegno

---

[29] Bulli.

e della Valle; ond'ebbe più d'una volta degl'impicci, che, a distrigarli, non ci volle poco. E per alcun tempo in compagnia di quegli avventati, diè mano al contrabbando, ladro mestiere che facilmente fa gola a questi poveri diavoli, non tanto per il guadagno, quanto per il rischio e per certo lor naturale ardimento. Egli era allora andato a stare con la sua donna, laggiù, a Campo. Una notte, con tre altri galantuomini, carichi come lui di mercanzia proibita, aveva attraversato la montagna; e ne venivano giù verso il lago, dov'era appostata una barca, dietro un macchione, per far viaggio al chiaror di luna. E nella barca, che pareva là dimenticata, stavasene appiattita co' remi pronti la donna, la vecchia che avete ieri conosciuta. In quella ch'essi sbucavano dalla boscaglia, una squadriglia armata, sendosi messa sulle loro peste, li coglieva alle spalle. I quattro inseguiti la danno a gambe; ed erano per balzar nella barca, quando, vedendosi scoperti, un d'essi lascia cadere il suo carico nel lago; e, per dar tempo ai compagni, volgesi arditamente, appuntando lo schioppo di che era armato contro que' che venivano. Fu il segnale dell'attacco: già dall'altra parte fischiano le archibugiate... Il nostro montanaro, trovandosi a mal partito, scaglia anch'esso la merce dietro un cespuglio; per proteggersi nella fuga, abbranca il moschetto, e tira: un di coloro cade a terra, lungo e disteso nel suo sangue... Ma intanto che il montanaro spiccava un salto per gettarsi nel navicello, una palla lo coglie nel braccio; egli rovescia con un gran tonfo nel lago, e stravoltando giù dà del capo nel fianco della barca. Allora, la sua donna, fatta coraggiosa e forte dal pericolo, s'abbandona tutta sulla piccola prora, riesce ad afferrare il caduto a trarlo dall'onda, a deporlo nel fondo del battello, adagiandogli il capo sopra una lacera vela. E, afferrar subito i remi, dar nell'acqua con agile e robusta lena, e guadagnare il largo, fu tutto un momento. – Intanto gli altri due furon colti e condotti via: quel primo, arrampicandosi su per la rupe, era sparito per entro ai macchioni de' castagni che coprono la falda del monte. L'animosa donna, la quale aveva così salvo il marito, trovò pur modo di tenerlo occulto alle ricerche della giustizia, finché la cosa non venne sopita; perché c'era del torbido, e vennero a galla cert'altri fatti somiglianti, ond'ebbero a tribolare non poco que' signori del fisco che hanno le mani in pasta. E buon per lui fu che non l'avessero conosciuto, e che, come Dio volle, quello stradiere,[30] colpito dall'archibugiata del montanaro, non ne morisse. Passarono così cinque o sei anni, né della cosa più si fiatò in paese; e tutti questi particolari, io stesso non li seppi che da poi. Ma il pover'uomo non fu più quel di prima; in causa della maladetta percossa avuta al capo nel cader rovescioni nel lago, egli, guarendo dalla ferita, ebbe sempre le idee ingarbugliate: e il pensiero fisso che lo tormenta, la spina che ha in cuore, e gli fa temere d'esser dannato nell'altra vita, è questo che pargli sempre di veder quell'uomo stramazzare in mezzo al sangue, e nessuno può torgli del capo d'averlo ucciso. – Ma d'allora in poi e' mutò vezzo; fatto vecchio, vive rassegnato e contento nella povertà. Circondato da' suoi molti figliuoli, è da essi venerato con quella riverenza che ha quasi sempre la rozza gente di campagna per gli infelici, i quali abbian perduto il miglior bene dell'uomo; e benedice la mano del Signore che lo percosse.»[31]

Così parlava quel buon prete, intanto che il sole tramontava dietro i monti, e che di lontano, dall'alta chiesa della Madonna del Soccorso, s'udivano i primi tocchi della campana della sera.

---

[30] «Agente del dazio un tempo addetto a controllare il traffico delle merci.»
[31] La frase rinnova un concetto espresso a più riprese nel corso della novella e di chiara matrice biblica. Cfr. *Ezechiele*, 7,9: «Né s'impietosirà il mio occhio e non avrò compassione, ma ti terrò responsabile della tua condotta e saranno palesi in mezzo a te le tue nefandezze: saprete allora che sono io, il Signore, colui che colpisce».

Commento al testo

Prima di essere raccolta nel volume delle *Novelle campagnuole* nel 1871, *La vecchia della Mezzegra* viene pubblicata con i *Racconti semplici* nel 1843 e con le *Dodici novelle* nel 1853. La novellistica di Carcano presenta limitati margini di innovatività, a cominciare dalla caratterizzazione del genere che poco si differenzia dall'impostazione tipica del romanzo, naturalmente di tipo manzoniano: le sue novelle tendono infatti a svilupparsi come piccoli romanzi, con una premessa che introduce all'argomento generale e una conclusione che chiarisce il significato morale della storia narrata, storia che si struttura in più parti distinte, a ciascuna delle quali è affidata un'autonoma sequenza narrativa. La medesima impostazione caratterizza sia il versante campagnolo della narrativa di Carcano, sia il complementare versante "domestico",[1] di ambientazione cittadina e borghese, e rare sono le eccezioni, tra le quali si segnala la novella *L'Ameda*. Sintetica biografia esemplare di una donna ritratta al termine «d'una vita travagliosa e oscura»[2] vissuta nella rassegnazione e nel sacrificio, *L'Ameda* più che una novella è però un bozzetto agiografico, nel quale la componente narrativa è quasi del tutto sopraffatta dal

---

[1] Il manifesto teorico di tale filone è il saggio *Della poesia domestica*, edito nel 1839 sulla «Rivista Europea»; l'unico esempio di novella domestica, *Una simpatia*, pubblicata dopo la raccolta delle *Opere complete*, si trova nell'antologia curata da G. Spagnoletti, *Novelle romantiche*, Martello, Milano 1961.
[2] G. Carcano, *La Nunziata. Novelle campagnuole*, cit., p. 145.

valore morale che assume la figura dell'anziana come simbolica «immagine della povertà tranquilla e giusta».[3]

Analogamente «rassegnato e contento nella povertà» è l'anziano folle che incarna i valori della fede nella novella *La vecchia della Mezzegra*, che, secondo l'impostazione prevalente in Carcano, apre con una lunga sezione introduttiva e di seguito si divide in tre parti. La prima è interamente corale e descrive l'idillio georgico della vendemmia in una scena edenica, da «vera terra promessa», quindi narra il diluvio che devasta la zona; il secondo capitolo è invece incentrato sulla figura della vecchia e sulla sua famiglia, la cui vicenda acquista valore esemplare nella conclusiva terza parte, dopo che sono stati spiegati per voce del parroco i retroscena della follia del vecchio. L'ampia narrazione del disastroso nubifragio è intervallata da interventi e glosse a sfondo morale – «pensavano all'imminente sciagura, ma non sollevavano i loro cuori al Signore», «Gli uomini s'accorgono in cosiffatti momenti quant'essi sien piccoli e grami in faccia al primo corrucciarsi di natura», «Fu una di quelle comuni sventure, che mettono a gravi prove la pietà e l'egoismo degli uomini» – ma la proposizione del tema principale della storia è affidata alle prime battute del discorso della vecchia, che, esclamando «bisogna che anche Lui si stanchi del male, che non finisce mai; bisogna che mandi a ognuno la sua parte di castigo», indirettamente risponde alla domanda posta alla fine del giorno della vendemmia, vigilia della sciagura: «Oh perché mai, o Signore, la vostra mano s'aggrava sul nostro capo, nel giorno che la nostra gioia è più sicura e più grande?». Il nodo centrale è quindi il motivo biblico della punizione inferta agli uomini dalla collera divina che si esprime attraverso la natura: «Anche il tuono e il fulmine non ci son per nulla; essi sono le parole del Signore [...] e non leggevano la sentenza scritta lassù». Nel racconto che la donna fa della sciagura abbattutasi sulla famiglia emerge, come protagonista, il marito, che si contrappone a tutti gli altri personaggi (moglie inclusa: «Anch'io, smemorata e fatua! Anch'io non pensava a' miei peccati») perché è l'unico che intuisce il pericolo

---

[3] *Ibid.*

incombente e sa come poter mettere in salvo la propria famiglia, sebbene non gli venga dato ascolto e ciò determini la morte dei due nipoti. La ragione per cui l'uomo riceve «un'ispirazione divina» si comprende alla fine della novella, quando il parroco riferisce del trauma a seguito del quale l'ex contrabbandiere è rimasto convinto di aver ucciso un uomo ed è di conseguenza tormentato dal rimorso, temendo «d'esser dannato nell'altra vita»: sono il pentimento del folle che «benedice la mano del Signore che lo percosse», la consapevolezza della colpa («Non vedete che l'acqua è color di sangue?... Oh quella notte, quella notte!») e l'accettazione del castigo («e se dobbiam morire, moriremo tutti insieme!»; «I figliuoli la scontano per i padri») a salvare lui, la casa e parte della famiglia.

Nonostante i limiti già rilevati della narrativa di Carcano, non si può non segnalarne il grande successo riscosso in Italia e in Europa nella prima metà dell'Ottocento. Ciò nonostante la sua "fortuna" critica inizia con l'autorevole e sonora stroncatura che il De Sanctis gli riserva nel saggio *Degenerazione della scuola dal Grossi al Carcano*; la scuola è naturalmente quella manzoniana nella cui scia il critico colloca Carcano affermando che «se il Grossi è una caricatura di Manzoni, Giulio Carcano, suo erede di spirito, è una caricatura del Grossi; è l'esagerazione della sua esagerazione».[4] La critica novecentesca, soprattutto dagli anni Settanta in poi, ha riconsiderato l'opera di Carcano rivalutandone il valore storico, se non il pregio artistico, ma la censura desanctisiana, non attenuata dalla considerazione conclusiva che tutto sommato Carcano è un «uomo sincero, veramente religioso, morale, che ha pregi secondari i quali allettano a leggere i suoi scritti»,[5] ha stentato a essere superata, e certamente non giova alla diffusione della sua novellistica l'effettiva distanza dal gusto del lettore contemporaneo, che ne può apprezzare il significato a partire appunto dalla prospettiva storico-letteraria. Come si rileva dal profilo biografico, Carcano ottiene i maggiori riconoscimenti ufficiali a partire dagli anni Sessanta, quan-

---

[4] F. De Sanctis, *op. cit.*, vol. III, t. 1, p. 402.
[5] *Ibid.*, p. 408.

do da tempo non è più esponente di una cultura al passo con i tempi: la sua narrativa si attesta infatti sulle posizioni raggiunte negli anni Quaranta, con la scoperta del presente storico in chiave manzoniana, ma resta del tutto estranea all'ondata scapigliata e altrettanto ostile al naturalismo francese come al verismo. Risulta pertanto superato non solo agli occhi dello scapigliato e caustico Dossi, che lo definisce «uno di quegli infelici scrittori che sopravvissero alle loro opere»,[6] ma anche agli occhi del coevo e "campagnuolo" Nievo che già lo chiama «un letterato allo stato fossile».[7]

---

[6] C. Dossi, *Note azzurre*, 2 voll., a cura di D. Isella, Adelphi, Milano 1964, vol. I, p. 79, n. 1369.
[7] I. Nievo, *Ciancie letterarie*, in *Le Confessioni d'un Italiano. Scritti Vari*, a cura di F. Portinari, Mursia, Milano 1967, p. 801.

CATERINA PERCOTO

La vita e le opere

Caterina Percoto nasce a San Lorenzo di Soleschiano (Udine) nel 1812; nel 1821 si trasferisce a Udine con la famiglia in seguito alla morte del padre e lì compie gli studi nel Collegio Santa Chiara, da cui esce nel 1829 per tornare a vivere nelle proprietà famigliari in Carnia dove rimane, salvo viaggi occasionali, ad amministrare i propri possedimenti fino alla morte, avvenuta nel 1887. Se si escludono i brevi soggiorni a Milano, Torino, Firenze, durante i quali ha modo di frequentare gli ambienti intellettuali italiani, la partecipazione della Percoto alla vita culturale nazionale è condotta da lontano, dalla posizione appartata e di relativo isolamento cui la lega la vita nella provincia del periferico Friuli austriaco (annesso al Regno d'Italia nel 1866). Veicolo privilegiato dunque delle sue relazioni intellettuali sono, sul versante privato, le lettere e, sul versante pubblico, le riviste – la «Favilla», «Il Giornale di Trieste», «La Giunta Domenicale», la «Rivista Europea», «Il Crepuscolo», «Il Fuggilozio», «Il Diritto», «La Donna e la Famiglia», la «Ricamatrice», il «Giornale delle Famiglie», il «Contadinel» – con le quali comincia a collaborare nel 1839. A tenere a battesimo la giovane scrittrice è la triestina «Favilla», diretta da Francesco Dall'Ongaro, al quale la Percoto invia un critico saggio sulla versione dal tedesco della *Messiade* di Friedrich Gottlieb Klopstock curata da Andrea Maffei; l'intervento suscita la reazione del traduttore, cui la Percoto replica con un proprio saggio di traduzione (nel 1840), dando luogo a una breve polemica. Da questo momento Dall'Ongaro avvia una fitta corrispondenza con la Percoto, nel corso della quale la esorta a sottoporre alla rivista qualche testo narrativo; ne riceve in cambio, nel 1842, una prima novella, *Il pazzo*,[1] che a distanza di due anni è seguita, dopo prove minori, dal primo racconto campagnolo friulano: *Lis cidulis*.[2] Da questo momento la scrittrice non cambia più l'impostazione essenziale della propria narrativa e si mantiene fedele al genere campagnolo, sicché parlare della novellistica campagnola della Percoto, con le relative varianti – la tematica patriottica, la novella folklorica arricchita da elementi fantastici, leggendari o miracolosi, la narrativa per l'infanzia e la novella in dialetto –, significa parlare della Percoto *tout court*. Della sua produzione si ricordano i volumi *Racconti* (1858), con una prefazione di Niccolò Tommaseo, *Dieci raccontini* (1865), *Dieci raccontini per fanciulle* (1868), *Nuovi raccontini* (1870), *Ventisei racconti vecchi e nuovi* (1878), *Novelle scelte* (1880), *Novelle popolari edite e inedite* (1883). Un solo anno dopo la morte, nel 1888, venne pubblicato il volume *Quindici nuovi raccontini*.

Analogamente a Carcano, la Percoto per la propria narrativa, destinata all'edificazione morale del lettore aristocratico e borghese, sceglie storie di ambientazione agreste o montana con protagonisti prevalentemente di umile estrazione e ne offre una rappresentazione condizionata dalla prospettiva ideologica del pubblico destinatario. Anche nella Percoto è dunque vitale il tema della bontà d'animo della plebe rurale, eco del rousseauiano buon selvaggio e mito anticittadino che propone un modello comportamentale di decoro, rigore e onestà. A monte della volontà di idealizzare il mondo contadino per educare quello cittadino va rilevato l'ottimistico atteggiamento di intellettuali e gruppi dirigenti italiani dell'Ottocento preunitario, che si sforzano di sostenere un progetto conservatore di concordia sociale in base al quale le classi dominanti dovrebbero rinunciare a vessazioni inique e le classi inferiori dovrebbero adattarsi di buon grado ai rapporti di forza e alle con-

---

[1] Prima della novella nel 1841 la Percoto ha inviato alla «Favilla» la leggenda friulana *San Giovanni Battista*.
[2] *Lis cidulis* è il nome friulano dato alle girandole di fuoco ottenute facendo bruciare, in occasione delle feste, delle ruote di legno.

dizioni economiche imposte dalla gerarchia sociale. Siffatta idea di armonia tra le classi va naturalmente letta nel contesto di due fondamentali processi storici. Dal punto di vista politico, le lotte per l'unificazione nazionale pongono il problema del ruolo della plebe: sia in chi ipotizza una partecipazione attiva del popolo sia in chi ne cerca il sostegno passivo, l'intenzione unanime è quella di stabilire un rapporto di non contrapposizione, per far sì che il popolo non venga attratto nell'orbita di influenza delle forze restauratrici ostili all'unità italiana. Parallelamente, sul piano economico, nel Nord Italia si registrano le prime fasi della rivoluzione industriale, che genera fenomeni socialmente destabilizzanti quali il peggioramento delle condizioni di vita sia nelle campagne sia nelle città, l'acuirsi delle tensioni tra classi e l'esodo dalle zone rurali verso i centri urbani; fenomeno quest'ultimo che, prima di coinvolgere i contadini in cerca di lavoro, interessa i proprietari terrieri attratti dalla vita cittadina. I buoni contadini che popolano la novellistica campagnola assolvono dunque a più funzioni: con la loro virtù danno corpo a un modello etico che ha anche implicazioni economiche e allo stesso tempo per la loro remissività identificano un tipo di interlocutore sociale non problematico. Sarà poi compito essenzialmente della narrativa regionale postunitaria mettere a fuoco il fallimento dell'ottimismo risorgimentale, paternalistico e filantropico, affrontando la descrizione di una nazione divisa geograficamente, socialmente ed economicamente.

In questo schema generale la Percoto, di originale, introduce un forte impegno documentario, supportato dall'esperienza quotidiana maturata nell'amministrazione delle proprie terre, e ciò implica una comprensione realistica del mondo agricolo che non limita il discorso alla descrizione d'ambiente, ma affronta concretamente le questioni economiche legate alla vita nelle campagne. Alla cristiana rassegnazione da parte dei poveri, che pervade le pagine del Carcano, si associa nella Percoto il concetto della cooperazione interclassista, ossia l'affermazione della necessità dell'intervento da parte di chi è economicamente e moralmente responsabile all'interno della società, e la proposta di un ruolo sociale attivo e solidale al ceto proprietario cattolico moderato. La figura del proprietario avveduto, tipicamente percotiano, porta con sé un'eco delle teorie illuministiche, ma riconduce anche al più recente tema balzachiano del benefattore (*Il medico di campagna*, 1833 e *Il curato del villaggio*, 1839). Come si vedrà nella novella *Il licof*, però, il possidente illuminato si differenzia dal benefattore, pure presente in diverse novelle della Percoto, perché il suo non è un intervento caritatevole (che arriva a risollevare situazioni disperate come, ad esempio, nella novella *Lis cidulis*) bensì un intervento strutturale operato nell'interesse proprio e dei contadini. Quanto infine all'attenzione documentaria per la realtà friulana, non si arriva ancora a parlare di realismo poiché, va ribadito, ciò che manca di sostanziale è la fedeltà al dato umano, ovvero i personaggi non sono coerenti con il proprio specifico ambiente e con il proprio sistema culturale, dal momento che, cercando la consonanza tra il comportamento di quelli e le aspettative del pubblico, la scrittrice fa parlare e agire i contadini secondo una mentalità a loro estranea. D'altro canto si registrano anche alcune significative spie in senso opposto, attraverso le quali emerge la prospettiva dei contadini, ad esempio nel caso delle similitudini. Se infatti Carcano ricorre a una notevole serie di figure tutte connesse, esplicitamente o implicitamente, a un sistema culturale colto e incoerente con la vita contadina (si pensi alla vecchia della Mezzegra paragonata a una Sibilla), la Percoto attinge invece a similitudini plausibili anche in relazione all'immaginario contadino.

Il licof[1]

Possedere ad un tempo avvenenza, ricchezza e gioventù, dovrebb'esser quel tanto di paradiso terrestre che può la sorte concedere ai mortali. La contessa Ardemia della Rovere aveva ricevuto dalla mano di Dio questi tre bei doni della fortuna, e inoltre un cuore capace di affetto, uno spirito abbastanza svegliato, una cospicua nobiltà di natali; contuttociò ell'era tutt'altro che felice. Per obbedire ai parenti e per altre convenienze di famiglia, ella aveva contratto assai giovane un matrimonio contro genio, a' pesi del quale non aveva poi saputo rassegnarsi. Ella non era di quelle donne, che, purché godano d'una brillante posizione in società, sanno inghiottire le pillole più amare. Una collana preziosa, un cascemire delle Indie, un qualunque presente per ricco ed elegante che fosse, non valevano a rabbonirla quand'era stata offesa nel suo amor proprio, o credeva mancato ai riguardi che le si dovevano. Aggiungi ch'ella era d'un carattere assai vivo, e un po' altera e capricciosetta, cosicché in capo a pochi anni si trovò nella necessità di dividersi dal marito. Una donna giovane e bella, che viva isolata in mezzo ad una città, è presto scopo alla maldicenza, e ben anche alla calunnia. Ella aveva compreso tutta la difficoltà della sua posizione, e per sottrarsene viveva la maggior parte del-

---

[1] *Licov*, banchetto offerto dai padroni agli agricoltori o agli operai alla fine di un lavoro.

l'anno in una sua villetta, contentandosi di fare qualche allegra giterella or in una or in altra delle città circonvicine, e di sbizzarire in oggetti di lusso e di moda, in ricchezza di equipaggi,[2] in bellissimi cavalli ed altre leggiadrie, che unite alla sua rara bellezza le valevano l'ammirazione e l'applauso della folla dappertutto dove le piaceva mostrarsi. Più tardi s'accorse che questi frivoli piaceri erano troppo scarso compenso all'amarezza del suo povero cuore ferito, e che chi ha la disgrazia d'aver perduto la famiglia che il Signore le aveva destinata, se può trovare qualche conforto nelle cose di quaggiù, gli è solo nel procurare d'essere utile agli altri. D'altronde, col genere di vita allegra e quasi spensierata a cui nei primi momenti della sua crisi si era appigliata, il suo sacrificio non era abbastanza completo per imporre silenzio al mondo. Avrebbe bisognato che a vent'anni avesse menato la vita d'una donna di cinquanta, che si fosse contentata di seppellirsi nella sua solitudine, od almeno di non comparire nella società con quegli ornamenti che davano tanto risalto alla sua bella persona e che muovevano l'invidia delle sue rivali. Se l'avessero veduta priva di tutti i piaceri, con un vestito fuori di moda, trasandata, vecchia prima dell'ora, le avrebbero perdonato la sua avvenenza, la sua ricchezza; avrebbero fors'anco compatito il suo passato, e si sarebbero compiaciuti di riguardarla come una vittima infelice e tradita. Ma se vi era chi per lei nutriva simili sentimenti, la maggior parte invece facevano sul suo conto ben altri commenti. Per cotesti ell'era una donna bizzarra e capricciosa, e che non voleva rassegnarsi agli obblighi del suo stato; era una bisbetica, che non aveva saputo perdonare al marito le colpe ch'ella stessa, second'essi, colla sua mala condotta aveva occasionate; una civettina, che trovava il suo conto a viver fuori di ogni soggezione; e non mancavano di scrutare tutti i suoi passi, ed anche di lacerare la

---

[2] «Abbigliamento, addobbo, pompa esteriore.»

sua riputazione colle più maligne interpretazioni. Queste chiacchere, unite ai rimproveri che di quando in quando riceveva dalla madre, che, lei bamboletta ancora, era passata a seconde nozze e le aveva regalato una sorella e due fratelli uterini, invidiosi del suo assai più ricco patrimonio, spargevano d'assenzio molti de' suoi giorni. Fortunatamente che il suo cervello era un terreno fertile di fiori che ad ogni strappata di dolore ne produceva tosto di altri e più ridenti e più vivamente coloriti. Ora le veniva il capriccio di cavalcare, e vestita all'amazzone e accompagnata dagli amici scorrazzava su d'un brioso ginnetto[3] per tutti i contorni della sua villeggiatura, finché una predichina della madre o di qualcuno dei parenti non l'obbligava a smettere. Le saltava allora di provare il valore delle sue gambe; e fattasi amica la moglie dello speziale o la nipote del curato, esciva ogni giorno in abito succinto[4] e con un largo cappello di paglia a far delle lunghe passeggiate, fumando qualche sigaro, e comprometttendo il decoro della nobilissima sua stirpe e di quella del marito col degnarsi di entrare in qualche povera osteria dei villaggi che percorreva. Alzavano allora il naso i parenti offesi da queste sue pedestri scampagnate, e a forza di rimbrotti giugnevano a persuadergliene l'inconvenienza. Ma il peggio si era l'autunno, quando recavansi a villeggiare nei paesi circonvicini le sue amiche di un tempo, una sua zia, gran dama della croce stellata, e il marchese del Verde, marito della madre, che aveva la sua casa di campagna a poche miglia di distanza da lei. Venivano a farle visita, e sempre restavano malcontenti di qualche novità che trovavano, o nel palazzino, o nelle persone che la frequetavano, o nella sua maniera di vivere. Un anno, fra gli altri, fu un

---

[3] «Cavallo di razza spagnola, piccolo e snello, assai pregiato per la velocità.»
[4] Da intendersi per molto semplice e tale da non impedire i movimenti.

gran chiasso, e poco mancò non finisse di disgustarsi per sempre con tutta la sua nobile parentela. Si pensò di farsi piantare in una vasta prateria, a piedi delle colline, un capannuccio di frasche, e provvistasi della sua brava licenza, ogni mattina innanzi che albeggiasse, usciva ad uccellare.[5] Prima ad accorgersi dello scandalo fu la zia gran dama della croce stellata. Era essa venuta a farle visita, e non trovatala in casa, ne chiese alla cameriera, un po' per premura di sapere della nipote e un po' per curiosità de' suoi fatti. Questa le raccontò il nuovo gusto della padroncina, e madama indignata di simili bassezze, propose di ricattarsi[6] della visita fatta invano coll'accusarla ai parenti: il che fece la sera istessa alla conversazione[7] del marchese del Verde, dove convenivano a far la partita la maggior parte dei signori dei contorni. Parve la cosa tanto strana che non le fu prestata piena fede: che una contessa della Rovere, discendente da antichissima famiglia, imparentata colla prima nobiltà del paese, andasse ad uccellare alle mattoline,[8] non combinavasi né colle loro idee, né col carattere orgoglioso ed altero che credevano d'averle sempre conosciuto. È vero che dopo il *passo falso*, così essi chiamavano quello del divorzio, l'Ardemia n'aveva commessa più d'una delle storditaggini, ma questa pareva troppo grossa, e si limitarono a crederlo uno scherzo malizioso della signora zia. Due giorni più tardi dovettero peraltro persuadersi che non era stata aggiunta sillaba al fatto. Il marchese del Verde, con alcuni amici e col curato, verso mezzogiorno trovavasi per caso nella spezieria, quando la vide che ritornava a casa, seguita dall'uccellatore che portava sulle spalle a cavalcioni d'u-

---

[5] «Cacciare uccelli con reti, trappole, paretai, richiami di vario genere.»
[6] Vendicarsi per un'offesa, pareggiare un conto.
[7] Il serale ritrovo che si teneva nelle case nobili e alto-borghesi e a cui prendeva parte la cerchia degli amici e dei conoscenti.
[8] Piccolo uccello dell'ordine dei passeriformi, detta anche comunemente allodola dei prati.

na lunga asta le gabbie dei richiami, i zimbelli,[9] le paniuzze[10] e gli altri attrezzi dell'uccellanda.[11] Ella era in borsacchini[12] di cuoio, in un vestitino verde, svelto e succinto, che le stava a meraviglia. Aveva appiattati i ricci in un grazioso turbante di velluto dello stesso colore, sotto il quale quel suo bel visino fresco, sorridente, e allora un po' arrossato per il sole e per la lunga camminata, pareva una fragola rugiadosa mezzo nascosta tra le foglie. Portava ella stessa la preda consistente in un bel mazzo di mattoline e di cutrettole,[13] e sul petto a guisa di decorazione le usciva da un occhiello un cordoncino a cui erano appesi diversi zirli e fischierelli[14] di argento. Questo era più di quanto occorreva per suscitarle contro la guerra. Il marchese particolarmente non poteva perdonarle l'idea di passar per il villaggio in quell'arnese, mentre per andarsene a casa aveva altra via ed anco più breve. Ciò a' suoi occhi era un voler proprio attirarsi l'indignazione del pubblico e prostituire il decoro della famiglia. La sera alla conversazione non si fece altro che parlare dello scandalo; e fu risolto che nel domani la marchesa,

---

[9] «Allettamento usato nelle tese di caccia e di uccellagione, consistente per lo più in un uccello vivo legato con una fune e manovrato in modo tale da richiamare altri uccelli verso la trappola tesa dal cacciatore.»
[10] Diminutivo di pania. Indica i bastoncini che, per l'uccellagione, venivano ricoperti di una sostanza molle e adesiva, detta pania, alla quale rimanevano invischiati piccoli uccelli attratti da richiami.
[11] «Luogo in cui sono state predisposte reti e trappole per gli uccelli.»
[12] Borzacchini, stivaletti.
[13] Uccello di piccole dimensioni, appartenente alla famiglia dei passeracei, presente in Italia solo nella stagione estiva.
[14] Fischietti che servono a riprodurre differenti versi caratteristici degli uccelli cui si tendono le trappole. Lo zirlo è propriamente un «tordo che viene tenuto in gabbia per fare da richiamo con il proprio verso»; qui si intende il fischietto che ne riproduce il verso. "Fischierello" è vezzeggiativo di "fischio".

aiutata dalla zia, avrebbe fatte le sue rimostranze in lettera, non volendo più nessuno esporsi ad un contatto che avrebbe potuto riuscire burrascoso, mentre il malumore era tanto grande da rendere difficile, per non dire impossibile, il mantenersi a sangue freddo. Nel domani, intanto che le dame davano forma al sermone, i due fratelli, in compagnia d'un altro giovinotto lor compagno di scuola e ospite in casa, pensarono di fare una scappata all'uccellanda. Faceva una di quelle bellissime giornate d'autunno, che sogliono fiorire in fondo alla buona stagione, come s'ella volesse prima di cedere il campo all'inverno darci ancora un ultimo addio. I tre giovinotti s'erano messi per un viottolo tortuoso che riesciva[15] ad un'acquicella, e attraverso le siepi ancora verdi la vedevano passare luccicando, e ne udivano il lieve susurro che faceva armonia con un lontano coro di voci che parevano discendere da uno dei colli vicini. Era gente che terminava di raccogliere le uve, e così vendemmiando cantavano le loro villotte.[16] Un'allegria infinita si spandeva per tutto il creato coi raggi del sole, che spogliati del loro calore, ma splendidi e limpidi come nel più forte della state, piovevano in grembo al verde dei campi e quasi accarezzavano le membra. L'atmosfera placida e senza nubi era commossa da un solo filo d'aria, ma così tenue che non giugneva a scuoter le frondi, tranne quelle della tremerella[17] e del pioppo, che sulle più alte cime apparivano or bianche ed or verdi a seconda che le inargentava la luce. A qualche passo di distanza scoprivano di quando in quando alcuni fili di tenuissima seta attraversare lie-

---

[15] Conduceva.
[16] In senso generico, canzoni popolari.
[17] Probabile variante locale di "tremula" o "tremulo", voce popolare per la varietà di pioppo denominata *populus tremula*, cfr. O. Targioni Tozzetti, *Dizionario botanico italiano*, ed. anastatica dell'edizione Firenze 1858, Forni, Bologna 1971.

vemente ondulanti la via. Vollero discoprire l'insetto che ardiva lanciarli così pel vano,[18] e sostando dove un punto lucido del filo aveva fermata la loro attenzione, videro il ragno navigatore dell'aria che, adagiatosi tra le vele dell'elegante barchetto ch'egli s'ha filato, si abbandona al venticello e passa quasi volando da un albero all'altro, svolgendo come da gomitolo la seta che la natura gli ha posto nel seno. Così chiaccherando ed osservando giunsero al rivoletto. Lo guadarono coll'aiuto d'alcuni sassi gettati attraverso la corrente, e furono sulla vasta prateria che si stende a piè delle colline di Buttrio a Rosazzo. Camminavano veloci per l'erba, cercando discoprire coll'occhio dove fosse il capannuccio della sorella. In fondo, quasi sotto alle colline vedevano un punto nero, e si diressero a quella volta. Quando le erano distanti non più d'un tiro di fucile, la videro che era sulla porta del capannuccio nascosta tra le frasche, e guardava in alto ed aveva il fischietto alle labbra. Si soffermarono in silenzio. Cinque o sei mattoline giù dai colli dalla parte di levante venivano a piccioli spruzzi volando per l'aria; giunte a portata dei pali, e veduto giuocare nell'erba il zimbello, si lasciarono cadere ad ali abbandonate sulle paniuzze. Presto la contessa e l'uccellatore uscirono a raccoglierle, ed anch'essi come per un moto involontario corsero ad aiutarli. Alcune, piegato col loro peso la debole verghetta, penzolavano insieme con essa dalle corna del palo; una o due erano cadute sull'erba e svolazzando cercavano di spaniarsi.[19] Lieti le portarono nel capannuccio, e non avevano ancora terminato di salutarsi, che l'uccellatore avvisò che ne passavano di altre. Tosto fu dato mano ai fischietti e zimbelli, ma queste, immaliziate, quando furono a fior de' pali rialzarono il volo e andarono a posarsi più lungi sul prato. Allora alcuni fanciulli ch'era-

---

[18] Nel vuoto.
[19] Liberarsi dalle panie.

no al pascolo dalla parte di ponente andarono a prender loro la volta[20] e procuravano farle rivolare alla pania; le vedevano saltellare per l'erba, e con esse erano alcune cutrettole che discernevansi al tremolare della bianca e lunga lor coda. Finalmente ripigliarono il volo, e la maggior parte come le prime si buttarono sulle paniuzze. I giovani cominciavano a prender gusto al divertimento, e più ancora lo trovarono perdonabile, quando l'Ardemia, mostrando in una lunga filza la preda abbondante di quella mattina, lor propose una colazione sul prato. Accettarono allegri, e si misero ad ammanire gli uccelletti. Ella mandò a raccoglier le legna alcuni di que' pastori, e ad uno di essi ordinò che andasse alla sua colonìa,[21] che era quella che si vedeva alla radice del più vicino dei colli, e dicesse alla Betta di venir subito giù e di portare con sé un buon fiasco di *rebòla*,[22] l'occorrente per gli uccelli e per la polenta. Intanto l'uccellatore d'una lunga bacchetta s'ingegnava di costruire una specie di spiedo, e poi, conficcati due pali in terra, dava loro forma di alari, e traversalmente a forza di vimini assicurava un terzo che facesse da catena da fuoco. Erano ancora in questi preparativi, quando di mezzo al verde videro spuntare una vispa contadinella che portava in mano un paiuolo, e sulle spalle appesi all'arconcello due cesti coperti da due pulite tovagliole. Le corsero incontro, e deposti i cesti sull'erba cominciarono a cavarne fuori la farina, il sale, l'olio, i ciccioli, la salvia; la Betta s'era ricordata di tutto, e inoltre aveva aggiunto un bel piatto d'uva fresca e delle frutta, che col loro vago colore e col profumo che span-

---

[20] «Farle tornare indietro», cfr. C. Percoto, *Novelle*, a cura di B. Maier, Cappelli, Bologna 1974, p. 103, nota 15.
[21] Propriamente il contratto agrario che regola il rapporto tra il proprietario di un fondo e chi lo coltiva, in questo caso si intenda per metonimia la proprietà regolata dal contratto.
[22] Ribòlla, vino dolce prodotto dalle uve dell'omonimo vitigno.

devano solleticavano dolcemente l'appetito. Accesero il fuoco: la Betta s'accinse a far la polenta, e in un momento il frugale banchetto fu pronto. Allora s'assisero in cerchio sull'erba che lor serviva di mensa, di tappeto e di sedia, e allegri cominciarono ad assaporare la preda. La contessa diede d'occhio alla Betta, che un po' indietro, tutta rossa pel sole e per la fatica della polenta, s'asciugava il volto coi lembi del suo fazzoletto da testa, e la invitò a sedersi con essi e a prender parte alla colazione; ma la buona fanciulla ricusava,[23] parendole inconveniente mettersi con quei signori.

«Via, da brava,» le disse Ardemia «qui siamo tutti eguali; e sarebbe bella che dopo averci aiutati sin adesso, ora volessi andartene a bocca asciutta!» Le forme avvenenti e le aggraziate risposte della forosetta[24] fecero trovar giusta l'osservazione ai ragazzi, che anch'essi si unirono a persuaderla, e tanto fecero finché l'obbligarono a prender parte al banchetto. Ma quando videro che l'Ardemia non si limitava alla sola giovinetta, e che volle far sedere in compagnia anche l'uccellatore, s'avvisarono che ciò era un lasciarsi andare un po' troppo, e pensavano, quasi arrossendo, ai commenti che ne avrebbe tirati la zia gran croce stellata. Oramai non si poteva più ritirarsi, e si accomodarono alla meglio a cotesto capriccetto della sorella, tanto più che l'ottima *rebòla* e gli uccelletti saporitissimi e cotti al vero punto quietarono loro nelle vene il sangue nobile che incominciava a intorbidarsi, e li misero all'unisono dell'allegra compagnia che li circondava. Un poco alla volta il chiaccherare si faceva sempre più disinvolto, e sulla fine, senza più distinzioni di nascita, parlavano come se fossero stati eguali. Gran parte dei discorsi caddero sull'uccellata, sulle mattoline, sul modo di conservare i richiami. La contessa voleva sapere da dove venissero, e

---

[23] Rifiutava.
[24] «Ragazza di campagna.»

perché su quella stagione passassero così metodicamente. L'uccellatore pretendeva saperlo ed essere anche stato nel loro paese.

«Nel paese delle mattoline!» ripigliò uno dei giovani «e che paese è cotesto?»

«Gli è una montagna posta a confine del Friuli, due buone giornate sopra Cividale. Ecco là quel cucuzzolo che spunta sul ronco[25] del signor ***.»

«Quel bianco più alto di tutti?»

«No» disse l'uccellatore. «Quella è una delle vette del monte Canino. Siamo troppo sotto alle colline; ma se guardano più giù verso Manzano, vedranno quel becco che pare la punta di un campanile. E lì è Monte Maggiore.»

«E là stanno di casa le mattoline?»

«Gnor sì,[26] e i fringuelli, e le beccacce, e le starne, e le coturnici, e una quantità di selvaggiume che è proprio una gloria. Là vanno in primavera a fare i loro nidi, perché quel monte, signori miei, è ricco di boscaglie immense, c'è una prateria dove pascolano bellissimi puledri; vi sono grotte da cui sgorgano sorgenti d'acqua, che mantengono per l'estate una freschezza deliziosa e un verde sempre morbido e perenne. Gli è dietro di quelle giogaie che nasce da una parte il Nadisone e vien giù fra' grebbani[27] a Cividale, e dall'altra più in dentro l'Isonzo, che corre a Gorizia segnando come un gran ferro di cavallo tra montagne che toccano il cielo colla cima...»

«E che cosa sei stato a fare tu in quei paesi?»

«A provvedere uccelli di richiamo» rispose l'uccellatore. «Ci andai con alcuni compagni, e di quella strada ci siamo spassati un poco a cacciare. Che siti di delizia!

---

[25] Terreno, terrazzamento.
[26] Signor sì.
[27] Grèbbano è termine, ora disusato, di origine veneta per indicare una roccia, un dirupo o un luogo sassoso.

le beccacce ci davano nei piedi ad ogni minuto. E tra que' pometi a piè di quei poggi, in quei praterelli irrigati da tante acquicelle, ci si levavano intorno stormi di oche e di anitre selvaggie.»

«Ma se là fanno il nido...»

«Ed è da di là, che ci vengono quelle bionde Marinze[28] dagli occhi piccoli e vivi, bianche e rosse come un bel pomo di Carnia, a cui la natura ha fatto appositamente la testa piatta affinché possano portarvi sopra con facilità quelle immani ceste...»

«Eh di' piuttosto che un tal costume è la cagione per cui sono così conformate! ma già fa lo stesso. Tira, tira innanzi.»

«Signor no!» diss'egli «la è proprio una particolarità del paese che loro vale un mondo per i trasporti delle derrate tra quei dirupi, dove non ci sono strade. Eh! anch'io, guardando le giovinotte che passano qui la state colle frutta, pensava che fosse il peso che a forza di comprimere il cranio avesse lor ridotta la fronte a sole due dita di dimensione, e fatti riuscire in fuori gli zigomi delle guance. Ma non è vero. Sono stato lassù, e ho dovuto convincermi che proprio nascono così, e che è stata la mano di Dio che ha loro dato una così fatta schiacciatina.» E alla carlona continuava a dar loro lezioni di storia naturale, Dio lo sa quanto esatte, ma che condite col racconto del suo viaggio e dell'impressione che gli aveva lasciata nell'anima la vista di quel lembo del nostro Friuli che confina colle genti slave, li divertivano, e lor facevano trovare amena la conversazione di quell'uomo che consideravano non più di un rozzo bifolco.[29]

Finita la colezione,[30] i giovinotti si accomiatarono, e

---

[28] «Mariette (in slavo), nel senso di "ragazze" in genere», cfr. C. Percoto, *Novelle*, cit., p. 106, nota 22.
[29] «Guardiano di buoi, di armenti; bovaro.»
[30] Colazione, da intendersi per seconda colazione, ossia il pasto di mezzogiorno.

tornavano a casa meno avversi alla sorella, i cui capricci in buona coscienza non trovavano poi tanto di cattivo genere. In tale disposizione d'animo, durante il pranzo, a cui in quel giorno assisteva anche la zia, al solito riaccamparsi delle accuse e dei lamenti contro l'Ardemia, osarono avventurare qualche parola in di lei favore; ma fu un versar olio nel fuoco. Avevano mal calcolato la forza del partito contrario. Oltre le due dame, che collo scrivere la lettera della mattina, e col rammemorare a tal uopo e ponderare insieme tutte le avventataggini della giovine avevano finito col sempre più disgustarsi, c'era il marchese, anch'egli all'ultimo segno malcontento, e per fino la sorella, ad onta del bene che le voleva, in quel dì si univa a darle biasimo. Da un pezzo ella soffriva a malincuore quelle tante chiacchere; le pareva che in qualche maniera si riversassero sopra di sé, e che unite al passo clamoroso del divorzio e alla cattiva fama che si aveva acquistata nella società accrescessero sempre più per lei le difficoltà di un buon collocamento. Cosicché la narrazione che i giovani fecero del piacere goduto, non fu che un nuovo capo d'accusa. Simili solazzi,[31] oltreché inusitati per una donna, non avevano, secondo essi, per niente il merito di mostrare un cuore umano e ben fatto. Poi si trovò affatto volgare e plebeo il mettersi in compagnia d'un uccellatore che non era altro che un rozzo contadino, il sedersi a far merenda su di un prato, il mescolarsi con persone tanto al di sotto e per nascita e per educazione; e qui indignati tutti d'accordo si scatenarono contro a cotesto nuovo delitto di lesa nobiltà. La zia, gran dama della croce stellata, mostravasi particolarmente offesa, e nell'impeto della sua eloquenza arrivò perfino a conchiudere che questi cattivi gusti, e la propensione che si vedeva nei giovani a dimenticare così facilmente il proprio grado, doveva nascere dalla pratica oramai così fa-

---

[31] Sollazzi, divertimenti.

talmente diffusa del vaccino, per cui le stirpi le più nobili e più gentili si trovavano al terribile contatto di vedersi inoculare il sangue d'un marcio bifolco. Quantunque quest'acuta osservazione avesse avuto il vantaggio di far sorridere un cotal pochino le labbra sottili ed ironiche del marchese, pure si risolvette di punire l'Ardemia col troncare con essa per intanto ogni relazione d'amicizia, e ai giovani si giunse fino a dar ordine di ricordarsi bene di non metter più piede in casa di lei.

A prima vista la giovane contessa, quando lesse la lettera della madre, rimase dolente di aver involontariamente recato un così grave disgusto; ed era quasi per andar subito da lei a promettere di rinunciare all'uccellata; ma poi, riflettendo che se faceva questo passo per mantenere la buona armonia, le sarebbe stato d'uopo sacrificare anche un altro piacere ch'ella si aveva proposto, e che certo non era di loro approvazione, pensò di tirar innanzi. Oramai l'autunno era per terminare, si trattava solo di pochi giorni, e in suo pensiero, giacché si erano corrucciati per le mattoline, tanto valeva che durassero in quel corruccio e le lasciassero così più libertà all'adempimento del suo progetto, dopo il quale si sarebbe accomodata a tutti i loro desideri, e un solo perdono e una sola pace avrebbero fatte le spese del necessario rappattumarsi.[32]

In molti luoghi del Friuli esiste un'antica costumanza, per cui, sul finire dell'autunno, dopo terminata la raccolta e fatto i conti ai coloni,[33] il padrone invita a pranzo ogni capo di famiglia a lui soggetta, e questo banchetto si chiama il *licof*. Ora l'Ardemia aveva pensato di dare in quell'anno questo *licof* con tutta la solennità possibile; e poiché ella era una donna, aveva invitato non solamente tutti i capi di famiglia tra i suoi

---

[32] Riconciliarsi.
[33] «Coltivatore del podere altrui, in base a un contratto di associazione agraria, come mezzadria, colonia parziaria, ecc.»

affittaiuoli,[34] ma anche tutte le padrone di casa. Nella sua bizzarra testolina aveva divisato[35] di dare con ciò un esempio, per cui tra i contadini sparisse quel brutto costume che vuole escluse le donne dalla mensa dei loro mariti, e le condanna a mangiare in disparte o in un cantuccio del focolare, perfino nei giorni solenni di nozze o di battesimo. Aveva fatto apparecchiare dei regalucci che intendeva dispensare sul fine del pranzo a tutti gli invitati, e particolarmente a quelli e a quelle che avevano meglio acquistata la sua approvazione, distinguendosi o in qualche industria agricola, o nell'economia domestica, o nell'allevare il bestiame, o infine con una esemplare condotta o con qualche bell'azione di cui ella si faceva render conto dal suo fattore, uomo integerrimo e grandemente amato in paese.

E a questo banchetto, che per solito s'imbandisce nelle cucine dei signori, e che ella aveva divisato di trasportare in un salotto a pian terreno che dava sul suo giardinetto, e che aveva a tal fine appositamente fatto allestire, si proponeva di sedere anch'essa attorniata da' suoi buoni affittaiuoli, e di prenderne parte, che che ne dovessero poi dire i suoi illustri parenti. Per lo passato, in mezzo ai capricci e alle bizzarrie con cui spesso aveva dato motivo di disgusto alla famiglia, s'era per altro sempre mostrata affettuosa e per lo più docile ai loro rimbrotti: sicché ora vedendola non far caso dei ricevuti rimproveri e continuare l'uccellata, parve questo suo procedere una muta protesta con cui avesse in animo di sfidarli, e s'accrebbe il mal umore che poi giunse al suo colmo quando riseppero del divisato banchetto, tanto più che, come in tutte le occasioni, non mancarono neanche in questa le ciancie esagerate e i soliti mali uffici indiretti, che dipinsero la cosa come un baccano

---

34 Fittavoli, contadini che vivono e lavorano nella proprietà altrui in cambio di un canone di affitto.
35 Pensato.

per ogni lato disdicevole alla sua condizione e alla sua nascita. Fu narrato come erano già accaparrati i sonatori per la musica durante il pranzo: ciò che faceva temere non si terminasse con una festa da ballo, a cui essa si sarebbe fors'anche degnata di prender parte. Erano stati visti portare alla sua casa diversi cofani di provviste, e ognuno voleva dire la sua su ciò che potevano contenere. Si era saputo di una visita fatta al parroco ad oggetto di ottenere il permesso per una messa solenne, a cui dicevasi ch'ella voleva intervenire la mattina in gran treno,[36] accompagnata dal fattore e seguita da tutti i suoi dipendenti. La malignità poi non si risparmiava di vociferare sulla bizzarria dell'abito ch'ella avrebbe in quel giorno indossato, e che si diceva già ordinato alla sarta. Questo dava gran materia di discorso, particolarmente alle signore dei contorni sue conoscenti ed amiche, che al toccarsi di una tal corda non mancavano di rammemorare tutte le volte che s'era mostrata in un abbigliamento alquanto capriccioso, e tanto più si scatenavano contro la sua mania d'inventar nuove fogge e farsi originale, quanto gli uomini per difenderla sostenevano che anche in onta a tutte le regole della moda e del buon gusto, ella sapeva benissimo scegliere quei vestiti che meglio le tornavano alla persona e facevano più spiccare la sua incontrastabile bellezza. Allora il vespaio era stuzzicato: si mettevano in campo tutti i suoi casi passati, si ricriminavano tutte le sue azioni, le si leggeva la vita, si sentenziava, si condannava; e invece di placare, soffiavano nel fuoco; e sempre più s'ingigantiva il malcontento dei parenti già di troppo esacerbati. Or egli avvenne che proprio la vigilia di questo pranzo che faceva tanto chiasso, capitò in casa del marchese il cavalier di F***, allora nominato governatore a N***. All'università di Bologna egli aveva conosciuto il padre dell'Ardemia, e s'erano legati in una di

---

[36] In pompa magna.

quelle intime amicizie, che la giovanile vigoria degli affetti persuade dover durare eternamente; ma che poi troppo spesso dileguano al variare della vita. In fatti, i due giovani dopo quell'epoca disgiunti e sobbalzati in assai diversa carriera, non avevano mantenuto che una rara corrispondenza, e anche questa col tempo venne meno. Nel cuore del cavaliere... era rimasta però una viva e gratissima memoria dell'amico; ed ora che nel suo viaggio da Vienna a N*** passava per le terre di lui, e sentiva ad ogni passo declinare i nomi de' villaggi ch'egli mille volte gli aveva ripetuti, volle rivederne la vedovella e conoscerne la figlia, de' cui casi aveva udito qualche cosa nella città di R*** dove ne aveva chiesto, e dove s'era fermato alcuni giorni ad oggetto di esaminare un Istituto ivi eretto di recente.

Il cavaliere di F*** aveva sortito dalla natura un'assai bella mente e un cuore caldo per tutto ciò che stimava tornar utile alla società. Possedeva la rara prerogativa di far adottare agli altri quasi all'insaputa le proprie opinioni e tendenze. Il suo occhio acuto e scrutatore discerneva a primo slancio, anche di mezzo alle debolezze ed alle follie, quella scintilla di bene che la provvida natura ha collocato in ogni cervello umano, e che spesso quanto è più ingombra e nascosta nella cenere, posta in attività, altrettanto è più efficace. Per lui non era uomo, per rotto[37] e malvagio che fosse, che non possedesse qualche segreta virtù, capace di redimerlo, e sapeva valutarla, e trarne profitto fin in coloro che gli erano nemici ed oppositori. In somma, era uno di quei rari uomini che in qualunque posizione sanno farsi centro di movimento e di vita; ma che se la sorte fa salire al potere e pone a capo delle cose, sono benedizione al paese che li possiede, e segnano un'epoca certa di progresso e di benessere universale. Salito rapidamente in

---

[37] Per quanto «disorientato, incapace di condurre o dirigere la propria vita», «inclinato o propenso ai vizi».

carriera, ed in grazia del suo merito e dei servigi prestati onorato di un impiego importante, egli tornava nella provincia affidata al suo governo, dove la sua attività, cresciuta in proporzione del suo grado, poteva paragonarsi al perno che fa girare la ruota, o alla possente locomotiva che trascina il convoglio d'una strada ferrata. Il marchese fu sensibile all'onore che gli recava questa visita inaspettata, e in sua casa fu posta in opera ogni possibile diligenza perché ei ne trovasse splendida l'ospitalità. Alla conversazione della sera comparvero invitate tutte le più gentili signore dei contorni, né mancarono a rallegrare la brigata i dolci accordi del piano e dell'arpa, quest'ultima particolarmente toccata con molta grazia dalla giovane marchesina.

Il cavaliere, ch'era seduto presso la madre, nel fargliene complimento domandò dell'altra sorella, della figlia del suo amico. Alla succinta risposta che ne ricevette e al pronto cangiar d'argomento, s'avvide ch'egli aveva toccato una corda ingrata. Richiamando allora quanto pochi giorni prima nella città di R*** aveva udito vagamente narrarsi intorno al suo mal avventurato matrimonio, sospettò che fosse infelice e fors'anco colpevole, e si sentì stringere il cuore per la memoria dell'antica amicizia. Nel dimani poi, quando furono soli, volle esserne meglio chiarito. Alle risposte evasive con cui la contessa procurava di schermirsi, egli oppose il desiderio di far una visita, innanzi di partire, a questa figlia del suo amico, che aveva veduto una sola volta quand'era ancora bambina, prima della morte del padre. Allora mortificati gli dissero della sua condotta, delle sue stravaganze, gli narrarono assai dolenti i dispiaceri che avevano di fresco ricevuti; né gli tacquero del plebeo convito che proprio in quel giorno doveva consumarsi. Il cavaliere ascoltò in silenzio tutte queste lagnanze, fece alcune inchieste relative alla sua vita passata e al carattere del marito che le avevano dato, poi conchiuse pregando il marchese a volerlo accompagnare dopo pranzo alla villetta dov'ella dimorava. Non era possibile più oltre rifiutarsi, e appena pranzato, attaccati i cavalli, partirono.

Nell'attraversare il giardinetto che dava ingresso alla casa, furono percossi l'udito da un lieto cicaleccio che si univa al tramestio di molte persone, all'armeggiare dei piatti, al tintinnire delle tazze, delle posate, al suono dei violini; e tutti questi rumori all'aprirsi della porta, insieme colla luce dei doppieri, uscirono come l'ondata d'un fiume raddoppiati e fusi in un solo, atto ad intronare la testa ad un sordo. Il primo oggetto che si presentò ai loro sguardi fu la giovane contessa, che, assisa in capo alla mensa, e proprio dirimpetto all'uscio, aveva ai fianchi in due lunghe file i suoi numerosi convitati. Il suo abito nero molto accollato, sul quale arrovesciavasi un piccolo colletto liscio annodato da un nastro a mo' di cravatta, i suoi capegli divisi sulla fronte e lasciati cader giù semplicemente alla nazzarena, le davano un tal quale aspetto maschile, che, congiunto alla sua grande rassomiglianza col padre, fece colpo al cavaliere e lo commosse quasi alle lagrime. E gli parve di vedere redivivo l'amico suo, gli parve di essere ancora a quegli anni giovanili così pieni di energico affetto, quando tante speranze sorridevano ad entrambi; ed il suo cuore già correva a quella bella creatura, che gli mosse incontro un po' confusa, un po' arrossita, ma che, sentendolo un amico di suo padre, rincuorata, se lo fece sedere dappresso e con infantile fiducia lo mise a parte dell'innocente piacere che godeva. Intanto diversi di quei contadini, messi in confusione per quella visita, s'erano alzati e tirandosi indietro lasciavano spazio al marchese, il quale non sapendo come orizzontarsi, cambiava alcune parole col vecchio fattore. E gli diede d'occhio la contessa, e fattagli accostare una sedia lo pregò d'accomodarsi; poi rivolta ai contadini:

«Via, da bravi,» disse «riprendete senza soggezione il vostro posto, ché questi signori ci permettono di continuare la nostra allegria. Non è vero» soggiunse ella volgendosi al cavaliere «che non ve lo avrete a male, se, invece di condurvi subito in camera da ricevere, vi trattengo qui con questa buona gente? perché... abbiamo ancora una piccola solennità da compire...»

«Anzi ve ne ringraziamo» rispose il cavaliere. «L'esser venuti qui, ad onta che vi sapevamo occupata, è stata un'indiscretezza... ma non volevo partire senza vedervi, e voi perdonerete per l'amicizia che mi legava al padre vostro...» E fissò lo sguardo intenerito negli occhi di lei, che all'udire di nuovo il nome di suo padre, fatta più confidente, come all'aspetto di una persona già da lungo tempo conosciuta ed amata, gli porse la mano, e senza altri complimenti così si mise a discorrere con lui.

«Questo pranzo autunnale è un'antica costumanza che mio padre non preteriva in disgrazia,[38] e io ho voluto quest'anno ripristinarla. Ci ho poi fatto le mie aggiunte un po' di mio capo, che si sa, un po' secondo i consigli del mio fattore, che è un ottimo galantuomo, e che qualche volta si pensa di approfittare, figuratevi, perfino de' miei capricci. Signor Giovanni,» gridò ella «si parla di voi, capite?»

«Comandi, contessina!» rispose il vecchio che a quell'appellazione si alzò tosto da sedere e venne ad ascoltare i suoi ordini.

«State, state! Io non volevo che accusarvi[39] qui a questo signore; ma poiché vi vedo in piedi,» aggiunse abbassando la voce «fate pure portare i cofani e apparecchiatevi a compiere la cerimonia. Abbiamo» continuò ella verso il cavaliere «provveduto alcuni regalucci da dispensare a questa buona gente sul finire del pranzo, così in attestato della mia gratitudine per la loro attività nel coltivare i miei campi, per la loro buona condotta... Il signor Giovanni poi pretende con questo mezzo d'incoraggiare l'agricoltura, l'industria, che so io? Lascere-

---

[38] Non trascurava, non lasciava cadere in disgrazia.
[39] "Accusare" nel senso di palesare, rendere manifesto, quindi far conoscere.

mo che si tragga d'impiccio a suo modo, e che metta in orologio, o in cappello nuovo, o in istivali chi meglio crede. Io per me mi son riserbata di regalare due soli fra gli uomini: papà Gregorio, che è quel vecchio all'antica in giubba di lana bianca, *bianchetta*, dicon essi, panciotto scarlatto..., e il giovinetto che vedrete quarto laggiù in fondo da quella stessa banda.»

«Quel biondo, quasi imberbe, coi capelli troncati quasi a metà della guancia e tutti da un lato?»

«Sì,» diss'ella «è un po' biricchino, se volete, e ha mancato poco ch'io la trovassi[40] col signor Giovanni perché non lo voleva nel numero degl'invitati. Oh, ma il signor Giovanni! se sapeste! voleva limitarmi ai soli capi di famiglia, ai soli miei coloni; le donne poi, la non gli poteva entrare! gli pareva una novità formidabile, quasi un sacrilegio; e mi ha tirato fuori una farraggine di ragioni, secondo lui, convincentissime. Ma dite la verità, caro signore, non fa piacere a vederle qui frammischiate ai loro mariti, ai loro figli? E dove sarebbe stata l'allegria, se in questa casa, in cui la padrona è una donna, fossero state escluse tutte quelle buone comari? Guardate la Menica come è contenta! come le brillano gli occhietti! È quella bruna colla pezzuola color di rosa colaggiù a sinistra. Povera Menica! Oh se sapeste che ottima creatura! se non temessi d'annoiarvi, vorrei dirvi un bel tratto[41] di lei.»

«Io vi ascolto anzi con gran piacere;» disse il cavaliere «ma giacché vi mostrate così compiacente, vorrei prima che mi diceste perché, ad onta dell'opinione del signor Giovanni, avete voluto tra i vostri invitati il giovinetto che mi avete accennato!»

«Perché,» diss'ella «in mezzo alle sue bizzarrie, io gli ho scoperto un bel cuore; e ora che mi son fatta del tutto campagnuola, lo voglio tra' miei amici, certa che farà

---

[40] «Trovassi a ridire», cfr. C. Percoto, *Novelle*, cit., p. 113, nota 30.
[41] Parlare a lungo, riferire molte cose.

giudizio e diverrà un giovine per bene. Il signor Giovanni, col suo occhio di lince e colla sua pretesa di saperle tutte, non faceva altro che dirmene continuamente *plagas*;[42] ch'egli era il primo nei chiassi alle sagre, che la domenica si faceva vedere sulla piazza colla pipa in bocca, in collarino, che frequentava l'osteria, ch'era un po' baruffante, un po' manesco... Ma io, ho anche io la mia polizia; e qualche volta è una commedia,» soggiunse ella sorridendo «a vedere come il signor Giovanni resta di sasso al trovarmi istrutta[43] al pari di lui ed anche meglio; e il buon uomo non sa capire come diacine[44] io faccia a sapere tanti pettegolezzi.»

«Ci scommetto» le susurrò il cavaliere «che il vostro capriccio di quest'anno dell'uccellata non era senza il suo perché...»

«Il fatto sta» conchiuse la contessa ridendo «che il mio fattore non ha tanta malizia... e che io senza di lui ho saputo scoprire un tratto gentile di Ermagora che gli tengo a conto, e che a' miei occhi lo redime di molte delle sue piccole bricconate. Nell'inverno dell'anno scorso egli ed altri nove giovinotti qui del villaggio ottennero dal fattore di far sopra di sé,[45] ad ore perdute, un fosso in un mio podere, che era circondato da una siepe di rovi, e ch'egli ha voluto cambiare in tanti gelsi a basso fusto, e ogni sera, dopo terminati i lavori della giornata, invece di starsene al fuoco, andavano laggiù a scaldarsi lavorando tre o quattro ore a lume di luna. Intendevano con quei soldi di godersela nel carnevale, facendo una mascherata, e andando attorno coi sonatori prima per il paese, poi per i molini, e terminando, già si sa, con una bella cena. Ermagora n'era il capo: avevano

---

[42] Piaghe; «nella locuzione *dire plagas di qualcuno*» si intenda «dirne tutto il male possibile».
[43] Informata.
[44] «Forma eufemistica per *diavolo*.»
[45] Assumere l'incarico.

già apparecchiato i vestiti, e Dio lo sa in che gloria aspettavano quel giorno! Ora suo padre nel salire una scala a mano per trar giù dal fenile non so che masserizie, cadde e si slogò un piede. Indovinato mo'! Ermagora andò subito dai compagni a dispensarsi della mascherata; e per quanto essi procurassero d'impegnarlo a intervenire, facendogli osservare che il male non era di conseguenza, ch'essi stessi gli avrebbero ottenuto dalla famiglia il permesso, non ci fu caso. Il buon giovinotto a tutte le loro sollecitazioni rispondeva che sapendo suo padre addolorato in letto, il cuore non gli dava di divertirsi a ballare; e poiché essi non vollero tenere la sua parte di guadagno, Ermagora la impiegò a provvedere l'occorrente per il malato.» Il cavaliere guardò per alcuni minuti in silenzio quel giovine, poi rivolto alla contessa:

«E la Menica?» le chiese «non volevate voi narrarmi anche di lei...?»

«Oh la Menica pure è una donna di cuore!» sclamò la contessa cogli occhi inumiditi. «Una donna che ce ne vorrebbe per ogni famiglia l'eguale! Oltre che essa è una brava massaia, economa, avveduta, buona poi come un angelo, sa compatire agli altri, e nel suo poco ella ha viscere di misericordia per tutti. Quattr'anni fa capitò qui nel paese un vagabondo, ed aveva seco la moglie vicina al parto. Chi lo mandava all'ospitale, chi si schermiva, mostrando l'impossibilità di ricoverarlo con una donna in quello stato. La Menica l'accolse, e con una carità che noi altri signori non conosciamo, cesse[46] alla disgraziata il proprio letto e la trattò come se fosse stata una sua sorella. Ella a questuare per la puerpera, ella a provvedere pannilini[47] pel bambino. Filava la notte più del solito, e tante ne disse a quell'uo-

---

[46] Cedette.
[47] Pannolini, ossia salviette di lino usate per confezionare le fasce per i bambini.

mo, e tante ne fece, che lo persuase a rinunciare al suo brutto mestiere, e a mettersi una volta a guadagnar il pane coi propri sudori. Quando la donna fu in istato di faticare, se l'associò nelle domestiche faccende, e seppe colle sue belle maniere così adoperare col marito e coi cognati, che accondiscesero a tenerli in casa, finché potessero altrimenti provvedersi; il signor Giovanni ha poi loro dato in affitto alcuni campi e una casuccia, ed ora in grazia di quella buona creatura, se la campano anch'essi onoratamente colle loro fatiche.

«Povera Menica! Oh se sapeste il bene ch'io le voglio! e anch'ella mi ama... Oh sì! ad onta della differenza di condizione, di quest'ostacolo insormontabile che la sorte ha posto tra il ricco e il povero, il suo cuore è uno dei pochi che mi han sempre sinceramente amata.

«Nei primi momenti della mia disgrazia,» continuò la contessa, lasciandosi andare ad una di quelle effusioni dell'anima che, al toccar di certe corde e alla presenza di certe persone, sfuggono tanto spontanee che sono quasi inavvertite «nei primi momenti della mia disgrazia, quando, non valendo più a lottare contro la guerra accanita che mi aveva rotto un mondo infame, io venni qui a rifugiarmi in questa solitudine, costretta a vedermi innanzi il volto infinto di tanti falsi amici, che venivano a compassionarmi per trar materia di accrescere i miei falli..., mal compresa, denigrata, l'amore disinteressato e sincero di questa povera contadina m'era conforto! Oh se sapeste le volte che sotto il pretesto di portarmi dei fiori, o di vendermi delle uova, ella spiava che fossi sola, e veniva a guardarmi con quell'occhio pietoso con cui una madre guarda al suo povero figlioletto malato!...» Ella stette un momento in silenzio, poi ripigliò:

«Ho una crocetta d'oro che le voglio regalare; ma non crediate mica ch'io pretenda di premiare con ciò la bell'azione che vi ho raccontato! Questa la può compensare solo Iddio e la coscienza di averla fatta! e poi a rammemorargliela sarebbe un farla soffrire. Voglio soltanto darle un ricordo di amicizia, che, per quanto ella lo possa aggradire, certo non lo porterà al collo con più affetto di quello ch'io mi poso sul cuore le prime violette dell'anno e le margheritine dei prati che la mi va talvolta regalando.» Il libero sfogo che s'era permesso, l'aveva alquanto commossa, e per ricomporsi rivolse lo sguardo ai convitati, che, finito il banchetto, stavano chiacchierando divisi in diversi gruppi: la percosse il suono dei replicati «Illustrissimo sì, illustrissimo no» di due o tre contadini, in mezzo ai quali s'era situato il marchese, che, partito il fattore, procurava del suo meglio di equilibrarsi in quella per lui difficile atmosfera, movendo di quando in quando alcune signorili inchieste a quelli che gli erano più dappresso. L'Ardemia, per fare un diversivo e rimettere in comune l'allegria della parola, che s'era fatta oramai troppo parziale: «Papà Gregorio!» gridò a quel vecchio venerando ch'ella aveva dapprima indicato al cavaliere, e sporgendo verso di lui il suo bicchiere «via da bravo,» disse «facciamo io e voi un brindisi a questo signore, amico di mio padre, che ha voluto colla sua visita farci più lieta questa bella giornata; e poi voglio che voi, colla vostra solita schiettezza, mi diciate una verità. Come ve la siete passata quest'oggi?».

«Corponone!» rispose il contadino «serviti e trattati come prìncipi in compagnia della nostra padrona...»

«No, no,» diss'ella «io so che la mia idea di far venire al *licof* anche le donne non vi garbava né punto né poco...»

«Ah briccone di papà Gregorio!» esclamarono alcune comari. «Dunque egli non ci voleva al *licof*?»

«E che non avete voluto a nessun patto condurre la vostra donna Lucia» continuò la contessa.

«Ma gli è di fatto che le donne devono starsene a casa» mormorò il vecchio. «Per altro le prometto che se un altr'anno saremo vivi, anche madonna Lucia sarà della partita, e per bacco! ché se quest'anno è stato un sussurro da perdere le orecchie, colla giunta della lingua di mia moglie... particolarmente se la è un po' brilla...» Qui fu interrotto da molti scoppi di risa: ché il felice naturale[48] di donna Lucia era universalmente conosciuto.

«Senta, contessa!» sclamò il vecchio in modo da superare il baccano. «Come al suo solito, ella ha fatto una novità, alla quale noi altri al nostro solito eravamo ritrosi, ed è finita come sempre, cioè, coll'essere più contenti di prima.»

«Dunque, buon uomo,» interrogò il cavaliere «la vostra padroncina vi fa spesso delle novità?»

«Ella? Piccioletta e giovanina, come la vede, le so dir io che ha rimestato l'intero paese, e la ce ne ha fatto di belle. Una veh! in particolare la mi ha crucciato per un pezzo! e se non fosse stato ch'ella è la figlia del mio buon padroncino, che Dio abbia in gloria! e che la gli somiglia come un pomo partito,[49] ogni poco mi risolveva ad uscire dai suoi ceppi,[50] e... e faceva una grossa capponeria! Si figuri, signore, il primo anno che è venuta a star qui, ella e il signor Giovanni si sono pensati di ridur tutte le colonìe a soli venti campi l'una! Una famiglia come la mia, che si può dire da più secoli lavorava sempre lo stesso terreno, vederselo tolto quasi per metà...!»

«E poi?» chiese la contessa ridendo.

«E poi... e poi, già si sa, adesso siamo contenti! ci pareva di dover morire dalla fame, ci pareva di non aver più dove seminare le biade... e invece quei venti campi ci danno adesso più dell'antico terreno, paghiamo il nostro affitto, e si è meno oppressi dalla fatica. In somma... è stato bene! e quella piccola testolina lì vale per tutte le nostre.» Intanto il signor Giovanni aveva fatto portare nel salotto una lunga tavola coperta, e ri-

---

[48] Spontaneità, indole.
[49] Partito sta per diviso. Somigliante come l'una parte di una mela divisa in due, lungo l'asse verticale, somiglia all'altra.
[50] Uscire dal rapporto di asservimento, ossia dalla colonìa.

tiratosi all'uno dei capi, cogli occhiali sul naso percorreva in gran confusione uno scartafaccio di memorie, preparandosi a compiere la cerimonia secondo gli ordini ricevuti dalla contessa. Ella lo vide, capì l'imbarazzo che gli cagionava la presenza di quei due signori, e per liberarnelo: «Ecco,» disse «il fattore che aspetta i miei ordini per distribuire i regali. Ma come la faccenda vuol riuscire un po' lunghetta, perché egli ha le sue predichine e le sue raccomandazioni da fare, io darò principio, e poi, se vi piace, noi ci ritireremo nella stanza contigua».

Il cavaliere le prese la mano in aria affettuosa: «Io» disse «vorrei pregarvi d'una grazia. In casa V*** mi aspettano, ed ho fatto anche troppo tardi. Diman mattina assai per tempo io deggio partire, e facilmente le mie occupazioni non mi permetteranno più di rivedere cotesto paese. Mi dorrebbe le ultime ore che mi rimangono di consumarle lontano da voi... Facciamo una cosa. Montate in carrozza, e terminiamo insieme in seno alla vostra famiglia questa bella giornata!...». Ella rimase un istante indecisa, si morse leggermente il labbro inferiore, e gettò uno sguardo involontario dalla parte del marchese... Il cavaliere allora, fatto accorto, si rivolse al marchese, e con la disinvoltura che gli era naturale, dando al discorso l'aria d'una frase di amabile galanteria, lo pregò a voler egli patrocinare la sua causa. L'altro, che da un pezzo era sulle spine, e che pensava che a casa sua non si sarebbero trovati meglio, non vedendoli ancora capitare alla conversazione, ch'ei sapeva in quella sera dover essere numerosa, e già adunata per far corte al suo ospite, non gli parve vero di potersela cavare così a buon mercato, ed insistette perché l'Ardemia, senza altre dilazioni, accettasse tosto l'invito. Allora la contessa capì che non bisognava trascurare questa facile occasione di rappattumarsi co' suoi; e nel mentre che si attaccavano i cavalli, disse rapidamente alcune parole al signor Giovanni, perché egli sostenesse le sue veci, e incominciò la distribuzione col presentare papà Gregorio[51] di un comodo pastrano col suo cappuccio e colle sue maniche. «A me!» disse il vecchio meravigliato.

«A voi sicuro» rispose la contessa. «Siete il più anziano dei miei dipendenti, il patriarca del villaggio, un galantuomo e un bravo padrone di casa, che mi preme di conservare in salute per molti anni, onde gli altri imitino il vostro esempio.

«E adesso, buon papà, che i carnovali pesano, bisogna procurare di star bene riparati dal freddo. Questo pastrano,» aggiunse ella battendo leggermente colla sua piccola mano sulla spalla del vecchio «state certo che vi terrà più caldo della vostra *bianchetta*, e quantunque né vostro nonno né vostro padre non lo abbiano a' loro giorni costumato, voi farete a mio modo, e lo porterete particolarmente quando si va ai mercati, o in viaggio, e si sta fuori le notti.» Il vecchio, dopo averlo esaminato per tutti i lati, se lo gittò sulle spalle pavoneggiandosi, e baciando con espansione di affetto la mano alla sua padroncina. «Papà Gregorio in pastrano!» esclamò. «Affé[52] che la è grossa novità, ma alla quale sarei pure il gran babbeo se non sapessi adattarmi!» Tutti gli fecero evviva, e la contessa infilato il suo paletò, e allacciatosi il cappellino, disse un addio cordiale ai convitati, scusandosi di non poter ella terminar la cerimonia, e in compagnia dei due ospiti montò in carrozza fra le liete acclamazioni di tutta quella gente che s'era mossa ad accompagnarla, e continuavano a benedirla anche dopo partita.

In casa V***, come il marchese aveva preveduto, era già buona pezza che aspettavano. Trovarono la maggior parte delle signore del paese, che a guisa di tanti bei fiori primaverili già adornavano la stanza. Le loro acconciature più del solito ricercate, gli abiti sfoggiati di al-

---

[51] Offrire un dono a papà Gregorio.
[52] «In fede, in verità.»

cune di esse, e i loro abbigliamenti tutti alquanto pretenziosi, davano a divedere che non si erano dimenticate del forestiero.

Da principio vi fu qualche occhiatina maliziosa alla *toelette*[53] della contessa, che lor pareva, ed era veramente, assai semplice; né sarebbe mancato un tantino di critica, se le continue distinzioni e la preferenza che le accordava il cavaliere non avesse loro imposto una specie di soggezione. Vedendola trattata con tutto quel rispetto da un cotal uomo, presero invece il partito di farle la corte, e gareggiavano a chi meglio poteva mostrarsele amica. Anche la madre e la sorella, dimenticato di tenerle broncio, furono con lei assai affabili, e perfino la zia gran dama della gran croce stellata si avvisò di rivolgerle parecchie volte la parola. Cosicché la serata passò lietissima, e l'Ardemia, senza bisogno di altri mezzi, si trovò, in grazia del cavaliere, almeno per allora, pienamente riconciliata colla sua nobile famiglia.

---

[53] L'insieme dell'abbigliamento, dell'acconciatura e del trucco della donna.

Commento al testo

La prima edizione in volume della novella *Il licof* risale alla raccolta *Racconti* del 1858.

Se si prende in considerazione l'atmosfera piuttosto distesa del racconto, che si concede anche un paio di passaggi ironici,[1] rarissimi nella narrativa della Percoto, *Il licof* è probabilmente una novella atipica, appunto per la mancanza della drammaticità abituale in un genere che non lesina in fatti tragici ed effetti patetici. Allo stesso tempo *Il licof* è un testo esemplare per la chiarezza con cui vi è presentato un modello di classe proprietaria attiva e solidale nell'amministrazione dei propri beni. Di tale modello è implicitamente manifestato il beneficio sociale attraverso la composta serenità che determina il tono complessivo del racconto e che caratterizza le azioni dei due personaggi portavoce della concezione dell'autrice: la contessa Ardemia della Rovere e il suo *alter ego* maschile, il cavaliere di F. Se infatti esplicitamente il cavaliere di F è definito «uno di quei rari uomini che in qualunque posizione sanno farsi centro di movimento e di vita; ma che se la sorte fa salire al potere e pone a capo delle cose, sono benedizione al paese che li possiede, e segnano un'epoca certa di progresso e di benessere universale», egli è il solo in grado di rico-

---

[1] Si tratta della teoria sulla conformazione del cranio delle donne di una zona del Friuli esposta dall'uccellatore e della teoria sugli effetti dei vaccini che corrompono i nobili esposta dalla zia «gran dama della croce stellata»; si noti che le due assurde opinioni, esempi di due diversi tipi di ignoranza, vengono equamente attribuite l'una a un popolano, l'altra a un'esponente del mondo aristocratico.

noscere e apprezzare il valore del comportamento di Ardemia, la quale mostra nei fatti al lettore come dovrebbe condursi un possidente nella gestione delle terre e nel rapporto umano con i sottoposti.

Certamente il personaggio più originale della novella è Ardemia, l'aristocratica «fatta del tutto campagnuola», anche più notevole perché al centro di una seconda novella (*Il pane dei morti*, posta sin dal volume del '58 di seguito a *Il Licof*) e dunque protagonista dell'unico esempio di serialità nella narrativa della Percoto. Non si segnalano altri casi analoghi, ma se si considera che *Il licof* è preceduto dalla novella *Un episodio dell'anno della fame*, che si conclude con il contadino protagonista salvato dalla miseria da un «galantuomo, il quale converte in belle piante di mori e di viti gli zecchini lasciatigli dal padre, e dà da vivere alla povera gente»,[2] risulta comunque evidente la continuità del discorso imbastito dalla Percoto testo per testo. Il tratto più interessante della figura di Ardemia è il suo collocarsi a metà strada tra la classe sociale cui appartiene e il mondo contadino: dal primo prende le distanze tanto da suscitarne le reazioni di censura, al secondo si accosta «come se fossero stati uguali», ma sempre consapevole «delle differenze di condizione, di quest'ostacolo insormontabile che la sorte ha posto tra il ricco e il povero». Il distanziamento dai due poli sociali determina una situazione di conflittualità su entrambi i fronti: sul versante contadino la posizione sociale agevola Ardemia poiché i contadini, tenuti ad accettare passivamente il comando del padrone, tollerano le innovazioni della padrona finché non ne apprezzano la convenienza (si veda il discorso di papà Gregorio). Da parte dei propri pari invece la contessa non incontra alcuna tolleranza verso atteggiamenti di cui viene notata l'apparente bizzarria senza che se ne comprenda la funzione all'interno di un progetto di vita campagnola. La donna riesce dunque a stabilire una pacifica cooperazione solo con i contadini, mentre deve intervenire a fare da intermediario tra lei e la buona società il cavaliere di F, che con la propria autorevolezza ot-

---

[2] C. Percoto, *Novelle*, cit., p. 96.

tiene tra i nobili una riconciliazione, seppure provvisoria poiché non mutano le posizioni di fondo, come sottolinea la narratrice con quel «per allora» posto alla fine del racconto. Ardemia resta un'eccezione insanabile nel proprio contesto sociale sia per il modo con cui ha scelto di amministrare i propri beni sia per il modo in cui tratta i popolani. La contessa infatti rappresenta l'amministratore che opera provvedimenti strutturali accorti ponendosi alla guida dei contadini, anche forzandoli nelle loro convinzioni, e che al contempo non dimostra verso i dipendenti il distacco che manifestano con più o meno disagio gli altri nobili (si vedano gli episodi relativi ai fratelli e al patrigno). Ardemia è in questo spinta da una naturale bontà d'animo e va notato l'accento posto dalla Percoto sul motivo della bontà esclusivamente in relazione alla contessa («cuore capace di affetto») e ai contadini («bel cuore» è Ermagora e «donna di cuore» è Menica); mentre è l'indole che conforta la contessa a seguire l'esempio paterno e a porsi nel solco della tradizione («Questo pranzo autunnale è un'antica costumanza che mio padre non preteriva in disgrazia»), è invece la considerazione che una donna che non ha famiglia può trovare conforto «solo nel procurare d'essere utile agli altri» a indurla ad apportare migliorie, come la redistribuzione delle terre ai fittavoli, che producono un vantaggio collettivo («ella ha fatto una novità [...] ed è finita come sempre, cioè, coll'essere più contenti di prima»).

Il tema dell'individuo che, se privato della famiglia, trova la propria realizzazione sociale nel fare del bene al prossimo torna anche in Nievo, con il quale la Percoto condivide alcune altre varianti alla tesi del buon contadino, tra cui, soprattutto, il tema del povero indotto a compiere azioni cattive solo se costretto da circostanze estreme e sempre per responsabilità di chi comanda (i proprietari o i fattori loro rappresentanti), argomento che *Il licof* evoca sullo sfondo delle battute di dialogo dedicate ad Ermagora[3] (che se ben guidato «farà giudizio e

---

[3] Il tema è trattato però nella novella *Un episodio dell'anno della fame*, che nel volume, come detto, precede *Il licof*.

diverrà un giovane per bene»). La critica che così esprimono sia la Percoto sia Nievo nei confronti dei ricchi, e che naturalmente non arriva in nessun modo a prospettare un dissenso interclassista, nella Percoto si associa alla ulteriore polemica sulla questione della condizione femminile. Infatti anche se Ardemia, per ottenere la riammissione in famiglia, ha bisogno dell'intervento del cavaliere, quindi dell'uomo, di cui non è messa in dubbio la superiorità sociale rispetto alla donna, resta il dato che attraverso la giovane contessa l'autrice rivendica un ruolo attivo per la donna nella società (oltre a rivendicare il diritto al divorzio, grande tabù non solo ottocentesco). In questo senso la Percoto si colloca su posizioni ben più innovative degli scrittori a lei coevi e successivi, che non sono in grado di liberare la rappresentazione della donna (in chiave realistica, fantastica, psicologistica ecc.) dal limitante vincolo della tematica amorosa. La proiezione della voce autoriale sulla protagonista non autorizza in ogni caso a riconoscere alla vicenda una base autobiografica ulteriore rispetto alla circostanza che il personaggio e l'autrice vivono in campagna e senza una famiglia propria; semmai si può notare che, forse intenzionalmente, la donna che divorzia, fuma il sigaro e veste da uomo rimanda all'immagine di un'altra scrittrice nota all'epoca per tali pose: George Sand. Il nome della scrittrice francese ricorre nei testi critici sulla Percoto sin dall'Ottocento e certamente sono molti e significativi i punti di contatto, ma va rilevato che da un lato la Percoto non coglie o non condivide molti dei caratteri più moderni della Sand, e che dall'altro lato quest'ultima è estranea alla rivendicazione della Percoto di un ruolo cattolicamente coesivo della donna, materno nel senso di mediatore, sia nel seno della famiglia sia nel contesto allargato della famiglia sociale.

Il quadro complessivo che emerge è di un'autrice attenta al significato sociale delle novelle e dunque non "ingenua" e "spontanea", come sia gli estimatori sia i critici la presentano, a cominciare da Dall'Ongaro e dal Tommaseo, ma che si segnala invece per «la specificità di un'esperienza narrativa che non solo si distingue fra gli scrittori campagnoli, ma appare anche fra le più originali di tutto l'Ottocento minore».[4] Tra i caratteri di originalità della narrativa della Percoto non va dimenticata, in conclusione, la lingua. Termini come *licof* o *lis cidulis* dichiarano l'interesse della scrittrice per il dialetto friulano, interesse che non si limita all'introduzione di parole isolate, ma che la porta a scrivere in dialetto testi che poi pubblica unitamente a quelli in lingua (come nel volume del 1863). L'attenzione regionalistica per il friulano non va tuttavia confusa con la presenza di residui dialettali non intenzionali nella lingua letteraria, a causa dei quali si verifica il singolare fenomeno per cui i contadini della Percoto si trovano a parlare in perfetto toscano mentre nel narrato all'autrice sfuggono forme improprie o errate.

---

[4] T. Scappaticci, *La contessa e i contadini. Studio su Caterina Percoto*, ESI, Napoli 1997, p. 32.

IPPOLITO NIEVO

La vita e le opere

All'inizio del marzo 1861 Ippolito Nievo, vice intendente generale dell'Esercito nazionale in Sicilia, padovano di origine, quasi trentenne (è nato il 30 novembre 1831) si trova a Palermo, dove ricopre importanti mansioni amministrative, dopo esservi arrivato, un anno prima, al seguito dell'impresa dei Mille. Il 4 di marzo il vice intendente si imbarca sul piroscafo *Ercole*, diretto a Napoli, tappa intermedia del tragitto che dovrebbe condurlo a Torino, allora capitale del Regno, dove è atteso con le carte che documentano l'operato del governo garibaldino sull'isola, ma nella città partenopea l'*Ercole* non arriva e con lui si perde ogni notizia e dei passeggeri e del carico. La scomparsa del piroscafo ha alimentato nel corso degli anni una serie di ipotesi, non ultima quella del complotto ai danni dell'Intendenza generale, che hanno ammantato di mistero la morte di uno dei narratori più affascinanti del primo Ottocento italiano, affascinante a cominciare proprio dalla biografia, breve quanto intensa, divisa tra la partecipazione alle campagne risorgimentali,[1] l'attività intellettuale e le vicende galanti. Il tratto certo di maggiore interesse in Nievo è l'inscindibile intreccio di passione politica e passione letteraria, intreccio suggellato appunto dalla morte

---

[1] Ancora studente liceale Nievo partecipa ai moti insurrezionali del 1848; nel 1856 subisce un processo per vilipendio alla Imperiale Regia Gendarmeria a causa della novella *L'Avvocatino*; nel 1859 combatte a fianco di Garibaldi con i Cacciatori delle Alpi nella Seconda guerra di indipendenza.

prematura, che da un lato non gli consente di assistere il 17 dello stesso marzo alla proclamazione di Vittorio Emanuele Re d'Italia, né tanto meno di vedere coronato il sogno dell'annessione del Veneto al Regno, e d'altro canto, sul versante letterario, non gli dà modo di curare la revisione e la pubblicazione di alcune delle sue opere, tra cui la più rilevante è certamente il romanzo *Le confessioni di un Italiano* (edito postumo nel 1867 con il titolo *Le confessioni di un ottuagenario*).[2]

Proprio le *Confessioni di un Italiano* si aprono su una dichiarazione emblematica del connubio tra impegno politico e attività artistica, affidata all'*incipit* del racconto autobiografico di Carlino Altoviti: «Io nacqui Veneziano ai 18 Ottobre del 1775, giorno dell'Evangelista San Luca; e morrò per la grazia di Dio Italiano quando lo vorrà quella Provvidenza che governa misteriosamente il mondo».[3] Il riferimento alla Provvidenza nella frase iniziale di un romanzo di argomento storico, ambientato tra il 1780 e il 1858, non può che ricondurre alla memoria del lettore la Provvidenza manzoniana e porre senza dubbio Manzoni tra gli interlocutori più importanti della narrativa nieviana. La prima evidente considerazione che emerge dal confronto tra i *Promessi sposi* e le *Confessioni* è che la «riproduzione artisticamente fedele di una concreta epoca storica», ossia la volontà dell'artista di «far derivare il particolare modo di agire degli uomini dalle caratteristiche storiche dell'epoca loro»,[4] sposta l'oggetto della narrazione da un passato più o meno remoto al presente e al passato immediatamente prossimo, e soprattutto lo legge in relazione al processo di unificazione nazionale in corso, in

---

[2] Alle *Confessioni* si affiancano i titoli di altri romanzi, tra i quali l'*Antiafrodisiaco per l'amor platonico*, composto nel 1851 ma edito postumo; l'*Angelo di bontà. Storia del secolo passato*, edito nel 1856; *Il conte pecoraio. Storia del nostro secolo*, del 1857 e *Il barone di Nicastro* del 1860; Nievo è anche autore di liriche, traduzioni, testi teatrali, prose giornalistiche e saggi di argomento politico e civile.
[3] I. Nievo, *Le Confessioni di un Italiano*, a cura di S. Romagnoli, Marsilio, Venezia 1998, p. 3.
[4] G. Lukàcs, *Il romanzo storico*, Einaudi, Torino 1965, p. 9.

merito al quale l'autore si schiera apertamente. La tensione etica che Nievo esprime attraverso la propria narrativa lo pone consapevolmente sulla linea della letteratura di impegno civile che include, con Manzoni, Parini, Porta e Berchet, ma a tale matrice nazionale Nievo affianca anche la lezione che arriva dalla Francia dal realismo di Honoré de Balzac e dal romanzo di argomento campestre di George Sand, nonché l'inglese *Viaggio sentimentale attraverso la Francia e l'Italia* (1768) di Laurence Sterne e la novellistica russa di Turgenev, Puškin e Gogol'.

Sono i testi del *Novelliere campagnuolo* ad accogliere per primi l'attualizzazione della tematica storica e il confronto con la letteratura europea, anche se le novelle e i romanzi di Nievo non sembrano cercare una specializzazione connessa allo statuto di genere, come invece accade per la maggior parte degli autori sin qui presi in considerazione, fatto che non è però improbabile sia determinato più dalla brevità della carriera dell'autore che da una scelta programmatica; per certo quello che si può rilevare è che sono più gli elementi che congiungono le novelle e i romanzi, di quelli che li distinguono. Esemplare in tal senso è l'uso della lingua, che si dimostra omogeneo non solo tra le diverse tipologie di testi narrativi, ma anche nella prosa privata,[5] in cui Nievo cerca di unire e di far reagire tra loro quattro diverse sorgenti: il toscano, la lingua letteraria, il francese e il dialetto, intendendo però per quest'ultimo non un'unica varietà, ma una serie di dialetti – il lombardo milanese e mantovano, il veneto e il friulano – tra i quali prevale quantitativamente il veneto. La posizione linguistica di Nievo si differenzia evidentemente da Manzoni, o meglio dal toscano colto proposto nell'edizione del 1840, mentre si ricollega alla lingua dei *Promessi sposi* del 1827, quella lingua che Manzoni non ritiene più «un composto indigesto di frasi un po' lombarde, un po' toscane, un po' francesi, un po' latine»,[6] come dice per il *Fermo e Lucia*,

---

[5] Si fa di seguito riferimento agli studi di P.V. Mengaldo, *L'epistolario di Nievo: un'analisi linguistica*, Il Mulino, Bologna 1987.
[6] A. Manzoni, *Fermo e Lucia*, a cura di S.S. Nigro, Mondadori, Milano 2002, p. 16.

ma nemmeno ancora sufficientemente media e nazionale, ossia accessibile a tutti i lettori della penisola. Nievo, individuando al contrario proprio nella composita impurità la ricchezza della lingua,[7] non arretra rispetto alla proposta unitaria manzoniana, ma affianca le esplorazioni espressionistiche della Scapigliatura e anticipa gli esiti mimetici del realismo verghiano.

La posizione di Nievo, in particolare la volontà di integrare il patrimonio linguistico regionale in quello letterario, si trova espressa sin nei primi testi teorici, specie negli *Studi sulla poesia popolare e civile massimamente in Italia*, del 1854; gli *Studi*, fondamentali per la comprensione della narrativa nieviana e soprattutto delle quasi coeve[8] novelle, mettono in relazione la ricerca linguistica con il secondo fondamentale elemento di continuità tra novelle e romanzi, ossia il già segnalato scopo civile della letteratura. Recita ad esempio il titolo del quinto capitolo degli *Studi*: *Valore fondamentale dei dialetti italiani, con la loro particolare ricchezza e varietà: non segno di tendenze campanilistiche o provinciali, ma asse per la costruzione dell'Unità nazionale.*[9] La lingua viene dunque intesa come momento di costruzione dell'unità nazionale all'interno di un più ampio discorso di interdipendenza tra attività letteraria e vita civile, discorso direttamente ripreso a livello programmatico nel primo testo del *Novelliere campagnuo-*

---

[7] «L'italiano di Nievo ci appare così poco ortodosso, e a un tempo così inventivo, non solo perché attinge generosamente e senza pregiudizii alle varie periferie della lingua, ma anche perché il nucleo centrale di questa viene da lui lavorato alacremente ai margini: eloquenti, ancora, tante inedite o rare formazioni verbali, che giocano tra la notorietà della radice lessicale e la novità del suo impiego morfologico; ma così anche tutta una serie di utilizzazioni sintattiche o fraseologiche inusuali del lessico standard (non di rado spinte fino a che ci sembra improprietà o agrammaticalità)», cfr. P.V. Mengaldo, *op. cit.*, p. 352.
[8] Otto dei nove testi del *Novelliere campagnuolo* vengono redatti tra il 1855 e il 1856, il nono è del 1858.
[9] I. Nievo, *Studi sulla poesia popolare e civile massimamente in Italia*, a cura di M. Gorra, Istituto Editoriale Veneto Friulano, Udine 1994, p. 55.

lo: *La nostra famiglia di campagna. Dipinture morali*. Testo più riflessivo che narrativo, *La nostra famiglia* si pone come manifesto ideologico dell'intera serie di novelle, dichiarandone l'argomento, i destinatari e lo scopo:[10] il soggetto della narrativa è circoscritto alla parte migliore (la «parte più pura») di coloro che vivono e lavorano nelle campagne, mentre i destinatari della narrazione non sono le plebi rurali, ma l'altro versante della società, quello ricco, nobile e borghese, ovvero quei lettori che, vittime di un pregiudizio sociale, considerano «mandra da bastone» gli abitanti delle campagne, ignorandone non solo le condizioni di vita, ma anche, e per Nievo soprattutto, l'indole, la mentalità e i costumi. L'autore si pone dunque come intermediario tra i due versanti sociali per far conoscere il mondo campagnolo al lettore cittadino, perché vi si affezioni, e rivela un intento duplice: da un lato indica il pregio della gente di campagna (sul modello del buon selvaggio di Jean-Jacques Rousseau) nella moralità ingenua, cioè innata e spontanea, in contrapposizione alla corruzione cittadina; dall'altro lato cerca di aumentare la consapevolezza della realtà socioeconomica nelle classi dirigenti, non per prospettare un nuovo ordinamento sociale – in nessun caso il nobile Nievo si fa promotore di progetti rivoluzionari –, ma per sollecitare i detentori del potere economico e sociale a trattare con umano rispetto i ceti inferiori. Le classi superiori dovrebbero, in altri termini, filantropicamente farsi carico di «educare l'anima e conservare il corpo»[11] delle plebi invece di angariarle «spiluc-

---

[10] «Voglio rappresentarti, o ingenuo lettore, per ischizzi e profili quella parte più pura dell'umana famiglia che vive nei campi; e per vivere intendo io lavorare in essi di braccia, non passeggiarvi un'orettina pei freschi della sera come tu per avventura costumi. Né di codesta tua spensierata opulenza cerco farti carico per ora, sibbene innamorarti di coloro che allenano per te, e de' quali in onta al diuturno consorzio conosci ben poco indole, mente, e costumi; o se li conosci, non te ne dai per inteso, e seguiti a trattarli come mandra da bastone», cfr. Id., *Novelliere campagnuolo e altri racconti*, a cura di I. De Luca, Einaudi, Torino 1956, p. 3.
[11] *Ibid.*, p. 13.

candoli fino all'ultimo soldo».[12] «Ammirateli ed amateli!»[13] è dunque l'esortazione finale di Nievo ai lettori, nella convinzione che un mutato atteggiamento delle classi dominanti possa condurre a una rigenerazione del popolo, a un suo avanzamento civile (non economico) tale da consentirne la partecipazione al progresso nazionale, dando dunque vita a un rapporto virtuoso di reciproco vantaggio tra parte ricca e parte povera della società.

---

[12] *Ibid.*, p. 12.
[13] *Ibid.*, p. 59.

Il milione del bifolco[1]
Novella campagnuola

I

«Come? voi avete posseduto un milione e vi degnate tuttavia di pettinare[2] i buoi?» rimbeccò la moglie del falegname che aveva voce d'incredula. «In verità se non vi avessero ribattezzato per Carlone, vi porrei nome l'"impianta carote".»[3]

«Vi domando scusa, Landina; ma il milione io l'ho avuto, come è vero, che attendendo tutto l'anno alle mie bestie, non posso metter piede nell'orto, né perdermi a impiantar carote. Questo sarà forse occorso di fare a voi, che siete così brava reggitrice di famiglia!»

«Via, Carlone, non fiutate il senapino!»[4] saltò a dire la figlia del vaccaio, dandogli del fuso sulle dita. «I denti di latte vi sono caduti, e anche quelli del giudizio, sarei per dire. Piuttosto raccontateci la fola[5] del milione, come ci avete promesso.»

«Sì, sì la fola, la fola!» dissero in coro giovani e vecchie.

«La fola?... Ma vi dico io, Primitiva, che l'è storia di Vangelo!» rispose Carlone stendendo sotto i vitelli

---

[1] «Guardiano di buoi, di armenti; bovaro» (già in Percoto, cfr. p. 85, nota 29).
[2] Spazzolare, strigliare.
[3] Chi "pianta carote", nel senso figurato di carota "panzana", quindi chi racconta frottole.
[4] *non... senapino!*: non stizzitevi; il senapino è una farina finissima.
[5] Storia.

un'ultima forcata di strame.[6] «E se fosse qui mio fratello che è mezzadro[7] alla Malpensa, ve lo direbbe lui se è vero che dei milioni ce ne abbiamo avuti due!...»

«Ah!... Oh!... Bravo vecchietto!... Veh, che sbracciata!...[8] Cuore ci vuole!» dicevano alla rinfusa e sghignazzando quelle buone commari.[9]

«Badate, compar bifolco,» continuò la Landina «che con queste cannonate ci farete crepar i vetri della lanterna.»

«Così ci vedrete meglio» grugnì il vecchio stizzosamente, facendo le viste di togliersi dalla stalla.

«No!... fermatevi!... non fatela da mulo!...[10] l'è ancora per tempo!...[11] si diceva così per ridere!...» andavangli dicendo le donne, e massime le più giovani alle quali la paura di perdere il vecchio novellatore faceva dimenticar il fuso.

«Voi, Landina, imparerete a tacere una volta!» soggiunse la Primitiva. «Ha ragione lui, Carlone, di dire, che sarebbe meglio per noi se i vetri della lanterna crepassero, poiché toccava a voi pulirla per questa sera, ed ecco che l'è tanto sudicia e affumicata, ch'io non veggo più il cappello della rocca.»[12]

«E perché state là dietro presso alla mangiatoia, figliuola cara?» domandò con piglio sguaiato la Landina.

---

[6] «Insieme di erbe secche, paglia, fieno di qualità scadente, usato per lo più come lettiera per animali nella stalla.»
[7] «Chi coltiva un podere di proprietà altrui in base a un contratto di mezzadria», ossia un contratto che prevede la divisione degli utili e dei prodotti a metà tra proprietario terriero e coltivatore.
[8] Affermazione esagerata.
[9] Comari, «donne del popolo, del vicinato».
[10] *non... mulo!*: non impuntatevi, non fate il testardo.
[11] Non è ancora tardi.
[12] «Strumento usato per la filatura a mano, formato da un'asta di canna o di legno leggero lunga circa un metro che a una delle estremità presenta un rigonfiamento sul quale si arrotola la fibra tessile da filare; conocchia.»

«Ma!... lo vedete pure che il circolo è pieno» fece la ragazza.

«E che sì ch'io ci trovo un'altra cagione!» rispose l'altra. «Guarda un po', Pandolfa,» aggiunse ella volgendosi ad una vispa brunetta che le sedeva vicino «guarda un po' se dietro alla colonna di fianco alla Primitiva ci fosse il bel Franceschetto!»

«Sì proprio che c'è!» sclamò ghignando la Pandolfina.

«To' adesso, Primitiva!» disse la Landina con un gestaccio di scherno.

«Alla fine poi non faccio male di sorta» rimbeccò tutta arrossata la fanciulla, tirandosi un po' avanti nel chiaro colla cestella e colla seggiola, benché il Franceschetto la trattenesse per la corda del grembiale.

«Vedete, vedete, se siete tutte passere scodate?» riprese a dire il Carlone, il quale nel frattempo era tornato dietro al crocchio delle femmine compiacendosi di vederle accapigliarsi fra loro. «Non potete star lì un batter d'occhio senza augurarvi il malanno!»

«Ah! siete lì ancora, bell'uomo!» soggiunse con voce tuttavia acerbetta la Landina. «Fuori dunque sta fola, giacché vi pizzica tanto la lingua di contarla.»

«Narrate! via! siate buono!» dissero carezzevolmente tutte le altre.

«Sicuro che ve la conterò» rispose gravemente il Carlone sedendo fra i due più grassi buoi della stalla, i quali delle loro cosce sdraiate gli faceano bracciuoli e spalliera. «Ma vi prego, donne mie, state attente; e non rompetemi la parola in bocca, e non domandatemi spiegazione di questo e di quello, perché io parlo abbastanza chiaro, e non so che farvi se siete povere di spirito!»

«Oh che eresia!» sclamò una vecchia bavosa che filava in un canto. «Non è nella dottrina che si impara: "Beati i poveri di spirito"?»

«Sì, sì» rispose il vecchio bifolco; «ma di quelle parole ho udito dare una spiegazione migliore di quante se ne sieno insegnate giammai; e quello che la dava era un povero sagristano, il quale aveva perduto in tre anni la moglie e due figliuoli già adulti da cui sperava sostegno per la sua vecchiaia; ed oltrecciò, essendoglisi fiaccata una spalla, l'aveano messo in riposo con mezza paga, il che era lo stesso che farlo morire di fame un poco per giorno; ma tuttavia egli non perdette mai la naturale ilarità e la fede in Dio. "Poiché," andava egli dicendo dal suo letto ove gli si cambiavano per carità i lenzuoli due volte all'anno "perché, figliuoli miei, il Signore chiamò beati i poveri di spirito, vale a dire i poveri che hanno spirito!" E con tale persuasione egli morì sorridendo; e non aveva torto poiché in lui abitava veramente uno spirito santo. Ciononostante questo voglio che comprendiate averlo io detto per baia[13] e a modo di parabola.»

«Or dunque narrate; via!» ripresero le donne; «noi vi promettiamo di non far più chiasso d'una mosca.»

«Or dunque tacete, ed io ve la conterò» soggiunse Carlone; «e più bella di questa certo non ne avete udito né da me né da altri.»

Le donne tutte fecero involontariamente un moto sulla seggiola come per raccostarsi al raccontatore.

«Quest'estate poi,» continuò questi «m'insegnerete[14] il moscone capace di movere il fracasso che fate voi ora. In verità mi sembrava di esser in chiesa quando termina la predica.»

«Uh, come siete permaloso!» fece la Primitiva, la quale in quel subbuglio era tornata a raccostarsi alla greppia. «Ma già voi dicevate per ischerzo, e vi perdoneremo di cuore se cominciate subito.»

«Avete da sapere...» principiò Carlone.

«Oh, oh!» fece la Landina. «Ci siamo coll'*avete da sapere*! E dire che questa doveva essere più bella d'ogn'altra, e poi son tutte d'una mandra!»[15]

---

[13] Scherzo, celia.
[14] Mi mostrerete, mi farete conoscere.
[15] *son... mandra*: sono tutte della stessa mandria, sono tutte uguali.

«Voi, siete della mandra, scimunita!» urlò il vecchio bifolco. «Tutti i buoi cominciano dalle corna e finiscono colla coda, eppur non si somigliano piucché io per fortuna non somigli a voi!»

«Sì, sì, Carlone, avete tutte le ragioni!... E voi, Landina, mettetevela in tasca una volta»[16] andavan dicendo le donne. «Lasciatelo dire.»

«Dunque, animo!... *Avete da sapere*... avanti dunque!» fece la Primitiva, per dar ad intendere ch'ella sarebbe stata con tutta l'anima in quel racconto. «*Avete da sapere?*... Suvvia, cominciate!...»

«Avete da sapere» ricominciò il vecchio bifolco «che quando mio padre si pensò di sposare la buon'anima di mia madre, l'era per semplice bracciante alla Pastella.»

«Eh! si principia da lontano!» mormorò la Landina.

«Da lontano o da vicino, la cosa sta così,» riprese fieramente Carlone superbo dell'attenzione prestatagli dal restante uditorio «e se a voi non ne importasse, potete andarvene a casa, che già vostro marito dorme della grossa, e non lo spaventerete.»

Però la Landina non si mosse, né rimbeccò verbo, e il nostro Cicerone riprese:

«Già sapete come va la cosa, e nessuno può scandalizzarsene, che dopo nove mesi quella buon'anima di mia madre restò incinta. Or dunque mi ricordo ancora...»

«Ih, ih! si ricorda ancora quando sua madre era incinta!» strillò la Pandolfina.

«Eh già lo sapete, che questo è il mio intercalare!» rispose il vecchio, stizzito per essere stato colto in fallo. «Dunque vi dirò che appunto allora c'erano molti zingari pel paese, e una mattina fra le altre venne una vecchia di questa stirpe di ladri a domandar l'elemosina sulla nostra porta, e come ebbe veduto mia madre: "To'!" le disse senz'altro. "Voi partorirete un milione!"

---

[16] *mettetevela... volta*: lasciate perdere per una volta o una buona volta.

«E così io nacqui indi a poco, ma di milioni non se ne videro. E parimenti quando mia madre era gravida di mio fratello Lorenzo, quello là che ora è chiamato il Grignolino e che sta alla Malpensa, ecco che si vide comparire la medesima strega, la quale le disse: "To', to'! che voi partorirete un altro milione!".

«"Un milione di corni!" rispose allora mia madre, che Dio l'abbia in gloria "poiché di quello promessomi l'altra volta, non se ne vide un soldo per queste bande."[17]

«"E così sarà" soggiunse quasi ringhiando la zingara "che i milioni verranno, e voi certo non li vedrete." E svoltò via assai malcontenta, poiché mentre la prima volta l'avea buscato un bel coppo[18] di farina, allora invece non s'ebbe che un tozzo di polenta freddata.

«Dappoi, come il corso delle cose richiedeva, mia madre si sgravò[19] per la seconda volta, e poi, meschina,[20] la si morì indi a qualche anno, e di milioni non ne vide un bruscolo, come avea predetto la strega.»

«L'avrei predetto anch'io!» saltò su a dire la Pasquinella, ch'era una ragazzetta vispa e furbacchiotta come una lucertola.

«Non interrompetemi!» gridò sbuffando il Carlone; e riprendendo il solito tenore di voce continuò: «Siccome poi mio padre in seguito passò a seconde nozze, e la matrigna non voleva porcherie per casa, così io e mio fratello, che avevamo l'uno dieci e l'altro nove anni, fummo allogati per famigliuoli,[21] lui alla Bastida io alle

---

[17] Plurale di banda, «lato, parte, direzione».
[18] «Antica misura italiana per gli aridi», equivalente, a seconda delle zone, a un litro abbondante.
[19] Partorì.
[20] Sventurata.
[21] *allogati per famigliuoli*: mandati a servizio come famigli; famigliuolo è diminutivo di famiglio, che nell'Italia Settentrionale designa il «lavorante di un'azienda agricola, che aiuta il proprietario e vive con lui in famiglia».

Brugnine, ambidue corti che voi conoscete e di qui poco distanti. Ma cospetto! quella sì che per noi ragazzi era una vitaccia! Già tutti sanno come se la passino i poveri famigli, quando da casa loro non ci si pensi: un giacchettone di fustagno che perde i brendoli,[22] con un solo bottone e anche questo per carità; calzoni lavorati e intarsiati come il davanti d'un altare, un cappello in testa rubato dallo spauracchio delle passere, e scarpe in piedi alla festa, se il cielo la manda buona!... Eccoli, che Iddio li benedica, i poveri famigli, finché, essendo piccini, non hanno voce in capitolo; onde poi, quando ingrandiscono,[23] s'ingegnano a rifarsi sulla robba del padrone, e questi perde a mille doppi[24] quanto ha dapprima guadagnato colla sua lesineria.[25] Se invece poi di maltrattarli e tenerli in conto di scopature,[26] si avesse cura di quegli innocenti cercando di crescerli buoni e laboriosi, ogni affittaiuolo[27] o possidente troverebbe dei giornalieri[28] onesti e dei bifolchi galantuomini, quando fossero divenuti adulti. Ma predicate mo[29] a quegli aguzzini che adoperando come ora si adopera in riguardo a quei fanciulli vi è ancor meno interesse che carità!... Ci perderebbe la voce anche san Paolo! Io dunque era così trascurato e pezzente come vi ho detto, e se a pranzo avessi osato pretendere più che due fetterelle di polenta, e una cipollina fritta nell'oglio od anche lessata, mi avrebbero dato del lupone; tantoché una volta

---

[22] Brandelli.
[23] Crescono, diventano adulti.
[24] Letteralmente "mille volte il doppio", in quantità enorme, sproporzionata.
[25] «Spilorceria, grettezza.»
[26] Immondizia, spazzatura.
[27] Cfr. oltre «affittuale», «fittavoli»: contadini che lavorano vivono e lavorano nella proprietà altrui in cambio di un canone di affitto (già in Percoto, cfr. p. 88, nota 34).
[28] Bracciante agricolo che lavora a giornata.
[29] Con valore rafforzativo, "proprio", "però".

che si faceva sposa la figlia del padrone, e che mi furono dati quattro tortelli, io me li mangiai, che ne ebbi a restare per un'ora scimunito dal piacere e dalla maraviglia. Pure convien dire che fossi di buon naturale, poiché non mi venne mai l'idea di mal fare, e tutte le sere pria d'imbucarmi nel fieno, pregava a mio modo il Signore, e volea bene al prossimo, piucché forse non ne voglia ora, purché peraltro non mi gridassero dietro del cencioso e del malcreato,[30] che allora piangeva, e piangeva proprio di rabbia e credo che li avrei mangiati quei cattivi ragazzacci! Così crebbi fino a quindici anni sul fenile[31] nella stalla o a cielo scoperto, là sul tenere[32] delle Brugnine, dal quale m'allontanava solo per le feste di Pasqua, e andava a trovare mio padre ch'era diventato nientemeno di affittuale alle Castellanze, e in quel frattempo aveva avuto dalla sua seconda moglie que' miei due fratellastri che stanno ora per lavoranti al Ponte del Ratto. Per verità anche tutte le feste io andava a Rodigo di buon mattino per prendervi la messa, ma tutto il resto poi della giornata non era più festa per me, e mi toccava parar[33] le bestie al pascolo tenendovele fin dopo l'avemmaria; anzi il padrone voleva a tutti i patti[34] che in quel giorno, essendo le campagne deserte, io me ne andassi a pascolare o a far erba sui rivali[35] e lungo i fossi dei vicini; ma siccome a me pareva questo malfatto, così fingendo sulla prima di compiacerlo, dopo poi, appena egli avesse voltato l'occhio me ne tornava colle bestie sui pascoli delle Brugnine; e una volta per essere stato colto in simile disubbidienza n'ebbi da lui un tal calcio che caddi boccone e diedi del capo su

---

[30] «Rozzo, zotico.»
[31] Fienile.
[32] «Proprietà terriera, podere.»
[33] Condurre, portare.
[34] *a... patti*: a tutti i costi, in ogni modo.
[35] Argini erbosi dei fossi.

una pietra; e guardate che ne ho tuttora qui in fronte la cicatrice. A dirvi la verità, anche adesso che parliamo, io mi meraviglio che tanta crudeltà ed ingiustizia unite al cattivo esempio non mi abbiano reso un gran birbaccione; ma forse, perché io restai semplice più che la comune dei ragazzi, ebbi il bene di durarla nel timore di Dio, e certo anche i buoni principî, instillatimi da quella benedetta di mia madre fin da quando era si può dire in fasce, m'aiutarono a sopportare tante avversità senza guastarmi la coscienza. Figuratevi, che siccome il padrone era povero, borioso ed avaro, e quel fondo piccolo e magro, non rimaneva all'inverno cima di siepe per farne un fascinello e abbrustolire la polenta all'aperto; ed io piuttosto che saltar il fosso per raccattar legna secca su quel degli altri, m'accontentava di mangiar ghiacciato, e per disgelarmi le mani le sfregolava intorno alle corna de' buoi; e i piedi poi, per non restare intirizzito, li metteva dove ora mi vergognerei a dirlo. "Gran minchione ch'io era!" direbbero i ragazzi d'oggidì, che sono svegli e tristarelli[36] più assai che una volta. Pazienza! questa minchioneria io me l'ho sempre tenuta cara, e la santifico col nome di giustizia, e seguendo lei (credetelo, commari, e insegnatelo ai vostri ragazzi), non v'ha pericolo di por piede in fallo. Tuttavia quando fui sui sedici anni sonati, e conobbi che mio fratello, sebben più giovine, era pasciuto e vestito meglio di me, cominciai a drizzar la piuma sul berretto,[37] e parlando al padrone fuori dei denti, feci motto di volermi cambiar di podere; sicché fosse che mi apprezzassero della mia dabbenaggine[38] o per la mia costanza ad ogni fatta di lavori, il certo si è, che presero a curarmi alquanto, ed ebbi un vestitello decente, e un giusta-

---

[36] Tristi, che non si comportano secondo morale.
[37] *drizzar... berretto*: «Far valere le proprie ragioni, avanzare pretese.»
[38] Bontà, rettitudine, mancanza di malizia.

cuore[39] rosso, e un paio di zoccoli da portar tutti i giorni. Così anche in quel torno di tempo mi fu ingrossata di qualche poco la paga, ma tutto succedeva sulla carta, e in quanto al toccar soldi io restai vergine come prima. Allora appunto, me ne ricorderò sempre, s'aprì una primavera così verde, tiepida, rugiadosa come se ne usavano una volta; e conforme alla stagione fu il primo raccolto, giacché si fece alle Brugnine una quantità di galletta[40] che pareva dismisurata per la piccolezza del fondo. I prezzi furono anco in quell'anno assai rilevanti, e solamente il mercante pretese che i cestoni gli fossero consegnati in città. L'altro, voglio dire il padrone, non poteva allontanarsi in una stagione così affaccendata come quella, onde fu messo l'occhio sopra di me perché guidassi il carro; né c'era pericolo che perdessi la tramontana, perocché nell'andare dovea seguitare il marcante,[41] e tornando avrei rifatto la strada medesima. Figuratevi qual batticuore m'ebbi qui dentro appena ebbi sentore di questa fortuna!... Io andar a Mantova!... e così solo, proprio come un uomo!... Mio fratello dunque non m'avrebbe più abbagliato coi suoi racconti; e franco avrei potuto rispondergli: "Anch'io ci sono stato, a Mantova, e ho visto il lago di sopra e quel di mezzo e quello di sotto, e i ponti levatoi, e Sant'Andrea e il Palazzo Ducale, e la torre della Gabbia, dove una volta si chiudevano gli assassini a morirvi di fame!...". Col capo in fiamme per tutte queste fantasticherie, diedi ai buoi una bracciata del fieno più stagionato e sottile, unsi le ruote del carro, lo pulii ben bene, aiutai la gente a caricar i cestoni, e mi piantai dinanzi al timone col mio pungolo[42] tra mano così beato e vanaglorioso, come se

---

[39] Corpetto.
[40] Erba galletta, usata come foraggio per gli animali.
[41] Mercante.
[42] L'asta di legno o canna fornita di punta metallica con cui si spronano i buoi.

mi avviassi a Roma per esser fatto papa. Il mercante allora mi disse, che lo precedessi intanto fino a Rivalta, ove egli mi avrebbe raggiunto colla sua carrettella.[43]

«"Ma sai poi andare almeno fin là?..." mi chiese egli.

«"Oh altro, signore!" risposi io superbamente. "Ci sono stato due volte a caricar ghiaia. Ih! Garofolo!... Ih! Parigino!"

«Le due brave bestie puntarono le spalle contro il giogo, e così io mi partii dalle Brugnine colle piante per terra, ma col capo nelle nuvole.»

II

Lì il novelliero[44] fece una di quelle pause, che noi scrivacchianti[45] imitiamo colle mutazioni da capitolo a capitolo.

«E il milione?» domandò di colpo la Primitiva, che perduta in chiacchere col Franceschetto all'ombra della colonna, scuotevasi al tacer di Carlone, come si scuote il viaggiatore addormentato al fermarsi del calesse.

«Il milione?» soggiunse maliziosamente la Landina. «Oh non l'hai sentita come l'è stata? Davvero che così bella avrei stentato ad immaginarmela!»

«Ah sì!» riprese la fanciulla cadendo ingenuamente nella trappola. «Sciocca che era!... Ora ora ci arrivo!... Sì proprio che la è da ridere con quel milione!»

«Ora ora senza che tu aggiunga altro ci arrivo ancor io!» ribatté l'altra ghignando saporitamente «e son certa che qui il Carlone ti fa un servizio[46] ad andar per le lunghe.»

---

[43] Piccola carrozza a quattro posti trainata da due cavalli.
[44] Novelliere.
[45] Scribacchianti, scrittori di scarsa abilità, detto con intenzione di modestia o autoironia.
[46] *ti... servizio*: ti fa una cosa utile, ti fa un piacere.

«Tacete, tacete linguacciute!» garrì loro una vecchia che ogni tanto intingeva il dito in un bicchiere per inumidire la stoppa[47] senza spreco di scialiva.[48] «Ho voglia di sentirne la fine, io!»

«La sentirete la fine, se mi lascerete dire il principio» soggiunse il bifolco.

«Che? ancora al principio siete?» domandarono da dieci bande.

«Capperi!» riprese egli «dove volete che sia, se al più al più saranno venti minuti che parlo?... Il bello si è che ora non mi ricordo a qual punto fossi!»

«A quando eravate in procinto di partire per Mantova» suggerì la Pasquinella, che moriva dalla voglia di veder la città; e i suoi genitori standosi sempre sulle promesse non l'avevano ancora appagata d'un tale grilletto.

«Ah sì! grazie, Pasquina!» rispose il vecchio «tu sei una brava tosa.[49] Or dunque per iscortarla[50] e per accorciarla vi dirò che giunsi a Rivalta prestissimo, e che là dovetti soffermarmi ad aspettarvi il mercante, benché egli mi confessò dappoi che non l'avea perso tempo in fornire la cavalla.

«"Bravo, giovinotto!" mi diss'egli passando oltre colla carrettella "hai due buone bestie, e sei più svelto di quanto non sembri a prima vista."

«"Le bestie sono delle migliori" risposi io modestamente.

«"Bene! or dunque volta lì a dritta,[51] e poi va' sempre dritto per la tua strada, finché troverai un paesello che si chiama le Grazie."

---

[47] «Cascame ricavato dalla stigliatura e dalla prima pettinatura del lino», usato «soprattutto per la fabbricazione di spaghi, cordami e tessuti grossolani.»
[48] Saliva.
[49] Ragazza.
[50] Accorciarla, farla breve.
[51] Destra.

«"Oh! le Grazie!" feci io. "Forse dove c'è la Madonna?"
«"Sicuro!" egli soggiunse.
«"E posso fermarmi a recitare un'Ave Maria?" ripresi io.
«"Anco dieci, purché tu arrivi a Mantova prima delle undici. E ascolta! dopo le Grazie imboccherai la strada postale,[52] la quale si conosce dai colonnelli di marmo che la costeggiano; e tu allora prenderai a sinistra e sempre dritto finché tu arrivi a porta Pradella. Ma già la cupola di Sant'Andrea si vede da lontano e non puoi sbagliare."
«"Oh che gusto!" diss'io. "E l'è molto bella questa cupola?"
«"Sicuro che l'è bella!" soggiunse il mercante, guardandomi cred'io con un po' di maraviglia per tanta mia semplicità. Indi egli smontò per tastare le legature dei cestoni, e trovata ogni cosa in buon ordine si rimise nella carrettella, e data una squassatina alle redini, sparì via in una nube di polvere.
«"Ci troveremo alla porta" mi gridò dalla lontana.
«"Sissignore!" gli risposi, gridando io pure; e alla mia volta diedi la voce alle bestie, le quali di buona volontà si rimisero in cammino.
«Quel giorno era appunto giovedì, e facendosi a Mantova il mercato, s'ingarbugliava per tutta la via un andirivieni di carri, di carretti, di sedie,[53] di calessi e di giumenti, ch'io non istarò ora a descriverlo perché già l'avete visto ancor voi le migliaia di volte. Ora v'immaginerete che dei famigli e dei contadinelli sul mio taglio ne incontrai a frotte a piedi o sul carro o a cavalcione dell'asino, quali più quali meno adorni e festerecci, ma tutti, guardate, con un certo non so che di cui pareva a me d'essere affatto sprovvisto; e fruga e rifruga la coscienza, non giungeva a comprendere in cosa consistes-

---

[52] Strada percorsa da «carrozze o da altri mezzi di trasporto che facevano servizio di posta».
[53] Carrozze.

se quel loro vantaggio sopra di me che tanto movevami entro di inquietudine e d'invidia. Tanto mi crucciava un tale indovinello, che non mi lasciò quieto neppur in chiesa alle Grazie; d'onde finsi di uscir presto in riguardo alle gallette,[54] ma il fatto l'era perché pregando in quel modo colla mente alle frascherie non mi pareva di far onore alla Beata Vergine. Tornato in istrada sottoposi me stesso e la mia acconciatura a una sottile disamina.

«Cosa mi mancava dunque a paragone d'ogn'altro? Il cappello?... Uff! ce ne avea uno stampato con un certo garbo bizzarro che non se ne veggono più ai tempi che corrono. Il giacchetto?... Neppure! il mio l'era di fustagno color pistacchio, nuovo da una settimana. Il moccichino?...[55] Tutt'altro! tre ce ne aveva nella mia cassa, e tre ne aveva in dosso: due per mostra coi pizzi pendenti all'infuori dalle tasche della giacchetta, e il terzo un po' bucato e sbiadito nella saccoccia dei calzoni pel vero servigio del mio naso. Le scarpe?... No; giacché sebbene non fossero nuove, pur non mostravano né la lingua né i denti. Il giustacuore?... Meno che meno! poiché avea infilato la mattina quel mio bello e scarlatto davanti al quale si fermavano stupefatti fino i tacchini. La pezzuola da collo?... Sì, donne mie, questo arnese mi mancava affatto, ma siccome allora nessuno la portava per quanto la pretendesse a zerbino,[56] così anche da questo lato io mi trovava essere a paraggio[57] cogli altri. E insomma più mi scervellava e meno giungeva a definire quella differenza che mi saltava agli occhi tanto spiacevole e vergognosa. In questa giungo lì presso agli Angeli; ed eccoti che veggo alla lontana un mugnaio di Goito col

---

[54] Le ceste piene di galletta.
[55] Fazzoletto.
[56] *la... zerbino*: pretendesse di darsi arie da giovane elegante.
[57] Alla pari.

quale usava scambiar la parola allorché passava alle Brugnine; un furbo d'un tarchiatello vivaddio, amico del bicchiero e delle carte, che non la risparmiava a nessuno per oro del mondo. Veniva egli canterellando ritto in piedi sul suo carretto, e poppando ogni tratto da una pipa di gesso smozzicata due boccate di fumo; e poi quel fumo buffato fuori gli rientrava pel naso, onde il gusto era doppio; né perciò la frusta gli stava tranquilla tra mano, anzi tormentava d'ogni banda, come un calabrone importuno, la panciuta sua cavallina, ed essa sgambettava via che l'era una delizia a guardarla. Io dunque fui il primo a riconoscerlo, ché come sapete ho buona vista e me l'ho saputa conservare, e vedo certe cose che a voi altri non passano pure pel capo... N'è vero, Martina, che l'altra sera in sull'ora di notte vi ho veduto...»

«Sì, sì!» lo interruppe la Martina (una bionda accesa in volto e bene intraversata[58] che filava rimpetto al bifolco). «Era io che andava nell'orto a cogliervi della salvia per un nodo[59] del piede che mi prudeva, e temeva dei geloni.»

«Ah! se temevate dei geloni, tutto è chiaro!» soggiunse il vecchio. «Il fatto sta ch'io allora distinsi il buontempone assai dalla lunga, e subito gli avvisai nella persona[60] quel certo non so che...

«"Basta! osserviamo" dissi fra me stesso; "chi sa che osservando gli altri non discopra quello che mi è rimasto buio badando a me!" Il carretto intanto s'avvicinava, e il buffoncello si faceva sempre più vicino avvolto in una nube di polvere e di fumo.

«"To' to'!" diss'egli mettendosi al passo mentr'io col carro mi tirava ossequiosamente da banda. "To' che l'è

---

[58] «Ben piantata, atticciata (in Veneto)», cfr. I. Nievo, *Novelliere campagnuolo e altri racconti*, cit., p. 226, nota 4.
[59] «Rigonfiamento, escrescenza», «verruca.»
[60] *avvisai... persona*: scorsi, riconobbi nell'aspetto.

lui, quel caro Carlino!" (Carlino, capite, o commari! Così mi chiamavano allora, e voi foste a guastarmi dappoi con quel nomaccio di Carlone; ma già l'è tutto un pastone, e cionnonostante ve la do lunga a tutte voi!)

«"Oh! addio, Battista!" feci io, e pur andava via squadrandolo di soppiatto, lasciando a tal fine che i buoi si fermassero.

«"Che miracolo!" riprese egli trattenendo alla sua volta la cavalla. "Fino agli Angeli ti butti tutto d'un fiato? E la balia dove l'hai lasciata?" In ciò dire diede una tirata da quel suo briciolo di pipa,[61] ed essendomisi raccostato colla bocca mi favorì d'un fumigio tale che n'ebbi a tossire per un'ora.

«"Addio, addio Carluccio! bada alle scarselle[62] se vai a Mantova!" aggiunse riconficcandosi in gola la sua pipetta con un certo fare bravesco,[63] e facendo scoppiare a doppio la frusta. Così mi lasciò là affumicato e sbalordito per modo, che mi ci vollero due buoni minuti a riprendere i sensi e il cammino.

«"Ah lo so ora" sclamai io tutto ad un tratto stimolando allegramente le bestie. "L'ho trovato, l'ho trovato finalmente! L'ho trovato quello che mi mancava per fare anch'io la mia amata figura e piacere alla Menica, alla Tognina e all'altre galantine[64] di Rodigo! Sangue di Diana, una pipa! E non di gesso la ci vorrebbe; ma di quelle lustre fiorate con una bella cannuccia che mi caschi giù fino alla bocca dello stomaco, e con una bella borsa di pelle da riporvi tabacco appesa col suo bel cordone verde all'occhiello della giacchetta!"

«"Ah! ma no la borsa!" soggiunsi poi: "giacché non l'ho veduta altro che al signor dottore, e a me forse non

---

[61] *briciolo di pipa:* pezzetto di pipa, piccola pipa.
[62] Tasche, borse con il denaro.
[63] Da bravo, spavaldo.
[64] Diminutivo di galanti, usato in riferimento alle ragazze per indicarne la bellezza o i modi gentili.

la ci starebbe, onde il tabacco m'accontenterò di serbarlo entro un cartoccio." In quei pensieri eccoti che giungo a porta Pradella senza essermene accorto; e il mercante era lì che mi aspettava, ond'egli mi condusse col carro a casa sua: e tra quel mulinare continuo dietro la pipa e la sorpresa di veder lì in grumo[65] tante case e chiese e campanili, senza mai né un albero né un fosso né un poco d'erba, io credo che fossi più nel mondo della luna che in questo. Però la pipa mi stava addentro nel cuore più di ogni cosa, e quando vidi scaricati i gerloni,[66] data alle bestie una bracciata di fieno, me la svignai dal cortile del mercante, proponendomi di comperarne una ad una bottega lì dietro un centinaio di passi, dove passando avevane adocchiate in mostra moltissime. Senonché uscito appena, volgi di qua volgi di là, non venni a capo di trovare quella bottega e cercando allora di tornare ond'era partito per orientarmi, non riescii neppure a questo; sicché alla fine andando dietro alla gente ecco che arrivo sotto i portici; e il primo negozio che trovo l'è appunto di pipe, e ce n'erano piene cariche le due vetrine. Allora cosa faccio io? mi fermo là a guardare e ad ammirare colla bocca tanto aperta e con tali occhiacci che mi si fa tutto intorno un bozzolo[67] di scioperati.

«"Cos'è questo?" dico io guardandomi tutto all'intorno; e quelli guardavano pur[68] me ridacchiando fra di loro, ond'io alla fine impazientito[69] entrai nella bottega stringendomi nelle spalle. Là c'era al banco una bella signora, la quale sporse verso di me la sua testolina ben arricciata domandandomi in che poteva servirmi; e gli

---

[65] Tutte insieme, in mucchio.
[66] Accrescitivo di gerla, «grande cesta di vimini a forma di tronco di cono rovesciato».
[67] Grumo, crocchio.
[68] Anche
[69] Spazientito.

occhi suoi avevano una certa espressione che diceva: "Ah gabbiano,[70] voglio pelarti per filo!"[71] ma certo in allora io era così gabbiano che non me n'avvidi. Tant'è mi feci cuore, e cavatomi il cappello e appoggiando un ginocchio contro l'altro, sicché scommetto io che avrò somigliato a un pioppetto battuto da garbino,[72] domandai una pipa.

«"Ah! una pipa, galantuomo!" rispose quella stornella.[73] "Guardate, galantuomo, ce ne abbiamo proprio per voi." E mi segnava la vetrina a diritta ove ce ne aveano di grosse come due pugni.

«"E cosa le costano mo?" chiesi timidamente.

«"Costano, costano quello che volete a seconda della scelta" rispose colei.

«In fondo in fondo io aveva sì un sentore d'avviarmi ad una solenne gabbata;[74] ma credetti di farla da furbo additando la più piccina.

«"Ah questa volete?" riprese la bottegaia togliendola dalla mostra. "Ci ho caro[75] perché fate una bella spesa, e perché siete voi, ve la darò per sette lire, ma vi assicuro che l'è schiuma,[76] vera schiuma... Ah, ah! cosa avete, galantuomo?... Vi vien male?"

«Infatti credo che mi venisse male. "Una pipa da sette lire a me che credeva esser un signore per aver in tasca ventiquattro soldi, e che con essi doveva fors'anco pranzare? Ah! maledetta! queste proposizioni a me? e per burlarmi, ci s'intende!" Se prima era pallido, mi feci poi rosso come un secchio sfregato col sabbione, e facendo Dio sa qual viso mi partii dalla bottega.

«"Ah, ah!" mi gridava dietro sghignazzando quella

---

[70] «Sciocco, semplicione.»
[71] Per bene.
[72] «Vento di sud-ovest; libeccio.»
[73] Donna giovane.
[74] Imbroglio.
[75] *Ci... caro*: mi fa piacere.
[76] «Schiuma di mare», seppiolite.

dannata di merciaia. "L'è proprio un verginello d'un Inglese costui! Scommetto io che l'avea preso la schiuma per gesso!"

«"Gesso, gesso! l'ha ragione!" pensava io allontanandomi a gran passi senza voltarmi neppur per dar luogo alla gente. "Pipe di gesso! dovea domandare, e non pretendere d'avere più e meglio degli altri! Oh la gran bestia che fui!" E fuggendo così alla ventura, m'imbattei nel mezzo della piazza in un banchetto pieno di cotali pipe: né perdetti tempo a comperarne una per due soldi; e due soldi spesi in un gruppetto[77] di tabacco, perloché mi rifeci allegro e trottai via lesto come una rondine bofonchiando:

"Due soldi della pipa
Due soldi del tabacco"

e il resto che vien dopo.[78] Cospetto! con quel picciuolo in bocca, alla festa sulla piazza di Rodigo! Gran colpo che avrei fatto! E mi spiaceva di non avere uno specchietto nel quale pregustare tra me il piacere di quel trionfo; ma questo grilletto lo lasciai svaporare accontentandomi di figurarmi coll'immaginazione certo più bello e orgoglioso di quello che m'avrei trovato nello specchio. Così mi divertii lunga pezza, e domandato ove l'era Sant'Andrea vi entrai; e poi stetti una mezz'ora a guardar la torre della Gabbia sicché mi dolevano tutti i muscoli del collo; ma figurandomi là dentro in quella corba[79] di ferro un povero diavolo condannato a morire di fame, non sapeva staccarne gli occhi, e li sbassai[80] dappoi per ringraziar il

---

[77] Involtino, sacchetto.
[78] «Allude a una canzonetta popolare, che ancora oggi si sente cantare, con varianti, in alcune campagne lombarde, venete, e specie friulane», cfr. I. Nievo, *Novelliere campagnuolo e altri racconti*, cit., p. 230, nota 2.
[79] La corba è una «grossa cesta intrecciata di vimini e di rami di castagno» (già in Carcano, cfr. p. 42, nota 9).
[80] Abbassai.

Signore di non avermi fatto nascere in quei brutti tempi. Le saranno fole, se volete, queste che si contano, ma non importa, ché solo a ricordarle mi sento venire la pelle d'oca. Finalmente ecco comincia ad annottare, ed a me comincia a venir fame, ché fin allora la curiosità avea soffocato l'appetito; ma non avendo mangiato dopo colazione, era giusto che lo stomaco dicesse la sua. Ed io non faccio né bene né male, ed entro in una bettola; ed ecco che mangio e bevo allegramente; sempre nei limiti però dei miei venti soldi, imperocché la lezioncina della pipa l'aveva ben confitta nella zucca. Ed ecco, commari mie, che il bel Carlino resta senza un quattrino e colla testolina montata per bene, e colla sua pipetta piena di tabacco così serrata fra i denti, come l'avesse paura che il falchetto gliela venisse a strappare. Come potete credere, con venti soldi avea cioncato[81] e mangiato a crepapancia,[82] che quelli erano i grassi anni di Faraone, onde a quel calore della gozzoviglia aggiungete il capogiro prodotto dal tabacco nei novizi, e avrete una idea degli scambietti disegnati dalle mie gambe per le strade di Mantova.

«"Caspita! mi sono alzato ora" pensava fra me "e già pare ch'io abbia voglia di sedere e di coricarmi. E sì per andare a casa del mercante..."

«Lì il ragionamento s'intoppò in quel mio cervello mezzo cotto; ma pure il non aver badato nell'uscire alle svolte delle contrade, parvemi anche in quel momento una solenne castroneria. Sempre col mio pipino fra i denti soprastetti a fare tra me e il muro un discorsino di rammarico, gesticolando anche a quanto sembra più del dovere, giacché mi ricorda come fosse ieri (e son, vedete, quarantasei anni per l'appunto) che diedi del pugno nel naso a un soldato che passava, e n'ebbi uno spintone di traverso che mi fracassò il mio grazioso cappellino contro la muraglia.

---

[81] Bevuto smodatamente.
[82] Smisuratamente, da scoppiarne.

«"Cospetto!" dissi fra me. "Ecco della gente che ha fretta. Peccato che ci abbia tolto di mezzo il mio cappello, e che la pipa abbia perduto la bragia." E tirava su e tirava con tutto il mantice de' miei polmoni, finché mi capitò in gola una pillola di tabacco e di cenere per niente dolce da ingoiare. Ma quello non era momento da pentirsi, e vedendo uno che passava con un cigarro[83] così acceso che pareva un tizzone, me gli accostai come per chiedergli un cicino[84] di fuoco. Ma non signori! quegli se la piglia a male, e abbrancandomi pel braccio mi invita a fare un così vago[85] balletto, ch'io torno a dare del capo nel solito muro, e questa volta la pipa vola per aria, e poi cracc! in terra, la si spezza in venti bocconi. In venti bocconi, mi capite! ed io ebbi il coraggio di chinarmi (e fu una bella fatica) e la pazienza di raccoglierli tutti uno per uno nella mia mano; e dappoi credo che al veder così quel monticello di frantumi mi venisse da piangere. Oh dov'erano iti tanti bei sogni e tante speranzine tenere covate dalla superbia, e tante piacevoli fantasie dipinte dalla mia stolidaggine?[86] *Vanitas vanitatum!*[87] come ho sentito a dire da un certo tale che avea corso pericolo di guadagnare un terno.

«Ecco, voi direte, il Carlone che fa delle pazzie ed ora va predicando agli altri la saviezza! "Sì, donne care" rispondo io. "Ma la gioventù è matta, e per questo io la consiglio sempre colle buone; e se son severo, lo sono con quelli che hanno la barba. N'è vero che con voi, zittelle,[88] io sono ancora il Carlino della pipa?"»

«Sì, sì!» risposero festosamente tutte le fanciulle.

«Ecco che l'innocenza parla con ragione» riprese il

---

[83] Sigaro, dallo spagnolo *cigarro*.
[84] Un po', un briciolo.
[85] Strano, incerto.
[86] Stupidità, mancanza di senno.
[87] Citazione dall'Antico Testamento: «Vanità delle vanità, dice Qoelet, / vanità delle vanità, tutto è vanità» (*Qoelet*, 1,2).
[88] Ragazze.

vecchio raschiandosi malignamente la gola. «Or dunque con quei miei rottami ben chiusi nel pugno ripresi a camminare conversando con essi e con me, e piangendo la perfidia del destino, e facendo mille altre sciocchezze, ché le conto ora per farvi vedere, che quando si ha buona volontà, i primi scappucci[89] son appunto la pianta che frutta esperienza insieme e salutare ravvedimento. Per questo però non mi vergogno meno, e vi giuro che ne durò il rimorso per anni ed anni!»

«E come avete poi fatto a tornarvene dal mercante?» chiese la Pasquinella che da un quarto d'ora s'era scordata il fuso per attendere al chiaccolio[90] del bifolco.

«Come ho fatto?... ho quasi rossore a dirvelo» soggiunse il Carlone «e per questo m'era fermato poco fa; ma già ci son corsi sopra meglio di quarant'anni e a far una buona confessione anche con un cattivo prete ci si guadagna sempre. Or dunque sappiate che passai la notte sdraiato sui gradini di Sant'Andrea, come un sacco di cenci a cui nessuno bada; e la mattina quando fu l'alba mi dirizzai un po' allocchito,[91] se volete, ma tornato in senno come son sempre rimasto dappoi. E la prova fu che mi sentii venir tutto rosso per la vergogna, e buttati via con un paio di maledizioni quei frantumi di gesso restatimi nel pugno, e rassettatemi alla meglio le vesti domandai ad un lattaio la via per porta Pradella; e di là raccapezzando le memorie del dì prima mi rifeci a casa del mercante, il quale con certi suoi scherzetti su quella mia nottolata[92] mi fece venir la voglia di essere quattro braccia sotto terra. Però vi direi una bugia narrando di non aver fatto colazione di gusto; anzi me la pappai così saporitamente, e il mercante fu così

---

[89] Errori. Si veda oltre anche "scappatella" nel senso di ragazzata.
[90] Parlantina.
[91] «Sbalordito, intontito.»
[92] Nottata.

largo in mescerne di quel buono, che mi fu rimesso il brio a tre tanti che la sera prima. Allora il Carlino cominciò a fare la seconda scappatella e l'ultima che l'abbia fatto finora; giacché buscata dal mercante la mancia d'un paio di lire, volete che ve lo dica? non potei resistere alla tentazione di comperarmi un'altra pipa, ma non la fu già di gesso sebbene d'una cosa lustra lustra con sopravi dipinta una certa facciotta di pastora che a me, grosso com'era, la pareva tutta la figliuola del tintore di Gazzoldo, la quale mi avea detto qualche buona parola. E per questo forse la pagai alla grande; sicché quando fui fuori di città col mio carro e la mia pipa in bocca, mi suonavano bensì le monete nel taschino, ma invece di due lire le erano quattro soldi!»

[«Povero Carlino!»]

«Povero lui e matto davvero!» egli rispose «ché in quella giornata dei peccati ne ebbe fino agli occhi, e si mostrò un vero Bertoldino:[93] ma vi confesso che quella fu la gran scuola per me e sempre quando fui poscia in dubbio per qualche mia azione rovistando in que' cotali ricordi ci trovava sicuro un esempio onde dovermela permettere o no. Insomma ascoltate come l'andò a finire, ché ne avrete giovamento ancor voi. Io era giunto col mio carro fra gli Angeli e Curtatone, e tenendo la mia pipa fra i denti, spenta ci s'intende, perché d'andar a zonzo fumando non mi fidava, stava seduto sul davanti, e di là collo stimolo spingeva le bestie; ed ecco che mi viene incontro al gran galoppo una diligenza, come la chiamano, e il postiglione[94] mi fa cenno colla frusta ch'io mi tiri da un lato. Ma io testardello pensava fra me: "Gnaffe![95] ch'io voglia sbandarmi! tocca a te,

---

[93] Uomo sciocco e balordo, dal nome del personaggio inventato dallo scrittore Giulio Cesare Croce (1550-1609) in *Le piacevoli simplicità di Bertoldino, figlio del già astuto e accorto Bertoldo*.
[94] «Guidatore dei cavalli delle carrozze di posta e diligenze.»
[95] «In fede mia.»

furbo; giacché io sono sulla mia diritta". Ed ecco che improvvisamente veggo quel carrozzone rovinarmi addosso, ed io pieno di spavento mi metto a gridare e a pungere i poveri buoi i quali con un salto miracoloso salvano sé e me da un brutto precipizio. Tuttavia la ruota davanti della diligenza rasentò quella di dietro del carro, e senza che nessun grave malanno avvenisse, il crollo[96] fu cosiffatto che ne fummo rimbalzati indietro due passi, e la pipa mi sfuggì dai denti e le bestie imbizzarrite per tante percosse seguitando a correre, ecco che la ruota posteriore le passa proprio sopra, e addio signora pipa!

«"O povero me!... O povero Carlino!... Quarantasei soldi gettati con quel gusto!... E dir che mi credeva di far colpo sulla Menica, sulla Tognina e sulla bella Tintorina!... Oh si vede proprio che son nato sotto le cattive stelle nel calar della luna!" Insomma figuratevi che disperazione! Fermo di botto e metto piede a terra traballando, e raccattati i bricioli della pipa, trovo ancora intatto il pezzo ov'era pitturacchiato quel visetto di pasqua; lì, se non isbaglio, mi metto a sedere sopra un mucchio di ghiaia dolendomi della mia sciagura ad alta voce, e credo anco che piangessi e lo baciassi quel frusto[97] di terra. A proposito! quella pipa, guardate, era proprio di terra da pignatte, benché di fuori la sembrasse una pietra preziosa; proprio come certe sposine d'adesso, le quali, non abbiatevene a male, col vestito d'indiana e la pezzuolina di seta son poi triste e infingarde che Dio ce ne liberi! Il fatto sta che in quel mentre passando di là colla gerla in ispalla una vecchia mendicante, le vien compassione o curiosità di sapere quel mio gran corruccio, e passa la strada per dirmi: "Cosa avete, mio bel figliuolo?". Figuratevi se a quella cortesia io non la guardai di buon occhio, benché la fosse brutta e

---

[96] Forte scossa.
[97] Pezzo, frammento.

sbilenca più della mula del nostro mugnaio; e così le risposi:

«"Buona donna, io tanto m'affliggo per essermisi rotta questa pipa nuova fiammante che mi costava quarantacinque soldi, più un soldo del cordoncino; e me l'avea proprio cara perché vi era nel mezzo il ritratto della mia amorosa." (Era bugiardo, vedete, come un gallo, giacché in allora non avrei avvicinato una donna senza perdere la voce.)

«"Ah quarantasei soldi per una pipa!" sclamò la vecchia con sorpresa mista di piacere occhieggiando alla sfuggita me il carro ed i buoi. Ma poi mutando tenore di voce:

«"Le son bazzecole, figliuolo!" continuò. "Voi non dovete badare a questo: poiché io ve lo leggo negli occhi, e o il cielo per la prima volta m'inganna, o fra pochi anni voi palperete un milione."

«"Un milione!" gridai balzando in piedi tutto sbaito[98] e lasciandomi scivolar fra le dita gli avanzi della pipa. "Un milione!" ripetei. "Ma l'è proprio singolare! e d'onde lo sapete voi?"

«"Non ve l'ho già detto?" soggiunse colei: "dagli occhi vostri e da un'ispirazione divina".

«"Oh veh! anche quell'altra andava profetizzando a mia madre di questo milione" ripresi io parlando fra me, non sapendo allora che tutte quelle diavole di zingare hanno per bocca tali falsità.

«"Quell'altra?" soggiunse la vecchia. "Era io, vi dico, e ho conosciuto vostra madre che stava se ben mi ricordo in una corte là nei paesi di là dalle Grazie. Non è vero, eh? Una donna piuttosto alta..."

«"Non tanto" diss'io.

«"Ah sì piccoletta; un po' rotonda..."

«"La tirava un po' al magro..."

---

[98] Allibito, sbigottito.

«"Ah! sarà bene; ma siccome io l'ho conosciuta quando l'era incinta..."
«"Oh qual miracolo!" sclamai io semplicciotto. "Siete proprio voi quella; poiché cotali predizioni le furono fatte quando l'era incinta, di me prima, e poi di mio fratello. Oh come mi sa caro d'essermi oggi incontrato in una donna che ha conosciuto la buon'anima di mia madre!"
«"Poveretta! Ma già ora l'è in paradiso" soggiunse la strega; "poiché io non ho mai trovato femmina più buona, religiosa e caritatevole di lei; e sì ne ho girati dei paesi!"
«"Oh l'è in paradiso sì certo!" feci io "e tutte le sere la prego onde, per la sua intercessione presso a Dio, mi conservi buono e onorato!"
«"Così fate bene, figliuolo!" soggiunse la vecchia. "E in onore di vostra madre, avreste di che farmi una qualche limosina, mio bel figliuolo? Se sapeste..."
«"Oh sì!" la interruppi io tutto intenerito per quelle dolci memorie, guardando con occhi pietosi le calze bucate di quella vecchia, la quale forse le portava a quel modo per speculazione.[99] Poi trassi di tasca i miei quattro soldi, e li deposi nella sua mano grinzosa.
«"Grazie, figliuolo caro!" rispose ella stringendo il pugno come fa il gatto della sua zampa. "Pregherò il Signore per voi, onde per quel milione che vi dee capitare non vi si abbia a guastar l'anima."
«In questo ella si volse e se ne andò, e potrei anche giurare d'averla udita ridere; ma per quanto ridesse alle mie spalle era stato proprio il Signore a metterle sulle labbra quella profezia; né io fui ad ogni modo canzonato, perché quella buona opera fu scritta nel registro dell'angelo custode.»
«Dunque l'affar del milione è tutto qui?» chiese la

---

[99] Speculando sui segni della povertà, accentuandoli per muovere a pietà.

Landina aprendo gli occhi assonnati al punto che fece il bifolco su quelle parole.

«Anzi comincio ora» rispose egli.

«Ah cominciate?» fece quell'altra sbarrando tanto di lanterne.

«Sì, sì dite, andate innanzi, non perdetevi con lei» dicevano le più giovani alle quali piaceva il cicaleccio del Carlone.

«Via, dunque comincerò» diss'egli con un sospiro. E dopo, cominciò infatti per la terza volta, se ho contato bene.

III

«Or dunque dovete sapere...»

«Dobbiamo sapere un'altra volta!» grugnì la Landina mezzo addormentata sulla rocca.

«Ehi ehi Franceschetto!» fece il Carlone. «Tu che sì bene tieni sveglia la Primitiva, provati ora un po' con questa dormigliona che cola qui da tutte le bande.»

«Dormiglione voi, mercante di letame e di frottole!» gridò la Landina spalancando due occhiacci da far ispiritare.

«Così vi voglio» riprese sorridendo il bifolco, e tranquillamente continuò: «dovete dunque sapere che a poco a poco di famiglio io divenni bracciante e da bracciante bifolco come sono ora. E allora per l'appunto vedendo i fatti miei bene avviati mi punse la vespa del matrimonio; ma la povera Marianna campò ben poco, e Dio se la tenga in pace ora, benché a quei tempi la mi avrebbe accomodato meglio qui a basso, essendomi di lei restati due puttini,[100] si può dire, in fasce. Dio peraltro volle togliersi anche questi sebbene fossero due brunetti che a vederli facevano voglia, ed io rimasi solo di

---

[100] Bambini.

bel nuovo, perduto nella mia solitudine e pieno di noie e di lagrime, finché mi ricoverai nella pazienza, allargando la mia famiglia a tutto il povero prossimo. In quel torno, come non bastassero altre disgrazie, mi venne a morire anche il padre, ed ecco che io vengo a buscare per mia parte sotto a due mila lire. Una buscherata! Come impiegare tanto denaro? Davvero vi confesso che tanto fu l'imbroglio, come se mi fosse capitato sul serio quel benedetto milione.»

«Ma dunque questo milione non v'è capitato mai!» disse stizzosamente la Landina, la quale era come ben si vede il martello perpetuo del vecchio bifolco.

«Sì, sì l'è capitato! ma con quiete, con comodo, una cosa alla volta, l'arrosto dopo il lesso, perbacco!» soggiunse Carlone con piglio di infastidito. «Dunque alla fine cosa ho pensato io? Addirittura di pormi a far l'affittuale, e non era poi un pessimo consiglio colle annate di butirro,[101] che correvano allora. La prova ne fu che con quel piccolo fondarello del Fornaciolo raddoppiai in cinqu'anni il capitale, e ci aveva una stalla e un granaio così forniti che a dirvi il numero dei sacchi e delle corna mi tirerei le rocche nella testa. Figuratevi, qual mulino a vento mi cacciò in capo quella subita fortuna! Pure anche in tale abbondanza non m'incolse più mai quella lebbra che noi diciamo la *maritarola*:[102] Dio non avea voluto graziarmi lasciandomi la prima, e avrei creduto tentarlo col prenderne un'altra; onde la tirai innanzi da scapolo accontentandomi di essere servitor puntuale e dolce padrone, nel che appunto consistono i difficili doveri d'un buon fittaiuolo. Infatti, non faccio per vantarmene, ma tutti mi volevano bene, e se non lo credete, domandatelo al vecchio mugnaio e a Beppo tintore e a quanti mi ebbero in pratica allora. E volete di più? domandatelo a mio compar Graziadio, che di-

---

[101] Burro.
[102] Desiderio di maritarsi.

mora qui alla Canova e che fu a que' tempi mio bifolco per quattro anni filati e poi s'è fatto castaldo[103] e poi mezzaiuolo[104] in grazia mia e del milione; ma non mettiamo il carro avanti ai buoi e andiamo dietro il filo se si può. Dunque come vi raccontava io era in buone acque, e saldo ancora in gamba, perdiana! poiché mi erano sonati i trenta o poco più. Ma adesso mi converrà tornarmene addietro almeno sessant'anni, a trent'anni cioè prima della mia nascita, per mettervi in chiaro di tutto. Dunque dovete sapere...»

«Dovete sapere» ripeté la Landina con uno sbadiglio.

«Sì, per l'appunto» tornò a dire con una tal quale arroganza il bifolco. «Dovete sapere che mio padre aveva un unico fratello, maggiore di lui; uno di quei cervellini che con tutta la voglia di far bene non ne vogliono saper d'andar per la strada battuta, come qui il Pugliese per esempio, che sotto l'aratro tira per due e solcherebbe un macigno, ma che si punta sempre di traverso onde bisogna aver pratica e grammatica per tenerlo in riga. Questo saltinfrasca[105] di mio zio quando si pubblicò dai Francesi la prima coscrizione[106] deliberò di cavarsela, e indovinate mo[107] come? Unendosi con dei commedianti, che già sapete sono que' vagabondi che divertono i mercati e le fiere con salti, capriole e simili burlette. Ma dopo aver fatto qualche mese le capriole e i capitomboli, ecco che quello sventato, fuggitosi per non portar il fucile, pensa d'arrolarsi volontario; e dopo tutte quelle battaglie di Napoleone rimasto intero per miracolo va a finire che so io? in Africa o in America a combattere coi pagani. Sapete già che quelli sono i paesi dell'oro; or

---

[103] Amministratore di un'azienda agricola, fattore.
[104] Cfr. mezzadro, p. 118, nota 7.
[105] Mattacchione.
[106] *quando... coscrizione*: «Allude ai tempi del Regno italico di Napoleone, 1805-1814», cfr. I. Nievo, *Novelliere campagnuolo e altri racconti*, cit., p. 95, nota 2.
[107] Adesso, ora.

dunque quel mio zio che dietro strada[108] s'era fatto un brav'uomo cominciò a insaccar dobloni e messicane e colombie,[109] finché divenne un riccone sfondato. Dicono poi che si fosse fatto mercante, e che l'abbia moltiplicato que' suoi tesori negoziando in seta; ma io già non me la so persuadere che chi ha viaggiato e combattuto in centomila paesi s'adatti poi a starsene dietro un banco pesando once e vendendo gucchiate.[110] Comunque la sia, ecco che quarant'anni dopo, quando noi l'avevamo già dimenticato, e mio padre era morto da cinque, capita la nuova ch'egli se n'era andato di fresco al Creatore, e che non essendoglisi trovato né testamento né altra carta qualunque, io e mio fratello avevamo a spartire un mucchietto di qualche milione. E non vi conto mica frottole, sapete! Le furono tutte cose o stampate o stese in carta bollata; e ci avevano mano in pasta delle genti come va, e gli avvocati poi mi correvano dietro, ch'io pareva il lardo ed essi una ciurma di gatti lecconi. "Saccobello!" diss'io allora fra me. "Ecco che la zingara aveva ragione!" Già v'immaginate che non rimasi colle mani in mano; anzi lì sul fatto levo le mie fedi[111] e quelle del papà e quelle dello zio, e vado in pretura e le spiattello fuori, ed essi tutti a farmi di berretto: "Servitor suo! Signor Milione di qua! Stia bene, evviva! Signor Milione di là!" come se fossi l'imperator del Perù. Quando ve lo dico io, l'era una vera cuccagna! Non vedea però l'ora di sbarazzarmi di quei quattro cenci e di quell'altre miserie che ci aveva per casa; per correre leggiero e spedito a Venezia... perché... Non mi ricordo il perché dovessi andare a Venezia!... Ah così la

---

[108] Lungo la strada, nel corso del tempo.
[109] Dobloni e messicani sono monete auree rispettivamente di conio spagnolo e messicano, le "colombie" sono plausibilmente le "colombine", che indicavano popolarmente delle antiche monete sulle quali era rappresentata una colomba.
[110] Gugliate.
[111] Attestazioni, certificati.

stava! perché il morto era morto in casa del re d'Inghilterra, e là a Venezia c'era per l'appunto un fattore,[112] un agente, che so io, un tirapiedi di questo re d'Inghilterra. E mi ricordo ancora, vedete, che questo bel signore che stava a Venezia parlava e intendeva tanto bene l'italiano come io il turco, o presso a poco; e si parlava, figuriamoci, tutti e due ad un terzo babbuino, il quale, io temo, non capiva né lui né me, e quello poi spiegava e confondeva a lui e a me quanto ci avevamo detto. Oh se l'era da ridere! Ma per tornare dove siamo restati, ecco dunque ch'io prendo i miei buoi, e dico ad un mezzaiuolo mio compare chiamato Geremia il quale per essere indebitato fino ai capelli non poteva maritare la figlia: "Prendete, Geremia; queste due paia di buoi sono vostri, perché li diate in dote alla Giacomina questo Natale!". E infatti la Giacomina si accasò molto bene presso quella famiglia del Frassine ove io vado per solito a passare la Pasqua. A Geremia vi so dir io che veniva da piangere per la consolazione; ma io me ne andai lasciandogli le bestie mentre ei mi gridava dietro, che dei milioni dovean capitarmene cinquanta. Oh che compare dabbene l'era mai quel Geremia! Io intanto di gran trotto torno a casa, e siccome eravamo già sul San Martino,[113] e mi scadeva l'affittanza, prendo gli altri quattro buoi e dico al mio bracciante: "To' questi per te colle vacche, e con tutti gli aratri e gli erpici e i carri e va' a cercar fortuna ove più ti piace". E quel bifolco l'era un tal Bastiano, un uomo lungo lungo, magro magro, un po' pigro se volete, ma buono di fondo, che morì quat-

---

[112] In senso generico si intende amministratore; Carlone riconduce l'apparato amministrativo e burocratico inglese alla propria esperienza di contadino e dunque chiama il funzionario "fattore", associandolo a colui che in campagna amministra un bene agricolo per conto di un padrone.
[113] Nel giorno di San Martino, 11 novembre, ha tradizionalmente inizio l'anno agrario e con esso arrivano a scadenza i contratti di affitto stipulati con i proprietari terrieri.

tr'anni dopo; e son suoi figliuoli i fittavoli delle Cavallare dove passo tutti gli anni la vigilia di Natale, e quella gente dabbene mi benedice ancora. Finalmente chiamo il bifolco che era come vi dissi quel Graziadio che sopraintende ora alla Canova e gli dico: "Prenditi le suppellettili di casa, la rameria, le ferramenta, e gli arnesi da lavoro, e conciati così gli ossi alla meglio". E lui che di tutto codesto abbisognava per essere spiumato come un pulcino nell'ovo, a volersi gittar ginocchione per baciarmi i piedi: perché dovete sapere, che l'era allora in discorso con quella Geromina divenuta poi sua moglie, e siccome l'era una zittella ben provvista, non gliela volevano dare finché ei non avesse un po' d'impianto in casa. Dopo però costei s'è fatta superba come un pollo d'India, e siccome quel povero Graziadio è sempre del parere degli altri, così lo ha ridotto a tale che non può dir buona notte a chichessia senza il suo assenso.

«Così finalmente dato aria alle cose mie, mi sfregolai le mani dicendo: "Ora poi milione o non milione, ho fatto felici tre famiglie e sia lodato Iddio!". Presi poscia mille lire che avea da banda in denaro, e andetti[114] da mio fratello e così gli parlai: "A rivederci, fratello! Se t'accontenti io vado a prendere i nostri milioni, poiché dicono che son due; e tornato ch'io mi sia spartiremo il pomo per metà".

«Egli il povero gonzo[115] era ancora fra il sì e il no, e mentre io aveva fatto il detto fin qui, non aveva finito di risolversi a credere o a non credere.

«"Sei matto?" diss'egli all'udire quanto gli veniva narrando dei fatti miei.

«"Matto? No che non lo sono" gli risposi. "Il Signore mi ha dato questa ispirazione ed ora vado a Venezia, e di qui a un mese faremo un po' di baldoria."

«Allora dunque, al vedere come prendeva io la cosa,

---

[114] Andai.
[115] Sempliciotto, sciocco.

egli si fece quieto, tanto più che stando egli sul tirato non gli spiaceva di veder me avanzare[116] tutte le spese; ma già il pover'uomo non pensava male con cinque figli sulla groppa; e così mi consegnò anche le sue carte e la procura, e partii per Venezia con quel Bernardino sensale che è morto a Gazzoldo sett'anni fa e conosceva la legge meglio di coloro che l'han fatta, poiché dicono ch'ei la sapesse leggere dritta e rovescia. E così sempre in carrozza e con quei milioni pel capo ecco che arriviamo dove bisogna montar in barca; poiché, già lo saprete commari, Venezia l'è in mezzo al mare, e l'è tutta piantata sui pali, né per questo vi è ombra di pericolo, perché sono d'una tal tempra di legno che collo stare in acqua indurisce meglio del ferro. E se vedeste poi che contrade! Immaginatevi che col cappello dalle falde grandi come lo si portava allora, non ci si poteva passare; e in certune poi l'acqua scorre e vi girano le barche come per Mantova le carrozze. Ma pure quello che vi è di più mirabile a Venezia le sono le donne... Oh quelle là sì vedete che le son belle, civili[117] e graziosette! Altro che voi qui, poveracce!»

«Eh tacete via! vecchio sgangherato!» disse la ferraia che la pretendeva a letterata e faceva la dama del villaggio.

«Sì, lo dico e lo sostengo!» soggiunse Carlone. «Tuttavia di tali cose non m'accorsi finché ebbi il cervello milionario; anzi era tanto chiuso coi miei pensieri e pieno di calcoli e di paure, che il giorno né beveva né mangiava, e la notte non dormiva, e quando Bernardino mi dava per le braccia delle buone scrollate, vi giuro ch'io non capiva nemmeno questo linguaggio il quale è pur compreso fino dagli asini! Allora cominciarono a mandarmi così allibito com'era da Erode a Pilato, finché capitai da quel babbuino dell'Inglese; e lì parla e discorri e contendi con lui e con quell'altro che risponde-

---

[116] Anticipare.
[117] Amabili, cortesi.

va per lui, ecco che dopo la quinta o la sesta volta, quando già io cominciava a sentire il mal del milione sul serio, questo pappagallo mi dice chiaro e tondo a nome del principale: "Caro signor Carlo Peschierotti! È bensì vero che è morto presso al re d'Inghilterra l'illustrissimo Luciano Peschierotti il quale era vero fratello del fu signor padre di lei; ma oggi ebbimo notizia ch'egli lasciò per testamento ogni avere alla sua cuoca, la quale ora è una gran signora e si fa sposa con un principe di quei paesi".

«Capite! Proprio un principe mi ha detto; ed era di quelli che là in Inghilterra fanno e disfanno le leggi, perloché io credo che sarà anche stato lui a fare quel testamento per isposarsi in pace la cuoca e i milioni.

«Allora sì che all'udir questo io rimasi come un gnocco sulla forchetta! Ma già io aveva gustato così alla lontana il piacere d'essere signore, e ci avea trovato tanto mio comodo che non durai fatica a forbirmene bravamente la bocca. Toccò anzi a me riconfortare alla mia volta quel povero Bernardino, il quale era divenuto quello ch'io m'era stato i giorni addietro. Dal canto mio poi riebbi il sonno, l'appetito, e l'intelletto, onde corsi a ringraziarne Dio nella chiesa di San Marco, dove c'è il pavimento fatto ad onde di mare, e ci sono sulla porta di mezzo quattro cavalli di bronzo grandi, credo io, tre uomini e mezzo, e il soffitto è tutto indorato ad oro di zecchino, e lì presso si drizza un campanile lungo eterno, sulla cima del quale si può salire in carrozza. Quelli vedete sono colossi da far trasecolare! Dunque io, come vi diceva, ringraziai prima Iddio per me, e lo pregai poscia per l'anima di mio zio, il quale forse si era sì ricordato di noi, ma quella briccona della cuoca... Basta! già di quei benedetti Inglesi io mi son sempre fidato poco, e questo serva di regola per voi quando si contano di loro sui mercati certe spampanate[118] che non valgono un

---

[118] «Ostentazione o vanto eccessivo», «spacconata.»

fico. Bravissima gente, figliuoli, ma per fare i fatti loro e non quelli degli altri! Insomma io uscii dalla chiesa che pareva un cardellino, e allora soltanto potei dire di veder Venezia, e sgombro il cervello di frascherie ad ogni occhiata intoppava in una meraviglia da cui stentava poi a dividermi. Fui anche a vedere i bastimenti, e ce ne vidi di tanto grandi che vi si potrebbero installare duecento paia di buoi...»

«Uh uh!» fecero le donne.

«E cento e cinquanta vitelli» continuò coraggiosamente Carlone: «senza contar la testa e la coda le quali son tanto lunghe e larghe da potervisi far sopra gli esercizi. Caspita, non le son mica fiabe codeste e molti de' vostri che furono soldati ve lo possono riconfermare, ed ora che c'è la strada ferrata potrete farne voi stessi la esperienza di san Tommaso. Insomma così la andò; e mi divertii là a Venezia una buona settimana con quel capo di Bernardino, il quale però avea più giudizio di me e sospirava per mio conto dietro il milione, e ogniqualvolta mi vedea incantato in qualcheduna di quelle care biondinelle, mi tirava pel gabbano.[119] Ma il fatto sta che il milione della zingara lo portai tal qual mi vedete in questa mia zucca due buone settimane; ma se i milioni son così grevi a portarli in tasca come a tenerli in capo, che il buon Signore se li tenga o diali in penitenza ai dannati!...»

IV

Il vecchio bifolco si soffiò il naso (non serve ch'io vi specifichi il modo; bastimi ripetere che lo soffiò per dar segno che la narrazione era finita).

«Bravo Carlone!» disse la Primitiva, la quale, poiché il Franceschetto s'era partito, aveva atteso al racconto.

---

[119] Mantello o casacca.

«E quando siete tornato poi, avete ripresa la robba che avevate donato via?»

«Gnaffe! non fo mica l'usuraio io!» rispose il Carlone. «Quella era robba ben donata; e per quanto Geremia e quegli altri mi pregassero di ritornarmela, non ho voluto distruggere l'unico bene venutomi dalla minaccia del milione, qual si fu quel poco di carità fatta a chi se la meritava. Dunque comperato colle poche lire che mi ci avanzarono un badile, mi allogai per bracciante presso mio fratello, al quale per vero dire non sapeva correr giù pel gozzo quella burla del milione; ma poi se ne consolò maritando onestamente le sue tre figliuole, ed accomodando i due maschi, uno per tintore ad Ostiglia, e l'altro per fattore in una famiglia di signoroni. E a poco a poco io mi rifeci bifolco come son sempre rimasto dappoi, ed egli il buon uomo se ne morì ancora fresco di età; e di quelle mie tre nipoti, una è vedova con due figli grandi a Redondesco, l'altra sta a Goito, e rimasta col marito senza prole la campa agiatamente con un suo botteghino di cordella, di ninnoli e di spille; l'ultima è quella Barbara che ha l'osteria di Casatico e dalla quale io fui nel carnevale passato per le nozze della sua figliuola; e tutte senza averne da buttar via si difendono bene. Dei due nipoti, il tintore ha moglie e figli ammogliati e nipotini, e compra ogni anno case e campagne; e l'altro di fattore fattosi padrone d'un bel podere, è restato scapolo, e da ultimo a quanto mi si narra s'è accasato col fratello, onde così unita la casa loro è delle migliori di Ostiglia. Ma già essi, poveri figliuoli, non sanno neppure ch'io mi sia al mondo, e che il Signore li benedica!»

«Come? non sanno che siate al mondo?» sclamò la Pasquinella. «Se hanno pratica colle sorelle deggiono pure saperlo, giacché esse vi vedono quasi ad ogn'anno! Or dunque, come può essere questo impossibile?»

«Questo impossibile può essere, figliuola mia!» rispose mestamente il vecchio bifolco. «Ma l'è una storia troppo lunga a volertela ora contare.»

«Oh contatela, contatela!» sclamò ancora ingenuamente la Pasquinella, mentre le altre donne, e perfino la Landina, crollavano la testa comprendendo la mestizia del Carlone.

«No, piccina!» soggiunse questi. «Quelle sono cose che i vecchi non devono narrare ai giovani, e i giovani son troppo fortunati se muoiono, senza impararle a proprie spese. Ti ho detto che i miei nipoti non sanno ch'io mi sia al mondo; questo è parlar chiaro e mi sembra che debba bastare.»

Le facce di quelle buone commari erano piene di compassione, e soltanto la Pasquinella durava nella sua curiosità; ma poi vinta dalla tristezza generale divenne essa pure pensosa e melanconica; e chinò il suo visetto sulla rocca né mosse più fiato.

Il vecchio se n'andò sfregolandosi gli occhi di soppiatto, e per due giorni non lo si vide alla veglia; ma a poco a poco i nipoti furono dimenticati, e le donne riebbero il loro paziente e favorito novelliero.

Commento al testo

Nel novero delle opere di cui Nievo non poté curare la pubblicazione figura il volume del *Novelliere campagnuolo*, sebbene nell'epistolario risulti attestata a più riprese l'intenzione di raccogliere i testi di argomento "campereccio" per darli unitamente alle stampe. La novella *Il milione del bifolco* compare a puntate nel 1856 sul periodico mantovano «La Lucciola», «Giornale di agricoltura scienze e lettere, compilato da Luigi Boldrini».[1]

L'elemento strutturale di maggiore interesse della novella sembra essere il fatto che, attraverso la costruzione del testo secondo il modello russo del racconto a veglia, Nievo introduce due voci narranti: una esterna alla scena, nella quale si riconosce l'autore del testo, e una interna, rappresentata dal narratore popolare protagonista dei fatti raccontati. La voce esterna interviene a più riprese lungo tutto il racconto per attribuire le battute di dialogo, per chiosare azioni e comportamenti e soprattutto per marcare il passaggio tra un capitolo e l'altro con osservazioni metanarrative sulla corrispondenza tra le pause della narrazione orale e le partizioni testuali. Il testo, che sembra in tal modo una trascrizione condotta da un osservatore esterno e fedele nel riportare le parole e gli atti del narratore popolare, sottolinea la natura orale e spontanea del racconto del bifolco, natura ribadita anche ogni qualvolta una delle donne che fanno da corona al novellatore interrompe la narrazione, contrariamente all'uso tradizionale della novella a cornice nella quale l'udito-

---

[1] I. Nievo, *Novelliere campagnuolo e altri racconti*, cit., p. LXX.

rio tace sinché l'oratore ha la parola e interloquisce solo all'inizio e alla fine del racconto (si veda al proposito non solo l'archetipo di Boccaccio, ma anche la sua versione ottocentesca: il *Decameroncino* di Capuana). La voce di Carlone indugia prima di emergere autonomamente nel lungo batti e ribatti con le contadine che precede l'inizio del vero e proprio ricordo autobiografico, dando così il tempo al narratore esterno di introdurre i personaggi e la scena campestre. Nelle pagine iniziali la voce autoriale si preoccupa di sottolineare la qualità umana del gruppo delle contadine e del bifolco, gruppo che per altro beneficia indirettamente di una descrizione e della relativa considerazione che Nievo ha già svolto nel XLII capitolo della novella-manifesto *La nostra famiglia di campagna*:

> Così non ti parrà adesso d'udire una bestemmia, se io confesso che in un crocchio di villane raccolto nella stalla ad un fumoso lucignolo trovo maggior poesia che nel convegno delle eleganti dove l'odore del muschio, il lampeggiar delle occhiate, e il chiaro del canfino mettono i sensi in visibilio.[2]

Pur attribuendo al popolo delle campagne virtù di sincerità e umanità superiori a quelle dei ricchi abitanti della città, quindi pur proiettando sul reale un filtro interpretativo ideale, Nievo non propone una rappresentazione oleografica: gli abitanti della campagna non escono da un improbabile mondo idilliaco, in particolare le donne sono ritratte in atteggiamenti grossolani, sono sguaiate, fanno gestacci, sono petulanti e polemiche, se anziane sono persino definite «bavose». Tuttavia sono di animo buono («quelle buone commari»), ossia Nievo le vuole rustiche, ma non cattive, non maliziose, non moralmente negative, tanto è vero che Carlone, partecipando all'intenzione dell'altro narratore di attestare la bontà dei contadini, si compiace bonariamente delle beghe delle donne.

Va notato che Carlone non si pone completamente sullo stesso piano del proprio uditorio, non solo per l'autorevolezza che gli deriva dall'età e dalle esperienze di vita e nem-

---

[2] *Ibid.*, p. 49. Il «canfino» è un combustibile per le lampade.

meno solo perché la capacità di raccontare storie gli attribuisce un ruolo unico nel gruppo sociale, ma anche per il livello linguistico e ideologico che si associa alla sua capacità affabulatoria, livello nel quale talvolta traspaiono il lessico e la prospettiva del narratore colto. Al contempo, il racconto del bifolco risulta ricco, specie linguisticamente, di elementi tipici della cultura contadina, a cominciare dai termini dialettali, alcuni dei quali entrano senza mediazione nel testo, mentre altri sono segnalati dal narratore stesso come locali («quella lebbra che noi diciamo la *maritarola*»). In aggiunta ai singoli lemmi Carlone adotta anche strutture sintattiche tipicamente colloquiali quando non schiettamente dialettali, che concorrono a dare vita alla lingua mista di cui si è detto nell'introduzione; inoltre puntella le proprie riflessioni con sentenze desunte dai modi di dire popolari («a far una buona confessione anche con un cattivo prete ci si guadagna sempre»); infine, fa ricorso a similitudini coerenti con il bagaglio di esperienze di riferimento proprie dell'ambiente contadino («era una ragazzetta vispa e furbacchiotta come una lucertola»).[3] Si segnalano, in margine, due punte estreme nella varietà del discorso di Carlone che oscilla tra intuizioni moderne e tratti settecenteschi: da un lato la rievocazione dell'infanzia, che sfocia in una serie di frasi che quasi arrivano a riprodurre il flusso irrazionale di un monologo interiore (si vedano soprattutto l'uso del "che" irrazionale e l'esclamativa finale: «purché peraltro non mi gridassero dietro del cencioso e del malcreato, che allora piangeva, e piangeva proprio di rabbia e credo che li avrei mangiati quei cattivi ragazzacci!»); al lato opposto si colloca il contadino, bucolicamente assiso tra due buoi che gli fanno da poltrona, che non dice, per un senso del pudore letteralmente fuori luogo, dove ha messo i piedi, giovane e povero, pur di scaldarsi.

---

[3] In quanto alle similitudini si dà anche il caso in cui Nievo nasconde dietro a un'osservazione apparentemente propria dell'ottica contadina una sensibilità non contadina: quando vede Venezia infatti Carlone dice che sul campanile di piazza San Marco si può salire in carrozza, e l'immagine è semplice quanto incolta, ma l'ammirazione del bifolco per le bellezze della città (ragazze a parte) è tutt'altro che ingenua.

Non è evidentemente ancora il caso di parlare di abbassamento della prospettiva del narratore, né di narratore interno in senso verghiano, cioè di un narratore che condivida esclusivamente il punto di vista e la mentalità, quindi l'orizzonte culturale e intellettuale, del mondo contadino. Carlone si pone piuttosto come intermediario tra il mondo di cui è un rappresentante di spicco e il mondo di cui è invece rappresentante il narratore esterno, "cittadino", ovvero il mondo destinatario della narrazione. Ciò significa che attraverso i due narratori Nievo sdoppia la funzione di mediazione che il novelliere campagnolo per definizione si assume tra classi proprietarie e classi contadine. A Carlone Nievo lascia tuttavia l'onere di sdoganare le parti più polemiche del discorso, quelle in cui l'autore contesta la mancanza di rigore morale e di intelligenza da parte dei possidenti i quali, trattando ingiustamente i lavoranti, non si rendono conto di provocarne i comportamenti disonesti. Solo la nativa rettitudine d'animo dei contadini, laddove questa sussista, li trattiene dal commettere le azioni scorrette cui gli stessi padroni li inducono:

> Eccoli, che Iddio li benedica, i poveri famigli, finché, essendo piccini, non hanno voce in capitolo; onde poi, quando ingrandiscono, s'ingegnano a rifarsi sulla robba del padrone, e questi perde a mille doppi quanto ha dapprima guadagnato colla sua lesineria. [...] A dirvi la verità, anche adesso che parliamo, io mi meraviglio che tanta crudeltà ed ingiustizia unite al cattivo esempio non mi abbiano reso un gran birbaccione; ma forse, perché io restai semplice più che la comune dei ragazzi.

La novella quindi propone un quadro campagnolo uniforme alle intenzioni dichiarate nella *Nostra famiglia di campagna*, un quadro che accenna a essere realistico, ma non oggettivo poiché seleziona i personaggi e le vicende da portare sulla scena in base al loro valore esemplare. Lo scarto tra reale ed esemplare si introduce nel fattore morale che l'autore conferisce programmaticamente al testo. Nievo non puntualizza sulla corruzione eventuale nella plebe contadina, ma lascia intravedere il lato non edificante dei contadini, anche se è esplicita l'attribuzione di responsabilità al ceto possidente che, per cultura e mezzi, potrebbe evitare il proprio e l'altrui errore.

Oltre alla divisione in quatto capitoli, il racconto è organizzato in tre sequenze narrative distinte: l'infanzia di Carlone, il primo viaggio in città con la vicenda delle pipe, infine il fatto del milione mancato. La prima sequenza presenta il personaggio, a partire dal ricordo dell'infanzia, secondo uno schema che Nievo utilizza anche nella novella *Il Varmo* e nei primi capitoli delle *Confessioni*, attraverso il quale si chiarisce il messaggio educativo e filantropico sotteso al racconto. Le parti successive sviluppano il medesimo tema: la tentazione del benessere, il sogno di elevarsi economicamente e socialmente e l'inevitabile disillusione con il finale riconoscimento del valore delle azioni di carità compiute disinteressatamente. Naturalmente è quest'ultimo esempio quello da cui dovrebbe trarre ispirazione il lettore cittadino messo sull'avviso dalla morale esposta all'inizio del racconto. La serie delle azioni positive compiute dal bifolco, soprattutto quando crede di avere avuto in eredità il milione, sono azioni di cui l'uomo ingenuamente buono non si pente nemmeno di fronte al dissesto economico e per le quali gli viene reso merito in vita, poiché ottiene quella famiglia allargata che desidera da quando ha perso il proprio nucleo familiare, riuscendo così a trovare consolazione alla solitudine cui, cristianamente, si è rassegnato. Rassegnazione, bontà, senso della giustizia divina, senso della fratellanza, indifferenza alle ricchezze materiali, sono le caratteristiche di tale campione del mondo contadino. In ciascuna delle circostanze in cui fallisce nel tentativo di migliorare la propria condizione, prima sognando una pipa poi sognando un milione, il contadino si trova posto a confronto con il mondo cittadino e in tutti i casi ne esce sconfitto. Tuttavia Carlone, da quell'emblema di rettitudine quale è, non interpreta il fallimento come sopruso patito (non quando viene mandato a sbattere due volte conto il muro, né quando il postale rischia di travolgerlo e nemmeno quando il principe gli soffia il milione), bensì come proprio errore; in tal senso la morale della novella è valida anche per il mondo contadino e si profila come invito a non desiderare oltre il consentito e a preservare come valori fondamentali l'umiltà e la purezza d'animo.

CAMILLO BOITO

La vita e le opere

Camillo Boito nasce a Roma il 30 ottobre 1836 dal matrimonio tra il pittore bellunese Silvestro Boito e la contessa polacca Giuseppina Rodolinska. Dopo l'infanzia e l'adolescenza, trascorse tra diverse città italiane ed europee al seguito della famiglia, alla separazione dei genitori e al ritorno della madre in Polonia si stabilisce con il fratello Arrigo a Venezia, e lì si iscrive all'Accademia di Belle Arti. Preso il diploma sotto la guida di Pietro Selvatico Estense, succede al proprio maestro nell'insegnamento all'Accademia veneta (a diciannove anni); nel 1856 trascorre alcuni mesi a Firenze con una borsa di perfezionamento e comincia a collaborare con i maggiori periodici d'arte e letteratura nazionali. Alla fine degli anni Cinquanta si trasferisce a Milano, dove si ricongiunge ad Arrigo che pone sotto la propria tutela economica, essendo morti entrambi i genitori, e dove ottiene nel 1860 la cattedra di Architettura presso l'Accademia di Belle Arti di Brera, che mantiene per quarantanove anni sino al 1909. Nel 1862 si sposa con la cugina Cecilia de Guillaume dalla quale divorzia dopo la morte dell'unico figlio, Casimiro, quindi si risposa nel 1887 con Madonnina Malaspina dei Marchesi; rimasto vedovo della seconda moglie, riprende casa con il fratello, fino alla morte avvenuta il 28 giugno 1914.

La sua vena letteraria si esprime essenzialmente nella produzione di novelle, raccolte nei due volumi *Storielle vane* (1876), e *Senso. Nuove storielle vane* (1883), scritte nel torno di anni di un trentennio, tra la metà degli anni Sessanta e la metà degli anni Novanta: si tratta di quindici novelle, sette nel primo e otto nel secondo volume, escludendo dal novero due testi espunti e sostituiti nell'edizione delle *Storielle vane* del 1895, perché lontani da una prosa propriamente narrativa e piuttosto vicini alle prose artistico-letterarie raccolte nelle *Gite di un artista* edite nel 1884. A parte tale caso estremo di testi percepiti dall'autore stesso come estranei alla novellistica, una delle caratteristiche della letteratura boitiana resta proprio la tangibile presenza dell'artista tra le pieghe del tessuto narrativo, ad esempio nella spiccata propensione a costruire descrizioni paesaggistiche con attenzione pittorica soprattutto agli effetti di luce e di colore. Il che non può sorprendere data la notevole carriera compiuta da Boito come architetto e restauratore, come docente e riformatore degli istituti artistici, come critico e teorico d'arte, attività nelle quali riscuote un indiscutibile consenso confortato da numerosi riconoscimenti ufficiali, che gli giungono sotto forma di nomine pubbliche e incarichi di prestigio. Tra le prime si ricordano la convocazione nella giuria dell'Esposizione universale di Vienna del 1877, la nomina a presidente della Seconda Sezione del Consiglio superiore delle Antichità e Belle Arti, la presidenza dell'Accademia di Belle Arti di Brera e la direzione della rivista «Arte Italiana Decorativa e Industriale» (edita dal 1890 al 1911) voluta dalla Commissione centrale per l'insegnamento artistico e industriale del ministero di Agricoltura Industria e Commercio (commissione di cui Boito è presidente). Anche più lungo risulterebbe l'elenco degli incarichi e delle opere realizzate come architetto e restauratore, su cui tuttavia si sorvola per sottolineare invece che l'inferiore rilevanza quantitativa delle opere letterarie, indubbiamente di minore spicco nel panorama nazionale se confrontate con l'autorevolezza e il ruolo dall'autore nel settore delle arti figurative, non significa affatto il pregio inferiore di tale produzione.

Per altro l'opera di Boito nei due campi si dimostra uniformemente orientata da un unico disegno intellettuale che, partendo dalla consapevolezza del ritardo italiano rispetto alle posizioni della cultura europea, intende contribuire allo svecchiamento del panorama nazionale attraverso un'arte attenta alle sollecitazioni che derivano dal progresso economico, tecnico e scientifico della società moderna, ma che, d'altro canto, non accoglie le posizioni più avanzate delle coeve esperienze europee e nostrane (pur condividendo molto, come si vedrà, con entrambe) e soprattutto non rifiuta, ma cerca di recuperare all'interno della modernità, elementi della tradizione nazionale. Di conseguenza la produzione letteraria di Boito non si segnala sul piano formale per l'innovatività delle soluzioni linguistiche e stilistiche o delle strutture narrative, ma offre piuttosto una significativa commistione di temi e modi narrativi che fanno capo tanto al serbatoio della tradizione primo-ottocentesca (la seduzione amorosa, il tradimento coniugale, l'importanza degli affetti famigliari e domestici, la vita idilliaca delle campagne...) quanto alle tematiche portate in auge dalle nuove correnti (da un lato le scienze, le patologie mentali, le problematiche sociali, dall'altro il mondo dell'occulto), senza che ciò comporti l'affiliazione esplicita o esclusiva ad alcuna di queste. Inoltre «la materia prima delle opere d'arte», quindi l'oggetto condiviso tanto dalla letteratura quanto dalle arti figurative, è per Boito la conoscenza della «vanità delle cose mortali», intesa come mancanza di un senso e di un ordine riconoscibile nel reale, come «vanità» di «storielle» da contemplare col distacco di uno sguardo straniato; scrive infatti l'autore:

> Monimo il cinico diceva che tutto nella vita è opinione; io dico che tutto nella vita è sensazione; bisognerebbe dire che tutto nella vita è rappresentazione. L'uomo non merita nome di vero filosofo sinché non si renda indipendente dagli altri e da sé, pigliando tutto ciò che vede come una commedia da ridere od una tragedia da piangere. Conviene ridere e piangere, amare e odiare, ammirare e disprezzare, ma sempre dalla platea di noi stessi al palco scenico di tutti gli altri, senza eccezione. Anzi noi dobbiamo mettere sempre anche noi sul palco, e vederci sentire, e vederci operare, non tanto per correggerci o per giudicarci, quanto per giovarci di noi medesimi a conoscere la vanità delle cose mortali; e la natura serve di scena e di fondo. Ciascun individuo ha da contenere due esseri, sinceri entrambi, l'attore e lo spettatore; l'uno deve stare sempre separato e distinto dall'altro, perché l'attore non distragga lo spettatore, e lo spettatore non impacci l'attore. Insom-

ma, tutti gli uomini della terra, noi stessi compresi, non siamo altro, ed al più, che la materia prima delle opere d'arte.[1]

Interesse fondamentale dell'arte di Boito è dunque l'analisi dell'animo umano, o meglio, dell'uomo del secondo Ottocento italiano posto di fronte a quella crisi del sistema culturale che gli intellettuali e gli artisti percepiscono a cominciare dagli anni immediatamente successivi all'unificazione italiana, e che in parte si sovrappone all'esaurimento e al fallimento di alcuni tra i grandi ideali che hanno animato il risorgimento nazionale. Si tratta delle prime avvisaglie di un'evoluzione che nel corso dei decenni matura in ben più consapevoli e radicali espressioni di disagio esistenziale, e che in Boito si esprime nella rappresentazione di un reale che non rientra più nelle possibilità di sistematizzazione del narratore, un reale che non si lascia interpretare a pieno e che soprattutto contiene fattori di destabilizzazione e inquietudine. Tale percezione di una condizione di disagio diffuso, comune, si è detto, alla letteratura post-unitaria, non diventa in Boito né adesione alla narrativa scapigliata – nella cui area Camillo orbita solo marginalmente e di cui accoglie solo superficialmente il fascino del mistero, del fantastico, dell'insondabile – né alla narrativa verista, intesa come ricerca di una descrizione oggettiva e impersonale del reale.

In particolare, la posizione nei confronti del verismo fornisce un paradigma della ricerca boitiana in direzione di una narrativa in equilibrio tra tradizione e innovazione e tra ricezione delle proposte dei nuovi autori e allontanamento dalle relative premesse teoriche. Scrive infatti l'autore a proposito del "vero" in letteratura:

> Il romanzo vi sminuzza, vi trita la verità [...] non vi lascia modo di indovinare nulla, perché con la sua parola più asciutta e propria, vi dice ogni cosa. E la mente del lettore, vedendo il dramma innanzi tutto intero, così ben definito in ogni parte si sente persuasa e con-

---

[1] C. Boito, *Storielle vane*, a cura di M. Guglielminetti, Silva, Roma 1971, pp. 187-88.

vinta, ma affranta. Il non esserci più luogo a nessuna intromissione della propria fantasia è un motivo di gran fatica.[2]

Dunque per Boito non è il "documento" consegnato dall'autore a poter esaurire la funzione della letteratura, il cui godimento passa invece attraverso la partecipazione diretta del lettore e prima ancora del narratore. Ma il rifiuto delle teorie di matrice positivista non toglie che l'autore introduca nelle novelle le tecniche narrative e le tematiche che si sviluppano nell'alveo proprio del pensiero positivista. Tra le tecniche narrative si annovera, ad esempio, la narrazione in prima persona condotta attraverso l'espediente del diario, della lettera, della confessione, della memoria redatta a uso dei medici, di un testo insomma che si qualifica come unico autentico testimone dell'interiorità del personaggio, del soggetto narrante; mentre a livello tematico frequente è l'analisi delle patologie mentali, in particolare quelle legate alla mancata elaborazione di un lutto, che, nel caso della novella antologizzata, porta il soggetto malato, in cerca di un irricostruibile ordine delle cose, a simulare nel reale un surrogato dell'affetto perduto. Tuttavia anche nella trattazione delle patologie e dei casi medici, Boito non si dimostra sempre disposto a percorrere la sola via dell'interpretazione scientifica e, in un momento in cui scienza e parascienza non trovano ancora un confine di demarcazione né metodologico né sostanziale e in cui l'"inspiegabile" sollecita la curiosità tanto degli studiosi delle scienze esatte quanto dei cultori di spiritismo, si mantiene in equilibrio lungo tale incerto confine, cautamente sbilanciandosi di novella in novella ora verso l'uno ora verso l'altro versante.

---

[2] Id., *Gite di un artista*, Hoepli, Milano 1884, p. 341.

Santuario

I

Era l'ultimo giorno dell'anno, un anno pieno di malinconie e di fastidi.

Avevo pagato il conto all'oste dei Tre Turchi, e m'ero acconciato nella carrettella,[1] che doveva condursi al Santuario: una salita di settecento metri, a dir poco. Il sole cadente picchiettava di ombrette e di scintille il fango della strada, il quale, schizzando a destra e a sinistra, pareva borbottasse pettegolo contro le ruote, che ne disturbavano la quiete molle. Su quella mota nerastra, tormentata a lunghi intervalli dai pesanti carri delle ferriere vicine, si distendevano ampie strisce o s'alzavano grandi cumuli di neve, chiazzata qua e là di brutte macchie di melma, e bruna al paragone dei lenzuoli candidi, che coprivano i campi ondeggiati, divisi da fossatelli, e i tetti dei casolari e delle villette sparse sulle alture. Di mano in mano che si andava in su, il fango scompariva per lasciar posto anche sulla strada alla neve, solcata da poche linee profonde; e, un'ora prima di giungere al Santuario, i due cavalli, sbuffando, sudando, tendendo faticosamente i muscoli, cacciando le gambe nella neve fino alle ginocchia, riuscivano a malapena a tirare il legnetto, di cui le ruote si sprofondavano quasi fino all'asse.

---

[1] Piccola carrozza a quattro posti trainata da due cavalli (già in Nievo, cfr. p. 127, nota 43).

La temperatura, ch'era stata assai mite, essendosi fatta freddissima, principiavo a sentirmi i piedi gelati e le mani intirizzite. Battevo i denti quando, verso le sette, al buio, si giunse nel primo cortile dell'ospizio. Le gradinate magnifiche erano scomparse; qualche pezzo di balaustro, le cimase,[2] i vasi barocchi, non si vedeva altro. Le immense ali dell'edificio s'alzavano tetre, e gli archi aperti del vasto atrio, in quella luce notturna della neve, azzurrognola e pallidissima, sembravano l'ingresso d'un cimitero fantastico.

Il vento cacciava sotto all'atrio un pulviscolo ghiacciato, sottile, turbinante, che si faceva strada fra il collo e la pistagna[3] della pelliccia, fra le maniche e i polsi. Un uomo mi venne incontro con la lanterna; e mentre io gli chiedevo del signor rettore dell'ospizio, e lo pregavo di condurmi subito al fuoco, ecco che s'avanza a un tratto fra lui e me una testina bionda di donna: e le sue labbra sorridevano, ma fissò gli occhi ne' miei con uno sguardo così audace e lungo che io rimasi turbato. Quella sfacciataggine non s'accordava coi lineamenti soavi del volto, né coll'abito[4] della bella persona. Aveva il capo chiuso in una specie di cuffia bianca e il vestito di colore azzurro; un grembiule candido le si annodava alla vita sottile e contornava i fianchi e si alzava a coprire la curva del petto, sulla quale scendeva, appesa ad una fettuccia di velluto nero, una croce d'argento. Mentre io guardavo la strana fanciulla dalla testa ai piedi, ella, immobile, impassibile, continuava a fissarmi. In quello sguardo dritto e fiero c'era qualcosa di tanto singolare, ch'io, che già tremavo dal freddo, mi sentii rabbrividire.

Il servo, nel vedere la donna, non si scompose, ma le disse dolcemente: «Signora, piglierà un raffreddore; venga con me» e, pregandomi di aspettarlo due minuti,

---

[2] «Le modanature di coronamento a una trabeazione.»
[3] «Bavero, colletto.»
[4] Aspetto, atteggiamento.

la accompagnò lungo il lato destro del portico. Ella lo seguì sommessa, senza voltare il capo. La lanterna che, ad intervalli regolari, spariva per un istante dietro alle colonne delle logge, allontanandosi e diventando sempre più smorta, s'andò a perdere in una vasta ombra, che mi parve quella d'una chiesa. E mi sembrò che dall'ombra cupa uscisse un suono flebile e dolce.

Quando il servo tornò, gli domandai:

«Cantano in chiesa?»

«Le Figlie di Gesù pregano la Madonna.»

«E pellegrini ce n'è?»

«Neanche uno. Con questo tempo! bisognerebbe essere matti.»

Volevo chiedergli qualcosa della fanciulla bizzarra, ma mi rattenni. Il buon uomo, zoppicando un poco, mi rischiarava i gradini dello scalone.

II

La stanza del rettore era un paradisetto. Faceva caldo. Nel camino brillava un gran fuoco, e dinanzi ad esso un uomo lungo e stecchito, una specie di Don Chisciotte prete, si stava scaldando la schiena con le mani dietro. Appena mi vide entrare, innanzi di aprire la lettera ch'io gli presentavo, mi chiese se avessi fame, se avessi freddo, se fossi stanco, se volessi bere; e senz'attendere la risposta, andò alla credenza a cavarne una bottiglia, mi fece sedere nella poltrona accanto al fuoco, e chiamò il servo, ordinandogli di preparare la cena. Bevetti il vermouth, due bicchieri, e il rettore voleva farmi bere il terzo a ogni costo. Lieto come una pasqua, mi pigliava per le mani, mi picchiava famigliarmente sulle ginocchia, sorrideva con un certo ghigno bonario tutto cuore, e diceva:

«Ci ho proprio gusto: mi rincresceva davvero di finire l'anno solo come un eremita. Sia benedetto il cielo: ho trovato un compagno. Pasquale, un'altra brancata di fascine, un altro ceppo ben secco. Bada all'arrosto, che non s'abbrustolisca troppo.»

E andava su e giù per la stanza con le sue gambe interminabili, facendo svolazzare la veste; poi si tornava a piantare ritto innanzi al camino, e allora l'ombra oscillante de' suoi stinchi, proiettata dalla fiamma, si distendeva sul pavimento, e il torso si sbatacchiava sulla parete opposta, e il collo e il capo tracciavano la loro forma allungata sul soffitto, sicché la figura nera appariva spezzata in tre lati, e si muoveva ora di qua ora di là, come un pulcinella di legno dislogato da un ragazzo impaziente.

Alla fine il rettore lesse la lettera di presentazione, e gli *Oh!* e gli *Ah!* non terminavano più.

«Oh, ah, il figliuolo del mio caro Gigi! È proprio lei? Sa che da trent'anni... che cosa dico? da quarant'anni... sicuro, fu nel... non mi rammento bene... ma in somma sono passati quarant'anni almeno dacché vidi per l'ultima volta il mio buon Gigi. E non sapevo che avesse preso moglie, ed ignoravo che avesse un rampollo così grande e grosso, scusi, come lei. È succeduto quel che succede sempre quando ci si vuol bene davvero: non ci si scrive mai. Ma, lo creda, pensavo sempre all'amico del Liceo e del Ginnasio, e chiedevo a me stesso: Gigi sarà vivo, sarà sano? Egli ignora forse ch'io sono canonico, ed io ignoro... A proposito, a che professione s'è mai dato suo padre? Mi pareva che avesse poca voglia di sgobbare a quei tempi. E dove s'è piantato? A Venezia? Ho sempre avuto un gran prurito di andarci; ma poi, seminario, noviziato, canonicato, rettorato, il diavolo che mi... E lei da quale parte del mondo mi capita qua? Oh! Ah! Vedi bel caso. Bene, benone, arcibenissimo. Pasquale, un'altra brancata di fascine, e la cena presto, e il Grignolino del 1870, intendi bene?»

Non pareva una cena da mille metri sul livello del mare, né da Siberia. Si mangiava, si beveva allegramente.

«Pasquale, un'altra bottiglia. Il Barbera del 1860.»

«Grazie, ho bevuto abbastanza.»

«Via, via, l'ultima sera dell'anno! E per il figliuolo del mio più vecchio amico! E sta bene Gigi? Sarà diventato grasso, mi figuro, e grigio. Porta la barba intiera o il pizzo o i soli baffi o ha la faccia pelata come me? Quarant'anni fa era una buona pelle quando ci si metteva. Una certa servotta, la Santina: aveva le mani e le guance rosse, e i capelli crespi. Una sera... Dio me lo perdoni...»

E si turava con le due mani la bocca enorme, e sghignazzava. Il naso lungo e adunco, gli occhi piccoli e biancastri, il mento aguzzo e sporgente, la fronte schiacciata e bassa, tutto era in moto in quel volto, su quel collo interminabile, su quella interminabile persona scarnita; e dimenava le braccia come un mulino a vento.

«Pasquale, Pasquale, una bottiglia di Barolo, di quello che Sua Eminenza bevette l'ultima volta, ma bada di non sbagliare, del più vecchio, c'è scritto l'anno 1850, e non iscuotere la bottiglia, portala adagio adagio come se fosse una reliquia.»

«Grazie, non posso, ho bevuto troppo.»

«L'ultimo dì dell'anno, mi canzona! E com'è stata ch'è venuto qui a passare l'ultima notte?»

«Ero ai Tre Turchi...»

Pasquale annunziò una deputazione. La deputazione si componeva di un solo vecchietto bianco e curvo, che, in nome dei cinque o sei sacerdoti, i quali vivono rannicchiati nelle loro camerette dell'ospizio anche gli eterni mesi dell'inverno, era venuto ad augurare il buon anno al signor rettore. Borbottata con impaccio infantile qualche parola, il pretucolo se ne andò via, spaurito del suo gaio e inquietissimo superiore, del forestiero nuovo, e forse degli avanzi della cena sardanapalesca.[5]

«Ero ai Tre Turchi da due giorni per certi affari ur-

---

[5] «Eccessivamente sontuoso», da Assurbanipal, re assiro ricordato per la dedizione, tra gli altri, ai piaceri della gola.

genti di mio padre, un fallimento improvviso; e dovendo partire domani sera...»

Pasquale annunziò un'altra deputazione. Entrarono due donne. L'una si avanzò placidamente verso il rettore, che prese un aspetto compunto, abbassando gli occhi e giungendo le mani all'altezza del petto; l'altra rimase all'uscio e mi piantò gli occhi addosso. Era la fanciulla bionda, che avevo vista nell'atrio. A un tratto si staccò dalla soglia, e con tre o quattro passi leggeri e lenti mi venne accanto; e sempre mi guardava fisso, come se volesse frugarmi dentro nell'anima o ricercare un segreto nelle mie viscere profonde. Sentivo sulla mia faccia il suo alito. La sua compagna, che aveva finito il proprio discorsetto, la chiamò due volte, e alla fine, presala dolcemente per un braccio, la condusse fuori. Io restai sopraffatto da un senso arcano, che somigliava alla paura.

Anche il rettore era rimasto un poco sopra pensiero. Ci sedemmo al fuoco. Desideravo sapere qualcosa della ragazza bionda; ma il canonico, rientrato già nel torrente de' suoi ricordi giovanili, non lasciava posto a intromettervi una parola, e s'io tentavo di opporre un intoppo alla sua straripante eloquenza, egli lo spazzava via senza neanche darsene per inteso. A un certo punto, giovandomi astutamente di una pausa, dissi:

«Reverendo, mi cavi una curiosità. Chi è mai quella fanciulla bionda, ch'è venuta dianzi?»

Il prete alzò lo sguardo al soffitto.

«Ha certi occhi, che attraggono e che spaventano. È una suora?»

Fece segno di no, e tacque.

«L'ho vista nell'atrio, sola, in mezzo alla neve. È qui da un pezzo?»

«Da tre settimane. Ci vorrebbe un miracolo, e lo invoco con tutta la forza dell'anima mia.»

E cominciò allora a parlare dei miracoli della immagine santa. L'estate scorsa, mentre c'erano al Santuario quattromila persone, un contadino ricuperò la favella, perduta da quindici anni; un falegname paralitico si rizzò in piedi, lesto come un daino; una donna, la quale s'era fratturata una gamba, in due giorni guarì. Dai prodigi contemporanei risalì via via agli antichissimi, e nel discorrerne assumeva una espressione ispirata, tanta era la schietta fede che traluceva da quegli occhi piccini. Ma interruppe la litania per dire:

«Già si sa, ella, caro signor mio, è un poco incredulo. Debolezza dei tempi! Nella mia gioventù anch'io avevo, come il buon Gigi, il cervello storto; ma s'ella rimanesse alcuni mesi su questo monte, in mezzo alle nubi, accanto alla effigie dipinta da San Luca, e fosse testimonio delle effusioni di mille e mille disgraziati, che dalle valli, dai paesi lontani salgono a piedi a invocare l'aiuto del cielo, e vedesse le lagrime e udisse i sospiri, e notasse poi la espressione giuliva dei loro volti; s'ella sapesse le consolazioni, le santificazioni segrete, e come la fede rammollisce il macigno, purifica le lordure, rialza e nobilita l'abbiezione più vile, ella, stupito dai miracoli operati sui cuori, crederebbe agevolmente agli altri materiali ed esterni. Salvare un'anima è cosa mille volte più ardua che racconciare una gamba o ridare il moto ai nervi e ai muscoli di membra intorpidite. Vedesse i voti di cui è piena la chiesa! Se non fosse questo freddo, vorrei condurvela subito.

«Magari!»

«Andiamo dunque.»

III

Mi gettai la pelliccia sulle spalle, ed uscii dalla stanza col rettore, il quale correva innanzi svelto, senza neanche aspettare che il servo gli facesse lume. S'andò in fondo alla loggia lunghissima, e poi si scese da una scaletta a chiocciola, rispondente alla sagrestia. Il prete andò a prendere in un angolo un grosso cero, e lo accese alla lanterna di Pasquale. Qua e là nelle cappelle luccicavano i lumini delle lampade. Il tempio era deserto, il silenzio sepolcrale. Innanzi alla immagine del Tabernacolo solenne ardevano due candele; ma la figura non si vedeva affatto, solo scintillavano su di essa le pietre preziose e brillavano gli ori, posti, s'indovinava, in forma di diadema, di pendenti, di monili, di spilloni, di catenelle, di braccialetti, e ammonticchiati alla base. Poiché il rettore ebbe detto, in tre minuti al più, fervorissimamente, le sue giaculatorie, si principiò in fretta la visita dei voti: quadri grandi, mezzani e piccoli, innumerevoli, nei quali appena si distinguevano al fioco lume le pietose istorie di bimbi malati in cuna, di operai precipitati dal tetto, di viandanti assassinati, di carrozze rovesciate, di case fulminate, di navi naufragate, di terribili massacri in battaglia; cuori d'argento con la loro fiamma; corone, croci, grucce, stampelle; ghirlande e mazzi di fiori artificiali; nastri di seta con frange inargentate; bambole e altri ninnoli da ragazzi: in somma, una farragine di roba, che copriva dall'alto al basso le pareti delle navi e del presbiterio, le facce dei pilastri e i fusti delle colonne.

Il vento, soffiando, scuoteva i vetri delle finestre, e vi schiacciava sopra violentemente i larghi fiocchi di neve; ma nella chiesa si sentiva un tepore grave e umido, con un odore stagnante, nauseabondo d'incenso.

Nell'uscire si passò a lato di un confessionale, dove, ritto, al posto del confessore, stava immerso nell'oscurità un fantasma. Era la fanciulla bionda, immobile come una morta. Il rettore le parlò sottovoce, poi la affidò a Pasquale, che la menò pian piano al fondo del portico, dove l'aveva condotta quando la incontrammo nell'atrio. Il rettore bisbigliava:

«Poveretta, poveretta!»

Il momento mi parve buono per tornare alle domande; ma il prete si contentò di rispondere:

«Non fa male a nessuno; gira da sé dappertutto, quieta, trasognata. Non dorme quasi mai. Il medico dice che bisogna lasciarla fare tutto quel che le garba. Dio la protegga!»

La tristezza non s'addiceva al corpo, alla faccia, alla voce del reverendo: aveva bisogno di agitare le braccia, di scattare, di ciarlare, di ridere. Quando pigliava un'aria addolorata, il lungo naso mutava contorno, il profilo non era più lo stesso, e, se non fosse stato il corpo a pertica e il collo da struzzo, tali da farlo riconoscere tra un milione di preti, la mestizia avrebbe potuto servirgli di maschera. Il cordoglio, del resto, lo annebbiava per poco. Un sospiro da mantice, uno sguardo al cielo, una scrollatina di testa, ed ecco era tornata, come per incanto, la bontà chiassosa ed arzilla dell'uomo ingenuo. Si bevette un altro bicchiere, si parlò ancora una mezz'oretta, o, per meglio dire, egli parlava ed io fantasticavo; poi, alle undici, m'accompagnò in camera: niente meno che la camera destinata a monsignor vescovo, quando, ogni cinque anni, si reca a visitare il Santuario.

«Buona notte.»

«Buona notte, e veda di principiare bene il nuovo anno con una santa dormita. Io domattina non potrò venire a salutarla: devo uscire per tempo. Si figuri che morì iersera il barbiere, un ciarlone, un burlone, che Dio l'abbia in gloria; ma un fior di galantuomo, e gli volevo bene come a un fratello» e il prete sospirò, mandando dai denti, che aveva radi e cavallini, un fischietto acuto. «Pasquale verrà a portarle il caffè; faremo colazione assieme un'ora prima ch'ella parta, giacché vuole proprio partire; intanto dorma tranquillo, e felice notte.»

«Felice notte.»

IV

La camera, assai grande, era posta in un angolo dell'immenso edificio; aveva due finestre piccole, dalle quali si vedeva giù nella notte una zona biancastra e poi uno spazio nero, che si confondeva con le tenebre fitte del cielo. Continuava a nevicare, e tirava vento. Il letto alto e larghissimo aveva l'ampio padiglione di damasco cremisi a fiorami gialli, con quattro angioletti dorati sulle aste torte; la coperta, che scendeva sino a terra, era di raso giallo con disegni verdi, orlata di pizzo bianco. Accanto al letto stava l'inginocchiatoio, e sull'inginocchiatoio spiccava dal parato del muro un crocifisso d'ebano. Una delle pareti era ornata da un quadro assai bello, che figurava un santo col bambino Gesù; nelle altre si vedevano in piccole cornici alquante riproduzioni della sacra Immagine, qua ricamata a fili di seta rossa in raso bianco, lì eseguita a bucherelli e ritagli in cartoncino, o modellata in cera tramezzo a nuvole di cherubini e a ghirlande di frutta e fiori. Nella camera reverendissima stonava la scatola di cerini, che Pasquale aveva lasciato, dove dall'una parte si vedeva un caporale, che fa la sua brava dichiarazione alla cuoca, e dall'altra una silfide[6] molto scollacciata e sbracciata.

Mi sdraiai nel seggiolone, e m'occupai un pezzo a guardare le scintille del fuoco, che scoppiettava. Non volevo andare a letto prima che l'orologio segnasse le dodici. Nell'animo pieno di una vaga afflizione mi sentii nascere il desiderio acuto dei miei parenti, de' miei amici, che avevo lasciato pochi giorni addietro, ma che avrei voluto vedere in quell'ora appunto, nella quale l'anno vecchio spirava e il novello vedeva la luce. Poi dicevo tra me: «Sono ubbie. Non ci ho pensato fino a questo momento, ed ora perché ci penso? Che differenza c'è egli tra l'una e l'altra mezzanotte? Non sono forse tutti uguali i giorni dell'anno?». E non ostante provavo dentro un certo stringimento: mi pareva di essere rimasto a un tratto solo in questo mondo, e sentivo un vuoto nuovo nella mia vita, un nuovo e lacerante distacco dagli affetti mortali. Pensavo ad altre prime notti dell'anno: alle speranze, che si spingevano audaci nei campi

---

[6] Donna avvenente, dal nome di divinità femminili minori della mitologia nordica.

allettatori dell'avvenire, ai rinnovamenti del cuore umano, che, pure invecchiando, crede di ringiovanirsi; e fra tutte quelle notti, ce n'era una, una, che mi tornava con tenace insistenza nella memoria, come il ricordo straziante d'una gran gioia irremissibilmente perduta.

Il minuto in cui un anno si connette ad un altro è una pietra miliare nell'esistenza dell'uomo, o è la cifra d'un numero, che si muta? Guardavo la lancetta ed ascoltavo il tic tac del mio oriuolo nel silenzio profondo. Non si sentì neanche un rintocco, neanche un botto di campana in quell'ora in cui la immaginazione dei poeti e dei bambini evoca le streghe e gli spettri.

Mezzanotte era passata da un po' di tempo, quando udii un fruscio, come di persona che si muovesse fuori, ed un bisbiglio, come di voce che parlasse sommessa. Tesi l'orecchio: il romore continuava. Pigliai allora la candela, e, spalancando l'uscio della camera, guardai nella vasta, ricca e freddissima sala, che la precedeva. I grandi ritratti appesi alle pareti, nel lume pallido sembravano vivi. Forse quei personaggi che, dopo visitato il Santuario, avevano mandato in larghe cornici dorate le loro gravi immagini, conversavano insieme: erano dame in abito da corte, magistrati in divisa, marescialli in uniforme, principi, due re, tre regine. La porta della sala dava sulla loggia: nella loggia, sullo scalone non c'era un'anima. «Oh sta a vedere che ho da far con gli spiriti!» brontolai fra me stesso. Rientrai nella camera risoluto a lasciare che si sbizzarrissero a loro posta, e, non avendo sonno, mi sdraiai daccapo nel seggiolone. Il fuoco s'andava spegnendo, e la candela mi lasciava quasi nel buio. Buttai nel camino un fascio di legne grosse.

Ma ecco che il bisbiglio ed il fruscio vanno crescendo, e in un angolo della camera s'apre un uscio a muro, ch'io non avevo visto, ed entra col lume in mano, parlando tra sé a frasi lente e brevi, la bella bionda.

Mi sentii pietrificare. La donna, che doveva essere ben pratica di quella stanza come dell'intiero ospizio, dove, tutto essendo affidato all'onestà e alla decenza, gli usci mancavano di serrature, andò dritta alla parete sulla quale stava appeso il quadro, e, posata innanzi ad esso, sopra un tavolino, la lampada con cui era venuta, si mise a guardarlo fissamente con quel suo occhio che trapassava gli oggetti. La tela rappresentava un santo giovane, di volto pallido, delicato, soave; aveva la barba alla nazarena, i capelli neri, lo sguardo tenero e le labbra socchiuse, come se pronunciasse flebilmente una parola d'affetto. Accanto, sopra un altare, in mezzo a festoni di allegri fiori, si vedeva il Bambino, tutto nudo, che, alzando i braccini e facendo atto di salutare, pareva volesse uscir di botto dalla cornice per gettarsi nelle braccia di chi lo stava guardando. Era roseo, era paffutello, era gaio, vispo, gentile, carezzevole: un amorino da mangiar di baci.

La bella bionda guardava ora il santo, ora il bambino. Al santo diceva:

«Ti ricordi, Giovanni, la mattina in cui ci siamo sposati? La mamma non voleva, il babbo non voleva; facevano tanti discorsi, che non capivo. Io credevo soltanto a te. Che lieta mattina! Mi stringevi la mano, e mi dicevi una parola... Ripetila, te ne scongiuro. La indovino dalla tua bocca. Eravamo in paradiso, seduti l'uno accanto all'altra sotto un baldacchino, in mezzo a un prato fiorito, e le fanciulle e i giovinetti ci venivano intorno a cantare, a suonare, a ballare; ci facevano una riverenza, e noi salivamo nel nostro trono un gradino più in su, poi un altro gradino e un altro gradino ancora: era la scala di Giacobbe.[7] Quando fummo arrivati al più alto di tutti i cieli, mentre ti davo un bacio, una mano di ferro mi buttò giù d'un colpo, e allora precipitai dalle nuvole a capo fitto, e scendevo, scendevo, scendevo

---

[7] «[Giacobbe] fece un sogno: una scala poggiava sulla terra mentre la sua cima raggiungeva il cielo: ed ecco gli angeli di Dio salivano e scendevano su di essa», cfr. *Genesi*, 28,12.

sempre, e il viaggio non terminava mai. Era un sogno. Ti ho ritrovato; eppure non somigli a quello di prima. Prima mi parlavi, mi baciavi, mi stringevi fra le tue braccia: eravamo in festa tutta la settimana; ora sì, mi vuoi bene, non dico di no, ma sei tutto misteri. Vuoi che aspetti? Sempre aspettare, sempre. Domani, doman l'altro, non ti risolvi mai. T'amo tanto, che mi contento di guardarti, Giovanni, Giovanni.»

Aveva un sorriso pieno di lagrime; la sua voce insinuante, rispettosa, timida, avrebbe rammollito una rupe. Continuò a guardare e tacque per un istante; poi, mutando espressione, si volse al putto: «Bambino mio, anche tu mi dici di attendere. Domani, doman l'altro! Sei cattivo. La tua mamma t'adora, luce degli occhi miei, sangue del mio sangue, carino, diavolino mio; e tu mi stendi le manine care e ti rivolgi verso di me, ma non t'affretti a ricadere sul seno che t'ha nutrito. Non ingannarmi, monello. Dormivi in una cuna ornata di brillanti, e gli angioletti ti cantavano la ninna nanna, e le farfalle con le loro ali di tutti quanti i colori ti svolazzavano intorno; ma un dì sei scomparso, non t'ho trovato più, sparito sotto un monte di fiori, sotto un manto ricamato d'oro e d'argento, in mezzo ai ceri, ai bimbi, ai canti... Ora che sei tornato, perché non mi sbalzi in grembo? Non l'ami più questo petto?» e si sbottonava dinanzi il vestito azzurro, e mostrava al figliuolo il seno ignudo, mentre la immagine dipinta del fanciullo continuava a sogguardarla e a ridere.

Un forte scoppiettìo del fuoco, che in quel silenzio da tomba sembrò un fracasso diabolico, le fece voltare il capo, e mi vide. Mi cacciai nel fondo della poltrona, cercando di farmi piccino, di schiacciarmi nella spalliera imbottita, tanto da sfuggire all'occhio tranquillo e tremendo.

Mi si avvicinò piano piano, senza curarsi di allacciare l'abito; mi porse le mani piccole e bianche, facendo segno che le dessi le mie; gliele diedi; allora ella, stringendomele, mi tirò a sé lentamente, ma vigorosamente, sicché mi alzai ritto di contro a lei, confuso e tremante. Mi prese il capo fra le mani, e si pose ad esaminarmi.

«I tuoi capelli» bisbigliava «sono mutati. Mi sembrano meno neri. Ti sei fatto radere la barba» e passava le mani delicate intorno alle mie guance ed al mento. «I tuoi occhi non brillano più del loro fuoco divoratore. Ma io, Giovanni, t'amo tanto, tanto!»

Aggrottava le ciglia, come se tentasse di pensare. Avvicinò le sue labbra alle mie; io mi ritrassi; ma ella, che mi stringeva sempre il capo fra le mani, trattenendomi, pose la sua sulla mia bocca. Le labbra erano di ghiaccio, e il respiro di quella larva[8] di donna pareva un lieve soffio gelato. Mormorò: «Dimmi che mi ami. Non sono sempre la tua sposa, la tua cara, la tua bella?».

Nello studiarmi di retrocedere quasi insensibilmente e nel tentare di svincolarmi da quella stretta rigida, caddi sulla poltrona. La giovine si mise a sedere sulle mie ginocchia, circondandomi il collo con il braccio sinistro, mentre con l'altra mano m'accarezzava il volto. «Senti, ho freddo» diceva. «Vieni, vieni a scaldarmi» e mi sussurrava nell'orecchio delle parole, ch'io non volevo intendere. Intanto il fuoco illuminava di luce rossa e oscillante quei lunghi capelli d'oro, la faccia gentile, il collo, i seni nudi e turgidi.

Sentivo offuscarmi il cervello, come se il vecchio vino bevuto alla cena mi portasse di colpo tutti i suoi fumi alla testa. Non riuscivo a liberarmi dal peso e dall'abbraccio di lei, che mi fissava sempre con il suo sguardo di donna innamorata in un mondo vano di spettri, e nella quale i segni della passione terrena prendevano l'aspetto innocente e agghiacciante di una fatalità tutta inconscia. Ripeteva: «Vieni a scaldarmi, vieni» e m'obbligava a porle una mano sul petto e a baciarla.

Dagli alari cadde sul pavimento un tizzone acceso, che rotolò fino ai piedi della donna. La sollevai di sbal-

---

[8] Spettro.

zo e mi precipitai per rimettere con le molle nel focolare il legno ardente, profittando poi subito della confusione per fuggire nella gran sala attigua, senza che la giovane se n'avvedesse. Ascoltai all'uscio: non si sentiva più nulla. Dopo qualche minuto, inquieto di quello stesso silenzio, socchiudendo l'imposta guardai nella camera. La bionda stava di nuovo immobile rimpetto al quadro, contemplandolo. Non parlava, non sorrideva. Finalmente, sottovoce, ma con accento di fiducia sublime, ripeté più volte: «Tornerò domani, tornerò domani» e, ripreso il lume, senza guardare intorno, lenta, grave, se n'andò via dall'uscio dond'era entrata.

V

Quel dolore, svanito nelle memorie e nelle speranze, mi aveva straziato l'anima. M'accorsi di essere assiderato, e andai a letto, dove, tremando dal freddo tutta notte, non mi riuscì di chiudere occhio neanche un minuto.

Alle nove uscivo dal Santuario per arrampicarmi sul monte. Nel passare dall'atrio scansai Pasquale, che dianzi, portandomi il caffè, con la gamba destra zoppicante e col muso ingrugnato, non aveva neanche avuto la degnazione di darmi il buon giorno. Vedendomi andare in fretta, mi chiamò: «Scusi signore, se incontrasse suor Maria la rimandi all'ospizio».

«Suor Maria, chi è?»

«La chiamiamo così tanto per intenderci. È la signora bionda, vestita con l'abito delle Figlie di Gesù, ch'ella vide qui ieri sera.»

«È uscita?»

«Pur troppo. Non la ho trovata né in chiesa, né in nessun altro luogo. Un contadino dice di avere incontrato alle sette circa una Figlia di Gesù sulla strada delle cappelle. È la prima volta in tre settimane che suor Maria s'allontanava così dall'ospizio. Dio voglia che non le accada una disgrazia su queste rupi, con questa neve. Lo predicavo io che lasciarla così sola e libera era un'imprudenza.» Due grosse lagrime scendevano sulle ruvide guance di Pasquale, e sospirava forte.

«Sentite, Pasquale, non ha parenti quella poveretta?»

«Ha padre e madre; ma non vogliono veder la figliuola, perché si maritò senza il loro consenso: gente cattiva, malvista da tutto il paese.»

«E il marito?»

«Un poco di buono. Le mangiò quel po' di dote, e un bel giorno se ne scappò via, in America, pare, piantandola senza un soldo, con un bambino di cinque mesi.»

«E il bambino?»

«Tre giorni dopo fuggito il padre, morì. Allora la disgraziata...» e Pasquale agitò due volte la mano destra innanzi alla fronte, poi continuò: «Il nostro rettore, sant'uomo, ch'era il suo confessore e non voleva fosse consegnata ai cattivi genitori, la fece venire qui, affidandola alle Figlie di Gesù. Per carità, signore, veda se può trovarla sulla china del monte, verso le cappelle. Io non mi posso muovere».

«State quieto, buon uomo, cercherò dappertutto. Ma tornerà senza dubbio da sé.»

«Dio lo voglia. Ho un brutto presentimento.»

Mi fermai fuori della cancellata un poco a studiare le orme. Cercavo quelle di due piedi piccoli, e mi parve di trovarle. La neve alta, non essendo gelata alla superficie, serbava le impronte. Scintillava come se fosse tutta cosparsa di brillantini; raddolciva gli avvallamenti del terreno, i precipizii, i burroni, ma li mascherava, e la tortuosità della viuzza era, che, tagliata nel masso, conduceva su su alle cappelle, s'indovinava appena. Non solo aveva smesso di nevicare, ma il cielo, in gran parte sereno, con quel contrasto del bianco della terra, che abbagliava gli occhi, appariva d'un colore turchino splendido.

Camminavo seguendo le peste leggiere, le quali ora, per un buon tratto, si seguivano regolarmente, ora si smarrivano di qua o di là per rientrare poco dopo sulla linea torta della via, e nello stesso tempo guardavo in basso alla valle, alla pianura. Sulla pianura stava, immobile, una massa non interrotta, lunghissima di nubi dense, che si vedevano dall'alto al basso. Illuminate dal vivo sole parevano candide sul dorso, d'un candore argenteo, e coperte come di ondulazioni, di vette, di punte strane, che le facevano somigliare a catene di monti nevosi, e sembrava di potervi camminare sopra; ma di giù erano brune, tenebrose, gravide di folgori e di tempeste, e mettevano in un'ombra triste e nera i paeselli e i campi della vallata lontana. Sotto a quella coltre, a quella cappa plumbea doveva farci notte.

Le traccie si perdevano. A destra, dalla parte del mezzodì, il monte, alzandosi a picco sopra la strada, serbava in essa la neve tanto ghiacciata, lustra, sdrucciolevole, che non si poteva reggersi in piedi. Poco appresso le pedate ricomparivano.

Giunto a' piedi della prima cappella, m'arrampicai più lesto: guardai dentro, non v'era nessuno, ma si vedeva sul suolo il segno della neve portata di fresco dalle scarpe d'una persona, la quale era andata fino al cancello, che divide la parte destinata ai preganti dalla parte destinata alle immagini. La scena rappresentava in molte figure grandi al naturale, eseguite in terra cotta e dipinte a briosi colori, la Natività di nostro Signore: personaggi sacri e personaggi profani, animali e prospettive, tutto sembrava il vero tale e quale, un vero che stupiva e che disgustava.

Tornai a camminare con l'animo sempre più inquieto e con ansia sempre più affannata. Mi asciugavo la fronte, da cui gocciolava il sudore; sbottonavo la pelliccia; le ginocchia mi tremavano; dovetti fermarmi un istante a riprender fiato. In quel mentre si distendeva giù, dal Santuario verso il piccolo cimitero, l'accompagnamento funebre del barbiere. Innanzi alla bara, portata da quattro contadini, camminavano il sagrestano col crocifisso, il rettore, più dritto, più lungo, più magro della sera innanzi e occupato a tenere in freno le sue gambe interminabili ed impazienti, e due preti vecchi, i quali stropicciavano i piedi sulla neve, temendo di scivolare a ogni passo. Dietro alla bara venivano sei Figlie di Gesù, delle quali le voci limpide, soavemente accordate insieme, destavano gli echi lenti della montagna. Dieci o dodici persone chiudevano il breve corteo, che andava strisciando come un serpe lungo le curve della strada stretta.

Intanto io giungevo alla seconda cappella, poi alla terza, alla quarta. Le orme si fermavano alla porta di questa ultima. Esclamai con gioia: «È salva» e mi precipitai nell'interno dell'oratorio. Chiamavo: «Suor Maria, suor Maria».

Tutto era sossopra. Una parte del cancello, scassinata a forza, stava rovesciata sul pavimento; le figure in terra cotta rappresentavano la Strage degli Innocenti. Tutti i bimbi erano stati strappati dalle branche dei carnefici, e deposti regolarmente l'uno accanto all'altro sui gradini del parapetto. Ai manigoldi mancavano la testa, le mani o le braccia, e codeste membra si vedevano sparse sul suolo. Erode, circondato dai grandi satrapi e dalle sue cortigiane, guardava impassibile dall'alto del trono alla bizzarra punizione dei proprii sgherri; e costoro, in attitudini furiosamente crudeli, mutilati a quel modo, apparivano anche più spaventosi, mentre le donne discinte, disperate, continuavano a trascinarsi alle loro ginocchia, implorando pietà.

Mi cacciai per entro alla confusione. Fra quelle sculture, che parevano la verità viva, fra quelle madri nel parossismo del dolore, fra quei fanciulli squartati, vidi finalmente una figura di donna stesa a terra con le mani insanguinate, con le vesti a brandelli, coi capelli biondi, ed un sorriso angelico sulle labbra bianche, e nel volto una espressione di beatitudine soprannaturale. Stringeva al petto uno dei putti di terra cotta, roseo e ricciuto. Era gelata, il suo cuore non batteva più, viveva unicamente nel suo sorriso. La coprii con la mia pelliccia, e corsi fuori per cercare aiuto.

Passava giù nella strada del cimitero, quasi a piombo, il funerale del barbiere. Mi posi a gridare con tutta la forza de' miei polmoni: «Signor rettore, signor rettore, suor Maria è moribonda qui nella cappella; non c'è un minuto da perdere; venga, per carità, venga subito». Il rettore diede uno sbalzo, piantò lì la bara, e principiò a salire con quelle sue gambe a pertica, saltando sulla neve, facendo passi da gigante, aiutandosi con le ginocchia, con le mani, affrontando senza esitare gli ostacoli, non curando i pericoli, volando. Quando giunse all'oratorio, la bella bionda, ch'era morta, sorrideva ancora.

Commento al testo

Santuario appare nel 1881 edita sul «Fanfulla della domenica» e viene poi inclusa nel volume *Senso. Nuove storielle vane* del 1883.[1]

Nella vicenda del giovane in visita a un santuario (per ora) non identificato ma che comunque è conforme nelle poche caratteristiche che ne fornisce il narratore alla struttura dei sacri monti tipici dell'area piemontese e lombarda,[2] si possono riscontrare diversi elementi costanti della novellistica di Boito, in primo luogo proprio l'espediente del resoconto di viaggio condotto in prima persona. Il racconto di viaggio come occasione, di matrice sterniana, per divagazioni tra lo psicologico, il morale e il descrittivo, si registra nella produzione boitiana sin dalle prime novelle, ma nel tempo evolve in direzione del quasi annullamento dell'elemento moralistico, della riduzione delle parti descrittive e dell'approfondimento delle analisi psicologiche. All'interno di tale struttura la voce narrante di *Santuario* si qualifica non come protagonista attivo della vicenda, ma come spettatore quasi passivo di eventi che interessano al-

---

[1] A proposito del testo Roberto Bigazzi segnala che «il racconto ha qualche debito con *Da uno spiraglio* di Roberto Sacchetti, che era apparso nel volume *Candaule*, Milano, Treves, 1879 (lo si può leggere nel tomo III dei *Narratori dell'Ottocento e del primo Novecento*, a cura di A. Borlenghi, Milano-Napoli, Ricciardi, 1963, pp. 130 sgg.)», cfr. C. Boito, *Storielle vane, tutti i racconti*, a cura di R. Bigazzi, Vallecchi, Firenze 1970, p. 12, nota 1.

[2] L'ipotesi più probabile è che si tratti del Sacro Monte di Varallo Sesia.

tri personaggi, e più ancora la vita di una piccola comunità autonoma e appartata, il santuario appunto, all'interno del quale il narratore si trova a essere casualmente testimone e collettore di informazioni parziali. Attraverso tale punto di vista, che si mantiene costantemente relativo, poiché estraneo all'ambiente in cui si muove e limitato dalle informazioni che riesce o più spesso non riesce ad ottenere (si veda la reticenza del rettore a spiegare la storia della fanciulla), il lettore viene progressivamente introdotto ai fatti del santuario, o meglio ai suoi misteri, dato che il luogo è presentato, sin dalle prime battute, avvolto in una inquietante atmosfera da *ghost novel*: i grandi edifici sono isolati dalla vita cittadina (nonostante la breve distanza, «settecento metri»), spopolati dal rigore della stagione («"E pellegrini ce n'è?" "Neanche uno. Con questo tempo! Bisognerebbe essere matti."») e abitati da singolari inquilini. L'allontanamento dalla vita cittadina e l'ingresso in una dimensione separata si delinea a cominciare dal tragitto, che viene descritto solo attraverso il dettaglio cromatico del passaggio dal nero al bianco del terreno su cui si muove la carrozza, fangoso e solcato da numerose impronte di ruote all'inizio, sempre più bianco e senza tracce umane a mano a mano che la carrozza sale.

L'ingresso del narratore in un mondo isolato (in un «cimitero fantastico») così come gli ambienti e le figure che lo popolano, concorrono a creare un contesto ideale per un racconto di fantasmi: si pensi alla stanza del rettore e al dettaglio della sua ombra proiettata distorta e innaturale dal caminetto, e ancora alla camera da letto dell'ospite, cupa e preceduta da uno stanzone in cui gli spiriti sembrano parlare nottetempo; si considerino Pasquale, il factotum silenzioso e zoppo, il rettore, figura donchisciottesca incongruamente comica nella solennità del santuario, le fugaci comparse dei sacerdoti e delle Figlie di Gesù e su tutto l'enigma della fanciulla, la «larva di donna» «sfacciata e soave», dallo sguardo «tranquillo e tremendo» che trasmette al narratore «un senso arcano, che somigliava alla paura», un sentimento di «attrazione» e «spavento». Ciò nonostante gli unici fantasmi potati sulla scena del racconto sono quelli della mente della fanciulla, la «donna innamorata in un mondo vano di spettri» (si noti il non casuale ricorrere dell'aggettivo «vano») sicché dal clima spettrale emerge la storia di un disturbo psichico, un fatto di interesse medico-scientifico nella cui descrizione si sommano e confondono i modi della narrativa gotica, fantastica e realistica. Il "racconto di fantasmi" quindi non si risolve nel prevedibile contrasto tra naturale e innaturale, noto e ignoto, razionale e irrazionale, ma tra malattia e sanità mentale e questo si chiarisce proprio nel momento di maggiore tensione irrazionale, quando, nel IV capitolo, il narratore suggestionato sembra percepire presenze spettrali (è suonata l'ora dei fantasmi, i ritratti alle pareti sembrano vivi, forse conversano tra loro) e resta «pietrificato» alla comparsa nella stanza della giovane; ma è appunto allora che una spiegazione razionale, la patologia mentale, comincia a far luce sulla vicenda e ciò avviene grazie al monologo della giovane con il quadro.

Tale monologo per altro apre una riflessione su un altro tema caro sia alla letteratura europea ottocentesca non solo fantastica, romantica prima e decadente poi, sia alla narrativa di Boito: quello dell'opera d'arte animata. Il dato interessante tuttavia è che l'autore cerca una lettura del tema del quadro vivente solo marginalmente riconducibile alla casistica dell'eterno conflitto arte-vita, ossia alle tante variazioni del motivo dell'arte che supera la realtà, tipico del *Künstlerroman* romantico, o dell'arte che vampirizza la vita, ricco di esempi nell'Ottocento dal *Ritratto ovale* di Poe in avanti. In *Santuario*, invece, il nodo problematico è la ricerca da parte della giovane di una «verità viva» che ristabilisca un ordine affettivo perduto; in questo senso l'arte è oggetto occasionale di proiezione per i fantasmi di una mente malata, che dopo aver tentato inutilmente di sostituire il quadro con la presenza reale del narratore, torna all'opera d'arte, cioè al dialogo con i fantasmi, e sana il dolore per la perdita della famiglia con la mutilazione delle statue dei centurioni e ricompone una realtà accettabile con la sistemazione dei bambini sottratti ai carnefici e il recupero del figlio morto.

Si noti che quando la ragazza "vede" nel giovane il marito che l'ha abbandonata non è più l'arcano a mettere in difficoltà il narratore, quanto la seduzione della donna che agisce nell'assoluta ingenuità della follia. La realistica descrizione della provocazione sessuale «innocente e agghiacciante» è giustificata dall'analisi del male mentale, ma rientra anche in un più ampio percorso della narrativa di Boito che sistematicamente procede verso la demitizzazione della figura femminile, rispetto al sentimentalismo e agli stereotipi in base ai quali è rappresentata la donna nella letteratura ottocentesca. Tale demitizzazione conta numerosi esempi e raggiunge il culmine in *Senso*. Prima di esso si può menzionare tra i casi più interessanti *Macchia grigia* (edita nello stesso volume), nella quale il consolidato motivo dell'amore campestre, dopo un avvio di tipo tradizionale in cui della donna si sottolinea la luminosità del sorriso e dello sguardo, è irrimediabilmente destituito di credibilità dall'introduzione di pochi realistici dettagli sull'amante, troppo realistici perché sia poi possibile tornare all'astrazione artistica:

> la sua pelle era ruvida, la sua passione quasi ferina [...]. Certe volte il suo corpo esalava un odore acre e inebbriante [sic] di erbe selvatiche, certe volte un puzzo di capra nauseabondo, e non di rado un fetore di strame, che ammorbava.[3]

La leva su cui agisce Boito per la demitizzazione della donna è appunto quella «priorità dei sensi» (aggiungiamo noi realistica) di cui parla Giacinto Spagnoletti a proposito della protagonista di *Senso*:

> personaggio a tutto tondo, di una donna che si sa colpevole e viziosa, ma la cui morale è sufficientemente elastica da ammettere ogni giustificazione agli impulsi e ai tradimenti della carne.[4]

---

[3] C. Boito, *Storielle vane*, cit., p. 254.
[4] C. Boito – A.G. Cagna – R. Zena, *Opere scelte*, a cura di G. Spagnoletti, Mondadori, Milano 1967, p. XXII. Sia detto per inciso che un'operazione siffatta consente a Boito di dare vita a un personaggio modernissimo e del tutto anticonformista, tanto da poter essere definito da Marziano Guglielminetti «autentica e unica eroina antinazionale della narrativa ottocentesca», cfr. C. Boito, *Storielle vane*, cit., p. 40.

Tornando alla novella *Santuario*, resta in conclusione da rilevare che nella cornice del viaggio e sullo sfondo della follia di suor Maria, nel santuario si incontrano e confrontano solitudini diverse: quella del protagonista, quella del rettore, quella insanabile della fanciulla e quella del santuario stesso, e solo nel confronto tra queste è possibile leggere tra le righe qualcosa a proposito della voce narrante. Bigazzi fa infatti notare che tra le caratteristiche della novellistica di Boito vi è l'abitudine ad agire come un «regista» che «lascia libero l'attore [ossia il personaggio che dice "io"], ma attraverso interventi strutturali fa capire ciò che gli sta realmente accadendo»; in altri termini il narratore tiene saldamente in pugno il proprio ruolo tradizionale di interprete della realtà, e mentre affida il racconto alla soggettività del protagonista, manifesta, attraverso il montaggio, la propria lettura della vicenda narrata.[5] Nel caso di *Santuario* il narratore

> proietta nel disfacimento della mente della fanciulla e nella decadenza dell'antico santuario la propria angoscia. Ne è chiaro esempio il quarto capitoletto: il narratore, rimasto solo nella notte [...], «a un tratto» ha l'impressione di essere addirittura «solo in questo dagli affetti mortali»: inutilmente cerca di ritrovare una continuità, un legame consolante col passato: «fra tutte quelle notti, ce n'era una, una, che mi tornava con tenace insistenza nella memoria, come il ricordo straziante d'una gran gioia irremissibilmente perduta». La stessa memoria dolorosa ossessiona la fanciulla: «Ti ricordi, Giovanni, la mattina in cui ci siamo sposati?». I due personaggi si legano dunque attraverso richiami interni, senza connessioni esplicite da parte dell'autore.[6]

---

[5] Id., *Storielle vane, tutti i racconti*, cit., pp. 5-18. Si veda inoltre R. Bigazzi, *op. cit.*, pp. 289-93.
[6] C. Boito, *Storielle vane, tutti i racconti*, cit., pp. 12-13.

IGINO UGO TARCHETTI

La vita e le opere

Igino Pietro Teodoro Tarchetti nasce il 29 giugno 1839 a San Salvatore Monferrato (Alessandria).

L'atto di battesimo porta il primo nome di Igino, che però è correzione, con un evidente tratto di penna, del precedente Iginio; e Iginio o Ugo (il nome del Foscolo!) furono scelti di volta in volta da Tarchetti al momento di firmarsi. L'uno e l'altro insieme entrarono nelle stampe delle sue opere e passarono nella tradizione.[1]

Sebbene manifesti sin dalla gioventù la passione per la letteratura – testimoniata dalle prose liriche *Canti del cuore* composte, a detta dell'autore, prima del 1859 ma edite sulla «Rivista minima» solo nel 1865 –, dopo aver portato a termine le scuole superiori non prosegue gli studi e nel 1861 si arruola nell'Intendenza militare sabauda e viene destinato di stanza nel Sud Italia. Nel Meridione Tarchetti fa parte delle forze militari impiegate dal neonato Stato italiano per reprimere il fenomeno del brigantaggio, che dilaga dopo l'unificazione nazionale, ma già dai primi anni di servizio comincia a nutrire una sempre crescente insofferenza critica nei confronti delle istituzioni e del sistema militare. Dal 1863 è trasferito a Varese, città da cui gli è facile raggiungere il capoluogo lombardo e allacciare le prime relazioni con i giovani intellettuali che animano i

---

[1] I.U. Tarchetti, *Racconti fantastici*, a cura di N. Bonifazi, Guanda, Milano 1977, *Nota biografica*, p. XIX.

circoli della Scapigliatura milanese, circoli che divengono poi il contesto fondamentale di maturazione e di espressione della sua vena di scrittore e giornalista a partire dal 1864, quando viene posto in aspettativa dall'esercito per motivi di salute. Al termine del periodo di aspettativa Tarchetti è reintegrato nelle forze armate, a Parma, alla fine del 1865, ma già nel 1866 si dimette definitivamente dall'esercito e rientra a Milano. Può così dedicarsi esclusivamente alla scrittura e dare avvio a una intensa stagione produttiva nel corso della quale scrive e pubblica, prima su riviste poi in volume, romanzi, racconti e testi poetici, oltre a numerosi lavori giornalistici e di critica letteraria; una stagione proficua e ricca di successi che viene però presto interrotta dalla morte che lo coglie, per un tifo non curabile a causa del fisico già indebolito dalla tisi, il 25 marzo 1869.

Alla sua produzione narrativa, che si concentra in poco più di quattro anni, tra il 1865 e il 1869, appartengono cinque romanzi – *Paolina (Misteri del coperto dei Figini)*, edito in volume nel 1867, *Una nobile follia (Drammi della vita militare)*, in volume nel 1867, *Storia di una gamba*, *L'innamorato della montagna (Impressioni di viaggio)* e *Fosca*, tutti nel 1869 – e una serie di novelle, delle quali alcune edite solo in rivista – *La fortuna del capitano Gubart*, *Un suicidio all'inglese*, *Ad un moscone. Viaggio sentimentale nel giardino Balzaretti*, *L'elixir dell'immortalità (Imitazione dall'inglese)*, il cui primo titolo è *Il mortale immortale (dall'inglese)*, *Tragico fine di un pappagallo (Frammento)*, *In cerca di morte* e *Re per ventiquattrore (storia di un giorno della mia vita)*, questi ultimi due editi insieme postumi a cura di Salvatore Farina nel 1869 con il titolo di *Racconti umoristici*, *Storia di un ideale*, *Il lago delle tre lamprede (Tradizione popolare)* – e alcune altre raccolte in volume a cura dell'autore – *Lorenzo Alviati*, *Riccardo Weitzen* e *Bouvard* sotto il titolo *Amore nell'arte* nel 1869; *I fatali*, *Le leggende del castello nero*, *La lettera U (Manoscritto d'un pazzo)*, *Un osso di morto*, *Uno spirito in un lampone* sotto il titolo *Racconti fantastici* nel 1869.

Pur di fronte a un *corpus* tanto notevole, specie se si considera il limitato arco temporale che copre, non è possibile individuare prove univoche attraverso le quali stabilire se e, nel caso, quale specifica intenzione artistica Tarchetti attribuisca a ciascun genere narrativo, forse proprio perché la morte prematura impedisce alla sua narrativa di arrivare a uno sviluppo completo. Si possono semmai rilevare alcune aree tematiche nelle quali romanzo e novella tendono a specializzarsi, anche se non in modo esclusivo, e che dunque differenziano i due generi, ma nel contesto di un quadro teorico, fornito dallo stesso autore nelle *Idee minime sul romanzo* (pubblicate sulla «Rivista minima» il 31 ottobre 1865), che sembra sottolineare l'identità di fondo che assimila tutte le forme narrative in quanto tali. Infatti, nelle *Idee minime sul romanzo* l'autore offre una definizione assoluta e metastorica della narrativa più che del romanzo, il quale è inteso come atto puro del raccontare, dunque in sé identico nella sua forma lunga o breve, e che nasce, secondo l'autore, con l'uomo, ossia da un'esigenza primaria dell'essere umano:

> Dalle prime confidenze, dalle prime rivelazioni che gli uomini fecero agli uomini [...] nacque il romanzo che è la storia del cuore umano e della famiglia [...]. La storia della prima famiglia narrata dai primi figli sulla soglia della prima capanna, ha costituito il primo romanzo.[2]

Su tale considerazione Tarchetti costruisce la propria difesa del romanzo come forma d'arte «naturale», attraverso la quale l'uomo si esprime e nella quale si rispecchia, e che dunque si dimostra «infinitamente superiore alle altre nel raggiungere il fine comune delle lettere, che è l'istruire e l'educare allettando», benché

> non vi ha accusa di immoralità e di corruzione che non gli sia stata mossa: ma se il dramma, se l'epopea, se la lirica, possono essere scritture empie o morali, secondo il cuore e l'ingegno dello scrittore, perché vorrà giudicarsi altrimenti del romanzo?[3]

---

[2] I.U. Tarchetti, *Tutte le opere*, 2 voll., a cura di E. Ghidetti, Cappelli, Bologna 1967, vol. II, pp. 523 e 524.
[3] *Ibid.*, p. 522.

Posto quindi che la forma romanzo non è imputabile a priori di immoralità, esattamente sul concetto di moralità l'autore impernia i cardini della propria poetica narrativa e scrive:

> io dirò agli autori: siate onesti, e il vostro romanzo sarà morale.[4]

> Per me ho ferma opinione che [...] nessun scrittore immorale possa e debba occupare un posto eminente nella storia letteraria delle nazioni.[5]

> Il letterato non ha soltanto la missione di scrivere, egli professa una grande religione e la segue, egli si eleva sulla grande famiglia umana per illuminarla e per dirigerla nella via de' suoi destini: quanti hanno ignorato la loro missione, quanti non hanno fatto che contaminare le lettere![6]

Siffatta dichiarazione di eticità posta a monte dell'opera artistica si inserisce nel solco della tradizione letteraria lombarda moralmente e civilmente impegnata, e quindi anche in linea di continuità rispetto al maggiore romanziere con cui ogni narratore italiano del secondo Ottocento si trova a dover fare i conti: Manzoni. Tarchetti, pur riconoscendo l'importanza storica del romanzo manzoniano – «Fu un grande avvenimento per il romanzo italiano l'apparizione dei *Promessi sposi*» –, ne limita il valore intrinseco definendolo «un romanzo mediocre in confronto dei capolavori della altre nazioni»,[7] il quale, «ove non fosse comparso in epoca di tanta prostrazione delle lettere, non avrebbe ottenuto quell'ammirazione e quella fama smisurata che ottenne».[8] Chiariti sul piano

---

[4] *Ibid.*, p. 525.
[5] *Ibid.*, p. 526.
[6] *Ibid.*, p. 531.
[7] *Ibid.*, p. 528; «Egli rimane pur sempre il migliore romanziere italiano, e la patria nostra debbe essergli grata non tanto del suo libro, quanto dell'avere nobilitata con esso la carriera del romanzo, ed eccitato giovani valenti ed animosi a seguirlo», *ibid.*, p. 529.
[8] *Ibid.*, p. 527.

teorico i conti con il modello artistico letterario rappresentato dai *Promessi sposi* (e individuati negli autori europei i maestri della narrativa moderna), Tarchetti dimostra poi nei fatti di differenziarsi da Manzoni anche sul piano del valore civile attribuito all'arte, perché pur se riconosce all'autore milanese il pregio di aver voluto «dipingere gli uomini quali sono, non quali dovrebbero essere, e in ciò fu scrittore profondo e accurato», spinge il proprio impegno ben oltre il modello manzoniano e dà vita a una narrativa animata da una forte tensione etica e ideologica antiborghese, che trova i momenti di più forte espressione nel romanzo sociale *Paolina* e nelle tesi antimilitariste di *Una nobile follia*.

Tarchetti radicalizza in senso anarco-socialista le implicazioni politiche che trae dalla concezione educativa e moralistica dell'arte, collocandosi tra gli esponenti di spicco della cosiddetta Scapigliatura democratica, e in questo senso si distingue da quegli autori scapigliati che invece rifiutano di porsi in alcun modo alla guida della «grande famiglia umana», poiché si riconoscono incapaci di «illuminarla» e «dirigerla nella via de' suoi destini» di fronte a una realtà che sempre più sembra sfuggire alle capacità di interpretazione dell'individuo. Tuttavia la lacerazione in atto nella coscienza artistica del secondo Ottocento tra la volontà e l'impossibilità di comprendere il reale, che è alla base della rinuncia alla funzione di interprete da parte dell'artista, non lascia completamente indenne nemmeno Tarchetti ed emerge soprattutto nelle novelle, in particolare attraverso la via del fantastico e del comico. Se quindi si vuole cercare una specializzazione di genere tra il romanzo e la novella tarchettiana si può osservare che l'impegno civile e politico si trova meno nelle novelle e che queste esprimono semmai la vena disimpegnata, dubbiosa e umoristica dell'autore.

Uno spirito in un lampone

Nel 1854 un avvenimento prodigioso riempì di terrore e di meraviglia tutta la semplice popolazione d'un piccolo villaggio della Calabria.

Mi atterrò a raccontare, con quanta maggior esattezza mi sarà possibile, questa avventura meravigliosa, benché comprenda essere cosa estremamente difficile l'esporla in tutta la sua verità e con tutti i suoi dettagli più interessanti.

Il giovine barone di B. – duolmi che una promessa formale mi vieti di rivelarne il nome – aveva ereditato da pochi anni la ricca ed estesa baronia del suo avo paterno, situata in uno dei punti più incantevoli della Calabria. Il giovine erede non si era allontanato mai da quei monti sì ricchi di frutteti e di selvaggiume; nel vecchio maniere[1] della famiglia, che un tempo era stato un castello feudale fortificato, aveva appreso dal pedagogo di casa i primi erudimenti dello scrivere, e i nomi di tre o quattro classici latini di cui sapeva citare all'occorrenza alcuni distici[2] ben conosciuti. Come tutti i meridionali aveva la passione della caccia, dei cavalli e dell'amore – tre passioni che spesso sembrano camminare di conserva[3] come tre buoni puledri di po-

---

[1] Maniero, castello.
[2] Coppia di due versi.
[3] Insieme, di pari passo.

sta –[4] potevale appagare a suo talento, né s'era mai dato un pensiero di più; non aveva neppur mai immaginato che al di là di quelle creste frastagliate degli Appennini vi fossero degli altri paesi, degli altri uomini e delle altre passioni.

Del resto siccome la sapienza non è uno dei requisiti indispensabili alla felicità – anzi parci l'opposto – il giovine barone di B. sentivasi perfettamente felice col semplice corredo dei suoi distici; e non erano meno felici con lui i suoi domestici, le sue donne, i suoi limieri,[5] e le sue dodici livree verdi incaricate di precedere e seguire la sua carrozza di gala nelle circostanze solenni.

Un solo fatto luttuoso aveva, alcuni mesi prima dell'epoca a cui risale il nostro racconto, portata la desolazione in una famiglia addetta al servigio della casa e alterate le tradizioni pacifiche del castello. Una cameriera del barone, una fanciulla che si sapeva aver tenute tresche amorose con alcuni dei domestici, era sparita improvvisamente dal villaggio; tutte le ricerche erano riuscite vane; e benché pendessero non pochi sospetti sopra uno dei guardaboschi – giovine d'indole violenta che erane stato un tempo invaghito, senza esserne corrisposto – questi sospetti erano poi in realtà così vaghi e così infondati, che il contegno calmo e sicuro del giovane era stato più che sufficiente a disperderli.

Questa sparizione misteriosa che pareva involgere in sé l'idea di un delitto, aveva rattristato profondamente l'onesto barone di B.; ma a poco a poco egli se n'era dimenticato spensierandosi coll'amore e colla caccia: la gioia e la tranquillità erano rientrate nel castello; le livree verdi erano tornate a darsi buon tempo nelle anticamere; e non erano trascorsi due mesi dall'epoca di

---

[4] «Cavalli che si potevano affittare per i lunghi viaggi e cambiare nelle stazioni di posta.»
[5] Segugi da caccia.

questo avvenimento che né il barone, né alcuno de' suoi domestici si ricordava della sparizione della fanciulla.

Era nel mese di novembre.

Un mattino, il barone di B. si svegliò un po' turbato da un cattivo sogno, si cacciò fuori del letto, spalancò la finestra, e vedendo che il cielo era sereno, e che i suoi limieri passeggiavano immalinconiti nel cortile e raspavano alla porta per uscirne, disse: «Voglio andare a caccia, io solo; vedo laggiù alcuni stormi di colombi selvatici che si son dati la posta[6] nel seminato, e spero che ne salderanno il conto colle penne». Fatta questa risoluzione finì di abbigliarsi, infilzò i suoi stivali impenetrabili,[7] si buttò il fucile ad armacollo, accomiatò le due livree verdi che lo solevano accompagnare ed uscì circondato da tutti i suoi limieri, i quali agitando la testa, facevano scoppiettare le loro larghe orecchie, e gli si cacciavano ad ogni momento tra le gambe accarezzando colle lunghe code i suoi stivali impenetrabili.

Il barone di B. si avviò direttamente verso il luogo ove aveva veduto posarsi i colombi selvatici. Era nell'epoca delle seminagioni, e nei campi arati di fresco non si scorgeva più un arbusto od un filo d'erba. Le pioggie dell'autunno avevano ammollito il terreno per modo che egli affondava nei solchi fino al ginocchio, e si vedeva ad ogni momento in pericolo di lasciarvi uno stivale. Oltre a ciò i cani, non assuefatti a quel genere di caccia, rendevano vana tutta la strategia del cacciatore, e i colombi avevano appostate qua e là le loro sentinelle avanzate, precisamente come avrebbe fatto un bravo reggimento della vecchia guardia imperiale.

Stizzito da questa astuzia, il barone di B. continuò nondimeno a perseguitarli con maggiore accanimento, quantunque non gli venissero mai al tiro una sola volta; e sentivasi stanco e sopraffatto dalla sete, quando vide

---

[6] *si... posta*: si sono fermati.
[7] Impermeabili.

lì presso in un solco una pianticella rigogliosa di lamponi carica di frutti maturi.

«Strano!» disse il barone «una pianta di lamponi in questo luogo... e quanti frutti! come sono belli e maturi!»

E abbassando la focaia[8] del fucile, lo collocò presso di sé, si sedette; e spiccando ad una ad una le coccole del lampone, i cui granelli di porpora parevano come argentati graziosamente di brina, estinse, come poté meglio, la sete che aveva incominciato a travagliarlo.

Stette così seduto una mezz'ora; in capo alla quale si accorse che avvenivano in lui dei fenomeni singolari.

Il cielo, l'orizzonte, la campagna non gli parevano più quelli; cioè non gli pareano essenzialmente mutati, ma non li vedeva più colla stessa sensazione di un'ora prima; per servirsi d'un modo di dire più comune, non li vedeva più cogli stessi occhi.

In mezzo a' suoi cani ve n'erano taluni che gli sembrava di non aver mai veduto, e pure riflettendoci bene, li conosceva; se non che li osservava e li accarezzava tutti quanti con maggior rispetto che non fosse solito fare: parevagli in certo modo che non ne fosse egli il padrone, e dubitandone quasi, si provò a chiamarli: «Azor, Fido, Aloff!». I cani chiamati gli si avvicinarono prontamente, dimenando la coda.

«Meno male» disse il barone «i miei cani sembrano essere proprio ancora i miei cani... Ma è singolare questa sensazione che provo alla testa, questo peso... E che cosa sono questi strani desideri che sento, queste volontà che non ho mai avute, questa specie di confusione e di duplicità che provo in tutti i miei sensi? Sarei io pazzo?... Vediamo, riordiniamo le nostre idee... Le nostre idee! Sì, perfettamente... perché sento che queste idee non sono tutte mie. Però... è presto detto riordinar-

---

[8] Pietra focaia da cui si trae la scintilla che incendia la polvere da sparo.

le! Non è possibile, sento nel cervello qualche cosa che si è disorganizzato, cioè... dirò meglio... che si è organizzato diversamente da prima... qualche cosa di superfluo, di esuberante; una cosa che vuol farsi posto nella testa, che non fa male, ma che pure spinge, urta in modo assai penoso le pareti del cranio... Parmi di essere un uomo doppio. Un uomo doppio! Che stranezza! E pure... sì, senza dubbio... capisco in questo momento come si possa essere un uomo doppio.

«Vorrei sapere perché questi anemoni[9] mezzo fradici per le pioggie, ai quali non ho mai badato in vita mia, adesso mi sembrano così belli e così attraenti... Che colori vivaci, che forma semplice e graziosa! Facciamone un mazzolino.»

E il barone allungando la mano senza alzarsi, ne colse tre o quattro che, cosa singolare! si pose in seno come le femmine. Ma nel ritrarre la mano a sé, provò una sensazione ancora più strana; voleva ritrarre la mano, e nel tempo stesso voleva allungarla di nuovo; il braccio mosso come da due volontà opposte, ma ugualmente potenti, rimase in quella posizione quasi paralizzato.

«Mio Dio!» disse il barone; e facendo uno sforzo violento uscì da quello stato di rigidità, e subito osservò attentamente la sua mano come a guardare se qualche cosa vi fosse rotto o guastato.

Per la prima volta egli osservò allora che le sue mani erano brevi e ben fatte, che le dita erano piene e fusolate, che le unghie descrivevano un elissi perfetto; e l'osservò con una compiacenza insolita; si guardò i piedi e vedendoli piccoli e sottili, non ostante la forma un po' rozza de' suoi stivali impenetrabili, ne provò piacere e sorrise.

In quel momento uno stormo di colombi si innalzò da un campo vicino, e venne a passargli d'innanzi al ti-

---

[9] I fiori dell'anemone, «pianta indigena della famiglia Ranuncolacee».

ro. Il barone fu sollecito a curvarsi, ad afferrare il suo fucile, ad inarcarne il cane,[10] ma... cosa prodigiosa! in quell'istante si accorse che aveva paura del suo fucile, che il fragore dello sparo lo avrebbe atterrito; ristette e si lasciò cader l'arma di mano, mentre una voce interna gli diceva: "Che begli uccelli! che belle penne che hanno nelle ali!... mi pare che sieno colombi selvatici...".

«Per l'inferno!» esclamò il barone portandosi le mani alla testa «io non comprendo più nulla di me stesso... sono ancora io, o non sono più io? o sono io ed un altro ad un tempo? Quando mai io ho avuto paura di sparare il mio fucile? quando mai ho sentito tanta pietà per questi maledetti colombi che mi devastano i seminati? I seminati! Ma... veramente parmi che non sieno più miei questi seminati... Basta, basta, torniamo al castello, sarà forse effetto di una febbre che mi passerà buttandomi a letto.»

E fece atto di alzarsi. Ma in quello istante un'altra volontà che pareva esistere in lui lo sforzò a rimanere nella posizione di prima, quasi avesse voluto dirgli: "No, stiamo ancora un poco seduti".

Il barone sentì che annuiva di buon grado a questa volontà, poiché dallo svolto della via che fiancheggiava il campo era comparsa una brigata di giovani lavoratori che tornavano al villaggio. Egli li guardò con un certo senso di interesse e di desiderio di cui non sapeva darsi ragione; vide che ve ne erano alcuni assai belli; e quando essi gli passarono d'innanzi salutandolo, rispose al loro saluto chinando il capo con molto imbarazzo, e si accorse che aveva arrossito come una fanciulla. Allora sentì che non aveva più alcuna difficoltà ad alzarsi, e si alzò. Quando fu in piedi gli parve di essere più leggiero

---

[10] *inarcarne il cane*: precaricare la molla del cane del fucile; il cane è l'«organo a forma di martelletto che scatta e percuote le capsule per lo sparo», «nelle armi antiche era il ferro che conteneva la pietra focaia».

dello usato: le sue gambe parevano ora ingranchite, ora più sciolte; le sue movenze erano più aggraziate del solito, quantunque fossero poi in realtà le stesse movenze di prima, e gli paresse di camminare, di gestire, di dimenarsi, come aveva fatto sempre per lo innanzi.

Fece atto di recarsi il fucile ad armacollo, ma ne provò lo stesso spavento di prima, e gli convenne adattarselo al braccio, e tenerlo un poco discosto dalla persona, come avrebbe fatto un fanciullo timoroso.

Essendo arrivato ad un punto in cui la via si biforcava, si trovò incerto per quale delle due strade avrebbe voluto avviarsi al castello. Tutte e due vi conducevano del paro, ma egli era solito percorrerne sempre una sola: ora avrebbe voluto passare per una, e ad un tempo voleva passare anche per l'altra: tentò di muoversi, ma riprovò lo stesso fenomeno che aveva provato poc'anzi: le due volontà che parevano dominarlo, agendo su di lui colla stessa forza, si paralizzarono reciprocamente, resero nulla la loro azione: egli restò immobile sulla via come impietrato, come colpito da catalessi. Dopo qualche momento si accorse che quello stato di rigidità era cessato, che la sua titubanza era svanita, e svoltò per quella delle due strade che era solito percorrere.

Non aveva fatto un centinaio di passi che s'abbatté nella moglie del magistrato la quale lo salutò cortesemente.

«Da quando in qua» disse il barone di B. «io sono solito a ricevere i saluti della moglie del magistrato?» Poi si ricordò che egli era il barone di B., che egli era in intima conoscenza colla signora, e si meravigliò di essersi rivolta questa domanda.

Poco più innanzi si incontrò in una vecchia che andava razzolando alcuni manipoli di rami secchi lungo la siepe.

«Buon dì, Caterina,» le disse egli abbracciandola e baciandola sulle guancie «come state? avete poi ricevuto notizie di vostro suocero?»

«Oh! Eccellenza... quanta degnazione...» esclamò la

vecchia, quasi spaventata dalla insolita famigliarità del barone «le dirò...»

Ma il barone l'interruppe dicendole: «Per carità, guardatemi bene, ditemi: sono ancora io? sono ancora il barone di B.?».

«Oh, signore!...» diss'ella.

Egli non stette ad attendere altra risposta, e proseguì la sua strada, cacciandosi le mani nei capelli, e esclamando: «Io sono impazzito, io sono impazzito».

Gli avveniva spesso lungo la via di arrestarsi a contemplare oggetti o persone che non avevano mai destato in lui il minimo interesse, e vedeali sotto un aspetto affatto diverso di prima. Le belle contadine che stavano sarchiando nei campi coll'abito rimboccato fin sopra il ginocchio, non avevano più per lui alcuna attrattiva, e le parevano rozze, sciatte e sguaiate. Gettando a caso uno sguardo su' suoi limieri che lo precedevano col muso basso e colla coda penzoloni, disse: «Tò! Visir che non aveva che due mesi adesso sembra averne otto suonati, e s'è cacciato anche lui nella compagnia dei cani scelti».

Mancavangli pochi passi per arrivare al castello, quando incontrò alcuni de' suoi domestici che passeggiavano ciarlando lungo la via, e, cosa singolare! li vedeva doppi; provava lo stesso fenomeno ottico che si ottiene convergendo tutte e due le pupille verso un centro solo, per modo d'incrociarne la visuale; se non che egli comprendeva che le cause di questo fenomeno erano affatto diverse da quelle; poiché vedeali bensì doppi, ma non si rassomigliavano totalmente nella loro duplicità; vedeali come se vi fossero in lui due persone che guardassero per gli stessi occhi.

E questa strana duplicità incominciò da quel momento ad estendersi su tutti i suoi sensi; vedeva doppio, sentiva doppio, toccava doppio; e – cosa ancora più sorprendente! – pensava doppio. Cioè, una stessa sensazione destava in lui due idee, e queste due idee venivano svolte da due forze diverse di raziocinio, e giudicate da due diverse coscienze. Parevagli in una parola che vi fossero due vite nella sua vita, ma due vite opposte, segregate, di natura diversa; due vite che non potevano fondersi, e che lottavano per contendersi il predominio de' suoi sensi – d'onde la duplicità delle sue sensazioni.

Fu per ciò che egli vedendo i suoi domestici, conobbe bensì che erano i suoi domestici; ma cedendo ad un impulso più forte, non poté a meno di avvicinarsi ad uno di essi, di abbracciarlo con trasporto e di dirgli: «Oh! caro Francesco, godo di rivedervi; come state? come sta il nostro barone?» e sapeva benissimo di essere egli il barone «ditegli che mi rivedrà fra poco al castello».

I domestici si allontanarono sorpresi; e quello tra loro che erane stato abbracciato, diceva tra sé stesso: «Io mi spezzerei la testa per sapere se è, o se non è veramente il barone che mi ha parlato. Io ho già inteso altre volte quelle parole... non so... ma quella espressione... quell'aspetto... quell'abbraccio... certo, non è la prima volta che io fui abbracciato in quel modo. E pure... il mio degno padrone non mi ha mai onorato di tanta famigliarità».

Pochi passi più innanzi, il barone di B. vide un pergolato che s'appoggiava ad un angolo del recinto d'un giardino, per modo che quando era coperto di foglie doveva essere affatto inaccessibile agli occhi dei curiosi. Egli non poté resistere al desiderio di entrarvi, quantunque vi fosse in lui un'altra volontà che l'incitava ad affrettarsi verso il castello. Cedette al primo impulso, e appena sedutosi sotto la pergola, sentì compiersi in sé stesso un fenomeno psicologico ancora più curioso.

Una nuova coscienza si formò in lui: tutta la tela di un passato mai conosciuto si distese d'innanzi a' suoi occhi: delle memorie pure e soavi di cui egli non poteva aver fecondata la sua vita vennero a turbare dolcemente la sua anima. Erano memorie di un primo amore, di una prima colpa; ma di un amore più gentile e più elevato che egli non avesse sentito, di una colpa più dolce e più generosa che egli non avesse commesso. La sua mente spaziava in un mondo di affetti ignorato, percorreva regioni mai viste, evocava dolcezze mai conosciute.

Nondimeno tutto questo assieme di rimembranze, questa nuova esistenza che era venuta ad aggiungersi a lui, non turbava, non confondeva le memorie speciali della sua vita. Una linea impercettibile separava le due coscienze.

Il barone di B. passò alcuni momenti nel pergolato, dopo di che sentì desiderio di affrettarsi verso il villaggio. E allora le due volontà agendo su di esso collo stesso accordo, egli ne subì un impulso così potente che non poté conservare il suo passo abituale, e fu costretto a darsi ad una corsa precipitosa.

Queste due volontà incominciarono da quell'istante a dominarsi e a dominarlo con pari forza. Se agivano d'accordo, i movimenti della sua persona erano precipitati, convulsi, violenti; se una taceva, erano regolari; se erano contrarie, i movimenti venivano impediti, e davano luogo ad una paralisi che si protraeva fino a che la più potente di esse avesse predominato.

Mentre egli correva così verso il castello, uno dei suoi domestici lo vide, e temendo di qualche sventura, lo chiamò per nome. Il barone volle arrestarsi, ma non gli fu possibile; rallentò il passo e si fermò bensì per qualche istante, ma ne seguì una convulsione, un saltellare, un avanzarsi e un retrocedere a sbalzi per modo che sembrava invasato, e gli fu giocoforza continuare la sua corsa verso il villaggio.

Il villaggio non pareagli più quello, parevagli che ne fosse stato assente da molti mesi: vide che il campanile della parrocchia era stato riattato di fresco, e quantunque lo sapesse, gli sembrava tuttavia di non saperlo.

Lungo la strada si abbatté in molte persone che, sorprese di quel suo correre, lo guardavano con atti di meraviglia. Egli faceva a tutte di cappello, benché comprendesse che nol doveva; e quelle rispondevangli togliendosi i loro berretti, e meravigliando di tanta cortesia. Ma ciò che sembrava ancora più singolare era che tutte quelle persone consideravano quasi come naturale quel suo correre, quel suo salutare; e pareva loro di aver travisto, intuito, compreso qualche cosa in que' suoi atti, e non sapevano che cosa fosse. Ne erano però impaurite e pensierose.

Giunto al castello si arrestò; entrò nelle anticamere; baciò ad una ad una le sue cameriere; strinse la mano alle sue livree verdi, e si buttò al collo di una di esse che accarezzò con molta tenerezza, e a cui disse parole come di passione e di affetto.

A quella vista le cameriere e le livree verdi fuggirono, e corsero urlando a rinchiudersi nelle loro stanze.

Allora il barone di B. salì agli altri piani, visitò tutte le sale del castello, e essendo giunto alla sua alcova, si buttò sul letto, e disse: «Io vengo a dormire con lei, signor barone». In quell'intervallo di riposo, le sue idee si riordinarono, egli si ricordò di tutto ciò che gli era avvenuto durante quelle due ore, e se ne sentì atterrito; ma non fu che un lampo – egli ricadde ben presto nel dominio di quella volontà che lo dirigeva a sua posta.

Tornò a ripetersi le parole che aveva dette poc'anzi: «Io vengo a dormire con lei, signor barone». E delle nuove memorie si suscitarono nella sua anima; erano memorie doppie, cioè le rimembranze delle impressioni che uno stesso fatto lascia in due spiriti diversi, ed egli accoglieva in sé tutte e due queste impressioni. Tali rimembranze però non erano simili a quelle che aveva già evocato sotto la pergola; quelle erano semplici, queste complesse; quelle lasciavano vuota, neutrale, giudice una parte dell'anima; queste l'occupavano tutta: e siccome erano rimembranze di amore, egli comprese in quel momento che cosa fosse la grande unità, l'immensa complessività dell'amore, il quale essendo nelle leggi inesorabili della vita un sentimento diviso fra due, non può essere compreso da ciascuno che per metà. Era la fusione piena e completa di due spiriti, fusione di cui l'amore non è che una aspirazione, e le dolcezze dell'amore un'ombra, un'eco, un sogno di quelle dolcezze. Né potrei esprimere meno confusamente lo stato singolare in cui egli si trovava.

Passò così circa un'ora, scorsa la quale si accorse che quella voluttà andava scemando, e che le due vite che parevano animarlo si separavano. Discese dal letto, si passò le mani sul viso come per cacciarne qualche cosa di leggiero... un velo, un'ombra, una piuma; e sentì che il tatto non era più quello; gli parve che i suoi lineamenti si fossero mutati, e provò la stessa sensazione come se avesse accarezzato il viso di un altro.

V'era lì presso uno specchio e corse a contemplarvisi. Strana cosa! Non era più egli; o almeno vi vedeva riflessa bensì la sua immagine, ma vedeala come fosse l'immagine di un altro, vedeva due immagini in una. Sotto l'epidermide diafana della sua persona, traspariva una seconda immagine a profili vaporosi, instabili, conosciuti. E ciò gli pareva naturalissimo, perché egli sapeva che nella sua unità vi erano due persone, che era uno, ma che era anche due ad un tempo.

Allontanando lo sguardo dal cristallo, vide sulla parete opposta un suo vecchio ritratto di grandezza naturale, e disse: «Ah! questo è il signor barone di B... Come è invecchiato!». E tornò a contemplarsi nello specchio.

La vista di quella tela gli fece allora ricordare che vi era nel corridoio del castello un'immagine simile a quella che aveva veduto poc'anzi trasparire dalla sua persona nello specchio, e si sentì dominato da una smania invincibile di rivederla. Si affrettò verso il corridoio.

Alcune delle sue cameriere che vi passavano in quell'istante furono prese da uno sgomento ancora più profondo di prima, e corsero fuggendo a chiamare le livree verdi che stavano assembrate nell'anticamera, concertandosi sul da farsi.

Intanto nel cortile del castello si era radunato buon numero di curiosi: la notizia delle follie commesse dal barone si era divulgata in un attimo nel villaggio, e vi aveva fatto accorrere il medico, il magistrato ed altre persone autorevoli del paese.

Fu deciso di entrare nel corridoio. Il disgraziato barone fu trovato in piedi d'innanzi ad un ritratto di fanciulla – quella stessa che era sparita mesi addietro dal castello – in uno stato di eccitamento nervoso impossibile a definirsi. Egli sembrava in preda ad un assalto violento di epilessia; tutta la sua vitalità pareva concentrarsi in quella tela; pareva che vi fosse in lui qualche cosa che volesse sprigionarsi dal suo corpo, che volesse uscirne per entrare nell'immagine di quel quadro. Egli la fissava con inquietudine, e spiccava salti prodigiosi verso di lei, come ne fosse attratto da una forza irresistibile.

Ma il prodigio più meraviglioso era che i suoi lineamenti parevano trasformarsi, quanto più egli affissava quella tela, ed acquistare un'altra espressione. Ciascuna persona riconosceva bensì in lui il barone di B., ma vi vedeva ad un tempo una strana somiglianza coll'immagine riprodotta nel quadro. La folla accorsa nel corridoio si era arrestata compresa da un panico indescrivibile. Che cosa vedevano essi? Non lo sapevano: sentivano di trovarsi d'innanzi a qualche cosa di soprannaturale.

Nessuno osava avvicinarsi – nessuno si moveva – uno spavento insuperabile si era impadronito di ciascuno di essi: un brivido di terrore scorreva per tutte le loro fibre...

Il barone continuava intanto ad avventarsi verso il quadro; la sua esaltazione cresceva, i suoi profili si modificavano sempre più, il suo volto riproduceva sempre più esattamente l'immagine della fanciulla... e già alcune persone parevano voler prorompere in un grido di terrore, quantunque uno spavento misterioso li avesse resi muti od immobili, allorché una voce si sollevò improvvisamente dalla folla che gridava: «Clara! Clara!».

Quel grido ruppe l'incantesimo. «Sì, Clara! Clara!» ripeterono unanimi le persone radunate nel corridoio, precipitandosi l'una sull'altra verso le porte, sopraffatte da un terrore ancora più grande, e quel nome era il nome della fanciulla sparita dal castello, la cui immagine era stata riprodotta dalla tela.

Ma a quella voce, il barone di B. si spiccò dal quadro e si slanciò in mezzo alla folla gridando: «Il mio assassino, il mio assassino!». La folla si sparpagliò e si divise. Un uomo era in terra svenuto – quello stesso che aveva gridato – il giovane guardaboschi su cui pendevano sospetti per la sparizione misteriosa di Clara.

Il barone di B. fu trattenuto a forza dalle sue livree verdi. Il guardaboschi rinvenuto domandò del magistrato, cui confessò spontaneamente di aver uccisa la fanciulla in un eccesso di gelosia, e di averla sotterrata in un campo, precisamente in quel luogo dove, poche ore innanzi, aveva veduto lo sfortunato barone sedersi e mangiare le coccole del lampone.

Fu data subito al barone di B. una forte dose di emetico[11] che gli fece rimettere i frutti non digeriti, e lo liberò dallo spirito della fanciulla.

Il cadavere di essa, dal cui seno partivano le radici del lampone, fu dissotterrato e ricevette sepoltura cristiana nel cimitero.

Il guardaboschi, tradotto in giudizio, ebbe condanna a dodici anni di lavori forzati.

Nel 1865 io lo conobbi nello stabilimento carcerario di Cosenza che mi era recato a visitare. Mancavangli allora due anni a compiere la sua pena; e fu da lui stesso che intesi questo racconto meraviglioso.

---

[11] Farmaco che provoca il vomito.

Commento al testo

Uno spirito in un lampone viene probabilmente scritta nel corso del 1868 per poi essere inclusa, come ultima novella, nella raccolta dei *Racconti fantastici* edita l'anno seguente.

Con gli altri testi "fantastici", tra loro piuttosto eterogenei per ambientazioni, strutture e stile, *Uno spirito in un lampone* condivide soprattutto alcune costanti tematiche, di cui due fondamentali, quali il tema della morte e il tema dello sdoppiamento dell'io, che sono però caratteristiche anche del resto della produzione narrativa dell'autore. La prima delle due, in particolare, si può dire attraversi senza esclusione le opere sia poetiche che narrative (romanzi e novelle tutti inclusi), rivelandosi forse l'unica grande costante dell'intera produzione tarchettiana. Di tale costante la novella accoglie inoltre due frequenti corollari: il primo è la combinazione del tema della morte con quello dell'amore, ossia il *topos* dell'amore che si rivela fatale specialmente per i personaggi femminili, siano essi i soggetti attivi, che amando trascinano nella morte l'amato, o siano essi soggetti passivi e vittime, come nel caso in esame, uccise dalla passione di un uomo rifiutato (il più importante antecedente della novella in tal senso è il romanzo *Paolina*). Il secondo corollario è il legame del mondo dei vivi con quello dei defunti, con conseguente ritorno dei secondi tra i primi. Date queste premesse tuttavia, si segnala che la specifica variazione al tema portante svolta nella presente novella si allontana dalle fantasie mortuarie e dal gusto macabro delle compiaciute suggestioni necrofile, che contraddistinguono tanta parte della letteratura scapigliata e non lasciano esenti nemmeno le pagine di Tarchetti (soprattutto le prime e quelle poetiche), e si accosta piuttosto alla morte con un tono comico, latente già in altre novelle, specie in *Un osso di morto* immediatamente precedente a *Uno spirito in un lampone*: un divertito sogghigno che, mettendo in rilievo l'assurdità che si manifesta nelle storie narrate, tende a sdrammatizzare e demistificare tanto il tema in sé quanto le sue espressioni letterarie.

La componente assurda e comica della novella si sprigiona a partire dalla seconda costante tematica individuata: lo sdoppiamento dell'io. La percezione della mancanza di unità del proprio essere si trova, prima che in *Uno spirito in un lampone*, ad esempio, in *Storia di una gamba*, dove il protagonista sente di aver perso la propria integrità esistenziale con la perdita dell'integrità fisica dovuta all'amputazione di una gamba; oppure nella novella *Le leggende del castello nero*, in cui il protagonista, essendosi più volte reincarnato, ha percezione della distanza tra il proprio io presente e l'io del passato. In tutti i casi il sentimento di intima disunione che l'individuo avverte è connesso alla vicinanza della morte, e lo sdoppiamento coincide con l'appartenenza del soggetto sia al dominio della vita sia a quello della morte (e in fondo a nessuno dei due):

> Non vedete? Non ho più un centro, non sono più un'unità; sono qui e sono altrove in un tempo stesso: dove è l'altra parte di me? dove è il tutto? la parte sono io che parlo, od è quella? Ove è la forza unificatrice di queste frazioni? ove è l'io? L'io! Io non appartengo più alla vita, non appartengo del paro alla morte: il mio io è spezzato.[1]

Al contrario l'unità individuale del protagonista di *Uno spirito in un lampone*, il barone di B., non viene messa in crisi dall'emersione di un fattore endogeno (interno) di destabilizzazione, di un lato oscuro del sé, come invece accade nei casi citati in cui il doppio emerge sempre dall'intimo del personaggio, anche se fisicamente distinto in un oggetto scisso o in una vita trascorsa. Nel caso del barone di B. si è di fronte a un fattore esogeno (esterno) di squili-

---

[1] I.U. Tarchetti, *Storia di una gamba*, in *Tutte le opere*, cit., vol. II, p. 217.

brio, ovvero a una seconda individualità che dice "io" all'interno dello spazio corporeo del barone, un intruso. Ci si trova davanti a quello che per la letteratura fantastica è un fenomeno di possessione spiritica.

Possessione spiritica che però sembra atipica per più ragioni, a cominciare dal fatto che è provocata da una serie di processi metabolici – l'ingestione e la digestione dei lamponi, che a loro volta si sono alimentati dei succhi organici di un corpo sepolto – e che viene conseguentemente risolta per via farmacologica – con un emetico che interrompe il processo digestivo del barone. Un così singolare avvio e la pari interruzione della possessione spiritica sembrano rinviare alla concezione dell'individuo come essere in cui si sommano organicamente componenti spirituali e materiali; concezione ottocentesca che deriva da ipotesi scientifiche di studio, in particolare degli anatomisti, che si andavano sviluppando e diffondendo oltre l'ambito propriamente sperimentale e che Tarchetti riprende nelle proprie opere:

> Credete di avere delle idee e sono nervi, delle sensazioni e sono nervi; le vostre aspirazioni hanno la loro causa in un muscolo; la fede è un viscere, l'amore è un viscere; la vostra coscienza è tutta riposta in un budello [...] vi credete immortali, aspirate a un'alta vita, vi lusingate di divinarla, di sentirla già in voi medesimi... ma se foste anatomisti, se conosceste tutte le funzioni degli organi, non tardereste a ricredervi.[2]

Rispetto a quest'ultima affermazione *Uno spirito in un lampone* propone una diversa verità: attraverso un processo organico nel budello della coscienza (lo stomaco) può introdursi e tornare a vivere la coscienza di un defunto. La reincarnazione dell'anima si rivelerebbe dunque assurdamente possibile attraverso un passaggio di sostanze organiche:

> «... il segreto dei fenomeni fisici è in parte violato – scrive Tarchetti nel primo dei *Racconti* –; la scienza ha analizzato la natura, i suoi sistemi, le sue leggi; le sue in-

---

[2] I.U. Tarchetti, *Una nobile follia, ibid.*, vol. I, p. 519.

fluenze ci sono quasi tutte note; ma essa si è arrestata dinanzi ai fenomeni psicologici, e dinanzi ai rapporti che congiungono questi e quelli» (II, 8). Ed è proprio in questo spazio incerto in cui i fenomeni possono o no trovare spiegazione nelle leggi naturali esistenti, che si realizza il fantastico tarchettiano, momento sistematico di dubbio all'interno della normalità del reale, intrusione di una possibile illogicità nel «facile e logico» sistema di convenzioni che gli uomini si sono dati.[3]

Legittimo è evidentemente il dubbio sulla effettiva volontà di Tarchetti di prestare fede alle teorie anatomistiche e in generale a quelle scoperte scientifiche dalle quali altrove pare affascinato, poiché il tono derisorio dell'ipotesi di *Uno spirito in un lampone* rivela uno sguardo sostanzialmente incredulo, confermato poi dalla descrizione stessa del corpo, "posseduto" malamente, quasi fosse una marionetta disarticolata e mal condotta. La reincarnazione e la possessione hanno infatti esiti grotteschi, che rinviano sì a quel «grottesco, quasi canzonatorio e quindi apotropaico delle moderne danze macabre inscenate dagli scapigliati»,[4] ma che instillano anche, altrettanto legittimamente, un secondo dubbio sulla volontà di Tarchetti di dare vita a un vero e proprio racconto fantastico. Il centro da cui maggiormente si diffonde il comico della novella è appunto il corpo "semi-posseduto" del barone di B. che procede a strappi fino a sembrare un epilettico, per metà donnescamente estatico e per metà virilmente risoluto, né l'una né l'altra cosa eppure entrambe; ma la dissacrazione comica nasce anche dalla sovversione di altre costanti del filone narrativo della

---

[3] M. Colummi Camerino, *Ragione e follia, scienza e arte nella narrativa di Tarchetti*, in AA.VV., *Igino Ugo Tarchetti e la Scapigliatura*, Atti del convegno S. Salvatore Monferrato 1-3 ottobre 1976, Comune di San Salvatore - Cassa di Risparmio di Alessandria, 1978, p. 70. Le citazioni riportate dalla Camerino sono tratte da I.U. Tarchetti, *Tutte le opere*, cit., a cui rinvia l'abbreviazione contenuta nel brano citato.
[4] A. Carli, *Anatomie scapigliate. L'estetica della morte tra letteratura, arte e scienza*, prefazione di G. Langella, Interlinea, Novara 2004, p. 130.

possessione spiritica: ad esempio, lo spirito che dovrebbe cercare di dominare un corpo altrui sembra ritrovarsi inaspettatamente vivo e attivo in tale corpo: «"Da quando in qua" disse il barone di B. "io sono solito a ricevere i saluti della moglie del magistrato?"», le parole sono del barone, ma è lo spirito di Clara che parla e si sorprende inconsapevolmente in panni non propri. Ciò che dunque sembra dominare su tutti, uomini e spiriti, corpi defunti e corpi posseduti, è l'assoluta casualità degli eventi, una casualità che esprime disordine, caos, assurdità.

Sotto il profilo strettamente narratologico il punto di vista viene mantenuto per quasi tutta la novella sul proprietario legittimo del corpo, che si vede e si sente abitato da una volontà estranea. Solo nel finale, dopo che i due spiriti si sono congiunti attraverso la condivisione o la memoria della medesima esperienza d'amore, Clara prende il sopravvento e non solo viene riconosciuta fisicamente nelle sembianze del barone dalla folla radunatasi, ma è lei a gridare «Il mio assassino», rivelando ciò che ella sola sa e senza che la volontà del barone intervenga più in senso contrario. Sia quando i due spiriti coabitano, sia nel prevalere dell'uno sull'altro, il narratore fornisce una descrizione esterna delle azioni del corpo, quella che potrebbe essere stata raccolta da un qualsiasi osservatore, ma anche le impressioni vissute dall'interno e quindi note esclusivamente al barone o a Clara. Queste ultime informazioni contraddicono apertamente la finzione del racconto riportato cui l'autore ricorre alla fine del testo («e fu da lui stesso che intesi questo racconto meraviglioso»), e perciò invalida il tradizionale espediente del testimone diretto che, invece di certificare la veridicità dei fatti, ne dichiara l'inverosimiglianza. La fonte della novella, il galeotto, è infatti inattendibile dal momento che può narrare solo quanto ha egli stesso direttamente osservato (lui per primo vede il barone di fianco alla pianta di lamponi e plausibilmente lo segue fino al castello), ma non può avere alcuna cognizione del dissidio mentale del barone né tanto meno di quanto solo lui e Clara vivono congiuntamente. Tarchetti dunque, dopo aver giocato con il lettore a costruire il racconto fantastico, smaschera e nega, ma solo all'ultimo, il meccanismo narrativo, meccanismo (il manoscritto, il racconto riportato ecc.), per altro tipico della narrativa fantastica, ma non solo, a cui l'autore stesso fa frequentemente ricorso sia nei romanzi sia nelle novelle.

Infine, delle cinque novelle incluse nel volume dei *Racconti fantastici*, come anticipato, *Uno spirito in un lampone* risulta piuttosto vicina alla quarta, *Un osso di morto*, a proposito della quale Vincenzo Moretti rileva l'influsso del racconto *Il piede della mummia* di Theophile Gautier, ma precisando che

> è fondamentalmente diverso l'atteggiamento dei due autori di fronte al fantastico, che Gautier colloca in ambienti esotici [...] e che al contrario Tarchetti inserisce in ambienti quotidiani ed ironizza in modo assai evidente.[5]

All'osservazione di Moretti aggiungiamo che in tale diverso atteggiamento consiste la modernità di *Uno spirito in un lampone*, la cui divertita descrizione dell'assurdo nel quotidiano anticipa certa narrativa novecentesca, si pensi alla *Trilogia degli antenati* di Italo Calvino. In Tarchetti è vero che l'assurdo nel quotidiano ha vita limitata, non dura nel tempo e la conclusione della novella ricostituisce l'ordine iniziale: ogni spirito viene ricondotto al proprio corpo e ogni corpo viene rimesso al proprio posto, secondo le leggi umane e divine, quindi il barone riprende possesso di sé, il cadavere, riesumato, riceve debita sepoltura e la giustizia punisce il colpevole incarcerandolo, ma ciò non toglie tuttavia che si sia resa possibile la destabilizzazione casuale del reale. A sottolineare la normalità in cui si manifesta il caso concorre anche la mancanza nella novella di marcatori narrativi tipici del racconto fantastico, che Tarchetti omette per non preparare in alcun modo il lettore all'assurdo, sicché né l'atmosfera, né la tipologia dei luoghi e dei personaggi, né altro annuncia al lettore la prossimità del fenomeno fantastico, della possessione spiritica e tanto meno la giustifica.

---

[5] V. Moretti, *Igino Ugo Tarchetti e il racconto fantastico*, in AA.VV., *Igino Ugo Tarchetti e la Scapigliatura*, cit., p. 105.

LUIGI CAPUANA

La vita e le opere

Nato a Mineo (Catania) il 29 maggio 1839, Luigi Capuana riceve la prima, sommaria, educazione in famiglia e presso la scuola comunale gestita dai gesuiti, quindi viene iscritto al Real Collegio di Bronte, dal 1851 al 1855, e, nel 1857, alla facoltà di Giurisprudenza di Catania. La curiosità intellettuale di Capuana, nel corso degli anni universitari, si dimostra rivolta di preferenza alla drammaturgia, agli studi folklorici, alle scienze naturali e alle scienze occulte, alla filosofia, alle belle arti e naturalmente alla letteratura, piuttosto che alle discipline legali; gli studi catanesi gli lasciano dunque una eterogenea, anche se talvolta non salda, preparazione, che nella eclettica varietà anticipa la successiva attitudine a diversificare la propria produzione letteraria sia nelle aree di interesse sia nei generi praticati: dalla prosa critica al teatro in lingua e dialettale, dalla narrativa breve e per ragazzi al romanzo, alla poesia. Nel 1860 Capuana sostiene la campagna garibaldina in Sicilia diventando segretario del comitato insurrezionale di Mineo, poi cancelliere del consiglio civico, infine encomiaste della spedizione (*Garibaldi, leggenda drammatica in tre canti*, 1861).

Consapevole del ritardo culturale siciliano e della propria debole preparazione intellettuale, intenzionato a confrontarsi con un ambiente più vivace e avanzato, si reca a Firenze e vi rimane dal 1864 al 1868. Nella città toscana Capuana si divide tra l'attività di critico teatrale, cui si dedica per la «Rivista Italica» e per la «Nazione», e la frequentazione dei caffè e dei salotti letterari, dove conosce, tra gli altri, Signorini, Nencioni, Aleardi, Ongaro, Prati, Levi e Verga, con il quale instaura un intenso e duraturo sodalizio. Del 1867 è l'esordio come narratore e novelliere, con *Il dottor Cymba-*

Ius, edito sulla «Nazione» tra il 3 e il 9 ottobre, primo degli oltre cento testi a cui assomma la sua produzione novellistica (trecento se si considerano anche le fiabe), raccolti in trentuno volumi (naturalmente con numerosi "travasi" e riedizioni) di cui quattro postumi. All'inizio del 1868 è a Mineo dove assume incarichi pubblici (ispettore scolastico, consigliere comunale, sindaco) e dove si ferma continuativamente, se si eccettua un soggiorno romano nel 1875, fino al 1877, anno in cui si trasferisce a Milano dietro sollecitazione di Verga. Durante la permanenza nel paese natale Capuana cura la pubblicazione, nel 1872, della raccolta di saggi *Il teatro italiano contemporaneo*, che raduna i testi più innovativi dell'attività di critico svolta per la «Nazione», con la quale arriva a identificare nel romanzo (e non nel dramma) la forma d'arte propria della contemporaneità e nella rappresentazione del reale la sua problematica di fondo. Concepisce parallelamente il progetto del romanzo *Giacinta* e licenzia la prima raccolta di novelle, *Profili di donne* (1877), mentre la conclusione e la pubblicazione di *Giacinta* (1879) sono da ascriversi al soggiorno milanese, insieme all'intenso lavoro di critica letteraria e teatrale che, dagli articoli editi sul «Corriere della Sera», conduce alla *Prima serie* delle due raccolte di *Studii sulla letteratura contemporanea* (1880). Dal 1880 Capuana è nuovamente in Sicilia (dove conosce, nel 1881, il giovane De Roberto) e partecipa dall'isola alla polemica sui *Malavoglia*, di cui si dimostra agguerrito partigiano dalle pagine del romano «Fanfulla della Domenica», sul quale il 29 maggio 1881 compare la recensione al romanzo, destinata a confluire con altri saggi giornalistici nella *Seconda serie* degli *Studii* (1882).

È appunto con gli *Studii* che Capuana si afferma quale militante di spicco nella discussione teorica sul verismo, teorizzando, a partire dall'esempio delle intuizioni verghiane, la nuova narrativa italiana, in cerca di un confronto alla pari, tale da sanare il dislivello della prosa nazionale, con il naturalismo francese. Acquisizione duratura degli *Studii*, all'interno di una concezione dell'arte intesa come organismo orientato secondo una autonoma *ratio*, è la convinzione che un'opera letteraria non possa assimilarsi a un concetto o a un metodo scientifico se non mantenendo la propria specifica natura di opera d'arte, e che dunque il positivismo e il naturalismo esercitino sì una radicale influenza sul romanzo contemporaneo, ma soltanto sotto il profilo formale, tale influenza traducendosi nella perfetta impersonalità dell'opera d'arte. Posto però che con "forma" Capuana intende, oltre al modo in cui un testo è scritto, anche la concezione, l'organismo intero dell'opera, che si rivela indipendente dalla personalità che lo crea, allora un testo narrativo, novella o romanzo, è perfetto solo quando si dimostra coeso, autonomo e solido in ogni sua parte, tanto da porsi come un organismo effettivamente a sé stante, in cui non è più evidente il processo di creazione (e l'opera sembri essersi fatta da sé).

Proprio del «Fanfulla della Domenica» Capuana, a Roma, assume la direzione dal 1882 al 1883, mentre, ancora in Sicilia dal 1884, alterna la pubblicazione di novelle, fiabe, saggi (*Spiritismo?*, 1884, *Per l'arte*, 1885, nel quale si consolidano le conclusioni degli *Studii* che portano alla difesa dell'impersonalità come metodo formale avulso da intenzioni di indagine conoscitiva e tanto meno polemica in senso sociale e politico) e avvia l'adattamento teatrale di *Giacinta*, andata in scena nel maggio 1888. Nello stesso anno torna a Roma dove, dal 1890, è nominato docente di Letteratura italiana presso l'Istituto superiore femminile di Magistero e dove stringe amicizia, sempre nel 1890, con Pirandello; nella capitale intensifica la già rilevante produzione critica e letteraria con numerose novelle edite in rivista e in raccolte; tre romanzi: *Profumo* (1890), *La sfinge* (1897) e *Il marchese di Roccaverdina* (1901), iniziato un ventennio prima; i saggi: *Libri e teatro* (1892), *Mondo occulto* (1896), *Gli "ismi" contemporanei: verismo, simbolismo, idealismo, cosmopolitismo ed altri saggi di critica letteraria ed artistica* (1898), *Cronache letterarie* (1899); inoltre fiabe e racconti per ragazzi, testi teatrali e studi sulla Sicilia.

Si afferma con gli anni Novanta la tendenza di Capuana a organizzare in libri le novelle già edite sparsamente, quindi a strutturarle in sistemi il cui significato deriva dall'aggregazione dei testi;[1] il momento culminante di affer-

---

[1] Cfr. al proposito E. Scarano – L. Lorenzi – F. Ferrara – C. Vannocci – M. Failli – C.A. Madrignani, *Novelliere impenitente. Studi su Luigi Capuana*, Nistri-Lischi, Pisa 1985.

mazione di tale tendenza sono i volumi delle *Appassionate* (1893) e delle *Paesane* (1894). Va rilevato al proposito che l'accorpamento delle novelle in sistemi unitari si associa alla diminuzione dell'impegno di Capuana sul fronte del romanzo, che lo vedrà portare a termine il ventennale progetto del *Marchese di Roccaverdina* per poi affidare le residue ambizioni sistematiche e sperimentali alle sole novelle. Sul versante critico, *Gli "ismi" contemporanei* segnano il parallelo affermarsi di un percorso involutivo, che registra, con il superamento (storico) del verismo, la più complessa crisi culturale europea a cavallo tra Ottocento e Novecento. Nel 1902 Capuana rientra definitivamente in Sicilia, a Catania, dove prosegue la docenza universitaria con l'incarico di Lessicografia e stilistica fino al 1914. La produzione dell'ultimo periodo catanese è particolarmente folta di edizioni di novelle, fiabe e commedie in dialetto siciliano, mentre diminuisce la ricerca critica (*La scienza della letteratura*, 1902 e *Lettere alla assente*, 1904). Capuana muore a Catania il 29 novembre 1915. Dopo la sua morte, la moglie, Adelaide Bernardini (sposata nel 1908) si occupa sia della riedizione delle sue opere sia della edizione di alcuni inediti del marito, lasciando però in entrambi i casi più di una perplessità sia sull'attendibilità filologica delle redazioni presentate sia sulla loro autenticità.

La più rilevante e moderna problematicità della prosa narrativa di Capuana trova il proprio momento di crisi conclamata nel passaggio del secolo e cova nella tensione fondamentale dell'arte di Capuana di rappresentare ovvero controllare razionalmente il reale. La coazione al reale che orienta la pratica e la teoria dell'autore mostra sin dalle prime prove un malcelato attrito tra la ricreazione artistica della realtà (l'illusione della realtà) e la realtà stessa, attrito sempre meno risolto dal tentativo di riassorbire conservativamente e conservatoriamente la rappresentazione del reale in una accettabile e tutto sommato pacificata logica borghese.

Un caso di sonnambulismo

Fra i tanti casi di sonnambulismo dei quali la scienza medica ha fatto tesoro, questo del signor Dionigi Van-Spengel è certamente uno dei più meravigliosi e dei più rari. Compendierò l'interessante memoria pubblicata recentemente dal dottor Croissart; spesso, per far meglio, adoprerò le stesse parole dell'illustre scrittore.[1]

Il signor Dionigi Van-Spengel ha cinquantatre anni. È una figura secca, lunga, eminentemente nervosa, notevolissima sopra tutto pel naso e pel modo di guardare; vista una volta non si dimentica più. Il ritratto, disegnato da Levys, messo in testa al volume, è di una rassomiglianza perfetta. La sua fronte, poco ampia ma molto elevata, è coperta di rughe che si alzano e si abbassano con continuo movimento come il mantice di un organino. Dietro di esse mulina un cervello che ignora il riposo. Il signor Van-Spengel trovasi da venti anni alla direzione generale della polizia del Belgio, e ha preso sul serio il suo posto.

---

[1] «*Un cas de sonnambulisme* par le dottor [sic] Croissart, Bruxelles, Meunier et fils, 1873. Un vol. en grand 18 avec portrait. L'edizione è esaurita non se ne troverebbe una sola copia nemmeno a pagarla a peso d'oro. Un curioso, confrontando la narrazione del dottor Croissart con una pianta della città di Brusselle, ha notato che i nomi delle vie sono stati cambiati dopo il 1873» (*NdA*).

In parecchie circostanze ha dimostrato di non essere stato per nulla l'allievo prediletto del Vidocq.[2]

La sua pupilla, un po' neutralizzata da un par di occhiali di presbite, ha un'espressione affascinante; non guarda, ma penetra. L'uomo più onesto del mondo tenterebbe invano di sopportarla pochi minuti senza imbarazzo.

«La prima volta che conobbi il signor Van-Spengel» dice il dottor Croissart «fu per cagione di una sua malattia. Da sei mesi era travagliato da un'insonnia fastidiosissima: i medici di Brusselle e di Parigi non sapevano da che parte rifarsi contro un male così ribelle ad ogni energico trattamento. Giunto allora dalla provincia, una cura fortunata mi avea messo subito in mostra. Egli venne a trovarmi. L'impressione di quella visita non mi uscirà più di mente.

«Ragionando del suo male, il signor Van-Spengel mi guardava in viso con quell'aria scrutatrice tutta propria, che forse un po' gli veniva dalle abitudini del mestiere, ma che in gran parte mi parve dovesse attribuirsi al suo naso lungo, acuminato, un tantino storto e rivolto in su, un naso stranissimo.

«Dopo pochi minuti non fui più buono di prestare attenzione a quello che lui diceva. Mi sentivo attaccato nel santuario della mia coscienza e badavo a difendermi. Non son facile a subire illusioni di sorta; ma la fisonomia di quell'uomo m'inspirava in quel punto un indefinibile senso di paura. Giunsi fino a fantasticare che egli adoperasse quel naso, pel morale, come lo spiedo delle guardie daziarie[3] alle porte delle città; infatti ricercava tutte le fibre e si ficcava più oltre.

---

[2] «Eugène François Vidocq (1775-1857), criminale francese celebre per le sue evasioni, divenne nel 1819 agente segreto della polizia di Parigi e dal 1811 fu *chef de la sûreté*; nel 1828 pubblicò i suoi celebri *Mémoires*», cfr. L. Capuana, *Racconti*, 3 tomi, a cura di E. Ghidetti, Salerno, Roma 1973-74, t. I, p. 210, nota 1.
[3] Le guardie addette al dazio che verificavano il contenuto dei sacchi di merce con delle lunghe aste di metallo appuntito.

«Quando il signor Van-Spengel tacque, non ebbi alcun dubbio ch'egli non conoscesse il mio cuore quanto e, forse, più di me. Credetti anzi di sorprendergli sulle labbra un sorrisino di trionfo. Fui, mio malgrado, costretto a chiedergli scusa e a pregarlo umilmente di ricominciare da capo.

«Sia indovinasse il motivo del mio turbamento, sia rimanesse mortificato della mia disattenzione, il signor Van-Spengel fissò allora gli sguardi sul piccolo tappeto steso sotto i suoi piedi e non li distolse di là prima di aver terminato la seconda narrazione delle sue sofferenze.» (pag. 6)

Il signor Van-Spengel è celibe. Non ha parenti. Vive con una vecchia che lo serve da trent'anni, e abita un quartierino nello stesso ufficio della direzione generale di polizia. Di abitudini regolarissime, passa leggendo le poche ore disoccupate che il suo posto gli consente. Mangia poco e, cosa più notevole, non beve vino.

È certissimo che la sera del 1° marzo 1872 il signor Van-Spengel rientrò nelle sue stanze più presto del solito. Era di buon umore e cenò con appetito. Si mise a letto alle undici e mezzo di sera: poco dopo la serva lo sentì russare fortemente. Alle otto e tre quarti del mattino (2 marzo) era desto. Il campanello avvertiva la Trosse che il suo padrone attendeva il caffè.

La Trosse assicura che l'aspetto del signor Van-Spengel era, quella mattina, preciso come il consueto, anzi un po' più sereno.

Nulla faceva presagire la trista catastrofe della giornata. «Il padrone» raccontò poi la vecchia «sorbì il caffè a centellini, esclamando ad ogni sorso: "Stupendo! Eccellente!". Indi accese la sua pipa. "Sapete?" mi disse "temo di aver dormito nove ore tutte di un fiato!" E diè in uno scoppio di risa. Io tentennai il capo, ma non volli contraddirlo.»

All'una dopo la mezzanotte la Trosse lo aveva sentito passeggiare per la stanza e smuovere qualche seggiola. Supponendo che stesse male, si era levata e, pian pianino, aveva aperto l'uscio a fessura. Il suo padrone, seduto a un tavolino, avvolto nella sua veste da camera, col berretto da notte, scriveva.

Alle nove e mezzo il signor Van-Spengel avea terminato di fumare la sua pipa e si era levato. Si vestì, secondo la sua abitudine, in fretta e in furia; si fece aiutare dalla serva a infilare il soprabito, e si accostò al tavolino per prendervi gli occhiali. La serva teneva in mano il cappello e la mazza.

«Che storia è questa!» aveva esclamato ad un tratto.

Era meravigliato di trovar alcune carte sul suo tavolino. Presele in mano e lette le poche righe della prima pagina, il signor Van-Spengel si era fregato più volte gli occhi, avea guardato attorno, in alto e in basso, per la stanza; poi era tornato a sfogliare lentamente tutto il quaderno, osservandone con viva attenzione e con crescente sorpresa la scrittura fina e compatta.

«Chi ha recato queste carte?» chiese bruscamente alla serva.

«Ma, signore!...»

La Trosse sorrideva: credeva che il suo padrone celiasse.[4]

«Infine, parlate! Chi ha recato queste carte? Non me ne avete detto nulla.»

«Non ne so nulla» rispondeva la serva vedendo la serietà del suo padrone. «Qui non c'è stato nessuno.»

«Se è uno scherzo» borbottò il signor Van-Spengel fra i denti «bisogna confessare che è ben riuscito!»

Sedette sulla poltrona più vicina, accennò alla serva di lasciarlo solo e si pose a leggere ad alta voce: *Rapporto al signor procuratore del re sull'assassinio commesso la notte del 1° marzo nella casa N. 157 via Roi Léopold in Brusselle.*

E qui si fermò per osservare il calendario americano che pendeva dalla parete. Il calendario segnava 2 mar-

---

[4] Scherzasse.

zo. Il signor Van-Spengel aveva strappato pochi momenti prima il fogliettino del giorno avanti.

«O il diavolo se ne mescola, o io ammattisco» riprese a borbottare. «Questa scrittura è la mia! Non c'è che dire, è la mia!»

E picchiava col dorso della mano sul quaderno deposto sulle ginocchia.

«Eppure non l'ho fatta io, no davvero!»

«Se il padrone mi permette...» disse la Trosse aprendo timidamente l'uscio.

«Permettere che?» rispose il signor Van-Spengel stizzito.

«Vorrei rammentarle che questa notte *Mossiú*[5] ha scritto dall'una alle quattro, e...»

«Siete matta!»

«Scusi; *Mossiú* deve ricordarselo. Io mi son levata due volte credendo che si sentisse male; e tutte e due le volte l'ho veduto a quel tavolino, occupatissimo a scrivere. *Mossiú* vi ha poi dormito sopra, ed è forse per questo...»

«Dev'essere così!» esclamò il signor Van-Spengel dopo un momento di riflessione. «È strano, ma dev'essere così! Sapete? In gioventù sono stato sonnambulo.»

«Ah, mio Dio!» fece la serva. «Vuol dire che a notte lei andava per le stanze...»

«Sì, mamma Trosse, qualcosa di simile. Parlavo, facevo ogni cosa proprio come quand'ero sveglio; né più, né meno. A vent'anni però ebbi una gran malattia (fui sull'undici once di andarmene)[6] e quel sonnambulismo cessò. Che voglia ricominciare? Cospetto! Sarebbe una gran seccatura! Ma sicuro» continuava dopo qualche intervallo «sicuro che ho scritto dormendo! Ne parlerò subito al dottore. Andate, serrate quell'uscio.»

Il signor Van-Spengel riprese in mano il quaderno e, svoltata la prima pagina, lesse:

---

[5] Signore, «adattamento del francese *monsieur*».
[6] *fui... andarmene*: fui sul punto di andarmene.

«Signore,
Questa mattina (2 marzo) alle ore 11 ant...»

Si fermò nuovamente, per cavar di tasca l'orologio.
«Curiosa! Manca poco alle dieci e mezzo! Cose fatte dormendo!...»

Ecco intanto ciò che il signor Van-Spengel lesse tutto di un fiato. Lo trascrivo dall'*Appendice* apposta in fondo al volume.

«Signore,
«Questa mattina (2 marzo) alle ore 11 antimeridiane, recandomi dal mio ufficio al ministero dell'interno per ricevervi le istruzioni e gli ordini di S. E. il ministro, allo sboccare della via Grisolles nella via Roi Léopold, vidi una gran folla radunata davanti la casa segnata col N. 157, accanto al palazzo del signor visconte De Moulmenant. Dubitando di un assembramento di sediziosi contro il pastaio che ha la bottega lì presso al N. 161, mi affrettai ad accorrere dopo aver chiamato le due guardie Lerouge e Poisson che trovavansi di fazione[7] a capo della vicina via Bissot. Si trattava di ben altro. Il cocchiere, il cuoco, due cameriere della signora marchesa di Rostentein-Gourny stavano davanti il portone della casa a due piani, proprietà di detta signora marchesa, picchiando, ripicchiando da un'ora e mezzo, e non erano riusciti a farsi sentire né dal portinaio, né dalla cameriera rimasta in casa, né dalla marchesa né dalla marchesina.

«Quelle persone di servizio affermavano aver ricevuto dalla marchesa il permesso di assistere alle nozze della figlia del cuoco; erano perciò rimaste fuori di casa tutta la notte.

«Si cominciava a sospettare di qualche grave accidente. La costernazione era dipinta sul volto di tutti.

---

[7] *trovavasi di fazione*: si trovavano di guardia.

«Il cocchiere, scalato il terrazzino di mezzo a cavaliere del portone, aveva tentato di farsi sentire, picchiando sulle persiane con tale violenza da rompere alcune stecche: ma senza frutto. Pareva che in quella casa non ci fosse mai stata anima viva.

«Dimenticavo di dire che il sergente Jean-Roche con altre sei guardie mi avea precesso[8] sul luogo, ed aveva già mandato uno dei suoi uomini dal giudice del circondario per aprire il portone colle forme richieste dalla legge. Il giudice arrivò da lì a pochi minuti, insieme al cancelliere.

«Si cercò un magnano,[9] e dovemmo stentare un pezzetto prima che le serrature interne fossero messe allo scoperto e sforzate.

«Assegnate sei guardie per contenere la folla e scelti due testimoni, entrammo insieme a questi ed ai domestici, chiudendo il portone dietro a noi. I domestici dovevano servirci di guida e dar gli schiarimenti opportuni.

«Fatti pochi passi, ecco sul primo pianerottolo della scala un'orribile scena. Il portinaio giaceva lì quant'era lungo, colla testa appoggiata a un gradino: nuotava nel sangue. Le sue mani erano squarciate da tagli in direzioni diverse. Aveva due ferite alle regioni del cuore, tre in fondo all'addome.

«A quella vista la Luison, una della cameriere, svenne e fu presa da convulsioni violente. Nichette invece si slanciò su per le scale urlando, piangendo e chiamando a nome la sua padroncina. Gli uomini, allibiti, non pronunziavano sillaba.

«La guardia Maresque fu tosto spedita per un dottore.

Eravamo appena a mezza scala, quando Nichette, affacciatasi dall'alto della ringhiera, urlava: "Assassinate! Assassinate!".

«La casa pareva presa d'assalto. Oggetti di bianche-

---

[8] Preceduto.
[9] Artigiano che lavora il ferro, fabbro.

ria sparsi alla rinfusa per terra; cassette, cassettoni, armadi tutti scassinati e messi sossopra. I divani e le poltrone del salone di ricevimento spostati, o buttati a gambe all'aria. Presso il pianoforte, sopra una *duchesse*,[10] il cadavere della marchesina di Rostentein-Gourny.

«Colpita da una sola stilettata al cuore, era rimasta lì, colle mani aggrappate ai capelli, col capo rovesciato indietro sulla spalliera. Una piccola riga di sangue le macchiava la veste.

«Gli usci che dal salone introducevano nella stanza da letto della marchesa erano tutti spalancati. In fondo, per terra, vedevasi una forma di persona avvoltolata fra coperte. Era il cadavere della signora marchesa. Due guardie lo distrigarono[11] a stento. Parecchie lividure al collo indicavano ch'era stata prima strangolata, poi raggomitolata a quel modo.

«La cameriera giaceva assassinata sul proprio letto nella camera accanto.

«Il dottor Marol arrivato in quel punto, dopo attente osservazioni, constatò che le quattro vittime dovevano esser morte da otto ore, poco più, poco meno. L'atroce misfatto era stato dunque consumato dalle due alle tre dopo la mezzanotte. Evidentemente i malfattori non erano andati lì collo scopo di assassinare. Ma non si penetra di soppiatto in una casa abitata da persone che, non foss'altro, possono urlare al soccorso, senza che l'assassinio sia anticipatamente calcolato.

«Dalla vista dei luoghi non era difficile immaginare quello ch'era accaduto.

«Il portinaio, levatosi per rendersi ragione di qualche insolito rumore, doveva essere stato aggredito all'uscire

---

10 «Franc. "duchessa" poltrona a sdraio con una o due spalliere di diversa altezza, in uso in Francia fra il 1745 e il 1780», cfr. L. Capuana, *Racconti*, cit., t. I, p. 216, nota 1.
11 Districarono, liberarono.

della sua cameretta. Grosso, robusto, coraggioso, liberossi dalle strette degli assalitori e tentò di chiamar gente. Egli dovette afferrar tra le sue braccia qualcuno dei malfattori e stringerlo fin a quasi soffocarlo, mentre gli altri lo finivano a coltellate.

«Penetrati nelle stanze superiori, alcuni eran corsi nella camera della marchesa, introducendosi probabilmente dalla parte di destra, altri nella camera della cameriera. La marchesa, sveglia, deve aver avuto appena il tempo di alzare il capo e di aprire gli occhi, ch'era già ridotta in istato da non poter gridare al soccorso.

«Pare che nello stesso tempo venisse uccisa la cameriera. Giacché la marchesina ancora alzata, avvertita forse dall'insolito movimento nella stanza vicina, suonò parecchie volte il campanello, strappando perfino il cordone. Vedendo entrare qualcuno degli assassini, la marchesina era scappata via, inseguita di stanza in stanza, rovesciando tutto quel che le capitava innanzi, sedie, tavolini, poltrone. Ma nel salone, trovatasi forse fra parecchi di quei visacci, si era abbandonata sulla poltrona e vi era stata uccisa di un colpo.

«Le induzioni erano queste; ci trovavamo tutti d'accordo.

«Dopo lunga e minuziosa ispezione, potemmo avverare[12] che l'argenteria, le gioie, i valori, erano stati intieramente involati[13] con arditezza senza pari.

«Da che parte e con che mezzi gli assassini eran penetrati in quella casa? Ecco una difficile ricerca.

«Il portone, solidissimo, sbarrato da spranghe interne e chiuso da un magnifico ordegno[14] inglese di struttura assai complicata, non mostrava guasti di sorta. Nelle imposte, ermeticamente chiuse, all'interno ed al-

---

[12] Accertare, sostenere come cosa certa.
[13] Rubati.
[14] Meccanismo.

l'esterno, nessuna traccia di violenza. Il cancello di ferro fuso che chiudeva l'entrata del giardino aveva la sua serratura a posto. Le mura delle cantine erano intatte. Il piccolo portone in fondo alle cantine, che risponde nel vicolo Mignon, era chiuso con tanto di spranga. I tetti, le soffitte in perfettissimo stato. Insomma ci trovavamo in faccia ad uno di quei difficili problemi che l'inesauribile astuzia dei malfattori presenta, come una sfida, alla polizia.

«Appoggiato al davanzale di una delle finestre che guardano nella via Roi Léopold, io riflettevo da un pezzo, quando tutto ad un tratto...»

«Hem?» fece il signor Van-Spengel, interrompendo la lettura.

E appuntava una terribile interrogazione sul viso della Trosse che si disegnava nel vano dell'uscio tenendo fra le dita un biglietto di visita.

«Ah, l'amico Goulard!» esclamò il signor Van-Spengel. «Ed io che stavo per piantarlo! Diavolo! Le dieci e tre quarti? Leggerò il resto più tardi. Mamma Trosse» poi soggiunse con un atteggiamento mezzo comico mettendo in tasca il manoscritto «siamo sul punto di diventar scrittori, romanzieri, come il vostro Ponson du Terrail.[15] Che ne dite?»

«Tanto meglio!» rispose la Trosse che non aveva capito.

«E i nostri romanzi li scriveremo senza fatica, ad occhi chiusi, dormendo!»

«Tanto meglio!»

Il signor Van-Spengel si lasciò spazzolare da capo a piedi, aggiustò tranquillamente gli occhiali che gli si erano abbassati fino alla punta del naso, mise in testa la tuba, prese in mano la mazza e disse alla serva, che

---

[15] Pierre Alexis Ponson du Terrail (1829-1871), romanziere d'appendice autore del celebre personaggio Rocambole.

andava a far colazione dal suo amico Goulard. Il Goulard intanto aspettò fino al tocco, ma invano. Il signor Van-Spengel non si fece vivo in tutta la giornata.

Giudichi il lettore se sarebbe stato possibile indovinare, anche dalla lontana, quello che gli era accaduto.

Il signor Van-Spengel, senza nemmeno entrare nelle stanze dell'ufficio, sceso in fretta le scale e attraversato il vicolo dei Roulets era riuscito a metà della via Grisolles.

Il conte De Remcy, maggiore dei granatieri, che lo incontrò poco più in là del Cafè de Paris e lo fermò alcuni minuti, ribadisce anche lui il racconto della serva intorno alla perfetta tranquillità d'animo del suo amico.

Il signor Van-Spengel era (e come no?) vivamente impressionato dal caso di quello scritto. Fra le poche parole scambiate col De Remcy ci furono anche queste:

«Van-Spengel: "Credete voi all'assurdo?".

«De Remcy: "Anzi!".

«Van-Spengel: "Ebbene, questa sera vi dirò una cosa che vi farà strabiliare".

«De Remcy: "Perché non ora?".

«Van-Spengel: "Ho fretta".»

Il dottor Croissart riferisce altre quattro testimonianze di persone che fermarono il signor Van-Spengel lungo la via Grisolles; sono dello stesso tenore.

Dalla chiesetta Saint-Michel fino allo sbocco della via Grisolles nella via Roi Léopold il signor Van-Spengel fu accompagnato dal signor Lebournant, sarto, che tornava a raccomandargli un suo affare. Fu questi che notò per primo un istantaneo e profondo sconvolgimento sul volto del direttore in capo della polizia.

«Ah, mio Dio! Ah, mio Dio» avea esclamato il signor Van-Spengel.

Sboccando dalla via Grisolles nella via Roi Léopold, avea visto una gran calca di gente presso il palazzo del visconte De Moulmenant, precisamente innanzi al portone della marchesa De Rostentein-Gourny.

«"Però" riferisce il signor Lebournant "quel turbamento gli durò poco. Io lo guardavo con sorpresa. Non era mica naturale che un uomo della sua fatta si turbasse per l'assembramento di un centinaio di persone. Sospettai che ci fosse per aria qualcosa di grave. La prima idea che mi si affacciò fu quella di andar a chiudere il mio negozio. Intravvidi le barricate.[16]

«"'Permettete' mi disse torcendo a destra per la via Bissot.

«"Lo tenni d'occhio.

«"Ritornò poco dopo con due poliziotti e insieme ad essi s'indirizzò verso la folla.

«"Mi mescolai fra i curiosi. Tutti si fermavano domandando di che si trattasse. Se ne dicevano di ogni colore".» (pag. 70).

Riconosciuto il direttore in capo della polizia, la folla si aperse per lasciarlo passare.

Una scala era appoggiata al terrazzino centrale del palazzotto Rostentein-Gourny; e quando il signor Van-Spengel giungeva davanti al portone, la persona che discendeva diceva ad alta voce:

«Hanno il sonno duro.»

Il signor Van-Spengel impallidì. Il riscontro del suo scritto colla realtà era così evidente che anche una testa più solida della sua ne sarebbe stata sconvolta. Bisogna dire che il suo carattere fosse proprio d'acciaio, se poté far violenza a se stesso e padroneggiare fino all'ultimo la sua crescente emozione

Lascio la parola al dottor Croissart.

«È difficile» egli scrive «indovinar con precisione ciò che accadeva nell'animo del signor Van-Spengel alla terribile conferma data dai fatti alla sua visione di son-

___

[16] La vicenda di Van-Spengel è ambientata nel marzo del 1872, quindi, come sottolinea Ghidetti, «quando erano ancor vivi il drammatico ricordo della *Commune* parigina dell'anno precedente e la paura di rivoluzioni sociali», cfr. L. Capuana, *Racconti*, cit., t. I, p. 220, nota 1.

nambulo. Il giudice signor Lamère, appena arrivato sul luogo notò che l'aspetto del direttore era nervoso. Guardava attorno un po' stralunato; pacchiava[17] colle labbra asciutte, impaziente. Era di un pallore mortale, quasi cenerognolo; respirava affannato. Il signore Lamère gli rivolse più volte la parola senza spillarne altra risposta che uno o due monosillabi.

«Entrarono.

«Alla vista del cadavere del portinaio, il signor Van-Spengel lasciò sfuggire un "oh!" prolungatissimo, e si passò più volte la mano sulla fronte. Nel salire le scale sudava. Cavò fuori ripetutamente il fazzoletto per asciugarsi le mani ed il viso. Nel salone di ricevimento si fermò immobile, davanti il cadavere della marchesina Rostentein-Gourny, tenendosi la testa con tutte e due le mani.

«Il signor Lamère si affrettò a chiedergli se si sentisse male.

«"Un pochino" rispose.

«E andò verso la finestra che dava sulla via Roi Léopold.

«Quando il giudice lo invitò ad assistere alla perquisizione, il signor Van-Spengel rispose secco secco: "Fate".

«E rimase assorto nei suoi pensieri, a capo chino, colle mani chiuse l'una nell'altra, appoggiate al mento ed alle labbra, e le spalle rivolte alla via.» (pag. 130).

Il dottor Marol lo trovò in questa posizione. Ma poco dopo, quand'ebbe terminato l'esame della ferita della marchesina, vide che il signor Van-Spengel, coi gomiti sul davanzale della finestra e il mento sui pugni, guardava fisso tra la folla.

Stette così forse una mezz'ora. Il giudice signor Lamère, compiute le sue indagini, gli si era accostato

---

[17] A causa della mancanza di saliva produceva un suono simile al pacchiare ossia al rumore che si fa con la bocca mangiando.

per consultarlo sul da fare. Egli credeva che i servitori, che almeno qualcuno dei servitori avesse avuto parte in quel misfatto.

Gli pareva prudente far arrestare senza indugio tutte le persone di servizio. I particolari del delitto mostravano quattro e quattro fa otto che lì c'era lo zampino di qualcuno di casa.

«Un momento» rispose il signor Van-Spengel dopo alcuni istanti di riflessione.

Andò lentamente a sedersi sul canapè nel lato opposto della camera, trasse dalla tasca del soprabito alcune carte piegate in lungo, saltò parecchie pagine e si mise a leggere con grande attenzione.

In quel punto l'aspetto del signor Van-Spengel aveva un'espressione stranissima.

Gli abbondanti capelli grigi che gli rivestivano la testa erano arruffati, quasi irti per terrore. Il luccichio dei cristalli degli occhiali, ogni volta che alzava il capo quasi cercasse una boccata d'aria, accresceva il sinistro splendore della pupilla e del volto. Le rughe della sua fronte parevano tormentate da un'interna corrente elettrica, e comunicavano la loro violenta mobilità a tutti i muscoli della faccia. Le labbra si allungavano, si contorcevano, si premevano l'uno sull'altro mentre i piedi sfregavano continuamente sul tappeto, poggiando con forza.

«Tutti i direttori di polizia sono così?» chiese il signor Lamère al dottor Marol.

«Che volete ch'io ne sappia?» rispose questi più stupito di lui.

Passarono dieci minuti.

Il signor Van-Spengel si slanciò verso la finestra ove il signor Lamère ed il dottor Marol erano rimasti ad aspettare.

«Ebbene?» domandò il primo.

«No» rispose «arrestereste degli innocenti. Attendete. Lasciatemi fare. Maresque! Poisson!»

Le due guardie erano accorse subito.

«Con permesso, fatevi in là» disse al dottore. «Affacciatevi con me, ad uno ad uno;» seguitò rivoltandosi alle guardie «fingete indifferenza. Attenti alle mie indicazioni. Occhio desto!»

E si fece alla finestra col Maresque.

Il signor Lamère sentì questo dialogo:

«Van-Spengel: "Vedi tu quel biondo accanto all'uscio del gioielliere Cadolle?".

«Maresque: "Quello dall'abito bigio e dal berretto alla polacca?".

«Van-Spengel: "Bravo! Fissati bene in mente la sua figura".

«Maresque: "Lo riconoscerei fra mille, signor direttore".» (pag. 250).

Rientrarono.

«Ora te, Poisson!»

E ripeté coll'altra guardia la medesima cosa.

In quel punto il signor Van-Spengel non pareva più l'uomo di pochi momenti fa. Era calmo e impartiva gli ordini colla serietà delle persone del suo mestiere

«Via!» esclamò all'ultimo, sospirando. «Usciremo dal vicolo Mignon; qui c'è tanti grulli curiosi! Tu, Maresque, ti accosterai al nostro biondino senza far le viste di badargli. Son sicuro che il colore della tua divisa gli urterà subito i nervi. Prenderà il largo e tu dietro, da vicino, senza aver l'aria di pedinarlo. Poisson verrà con me. Signor dottore, signor giudice, fra un quarto d'ora uno degli assassini sarà qui. Abbiate la pazienza di attendere.»

«Che dica sul serio?» chiese il giudice al dottore.

«Ma!» rispose questi, stringendosi nelle spalle.

«Ha detto il negozio del Cadolle, non è vero?»

«Sì, il gioielliere: eccolo lì!»

E tutti e due si affacciarono alla finestra tra increduli e curiosi.

Più di tremila persone stavano accalcate in quel piccolo tratto di via, incatenate dalla curiosità di conoscere i risultati delle indagini dell'autorità giudiziaria, coi visi in alto, verso le finestre del palazzotto Rostentein-Gourny, colle immaginazioni riscaldate dai pochi e contradditori particolari che andavano attorno.

Il Maresque si era fermato più volte, prima di accostarsi verso il negozio del Cadolle.

Il biondo indicato dal signor Van-Spengel, rimasto tranquillo per qualche minuto, faceva due passi, poi tre, poi dieci verso la piazzetta Egmont, e spariva senza voltarsi indietro. Il Maresque spariva dietro a lui. Il signor direttore e l'altra guardia li seguivano a dieci passi di distanza. Più in qua della piazzetta Egmont Poisson si staccava dal direttore. Dopo questo, il giudice e il dottore non videro più nulla. La loro sorpresa era immensa.

Il biondo, secondo l'espressione del signor Van-Spengel, si era sentito urtare i nervi dalla divisa del Maresque ed aveva preso il largo con una indifferenza da ingannare il più astuto.

Sui trent'anni, con lunghi e folti baffi rivolti in giù, occhio ceruleo, limpido ma irrequieto, il biondo era uno di quegli esseri sociali che non si sa mai con certezza a quale classe appartengano.

Indossava, colla eleganza che vien dall'abitudine a una vita molle e disoccupata, un vestito di fantasia, un'accozzaglia di fogge diverse, dal berretto polacco alla scarpa parigina, dalla giacchetta ungherese al pantalone inglese e alla cravatta americana; ma quest'accozzaglia non stonava armonizzata dal suo bizzarro portamento. Nessuno, a vederlo, avrebbe sospettato in quel giovane il menomo indizio di un assassino. Lo si sarebbe preso facilmente per un artista un poco matto.

Dal signor Van-Spengel si erano avute parecchie prove veramente sorprendenti di quella lucida, elettrica intuizione – un vero colpo di genio – che distingue l'uomo dell'alta polizia dal commissario volgare. Si tratta di sorprendere intime relazioni fra avvenimenti che paiono disparatissimi; d'intendere il rovescio d'una frase, d'un motto o d'un gesto che cercherebbe di sviarvi; di dar grave importanza a certe cose apparentemente da nulla; di afferrare a volo un accidente da mettervi in mano il bandolo che già disperavate di trovare: lotta di astuzie, di finezze, di calcoli, di sorprese che colla soddisfazione del buon successo compensa l'uomo dell'alta polizia del suo ingrato lavoro.

Ma qui la cosa andava diversamente. Il signor Van-Spengel, letta la seconda parte del suo lavoro di sonnambulo, vi aveva trovato, negli interrogatori anticipatamente scritti, i più minuti particolari di quello che poi doveva accadere e si era messo, dirò così, ad eseguire punto per punto il programma della giornata, visto che la prima parte aveva corrisposto così bene.

Svoltando a destra della piazzetta Egmont, il biondo s'era avveduto della guardia, colla coda dell'occhio, e avea capito che lo pedinava. Allungato il passo, vicino al chiassetto dei Trois Fous, aveva tentato un colpo ardito. S'era fermato davanti un portone e v'era entrato di un lampo. La casa aveva un'altra uscita nella via della Reine. Se poteva essere perduto di vista un venti secondi, il colpo gli riusciva.

Profittando di alcuni carri che ingombravano la via della Reine verso il Restaurant des Artistes, girò con lestezza attorno ad essi, ritornò sui propri passi mentre il Maresque lo cercava coll'occhio tra la folla, e infilò un vicolo stretto, torto, sudicio, una di quelle tante anomalie che si trovano spesso nel cuore delle grandi città.

Aveva fatto i conti senza l'oste.

Il signor Van-Spengel lo aveva scoperto da lontano.

Il biondo passò un usciolino sepolto fra le panche di erbaggi di una bottega di ortolano e i cenci di un rivendugliolo[18] ebreo, spenzolanti in mostra dalla tabella.[19]

Il signor Van-Spengel, seguito dal Poisson e dal Maresque, diè un'occhiata allo stabile; poi, senza dir mot-

---

[18] Venditore di merce di scarso valore.
[19] Pala di legno esposta ai clienti.

to, cominciò a salire la scala che principiava[20] quasi alla soglia.

Trovarono un andito largo, una specie di corridoio senza volta, col pavimento sdrucito e i vecchi mattoni che vi formavano degli isolotti: un locale freddo, grigio, di aspetto sinistro. Sei usci segnati con grossi numeri rossi indicavano sei stanze: ma il perfetto silenzio che vi regnava faceva supporre che i locali fossero allora disabitati.

Il signor Van-Spengel si accostò all'uscio numero 5, e picchiò colle nocche delle dita tre colpetti risoluti.

«Chi è?» avea risposto una bella voce di uomo.

«La legge!»

Apparve sull'uscio un uomo in veste da camera. Pareva di essere sulla quarantina. Aveva il volto tutto raso, i capelli neri e molto lunghi, gli occhiali inforcati sul naso e un libro in mano.

«Disturbo?» disse il signor Van-Spengel con impercettibile ironia, mostrando la sua fascia tricolore.[21]

«Niente affatto» rispose l'altro inchinandosi. «La legge è il miglior ospite di questo mondo. Ai suoi ordini, signore.»

Le guardie scambiarono due occhiate interrogative, scrollando le spalle.

«Caro dottor Bassottin» disse il signor Van-Spengel, appuntando in viso a quell'uomo i suoi sguardi di fuoco. «Caro dottor Bassottin, o meglio signor Colichart, o, se più vi aggrada, signor Anatolio Pardin, scegliete!... (l'altro al sentir pronunziare quei tre nomi avea fatto tre movimenti mal frenati di sorpresa). È provato che la notte scorsa voi, insieme ai vostri compagni Broche, Vilain, Chasseloup, Callotte e Poulain, col mezzo di due

---

[20] Cominciava.
[21] «La fascia con i colori della bandiera belga indossata dai pubblici funzionari nell'esercizio delle proprie funzioni», cfr. L. Capuana, *Racconti*, cit., t. I, p. 226, nota 1.

ordegni inglesi da voi fatti costruire l'ottobre passato dal Blak di Londra, penetraste alle due e un quarto dopo la mezzanotte, nella casa della signora marchesa De Rostentein-Gourny, via Roi Léopold, numero 157...»

L'uomo a cui erano rivolte queste parole lo guardava imperterrito, facendo segni negativi col capo.

«Voi ne usciste l'ultimo» continuò il signor Van-Spengel «richiudendo il portone collo stesso ordegno servito ad aprire. Appena uscito vi metteste a cantare e a schiamazzare insieme agli altri. Poi vi sparpagliaste per diverse direzioni e vi riuniste dopo mezz'ora in questo locale a dividervi il bottino.»

«Ma, signore» interruppe l'altro con un tono calmo e insinuante, sorridendo «qui dev'esserci uno sbaglio. Io sono il dottor Bassottin in carne e in ossa, medico chirurgo di Bruges. Voi mi trovate fra i miei libri di scienza e i miei strumenti. Non ero preparato a questa visita. Signore... oh! Dev'esser corso proprio uno sbaglio...»

«Signore Anatolio!» replicò il direttore di polizia accostandoglisi all'orecchio. «Io so qualche cosa che i vostri complici non sanno: so dove avete nascosto quel diadema di brillanti che la vostra abilità di giocoliere fece sparire senza che quelli se ne accorgessero!»

«Ah! Voi siete il diavolo...»

E Anatolio si appoggiava al muro, tremante come una foglia.

«Cavategli quella veste da camera» disse il signor Van-Spengel.

Il Pardin lasciò fare.

«Strappategli quella parrucca.»

Il Pardin non oppose la menoma resistenza.

Com'erano ricomparsi i vestiti, ricomparvero allora anche i capelli biondi del giovane pedinato. Le due guardie stralunarono dalla sorpresa.

«Se vuol rimettersi i baffi!» disse il signor Van-Spengel seriamente.

E il Pardin, che pareva sotto l'oppressione di un potentissimo fascino, cavava macchinalmente di tasca i suoi baffi finti e se li adattava come gli avea prima.

«Ed ora mettetegli le manette.»

Il Pardin esitò un momentino a porgere le mani, ma non impedì che il Maresque gliele tenesse unite mentre il Poisson gli stringeva ai pollici il suo piccolo strumento di acciaio.

Il signor Van-Spengel picchiò in vari punti del pavimento, indi smosse un mattone colla punta della sua mazza. Apparve una buca. Poisson ne estrasse parecchie scatole e due involti che depose sul tavolino. Il signor Van-Spengel aprì ad una ad una le scatole, osservò gli oggetti d'oro, le pietre preziose, e le richiuse con cautela.

Mentre il signor Van-Spengel eseguiva queste operazioni, il giudice Lamère e il dottor Marol avevano fatte altre e più minute osservazioni sulle diverse ferite delle vittime, perdendosi in un ginepraio di supposizioni intorno al modo con cui gli avvenimenti eran dovuti accadere.

Un piccolo episodio li avea commossi.

Erano nella camera della marchesina.

Perché non l'avevano trovata uccisa lì, ma nel salone di ricevimento? La marchesina era ancor sveglia verso le due e mezzo dopo la mezzanotte. Che cosa faceva? –

Il dottor Marol si accorse pel primo d'una lettera restata a mezzo, sul tavolino, ma non osò buttarvi gli occhi. La sua squisitezza di animo gli impediva di violare il segreto dei morti, il segreto di una signorina.

Il giudice Lamère invece trattò quella lettera come un documento del suo futuro processo e la lesse.

Eccola: fu pubblicata dai giornali belgi quell'anno.

«Mia cara,

«Sono felice! Bisogna che ti dica subito queste due parole: le capirai meglio quando avrai letto fino all'ultima riga. Sono felice! Se ancora me le tenessi nel cuore, potrebbero farmelo scoppiare. Oh! sarò sempre in tempo a morire. Oggi sono felice! Troppo felice!

«Figurati! Mi son messa a scrivere alle undici e mezzo di sera. È già l'una dopo la mezzanotte ed ho appena incominciato. Ma in queste due ore e mezzo non ho fatto altro che parlare con te, ad alta voce, come se ti avessi avuta presente. Ah, mia cara!...

«La penna non corrisponde alla foga del mio pensiero, al tumulto de' miei affetti. Perché le persone che si amano non s'intendono da lontano senza né scriversi né parlarsi? Ecco: io duro fatica a proseguire, ed ho cento cose da dirti. Via, siamo serie!...

«Egli mi ama!

«Me l'ha detto questa mattina, in salotto, dove ci trovammo soli per due brevi minuti. Io tremavo come una bimba nel sentirlo parlare. Egli tremava più di me. Non intesi bene le prime parole; ma le compresi egualmente e gli risposi... così strampalata! Oh, fu di una delicatezza senza pari! Pareva chiedesse scusa di farmi felice.

«Scesi subito in giardino. Non potevo contenermi. Un fremito di piacere mi agitava da capo a piedi e mi rendeva leggiera come una piuma.

«Lì tutto sorrideva; tutto era pieno di profumi. I fiori mi salutavano scotendo il capino sullo stelo con grazia indicibile; le acque delle vasche mormoravano mille cosette maliziose che mi facevano provare certi brividi!... Una gioia fino allora ignorata!

«Correvo pei viali; mi fermavo; odoravo i fiori, gli accarezzavano; agitavo colle mani convulse le acque della vasca...

«Pare impossibile che una parola ci possa rendere così! Volevo esser seria e non riuscivo. Mi sembrava che io profanassi il divino sentimento dell'amore manifestando la mia allegrezza in quel modo così fanciullesco; ne avevo dispetto... Ma tornavo a far peggio. Correvo di nuovo, saltavo... Poveri fiori! Quelle mie carezze li maltrattavano, ne guastavano le foglioline e le corolle, li sfogliavano anche; ma!... I felici sono crudeli, cara mia!

«Egli m'ama! C'era proprio bisogno che me lo dicesse? No, no!... Ma pure non vivevo tranquilla; dubitavo sempre, mi torturavo da mattina a sera; mentre ora!...»

Il signor Lamère ed il dottor Marol avevano le lacrime agli occhi. Il cuore da cui erano sgorgate quelle righe piene di tanto affetto non batteva più!

Il Lamère ed il dottor Marol si guardarono in viso stupiti vedendo entrare il signor Van-Spengel seguito dal giovane arrestato fra le due guardie. Il Van-Spengel pareva in preda a un fierissimo accesso nervoso. Metteva paura.

«Cancelliere» disse il signor Lamère «stendiamo dunque il verbale.»

«Se ne risparmi la fatica» balbettò il signor Van-Spengel, avanzandosi barcollante, con un sorriso da ebete. «Il verbale eccolo qui!...»

E presentava il suo manoscritto, dando in uno scroscio di risa convulse.

Era ammattito.

Il libro del dottor Croissart, interessantissimo per tutti i versi (egli è direttore del manicomio di Brusselle) termina con profonde considerazioni su questo strano fenomeno di psicologia patologica, degne di esser lette e meditate. Egli conchiude:

"Quando vediamo il nostro organismo mostrar tanta potenza in casi tanto eccezionali ed evidentemente morbosi, chi ardirà d'asserire che le presenti facoltà siano il limite estremo imposto ad esso dalla natura?"

Catania, 25 marzo 1873.

Commento al testo

La novella *Un caso di sonnambulismo*, datata 25 marzo 1873, compare in volume nel 1881 in *Un bacio ed altri racconti*, quindi in *Storia fosca* (1883), e in *Il nemico è in noi* (1914). Sebbene nell'epistolario tra Verga e Capuana ne venga prospettata la pubblicazione in rivista presso Treves,[1] non è sinora stata rintracciata alcuna edizione autonoma. La narrazione è costruita a incastro e affidata a tre narratori: la cornice è impostata da un autore anonimo che propone il tema, affermando di riportare la vicenda di Van-Spengel dalla memoria scientifica del dottor Croissart, che è dunque indicato come responsabile dell'attendibilità dei fatti narrati e che, tuttavia, per la propria relazione si basa sulla "deposizione" di diversi testimoni, primo fra tutti lo stesso Van-Spengel, documento nel documento, del quale è trascritto il verbale vergato nel sonno. Di conseguenza Croissart si pone come autore e intermediario tra l'ufficiale di polizia e l'autore del racconto, ossia tra il protagonista della vicenda e l'interlocutore diretto del lettore, assumendo in tal modo la medesima funzione narrativa che verrà assunta dal dottor Maggioli (cfr. *Conclusione*), protagonista di una serie considerevole di novelle omogenee e ultimo rappresentante di una genia di medici assidui frequentatori della prosa di Capuana. Analogamente va segnalato che la stratificata plurivocità del testo

---

[1] «Credo che andrà nel *Museo di famiglia* o nell'*Illustrazione*», cfr. G. Verga, *Lettere a Luigi Capuana*, a cura di L. Raya, Le Monnier, Firenze 1975, p. 58.

si ripresenterà in più novelle e in particolare in quelle a tematica "scientifica", così come frequente sarà l'espediente del testo trascritto – memoria scientifica o privata – in sostituzione del racconto condotto dal narratore principale.

Racconto del mistero di sapore *noir*, *Un caso di sonnambulismo* ha come centro di interesse un episodio «meraviglioso e raro» apparentemente «assurdo» e invece oggetto di interesse scientifico quale caso di «psicologia patologica», in cui si verifica una anomala in quanto eccezionale manifestazione delle facoltà umane. Tale ambito tematico – un intreccio talvolta indistinto tra discipline scientifiche, parascientifiche, occultismo e spiritismo –, è alla base di quei racconti fantastici, fantascientifici e spiritistici che rappresentano la terza via della narrativa capuaniana,[2] dopo quella di soggetto siciliano, ovvero gli studi di carattere e d'ambiente, e quella di soggetto passionale e psicologico, ovvero i casi di coscienza o tragici. Nonostante la riuscita del racconto, Capuana esita a pubblicarlo a proprio nome,[3] perplesso non tanto per l'originalità di un genere che muove i primi passi verso un fantastico "nostrano" sulla scorta di modelli stranieri, nella fattispecie Poe (*I delitti della Rue Morgue*), quanto per lo stile del racconto non ancora sufficientemente autonomo e che infatti con caratteristiche così marcatamente vicine a Poe non si ripeterà. Sebbene Capuana innesti quasi di sana pianta alcuni elementi del modello – a partire dall'atmosfera complessiva del racconto, per passare alle modalità descrittive delle scene e dei personaggi, giù giù sino ai dettagli (si ve-

---

[2] «Che miniera inesplorata e feconda ci hai sottomano con queste novelle in cui l'immaginazione e le ricerche e i quesiti scientifici si danno la mano, e producono un'impressione assai suggestiva», *ibid.*, p. 213.

[3] Verga, lodando il lavoro sul piano stilistico e sottolineandone il pregio in relazione alla singolarità del genere, esorta l'autore a firmare il testo: «Il tuo *Caso di sonnambulismo* poi mi piace assai [...] Secondo me hai torto a non volerlo pubblicare col tuo nome [...] quel lavoretto è proprio bellino, e fatto con garbo e se stona dagli altri, se è un altro genere, questo non guasta nulla, anzi!», *ibid.*, p. 58.

da la comune citazione di Vidocq) –, si registra comunque una differenza sostanziale tra l'investigatore dilettante di Poe e il poliziotto di Capuana: il primo arriva infatti alla soluzione del mistero grazie alle proprie doti analitiche e a un superiore sforzo intellettuale, Van-Spengel invece, pur se descritto come soggetto dalla eccezionale capacità di penetrazione, risolve il caso "leggendo" il verbale, nel quale sono sì lasciate intendere una minuziosa attività investigativa e un'altrettanto singolare intuizione, ma che tuttavia vengono escluse dallo spazio della narrazione. Proprio eludendo una delle caratteristiche fondamentali del genere giallo-*noir* – la ricostruzione indiziaria della verità – e descrivendo piuttosto l'evoluzione psicologica del personaggio, Capuana mette in scena un discorso metanarrativo svincolato dal modello di Poe e aderente alla riflessione teorica in corso in Italia sull'origine della scrittura e sulla sua relazione con la realtà, dimostrando inoltre implicitamente la propria esclusiva predilezione per le tematiche inerenti alla psiche umana. Al sondaggio narrativo sul tema dell'origine sonnambulica della scrittura e sulle sue implicazioni psicologiche vanno infatti affiancati gli studi condotti da Capuana sui fenomeni ipnotici e sonnambulici, a seguito dei quali l'autore sostiene che ipnosi, sonnambulismo e arte condividano lo stesso statuto di fenomeni allucinatori prodottisi in condizioni di momentanea sospensione della coscienza negli individui.[4]

In *Un caso di sonnambulismo* la scrittura funge da canovaccio dell'azione reale, poiché Van-Spengel non riporta i fatti della notte, ma la propria indagine e le deduzioni necessarie alla risoluzione del caso, e solo seguendo il proprio verbale arriva alla scoperta della verità. Si profila in questo ribaltamento del rapporto tra realtà e letteratura il tema dell'identità sostanziale di reale e ideale,[5] rapporto che, per il protagonista, si configura come opposizione ir-

---

[4] Cfr. in particolare *Spiritismo?*, Giannotta, Catania 1884 e *Mondo occulto*, Pierre, Napoli 1896.
[5] Cfr. tra gli altri il caso emblematico sin dal titolo di *Delitto ideale*; F. Ferrara, *Ideale vs reale*, in E. Scarano – L. Lorenzi – F. Ferrara – C. Vannocci – M. Failli – C.A. Madrignani, *op. cit.*, pp. 61-86.

riducibile tra razionale e irrazionale, ma è solo per Van-Spengel che tale irriducibilità ha esiti destabilizzanti. La problematicità dell'assurdo è infatti nella novella immediatamente annullata attraverso il filtro scientifico rappresentato dal medico, la cui finale osservazione riassorbe l'esito del sonnambulismo (il verbale) in una dimostrazione della «elettrica intuizione»[6] di cui già normalmente il Van-Spengel aveva dato prove sorprendenti, quindi in potenzialità naturali seppure inspiegate della mente umana. Van-Spengel invece subisce l'assurdo, passando dal rifiuto razionale a un tentativo di riduzione alla normalità del proprio giovanile sonnambulismo, alla perdita di controllo e alla follia dopo la verifica della veridicità del verbale; la rappresentazione dell'evoluzione psicologica del protagonista è realizzata recuperando un altro tema caro alla letteratura fantastica, quello del doppio: Van-Spengel subisce uno sdoppiamento di personalità quando, sebbene sconcertato dalla prima verifica dei fatti, riassume il pieno controllo delle proprie facoltà per condurre le indagini e quindi, terminate queste, cedere al turbamento psichico. Si noti che Capuana marca il passaggio dalla lucidità alla follia attraverso la perdita, il recupero e la perdita definitiva da parte del Van-Spengel della capacità affabulatoria.

Resta da segnalare che la follia dell'ufficiale di polizia non è dovuta all'episodio di sonnambulismo in sé, ma al contenuto veridico della scrittura: il problema non è aver scritto, ma aver saputo cosa scrivere nella «visione di sonnambulo». Come questo sia possibile è il vero mistero del racconto, mistero forse affidato all'unico sistema indiziario irrisolto, quello del percorso orario, seguendo il quale si sovrappongono lo svolgimento dei delitti e la redazione del rapporto, e che apre a non chiare interpretazioni spiritistiche. L'evoluzione psicologica del personaggio mette infine in luce il nucleo profondo degli interessi di Capuana, orientati essenzialmente allo studio della psicologia uma-

---

[6] Il frequente riferimento ai fenomeni elettrici deriva dagli esperimenti sul magnetismo condotti da Capuana che, dilettante di spiritismo, tentava con l'ausilio dei campi magnetici di dare manifestazione tangibile e riproducibile ai fenomeni spiritici.

na e prevalentemente alle evoluzioni sentimentali. La tematica sentimentale emerge "pura" nella novella in un solo significativo punto: nella digressione che prende spunto dal ritrovamento e dalla lettura della lettera scritta dalla marchesina Rostentein-Gourny poco prima di essere assassinata. L'espediente della missiva, oltre a consentire una puntata in un sentimentalismo gradito all'autore, dilaziona la soluzione della vicenda generando un minimo effetto di *suspense*.

Conclusione

Il dottor Maggioli era stato proprio meraviglioso. Io non ho l'audacia di trascrivere la sua storiella di quella sera. Il maggior pregio di essa non consisteva tanto nel soggetto e nella forma, quanto, e soprattutto, nell'espressione del viso, nell'efficacia dell'accento e del gesto, che avevano trasformato il narratore in attore e, direi quasi, in protagonista.

«Ah!» gli dissi, stringendogli la mano. «Voi potreste essere un gran novelliere, se vi decideste a fare la dolce fatica di scrivere quel che vi piace di narrare a voce, con immenso piacere di chi vi ascolta.

«Dio me ne guardi, caro amico!» egli rispose.

E aveva un'aria così atterrita, che non potei far a meno di insistere:

«Perché?»

«Perché ho provato, una sola volta. Oh, non ritenterei per tutto l'oro del mondo!»

«Eh, via!»

«Sì, sì, per tutto l'oro del mondo!»

«Che vi è mai accaduto?»

«Una cosa incredibile.»

«Sentiamo.»

«Voi mi costringete a ricordare i più tristi giorni della mia vita!»

«Oh!»

«Molti anni fa, precisamente come voi, un amico mi disse: "Perché non scrivete qualcuna di queste vostre novelle? Sarebbero lette con lo stesso piacere con cui sono ascoltate". Vah! Grattate l'uomo più modesto e troverete, sotto, un vanitoso; per ciò mi lasciai lusingare.

«Io, sappiatelo, non ho mai riflettuto un istante intorno al soggetto delle mie storielle. Esso mi fiorisce nella mente così all'improvviso, che io sono il primo ad esserne stupito. Una parola, un accenno... e mi sento costretto a raccontare. Che cosa? Non lo so neppur io cominciando; ma, dopo il po' di esordio destinato ad attirare l'attenzione degli uditori, l'immaginazione, tutt'a un tratto, mi si schiarisce; e veggo i miei personaggi, osservo i loro atti, odo la loro voce, quasi avvenga in me una semplice operazione di memoria, più che di altro.

«Spesso, quel che mi dà la spinta è un concetto astratto, un principio morale, o anche una nozione scientifica. Per qual processo essi mi si trasmutano subito in persone vive, e con tale rapidità da farmi dimenticare il lor punto di origine? Non saprei dirlo, né mi son mai curato di saperlo. Ho creduto anzi, per un pezzo, che questo fenomeno avvenisse in tutti e fosse cosa ordinaria. Noi respiriamo, digeriamo, adopriamo i nostri sensi; pensiamo forse a cavarci la curiosità di sapere in che modo ciò avvenga? Lasciamo che vi perdano il lor tempo gli scienziati; ci basta poter respirare, digerire, adoprare liberamente i nostri organi. Quella esplosione di storielle – proprio, esplosione! – mi sembrava dunque un fatto comune, ed io mi divertivo ad ascoltarmi, al pari degli altri. La novella che così mi usciva dalle labbra era una novità anche per me.»

«Che? Vorreste darmi ad intendere...?»

«La più schietta verità. A furia di sentirmi applaudire, a furia di osservare la meraviglia dei miei uditori, ho dovuto poi convincermi che ero dotato d'una facoltà d'improvvisazione... in prosa, non tanto comune e ordinaria quanto prima credevo. Non dirò che io l'abbia coltivata di proposito; ma esercitandola, continuamente e volentieri, ogni volta che mi si presentava l'occasione – non posso resistere, debbo raccontare per forza – essa si è talmente educata, aumentata, ed è divenuta così facile e così varia, che, forse formerebbe la fortuna di un novelliere di professione.»

«Forse? Certamente potreste dire.»

«Purché non gli accadesse quel che poi è accaduto a me!»

«Ma, insomma, che cosa?»

«Una cosa incredibile» ripeté il dottore. «Quando la vanità se ne mescola, noi ci riduciamo impazienti come i bambini. E quel giorno tornando a casa, pensavo: "Perché, infine, non dovrei scrivere le mie novelle? Mi riescono così facilmente! E piacciono tanto!". Non vedevo l'ora di cominciare un esperimento che solleticava il mio amor proprio, anche per la ragione che mi era stato suggerito da un altro, e a me non sarebbe mai passato per la testa.

«Voi immaginate, senza dubbio, che io dovetti soltanto sedermi a tavolino e prendere un quaderno di carta e la penna per scrivere, di foga, senza esitazione alcuna, quasi raccontassi, la mia prima novella... Lo credevo anch'io, caro amico!»

«Capisco» lo interruppi. «La novità dell'atto, la trepidazione... Ma poco dopo...»

«Né quel giorno, né parecchi altri appresso. Ero stato assalito da scrupoli letterari, dalla paura del pubblico, io, io che pure solevo improvvisare una, due novelle davanti a un eletto uditorio, formato di colte e spiritose signore, di professori, di letterati, di artisti, di eleganti uomini di mondo, senza punto badare alla loro qualità, imperturbabile, con tale faccia tosta da destare invidia in un ciarlatano.

«In quel tempo era in gran moda il *verismo* o *naturalismo* che voglia dirsi, assai più che non adesso. Dovevo essere, pensavo, *verista naturalista*, anch'io; e osservare, studiare, dipingere minuziosamente la realtà. In che modo? Non sapevo da che parte rifarmi. E rimanevo là, con la penna tra le dita, tormentandomi i baffi e la barba allora biondi, stropicciandomi la fronte, quasi il calore della mano dovesse farvi scaturire le idee.

«Una malaugurata ispirazione mi balenò nella mente: non avevo, a portata di mano, al secondo piano della casa dove abitavo, quella coppia di giovani che facevano all'amore da un anno? I parenti della ragazza chiudevano un occhio, anche tutti e due, nelle serate in cui ricevevano poche famiglie di amici. Vi andavo pure io, qualche volta, insistentemente invitato, e mi divertivo a osservare le manovre dei due innamorati per darsi una stretta di mano, per susurrarsi tenere paroline in questo o quel canto del salotto. Il babbo e la mamma di lui non mancavano mai; sembravano contenti anche loro che quell'amoretto prendesse piede. La ragazza, figlia unica, aveva una buona dote; egli si sarebbe laureato dottore fra qualche anno, e avrebbe ereditato la clientela del padre, medico un po' all'antica e pieno di acciacchi... Come non ci avevo pensato subito?

«E imbastii, faticosamente, sì, il piano della mia novella; infine! E non meno faticosamente scrissi le prime cartelle.

«Ma dopo che ebbi buttato giù quel che avevo tante volte osservato, non seppi andare più avanti. Intanto non pensavo ad altro, agitato per la condotta di quel giovanotto che non si curava di fare ai parenti della ragazza la richiesta in piena regola; intendo del giovanotto della mia novella. Giacché, modificando un po' la realtà, io volevo fare di quel personaggio un cattivo soggetto, un seduttore di bassa lega; e bisognava mettere in guardia almeno la mamma di lei.

«Una mattina... Avevo ideato che un brav'uomo, amico di quella famiglia, si assumesse il difficile incarico di aprire gli occhi alla signora. E da due giorni mi sforzavo inutilmente di entrare, come si dice, nella pelle del bravo omo, d'indovinare la scena, il dialogo che avrebbero dovuto aver luogo tra lui e quella signora. Se avessi dovuto raccontare in conversazione questa scena, il dialogo mi sarebbe uscito dalle labbra quasi senza che io me ne accorgessi. Ora, invece, mi sentivo impacciato dal maledetto *verismo* o *naturalismo*, dalla maledettissima teorica dell'*osservazione diretta*. Avevo io mai badato a queste sciocchezze? E in quei giorni me ne sentivo oppresso, ossesso; e non vivevo più, e più non curavo i miei affari. I fatti da me ideati mi torturavano quasi fossero realtà.

«Una mattina, dunque, salendo le scale, investito della parte che colui doveva rappresentare, tiro il campanello del secondo piano e mi faccio annunziare alla signora...

«Vi figurerete facilmente la scena che accadde!

«"Ma voi siete matto, dottore! Mia figlia...? È impossibile!" Mentre la povera signora protestava, mezza svenuta, con le lagrime agli occhi, atterrita dalla terribile rivelazione da me fattale per conto del mio brav'omo, io gongolavo di assistere a qualcosa che non avrei saputo immaginare, felice di raccogliere frasi, brani di dialogo di efficacia suprema, gridi di dolore, schianti di desolazione che avrebbero dato alla mia novella tale impronta di verità da farla riuscire – e me n'inorgoglivo – un capolavoro!

«Soltanto il giorno dopo cominciai a comprendere la stupida enormità che avevo commesso. Ne fui sbalordito. Cercavo di persuadermi che avevo fatto un brutto sogno, quand'ecco il giovanotto, il vivo, il vero, che viene a chiedermi ragione della calunnia con cui avevo tentato di denigrarlo! Balbettavo: "Ecco!... Ecco!..." e additavo le cartelle del manoscritto ammucchiate su la scrivania.

«Ci volle del bello e del buono per convincerlo di che si trattava. E dovetti soffrire l'umiliazione di andare assieme con lui dall'afflitta signora e dare schiarimenti e chiedere scuse, senza riuscire compiutamente a scancellare il sospetto che avessi voluto metter male tra le due famiglie, chi sa per quale inconfessabile scopo!

«La vanità però ne poté più del dispiacere che mi aveva colpito.

«Tra i personaggi della novella c'era anche una vecchia donna, che faceva da mezzana ai due amanti; e la mia donna, vecchia e sempliciona, mi era servita da modello per foggiare quel personaggio. Io le parlavo degli amori di quei due, quasi ella potesse capirmi. Mi spalancava in viso gli occhi smorti, e protestava forte che lei certi mestieri non li aveva mai praticati... "Tu menti!" le gridai un giorno, investendomi della parte del babbo della ragazza. La povera vecchia scoppiò in pianto dirotto, giurando e spergiurando che non era vero. "Via, via di qua, megera!" Ed era andata via davvero quel giorno, povera vecchina! E si era presentata dalla signora per dirle che l'avevano ingannata, e che lei non sapeva nemmeno che la signorina facesse all'amore. "Di nuovo? Ancora?" esclamò la mamma, furibonda. E ne nacque tal putiferio, ed ebbi una serie di così gravi dispiaceri... che, appianata alla meglio ogni cosa, corsi di lancio nel mio studio, feci una manata delle cartelle scritte e andai a ficcarle in fondo a un baule per liberarmi dall'oppressione di quella sciagurata novella. Avrei dovuto buttarle nel fuoco; sarebbe stato più spiccio. Mah! Le mie viscere paterne non furono capaci di cotanto sacrifizio.

«Respirai! Per una settimana credetti di essermi liberato dall'enorme peso che mi gravava sul petto. Una notte, però, nel più fitto del sonno, mi par di sentirmi scotere da mani che volevano destarmi, e che mi destarono infatti. E subito, appena sveglio, ecco tornarmi alla memoria i due amanti della novella!

«Sentii un brivido di orrore. Ricominciavo? Accesi la candela, fumai una sigaretta, sorridendo della strana allucinazione, e mi riaddormentai.

«Ma la notte appresso, alla stess'ora, riecco l'impressione di quelle mani che mi scotevano per destarmi; e, appena desto, riecco la figura dei due amanti, che quasi mi sembrava di scorgere nel buio della camera, con l'aria dolente di chi invoca soccorso e pietà:

«"O dunque? Ci lascia così, né in cielo né in terra;

con le mani in mano, in questo stato? Una fine dobbiamo farla, non possiamo rimanere perpetuamente innamorati, e nelle circostanze in cui ha avuto la crudeltà di abbandonarci!"

«Mi sentivo ammattire. Capivo che era affare di nervi, di allucinazione proveniente dallo sconvolgimento prodotto in me dai casi in cui mi ero impigliato; e intanto non sapevo come dominarla, come scacciarla!

«Voi ridete; vi sembra assurdo che un uomo così solidamente imbastito possa essere giunto a tal estremo; ma in questo momento io non invento niente, caro amico!

«Quell'idea diventava una fissazione, una persecuzione. Me li sentivo attorno, dovunque, imploranti:

«"O dunque? Ci lascia così? Né in cielo, né in terra?"

«**Ah**! Il pensiero di riprendere in mano la novella mi faceva sudar freddo. Temevo che non dovessero accadermi peggiori complicazioni delle già sofferte; e mandavano al diavolo l'amico che mi aveva soffiato il maligno suggerimento di diventar novelliere.

«Finalmente, una notte che non ero riuscito a chiuder occhio, e l'allucinazione aveva preso tale intensità che io vedevo e udivo quei due quasi fossero persone vive, balzai dal letto, in camicia, a piedi scalzi, corsi a cavar fuori dal baule le infami cartelle; e scritta, rapidamente, nell'ultima mezza pagina questa laconica chiusa: "Una pleurite[1] uccise Giulio; il dolore e la febbre tifoidea[2] sopraggiunta uccisero Ernesta!" traccia con mano convulsa la parola: "Fine!".

«Fui liberato, per sempre!

«Ed ora voi vorreste che tornassi a tentare? Nemmeno, ve lo giuro, per tutto l'oro del mondo!»

Il dottor Maggioli si era allontanato, continuando a dir di no coi gesti, di no, di no!

---

[1] Infiammazione polmonare, specificamente a carico della pleura.
[2] La febbre provocata dal tifo.

Ebbene, non ho potuto mai sapere con certezza se quella sera egli mi abbia detto la verità o si sia burlato di me con quest'altra improvvisazione.

Non vorrei, però, che l'aver trascritto, alla peggio, queste ed altre sue storielle (ne lascio inedite parecchie) potesse essere creduto una specie di mia vendetta contro il povero dottor Maggioli, e menomarmi l'indulgenza dei lettori del *Decameroncino*.

Commento al testo

Nel 1901 Capuana pubblica il *Decameroncino*, un *Decamerone* in scala uno a dieci, composto da una cornice introduttiva seguita da dieci novelle, una per giornata, e da un epilogo: *Conclusione*. I dodici testi della raccolta vengono riediti sotto il titolo *La voluttà di creare* (1911), unitamente ad altri undici racconti, con i quali condividono la presenza, in qualità di narratore, del dottor Maggioli. Nella corona introduttiva l'autore della raccolta (anonimo nel *Decameroncino*, "Luigi Capuana" in calce all'introduzione-dedica del 1911) si presenta come trascrittore delle novelle inventate dal Maggioli per gli ospiti del salotto della baronessa Lunari; le novelle hanno per soggetto casi singolari, prevalentemente ascrivibili alla tematica scientifica (nel senso lato di *Un caso di sonnambulismo*) che Maggioli, dicendosene testimone diretto, finge di trarre dalla propria memoria, seguendo lo spunto offerto dalla conversazione che si svolge nel salotto e a suffragio di una tesi. I racconti a tema e a cornice, con l'inclusione successiva di piani narrativi differenti, diventano il tratto strutturale caratterizzante la ripresa del modello di Boccaccio, la cui esplicita citazione nel titolo dichiara la prospettiva organica e unitaria che si associa alla composizione del *corpus* novellistico. La finzione documentaria della relazione medica di *Un caso di sonnambulismo* viene, nell'intero *Decameroncino*, sostituita dalla finzione testimoniale-memoriale di Maggioli, epigono del boccaccesco testimone fededegno, che in *Conclusione* assimila l'«operazione di memoria» da cui è guidato nell'invenzione della propria narrativa orale al processo che è alla base dell'arte realista: «Una parola, un accenno [...] e mi sento costretto a raccontare – l'immaginazione, tutt'a un tratto, mi si schiarisce; e veggo i miei personaggi, osservo i loro atti, odo la loro voce». La narrazione di Maggioli produce cioè un'opera che sembra essere reale, sembra al narratore medesimo essersi fatta da sé e non portare traccia della mano dell'autore che l'ha creata.

Il tema dell'arte-memoria inteso come «costruzione intellettuale» da cui trae origine la narrativa[1] viene impostato da Capuana sin dalla prima raccolta di novelle, *Profili di donne*, ma nel *Decameroncino* e in particolare in *Conclusione* subisce un aggiornamento rilevante per la sovrapposizione tra narratore, attore, protagonista e inventore dichiarato del racconto, che si realizza nella persona, o meglio nella funzione narrativa, del Maggioli e nella quale collassano tanto il narratore tradizionale quanto quello verista. La chiave di volta non sta certo nello smascheramento iniziale della finzione, che lascia a Maggioli il peso delle professioni di veridicità disseminate nelle novelle, peso per altro esiguo data la complice condiscendenza dell'uditorio per le «storielle», e nemmeno nel fatto che Maggioli, pur proponendosi come intermediario tra scienza e senso comune, si riveli poi campione di una scienza poco "positiva" e male in arnese, soggetta alle bizze del caso e destinata costantemente al fallimento. Piuttosto, "l'onnipresenza" di Maggioli impedisce il processo di delega narrativa ai personaggi protagonisti dei diversi episodi, delega attorno alla quale ruota la problematica dell'impersonalità capuaniana. Dunque, mentre *Conclusione* inscena il gioco creativo di Maggioli e ne rappresenta la crisi, corrispondente con il passaggio dall'improvvisazione orale alla redazione scritta, ciò che viene additato metaletterariamente è la crisi della creazione artistica come osservazione e ricostru-

---

[1] «Mai riusciamo ad essere tanto schiettamente ed efficacemente veri che allorquando facciamo un lavoro di ricostruzione intellettuale e sostituiamo la nostra mente ai nostri occhi», cfr. G. Verga, *Lettere a Luigi Capuana*, cit., p. 114.

zione del reale, e soprattutto il concetto di autonomia dell'arte, in base al quale quando una

> creatura viva si è impossessata dell'immaginazione dell'artista non si lascia più guidare o comandare; lei comanda e guida, lei agita, sconvolge, imbroglia e scioglie a modo suo gli avvenimenti, senza che l'artista possa disubbidirle, se non vuole venir meno al suo dovere e cessare di esser tale.[2]

Se infatti

> fissati i primi punti di una situazione, l'autore non dovrebbe affatto intervenire nello svolgimento dell'azione [...]. Non dovrebbe far altro che seguirla, come il chimico segue il processo d'una cristallizzazione,[3]

in *Conclusione* l'opera d'arte, lungi dal farsi da sé e creare una completa illusione di realtà, finisce per prendere il sopravvento sull'autore, quando questi cerca di innescare l'azione che vorrebbe studiare: «modificando un po' la realtà, io volevo fare di quel personaggio un cattivo soggetto, un seduttore di bassa lega; e bisognava mettere in guardia almeno la mamma di lei». La necessità di avvertire la madre del pericolo è una problematica interna alla logica di sviluppo della novella in redazione, ma si sovrappone alla volontà di Maggioli di condizionare la realtà da cui trae ispirazione per osservarne lo svolgimento, risolvendosi in una interferenza tra piano della creazione artistica e piano della realtà. L'intervento di Maggioli è assimilabile alla pratica scientifico-sperimentale che avvia un processo per poi seguirne e registrarne l'evoluzione, ma risulta fallimentare perché l'osservatore viene coinvolto, anzi travolto, dal processo sperimentale, esattamente come gli scienziati delle novelle del *Decameroncino*

---

[2] L. Capuana, *Gli "ismi" contemporanei, verismo, simbolismo, idealismo, cosmopolitismo ed altri saggi di critica letteraria ed artistica*, a cura di G. Luti, Fabbri, Milano 1973, p. 49.
[3] Id., *Studii sulla letteratura contemporanea. Prima serie*, Brigola, Milano 1880, p. 280.

sono travolti dalle loro stesse ricerche. Dunque l'esclamativa: «bisognava mettere in guardia almeno la mamma di lei» non è che il primo sintomo dello slittamento di Maggioli dalla realtà nella finzione letteraria. L'assimilazione del fallimento di Maggioli ai fallimenti degli scienziati delle dieci novelle precedenti pone sullo stesso piano di sfiducia le capacità rappresentative, quindi gnoseologiche, di arte e scienza, ma la problematicità della crisi risiede per Capuana principalmente nella crisi dell'arte e nel primato etico e gnoseologico della coscienza artistica, che pare decaduto o in via di decadimento. Nell'epilogo è infatti messa in forse la capacità dell'artista di trovare la forma adeguata alla propria narrativa (al di fuori della produzione orale e transitoria). L'esperimento letterario sfugge al controllo del novelliere e il personaggio, sorta di nuovo Frankenstein, condiziona il proprio creatore sino a reclamare per se stesso un destino, così che l'ideale verista dell'arte che genera una vita più viva della vita, più reale del reale, sortisce un esito pirandelliano, anticipatore dei *Sei personaggi in cerca di autore*. Come la morte, ora delle cavie ora degli scienziati, segna il fallimento della scienza sperimentale, analogamente Maggioli vede morire (anzi uccide) le cavie del proprio esperimento letterario ed è a questo punto che arriva al culmine l'ironia che l'anziano medico alterna e unisce alle proprie pose sapienziali: la tragica morte dei poveri amanti (di pleurite e tifo) rappresenta anche un momento di grande autoironia da parte di Capuana, poiché rinvia al destino tragico cui sono condannati pressoché tutti i personaggi delle novelle di argomento sentimentale (e non solo). Il discorso ironico accentua la funzione di filtro tra lettore e argomento del racconto che il medico è tipicamente delegato a svolgere, una funzione di argine alla partecipazione del lettore, al suo coinvolgimento nella componente destabilizzante del caso morboso e patologico rappresentato. L'ironia rappresenta dunque un ulteriore, innovativo, ispessimento della funzione di filtro: come infatti nelle novelle del filone paesano lo *humour* (comico e ironico) si associa a un atteggiamento di distacco, per lo più snobistico, dalla realtà rappresentata, così nel *Decameroncino* accentua la funzione di *divertissement* delle prove narrative spogliate di valore descrittivo sul reale. *Decamerone* e *Decameroncino* condividerebbero dunque, con l'affermazione del primato genetico della novella orale, anche una vena comico-ironica associata all'attribuzione alla letteratura di una funzione di sospensione e allontanamento di una realtà perturbante.

GIOVANNI VERGA

La vita e le opere

Il catanese Giovanni Verga, nato il 2 settembre 1840, primo discendente di una famiglia del nuovo ceto benestante siciliano formatosi dall'unione della nobiltà liberale e della nuova borghesia, trascorre l'infanzia e l'adolescenza nella città natale e nelle proprietà famigliari nella campagna di Vizzini; studia presso il poeta e patriota democratico Antonio Abate e, all'arrivo di Garibaldi, si arruola nella Guardia nazionale. Nel corso degli anni si orienta verso posizioni ben più moderate e conservatrici, tenendosi comunque al di fuori della vita politica attiva anche quando viene eletto senatore nel 1920. Muore a Catania nel 1922. Oltre alla produzione narrativa, se ne ricordano gli scritti teatrali (*I nuovi tartufi*, *Rose caduche*, *Cavalleria rusticana*, *In portineria*, *La lupa*, *La caccia al lupo*, *La caccia alla volpe*, *Dal tuo al mio*) e una riduzione cinematografica (*Storia di una capinera*).

A diciassette anni Verga è già autore di un romanzo, *Amore e patria*, prova immatura rimasta inedita e seguita a pochi anni di distanza, tra il 1861 e il 1863, dalla pubblicazione di *I carbonari della montagna* e *Sulle lagune*: si tratta di tre opere marginali e di limitato interesse se non per il fatto che attestano la precoce propensione dell'autore per la letteratura e per la prosa narrativa in particolare. Tale propensione però, per svilupparsi in una originale poetica, deve attendere l'uscita del giovane scrittore dall'arretrato ambiente culturale siciliano e il confronto con le correnti più avanzate della letteratura nazionale ed europea, confronto che avviene solo dopo il trasferimento di Verga "in continente" e con la permanenza nei centri intellettualmente più vivaci dell'Italia post-unitaria: Firenze e Milano.

A Firenze Verga soggiorna nel 1865 e dal 1869 al 1871, maturandovi l'esperienza culturale e umana cui sono legati i testi che per primi lo segnalano all'attenzione del pubblico e della critica: *Una peccatrice* nel 1866, *Storia di una capinera* nel 1870 e *Eva* nel 1873. Da Firenze si sposta nel 1872 a Milano, che sente essere il centro vivo della cultura nazionale e dove rimane più o meno continuativamente fino al 1893, accolto nei circoli della Scapigliatura democratica e nei salotti intellettuali aristocratici. Nella città lombarda pubblica nel 1875 *Tigre reale* e *Eros*, che si collocano sulla stessa linea dei romanzi fiorentini, e si dedica, parallelamente ai romanzi, anche alla narrativa breve, di cui offre la prima prova nel 1874 con il bozzetto *Nedda*, cui fanno seguito i volumi *Primavera* (1876), *Vita dei campi* (1880), *Novelle rusticane* (1882), *Per le vie* (1883), *Drammi intimi* (1884), *Vagabondaggio* (1887), *I ricordi del capitano d'Arce* (1891) e *Don Candeloro e C.i* (1893). Gli anni Settanta vedono dunque inaugurarsi la grande stagione della novellistica verghiana che, in parte sviluppando elementi già presenti nella narrativa precedente, in parte, e soprattutto, introducendone di innovativi, orienta decisamente la ricerca letteraria dell'autore in senso realista, portando in breve tempo all'affermazione di Verga come maestro indiscusso del verismo italiano. La stagione d'oro del verismo è raccolta tra la fine degli anni Settanta e il decennio seguente, anni nel corso dei quali Verga alterna fasi di sperimentazione formale a momenti di riflessione teorica, ispirata all'esempio del grande realismo francese (Balzac, Dumas figlio, Flaubert) e degli autori del naturalismo (Zola e i Goncourt), ma che rivela anche tratti essenziali di continuità con la produzione del periodo fiorentino, a partire dall'intenzione di analizzare l'animo umano all'interno del contesto storico e sociale ottocentesco sondandone i nessi di causalità. Verga, infatti, già nella prefazione a *Eva*, sebbene affermi che non importa se l'oggetto di una narrazione è reale o inventato e pertanto contraddica il successivo assunto verista della necessaria adesione dell'arte alla realtà, tuttavia dichiara la propria volontà di guardare, attraverso la narrativa, oltre le apparenze e le ipocrisie degli stereotipi sociali per arrivare a comprendere e per mostrare al lettore il volto reale del mondo moderno.

Soprattutto negli anni Ottanta le novelle costituiscono il terreno privilegiato della sperimentazione verghiana e sono pertanto le migliori testimoni delle fasi di affermazione, evoluzione e declino della poetica verista, a cominciare appunto da *Nedda* e dalla sua innovatività contenutistica, fino all'epilogo rappresentato da *Don Candeloro e C.i*. Novelle e romanzi vengono redatti in parallelo, così che si verifica un costante travaso di temi, personaggi e tecniche narrative dalle prime ai secondi, uno strettissimo rapporto testuale che testimonia la vicinanza, ad esempio, di *Vita dei campi* (1880) a *I Malavoglia* (1881), delle *Novelle rusticane* (1882) a *Il marito di Elena* (1882), di *Vagabondaggio* (1887) a *Mastro-don Gesualdo* (1889). Le novelle, in tale rapporto di reciprocità tra generi, rappresentano, come detto, la fase di laboratorio, e ciascuna raccolta può essere considerata come un momentaneo punto fermo, sulla cui base da un lato prosegue la sperimentazione novellistica e dall'altro poggia il grande affresco dei romanzi. *Nedda* rappresenta il fondamentale approdo all'ambientazione siciliana e contadina in chiave non folklorica e non oleografica, ma il recupero memoriale che supporta tale scelta tematica è svolto secondo strutture narrative in parte ancora tradizionali – come la presenza di un narratore esterno che sottolinea la propria estraneità al mondo dei personaggi –, mentre la lingua, ancora toscaneggiante, accoglie passaggi discontinui dal dialetto siciliano al toscano. Le componenti tradizionali rimangono vitali nella prima raccolta di novelle, *Primavera*, che tuttavia pone le premesse per la sperimentazione di quelle forme innovative che caratterizzano la tecnica narrativa verista dalle successive raccolte – quali il discorso indiretto libero,[1] le frasi sentenza poste alla fine dei discorsi e la parola nucleo generatrice di discorso.[2] La

---

[1] Si vedano, come esempio, i primi paragrafi della seconda novella antologizzata, *In piazza della Scala*.
[2] Si vedano gli inserti di opinioni o modi di dire popolari nella prima novella antologizzata, *L'amante di Gramigna*, nonché, per la parola nucleo, l'uso del vocabolo "oro": «e anelli d'oro per le dieci dita delle mani; dell'oro ne aveva quanto ne poteva avere santa Margherita [...] lei che ci aveva dell'oro quanto santa Margherita! [...] e gli orecchini d'oro, e gli anelli per le dieci dita».

prima organica presentazione della teoria e del metodo verista si ha con *Vita dei campi*, in cui Verga individua nel rispetto del "vero" e del documento umano il canone costitutivo della nuova prosa e di conseguenza, compresa la necessità di rinunciare al proprio punto di vista per presentare dall'interno la prospettiva del mondo popolare descritto, orienta la ricerca linguistica e stilistica in direzione di una narrativa impersonale e oggettiva; il che comporta, oltre al consolidamento delle caratteristiche già elencate, l'adozione di una sintassi fortemente mimetica del parlato siciliano. Le *Novelle rusticane* approfondiscono la ricerca precedente e arrivano al vero e proprio esame storico e sociale della Sicilia, descritta come mondo immutabilmente determinato da leggi naturali ed economiche insensibili alle esistenze dei singoli individui. Il quarto volume, *Per le vie*, cambia radicalmente l'ambientazione delle novelle lasciando la campagna meridionale per la città lombarda, pur mantenendo l'impostazione fondamentale delle due raccolte precedenti, mentre le ulteriori raccolte cominciano a discostarsi dalla linea tracciata: i *Drammi intimi* affiancano a testi di analisi sociale altri di analisi psicologica che prendono a soggetto le classi elevate, quindi un campione sociale più vasto, e *Vagabondaggio* tematizza l'idea della vita come continuo e irrequieto movimento senza meta. I racconti appartenenti al filone avviato con i *Drammi intimi* entrano in seguito a far parte della settima raccolta *I ricordi del capitano d'Arce*, ma prima ancora l'esperienza approfondita e ampliata dello studio psicologico dei personaggi confluisce nel *Mastro-don Gesualdo*, insieme a *Vagabondaggio*, che risulta il volume meno organico della produzione di Verga e sembra marcare un momento di stallo nella fase di riflessione che si assesta poi con la redazione proprio dell'ultimo romanzo verghiano. L'ottavo volume, infine, *Don Candeloro e C.i*, segna il risultato estremo della ricerca avviata con *Vita dei campi* e in particolare con la lettera prefazione a *L'amante di Gramigna*, ma tale esito conclusivo dell'esperienza novellistica si caratterizza in modo antitetico rispetto al punto di partenza, nel senso di un ribaltamento al grottesco della poetica verghiana. Maturata infatti la consapevolezza dell'impossibilità della comprensione del reale e di conseguenza della sua rappresentazione impersonale e oggettiva, l'ultima produzione di Verga diventa una vera e propria autorilettura da cui nascono testi che smitizzano i temi stessi, i personaggi e le analisi di tutta la produzione precedente.

In conclusione si sottolinea che, pur nella stretta relazione con i romanzi, le novelle arrivano a una specifica specializzazione di genere, che si esprime in primo luogo nella misura dei testi novellistici, la cui brevità diventa il mezzo di espressione peculiare di una folgorante capacità sintetica di esperienze esistenziali e di caratteri umani. Ciò nonostante e nonostante il valore artistico delle novelle, restano sempre i romanzi i depositari della maggiore ambizione verghiana, quella di dare vita, con il *Ciclo dei Vinti*, all'analisi verista, sistematica e integrale, della realtà italiana a tutti i livelli sociali; ambizione che, dopo la rappresentazione della plebe rurale dei *Malavoglia* e dopo quella della borghesia imprenditoriale del *Mastro-don Gesualdo*, si dovrebbe completare – ma non si completa – con il quadro del mondo aristocratico della *Duchessa di Leyra*. Sicché, quando Verga non porta a termine l'ultimo romanzo e rinuncia alla chiusura del ciclo, è sul terreno dei romanzi che dichiara l'esaurimento dell'esperienza verista, ma è su quello delle novelle che il lettore trova le uniche prove letterarie delle ragioni di tale rinuncia.

L'amante di Gramigna

Caro Farina, eccoti non un racconto ma l'abbozzo di un racconto. Esso almeno avrà il merito di esser brevissimo, e di esser storico – un documento umano, come dicono oggi; interessante forse per te, e per tutti coloro che studiano nel gran libro del cuore. Io te lo ripeterò così come l'ho raccolto pei viottoli dei campi, press'a poco colle medesime parole semplici e pittoresche della narrazione popolare, e tu veramente preferirai di trovarti faccia a faccia col fatto nudo e schietto, senza stare a cercarlo fra le linee del libro, attraverso la lente dello scrittore. Il semplice fatto umano farà pensare sempre; avrà sempre l'efficacia dell'*essere stato*, delle lagrime vere, delle febbri e delle sensazioni che sono passate per la carne; il misterioso processo per cui le passioni si annodano, si intrecciano, maturano, si svolgono nel loro cammino sotterraneo, nei loro andirivieni che spesso sembrano contraddittorî, costituirà per lungo tempo ancora la possente attrattiva di quel fenomeno psicologico che dicesi l'argomento di un racconto, e che l'analisi moderna si studia di seguire con scrupolo scientifico. Di questo che ti narro oggi ti dirò soltanto il punto di partenza e quello d'arrivo, e per te basterà, e un giorno forse basterà per tutti.

Noi rifacciamo il processo artistico al quale dobbiamo tanti monumenti gloriosi, con metodo diverso, più minuzioso e più intimo; sacrifichiamo volentieri l'effetto della catastrofe, del risultato psicologico, intravvisto con intuizione quasi divina dai grandi artisti del passato, allo sviluppo logico, necessario di esso, ridotto meno imprevisto, meno drammatico, ma non meno fatale; siamo più modesti, se non più umili; ma le conquiste che facciamo delle verità psicologiche non saranno un fatto meno utile all'arte dell'avvenire. Si arriverà mai a tal perfezionamento nello studio delle passioni, che diventerà inutile il proseguire in cotesto studio dell'uomo interiore? La scienza del cuore umano, che sarà il frutto della nuova arte, svilupperà talmente e così generalmente tutte le risorse dell'immaginazione che nell'avvenire i soli romanzi che si scriveranno saranno *i fatti diversi*?[1]

Intanto io credo che il trionfo del romanzo, la più completa e la più umana delle opere d'arte, si raggiungerà allorché l'affinità e la coesione di ogni sua parte sarà così completa che il processo della creazione rimarrà un mistero, come lo svolgersi delle passioni umane; e che l'armonia delle sue forme sarà così perfetta, la sincerità della sua realtà così evidente, il suo modo e la sua ragione di essere così necessarie, che la mano dell'artista rimarrà assolutamente invisibile, e il romanzo avrà l'impronta dell'avvenimento reale, e l'opera d'arte sembrerà *essersi fatta da sé*, aver maturato ed esser sorta spontanea come un fatto naturale, senza serbare alcun punto di contatto col suo autore; che essa non serbi nelle sue forme viventi alcuna impronta della mente in cui germogliò, alcuna ombra dell'occhio che la intravvide, alcuna traccia delle labbra che ne mormorarono le prime parole come il *fiat*[2] creatore; ch'essa stia per ragion propria, pel solo fatto che è come dev'es-

---

[1] «Ricalca il francese *fait divers* = fatti di cronaca», cfr. G. Verga, *Novelle*, a cura di C. Riccardi, Bruno Mondadori, Milano 1989, p. 131, nota 2.
[2] «Il comando col quale Dio, secondo il racconto biblico, diede inizio alla creazione.»

sere, ed è necessario che sia, palpitante di vita ed immutabile al pari di una statua di bronzo, di cui l'autore abbia avuto il coraggio divino di eclissarsi e sparire nella sua opera immortale.

Parecchi anni or sono, laggiù lungo il Simeto, davano la caccia a un brigante, certo Gramigna, se non erro, un nome maledetto come l'erba che lo porta, il quale da un capo all'altro della provincia s'era lasciato dietro il terrore della sua fama. Carabinieri, soldati, e militi a cavallo lo inseguivano da due mesi, senza esser riesciti a mettergli le unghie addosso: era solo, ma valeva per dieci, e la mala pianta minacciava di abbarbicare.[3] Per giunta si approssimava il tempo della messe, il fieno era già steso pei campi, le spighe chinavano il capo e dicevano di sì ai mietitori che avevano già la falce in pugno, e nonostante nessun proprietario osava affacciare il naso al disopra della siepe del suo podere, per timore di incontrarvi Gramigna che se ne stesse sdraiato fra i solchi, colla carabina fra le gambe, pronto a far saltare il capo al primo che venisse a guardare nei fatti suoi. Sicché le lagnanze erano generali. Allora il prefetto si fece chiamare tutti quei signori della questura, dei carabinieri, e dei compagni d'armi, e disse loro due paroline di quelle che fanno drizzar le orecchie. Il giorno dopo un terremoto per ogni dove; pattuglie, squadriglie, vedette per ogni fossato, e dietro ogni muricciolo; se lo cacciavano dinanzi come una mala bestia per tutta una provincia, di giorno, di notte, a piedi, a cavallo, col telegrafo. Gramigna sgusciava loro di mano, e rispondeva a schioppettate se gli camminavano un po' troppo sulle calcagna. Nelle campagne, nei villaggi, per le fattorie, sotto le frasche delle osterie, nei luoghi di ritrovo, non si parlava d'altro che di lui, di Gramigna, di quella caccia accanita, di quella fuga disperata; i cavalli dei carabinieri cascavano stanchi morti; i compagni

---

[3] Attecchire.

d'armi si buttavano rifiniti per terra in tutte le stalle, le pattuglie dormivano all'impiedi; egli solo, Gramigna, non era stanco mai, non dormiva mai, fuggiva sempre, s'arrampicava sui precipizi, strisciava fra le messi, correva carponi nel folto dei fichidindia, sgattajolava come un lupo nel letto asciutto dei torrenti. Il principale argomento di ogni discorso, nei crocchi, davanti agli usci del villaggio, era la sete divorante che doveva soffrire il perseguitato, nella pianura immensa, arsa, sotto il sole di giugno. I fannulloni spalancavano gli occhi.

Peppa, una delle più belle ragazze di Licodia, doveva sposare in quel tempo compare Finu "candela di sego"[4] che aveva terre al sole e una mula baia[5] in stalla, ed era un giovanotto grande e bello come il sole, che portava lo standardo di Santa Margherita come fosse un pilastro, senza piegare le reni.

La madre di Peppa piangeva dalla contentezza per la gran fortuna toccata alla figliuola, e passava il tempo a voltare e rivoltare nel baule il corredo della sposa «tutto di roba bianca a quattro»[6] come quella di una regina, e orecchini che le arrivavano alle spalle, e anelli d'oro per le dieci dita delle mani; dell'oro ne aveva quanto ne poteva avere santa Margherita, e dovevano sposarsi giusto per Santa Margherita, che cadeva in giugno, dopo la mietitura del fieno. "Candela di sego" nel tornare ogni sera dalla campagna, lasciava la mula all'uscio della Peppa, e veniva a dirle che i seminati erano un incanto, se Gramigna non vi appiccava il fuoco, e il graticcio di contro al letto non sarebbe bastato a contenere tutto il grano della raccolta, che gli pareva mill'anni di condursi la sposa in casa, in groppa alla mula baia. Ma

---

[4] «Grasso della regione addominale sottocutanea e interna di alcuni animali, specialmente dei bovini», viene usato «spesso per fabbricare candele.»
[5] Di colore fulvo, rosso scuro.
[6] «Tale numero di esemplari uguali di un corredo.»

Peppa un bel giorno gli disse: «La vostra mula lasciatela stare, perché non voglio maritarmi».

Il povero "candela di sego" rimase sbalordito e la vecchia si mise a strapparsi i capelli come udì che sua figlia rifiutava il miglior partito del villaggio. «Io voglio bene a Gramigna» le disse la ragazza «e non voglio sposare altri che lui!»

«Ah!» gridava la mamma per la casa, coi capelli grigi al vento, che pareva una strega. «Ah! quel demonio è venuto sin qui a stregarmi la mia figliuola!»

«No!» rispondeva Peppa coll'occhio fisso che pareva d'acciaio. «No, non è venuto qui.»

«Dove l'hai visto dunque?»

«Io non l'ho visto. Ne ho sentito parlare. Sentite! me lo sento qui, che mi brucia!»

In paese la cosa fece rumore, per quanto la tenessero nascosta. Le comari che avevano invidiato a Peppa il seminato prosperoso, la mula baia, e il bel giovanotto che portava lo standardo di Santa Margherita senza piegar le reni, andavano dicendo ogni sorta di brutte storie, che Gramigna veniva a trovarla di notte nella cucina, e che glielo avevano visto nascosto sotto il letto. La povera madre aveva acceso una lampada alle anime del purgatorio, e persino il curato era andato in casa di Peppa, a toccarle il cuore colla stola, onde scacciare quel diavolo di Gramigna che ne aveva preso possesso. Però ella seguitava a dire che non lo conosceva neanche di vista quel cristiano; ma che la notte lo vedeva in sogno, e alla mattina si levava colle labbra arse quasi avesse provato anch'essa tutta la sete ch'ei doveva soffrire.

Allora la vecchia la chiuse in casa, perché non sentisse più parlare di Gramigna; e tappò tutte le fessure dell'uscio con immagini di santi. Peppa ascoltava quello che dicevano nella strada dietro le immagini benedette, e si faceva pallida e rossa, come se il diavolo le soffiasse tutto l'inferno nella faccia.

Finalmente sentì dire che avevano scovato Gramigna

nei fichidindia di Palagonia. «Ha fatto due ore di fuoco!» dicevano «c'è un carabiniere morto, e più di tre compagni d'armi feriti. Ma gli hanno tirato addosso tal gragnuola di fucilate che stavolta hanno trovato un lago di sangue dove egli si trovava.»

Allora Peppa si fece la croce dinanzi al capezzale della vecchia, e fuggì dalla finestra.

Gramigna era nei fichidindia di Palagonia, che non avevano potuto scovarlo in quel forteto da conigli, lacero, insanguinato, pallido per due giorni di fame, arso dalla febbre, e colla carabina spianata: come la vide venire, risoluta, in mezzo alle macchie dei fichidindia, nel fosco chiarore dell'alba, ci pensò un momento, se dovesse lasciare partire il colpo. «Che vuoi?» le chiese. «Che vieni a far qui?»

«Vengo a star con te» gli disse lei guardandolo fisso. «Sei tu Gramigna?»

«Sì, son io Gramigna. Se vieni a buscarti quelle venti onze[7] della taglia, hai sbagliato il conto.»

«No, vengo a star con te!» rispose lei.

«Vattene!» diss'egli. «Con me non puoi starci, ed io non voglio nessuno con me! Se vieni a cercar denaro hai sbagliato il conto ti dico, io non ho nulla, guarda! Sono due giorni che non ho nemmeno un pezzo di pane.»

«Adesso non posso più tornare a casa» disse lei «la strada è tutta piena di soldati.»

«Vattene! cosa m'importa? ciascuno per la sua pelle!»

Mentre ella voltava le spalle, come un cane scacciato a pedate, Gramigna la chiamò. «Senti, va a prendermi un fiasco d'acqua, laggiù nel torrente, se vuoi stare con me bisogna rischiar la pelle.»

Peppa andò senza dir nulla, e quando Gramigna udì la fucilata si mise a sghignazzare, e disse fra sé: "Questa era per me". Ma come la vide comparire poco dopo, col

---

[7] Once, unità di misura di peso indicativamente equivalente a trenta grammi.

fiasco al braccio, pallida e insanguinata, prima le si buttò addosso, per strapparle il fiasco, e poi quando ebbe bevuto che pareva il fiato le mancasse le chiese: «L'hai scappata? Come hai fatto?».

«I soldati erano sull'altra riva, e c'era una macchia folta da questa parte.»

«Però t'hanno bucata la pelle. Hai del sangue nelle vesti?»

«Sì.»

«Dove sei ferita?»

«Sulla spalla.»

«Non fa nulla. Potrai camminare.»

Così le permise di stare con lui. Ella lo seguiva tutta lacera, colla febbre della ferita, senza scarpe, e andava a cercargli un fiasco d'acqua o un tozzo di pane, e quando tornava colle mani vuote, in mezzo alle fucilate, il suo amante, divorato dalla fame e dalla sete, la batteva. Finalmente una notte in cui brillava la luna nei fichidindia, Gramigna le disse «Vengono!» e la fece adossare alla rupe, in fondo al crepaccio, poi fuggì dall'altra parte. Fra le macchie si udivano spesseggiare le fucilate, e l'ombra avvampava qua e là di brevi fiamme. A un tratto Peppa udì un calpestìo vicino a sé e vide tornar Gramigna che si strascinava con una gamba rotta, e si appoggiava ai ceppi dei fichidindia per ricaricare la carabina. «È finita!» gli disse lui. «Ora mi prendono»; e quello che le agghiacciò il sangue più di ogni cosa fu il luccicare che ci aveva negli occhi, da sembrare un pazzo. Poi quando cadde sui rami secchi come un fascio di legna, i compagni d'armi gli furono addosso tutti in una volta.

Il giorno dopo lo strascinarono per le vie del villaggio, su di un carro, tutto lacero e sanguinoso. La gente che si accalcava per vederlo, si metteva a ridere trovandolo così piccolo, pallido e brutto, che pareva un pulcinella. Era per lui che Peppa aveva lasciato compare Finu "candela di sego"! Il povero "candela di sego" andò a nascondersi quasi toccasse a lui di vergognarsi, e Peppa la condussero fra i soldati, ammanettata, come una ladra anche lei, lei che ci aveva dell'oro quanto santa Margherita! La povera madre di Peppa dovette vendere «tutta la roba bianca» del corredo, e gli orecchini d'oro, e gli anelli per le dieci dita, onde pagare gli avvocati di sua figlia, e tirarsela di nuovo in casa, povera, malata, svergognata, brutta anche lei come Gramigna, e col figlio di Gramigna in collo. Ma quando gliela diedero, alla fine del processo, recitò l'avemaria, nella casermeria[8] nuda e già scura, in mezzo ai carabinieri; le parve che le dessero un tesoro, alla povera vecchia, che non possedeva più nulla e piangeva come una fontana dalla consolazione. Peppa invece sembrava che non ne avesse più di lagrime, e non diceva nulla, né in paese nessuno la vide più mai, nonostante che le due donne andassero a buscarsi il pane colle loro braccia. La gente diceva che Peppa aveva imparato il mestiere, nel bosco, e andava di notte a rubare. Il fatto era che stava rincantucciata nella cucina come una bestia feroce, e ne uscì soltanto allorché la sua vecchia fu morta di stenti, e dovette vendere la casa.

«Vedete!» le diceva "candela di sego" che pure le voleva sempre bene. «Vi schiaccierei la testa fra due sassi pel male che avete fatto a voi e agli altri.»

«È vero!» rispondeva Peppa «lo so! Questa è stata la volontà di Dio.» Dopo che fu venduta la casa e quei pochi arnesi che le restavano se ne andò via dal paese, di notte come era venuta, senza voltarsi indietro a guardare il tetto sotto cui aveva dormito tanto tempo, e se ne andò a fare la volontà di Dio in città, col suo ragazzo, vicino al carcere dove era rinchiuso Gramigna. Ella non vedeva altro che le gelosie[9] tetre, sulla gran facciata muta, e le sentinelle la scacciavano se si fermava a cercare cogli occhi dove potesse esser lui. Finalmente le

---

[8] «Posto di guardia di una caserma.»
[9] Serramenti delle finestre.

dissero che egli non ci era più da un pezzo, che l'avevano condotto via, di là del mare, ammanettato e colla sporta al collo. Ella non disse nulla. Non si mosse più di là, perché non sapeva dove andare, e non l'aspettava più nessuno. Vivacchiava facendo dei servizii ai soldati, ai carcerieri, come facesse parte ella stessa di quel gran fabbricato tetro e silenzioso, e pei carabinieri poi che le avevano preso Gramigna nel folto dei fichidindia, e gli avevano rotto la gamba a fucilate, sentiva una specie di tenerezza rispettosa, come l'ammirazione bruta della forza. La festa, quando li vedeva col pennacchio, e gli spallini lucenti, rigidi ed impettiti nell'uniforme di gala, se li mangiava cogli occhi, ed era sempre per la caserma spazzando i cameroni e lustrando gli stivali, tanto che la chiamavano "lo strofinacciolo dei carabinieri". Soltanto allorché li vedeva caricare le armi a notte fatta, e partire a due a due, coi calzoni rimboccati, il revolver sullo stomaco, o quando montavano a cavallo, sotto il lampione che faceva luccicare la carabina, e udiva perdersi nelle tenebre lo scalpito dei cavalli, e il tintinnìo della sciabola, diventava pallida ogni volta, e mentre chiudeva la porta della stalla rabbrividiva; e quando il suo marmocchio giocherellava cogli altri monelli nella spianata davanti al carcere, correndo fra le gambe dei soldati, e i monelli gli dicevano «il figlio di Gramigna, il figlio di Gramigna!» ella si metteva in collera, e li inseguiva a sassate.

Commento al testo

L'amante di Gramigna compare per la prima volta sulle pagine della «Rivista minima» nel febbraio 1880 e nello stesso anno, dopo essere stata sottoposta a una revisione strutturale, viene inclusa in *Vita dei campi*. La novella si segnala appunto a cominciare dall'insolita struttura, che risulta divisa in due momenti: il primo in cui Verga si rivolge, come in una lettera, a Salvatore Farina, direttore della «Rivista minima», e il secondo che corrisponde al racconto vero e proprio della vicenda di Peppa e Gramigna. Mancando una pausa grafica, uno spazio bianco di demarcazione, la porzione narrativa fa apparentemente tutt'uno con il discorso indirizzato all'amico e direttore – «eccoti un racconto [...] laggiù lungo il Simeto, davano la caccia a un brigante» –, tuttavia i due momenti vengono chiaramente identificati e distinti attraverso gli *incipit*: «Caro Farina» e «Parecchi anni or sono», che sono marcatori testuali tipici rispettivamente del genere epistolare e del genere narrativo; nonché attraverso i tempi verbali: il presente indicativo proprio del testo argomentativo utilizzato nella lettera e l'imperfetto indicativo caratterizzante il racconto. In tal modo risultano separate la tipologia e dunque la funzione delle due porzioni, lettera e racconto, che vanno intese l'una come momento di riflessione teorica, l'altro come applicazione pratica, esemplificazione della ricerca letteraria verghiana, il cui oggetto è sinteticamente dichiarato all'inizio del testo: «un documento umano» interessante «per tutti coloro che studiano nel gran libro del cuore».

Lo spessore di tale brevissimo compendio teorico-pratico è tale che *L'amante di Gramigna* può ben essere indicata come il manifesto del verismo verghiano e rappresentare la sintesi ideologica e metodologica dell'esperienza narrativa dei primi anni Ottanta, con ciò intendendo sia le novelle che i romanzi (si ricordi che parallelamente alle novelle Verga porta a termine *I Malavoglia*, edito nel 1881). Va dunque segnalata come tappa storica del verismo l'affermazione programmatica di una narrativa che raccoglie i propri soggetti, i «documenti umani», direttamente dalla realtà a cui appartengono, quindi «per i viottoli» e dalla «narrazione popolare», per poi presentarli al lettore non «attraverso la lente dello scrittore», cioè non mediati dal punto di vista di chi si incarica di raccontare, ma esattamente nella loro verità, affinché facciano riflettere: «il semplice fatto umano farà pensare». Data tale fondamentale premessa Verga precisa che il documento umano è il fenomeno psicologico che l'analisi moderna si propone di seguire con scrupolo scientifico, e che è dunque alla «scienza del cuore umano» che tende la nuova arte quando si propone di realizzare una narrativa impersonale, in cui

> la mano dell'artista rimarrà assolutamente invisibile, e il romanzo avrà l'impronta dell'avvenimento reale, e l'opera d'arte sembrerà *essersi fatta da sé*, aver maturato ed esser sorta spontanea come un fatto naturale, senza serbare alcun punto di contatto col suo autore.

Di seguito alla proposizione teorica Verga presenta una concreta prova di racconto verista e sceglie come soggetto la tendenza patologica di una giovane donna che, rinunciando a una prospettiva di vita "normale", rifiuta il sistema di valori della comunità cui appartiene per porsi ai margini della società, perché irresistibilmente spinta dalla «ammirazione bruta per la forza». È infatti tale sentimento di ammirazione che la induce prima a seguire un brigante costretto a vivere alla macchia e poi, incarcerato e allontanato questo, a rimanere presso i carabinieri, emblemi antitetici del fuorilegge eppure, come Gramigna, non soggetti attivi dell'affezione della donna, ma proiezioni occasionali in cui si manifesta la sua patologia.

Se *L'amante di Gramigna* va considerata una pietra miliare del verismo, non deve però essere assunta come punto riassuntivo della poetica verghiana, perché, come anticipato nell'introduzione, gli ultimi esiti della riflessione dell'autore sono contraddittori rispetto alle acquisizioni dell'80: quando infatti nel 1897 Verga rimette mano alla raccolta, introduce varianti sostanziali anche alla novella in esame. Mentre la lettera introduttiva del 1880 presenta, con una nuova poetica, una nuova tecnica narrativa, la revisione del 1897 dichiara il fallimento di quella poetica e il conseguente rientro anche della tecnica nella norma della tradizione letteraria. Ad esempio, Verga sopprime la coordinazione tipica della sintassi non colta a favore della subordinazione; sostituisce i nessi irrazionali ("e" "che") a favore di nessi razionalizzanti quali gli avverbi causali, avversativi, temporali ecc.; elimina i cambi repentini di soggetto e in generale tende a sopprimere tutti gli elementi che riproducono la casualità della parlata popolare; introduce una punteggiatura fitta e varia (non le sole virgole della prima raccolta), l'uso del passato remoto a scapito dell'imperfetto e il congiuntivo a scapito dell'indicativo.

In piazza della Scala

Pazienza l'estate! Le notti sono corte; non è freddo; fin dopo il tocco c'è ancora della gente che si fa scarrozzare a prendere il fresco sui Bastioni,[1] e se calan le tendine, c'è da buscarsi una buona mancia. Si fanno quattro chiacchiere coi compagni per iscacciare il sonno, e i cavalli dormono col muso sulle zampe. Quello è il vero carnevale! Ma quando arriva l'altro, l'è duro da rosicare per i poveri diavoli che stanno a cassetta ad aspettare una corsa di un franco, colle redini gelate in mano, bianchi di neve come la statua dal barbone,[2] che sta lì a guardare, in mezzo ai lampioni, coi suoi quattro figliuoletti d'attorno.[3]

E' dicono che mette allegria la neve, quelli che esco-

---

[1] «I Bastioni, costruiti nel 1500 (come collegamento fra le varie porte di Milano: Monforte, Venezia, Nuova, Garibaldi, Volta, Magenta, Genova, Ticinese, Ludovica, Vigentina, Romana), costituivano la cerchia più esterna rispetto a quella più interna dei Navigli: al di là di essi era la periferia, se non addirittura la campagna.» Verga viveva vicino al bastione di Monforte prima di trasferirsi in piazza della Scala; cfr. G. Verga, *Novelle*, cit., p. 237, nota 1.
[2] Leonardo da Vinci, raffigurato nella statua che si trova in piazza della Scala, opera di Pietro Magni (1817-1877) inaugurata nel 1872.
[3] La statua raffigura Leonardo collocato su un piedistallo alla base del quale stanno quattro allievi.

no dal Cova,[4] col naso rosso, e quelle altre che vanno a scaldarsi al veglione della Scala, colle gambe nude. Accidenti! Almeno s'avesse il robone[5] di marmo, come la statua! e i figliuoli di marmo anch'essi, che non mangiano!

Ma quelli di carne e d'ossa, se mangiano! e il cavallo, e il padrone di casa, e questo, e quest'altro! che al 31 dicembre, quando la gente va ad aspettare l'anno nuovo coi piedi sotto la tavola nelle trattorie, il Bigio tornava a imprecare: «Mostro di un anno! Vattene in malora! Cinque lire sole non ho potuto metterle da parte».

Prima i denari si spendevano allegramente all'osteria, dal liquorista lì vicino; e che belle scampagnate cogli amici, a Loreto e alla Cagnola; senza moglie, né figli, né pensieri. Ah! se non fosse stato per la Ghita che tirava su le gonnelle sugli zoccoletti, per far vedere le calze rosse, trottando lesta lesta in piazza della Scala! Delle calze che vi mangiavano gli occhi. E certa grazietta nel muovere i fianchi, che il Bigio ammiccava ogni volta, e le gridava dietro: «Vettura?».

Lei da prima si faceva rossa: ma poi ci tirava su un sorrisetto, e finì col prenderla davvero la vettura; e scarrozzando, il Bigio, voltato verso i cristalli, le spiattellava tante chiacchiere, tante, che una domenica la condusse al municipio, e pregò un camerata di tenergli d'occhio il cavallo, intanto che andava a sposare la Ghitina.

Adesso che la Ghitina si era fatta bolsa come il cavallo, lui vedeva trottare allo stesso modo la figliuola, cogli stivaletti alti e il cappellino a sghimbescio, sotto pretesto che imparava a far la modista, e sempre nelle ore in cui il caffè lì di faccia era pieno di fannulloni, che le dicevano cogli occhi tante cose sfacciate.

Bisognava aver pazienza, perché quello era il mestie-

---

[4] Caffè del centro cittadino.
[5] «Veste maschile molto signorile, ampia e lunga.»

re dell'Adelina; e la Ghita, ogni volta che il Bigio cercava di metterci il naso, gli spifferava il fatto suo, che le ragazze bisogna si cerchino fortuna; e se ella avesse avuto giudizio come l'Adelina, a quest'ora forse andrebbe in carrozza per conto suo, invece di tenerci il marito a buscarsi[6] da vivere.

Tant'è, suo marito, quando vedeva passare l'Adele, dondolandosi come la mamma nel vestitino nero, sotto quelle occhiate che gridavano anch'esse: «Vettura?» non poteva frenarsi di far schioccare la frusta, a rischio di tirarsi addosso il *cappellone*[7] di guardia lì vicino.

Ma là! Bisognava masticare la briglia, che non s'era più puledri scapoli, e adattarsi al finimento che s'erano messi addosso, lui e la Ghita, la quale continuava a far figliuoli, che non pareva vero, e non si sapeva più come impiegarli. Il maggiore, nel treno militare, 1° reggimento, e sarebbe stato un bel pezzo di cocchiere. L'altro, stalliere della società degli *omnibus*. L'ultimo aveva voluto fare lo stampatore, perché aveva visto i ragazzi della tipografia, lì nella contrada, comprar le mele cotte a colazione, col berrettino di carta in testa. E infine una manata di ragazzine cenciose, che l'Adelina non permetteva le andassero dietro, e si vergognava se le incontrava per la strada. Voleva andar sola, lei, per le strade; tanto che un bel giorno spiccò il volo, e non tornò più in via della Stella. Al Bigio che si disperava e voleva correre col suo legno[8] chissà dove, la Ghita ripeteva:

«Che pretendi? L'Adelina era fatta per esser signora, cagna d'una miseria!»

Lei si consolava colla portinaia lì sotto, scaldandosi al braciere, o dal liquorista, dove andava a comprare di soppiatto un bicchierino sotto il grembiule. Ma il Bigio aveva un bel fermarsi a tutte le osterie, ché quando era

---

[6] Procurarsi.
[7] «A Milano vigile urbano.»
[8] Carrozza.

acceso vedeva la figliuola in ogni coppia misteriosa che gli faceva segno di fermarsi, e ordinava soltanto «Gira!» – lei voltandosi dall'altra parte, e tenendo il manicotto sul viso –, e quando incontrava un legno sui Bastioni, lemme lemme, colle tendine calate, e quando al veglione smontava una ragazza, che di nascosto non aveva altro che il viso, egli brontolava, qualunque fosse la mancia, e si guastava cogli avventori.

Cagna miseria! come diceva la Ghita. Denari! tutto sta nei denari a questo mondo! Quelli che scarrozzavano colle tendine chiuse, quelli che facevano la posta alle ragazze dinanzi al caffè, quelli che si fregavan le mani, col naso rosso, uscendo dal Cova! c'era gente che spendeva cento lire, e più, al veglione, o al teatro; e delle signore che per coprirsi le spalle nude avevano bisogno di una pelliccia di mille lire, gli era stato detto; e quella fila di carrozze scintillanti che aspettavano, lì contro il Marino,[9] col tintinnìo superbo dei morsi e dei freni d'acciaio, e gli staffieri accanto che vi guardavano dall'alto in basso, quasi ci avessero avuto il freno anch'essi. Il suo ragazzo medesimo, quello dell'*Anonima*,[10] allorché gli facevano fare il servizio delle vetture di rimessa, dopo che si era insaccate le mani sudicie nei guanti di cotone, se le teneva sulle cosce al pari della statua dal robone, e non avrebbe guardato in faccia suo padre che l'aveva fatto. Piuttosto preferiva l'altro suo figliuolo, quello che aiutava a stampare il giornale. Il Bigio spendeva un soldo per leggere a cassetta, fra una corsa e l'altra, tutte le ingiustizie e le birbonate che ci sono al mondo, e sfogarsi colle parole stampate.

Aveva ragione il giornale. Bisognava finirla colle ingiustizie e le birbonate di questo mondo! Tutti eguali come Dio ci ha fatti. Non mantelli da mille lire, né ra-

---

[9] Palazzo Marino, attuale sede del Comune di Milano.
[10] Società commerciale nella quale i soci non figuravano con il loro nome nella ragione sociale, simile all'attuale Società per Azioni.

gazze che scappano per cercar fortuna, né denari per comperarle, né carrozze che costano tante migliaia di lire, né omnibus, né tramvai, che levano il pane di bocca alla povera gente. Se ci hanno a essere delle vetture devono lasciarsi soltanto quelle che fanno il mestiere, in piazza della Scala, e levar di mezzo anche quella del n. 26, che trova sempre il modo di mettersi in capofila.

Il Bigio la sapeva lunga, a furia di leggere il giornale. In piazza della Scala teneva cattedra, e chiacchierava come un predicatore in mezzo ai camerati, tutta notte, l'estate, vociando e rincorrendosi fra le ruote delle vetture per passare il tempo, e di tanto in tanto davano una capatina dal liquorista che aveva tutta la sua bottega lì nella cesta, sulla panca della piazza. L'è un divertimento a stare in crocchio a quell'ora, al fresco, e di tanto in tanto vi pigliano anche per qualche corsa. Il posto è buono, c'è lì vicino la Galleria,[11] due teatri, sette caffè, e se fanno una dimostrazione a Milano, non può mancare di passare di là, colla banda in testa. Ma in inverno e' s'ha tutt'altra voglia! Le ore non iscorrono mai, in quella piazza bianca che sembra un camposanto, con quei lumi solitari attorno a quelle statue fredde anch'esse. Allora vengono altri pensieri in mente – e le scuderie dei signori dove non c'è freddo, e l'Adele che ha trovato da stare al caldo. – Anche colui che predica di giorno l'eguaglianza nel giornale, a quell'ora dorme tranquillamente, o se ne torna dal teatro, col naso dentro la pelliccia.

Il caffè Martini sta aperto sin tardi, illuminato a giorno che par si debba scaldarsi soltanto a passar vicino ai vetri delle porte, tutti appannati dal gran freddo che è di fuori; così quelli che ci fanno tardi bevendo non son visti da nessuno, e se un povero diavolo invece piglia una sbornia per le strade, tutti gli corrono dietro a dar-

---

[11] Galleria Vittorio Emanuele, che collega piazza del Duomo a piazza della Scala.

gli la baia. Di facciata le finestre del club sono aperte anch'esse sino all'alba. Lì c'è dei signori che non sanno cosa fare del loro tempo e del loro denaro. E allorché sono stanchi di giuocare fanno suonare il fischietto, e se ne vanno a casa in legno, spendendo solo una lira. Ah! se fosse a cassetta quella povera donna che sta l'intera notte sotto l'arco della galleria, per vendere del caffè a due soldi la tazza, e sapesse che porta delle migliaia di lire, vinte al giuoco in due ore, nel paletò di un signore mezzo addormentato, passando lungo il Naviglio, di notte, al buio!...

O quegli altri poveri diavoli che fingono di spassarsi andando su e giù per la galleria deserta, col vento che vi soffia gelato da ogni parte, aspettando che il custode volti il capo, o finga di chiudere gli occhi, per sdraiarsi nel vano di una porta, raggomitolati in un soprabito cencioso.

Questi qui non isbraitano, non stampano giornali, non si mettono in prima fila nelle dimostrazioni. Le dimostrazioni gli altri, alla fin fine, le fanno a piedi, senza spendere un soldo di carrozza.

Commento al testo

In piazza della Scala viene pubblicata per la prima volta nella «Rassegna settimanale di Politica, Scienze, Lettere ed Arti» il 1° gennaio 1882, e successivamente viene inclusa nella raccolta *Per le vie* edita nel 1883 e contenente testi scritti tra il 1882 e il 1883. In base a un primo progetto il volume si sarebbe dovuto intitolare *Vita d'officina*, con un diretto rinvio alla raccolta *Vita dei campi*, in modo da indicare al lettore il riproporsi dell'analisi applicata al mondo agricolo in un'equivalente rappresentazione del mondo cittadino; il cambiamento del titolo in *Per le vie* elimina l'esplicito parallelismo, ma sottolinea di contro l'ambientazione urbana e introduce, anche se velatamente, l'idea di peregrinazione che sarà poi sviluppata nella raccolta *Vagabondaggio*, a quattro anni di distanza, nel 1887. Dal punto di vista tematico sicuramente l'ambientazione cittadina è il dato più rilevante e ascrive la raccolta al filone letterario che indaga il proletariato urbano e che fiorisce in Italia dalla fine degli anni Sessanta in testi propriamente narrativi ma anche attraverso libri-inchiesta – Tarchetti (*Paolina. Misteri del coperto dei Figini*, 1866); Corio (*La plebe di Milano*, 1876); Fucini (*Napoli a occhio nudo*, 1878); Valera (*Milano sconosciuta*, 1879-80) – e prima ancora in Francia con Sue (*I misteri di Parigi*, 1824-43); Murger (*Scene della vita di Bohème*, 1848); Hugo (*I miserabili*, 1862); Valles (*I refrattari*, 1865 e *La strada*, 1866); e soprattutto con Zola e i suoi *Rougon-Macquart. Storia naturale e sociale di una famiglia sotto il secondo impero*.

Nell contesto della produzione verghiana, la serie novellistica siciliana di *Vita dei campi* resta il riferimento più immediato per la comprensione della nuova raccolta, che prosegue l'analisi della condizione di vita delle classi umili e completa il panorama nazionale non solo trasferendosi geograficamente da un capo all'altro della penisola, ma presentando, dopo la campagna meridionale, quindi dopo la zona forse più statica e arretrata del paese, la città di Milano, ossia l'ambiente urbano italiano più evoluto e dinamico del secondo Ottocento. Il passaggio da un estremo all'altro della realtà economica e sociale dell'Italia non muta la prospettiva di analisi della prima raccolta e quindi seguita a ricavare i propri soggetti dalla quotidianità tramite l'osservazione del vero. Se però in *Vita dei campi* per arrivare a una narrazione effettivamente impersonale Verga ha dovuto eliminare la componente autobiografica e soggettiva, che pure era stata la prima responsabile della sua riscoperta dei soggetti siciliani, di fronte a Milano l'autore è di fatto un estraneo e dunque riesce a osservare dall'esterno e con un approccio puramente cronachistico (se vogliamo, in teoria, più veristico) la realtà urbana. Proprio per questa estraneità all'ambiente rappresentato, nonostante la permanenza decennale di Verga nel centro lombardo, i testi di soggetto milanese si distinguono a livello stilistico da quelli di soggetto siciliano perché fanno sì uso anch'essi del discorso indiretto libero, come componente costitutiva della tecnica verista per riferire i punti di vista e le opinioni dei personaggi e del narratore popolare, ma non riproducono la struttura della sintassi dialettale milanese, che Verga non possiede. L'autore quindi, della realtà linguistica cittadina riesce a immettere solo delle locuzioni («l'è duro», «ci tirava su», «l'è un divertimento», «lì c'è dei signori»), dei lemmi («cappellone») e dei nomi («la Ghita»).

In piazza della Scala si concentra sulla figura di un vetturino, il Bigio, e sulla sua personale lettura della divisione della società milanese in poveri e ricchi. Il sentimento di esclusione dalla ricchezza altrui, di cui vede l'ostentazione nei luoghi di ritrovo della Milano mondana, è il centro focale della prospettiva del Bigio, che riconosce nella mancanza di denaro la causa principale della propria condizione e dei conseguenti problemi famigliari e lavorativi («Cagna miseria! come diceva la Ghita. Denari! Tutto sta nei denari a questo mondo!»). L'unica reazione che il Bigio riesce a opporre alla propria condizione è la lettura dei giornali e la ripetizione di fronte alla platea dei colleghi vetturini di quanto vi apprende («Il Bigio spendeva un soldo per leggere a cassetta [...] e sfogarsi colle parole stampate [...]. In piazza della Scala teneva cattedra, e chiacchierava come un predicatore in mezzo ai camerati»). In tali rappresentazioni tuttavia emerge il punto di vista dell'autore, che esprime la propria censura nei confronti del personaggio assumendo direttamente la descrizione del suo comportamento («Il Bigio la sapeva lunga, a furia di leggere il giornale»), e stigmatizza, in un crescendo di sarcasmo, lo sfogo verbale del vetturino, che passa dal chiacchierare al tenere cattedra al predicare. Delle rivendicazioni di giustizia e uguaglianza del Bigio («Bisognava finirla colle ingiustizie e le birbonate di questo mondo!») Verga sottolinea la soggettività, ossia il fatto che emergano solo dalla sintesi di un'esperienza individuale, e infatti sembrano muovere da una affermazione a carattere generale («Tutti eguali come Dio ci ha fatti»), ma poi proseguono con il compendio delle riflessioni autoreferenziali svolte dall'inizio della novella («Non mantelli da mille lire, né ragazze che scappano per cercar fortuna, né denari per comperarle, né carrozze che costano tante migliaia di lire, né omnibus, né tramvai, che levano il pane di bocca alla povera gente»), infine si concretizzano in una recriminazione, personale e limitata quanto priva di effettiva consapevolezza sociale e collettiva, contro una specifica carrozza, quella «del n. 26, che trova sempre il modo di mettersi a capofila». Quella che l'autore vuole mettere in scena, attraverso la rivendicazione semplicistica seppure emotivamente sentita del Bigio, è quindi la realtà di una classe sociale che non ha i mezzi intellettuali e culturali per elaborare una lettura autonoma della propria condizione («gli era stato detto», «Aveva ragione il giornale») e verso di questa si mostra polemico; d'altro canto, con il medesimo scetticismo Verga considera anche quanti alimentano il sentimento di insoddisfazione delle classi subalterne, ossia coloro che scrivono sui giornali che il Bigio legge. Ma si noti che in questo secondo caso l'autore ricede la parola al personaggio affidandogli la polemica diretta: «Anche colui che predica di giorno l'eguaglianza nel giornale, a quell'ora dorme tranquillamente, o se ne torna dal teatro, col naso dentro la pelliccia»; «Questi qui non isbraitano, non stampano giornali, non si mettono in prima fila nelle dimostrazioni».

Il tramonto di Venere

Quando Leda, astro della danza, splendeva nel firmamento della Scala e del San Carlo,[1] come stella di prima grandezza, contornata di brillanti autentici, e regalava le sue scarpette smesse ai principi del sangue e del denaro, chi avrebbe immaginato che un giorno ella sarebbe stata ridotta a correre dietro le scritture e i soffietti[2] dei giornali, cogli stivalini infangati e l'ombrello sotto il braccio – a correre specialmente dietro un mortale qualsiasi, fosse pur stato Bibì, croce e delizia[3] sua?

Poiché Bibì era anche un mostro, un donnaiuolo, il quale correva dal canto suo dietro tutte le gonnelle, e concedeva perfino i suoi favori alle matrone ancora tenere di cuore, adesso che la sua Leda batteva il lastrico,[4] in cerca di scritture e di quattrini, e lui aspettava filosoficamente la dea Fortuna al Caffè Biffi, dalle 5 alle

---

[1] Teatro di Napoli.
[2] Articoli e recensioni di tono volutamente e anche eccessivamente benevolo.
[3] Citazione del verso «croce e delizia al cor» della *Traviata* di Giuseppe Verdi (1813-1901) dall'aria *Un dì, felice, eterea*, cantata da Alfredo (atto I, scena 3), verso ripetuto da Violetta in *È strano!* (scena 5); i successivi riferimenti alle opere verdiane sono tratte da *Tutti i libretti di Verdi*, a cura di L. Baldacci e G. Negri, Garzanti, Milano 1984.
[4] Percorreva in lungo e in largo il lastricato della città.

6, nell'ora in cui anche le matrone s'avventurano in Galleria – oppure tentava di sforzarla – l'instabil Diva[5] – a primiera o al bigliardo, tutte le notti che non consacrava alla dea Venere, come chiamava tuttora la sua Leda, quand'era fortunato alle carte o altrove, o quando non la picchiava, per rifarsi la mano.

Ahimè, sì! L'indegno era arrivato al punto di fare oltraggio ai vezzi per cui aveva delirato, un tempo – per cui i Cresi[6] della terra avevano profuso il loro oro. Le rinfacciava adesso, brutalmente: «Dove sono questi Cresi?».

Ah, l'ingrato, che dimenticava quanto gliene fosse passato per le mani di quell'oro; con quanta delicatezza la sua Leda gliene avesse celato spesso la provenienza, per non farlo adombrare, lui che era tanto ombroso, allora! E i sottili artificii, le trepide menzogne, i dolci rimorsi che rendevano attraente l'inganno fatto all'amante, per l'amante stesso, onde legarlo col beneficio! E le care scene di gelosia, e le paci più care!... Che importa il prezzo? Non era *lui* il suo tesoro, il suo bene?

Ma ciò che ora rendeva furiosa specialmente la povera dea Venere, erano le infedeltà gratuite e umilianti di Bibì; gli idillii che le toccava interrompere dinanzi alla tromba della scala, colle serve del vicinato; il lezzo di sottane sudicie che egli le portava in luogo di violette di Parma. Aveva un vulcano in corpo, l'indegno! Ardeva per tutte quante della stessa fiamma che consumava lei pure, ahi derelitta – di persona e di beni!

***

---

[5] Allude alla dea della fortuna ma anticipa la successiva citazione belliniana «casta diva».
[6] Uomini ricchi, da «Creso, re della Libia, miticamente famoso per la sua ricchezza».

O dolcezze perdute, o memorie![7] Quando invece Bibì correva dietro a lei, come un pazzo, in quella memorabile stagione dell'*Apollo* che fece perdere la testa anche a dei principi della Chiesa! Ebbene, essa aveva preferito Bibì, né signore né principe, allora, ma giovin, studente e povero,[8] venuto dal fondo di una provincia, ricco solo di entusiasmi, per imparare musica, o pittura – una bell'arte insomma. La più bell'arte, per lui, fu di saper conquistare, senza spendere un quattrino, il cuore di Leda, la quale in quell'epoca teneva legata al filo dei suoi menomi capricci quasi una testa coronata. Capriccio per capriccio, essa preferì il nuovo, quello che aveva il sapore del frutto proibito, un'attrattiva insolita, la freschezza e la grazia di un primo palpito: – Lettere, mazzolini di fiori, incontri semifortuiti al Pincio, ogni fanciullaggine, in una parola. Ei ripeteva, supplice, come un eroe della scena: «Un'ora!... e poi morire!...».

«No!» rispose ella alfine. «No! Vivere e amar!»

Amor, sublime palpito!... Il fatto è che ne fu presa anche lei stavolta, allo stesso modo che aveva fatto ammattire tanti altri. – Ma presa, là, come si dice, pei capelli. Così il fortunato giovane ascese furtivo all'ambito talamo del geloso prence.[9] Gli schiuse l'Eden lei stessa, tremante, a piedi nudi – i divini piedi cantati in prosa e in versi! – Bibì, che a sentirlo era un leone indomito, tremava anche lui come una foglia. E se lo prese, lei,

---

[7] «O dolcezze perdute! O memorie», da *Eri tu che macchiavi quell'anima*, del verdiano *Ballo in maschera* (atto III, scena 1).

[8] *giovin, studente e povero*: dal *Rigoletto* di Verdi, canta il duca di Mantova fingendosi un giovane: «Gualtier Maldè ... / Studente sono ... e povero" (atto I, scena 12), e ripete Gilda: «Sono studente, povero, / Commosso mi diceva" (atto II, scena 6).

[9] *il fortunato... geloso prence*: «suona come riscrittura ironica dei versi "Lui che modesto e vigile / all'egre soglie ascese / e nuova febbre accese / destandomi all'amor", in cui Violetta ricorda le visite di Alfredo durante la sua malattia», cfr. G. Verga, *Novelle*, cit., p. 338, nota 8.

trionfante per la prima volta! «Come sei timido, fanciullo mio!»

Tanto che Sua Altezza, seccato alfine da quelle fanciullaggini, degnò aprire un occhio, e li scacciò dall'Eden. Che importa? Il mondo non era seminato di teatri e di mecenati che portavano in palma di mano lei e Bibì? Soltanto, come i principi son rari, e i mecenati vogliono sapere dove vanno a finire i loro denari, i due amanti fecero le cose con maggior cautela, e le fanciullaggini a usci chiusi. Bibì era felice come un Dio, viaggiando da una capitale all'altra, in prima classe, ben vestito, ben pasciuto, a tu per tu cogli impresari e i primi signori del paese che accorrevano a fare omaggio alla sua diva. Se bisognava ecclissarsi qualche volta discretamente dinanzi a loro, lo faceva con un sorriso che voleva dire: "Poveretti!". Le stesse scene di gelosia sembravano combinate apposta per infiorare quel paradiso, come una carezza all'amor proprio di entrambi, una protesta dignitosa dell'amante, e una delicata occasione offerta all'amata di tornare a giurargli e spergiurargli la sua fede: «No, caro!... Lo sai!... Sei tu solo il signore e il padrone... Ecco!».

***

Basta, ora si trattava di non lasciarsi sopraffare da quell'intrigante della Noemi, che le rapiva agenti ed impresari, alla Leda, con tutte le arti lecite e illecite, e le portava via le scritture – una che non aveva dieci chili di polpa sotto le maglie! – E le portava via anche Bibì, il quale si dava il *rossetters*[10] ai baffi, e si metteva in ghingheri per andare ad applaudirla, *gratis et amore*.

---

10 «Nei giornali d'epoca è reclamizzato come "Rossetter's Hair-Restorer": "restituisce gradatamente ai capelli bianchi o grigi il loro primitivo colore" recita la pubblicità», cfr. *ibid.*, p. 339, nota 16.

"Ma il ballo nuovo del cavalier Giammone non me lo porta via, no!" giurò a sé stessa la bella Leda.

Da un mese, Barbetti e tutti gli altri giornalisti che vendono l'anima a chi li paga, non facevano altro che rompere la grazia di Dio ad artisti ed abbonati con quel nome della Noemi stampato a lettere di scatola. Già erano in tanti a far la spesa degli articoli, i protettori della casta vergine! Ma il ballo nuovo del cavalier Giammone non l'avrebbe avuto, no!

Il cavaliere stava appunto parlandone coll'impresario, chiusi a quattr'occhi, dinanzi al piano del Gran Poema storico-filosofico-danzante,[11] sciorinato sulla tavola, allorché capitò all'improvviso la signora Leda, in gran gala, e col fiato ai denti.

«Cavaliere mio!... scusatemi... Non si parla d'altro sulla piazza!... Sarà un trionfo, vi garantisco!... Lasciatemi vedere...»

«Ah!» sbuffò il coreografo colto sul fatto. «Oh!...»

E si buttò sulle sue carte, quasi volessero rubargliele. L'impresario, dal canto suo, diede una famosa lavata di capo al povero tramagnino[12] che stava a guardia dell'uscio.

«Ho dato ordine di non essere disturbato, quando sono in seduta! Nessuno entra senza essere annunziato!...»

Dopo tanti anni che le porte si spalancavano dinanzi a lei, e gli impresari le venivano incontro col cappello in mano! Se non la colse un accidente, fu proprio un mi-

---

[11] *Gran... danzante*: «molto probabilmente, data la definizione, il ballo *Excelsior*, vedi *Il bastione di Manforte*», cfr. *ibid.*, p. 340, nota 19; «*Excelsior* è il famoso ballo di Manzotti e Marenco, rappresentato per la prima volta alla Scala nel 1881 in occasione della Prima esposizione universale. Il significato del ballo era la vittoria della Luce ovvero del Progresso, nelle sue varie realizzazioni, sull'Oscurantismo; il successo fu grandissimo», *ibid.*, p. 240, nota 19.
[12] Mimo «dal nome dei fratelli Tramagnino, celebri mimi bolognesi del XIX secolo che si esibivano da soli.»

racolo. Barbetti, che la incontrò all'uscita così rossa e sconvolta, non poté tenersi dal dirle ridendo:

«Come va, bellezza?»

«Senti!» rispose lei, fuori della grazia di Dio davvero «senti, faresti meglio a stare alla porta della Noemi, per vedere chi va e chi viene, giacché fai quel bel mestiere!»

All'occasione la signora Leda aveva la lingua in bocca anche lei – la bocca amara come il tossico. – Per rifarsela dovette fermarsi al Biffi, a bere qualche cosa. Bibì era là, al solito, in trono fra gli amici. Tutti quanti, ad uno ad uno, per far la corte a lei e a lui, cominciarono a dire ira di Dio della Noemi – che non aveva scuola – che non aveva grazia – che non aveva questo e non aveva quest'altro. Già l'avevano tutti quanti a morte coll'Impresa che lasciava disponibili i migliori soggetti. Poi, dopo che l'amorosa coppia si fu congedata, fra grandi inchini e scappellate – Bibì stavolta volle accompagnare la sua signora per sentir bene come era andata a finire, un po' inquieto e nervoso in fondo, ma disinvolto, giocherellando colla mazzettina, lei tutta arzilla e saltellante, col sorriso di cinabro[13] e le rose sulle guance (quantunque si sentisse soffocare nella giacchetta attillata) per non dar gusto ai colleghi – Scamboletti, il celebre buffo,[14] ch'era anche il burlone della compagnia, mandò loro dietro questo saluto:

«Lei sì che n'ha della grazia di Dio!... Una balena!» Anzi citò un'altra bestia. «Senza invidia però, Bibì!»

***

Senza invidia, a lui, Bibì, ch'era un pascià a tre code, e di donne ne aveva sino ai capelli, damone e titolate?... Basta, era un gentiluomo! E sapeva anche quello che andava reso alla sua signora. Ma in quanto all'arte però

---

[13] Colore rosso vermiglio dato dal rossetto.
[14] Artista che sostiene le parti comiche nell'opera buffa.

non era partigiano, e ammirava ugualmente tutti i generi. Leda era del genere classico? E lui l'aveva fatta subito scritturare al Carcano, un teatro di cartello anche questo, non c'è che dire. Oggi, pei balli grandi, bastano le seconde parti, gambe e macchinario. Piacciono anche questi? Ebbene, batteva le mani lui pure, senza secondi fini.

Ma la Leda, che non aveva più un cane che le battesse le mani, era diventata gelosa come un accidente, e gli amareggiava la vita, povero galantuomo. Lagrime, rimproveri, scene di famiglia continuamente. Alle volte, magari, lui doveva buttar via il tovagliuolo a mezza tavola, per non buttarle il piatto in faccia. Tanto, quella poca grazia di Dio gli andava tutta in veleno.

Si rappattumavano dopo, è vero; perché quando si è fatto per un uomo quello che aveva fatto lei!... – E quando si è un gentiluomo come era lui!... Ma però artisti l'uno e l'altra, dopo la commedia delle paci e delle tenerezze si tenevano d'occhio a vicenda, e la signora Leda, a buon conto, aveva messo un tramagnino alle calcagna di Bibì, per scoprire il dietro scena nel repertorio delle sue tenerezze. Talché gli amici al vederlo sempre con la guardia del corpo, gli affibbiarono il titolo di *Re di Picche*.

Infine tanto tuonò che piovve, la sera stessa della beneficiata[15] di Leda, che non c'erano duecento persone al Carcano. Ella cercò di sfogarsi con Bibì «il quale faceva il risotto»[16] alla Noemi, invece! lui i suoi amici! bestie e animali tutti quanti, che non sapevano neppure dove stesse di casa il vero merito! e si lasciavano prendere all'amo dalle grazie di quella diva, la quale rideva di loro, poi – sicuro! – di lui pel primo! – Gonzo![17]

---

[15] «Rappresentazione teatrale, spettacolo che va a beneficio di uno degli attori, serata d'onore.»
[16] «Far parte del gruppo dei sostenitori abituali applaudendo durante le rappresentazioni.»
[17] Sempliciotto, sciocco (già in Nievo, cfr. p. 148, nota 115).

«Via, fammi il piacere!» interruppe Bibì accendendo un mozzicone di sigaro dinanzi allo specchio.

«Ah, non vuoi sentirtela dire? Già, quella lì non ti piglia certo pei tuoi begli occhi, mio caro!» Schizzava fuoco e fiamme dagli occhi, lei, colle ciglia ancora tinte e il rossetto sulla faccia, così come si trovava all'uscire dal teatro, una Furia d'Averno[18] – dopo tutto quello che aveva fatto per lui, e le occasioni che gli aveva sacrificato, ricconi e pezzi grossi, che se avesse voluto, ancora!...

«Fammi il piacere, via!» tornò a dire Bibì con quel ghignetto che la faceva uscire dai gangheri.

«Allora senti! Bada bene a quello che fai! Bada bene, veh! Che son capace di andare a romperle il muso, alla tua casta diva!»[19] E qui un mondo di altre porcherie: – che lui era roba sua, di lei, giacché lo pagava e lo manteneva, e si rompeva la grazia di Dio, laggiù al Carcano, per mantenergli anche la casta diva! – Allorché era in bestia la signora Leda sbraitava tal quale come la sua portinaia, e vomitava gli improperi che aveva inteso al Verziere,[20] quando stava da quelle parti. «Puzzone!» «Svergognato!» «Ti pago perfino il sigaro che hai in bocca!...» Scendere sino a queste bassezze, via! Talché Bibì stavolta perse il lume degli occhi e l'educazione, e gliene disse d'ogni specie anche lui, buttando in aria ogni cosa, dediche, omaggi, ritratti e corone sotto vetro, tutto quanto v'era in salotto, e quando non ebbe più che dire buttò anche le mani addosso a lei, senza riguardo neppure al rossetto e alle finte[21] che costavano 50 lire al paio. – Già al Carcano non ci avrebbe ballato più per un

---

[18] Una delle tre Erinni, divinità infernali della mitologia classica.
[19] Citazione da *Io ne' volumi arcani* (atto I, scena 4) della *Norma* di Vincenzo Bellini (1801-1835). Cfr. Vincenzo Bellini, *Tutti i libretti di Bellini*, a cura di O. Cescatti, con una prefazione di M. Pieri, Garzanti, Milano 2001.
[20] Quartiere milanese all'epoca popolare e povero.
[21] «Capelli posticci, usati per completare l'acconciatura femminile.»

pezzo, la brutta bestia, tante gliene diede, – e il meglio era di prendere il cappello e andarsene via, poiché il vicinato era tutto sul pianerottolo, e colla Questura lui non voleva averci a fare di nuovo, dopo che gli aveva rotto le scatole per altre sciocchezze.

Stavolta sembrava bell'e finita per sempre fra Bibì e la sua signora. – Ciascuno per la sua strada, e alla grazia di Dio tutt'e due, in cerca di miglior fortuna, – se non fossero stati i buoni amici che vi si misero di mezzo. Tanto, dopo tanto tempo che stavano insieme, erano più di marito e moglie. No, lei non poteva starci senza Bibì. Fosse sorte, fosse malìa, la teneva legata ad un filo, come essa ne aveva tenuti tanti, uomini seri, ed uomini forti, che in mano sua sembravano delle marionette. E anche Bibì, a parte l'interesse, un cuor d'oro in fondo, che non si poteva dire lo facesse muovere l'interesse, ormai. Non tornò a servirla in ogni maniera e a procurarle le scritture egli stesso? in America, in Turchia, dove poté, giacché al giorno d'oggi soltanto laggiù sanno conoscere ed apprezzare le celebrità. – Prova i vaglia postali che lei mandava, poco o molto, quanto poteva.

***

Un cuor d'oro. E allorché la povera donna batté il bottone finale, e sbarcò a Genova senza un quattrino, bolsa e rifinita, chi trovò alla stazione, a braccia aperte? Chi si fece in quattro per scovarle qua e là mezza dozzina di ragazze promettenti, e insediarla maestra di ballo addirittura? Chi le prestò i mezzi, a un tanto al mese, per metter su "pensione d'artisti" – una speculazione che sarebbe riuscita un affarone, se non ci si fosse messa di mezzo la Questura, che l'aveva particolarmente con Bibì?

E come ogni cosa andava di male in peggio, cogli anni e la disdetta, chi le prestò qualche ventina di lire, al bisogno, di tanto in tanto, quando si poteva? Dio mio, le ventine di lire bisogna sudare sangue e acqua a metterle insieme; e quando si diceva prestare, da lui a lei, era un modo di dire.

E al calar del sipario, infine, allorché la povera Leda andò a finire dove finiscono gli artisti senza giudizio, chi andò a trovarla qualche volta all'ospedale, e portarle ancora dei soldi, se mai, per gli ultimi bisogni?

Bibì ne aveva avuto del giudizio, è vero, e un po' di soldi aveva messo da parte, col risparmio e gli interessi modici, tanto da render servizio a qualche amico, se era solvibile, e da far la quieta vita, coi suoi comodi e la sua brava cuoca. Perciò quelle visite all'ospedale gli turbavano la digestione, gli facevano venire le lagrime agli occhi, e non era commedia, no, quando ne parlava poi cogli amici, al caffè.

«Bisogna vedere, miei cari! Una cosa che stringe il cuore, chi ne ha! L'avreste creduto, eh? Lei abituata a dormire nella batista!...[22] E ridotta che non si riconosce più... Un canchero,[23] un diavolo al petto... che so io... Non ho voluto vedere neppure. Lei ha sempre la smania di far vedere e toccare a tutti quanti. E delle pretese poi! Certe illusioni!... Non si dà ancora il rossetto? Misera umanità! Ieri, sentite questa, vo sin laggiù a Porta Nuova,[24] apposta per lei, con questo caldo, e trovo la scena della *Traviata*: "O ciel morir sì giovane...".[25] "Mia cara... giovani o vecchi... Voi guarirete, ve lo dico io!" "Ah! Oh!" Allora viene la parte tenera, e vuol sapere se sono sempre io... lo stesso amico... da contarci su... "Certo... certo... Diamine!..." O non mi esce a dire di condurla via? Sissignore – che una volta via di lì è sicu-

---

[22] «Tela di lino assai fine.»
[23] «Guaio, malanno.»
[24] «L'ospedale Fatebenesorelle in corso di Porta Nuova», cfr. G. Verga, *Novelle*, cit., p. 343, nota 38.
[25] «Gran Dio! morir sì giovane, / Io che penato ho tanto», canta Violetta in punto di morte nel finale della *Traviata* (atto III, scena 6).

ra di guarire – che vogliono operarla – che ha paura del medico: "Per carità! Per amor di Dio!". "Un momento, cara amica! Che diamine, un momento!" Ella si rizza come una disperata, afferrandomi pel vestito, baciandomi le mani... Non ci torno più, parola d'onore!»
E vedendo che ci voleva anche quello, dalla faccia degli amici, Bibì asciugò una furtiva lagrima.[26]

---

[26] *Una furtiva lagrima*, romanza (atto II, scena 7) dell'*Elisir d'amore* di Gaetano Donizetti (1797-1848), cfr. G. Donizetti, *Tutti i libretti*, a cura di E. Saracino, Garzanti, Milano 2001.

Commento al testo

Il tramonto di Venere appartiene alla raccolta *Don Candeloro e C.i* pubblicata nel 1894 e comprendente testi redatti a partire dal 1889; la novella esce per la prima volta in rivista nel numero speciale di Natale e Capodanno dell'«Illustrazione Italiana» del 1892. Il primo dato che emerge dal confronto con le novelle precedenti è che un tessuto testuale insolitamente brillante e mosso fa da supporto all'ironica prospettiva entro cui Verga inquadra la rappresentazione del soggetto narrativo. Il notevole movimento testuale è impostato a cominciare dalla struttura, che vede la novella divisa in cinque segmenti distinti, corrispondenti rispettivamente alla presentazione della coppia, alla rievocazione della nascita del loro amore negli anni del grande successo di Leda, al declino dell'artista, alla crisi del rapporto tra i due, all'abbandono finale da parte di Bibì che lascia l'ex amante in un ospizio. Alla successione dei piani temporali nei diversi segmenti narrativi si sovrappone l'alternarsi di punti di vista diversi; è sempre il discorso indiretto libero lo strumento attraverso cui Verga dà voce ai singoli personaggi e al coro, ma non più con lo scopo di rispettarne veristicamente le diverse prospettive, al contrario di rispecchiare, con la variazione continua nella messa a fuoco, il carosello delle ipocrisie e il gioco delle parti di cui sono protagonisti Leda, Bibì e gli amici-colleghi.

In tale rappresentazione grottesca e teatrale della realtà svolge un ruolo determinante la voce narrante: non più il narratore anonimo popolare, ma un narratore che osserva dall'esterno e con sarcasmo una tragicommedia d'amore e interesse. Se la coppia protagonista e il coro si dispongono sullo stesso livello, come se fossero tutti attori sulla medesima scena d'opera buffa, la voce del narratore si pone su un livello diverso ed esercita una divertita analisi dello spettacolo offerto dai personaggi, analisi che si afferma essenzialmente a livello linguistico. La lingua è infatti il motore principale del movimento testuale e si caratterizza in due tendenze: l'autore da un lato marca la propria presenza esplicitamente, ad esempio attraverso la ripetizione di inserti ironici come «la sua signora», che torna come un ritornello a sottolineare i comportamenti soprattutto di Bibì, dall'altro lato caratterizza la parlata dei personaggi intrecciando nelle loro battute la lingua del melodramma e la lingua popolare milanese, quella del Verziere, quindi il linguaggio artefatto della letteratura e della scena e quello esplicito e colorito della città, che Bibì e Leda apprendono prima di venire accolti nell'empireo del bel mondo. I due livelli linguistici rappresentano l'uno il mondo dorato della bella vita che la diva e il suo protetto conducono fin che il successo di lei dura, l'altro il secondo volto dei personaggi, quello che si trova al di sotto della patina di atteggiamenti e pose e che torna a galla quando incombe la crisi. La lingua del melodramma è usata sia come prestito diretto dai testi dei libretti d'opera (si vedano l'apertura e la chiusa che incorniciano circolarmente il testo: «croce e delizia» e «una furtiva lagrima»), sia come lessico diffuso che ricalca le forme e le espressioni tipiche della retorica e dei *topoi* melodrammatici: «oltraggio ai vezzi», «E i sottili artifici, le trepide menzogne, i dolci rimorsi che rendevano attraente l'inganno fatto all'amante per l'amante stesso», «ahi, derelitta», «Un'ora!... e poi morire!...» «No! Vivere e amar!».

Il serratissimo intreccio, sebbene si sviluppi sul telaio del discorso indiretto libero, sostituisce alla sintassi popolare dei vecchi personaggi siciliani o ai dialettalismi dei milanesi un tessuto verbale tutto desunto da un mondo non reale, il che fa nascere il sorriso ironico dall'interno delle battute stesse dei personaggi. Questi infatti, che anche quando parlano al di fuori della scena parlano come attori di melodrammi, sono messi ridicolmente a nudo dai propri stessi atteggiamenti stereotipati in versi cantabili. Il momento in cui i due livelli linguistici si sommano e agiscono contemporaneamente è la grande lite tra Leda e Bibì nel quarto segmento narrativo, in particolare nel punto in cui Leda minaccia: «son capace di andare a romperle il muso, alla tua casta diva»: "casta diva" è un'ultima sopravvivenza del lessico melodrammatico, usato però con sarcasmo da Leda prima di abbandonare del tutto il registro dell'amor leggiadro («Amor, sublime palpito!»), precipitare nel prosaico e rinfacciare a Bibì la sua condizione di mantenuto.

In sintesi, il movimento testuale esprime l'insufficienza della prospettiva di analisi della realtà messa a punto nella lettera prefazione a Salvatore Farina e ne rappresenta l'antitetica prova letteraria; l'intera raccolta *Don Candeloro e C.i* testimonia del fallimento o dell'esaurimento dell'esperienza verista e afferma attraverso una rilettura critica della produzione narrativa precedente, come anticipato nell'introduzione, che è impossibile fornire una rappresentazione della realtà perché questa dimostra di avere più facce e di non essere sintetizzabile in un gesto o in una parola: la realtà non è narrabile se non come finzione e se non nei suoi aspetti grotteschi. L'assunto teorico che compendia la raccolta è affidato al testo che chiude il volume, *Fra le scene della vita*:

> Quante volte, nei drammi della vita, la finzione si mescola talmente alla realtà da confondersi insieme a questa, e diventar tragica, e l'uomo che è costretto a rappresentare una parte, giunge ad investirsene sinceramente, come i grandi attori. – Quante altre amare commedie e quanti tristi commedianti! –.[1]

Perso dunque il centro gravitazionale della poetica verista, il «fatto nudo e schietto» dell'*Amante di Gramigna*, al narratore resta una realtà di finzioni di cui il teatro è, all'interno della raccolta, metafora frequente, come dimostrano i cinque testi di argomento teatrale: *Paggio Fernando*, *Don Candeloro e C.i*, *Le marionette parlanti*, *La serata della diva*, e naturalmente *Il tramonto di Venere*.

---

[1] G. Verga, *Tutte le novelle*, cit., p. 835.

ARRIGO BOITO

La vita e le opere

Nato a Padova il 24 febbraio 1842 e battezzato come Enrico Giuseppe Giovanni, il più giovane dei fratelli Boito assume lo pseudonimo di Arrigo durante gli studi che compie, dal 1853 al 1861, al Conservatorio di Milano: la prima attestazione risale alla cantata *Il Quattro giugno*, composta nel 1860 insieme a Franco Faccio, della quale Arrigo firma il testo e metà della partitura. *Il Quattro giugno* è un'opera minore interessante in quanto prova d'esordio che manifesta la doppia vocazione, musicale e letteraria, che dal debutto in poi guida l'intero svolgimento della carriera di Boito. La grande ambizione artistica boitiana è infatti creare integralmente un'opera come librettista e compositore, ma sono solo due, e non fortunati, i lavori che cercano di dare corpo a tale progetto: il primo è il *Mefistofele*, contestato alla prima messa in scena del 1868 e accolto positivamente solo nella versione ampiamente rivista del 1875; il secondo è il *Nerone*, cui l'autore si dedica a partire dagli anni Sessanta e di cui dà alle stampe il testo nel 1901, ma che alla morte, avvenuta nel 1918, lascia incompiuto (l'opera viene completata e diretta da Toscanini nel 1924). Boito è invece ben più prolifico quando si tratta di comporre testi su commissione, ed è proprio all'attività di librettista[1] che deve il grande successo personale, non privo

---

[1] È nota in particolare la collaborazione con Giuseppe Verdi, per il quale scrive il testo dell'*Inno delle nazioni* (1862), dell'*Otello* (1887) e del *Falstaff* (1893); non vanno inoltre trascurati i libretti per Amilcare Ponchielli, per lo stesso Faccio e per numerosi altri compositori.

di riconoscimenti ufficiali,[2] che gli giunge nella seconda fase della sua carriera, cioè dopo che ha liquidato la giovanile esperienza scapigliata.

Per quanto sia centrale il ruolo di Boito nella definizione della fisionomia del versante lombardo di quell'«avanguardia letteraria postromantica», come la definisce Gianfranco Contini,[3] che è la Scapigliatura, a trent'anni Boito può già considerare conclusa la propria militanza scapigliata, che emblematicamente si riassume nel sodalizio e poi nella rottura con Emilio Praga. A tale stagione però fa capo la sua produzione propriamente letteraria, rappresentata da alcuni testi poetici scritti tra il 1862 e il 1867, dalla fiaba in versi *Re Orso* del 1864 (nel 1877 unita alle poesie nel volume antologico *Il libro dei versi. Re Orso*), da quattro novelle: *L'Alfier nero* (1867), *Iberia* (1868), *Il pugno chiuso* (1870), *Il trapezio* (1873-74), e dalla prosa *La musica in piazza. Ritratti di giullari e menestrelli moderni* (1870-71). In totale quindi sedici poesie, escluse le poche non antologizzate dall'autore, una lunga e singolarissima fiaba in versi e cinque prose, cui vanno affiancate l'attività di pubblicista, particolarmente intensa durante la direzione in coppia con Praga del milanese «Figaro» dal 7 gennaio al 31 marzo del 1864, e le traduzioni di libretti di autori stranieri quali Wagner, Meyerbeer, Glinka, Gluck. Un *corpus* significativo, per quanto non vasto, che comunque dimostra sostanziali punti di continuità con la scrittura e la composizione per musi-

---

[2] Si ricordano tra i tanti riconoscimenti le nomine a Cavaliere della Corona d'Italia nel 1877 e a Commendatore dell'Ordine della Corona d'Italia nel 1881, a direttore onorario del Regio Conservatorio di Musica di Parma nel 1890, a membro onorario della London Musical Association nel 1910 e a senatore del Regno nel 1912.
[3] «Avanguardia letteraria postromantica degli anni fra il settanta e l'ottanta, che con lo sguardo al realismo francese, e ancor più all'umorismo inglese e tedesco, da Heine a Jean Paul, da Sterne a Lamb a Dickens e Thackeray, su un piano europeo insomma, cerca l'eccezione lirica a un mondo preordinato tanto nello spregiudicato esame d'una vita "inferiore" quanto in una evasione facilmente magica», cfr. G. Contini, *Racconti della Scapigliatura piemontese*, Einaudi, Torino 1992, pp. 3-4.

ca, a cominciare dai due nodi su cui si appunta la ricerca artistica boitiana: le strutture testuali e i metri dei versi. Tale è lo studio di Boito sulla musicalità poetica che Mario Lavagetto parla di subordinazione alle scelte metriche delle stesse scelte linguistiche: «i suoi versi appaiono come il difficile compromesso tra una premeditazione metrica agguerrita e una furiosa, funambolica ricchezza di mezzi lessicali con cui portare a termine l'incastro» e in tal senso Boito affronta «spavaldamente "errori" o improprietà lessicali per inseguire una musica astratta».[4] Analogamente, sul versante della narrativa, Remo Ceserani rileva nel caso della novella *Il pugno chiuso*, qui antologizzata, una «trama narrativa serrata e quasi geometrica»,[5] esemplare di una perizia architettonica, costante anche negli altri testi, in prosa (si veda «la perfettamente geometrica *L'Alfier nero*»)[6] come in poesia.

Ritmo e proporzione delle parti, dunque, assimilano gli istituti basilari della letteratura a quelli della musica e culminano nell'estremo tentativo di composizione in metrica quantitativa del libretto del *Nerone*, l'incompiuto lavoro di una vita che si presenta come estremo saggio delle costanti fondamentali della ricerca artistica boitiana anche sotto il profilo tematico, laddove ripropone la poetica del dualismo. Con consapevole programmaticità, infatti, Boito scrive già nel 1863, e pubblica sulle pagine del «Figaro» il 18 febbraio 1864, la poesia *Dualismo*: manifesto della poetica scapigliata e, meglio ancora, fase scapigliata di una prospettiva ideologica trasversale alla produzione dell'autore e che individua nella coesistenza degli opposti (spirito-materia, ideale-reale, luce-ombra, bello-brutto, bene-male) l'essenza non solo del mondo moderno, ma dell'uomo in quanto tale:

> Sorridi pure delle contraddizioni umane, le troverai nei più saggi, ma non tralasciare di cercare il punto d'in-

---

[4] A. Boito, *Opere*, a cura di M. Lavagetto, Garzanti, Milano 1979, pp. XVIII-XIX, XXI.
[5] Id., *Il pugno chiuso*, con una nota di R. Ceserani, Sellerio, Palermo 1981, p. 51.
[6] *Ibid.*, p. 48.

tersecazione in cui i due moti contraddittorii s'uniscono perché colà troverai la sintesi dell'uomo e la spiegazione d'ogni sua apparente stranezza, ed allora il tuo labbro si farà serio tosto.[7]

Sull'aspetto umano della contraddizione dualistica e in particolare sul tema del doppio inteso come polarità di caratteri, psicologie, prospettive esistenziali, società, si concentra la produzione novellistica di Boito. Più in generale, aprendo lo sguardo sulla narrativa coeva, Boito si contrappone alla scuola italiana e recepisce invece alcune tendenze straniere: voltate le spalle a una narrativa vincolata ai principi della morale cattolica e intesa con funzioni educative, quindi esclusa tanto la linea manzoniana quanto quella campagnola o tardo romantica, trova ispirazione nei «modelli europei di Jacques Cazotte, E.T.A. Hoffmann, Jan Potocky, Honoré de Balzac, Théophile Gautier, Emile Erckmann e Alexandre Chatrian»,[8] ma sopra a tutti in Edgar Allan Poe e prima ancora nel mito goethiano di Faust e nel suo antecedente Simon Mago. L'influenza del filone fantastico europeo è evidentemente marcata, mentre rimane nella sostanza lontano il realismo dei modelli stranieri, sebbene, per definire la propria arte, Boito ricorra proprio al termine «realismo», intendendolo però come estensione del dominio della letteratura al versante oscuro del mondo, al rovescio artistico del bello – all'orrido, al disgustoso, al deforme, al demonico – e non come modo di osservare e descrivere impersonalmente e scientificamente il reale.[9]

Il passo che di fatto il narratore non compie rispetto alla narrativa realista, invece, è quello di portare il discorso al di fuori dal campo puramente letterario: Boito infatti ritiene il realismo una funzione costante della letteratura – «un povero peccato vecchio come Job, come Aristofane,

---

[7] Id., *Il trapezio*, in *Opere letterarie*, cit., p. 240.
[8] Id., *Il pugno chiuso*, cit., p. 48.
[9] Si veda al proposito il "manifesto" intitolato *Polemica letteraria* edito il 4 febbraio 1864 sul «Figaro», ora in Id., *Opere letterarie*, cit., pp. 327-30.

come Svetonio, anzi più ancora»[10] – e non un'indagine che forzi i canoni artistici per uscire dalla "finzione"; di conseguenza, anche se nega il valore etico dell'arte (escludendo che possa essere espressione di una morale, e della morale cattolica in particolare), non ne mette mai in crisi i principi estetici, il che implica la conferma di un limite, quello estetico appunto, alla lettura realistica del mondo. A ciò va, in conclusione, aggiunto che nell'affermazione del polo negativo del dualismo boitiano è stata individuata una «linea esoterica»[11] satanica; ma se così è (come pare dimostrato che sia), è vero anche che questa linea si configura come sistema di valori sostitutivo del cattolicesimo: conseguentemente anche l'attacco di Boito all'eteronomia dell'arte viene in fondo contraddetto dalla sostituzione, alle spalle della creazione artistica, di un principio con un altro, solo di segno opposto.

---

[10] *Ibid.*, p. 329.
[11] *Ibid.*, p. 15.

Il pugno chiuso

> Questi risorgeranno dal sepolcro col *pugno chiuso*...
> DANTE, *Inferno*, C. VII

Nel settembre del 1867 viaggiavo in Polonia per certa missione medica che mi era stata affidata; dovevo fare delle ricerche e degli studi intorno ad una fra le più spaventose malattie che rattristano l'umanità: la *plica polonica*.[1] Benché questo morbo sia circoscritto nella sola Polonia i suoi strani effetti ed il suo nome sono conosciuti, anche dai profani alla scienza, per ogni parte d'Europa; fosserci così pure palesi le sue cause ed i suoi rimedi. V'ha chi sostiene che questa malattia de' capelli sia epidemica, adducendo ad esempio alcune località lungo la Vistola che ne sono infestate; altri asseriscono che sia prodotta dall'immondezza dei contadini polacchi e dall'uso tradizionale fra quelle genti del tener lunghe le chiome. Una prova in favore di questa seconda opinione si è che la plica apparisce come un flagello esclusivo della più bassa plebe, della più lorda genìa dei *servi*, dei vagabondi, dei mendicanti. L'avere la plica è in Polonia un titolo per domandare l'elemosina.

La mia missione mi portava per necessità in pieno

---

[1] «Aspetto arruffato e opaco dei capelli dovuto a scarsa pulizia, a presenza di parassiti e ad alterazioni cutanee di varia natura, già creduto manifestazione di una malattia (per lo più nell'espressione *Plica polonica* per essere stato osservato soprattutto in Polonia).»

conventicolo[2] di *truands*,[3] in piena *familia vagatorum*.[4] Accettai risolutamente il dovere e incominciai le ricerche.

Appunto nel mese di settembre si solennizzano in quei paesi le feste della Madonna di Czenstokow;[5] questa piccola città gloriosa pel suo antico santuario diventa a que' giorni il ritrovo dei polacchi di Varsavia, di Cracovia, di Posen, e la dilaniata nazione si ricongiunge così per breve ora, idealmente, nella unità della preghiera.

Traggono a frotte, a turbe, dai confini austriaci, dai confini prussiani i devoti, quali a piedi, quali in *briska*,[6] arrivano alla villa santa, salgono la collina della chiesa pregando, varcano i massicci muri di cinta, che fanno di quel sacro asilo una vera piazza forte da sostenere assalti e battaglie, poi giunti al sommo si prosternano davanti alla porta del tempio; poi s'avanzano chini, compunti e si gettano giù colla faccia sui marmi dell'altare. Molti pregano da quella bruna[7] Madonna tempestata di gemme la salute della povera patria; altri più egoisti perché più sventurati domandano la loro propria salute, il risanamento di qualche loro infermità e abbondano i paralitici, i ciechi, gli storpi, gl'idropici, i cronici d'ogni specie e fra costoro v'ha pure la lurida torma dei malati di plica. Questi ultimi, protetti dallo stesso ribrezzo che incutono, attraversano la folla stipata, la quale s'allarga schivando il loro passaggio, ed arrivano così fino alle più ambite vicinanze dell'altare. Là, sotto il riverbero delle lampade d'oro, fra il caldo vapore dei profumi sacri, picchiandosi il petto e la fronte urlano come ossessi le loro preci e gesticolano

---

[2] Riunione.
[3] Mendicanti.
[4] Gruppo di vagabondi.
[5] Czestochowa.
[6] Calesse.
[7] La carnagione della statua della Madonna è scura.

freneticamente, poi se ne ritornano e si schierano fuori dell'ingresso principale per chiedere l'elemosina a chi esce.

L'anno 1867 ero anch'io alle feste di Czenstokow: la certezza di trovare ivi materia pe' miei studi mi aveva tratto in mezzo alla pia baraonda. Infatti i soggetti di plica non mancavano: quand'io giunsi erano già tutti al loro posto in doppia fila lungo la gradinata dell'atrio, strillando la loro nenia e invocando un *kopiec*[8] in nome della Vergine. Immondi, orribili tutti, col loro ciuffo irto sulla fronte (e quale l'avea biondo e quale nero e quale canuto) parevano schierati là per ordine mio.

Li squadrai rapidamente, gettai a terra davanti ad essi una moneta di rame, ed entrai nella chiesa. Non avevo camminato dieci passi sotto la vôlta del santuario quando udii fuor della porta un feroce baccano come di veltri[9] latranti e di pietre percosse e in mezzo al tumulto la parola *przeklety* (maledetto) urlata con beffardo repetìo. Mi volsi verso la parte di dove veniva il tafferuglio ed escii. Un odioso spettacolo fu quello che io vidi.

Vidi un gruppo ululante di cenciosi arruffati in terra circa sul luogo dove avevo gittato il *kopiec*.

Su quel confuso allacciamento di persone non apparivano che le teste nefande e le braccia furenti.

Alcuni stringevano in mano una pietra e s'avventavano con quella su qualche ignota cosa che l'intera massa del gruppo celava.

«Dài al rosso! dài al maledetto! dài al patriarca» gridavano alcuni.

«Dài al ladro dei poveri! dài al tesoriere!» strillavano altri.

---

[8] Copeco, moneta russa.
[9] Cani da caccia.

«Quel *kopiec* non è per te. Tu hai già il *fiorino*[10] *rosso* di Levy.»

«Ammazza! Paw è un impostore, ha la plica finta; l'ho visto io ingommarsi i capelli per parer più bello di noi.»

«Tiraglieli!» ed allora un vecchio accattone membruto si gettò in mezzo a quel brulicame e con voce più minacciosa degli altri gridò:

«Paw! apri quel pugno o ti tiro pel ciuffo.» E accompagnò con un gesto la minaccia.

In quel momento (pari ad una molla che scatta, dopo essere stata con violenza compressa) sorse dal suolo un uomo lungo, nervoso, giallastro, magrissimo. Il suo balzo fu tale che tutti coloro che gli stavano sopra percuotendolo, stramazzarono a terra in un lampo. I capelli di quest'uomo erano più orrendi degli altri per la loro tinta rossastra e per la loro smisurata lunghezza; parevano sulla fronte di quel disgraziato una mitria sanguinosa, alta e dura. Forse per ciò lo chiamavano il patriarca. Non avevo mai visto un caso più spaventoso di plica. Quell'uomo mitrato, erto, immobile sul floscio branco dei mendicanti caduti, protendeva orizzontalmente le braccia come una croce viva e serrava le pugna con rigido atteggiamento. Dopo un istante aperse il pugno sinistro, lasciò cadere il *kopiec*, non disse parola.

«Apri anche l'altro» gridavano in coro gli accattoni sghignazzando, ma l'altro pugno restò chiuso. Paw calò con lentezza le braccia e s'avviò verso la discesa della collina. Mentre s'allontanava una tempesta di ciottoli e di bestemmie lo assaliva alle spalle. Io lo seguivo a trenta passi di distanza.

Quella scena mi aveva quasi atterrito, quel personag-

---

[10] Originariamente il fiorino era detta la moneta aurea coniata in Firenze dal tredicesimo secolo; passa poi a indicare monete auree di vario tipo emesse in secoli e nazioni diverse; fiorino "rosso" era detto il fiorino coniato a Lucca.

gio mi aveva commosso. La pietà che si scompagna di rado dall'egoismo della curiosità mi attirava verso quello sventurato. Egli camminava lento, sotto la mitraglia delle pietre, con passo grave da stoico. Io movevo veloce per raggiungerlo. Avevo dinanzi a me un meraviglioso problema di scienza e fors'anche un fatale argomento di dramma. Quel paria dei mendicanti, quel *patriarca della plica* colle tempie così atrocemente segnate, quell'uomo vilipeso, percosso, a cui era tolto perfino l'estremo rifugio sociale, l'elemosina, quel lugubre Paw m'invadeva il pensiero. Avevamo percorso un buon tratto di collina, la bufera dei sassi era cessata. Giunto all'ultimo girone della discesa, il personaggio che seguivo s'arrestò, alzò il pugno destro al cielo in atto di rivolta e di dolore, indi riprese il cammino.

Gli stavo a due metri di distanza, lo chiamai: «Paw!».

Nell'udirsi chiamato accelerò il passo, paurosamente. Allora gli venni d'accosto e gli dissi:

«Amico. Eccoti dieci *kopiechi*, invece d'uno» e gli porsi il denaro. Paw mi guardò meravigliato e sclamò:

«La Santa Vergine di Czenstokow vi benedica, eccellente padrone, e dia la salute a voi e la pace ai vostri morti.»

Sclamando ciò, egli si era curvato fino a terra per abbracciarmi le ginocchia, io mi ritrassi un poco.

Il sole tramontava, i lembi del colle erano immersi in un'ombra fresca, azzurrina che saliva lentamente come una tranquilla marea. La brezza della sera soffiava e mi scuoteva i capelli sul viso, ma la chioma di Paw resisteva al vento come una roccia. Il berretto, che chi sa da quanti anni egli non poteva più tenere sul capo, gli pendeva al collo appeso ad uno spago.

«Buon uomo» gli dissi «l'ora è tarda ed hai mendicato abbastanza, vieni a riscaldarti lo stomaco con un bicchierino di acquavite.»

«La Madonna del Santuario vi tenga sotto la sua buona guardia» mormorò e un caldo lampo di gratitudine brillò nella sua pupilla nervosa.

Poi che fummo discesi fino all'ingresso della città alla prima osteria che incontrammo entrai, Paw mi seguì.

La taverna, degna del dialogo che stava per incominciare, era un bugigattolo cupo, tutto impregnato di vapore denso. Sorgeva in un angolo una stufa gigantesca che fumava come un cosacco, e in un altro angolo sdraiato su d'un tavolo vedevasi un cosacco colla sua pipa in bocca che fumava come una stufa. L'immagine della Madonna era inchiodata alla parete di mezzo: un triste lumicino le ardeva davanti.

Mi accovacciai nel cantuccio più oscuro della taverna; accennai a Paw una sedia che mi stava di fronte. Comandai: rhum e acqua calda. Accesi due bicchieri di *punch* e ne porsi uno al mio uomo. La sera inoltrava, la fiamma del *punch* spandeva un riverbero verdognolo e vacillante sulla faccia scialba del mio commensale ch'io esaminavo curiosamente. Paw co' suoi capelli irti, coi suoi occhi spalancati, cadaverico, tremante, pareva il fantasma del Terrore. Dopo alcuni minuti di silenzio chiesi:

«Buon uomo, quando fu che ti venne questa brutta malattia?»

«La è una lunga storia, padrone.»

«Tanto meglio, bevi un altro bicchiere di *punch* e narrala tutta.»

«Questa pettinatura,» riprese Paw sorridendo amaramente «mi venne per uno spavento ch'ebbi una notte che passai con Levy.»

«Chi è Levy?»

«Il mio padrone lo ignora? forse che il mio padrone non è di questi paesi. Codesta di Levy la è un'altra lunga storia.»

«Meglio due che una.»

Dalle parole di Paw intravedevo già un fatto importante cioè, che la plica poteva essere la conseguenza d'uno spavento.

Tornai a indagare la chioma del mio malato; nel contemplarla a lungo un tale terrore mi colse che portai rabbrividendo le mie mani a' miei capelli, perché mi pareva che la plica fosse già sulla mia testa.

Guardai intorno e vidi l'osteria deserta, oste e cosacco esciti.

Paw ed io, soli, ci guardavamo in faccia.

Finalmente Paw ruppe il silenzio così:

«Padrone mio; ecco la storia di Levy:

(Paw narra la storia che segue con tanta esuberanza di particolari e con un dire così convinto e vivo che sembrava narrasse cose vedute, udite e toccate con mano. A volte trasaliva. Egli si compiaceva nel terrore del suo racconto, la sua parola, i suoi pensieri erano attratti dall'*Orrido* come da un abisso, un fuoco sinistro gli brillava negli occhi. Eppure parlando soffriva. Su quell'uomo rivelavasi un riflesso di tragica intelligenza. Io non attenuerò qui menomamente il carattere bieco del suo stile, trascriverò la storia di Levy come l'udii narrare io stesso da quel mendicante, quella sera d'autunno, in quel fosco casolare polacco.)

«Simeòn Levy di Czenstokow viveva ancora dieci anni fa, ed era il più avaro usuraio del ghetto. Fin da ragazzo girovagava le contrade per raccogliere gli stracci che cadevano dalle finestre e in vent'anni ne radunò una quantità straboccchevole. Vendé i suoi stracci ad una cartiera prussiana pel prezzo, credo, di mille fiorini d'argento e con quel capitale in mano prestò ad usura. Fra i guadagni che ritraeva dai debitori e la sua innata avarizia arrivò in poco tempo a far di mille, diecimila.

«Levy si vestiva co' cenci che trovava per via, li cuciva insieme ingegnosamente e se ne faceva la tunica. "Cento piccole monete fanno un rublo, cento piccoli brandelli fanno un vestito" egli diceva. Levy mangiava regolarmente una volta ogni trent'ore quando di giorno e quando di notte, con questo sistema egli economizzava su d'uno spazio d'otto giorni, due giorni di cibo, e otto giorni sullo spazio di un mese.

«Tutte le sue abitudini si subordinavano alle sue trent'ore; la giornata per Levy aveva sei ore di più che per gli altri uomini e la settimana un giorno di meno. Il giorno eliminato era il sabato. Lo chiamavano l'*ebreo senza sabato*. Levy non riposava mai e per attendere alle sue faccende non abbadava al corso del sole, lo si vedeva correre per la città all'alba o al meriggio o di notte come portava il suo bizzarro calendario. Chi aveva a fare con Levy doveva sottomettersi non solo alla tirannia del suo *per cento* ma anche alla tirannia delle sue abitudini. "Il sole non è la mia lucerna" soleva ripetere. Intanto Levy arricchiva. Ogni decennio aumentava d'uno zero la cifra del suo capitale. A trent'anni non possedeva che 10.000 fiorini, a quaranta ne aveva 100.000, a cinquanta toccava il 1.000.000.

«La notte che compì il mezzo secolo, salì nel solaio dove abitava, aperse lo scrigno e si mise a far conti. Contò pila per pila i ducati d'oro d'Olanda, gli Imperiali di Russia, i talleri d'argento prussiani, contò fascio per fascio le banconote e le cambiali, beandosi alla vista del suo milione.

Già mezzo milione era contato, già settecentomila fiorini erano contati, già era contato quasi l'intero milione di fiorini, quando s'accorse che per fare la somma rotonda gli mancava un fiorino d'oro. Felice per la ricchezza che aveva sott'occhi e disperato ad un tempo pel fiorino che gli mancava, si coricò. Non poteva chiuder occhio. Si rammentò con dispetto che una settimana prima era morto a Czenstokow un povero studente al quale egli aveva prestato ad usura. Il debito ammontava alla somma di un *fiorino rosso* (moneta equivalente ad un ducato d'oro) proprio la somma che gli mancava. Lo stato d'indigenza in cui era morto il debitore toglieva all'ebreo ogni speranza di ricuperare la moneta perduta; per ricuperarla Simeòn avrebbe volontieri dissotterrato il cadavere e vendute le misere ossa.

«"La morte mi ha derubato (pensava Levy) a mia volta posso derubare la morte. Quello scheletro mi appartiene." Meditava già di far valere i suoi diritti sul funebre metro di terra sotto il quale stava sepolto in cimitero il debitore suo. Il *fiorino rosso* era nel centro del cervello di Levy come un ragno nel mezzo della sua tela, tutti i pensieri di Simeòn cadevano nel *fiorino rosso*.

«Quella moneta d'oro che non aveva, gli abbarbagliava la mente, come la macchia ritonda che resta nella pupilla dopo aver fissato il sole. Levy si riaffermò sempre più nell'idea di vendere il morto per riguadagnar la moneta e con questo pensiero da jena più che da uomo, si addormentò.

«Ed ebbe un sogno così violento che gli parve realtà.

«Sognò che un amaro odore di putredine l'aveva desto e che una figura funerea gli stava davanti! quell'orribile fantasma aveva le gambe allacciate dal legaccio mortuario, camminava a fatica e nella mano sinistra teneva un oggetto rotondo che brillava.

«"Il mio fiorino rosso!" sclamò l'avaro. Era infatti un vecchio fiorino d'oro col conio di Sigismondo III e la data del 1613. Parve a Levy che il morto gli dicesse con voce soffocata dalla terra che gli otturava la bocca:

«"Vengo a pagare il debito mio. Ecco il fiorino della tua usura."

«L'ebreo tremava. Il morto replicò, il suo aspetto era terribile: portava sul capo una zolla del sepolcro e le radici delle ortiche gli crescevano nelle fosse nasali, la sua parola d'offerta suonava come una minaccia. L'ebreo continuava a tremare. Il morto replicò una terza volta. Levy affascinato dalla luce del *fiorino rosso*, s'inginocchiò, stese la mano, il morto avvicinò la sua, la moneta cadde nel palmo dell'ebreo. Lo spettro scomparve; il sogno cessò. Levy si nascose sotto le coltri serrando stretto il *fiorino rosso* nel pugno.

«All'alba aperse gli occhi, saltò giù dal letto, corse allo scrigno per gettarvi la moneta che completava il milione, non poté, la mano gli si era rattratta durante la notte, né sapeva più disserrarla. I suoi muscoli facevano degli sforzi impotenti; il pugno s'era chiuso.»

(Qui Paw sospese un istante il racconto, una forte emozione traspariva sul suo volto, gli versai ancora un bicchiere di *punch* per rinfrancarlo. Bevette e i suoi occhi si rianimarono. Osservai per la terza volta che Paw pigliava sempre il bicchiere colla mano sinistra, e che la destra la teneva celata nella sua vecchia pelliccia di pelle di capra.)

Paw continuò:

«Il pugno era chiuso! Levy benché desto e in faccia alla luce del giorno, sentiva ancora gli orli del *fiorino rosso* che gli premevano l'interno della mano. E poi la contorsione stessa del pugno provava evidentemente la realtà del prodigio.

«Il milione era completo e questa idea lo beava tutto. Il fiorino che mancava nello scrigno ne lo possedeva, lo palpava, lo stringeva nel pugno. Pure avrebbe voluto vederlo, avrebbe voluto collocarlo insieme agli altri in d'una di quelle sue belle pile luccicanti.

«A un tratto gli balenò un pensiero, indossò la sua tunica ed escì; attraversò molte contrade, s'arrestò ad un uscio, picchiò, gli fu aperto, salì una scala e salendo si mise a gridare con voce tremebonda d'ansia:

«"Mastro Wasili! Mastro Wasili!"

«La porta d'una camera s'aperse. Levy entrò. Mastro Wasili gli stava di fronte.

«Costui era un antiquario russo, molto erudito e molto scaltro, uno di quelli che torcono in male la scienza come altri torcono in male la forza. Io lo conobbi (diceva Paw) quand'ero guardiano al tesoro del Santuario, spesso egli soleva dirmi che se la pietra filosofale consisteva nel mutare in oro le cose le più volgari egli l'aveva scoperta. Infatti Wasili per ogni sesterzio[11] antico falsificato guadagnava un vero imperiale d'oro. In fine, mastro Wasili, dottore, professore, antiquario, numismatico, paleologo, chimico era un ladro.

«Quando vidde Simeòn così trafelato esclamò:

«"Da quale tregenda di streghe sei tu scappato buon

---

[11] Moneta di epoca romana.

Simeone? Se non ti chiamassero l'*Ebreo senza sabato* ti crederei arrivato dal Sabba tedesco o dal Sabba lituano, dal Hartz o dalla Lisagora. Che demonio ti sprona?"

«"Un demonio no, ma un fantasma è quello che mi sprona" rispose Simeòn, e raccontò a Wasili la visione notturna.

«Finito ch'ebbe il racconto, Wasili sogghignando nel folto della sua nera barba esclamò:

«"*Iesusmària!*" e fece il segno della croce greca toccandosi la fronte, il petto e tagliando una linea trasversale dalla spalla sinistra al fianco destro.

«La faccia dell'ebreo era tutta sconvolta.

«"Mastro Wasili," disse Simeòn "vi propongo il più bell'affare che abbiate mai fatto. Vi vendo un pezzo di numismatica così prezioso da disgradarne la più rara moneta egiziana. Datemi un fiorino d'oro corrente ed io vi cedo questo *fiorino rosso* del morto. Qualche diavolo o qualche chirurgo che mi apra questa mano ci dev'essere certo."

«"Vediamo il pugno" (rispose Wasili). Il pugno era serrato come una scattola di ferro. "E che mi andate celiando, questa mano è secca."

«"Sulla bibbia, vi giuro che in questa mano c'è il fiorino rosso portante il conio di Sigismondo III e la data del 1613; ed è un vecchio fiorino che vale assai più d'un ducato moderno; pesandolo, così, sento che è oro preziosissimo, oro di 24 caratti."

«Wasili dopo avere ben bene scrutato l'ebreo e il pugno dell'ebreo disse:

«"*Top*. Sta bene. Accetto l'affare, ma pongo un patto inesorabile. La tua mano sarà aperta entro tre mesi (voglio essere paziente) ed entro tre mesi tu mi darai la moneta del morto portante il conio di Sigismondo III.

«"Voglio essere onesto. Quando vedrò la tua mano aperta e la tua moneta nella mano mia, ti darò mille per uno cioè mille fiorini d'oro pel tuo *fiorino rosso*. Ma se entro tre mesi non avrò la moneta che stringe quel pugno sarai tu che darai a me mille per uno. Eccoti intanto il fiorino che chiedi, serbalo per caparra."

«Wasili gettò sul tavolo un fiorino d'oro poi sedette ad uno scrittoio e stese il contratto, lo lesse a Levy e glielo porse dicendo:

«"Sottoscrivi."

«"Non posso" rispose Levy accennando la destra.

«"Sottoscrivi colla sinistra, metti una croce" disse il greco.

«"Me ne liberi il profeta! (sclamò l'ebreo scandolezzato) quest'uomo mi farebbe peccare!" prese una penna colla mano sinistra e vergò faticosamente il suo nome. Poscia intascò il fiorino.

"Dunque a rivederci, fra tre mesi," disse il greco sogghignando "spero che allora potremo stringerci la mano."

«"Amen" rispose Levy; e si separarono. Lo stesso giorno l'ebreo di Czenstokow, calcolando sui mille fiorini di Wasili fece una gita a Varsavia dove mutò in carta quasi tutto il suo oro. Il giorno dopo partì per Londra in traccia del dott. Camble.»

(Paw tacque ancora per qualche minuto, i suoi polmoni emunti[12] avevano bisogno ad ogni tratto d'un po' di riposo. Paw prendeva occasione da queste frequenti soste per trangugiare alcuni sorsi di *punch*. La bevanda forte e bollente gli rendeva ancora qualche guizzo di forza, e ripigliava il racconto. Più che beveva più la sua parola diventava incalzante e la sua faccia allibita. I fatti ch'egli mi narrava dovevano commoverlo violentissimamente perché spesso sollevava il pugno destro per avventarselo alla fronte in atto d'angoscia, ma troncava il gesto a mezzo e tornava tutto sospettoso a rannicchiare il braccio fra le pieghe della pelliccia. Certo qualche nesso fatale esisteva fra la storia fantastica ch'io stavo udendo ed il fantastico personaggio che me la narrava. Io frugavo negli occhi, nei moti, negli accenti

---

[12] Spossati, stremati.

di Paw per indagare il doppio fondo della sua leggenda. Non di rado mi accadeva di smarrire il filo del racconto per la curiosità che mi ispirava il raccontatore. Paw aveva già ripresa la narrazione ed io continuavo a guardarlo fissamente e non lo ascoltavo più. Per una bizzaria della memoria mentre osservavo l'uomo quasi terribile che mi stava davanti udivo un rombo incessante nel mio cervello che ripeteva quel frammento di terzina dantesca dove è descritta la dannazione degli avari e dei prodighi:

> Questi risurgeranno dal sepulcro
> Col pugno chiuso e quelli co' crin mozzi.[13]

E queste ventidue sillabe dell'inferno facevano e rifacevano il loro corso nel mio cervello simili al girare d'un aspo.[14]

A un tratto fui scosso dalla seguente frase:

. . . .

«"Signore," disse il medico "quel pugno non s'apre più."

«Levy non si scoraggiò menomamente, andò da un altro dottore il quale gli consigliò la cura de' fanghi, e garantì di guarirlo.

«Levy intraprese la cura; per un mese tutti i dì egli teneva la mano immersa in una gora[15] tiepida e fetente. Il morbido contatto della melma ramollivagli i muscoli irrigiditi, spesso Levy era colto da un balzo di gioia indicibile; sentiva le sue dita stendersi lente, lente, e la cavità del suo palmo dilatarsi, e i pori dell'epiderme inumidirglisi di madore benefico ed un acre vischio maligno sciogliersi dalle falangi e la tenera carezza del

---

[13] *Questi... mozzi*: «Questi resurgeranno del sepulcro / col pugno chiuso, e questi coi crin mozzi», cfr. D. Alighieri, *Inferno*, VII, 56-57.
[14] Strumento girevole che serve per avvolgere un filo in matasse.
[15] Acqua sudicia.

fango vivificare già le ossa ed i nervi della misera mano; Levy sentiva i tendini vibrare e scorrere il sangue fino all'unghie.

«La mano sepolta nel palude era già semiaperta, già quasi aperta, la moneta vi scivolava entro, allora Levy per tema di smarrire nel fango il fiorino rosso estraeva rapidamente la mano. Il pugno era sempre chiuso! Tutti i giorni Levy subiva lo scherno di questa illusione.

«Compiuto il mese di cura, l'ebreo non fu sanato e partì per Vienna ove dimorava a que' tempi un celebre medico. Questi suggerì al malato i bagni elettrici. Levy sommerse allora il suo pugno in un recipiente metallico pieno d'acqua salata su cui agiva una potentissima corrente di pila voltaica.

«L'elettricità percorreva il braccio dell'ebreo per un'ora continua quotidianamente. Levy scuoteva il pugno nell'acqua e allora sentiva una forma circolare, piatta e dura che gli si agitava entro, come l'animella d'un sonaglio scrollato.

«Ma Levy non guarì. Passò a Parigi.

«Raccontò ad un altro famosissimo medico la sua storia meravigliosa, e poi che l'ebbe narrata aspettò la risposta dell'uomo sapiente. Costui sorrise un poco, guardò la mano e disse:

«"Questa mano è un singolare esempio di *stimmatizazione*, voi m'offrite in sommo grado una prova della reazione delle idee sull'organismo, siete un interessante soggetto per la scienza: la fisiologia, l'ipnologia vi terrebbero in grande onore, ma non guarirete mai. Per aprire il vostro pugno non v'è che un mezzo solo: amputarlo."

«L'avaro stette perplesso un momento, poscia i mille fiorini d'oro di Wasili gli balenarono e rispose:

«"Ebbene: amputatelo."

«Il medico meravigliato, esclamò:

«"Siete pazzo? val meglio un pugno chiuso che un braccio monco."

«"E il mio *fiorino rosso*?" urlò Levy "il *fiorino rosso*

che c'è dentro? lo voglio! tagliatemi la mano, apritemi il pugno, voglio la mia moneta!"

«"Non vi farò mai questa operazione; e poi (soggiunse il medico con voce ironicamente marcata) e poi siete proprio sicuro che là quel fiorino ci sia?"

«Questa interrogazione annichilì il povero ebreo. Non eragli mai sorto nella mente il dubbio d'essere stato il giuoco d'una lunga allucinazione. La domanda del medico gli insinuò per la prima volta questo dubbio. Subitamente tutta la sua forza crollò. Scosse in aria il pugno per sentire la moneta oscillare; ma il *fiorino rosso* non si muoveva più, era svanito anch'esso come la fede. L'oro dai 24 caratti era svaporato come un fumo; Levy pesava la sua mano e la sentiva alleggerita.

«Disperato fuggì da Parigi. Aveva speso assai per viaggi, per cure, per medici, ed ecco che se ne ritornava a casa, che riprendeva la via di Czenstokow, che rifaceva le scale della sua soffitta più malato e meno ricco di prima. Il suo milione era diminuito di parecchie centinaia di fiorini: stavano per iscadere i tre mesi convenuti con mastro Wasili e la scommessa dei 1000 fiorini d'oro era perduta. Tre mesi prima, la certezza di tenere in mano il complemento del suo milione e la difficoltà di schiudere quella mano, era per Levy un'angoscia fatale, ma lieve, paragonata al dubbio di quegli ultimi giorni. Quel pugno predestinato, sinistro, impenetrabile come un mistero, era divenuto un enigma più oscuro assai dal dì che la fede aveva fallito. Pareva che si fosse chiuso più strettamente.

«Prima serrava una moneta, adesso serrava *forse* il vuoto. Quel *forse* era la condanna più crudele del povero avaro. Da quando aveva incominciato a dubitare, la smania di aprire quel pugno gli si era fatta più ardente. Egli vedeva che tutti gli uomini aprivano agevolmente le loro mani; quel moto così naturale e così facile gli era interdetto. A volte ciò gli pareva impossibile e tentava co' sforzi più accaniti di sgominare l'immobilità de' suoi muscoli di pietra. Tutto era vano. I tre mesi compironsi, e Levy una sera, mentre sedeva davanti il suo scrigno, udì picchiare all'uscio delicatamente.

«"Entrate."

«Wasili entrò dicendo con giovialità:

«"Compare Levy, qua la mano."

«"Sì! (ruggì l'ebreo mostrandogli, minaccioso, il pugno) l'ho fatta diventare di marmo per avventartela in faccia, greco maledetto."

«"Pace, pace, pace" mormorò Wasili. "Potrei essere benedetto se mi ascolti. Ho una idea pel capo e sai che le idee sono oro: abbi un po' di pazienza. Soffri ch'io esca e ch'io torni colla tua guarigione, col tocca e sana."

«Così dicendo escì. Levy sbalordito si gettò su d'una seggiola ad aspettare. Dopo un quarto d'ora s'udì una *briskia* arrestarsi davanti alla casa dell'ebreo, indi Wasili rientrò con un piccolo sacco sotto il braccio.

«"Cosa c'è in quel sacco?"

«"La medicina. Lasciatevi curare da me. Fra cinque minuti vedremo la bella faccia di Sigismondo III saltar fuori dalle tue dita, oppure non la vedremo se non ci sarà, ma il pugno dev'essere aperto. Dicesti che hai la mano di marmo ed ecco ch'io ti porto una forza che la aprirà come quella d'un bimbo.

«"La polvere che fa scoppiare le montagne spezzerà agevolmente queste tue vene pietrificate entro le quali c'è forse una preziosa vena d'oro. Lasciati minare il pugno, qui c'è un sacchetto di polvere. L'operazione chirurgica è nuova, pure fidati in me, sai come sono sapiente."

«A Levy l'idea della polvere gli parve sublime. Finalmente gli si offriva un mezzo sicuro per escire dal dubbio: "Se il fiorino c'è (pensava) i mille fiorini entrano nel mio scrigno ed il milione sarà completato ed io sarò lieto per tutta la vita, se non c'è, *amen*, perderò mille fiorini, avrò il cuore tranquillo fino alla morte", e porse il braccio a Wasili con un gesto possente.

«Wasili raccolse dal sacco una manata di polvere e si mise attento ad osservare il pugno di Levy.

«Una epiderme secca e lucida lo avviluppava, le unghie erano penetrate nella polpa, le dita parevano suggellate, il pollice conficavasi fra la seconda falange dell'indice e del medio, il mignolo s'era così grinzo che sembrava un gruppo informe di nervi, sott'esso appariva un piccolo pertugio formato naturalmente dalle due pieghe del metacarpo.[16] Attraverso quel forellino Levy soleva spiare se la moneta luccicava. Wasili notò quel pertugio con una pazienza da alchimista e con una sagacia da chiromante; vi infiltrò grano a grano una dose di polvere equivalente ad una cartuccia e mezza di fucile da caccia, indi con un grosso ago la compresse come quando si carica un'arma. Poi disse:

«"Il mortaio è all'ordine; ora si tratta di spararlo, a ciò basti tu solo. Ma prima chiudiamo le finestre, perché la moneta, se c'è, non balzi giù in istrada."

«Quand'ebbe sprangate le imposte, Wasili prese una miccia di pece e di corda, l'accese e la diede a Levy che la afferrò nella mano sinistra.

«"Fa tu stesso la tua operazione" disse Wasili all'ebreo "io intanto depongo nello scrigno i miei mille fiorini pel caso ch'io debba pagarteli. Perdona se ti volto le spalle: risparmiami la noia di vedere lo scoppio di un così nuovo petardo."

«La notte calava.

«Levy immobile col pugno erto e colla miccia alzata, la cui fiamma oscillante rischiarava la cella, pallido, muto, esitava; giunto a quell'estremo, sentiva la lena mancare. Le scintille e le goccie della miccia gli cadevano sulle dita della mano sinistra già invischiate nella pece.

«Intanto Wasili curvo davanti lo scrigno aperto faceva le viste di contare i suoi mille fiorini, ma invece intascava quanti gliene capitavano sotto le unghie, abbran-

---

[16] Parte ossea della mano tra il carpo e le dita costituente lo scheletro del palmo.

cava con una rapidità prodigiosa i rotoli d'oro e le carte monetate, dicendo: "Facciamo i conti".

«Prendeva occasione dallo sgomento dell'ebreo per rubare a man salva.

«A un tratto Levy s'accorse che l'altro lo derubava e gridò:

«"Maledetto ladro!" e mosse per correrli incontro colla torcia ardente e colle braccie tese.

«Wasili, snello[17] come un vampiro, si volto, ghermì il sacco di polvere deposto a suoi piedi e lo vuotò a terra tutto davanti a sé e davanti allo scrigno, poi girando su Levy la sua faccia terribile, gli disse con accento più terribile ancora:

«"Fra te ed il tuo scrigno c'è questo pavimento!" e indicò l'alto e nero mucchio di polvere che lo separava da Levy. Lo scrigno era presso all'uscio. Il tugurio era angusto. Levy tentava invano schermirsi dalla miccia che gli incatramava fatalmente le dita dell'unica mano sana, piovendo innumerevoli faville a' suoi piedi: spegnerla col soffio era impossibile. La polvere sparsa gli impediva ogni mossa. Aveva davanti una mina. Wasili intanto continuava a rubare e ad ogni rotolo che intascava, diceva ridendo:

«"Cento imperiali!"

«"Mostro! manigoldo!" strillava Simeòn.

«"Mille ducati! cinquanta rubli! Ho finito" e fissò l'ebreo col suo volto spettrale.

«Nel cervello dell'ebreo tuonava l'accento del fantasma quando gli disse: *"Ecco il fiorino della tua usura!"*. Gli pareva che la pietrificazione del pugno avesse già invaso tutto il suo corpo.

«Ma repente si scosse e urlò:

«"Al ladro! al ladro! al ladro!"

«Il ladro non c'era più. S'udì il rumore di una *briska* che partiva e il galoppo di due cavalli.

---

[17] Veloce.

«Mezzo minuto dopo, le persone che passavano per via udirono un fragore di vetri spezzati venir dalla cella di Levy e videro alla finestra lui che gridava e subito dopo una miccia ardente cadere.

«Coloro che salivano alle grida trovarono Levy svenuto per terra.

«Tutti gli abitanti di Czenstokow ciarlavano già allegramente della catastrofe dell'ebreo, intercalando i motti piacevoli e l'ironia alla narrazione e ai commenti. Israeliti e cristiani, donne e uomini gongolavano; la sciagura del povero avaro fu la buona ventura di tutti. Nessuno pronunziò una parola di compassione, chi sorrise, chi rise, chi sogghignò, chi sghignazzò e chi squittì dalle risa.

«"Ecco i frutti dell'avarizia!"

«"Ecco i frutti dell'usura!"

«"Farina del diavolo... ecc., ecc."

«Questi erano i discorsi della folla. E Wasili fuggito, non lasciava traccia di sé.

«Quando Levy rinvenne era solo; guardò la porta spalancata, poi la finestra spalancata, poi lo scrigno spalancato e vuoto! Volle uccidersi, ma come? il suo pugno non poteva afferrare coltello né pistola e temeva i colpi fiacchi ed incerti della mano sinistra. Poscia il timore della morte lo colse. Il ricco avaro era diventato miserabile, non più una moneta nel suo scrigno, quella povera cassa forte schiusa a tutti i venti rendeva imagine d'una gabbia dalla quale fossero volati via i canerini canori.

«Levy torceva gli occhi per non vederla. Non gli restava più nulla delle passate ricchezze, tranne *forse* il *fiorino rosso* nel pugno! Ma Levy abbattuto, sfinito, non credeva più a quella moneta fatale. L'incredulità era subentrata al dubbio come il dubbio alla fede.

«Levy trascinò poveramente così alcuni giorni di vita rosicchiando qualche rimasuglio di cibo provveduto nei fertili tempi.

«Una mattina, disperato, affamato, non sapendo come

lavorare, come vivere, salì la collina e si inginocchiò davanti alla porta del Santuario per chiedere l'elemosina.

«Molti che lo conoscevano passandogli davanti lo maledivano, altri che avevano toccato denari suoi a prezzo d'usura lo insultavano.

«Altri lo beffavano. Nessuno gli faceva la carità d'un *kopiec*.

«Io a quell'epoca ero guardiano del tesoro della Madonna. Un giorno, ritornandomene a casa, abitavo nel convento, vidi Levy, n'ebbi pietà e gli dissi:

«"Questa sera quando i frati dormiranno entra nella mia cella e ceneremo assieme."

«Quella notte Levy capitò. Mangiammo tutti e due. Levy era diventato spaventoso a vedersi. La cella era illuminata dal lumignolo che ardeva davanti alla Madonna come qui adesso. Levy in quella notte mi raccontò tutta la sua storia come io ve la raccontai ora. Quando l'ebbe terminata s'alzò... andò davanti alla Vergine (mentre Paw descriveva questi ultimi particolari accompagnava cogli atti e coi gesti le sue parole) poscia lo vidi estrarre il suo pugno dalla sua pelliccia... (e Paw estrasse il pugno)... alzarlo risolutamente... (e Paw lo alzò) collocarlo sulla fiamma del lume, dicendo:

«"Così finisce la storia di Levy."

«Una tremenda esplosione seguì queste parole. Mi parve che un fulmine ed un tuono si fossero sprigionati da quella mano ardente davanti il quadretto della Madonna. Il pugno fu spaccato in frantumi... l'ebreo cadde... il lume si spense... Nello stesso momento udii un suono metallico scorrere sul suolo. Raccolsi nel buio una moneta... il *fiorino rosso*... di Sigismondo III... Levy non si moveva più, lo scoppio l'aveva ucciso.»

. . . .

Giunto a questa fine l'accento di Paw si ruppe in un rantolo e svenne. La fatica del racconto, le crudeli cose narrate, il rhum bevuto l'avevano vinto. La sua testa pesante non reggevasi più. Il delirio lo colse: «Moneta d'inferno... è qui... è qui...». Il delirio si aggravava.

Feci trasportare il povero Paw in una camera appartata dell'osteria. Là, su d'un letto s'addormentò. Paw aveva un principio d'idropisia[18] al cervello, le frequenti libazioni fatte in quella sera avevano decisa una crisi fatale. Passai la notte a vegliarlo. Dal suo labbro non uscì più una parola che valesse a chiarire l'oscuro nesso che lo legava al racconto. Verso l'alba si destò, guardò attorno, mi vide e con tenera gratitudine mi ringraziò.

«Dopo morto ripagherò il mio debito» disse, ma poi spaventato soggiunse «... no... no... vi porterebbe sciagura» e tornò a delirare. Indovinai l'idea del malato. Durante tutta la notte potei osservare che il pugno destro di quell'uomo non s'apriva mai. Dedussi da ciò e da qualche altro indizio che Paw aveva raccolto il contagio dell'allucinazione di Levy; credeva anch'esso di stringere il *fiorino dell'usura* nel pugno. Questa fissazione maniaca era potentemente aiutata dallo stato morboso del suo cervello. Paw mi appariva come una vittima di quel fenomeno fisico che i cristiani dell'evo medio chiamavano *sugillationes*,[19] e che è una forma della *stigmatizzazione*.

Un tale fenomeno s'è manifestato più volte anche in questo secolo razionalista. Basta leggere le lettere di Harwitz, stampate a Berlino nel 1846,[20] per vedere citati molti casi di stimmatizzazione avvenuti ai nostri tempi. Maria di Maerl, monaca dell'ordine terzo di San Francesco, fu segnata colle stigmate nell'anno 1834.

---

[18] Raccolta di liquido di composizione simile al siero sanguigno trasudato nelle cavità del corpo e nel tessuto cellulare sottocutaneo.
[19] Suggellazione.
[20] «Allude a Eugen Von Hartwig, *Briefe aus und über Tirol, geschrieben in der Jahre 1843 bis 1845; ein Beitrag zur näheren Charakteristik dieses Alpenlandes im Allgemeinen und der Meraner Gegend insbesondern*, Berlin 1846. Da qui le notizie che seguono», cfr. R. Ceserani, *Una novella fantastica sinora ignorata di Arrigo Boito*, in «Giornale Storico della Letteratura Italiana», vol. CLVII, fasc. 500, IV trimestre, ottobre-dicembre 1980, p. 605, nota 17.

Maria Domenica Lazzari, soprannominata l'*Addolorata di Capriana*, portava anch'essa, verso la stessa epoca, le stigmate ai piedi, alle mani, al fianco.

Crescenzia di Niekleitsch fu stimmatizzata nel 1835.

Filippo D'Aqueria, Benedetto da Reggio, cappuccino, Carlo di Gaeta, frate laico, sono altri esempi di stigmatizzati, i quali ottennero l'eredità delle benedette piaghe di san Francesco d'Assisi in premio della loro fede.

Oggi la fisiologia dimostra chiaramente che ciò che nei passati secoli era chiamato miracolo non era che l'effetto d'un morbo, d'un turbamento generale dell'economia, la conseguenza di menti sconvolte dalla esaltazione religiosa, da un troppo lungo abuso dell'astinenza, dall'ascetismo, dalla vita contemplativa, su organismi già oltremodo predisposti ai disordini dello innervamento.

In molti casi di malattie mentali (casi in cui il morale opera potentissimamente sul fisico) si osserva che le idee, reagendo sugli organi, infliggono agli organi le stesse loro perturbazioni.

La suggellazione e la stigmatizzazione appartengono ad uno stesso ordine di fatti fisiologici e possono esser prodotti dalla mania religiosa, non solo, ma da qualunque altra mania, come avvenne nell'avaro Levy e come apparisce nel povero Paw.

E così considerando, vegliavo il mio malato.

Sapevo pur troppo che la scienza non avrebbe potuto salvarlo.

Infatti dopo tre giorni morì.

Quando la nuova della morte di Paw si sparse per la città, l'osteria fu assediata da una turba di curiosi. Affollavano l'oste pregandolo di lasciarli penetrare nella camera del morto.

Molti fra essi volevano spezzare il pugno di Paw per carpire il fiorino.

Chiedevano quella grazia all'oste come una elemosina, alcuni altri come un diritto.

Io li udivo, indignato, dal luogo dove stavo.

Uno diceva: «Paw mi ha donato quel fiorino per testamento».

Un altro: «Io ho più diritto di te perché lo tengo da Levy stesso».

E il primo ancora: «Sta a vedere chi ha ragione».

E un terzo: «Quel fiorino va al tesoro della Madonna».

E un quarto: «Bisogna prima bagnarlo nell'acqua santa e purificarlo tutto; io so come si fa».

E un quinto: «Quel *fiorino rosso* dev'essere diviso fra tutti i confratelli di Paw, fra tutti i suoi compagni d'elemosina, fra tutti quei della *plica*».

Un applauso fragoroso seguì quest'ultima parlata fatta da una voce robusta, ch'io riconobbi essere quella di quel mendicante del Santuario che più degli altri aveva percosso Paw.

Intanto la folla inferocita si spingeva verso la camera dove stavo io col morto. L'oste non poteva più porre argine alla spinta degli assalitori.

L'uscio fu spalancato, la camera fu invasa dalla turba. Videro il morto, s'arrestarono sospesi fra la cupidigia e il terrore.

Quando s'accorsero di me s'inchinarono tutti. Io allora parlai:

«Profanatori! riconosco qualcuno fra voi che l'altro dì, sulla collina, diede invero bella prova di pietà percotendo vigliaccamente il pover'uomo che giace lì su quel letto. Tutti contendevate a Paw una moneta di rame quand'era vivo, ed ora ch'è morto tornate a scagliarvi tutti sul suo pugno, per rapirgli la moneta d'oro che chiude. Malandrini! uomini di rapina e di fango! corvi limosinanti![21] Quella moneta diventerà cancrena nelle vostre mani. Sarà la vostra maledizione. La sorte di Levy e di Paw vi aspetta.

«Non voglio negarvi il castigo che domandate con

---

[21] Elemosinanti.

tanta ferocia. Chi di voi vuole il *fiorino maledetto* alzi il braccio...»

Tutti alzarono il braccio. Io allora afferrai un martello, corsi al letto di Paw, presi in mano il suo pugno, due volte morto, alla prima martellata si ruppe come quello d'una mummia. La turba anelante attendeva il *fiorino rosso*; tutti gli sguardi spiavano rivolti al mio martello, e tutte le orecchie erano tese e preparate al suono della moneta d'oro.

Il pugno s'infranse.
La folla stupì.
Il *fiorino rosso* non c'era.

Commento al testo

Pubblicata sul «Corriere di Milano» nel 1870, la novella *Il pugno chiuso* viene probabilmente scritta qualche anno prima, come risulta da una lettera scambiata con il fratello il 23 maggio 1867, nella quale si leggono, dopo l'elenco dei lettori illustri a cui *L'Alfier nero* è piaciuto, i nomi di coloro ai quali è dispiaciuto con la conclusione che: «se questo *Pugno*, cosa eccellente a mio credere, non avrà miglior fortuna, meglio. La lode di certi ingegni rachitici e di certi animi aggrinziti è un cattivo presagio».[1] Pur se «cosa eccellente», la novella non è più ristampata vivente l'autore e rimane di fatto ignota per oltre un secolo finché, ritrovata da Anna Pedriali, viene pubblicata sul «Giornale Storico della Letteratura Italiana»[2] nel 1980 da Remo Ceserani, che la definisce «forse la più perfetta "novella fantastica" prodotta in Italia nel secondo Ottocento»,[3] vicina a quei modelli europei già citati nell'introduzione.

Le novelle di Boito ad oggi note sono, come anticipato, quattro, ma non è escluso che ve ne possano essere, disperse, delle altre, poiché negli indici di un volume progettato e mai realizzato sono riportati ulteriori titoli dei quali non è attualmente dato sapere se si tratti solo di proponimenti o di testi effettivamente scritti. Il fatto che la prosa *La musica in piazza. Ritratti di giullari e menestrelli moderni* risulta inclusa in uno di tali indici può far sorgere il dubbio che Boi-

---

[1] P. Nardi, *Vita di Arrigo Boito*, Mondadori, Milano 1942, p. 239.
[2] R. Ceserani, *op. cit.*, pp. 592-95.
[3] A. Boito, *Il pugno chiuso*, cit., p. 48.

to la considerasse nel computo delle novelle, dal quale invece viene in questa sede esclusa, per la ragione, a nostro avviso sufficiente, che, nonostante gli inserti narrativi, non si tratta di una novella, ma di altro, ossia di un esempio di prosa ibrida che, sotto la denominazione "ritratti", ha un po' del bozzetto, del racconto, dell'autobiografia e della riflessione di argomento musicale. L'equivoco sta forse nell'aver ritenuto che Boito pensasse a una raccolta di genere invece che a un volume antologico, come per la raccolta *Il libro dei versi*. *Re Orso*, e la responsabilità dell'equivoco è imputabile al sottotitolo di uno dei progetti trovati tra le sue carte. Questi, con i relativi indici di testi, sono tre e si intitolano: *Prose da romanzo*, *Incubi* e *Idee fisse*, quest'ultimo è seguito dal sottotitolo *Novelle di Arrigo Boito* e dall'epigrafe «Troppo fiso», citazione del Canto XXXII del *Purgatorio*.

Secondo il primo curatore delle opere di Boito, Piero Nardi,[4] i tre progetti sono disposti nella sequenza *Incubi*, *Prose da romanzo* e *Idee fisse* e includono una serie decrescente di testi: nove, cinque e quattro; secondo l'ultima curatrice delle opere letterarie di Boito, Angela Ida Villa, l'ordine è esattamente l'inverso e la serie dei testi è crescente. Senza voler entrare nel merito della questione filologica, si fa notare che i titoli ipotizzati dall'autore si dividono in due tipologie: *Prose da romanzo* da un lato, *Incubi* e *Idee fisse* dall'altro. Il primo, sulla falsariga del *Libro dei versi*, rinvia a una definizione di genere che però è oscura nel contesto della narrativa boitiana, che non annovera alcun romanzo e che, su quattro novelle, presenta tre tipologie narrative del tutto differenti: solo *L'Alfier nero* e *Il pugno chiuso* sono assimilabili, mentre *Iberia* e *Il trapezio* fanno ciascuna a sé. Il punto critico è definire cosa siano le "prose da romanzo", se prose brevi equiparabili a romanzi oppure prose che unite tra loro compongono un romanzo, e quindi stabilire cosa Boito intenda per "romanzo"; rimane tuttavia in ultimo indecidibile se il progetto rientri in una concezione tradizionale o meno del genere e se i cinque testi elencati alla voce *Prose da romanzo* compongano una raccolta di narrazioni autonome (romanzi brevi) o di testi che potrebbero,

---

[4] Id., *Tutti gli scritti*, a cura di P. Nardi, Mondadori, Milano 1942.

da soli o combinati tra loro, diventare romanzi, o ancora un testo unico che nasca dall'affiancamento di cinque percorsi narrativi apparentemente indipendenti (non giova in questo senso la mancanza del quinto testo, *Horror*).

I due titoli restanti, *Incubi* e *Idee fisse*, si dirigono in tutt'altra direzione: tolgono l'accento dal genere e lo spostano decisamente sul contenuto, quindi non puntano alla categorizzazione letteraria delle prose, ma alla loro interpretazione sostanziale. Sia l'incubo sia l'idea fissa sono infatti concetti che appartengono al dominio della psiche e, per percorsi diversi, rinviano a una condizione di inquietudine, il che quindi comporta una non secondaria indicazione di lettura fornita dall'autore. In questo senso forse il titolo più facilmente intellegibile è *Idee fisse* (per altro il più elaborato dei tre, con il corredo di sottotitolo ed epigrafe); infatti, oltre alla caratteristica già rilevata che le novelle non fanno capo a un unico modello o sottogenere, le vicende e i personaggi dei quattro testi sarebbero tra loro del tutto difformi se non fosse per il fatto che tutti i protagonisti sono perseguitati da un'ossessione, un'idea fissa appunto, che si rivela la loro rovina. In ciascuno dei quattro casi inoltre la monomania dei personaggi si esercita su un oggetto che, novella per novella, concentra su di sé il valore simbolico dell'intero testo: l'alfiere nero degli scacchi e il trapezio nelle omonime novelle, il denaro nel *Pugno chiuso* e un antico cero in *Iberia*.

Al proposito, ma soffermandosi sul solo *Pugno chiuso*, si rileva che l'idea fissa del fiorino di Levy è anche il filo rosso che sostiene per intero la *suspense* tipica del genere della novella fantastica: da quando il medico vede Paw sollevare il pugno in un gesto dantesco di maledizione contro il cielo, fino a quando con un martello apre le dita rattrappite del morto per scoprire cosa contengano, l'intera vicenda è tenuta in sospeso tra due possibili interpretazioni, una di tipo scientifico, che fa risalire la causa della contrazione della mano a un fenomeno di autosuggestione, l'altra che invece attribuisce al fiorino il valore di una maledizione. Proprio nel parallelismo delle due alternative linee di lettura, che concentrano tutta la tensione narrativa nello scioglimento finale del mistero, *Il pugno chiuso* mostra la fedeltà ai canoni del genere fantastico e al modello di Poe in particolare;

mentre è assolutamente boitiano il tema del doppio, che risulta moltiplicato proprio dalla struttura del racconto fantastico e dalla sospensione tra fenomeno scientifico e fenomeno paranormale o demonico. Si contrappongono infatti da un lato il medico e dall'altro Paw e Levy, ma anche Paw e Levy a loro volta rappresentano una coppia prima antitetica (Paw generoso, Levy avaro) poi emulativa (Paw raccoglie il fiorino di Levy), e persino nello stesso personaggio del medico emerge il dilemma tra scienza e suggestione.

Il medico, anche se avvia il proprio racconto affermando di essersi recato in Polonia per studiare la plica, non si occupa dell'oggetto della propria ricerca se non secondariamente e soprattutto non effettua una registrazione scientifica dei fatti che osserva e del racconto che ascolta. Il suo non è tanto un diario medico-scientifico quanto un racconto gestito da una mente curiosa: il medico segue Paw per una sorta di fascinazione (misto di «commozione», «pietà» e «curiosità egoista») che lo spinge a volerne conoscere la storia; ne sollecita il racconto, per altro con una prassi sperimentalmente opinabile, cioè ubriacando Paw, e se ne lascia suggestionare emotivamente. Il medico quindi distoglie la propria attenzione dallo studio della patologia, si accontenta al riguardo di dedurre una spiegazione dal racconto di Paw (la plica come conseguenza di un grande spavento), e si concentra su un caso umano che affronta solo in seconda battuta sotto il profilo fisiologico, ipotizzando un fenomeno autoipnotico, ma che lo attrae in primo luogo per l'eccezionalità del racconto in sè: «Paw narrava la storia che segue con tanta esuberanza di particolari e con un dire così convinto e vivo che sembrava narrasse cose vedute, udite e toccate con mano»; «Io non attenuerò menomamente il carattere bieco del suo stile». Ed è proprio l'atto del raccontare che accomuna tutti i personaggi della novella. La narrazione è impostata come racconto nel racconto: il narratore che per primo compare sulla scena, il medico, afferma di riferire il racconto di Paw («trascriverò la storia di Levy come l'udii io stesso narrare da quel mendicante»), il quale, a sua volta, dice di riportare fedelmente il racconto dello stesso Levy («Levy in quella notte mi raccontò tutta la sua storia come io ve la raccontai ora»). Il primo narratore è dunque

Levy, il cui racconto viene iterato dagli altri due personaggi, come se il "raccontare", in sé, fosse

> un ambiguo dispositivo magico che induce all'ascolto empatico, e chi lo ascolta è attratto da esso come da una rivelazione del proprio stesso destino, come da un fascinoso maleficio che lo intrappola e lo associa alla catena narrativa

a un filo narrativo che «dall'usuraio Levy discende al disperato personaggio di Paw fino al Narratore [...] evidenziato da un parallelo oggettuale di trasmissione: il fiorino».[5]

---

[5] C. Verbaro, *Il castello di carta. L'impotenza sperimentale della narrazione scapigliata*, Centro Editoriale e Librario, Rende 2001, pp. 49-50.

MARIO PRATESI

La vita e le opere

Mario Pratesi nasce l'11 novembre 1842 a Santa Fiora, paese in provincia di Grosseto sulle pendici meridionali del monte Amiata; rimasto orfano della madre a quattro anni, vive durante l'infanzia un rapporto conflittuale e mai risolto con il padre, figura autoritaria dalla quale scappa, rifugiandosi a Pisa, dopo che il padre ha cercato di avviarlo prima alla carriera militare poi all'impiego in polizia. A Pisa Pratesi segue i corsi universitari come uditore e cerca di recuperare da autodidatta la scarsa preparazione umanistica ricevuta in gioventù. Negli anni pisani stringe amicizia con Giulio Cesare Abba e con Giacomo Barzellotti, del rapporto con i quali è rimasto un ampio carteggio e che furono figure fondamentali per la crescita intellettuale e umana del giovane. Nel 1867 lascia Pisa e inizia una lunga peregrinazione di città in città, costantemente afflitto dalla tisi e soggetto a crisi di depressione: è segretario di Niccolò Tommaseo a Firenze, poi istitutore al Collegio Cicognini di Prato, impiegato all'Archivio di Stato a Firenze, segretario di Luigi Luzzati a Venezia, docente di letteratura italiana nelle scuole superiori a Pavia, Viterbo, Terni, Reggio Calabria, Milano, infine Provveditore agli Studi a Belluno. In pensione a Firenze dal 1906, vi muore nel 1921.

Dopo le prime prove liriche di impronta romantica, la produzione letteraria di Pratesi trova la propria dimensione in una limitata rosa di forme narrative: romanzi, novelle, bozzetti e racconti di viaggio (oltre a qualche saggio), il cui programma poetico è messo a fuoco in una lettera all'Abba del 1869:

ispirarmi nei fatti minuti e semplici della vita, di cercare l'idealità nel reale dei fatti comuni, di porre in luce quanto v'è di più recondito, di meno curato e pregiato nel mondo, di mostrare il senso estetico delle cose più naturali che accadono tutti i giorni, di far vedere le lacrime di certe situazioni sociali.[1]

La sola intenzione di eleggere a soggetto dell'arte i fatti comuni, disadorni e dolorosi della realtà sociale quotidiana non consente di ascrivere la narrativa pratesiana all'area realista, a causa di quella «ricerca di idealità» posta programmaticamente a sostegno della descrizione del reale. La tensione ideale orienta infatti lo studio di Pratesi in direzione soggettiva e non oggettiva, ed è ispirata, più che ai maestri del realismo europeo, all'esempio manzoniano, ovvero all'impostazione moralistica dell'arte di Manzoni e alla conseguente analisi etica della realtà sociale e politica in chiave polemica. La narrativa di Pratesi sarà dunque strutturata secondo canoni tradizionali, con un narratore onnisciente che interviene direttamente nel testo giudicando i fatti e i personaggi rappresentati. Nel confronto con la coeva esperienza verista e scapigliata Pratesi trova una consonanza ideologica nella rilevazione problematica dei conflitti latenti nella società nazionale, quali l'oppressione esercitata sulle classi inferiori dal clero e dalla nobiltà feudale sopravvissuta nelle campagne, o ancora la corruzione della plebe rurale dovuta all'urbanizzazione e contrapposta alla conservazione dei valori morali nel mondo contadino. Tale consonanza non si traduce tuttavia in una adesione di Pratesi alla ricerca formale messa in atto dalle avanguardie letterarie; in altri termini, l'autore rimane sostanzialmente attardato su soluzioni linguistiche e stilistiche sorpassate.

Delle diverse novelle pubblicate in rivista Pratesi organizza due sole raccolte, *In provincia*, nel 1883, e *La dama del minuetto*, nel 1910, raggiungendo gli esiti più convincenti con il primo volume, testimone di una stagione

---

[1] M. Pratesi, *Racconti*, a cura di G. Luti e J. Soldateschi, Salerno, Roma 1979, p. X.

compositiva piuttosto vitale, che trova forse il suo risultato migliore nel romanzo *L'eredità*, di poco posteriore alla raccolta (1889). Le dieci novelle comprese nel volume *In provincia* presentano una serie di caratteristiche comuni, a cominciare dalla lunghezza a volte notevole: il narratore infatti non riesce o non vuole contenere la misura dei testi, che risultano prolungati non per la complessità degli intrecci o per una cavillosa analisi, ma per una certa ripetitività, per la propensione alla digressione che espande gli enunciati e soprattutto per una spiccata tendenza alla descrizione paesaggistica, tendenza che rende il paesaggio una presenza irrinunciabile della narrativa di Pratesi. Oltre alla misura inusuale, le novelle condividono alcuni tratti stilistici quali il ritmo lento e meditativo, intervallato da punte ironico-sarcastiche, che esprimono la condanna dell'autore verso gli aspetti deteriori della società, e una lingua che oscilla senza esiti definitivi tra forme letterarie e forme più o meno marcatamente vernacolari. Il tono omogeneo dei testi non è il prodotto di una ricerca espressiva che specializza le novelle in contrapposizione alle altre forme della prosa: i caratteri di uniformità elencati sono infatti contraddetti dalla disomogeneità dei generi inclusi nella raccolta, che affianca a sette novelle testi quali *Sovana*, *Dopo una lettura del Cantico dei Cantici* e *Le memorie del mio amico Tristano*: il primo, proprio per il descrittivismo paesaggistico sovrapposto alla trama narrativa, figura a pieno titolo tra le prose *Figure e paesi d'Italia* del 1903, il secondo è una riflessione estetica ispirata alla lettura del *Cantico dei Cantici* e il terzo è un testo di memorie e descrizioni non supportate da un effettivo telaio narrativo.

Un corvo tra i selvaggi

Forse fu per simpatia di colore ch'ei diede nella ragna[1] d'un carbonaio, che riconosciutolo al becco per un corvo reale, o palombino,[2] come lo chiamano, con due colpi di forbici gli tagliò le ali, lo cacciò in un sacco, e felice notte! Lo sciagurato perdé la vista della bella campagna dove la Nera, non lontano dal Tevere, spumeggia celestina sotto gli archi spezzati del magnifico ponte d'Augusto,[3] e precipita via rumorosa tra il verde folto e le rupi.

Il carbonaio s'avviò verso la città coll'idea di vendere l'animale a un domatore di belve, che appunto allora aveva aperto il serraglio in luogo solitario, presso le ombre appena rinate (erano i primi d'aprile) del giardino pubblico: ombre propizie agli innamorati che di notte ricercano, tra le piante, più cupo orrore, e il mistero.

Il domatore, gridando inutilmente sulla porta del serraglio, dava colpi all'aria con lo scudiscio, e le sue

---

[1] «Rete per uccellare con maglie molto fitte e sottili.»
[2] «Corvo palombino: corvo imperiale (*Corvus corax*), in quanto cammina sul terreno in maniera simile a quella del colombo domestico.»
[3] «Sono i resti del ponte romano di epoca augustea – ricostruito poi da Sisto V (1589), da cui ha preso il nome di Ponte Felice – gettato sul Tevere, poco lontano dal punto di confluenza con la Nera, nelle vicinanze di Orte», cfr. M. Pratesi, *Racconti*, cit., p. 317, nota 2.

belve, ridotte per necessità a mezzo vitto, ruggivano nelle gabbie. Ogni cavallo passando di lì vicino rinculava ad occhi sbarrati. E si vedeva bene che il domatore fremeva, ma perché prendersela con que' buoni abitanti? Quello non era tempo di stuzzicarne le curiosità zoologiche. Era il *sabato santo*, e quel giorno, diversamente dagli altri, c'è movimento, c'è vita nella città, c'è un brusìo come di un'immensa moltitudine di mosconi che vanno congratulandosi al pasto; e mentre tutte le campane prorompono in un suono indiavolato, tu incontri per ogni via delle donne che corrono a portare le *pizze* ai forni; e tra le gambe di quel fittume di gente che va e viene, urla, ride, contratta, agnelli e capretti, avvinti le quattro zampe e buttati per terra, belano belano senza requie. I tavernieri e i beccai li slegano, li forano vivi ne' piè di dietro, per quel foro li attaccano capovolti ai luridi usci, li sgozzano e li spellano e li gonfiano sotto gli occhi de' passeggieri, ch'è un piacere a vederli come fanno bene e alla svelta. E le strade qua e là sono appozzate di sangue, che par la strage degl'innocenti: e i ragazzi vi saltan sopra e v'intingono il dito: poi si pigiano alle vetrine de' caffettieri a guardare, con l'acquolina in bocca, certe chicche[4] d'ogni colore, che più tardi porteranno un guadagno immenso anche agli speziali, e poi un maggiore ingrasso alle terre. Ora potrebbero andar meglio le cose? Una mano lava l'altra, e due lavano il viso. Oggi il Salvatore è risuscitato, e domani, per amor suo, par che vogliano crepare d'indigestione: né si ricorderanno di chi non ha né casa né tetto, e muore di fame e di fastidio. Io dico questo perché quando tutto un popolo è dietro a sbrigare tali faccende, non si può avere la pretensione che vada a vedere gli orsi e i leoni.

Ma il domatore non la voleva capire e sprecava il fiato. Non mi ricordo precisamente di ciò che andava di-

---

[4] Confetti, caramelle.

cendo, ma mi pare che, presso a poco, fosse questo il senso delle sue strane parole:

«E che serve che questa città goda d'un vescovo, d'un sotto-prefetto, d'un sindaco, d'un sifilicomio,[5] d'una campana che chiama i ragazzi a scuola, e di guardie che si pavoneggiano nella loro bella uniforme davanti al palazzo municipale, se poi c'è quest'odore, se poi non s'amano le maraviglie della natura? Venite a vedere i miei leoni dentro la gabbia che passeggiano con la maestà tragica d'un tiranno sopra la scena, ora che l'appetito gl'infiamma! E se ne' leoni vi dispiace quell'augusta, incurante fierezza troppo scoperta e non ostentata, guardate qui allora i nascostamente violenti e rapaci: i cauti, i furbi, i sottili, il cui spirito sembra esser passato per luoghi bui, freddi, tortuosi, e non più larghi della cruna di un ago! E per non andare più giù tra bestie più ottuse e mendaci, la volpe, scommetto, sarebbe anche capace di lodarvi, dicendovi i veri discendenti di que' Romani che conquistarono il mondo; e poi, per meglio entrar nelle vostre grazie, vi raccomanderebbe di rinvoltarvi, sino agli occhi, in que' vostri comodi palandroni ovattati e impellicciati, co' quali potreste affrontare benissimo anche i freddi del polo. E il lupo saltabellando,[6] rizzando gli orecchi, scodinzolando e leccando, anche lui ha trovato il verso d'ingraziosirsi, di mantenersi il padrone: "Buon giorno, Eccellenza," pare che dica il lupo "sa, non sono più quella cattiva bestia di cui racconta Esopo[7] e il signor La Fontaine:[8] quelle già sono favole, e me la pagnotta m'ha convertito". E il coccodrillo, o signori, con que' begli occhietti infossati e lustri, nessuno lo piglierebbe per un mostruoso divorato-

---

[5] Ricovero per i malati di sifilide.
[6] Saltellando.
[7] Favolista greco del VI secolo a.C.
[8] Jean de La Fontaine, scrittore francese autore, tra l'altro, di numerose favole e racconti (1621-1695).

re di carne umana: della nostra carne, signori! Animale sì lesto al nuoto costui, gravaccione[9] com'è, che potendo arrivarlo[10] nel lavoro di sottomano[11] e d'usura, ci vedrebbero presto arricchiti sedere oziosi tra i primi, e passeggiare tronfi, o signori! E la zebra, un asino che non è asino perché non si lasciò mai mettere il basto: e il gran serpente a sonagli, che ha mangiato il coniglio, e schiaccia un sonno tenace e lungo come quelli che fate voi, presso a poco. E come certi animali feroci non hanno faccia da mascherarsi, e altri dentro son tristi, e il di fuori è opaco; così altri ancora, diversi affatto da questi, non si somigliano ai primi se non perché si mostrano all'aspetto e ne' modi come proprio la natura volle stamparli: o ingenui, oppure miti, o fastosi, o lenti nel camminare, quasi avessero i pedignoni:[12] sono quest'ultimi forse i preferiti da voi. Allora ecco qui pecore, ecco qui rinoceronti, dal cervello grosso come la schiena, ecco questa pettoruta civetta della Lapponia che si considera guatabile[13] molto e più d'ogni cosa; ecco questo gigantesco tacchino del Paraguay, gigante sol nella coda, che par tenervi sotto tutto l'universo mondo quando la stende; ecco questo buon pappagallo dal becco austero: sentite come chiacchiera bene, signori, come ripete con serietà certe parole che i vostri ragazzi dicon ridendo e ne ridete anche voi compiacendovi che il vostro figliuolo spieghi tanto talento in così tenera età! E questa tartaruga del fiume Gange: piccole zampe, guscio pesantissimo, eppur si muove, povera bestiolina! Se vi moveste un poco anche voi, signori! Ecco: se invece io vi pascessi con ributtanti deformità: se per esempio vi facessi vedere un bambino a due teste, o, molto meglio,

---

[9] Accrescitivo di grave, molto pesante e lento.
[10] Eguagliarlo.
[11] Furtivo, clandestino.
[12] Geloni dei piedi.
[13] Stimabile, onorabile.

un pezzo di marcantonia vestita da vivandiera e barbuta, con mammelloni enormi ciondoloni, e un par di gambacce grosse come la Colonna trajana per esempio... allora vi movereste! allora sareste anche capaci di mettervi a correre a precipizio tutti verso la mia baracca per prendere i primi posti.»

No: no: – me lo permetta il domatore – anche in tal caso era fiato perso: quel giorno erano inebriati, erano trascinati da un'altra cura: o non sentiva le campane sonare minuetti e tresconi[14] da' campanili, e il lontano fremere della folla, e il belato de' mille agnelli? E lui, il domatore, non doveva permettere alle sue belve quel ruggito infernale, esprimente ora spasimo disperato e ora furore. O non aveva il mezzo di farle stare a dovere? Un po' di bastone e catena a doppio?

Udendole si pensava qual sorta di musica avesse a bordo il patriarca Noè, quando la sua solinga navicella solcava il diluvio immenso e ogni terra spariva.

Finalmente a farlo chetare eccoti il carbonaio, col piccolo corvo che, cavato dal sacco, tornò a rivedere le stelle.[15]

«Buono!» sclamò il domatore «domani ti darò all'aquila perché un po' si diverta.»

E aperto un gabbione ne fece uscire un barbagianni che taceva pieno di sconforto e malinconia, e vi cacciò il condannato alla fiera.

Io lo vidi là dentro: gli altri uccelli non appena sono ingabbiati starnazzano, s'aggrappano, mordon le gretole:[16] lui no; lui s'era bell'accorto che da quel luogo non v'era uscita, e se ne stava lì fermo e grullo, col becco rivolto verso di me. Tanto diverso da lui, io dovevo parer-

---

[14] Il minuetto è una danza popolare francese e il trescone è un ballo tradizionale contadino dell'Italia Centro-settentrionale.
[15] *tornò... stelle*: allusione all'ultimo verso dell'*Inferno*: «E quindi uscimmo a riveder le stelle», cfr. D. Alighieri, *Inferno*, XXXIV, 139.
[16] Le aste verticali di una gabbia.

gli molt'orrendo e crudele con le lenti sul naso e il cappello a pioppino.[17] E di tanto in tanto batteva a fretta a fretta le due punte del becco, facendo un lieve rumore come se schiacciasse la veccia,[18] o le lasciava un po' aperte, rifiatando appena come stupito. Mi guardava attonito, fisso: e aveva nell'occhio il terrore di chi non comprende di qual potenza arcana sia fatto gioco, e a che tendano tutti quei casi, sempre ignorati fino allora, inesplicabili, paurosi. Il poveretto, senza saperlo, sentiva insomma in gran pericolo la sua pelle. Nella gabbia accanto riposava annoiato l'uccel di Giove,[19] in una sonnacchiosa e tetra maestà. Ma domani, quando avessero introdotto alla sua presenza il piccolo corvo, come subito avrebbe allargato e sbattuto le grandi ali, allungato il collo, abbassato il rostro grifagno!...[20] Non vidi mai con più bella evidenza individuate le due immagini del carnefice e del paziente.[21] Il paziente intanto, pieno di compostezza, tutto nero sulle svelte zampette, con quella coda lunga ben disegnata a mo' di marsina,[22] mi pareva un diplomatico o dotto abate in abito nero di società. Mi cavai le lenti, e gli passai dai ferri un boccon di pane, perché si ristorasse un'ultima volta: lui, quasi avesse i geti[23] alle zampe, dette addietro impacciato barcollando, come chi vorrebbe fuggire a una vista orribi-

---

[17] «Copricapo di panno o di feltro molle col cocuzzolo basso e rotondo.»
[18] I semi della pianta chiamata veccia.
[19] *l'uccel di Giove*: l'aquila, attributo di Giove secondo la mitologia classica.
[20] Becco da rapace.
[21] Condannato.
[22] «Abito maschile da cerimonia, di colore nero, con falde strette a coda di rondine.»
[23] «Pastoia formata da due legacci di cuoio riuniti per mezzo di un anello, che serviva a legare le zampe dei falchi da caccia e degli altri uccelli da rapina.»

le, e non ha dove entrare. Quindi tornò nel suo immobile intontimento, senza curarsi del pane.

Strana cosa, questo lavorìo continuo di mascelle e di rostri, questo spaventevole universale appetito, da cui dipende tutta la vita, e altresì tanto eccidio, tanta distruzione! una parte si rintegra con le misere spoglie dell'altra. E come il forzatore[24] lascia un trapezio, ed è svelto, per non cadere, a chiapparne un altro, così ogni giorno, ogni animale riafferra di pasto in pasto la vita, che non è nostra se non in quanto la mendichiamo affannosamente, affinché non si spenga come il fuoco fatuo della valle. Così tutta la natura, ribevendo, in un perpetuo moto, ogni menoma parte di sé, espandesi da un lato in un'infinita varietà di viventi a lei sottoposti, e dall'altro li riassorbe tutti, sebbene ripugni ad essi quel sentirsi strappare al giogo della vita che li obbliga a mantenere quella loro limitata individuale parvenza, per subire l'altro della morte che invece li condanna al disfacimento. E che vuol dir tutto questo?... E anche tu, o corvo, che ti senti vicino ad andar travolto in quest'eterna rapina, vorresti conservare un altro pochino codesta tua bella e splendente coda, e risentire il canto del gallo all'aurora dai casolari, e quando tu la scampassi, che non può essere di certo, non ti verrebbe più voglia no di volartene all'impazzata lungo il corso dei fiumi, in mezzo alle macchie, dove per lo più sono carbonai, che quando non fanno il carbone tendon le reti agli uccelli. All'età tua, perché non mi sembri più tanto giovanino il mi' corvo, ti facevo più furbo, più conoscitore del mondo e delle malizie, e invece vi sei caduto come un merlotto! Ora sei ben punito, o corvo, ti sta il dovere,[25] e domani tu, debole, sarai gioco e pasto del più forte, che in tal modo serve sé e segue l'ordine naturale...

«Quanto ne volete?»

---

[24] Acrobata.
[25] *ti sta il dovere*: «secondo il merito», "ti sta bene".

«Tre lire!»

Pagai tre lire, e uscii col corvo che si torceva nelle mie mani, e volendo vedere, com'è istinto di ogni animale, ciò che gli sovrastava, si voltava a guardarmi, immobile, col becco aperto, rifiatando appena, e la febbre nei vivi occhi. Il carbonaio l'aveva tarpato sì addentro che un'ala gli sanguinava, ma ciò era nulla a paragone dello spavento.

Me lo portai a casa, me lo lasciai sguisciare di mano, e lui se n'andò, strascicando le ali offese, sotto il parapetto della finestra, e s'affaticò con gli sbalzi di superarla. Poi si nascose sotto un letto, e vi rimase tutto il giorno, pensando alla sua disgrazia: tic... tic... si sentiva fare continuamente... tic... era lui che batteva i mattoni col becco: un suo modo di sfogare l'affanno.

Ma il giorno dopo aveva già ripreso la sua natura d'animale salvatico delle grandi e malinconiche pianure. Perché mi s'affezionasse, gli buttavo sempre qualcosa, ma lui, guardandomi da lontano con diffidenza, non s'accostava, e pareva dirmi: "Tu non m'incicci!"[26] mentre poi considerava tutta la casa come il campo delle sue prede. Se non che in principio dové azzuffarsi con la gallina che, seguìta dal pio pio dei pulcini, furibonda lo rincorse a beccate e lo ricacciò sotto il letto... E daccapo: tic... tic... E poi, quando lo spinse il digiuno e gli parve tempo, daccapo rieccotelo fuori come un saltatore di corda, ma facendo una fermata a ogni salto: adocchia, spia, abbassando, alzando, volgendo il collo qua e là: poi a saltelloni continuati infila nell'altra stanza, e ne ritorna precipitoso con un pulcino nel becco, che senza esserne visto aveva rapito alla chioccia. Allora la padrona comincia a taroccare[27] e la serva egualmente, che trova una quantità d'ossi, messi da parte per venderli allo spazzaturaio, dispersi dal corvo, e nascosti

---

[26] "Non mi freghi."
[27] Brontolare, protestare.

dietro gli usci e sotto i letti. In cucina non è più salvo nulla: da uno stambugio lì presso si vede il corvo nero ogni tanto far capolino; e quando la cucina rimane sola, via lesto a rubare o un pezzetto di cacio, o un'acciuga, o un tagliuolo[28] di lesso, o a bezzicare la carne che bolle sul camino nella pignatta; talora anche lavorando d'artiglio e becco svolge un cartoccio, o snoda un sacchetto pieno di funghi secchi e di spezie, e fruga e nasconde badando di non esser veduto.

Ora in tali prodezze del corvo appariva un'intelligenza, una curiosità, una finezza, uno spirito indipendente così vicino a quello dell'uomo, che non so come la padrona e la serva non ne restassero anche loro maravigliate. E io dicevo: «Tanta sagacità non può essere se non in un corvo vecchio»: infatti da certe mie osservazioni, egli non può aver meno di sessant'anni. E come spesso fanno anche i cani che rimangono lungamente assorti sopra una macchia, né se ne staccano senz'averne prima ritrovati i vari elementi chimici e detto a sé stessi, tanto di questo e tanto di quest'altro; dopo di che ripiglian la corsa dietro un'altra bisogna, finché non li riferma daccapo un altro fenomeno naturale; così il corvo rimane talora fisso a considerare profondamente un oggetto, che forse lui mette tra quelli non comprensibili dall'intelligenza corvina. Quell'intelligenza, inerente a un organismo più conformato a muoverne, ad incitarne l'evoluzione, chissà a qual sapere, a quali scoperte non giungerebbe; e se tra gli animali così detti irragionevoli (ne' quali però vive una scienza istintiva, di cui è gran peccato non conoscere gli aforismi) potesse darsi un progresso civile, questo, sì signore, io l'affermo, non sarebbe possibile che tra i corvi, ammesse sempre per altro quelle organiche condizioni più vantaggiose. Le quali, ministre[29] a quella forma di cranio e

---

[28] Pezzetto, boccone.
[29] Ministrate, fornite, al servizio di.

a quel becco, forse, in qualche altro pianeta, fanno dei corvi la specie superiore; non solo idonea a tutto ciò che l'uomo ha compiuto e compie quaggiù, ma avendo inoltre l'invidiabile benefizio delle ali, capace anche di speculare da più alto punto l'ordine, la natura e il fine dell'universo.

Tali considerazioni io facevo sul corvo, e vedevo anche com'egli fosse buon pittore, perché l'impiantito già cominciava ad apparire tutto moschettato[30] o marmorizzato di bianco: era un ornamento, una specie di mosaico alla veneziana, ma alla padrona e alla serva non piacque, e l'una con la granata[31] e l'altra con la paletta, un poco più che duravano di qua e di là a inseguirlo, addio corvo!... Allora io per salvarlo lo chiusi in un gabbione e lo esposi fuori sull'orto, dall'alto della ringhiera.

Ma allora l'antifona fu continuata dal vicinato.

«Bel canarino!» diceva il sor Claudio, il padrone di casa, che prende, con le grosse spalle quadrate, tutta la larghezza d'una sua bassa finestra, dove, o qui sull'orto, o nell'altra che risponde sopra la strada, è spesso affacciato: papalina di maglia nera bisunta, parrucca bionda, occhio torpido, mascelle leonine e lingua da cui non scorre, come da quella di Nestore, il mèle,[32] ma una ciarla che non saprebbe di nulla, se, come avviene comunemente, non la condisse un poco la maldicenza. E siccome gl'interessi dell'anima qui si curano quanto quelli del corpo, e mentre in vita si dice corna de' preti, dopo morte si lascia loro da fare gli scampanii gemebondi; così le campane di una brutta chiesa vicina che piange sempre a mortorio, e le ciarle del sor Claudio, sono le due sperpetue[33] che rompono il silenzio profondo della via spopolata. Quan-

---

[30] Punteggiato di piccole macchie.
[31] Scopa di saggina.
[32] Miele, come dalla lingua del saggio re Nestore, presente sia nell'*Iliade* che nell'*Odissea*.
[33] Piagnistei continui.

do vi passi, e se' giunto sotto la finestra del sor Claudio, egli t'ammusa,[34] ti chiama, ti richiama se fai il sordo, ti ferma, t'interroga, dà notizie, le chiede, pronostica bene o male dell'avvenire d'Europa, della stagione, del ministero; ti dice che dovrebbe fare la Russia e che l'Inghilterra; t'informa che a lui non piace che la musica del Rossini, e che quella del Verdi sciupa i cantanti; ti racconta storie insopportabili, ti tiene come il gatto il topolino sotto la zampa; e finalmente se tira vento t'accieca, perché non può stare se non intinge ad ogni momento le cinque dita in una gran tabacchiera, e su su su, e quel che non c'entra, semina movendo i polpastrelli aggruppati, come fa lo speziale[35] quando tondeggia le pillole per gl'infermi. Non ha altri vizi, lui dice, e credo non abbia altre liberalità da gran signore se non questa di spandere da per tutto e a larga mano tabacco. Non può soffrire moine: non ha mai fatto una carezza a sua moglie, non le ha mai dato un bacio. Anche queste son cose divertenti che ti racconta dalla finestra, e quando t'ha lasciato, su su su... e poi chiama il vicino, t'accenna di dietro le spalle e gli parla di te, e ti denigra più o meno, secondo quanta pazienza hai avuto di tollerarlo.

«Ebbè dunque? e che lo tenete a fare quell'uccellaccio? l'uccello più antipatico, più esoso che mai vi sia! porta cattivo augurio» seguitava dalla finestra a dire il sor Claudio seminando.

«Mangia i cadaveri!» aggiungeva da un'altra finestra con voce argentina ma tremebonda e tossicolosa la sora Chiara.

«E lei che mangia?» dicevo io voltandomi alla sora Chiara, che sporgeva dalla persiana la bazza[36] sopra di me; «ho visto spesso la sua serva nell'orto pelar pollame...»

---

[34] Letteralmente "toccare col muso"; si intenda qui "rivolgere il muso".
[35] Farmacista.
[36] «Mento molto prominente e aguzzo.»

«Sì, ma quelle son bestie: il corvo invece mangia i cadaveri dei cristiani.»

«Cosa vuole che sappia il corvo! mangerà anche quelli de' Turchi quando li trova. Un naturalista invece lo chiama l'uccello per eccellenza. Il gran Padre Odino[37] che domina sulle nubi, è seguito da uno stuolo di corvi neri che gli aleggiano intorno, e due gli stanno sempre, uno di qua e uno di là, sulle spalle, mentre egli sul suo cavallo a otto zampe cavalca più veloce del vento, e accoglie nel suo gran seno le anime dei prodi uccisi in battaglia. Gli Arabi lo adorano il corvo come un dio, e quando le carovane lo incontrano nel deserto, s'inginocchiano, e fanno inginocchiare anche i cammelli: e hanno ragione perché i corvi li liberan dalla peste. Sono una specie di compagnia alata, con l'ufficio assegnatole dalla sapiente natura di provvedere alla salubrità dell'aria, alla nettezza; e i corvi vi provvedono, non come in certi luoghi, conservando nelle stalle e nelle case il porcume, ma comparendo in vece, con esattezza maravigliosa ed a stuoli, dovunque lo scortichìno[38] abbia lasciato il carcame[39] d'un asino, o il pastore una pecora morta di vermocane.[40] Il vermocane, sora Chiara, corrompe l'aria, ed ecco il *colera morbus*[41] e le petecchie!...[42] e il corvo, non dubiti, lo sente di lontano le mille miglia il fetore delle carogne; epperò è calato in quest'orto.»

«Se questo è vero, e quando lo dite voi, sor maestro, non c'è altro da dire, il corvo è un uccello soprannaturale, e voi, sor Claudio, avete torto» disse il sor Antonio,

---

[37] Secondo la mitologia germanica, dio supremo, padre degli dèi e degli uomini.
[38] «Coltello usato per scoiare gli animali macellati.»
[39] La carogna di un animale.
[40] «Malattia degli animali provocata dalla tenia.»
[41] Colera.
[42] «Emorragia cutanea puntiforme lenticolare che ha l'aspetto di una macchiolina rossastra e si manifesta in varie malattie emorragiche e talora infettive.»

un ciabattino flemmatico e un po' panciuto, venuto a riportarmi del lavoro, e lì presente con me sulla ringhiera.

«Ebbè!» e su una presa, e poi la sementa[43] «e chi sei? non lo sai che anche i cinque diti della mano non sono eguali? questo è più grande e questo è più piccolo; ebbè dunque; rimanga ognuno al suo posto!» e su un'altra presa, e quindi lo stesso gioco.

«Da ragazzetti però siamo andati insieme a scuola da' gesuiti; non ve ne ricordate, sor Claudio? non vi ricordate quando venne Carlo Felice che andò appunto ad alloggiare da que' religiosi? fu nel venti, e allora avevo dieci anni, e ora son vicino a' settanta; anche voi, sor Claudio, se non sbaglio, m'avete l'aria d'essere giù di lì.»

«Cala cala, marrano!»[44]

«No, non faccio il magnano,[45] fo il ciabattino, sor Claudio!»

«Ah! e porti il cappello a bomba?»[46] sclamò il sor Claudio alzando il capo e movendo i diti come chi spande presto presto un pizzicotto di sale.

Il sor Antonio se lo levò, e mentre lo guardava con sorridente malinconia, la sua zucca pelata luccicava al sole, e anche il cappello riluceva com'un elmo brunito.[47]

«Me lo diede l'anno scorso un maestro delle scuole,» disse poi dopo averlo alquanto guardato «è sempre un buon cappello» e se lo rimesse.

«Bè! t'è un po' largo però: e gli dovresti levare l'unto: che t'ho da di'? una caldaia di ranno[48] bollente ci vuole, ma mica basterebbe!»

---

[43] Propriamente l'operazione della semina; si intenda qui lo spargere in giro il tabacco come seminando.
[44] Mascalzone.
[45] Artigiano che lavora il ferro, fabbro (già in Capuana, cfr. p. 231 nota 9).
[46] A bombetta, a cupola tondeggiante.
[47] Lucido, lustrato.
[48] «Miscela generalmente costituita da acqua bollente e cenere di legno» usata per lavare.

«E nemmeno tutta l'acqua del Tevere e della Nera basterebbe a sciacquare un po' questo luogo, e a levarne i pessimi odori» io risposi. «O perché non ci pensa, sor Claudio, lei ch'è uno de' principali Assessori? Anzi è precisamente quello che ha l'incarico della nettezza pubblica.»

«Ebbè... ebbè... non ho questo solo! m'hanno voluto dare anche l'incarico della pubblica istruzione.»

«Oh benissimo! allora se è incaricato anche della pubblica beneficenza, le raccomando, sor Claudio, quel povero cieco che sta sempre in piazza, sull'angolo del palazzo municipale, e muove a compassione anche i sassi! Anche lei avrà osservato, signor Claudio, che nessuno si ferma a pensare quello che deve soffrire un uomo cieco ridotto in quello stato! Dipenderà forse perché non è del paese, ma v'è da vent'anni però, e sono dodici che è cieco; e da cieco continua il suo mestiere di prima, il facchino: gli mettono addosso la soma, e gli dicono: vai diritto: piglia di qui; svolta di qua! Non ha bisogno di casa perché non ha da riporvi nulla: non ha nulla, non ha di suo che que' pochi sbrindelli di tela da sacco, che non si leva mai di dosso, e che gli bastano l'inverno come l'estate; e l'estate s'addormenta ne' campi, e l'inverno sulla cenere calda delle fornaci. È solo in mezzo alla notte, sor Claudio, non ha parenti, non ha amici, non ha compagnia, non ha fuoco che lo riscaldi, non ha che le migliaia de' suoi pidocchi che gli fanno gazzarra addosso, e lo considerano come un loro podere.[49] Un mio amico che in una giornata fredda d'inverno lo vide battere i denti co' suoi sbrindelli di tela, gli

---

[49] «*Storico*: e l'autorità politica non so come non si curi di provvedere un ricovero a quel cieco, togliendone dalle strade lo spettacolo miserabile: mancano ospizi di ciechi in Italia? Qui non potemmo trovare un barbiere che lo tosasse; uno che vi si pose, lasciò l'opera spaventato. – Non gli si vedeva la pelle (disse) dal brulichìo! – e mi scusi il lettore di stomaco delicato. Una vecchiarella poi si prestò a compiere il servizio in un segreto viale del giardino pubblico» (*NdA*).

diede un giubbone; e il giorno dopo lo rivide che pareva un altro, perché invece di starsene fermo là con le spalle appoggiate all'angolo del palazzo, col collo ritirato giù tra le spalle, e le braccia strette al costato, e il viso smorto, lordo dalla cenere delle fornaci ove si rintana, passeggiava un po' difeso; e potendosi mettere le mani nelle tasche di quel giubbone, pareva un uomo felice, pareva un signore, quantunque andasse come perso là brancolando sulla piazza, alzando di tanto in tanto la testa al cielo per cogliervi un po' di luce, e grattandosi barba e capelli attortigliati come serpenti... Lo trascurano tutti, lo trascura anche la morte! e lei, sor Claudio, quando siede in Consiglio e ha pranzato e letto il foglio e chiede un'idea felice alla tabacchiera e muove in codesto bel modo le dita...»

«Ebbè! voi dite bene: ma c'è Maria che mi chiama: eccomi, Maria!... ebbè!» finì la presa, e sparì dalla finestra dell'orto, lasciando tutto intabaccato un rosaio che fioriva sotto.

«Che santa Lucia mi salvi sempre la vista degli occhi a me!» sclamò il pallido sor Antonio stropicciandoseli. «Ma a questi signori dargli un po' di minestra, una camicia logora, e un canile tanto perché stasse al coperto, non sarebbe uno schianto per le loro case!»

«Non sarebbe, ma ti dirò, caro Antonio, sono distratti... guardano in alto... quell'uomo è troppo miserabile, troppo basso, per esser veduto da loro... gl'interessi del Comune, dello Stato, del patrimonio, le molte tasse... le illustri relazioni... la politica soprattutto, caro Antonio! la politica che li assorbe! o non senti che ne parlano tutto il giorno? tutti, magnati, cavalieri, dottori, professori, avvocati; vogliono tutti il progresso, ma alcuni son partitanti[50] della *Repubblica universale*: altri presiedono ad associazioni di carità, e la loro parola è *patria e religione*: bisogna compatirli e rispettarli.»

---

[50] Che parteggiano per una fazione, sostenitori.

Il sor Antonio chiuse gli occhi con devota edificazione, e voltandosi un poco verso di me mi rispose placido, molto serio e con la mano aperta sul petto:

«Dio me ne guardi, sor maestro, dal dirne male!»

«Vorrei un po' sapere però qual è la loro religione» dissi alzando alquanto la voce, convinto che il sor Claudio se ne stava dietro la finestra a sentire e a seminare; «la loro patria, i fratelli, e la carità?»

Cra cra cra cra fece il corvo. Mi voltai, e un gatto, seduto presso la gabbia, si divertiva a dare, con molta garbatezza, qualche schiaffetto alle gretole, quasi canzonasse il povero prigioniero: scacciato il gatto, il corvo cominciò a martellare col becco sulla pietra della ringhiera.

«Quest'uccello,» disse il sor Antonio vedendogli far quel lavoro «rinchiuso in gabbia è troppo scontento; se me lo date, l'ammaestro e ve lo riporto tra un mese.»

Acconsentii, e il sor Antonio lo portò nella sua botteguccia, dove la sera lavora al buio, per risparmio di lume, o meglio si giova di quello che gli viene da una ricca bottega di pizzicagnolo dirimpetto, frequentata da alcuni cittadini, che vi fanno conversazione serale tra il grato odore dei salami e delle ventresche.[51]

Ma anche qui il corvo dispiacque. La sua nera figura e quel suo becco curiale[52] aveva troppo del prete pei *progressisti*, per gli altri era sempre un uccello di malaugurio. Il sor Antonio me lo riportò piagnucolando, ma, in grazia di quel suo ingegno maraviglioso, l'animale aveva molto profittato in sì poco tempo. Usava certi accenti, certe flessioni, quali non s'udirono mai nella lingua primitiva de' corvi, riconosceva questo e quello alla voce, era un po' meno rustico e diffidente; insomma il nuovo mondo in cui era capitato, per sua disgrazia, cominciava alquanto a modificarlo e ridurlo,

---

[51] Pancetta di maiale.
[52] Caratteristico di un prelato della Curia romana.

ma anche a peggiorarlo però, come m'accorsi con molto mio dispiacere.

Lo messi nell'orto per dargli più libertà, e nell'orto la serva del sor Claudio lo allettava con qualche buon bocconcino, e lui, accorrendo a saltelloni, rispondevale con un certo verso curioso, imparato dal sor Antonio, come se proprio dicesse: «Claudio Claudio!». E la serva, stando indietro in un angolo, ma in modo ch'io la vedessi, rideva con l'ilarità de' suoi diciott'anni, mentre il sor Claudio, cacciata fuori la testa, con l'orlo della papalina arrovesciato sulla fronte, scoteva contro la bestia il fazzolettone, tutto sparso d'isole e continenti. Ma a farlo apposta, il corvo gira e rigira andava sempre a fermarsi là, sotto quella finestra; e nelle giornate di pioggia vi restava per ore intere, fermo, tranquillo, godendo di sentirsi bagnar le piume; e talora voltando il collo per parte, guardava l'umido cielo, per osservare donde veniva quella sì dolce e quieta pioggiarella di maggio; o se, per caso, vedesse passare, di sopra ai tetti, qualche suo vecchio compagno de' tempi andati. Ma non vidi mai nessun corvo che lo visitasse nella sventura; e solo qualche uccelletto minore, con qualche pagliuzza in bocca, gli saltellava e gli trillava vicino; e l'altro lo guardava tranquillamente. E anche i gatti – i più silenziosi tra i quadrupedi – senza piegare una foglia, tra i cavoli e le insalate, così non parendo, gli s'accostavano mogi mogi: lui però li avvertiva sempre, e li ricacciava fingendo d'assalirli ad ali aperte, guizzando il collo col suo selvaggio cra cra. E poi se ne tornava tranquillo; e se non ripeteva sotto quella tale finestra, facendo due o tre saltelloni: «Claudio Claudio!» se la girellava per l'orto, abbassando il becco a ghermire bacherozzoli o lumachette, per cui l'utile andava tutto a ricadere su i cavoli e le insalate del sor Claudio, che prosperavano a vista d'occhio, e allargavano il verde. Che differenza però da quando non vedeva gli uomini se non a gran lontananza, e mutava le tristi maremme d'Italia con le palme dell'Egitto e il deserto, e le rive procellose de' mari infiniti! e forse s'era posato sulle piramidi e di là aveva spinto il volo anche più lontano. E vederlo ora sequestrato come un pollo laggiù in quell'orto, tra piante nane e casucce, mi ricordava taluno di quegli eroi dell'errante cavalleria trasformati in bestie, e trattenuti in qualche rocca nascosta in mezzo ai monti, e incantata.

Non so che cosa lui ne pensasse stando lì fermo, con una certa gravità pensierosa sulla fontana, a specchiare la sua nera e malinconica figura nell'acqua: e così lo vidi l'ultimo giorno, verso il tramonto... Già aveva rimesso alquanto le ali; e non solo saliva sulla fontana, ma anche lo vedevano spesso appollaiato sul pero che spandeva al sole l'ombra dei rami verdeggianti: un altro mesetto, e poi via se ne sarebbe volato libero dove più gli fosse piaciuto su alto alto!... e non l'avrei più veduto.

Ma quando s'ha il cuore foderato di pelle d'asino, e vi s'accoppiano corruttela, ipocrisia e rozzezza, e la mente è buia come una fogna; quando si crapula[53] e si poltrisce lasciando i ciechi a morir di fame e di freddo e di fastidio in mezzo di strada, e tra la cenere delle fornaci, si può bene, per liberarsi dal malaugurio, averti affogato nella fontana, povero corvo!

Io mi cheto, perché siamo in paesi civili, paesi che pure appartengono anch'essi alla *classica terra del genio, giardino d'Europa*, come i ragazzi, volere o non volere, dovevano imparare, se no eran nerbate, in un vecchio compendio di geografia, ad uso delle scuole de' buoni Padri Scolopii: ché se si fosse nelle terre dei barbari accadrebbe certamente anche peggio.

---

[53] Gozzovigliare frequentemente.

Commento al testo

Un corvo tra i selvaggi compare edito in rivista il 14 dicembre 1879, nella «Rassegna settimanale», quindi viene incluso nel 1883 nella raccolta *In provincia* (di cui fanno parte testi redatti tra il 1876 e il 1883). Oltre a essere la più breve della raccolta, la novella è probabilmente anche la più equilibrata e gustosa, quasi che, contenendo l'estensione, Pratesi sia riuscito a trovare la giusta misura tra descrizione, riflessione, polemica e ironia. Si vedano per esempio il bel monologo del domatore che, tra retorica e sarcasmo, si prolunga sino a far emergere alle spalle dell'imbonitore il narratore, culminando quindi con l'aperta invettiva contro gli abitanti della città, oppure ancora la caustica descrizione del sor Claudio. L'uno e l'altro brano sono inequivocabili censure al comportamento umano pronunciate dal narratore, che però conclude ogni "tirata" con una rettifica, ossia con una finta ritrattazione che sortisce l'effetto di sottolineare e confermare la polemica, si veda nel primo caso quel «No: no: – me lo permetta il domatore [...] non doveva permettere alle sue belve quel ruggito infernale», o nel secondo caso: «la loro parola è *patria* e *religione*: bisogna compatirli e rispettarli [...]. Dio me ne guardi, sor maestro, dal dirne male!». Analogamente, l'intero racconto della storia del corvo è costruito come una costante serie di affermazioni e smentite le une a sostegno e rilancio delle altre, nel comune intento di mettere a nudo la «coruttela», l'«ipocrisia», la «rozzezza», «la mente buia come una fogna» che caratterizza gli abitanti della città e li contrappone, come selvaggi, all'intelligenza animale del corvo, rispettosa delle leggi della natura e non corrotta dalla presunta civiltà umana.

Sulla continua contrapposizione tra mondo umano e mondo animale è costruita l'intera novella che, dopo i primi due paragrafi che sintetizzano l'inizio delle sventure del corvo, si divide in due sequenze, la prima ambientata nella piazza cittadina il giorno del sabato santo e conclusa dall'acquisto del corvo da parte del narratore, la seconda ambientata nell'abitazione di quest'ultimo e conclusa dalla morte del corvo. Nel primo caso l'uccello si trova in scena con altri animali, nel secondo si trova solo di fronte agli uomini, ma in entrambi i casi il mondo umano si caratterizza invariabilmente come antagonista violento del mondo animale, nei cui confronti gli abitanti della città danno un quotidiano esempio di mancanza di umanità. Anche se Pratesi degrada esplicitamente il polo umano attraverso una metafora di tipo animale che assimila gli uomini a «mosconi che vanno congratulandosi al pasto», si badi che il paragone con l'insetto che deposita le proprie uova su escrementi e cadaveri si rivela una ulteriore affermazione per contrasto della negatività dell'agire umano, posta al paragone con l'utilità della funzione di becchino cui il corvo assolve in natura. Particolarmente efficace nella rappresentazione della violenza degli uomini sul mondo animale è la scena iniziale del mercato pre-pasquale, con la descrizione dei capretti che «belano belano senza requie» legati e «buttati per terra», quindi macellati per strada. La macellazione è presentata in modo volutamente brutale – si veda il dettaglio dei piedi forati quando gli animali sono ancora vivi – ma viene stimata un'azione ammirevole per la velocità e la precisione dell'esecuzione: alla base c'è la retorica del ribaltamento che si rafforza con il riferimento alla "strage degli innocenti" seguita dall'immagine dei ragazzi che saltellano nel sangue. Pratesi non intende certo suggerire un'estetica dell'orrore, estranea alla sua sensibilità; vuole però in modo esplicito associare la realtà e il simbolo della macellazione dell'agnello pasquale. Tale descrizione della folla non va naturalmente intesa solo nel sistema bipolare uomo-animale, poiché la violenza umana, ben più gravemente condannata, è quella verso i propri simili, e infatti il tema di maggiore tensione patetica non è la fine del corvo, ma il destino del cieco, abbandonato nell'indifferenza non solo dei concittadini, ma anche dell'amministrazione pubblica.

La posizione dell'autore è netta sin dalla fine della sequenza degli agnelli ed è espressa dalla domanda retorica «Ora potrebbero andar meglio le cose?», cui l'autore risponde, sempre "al contrario", al termine del racconto: «ché se si fosse nelle terre dei barbari accadrebbe certamente anche peggio». Perciò sotto l'apparente concordia del consesso umano Pratesi stigmatizza una serie di comportamenti prevaricatori e meschini, fatti di ignoranza ed egoismo, sentimenti comuni che la presenza del corvo non provoca, ma evidenzia, catalizzandoli su di sé per la propria sola esistenza e facendone, in conclusione, le spese.

EDMONDO DE AMICIS

La vita e le opere

Nato a Oneglia (Imperia) il 21 ottobre 1846, Edmondo de Amicis vive l'infanzia e la prima giovinezza a Cuneo, dove la famiglia si trasferisce nel 1848, e nel 1861 viene inviato a Torino per compiervi gli studi. Ancora alle scuole superiori comincia a scrivere versi (tra cui l'inno *La Polonia* che invia a Manzoni ricevendone un incoraggiante commento), ma terminata la scuola decide di non intraprendere gli studi letterari e di entrare invece nell'Accademia militare di Modena, nel 1863, dalla quale esce sottotenente di fanteria nel 1865. Con l'esercito italiano partecipa alla Terza guerra di indipendenza e alla battaglia di Custoza nel 1866 e nello stesso anno è inviato in Sicilia a combattere contro il brigantaggio, mentre l'anno successivo si trova a Firenze dove comincia a collaborare con la rivista «L'Italia Militare». Sul periodico, edito a cura del ministero della Guerra, l'autore pubblica i primi bozzetti sulla vita militare, nel 1867, bozzetti che riesce in seguito a far uscire dagli ambienti dell'esercito e a far approdare su periodici "civili" e di maggiore diffusione quali «La Nazione» e la «Nuova Antologia». È il preludio per l'abbandono della carriera nelle forze armate, formalmente ufficializzato nel 1871, a favore di quella di scrittore e giornalista, per seguire la quale avvia la collaborazione con diverse riviste nazionali e compie, come corrispondente, numerosi viaggi all'estero da cui nascono altrettanti reportage. Stabilisce la propria dimora a Torino, con la madre, e, mentre intensifica le pubblicazioni letterarie e giornalistiche, acquista negli anni sempre crescente fama nazionale e internazionale. Nel 1875 contrae matrimonio religioso con Teresa Boassi, ma, sebbene la moglie dia alla luce due bambini, De Amicis mantiene il fatto assolutamente segreto, anche alla propria famiglia con la quale seguita a vivere in casa della madre, fino al 1879, anno in cui rende pubblica l'unione, si sposa civilmente e va a vivere con la moglie e i figli. La relazione matrimoniale tuttavia, critica sin dal principio, si sfalda e fallisce definitivamente nel 1899, un anno dopo il suicidio del figlio primogenito, lasciando un lungo strascico di polemiche alimentate anche dalle opere che la Boassi pubblica contro l'ex marito: *Conclusione – Romanzo di Calista* (1901), *Schiarimenti* (1904) e *Commenti* (1905). Negli anni Novanta De Amicis si avvicina alle posizioni socialiste e si lega d'amicizia con Filippo Turati, per il quale si espone pubblicamente deponendo a suo favore nel processo in cui il leader socialista è imputato dopo la rivolta popolare di Milano del 1898. L'adesione al socialismo si traduce in un'intensa attività di conferenziere, saggista e articolista (che in parte confluisce nel volume *Lotte civili* del 1899) e sul piano letterario si esprime in testi di denuncia quali *Il romanzo d'un maestro* (1890) e soprattutto il postumo *Primo maggio* (edito solo nel 1980). De Amicis muore a Bordighera l'11 marzo 1908.

La sua produzione letteraria è varia e quasi esclusivamente in prosa: vi figurano infatti scarsi e non di pregio i componimenti poetici. La prosa deamicisiana attraversa numerosi generi narrativi, tra i quali si ricordano le novelle (*Novelle*, 1872; *Fra scuola e casa. Bozzetti e racconti*, 1892; *Capo d'anno. Pagine parlate*, 1902), i romanzi (*Cuore. Libro per ragazzi*, 1886 e *Il romanzo d'un maestro*, 1890), i reportage di viaggio (*Spagna*, 1873; *Olanda*, 1874; *Ricordi di Londra*, 1874; *Marocco*, 1876; *Costantinopoli*, 1878; *Ricordi di Parigi*, 1879; *Sull'Oceano*, 1889), i bozzetti (*La vita militare. Bozzetti*, 1868; *Il più bel giorno della vita. Bozzetto di vita familiare*, 1880; *La carrozza di tutti*, 1899) e i racconti autobiografici (*Memorie*, 1899; *Ricordi d'infanzia e di scuola*, 1901).

Cuore è certo il titolo che immediatamente si associa nella memoria del pubblico, anche contemporaneo, al nome di Edmondo De Amicis, prova di un successo storico che ha pochi equivalenti nella letteratura italiana tra diciannovesimo e ventesimo secolo, ma dovuto a un fattore fondamentale distintivo dell'intera produzione deamicisiana, non solo del fortunatissimo romanzo, e che è l'ideologia espressa dall'autore nella propria narrativa, un'ideologia moderata basata sui valori risorgimentali della responsabilità civile dei cittadini nei confronti della nazione, sul senso del dovere e dell'onestà, sull'operosità e sulla conciliazione sociale, sul rispetto dell'ordine e dell'autorità (per inciso, va aggiunto che l'autore evolve su posizioni più radicali in seguito alla svolta socialista, senza però sconfessare mai le opere letterarie espressione del precedente moderatismo). Tale ideologia, evidentemente gradita e sostenuta dalla classe dirigente borghese, è narrativamente esposta con grande chiarezza ed evidenza attraverso l'esemplarità delle storie e attraverso uno stile e un lessico facili, quindi è avvicinabile sia concettualmente sia linguisticamente anche dagli alfabetizzati privi di cultura letteraria e dai giovani in età scolare:

> Il De Amicis prosatore fu uno degli autori più letti, oltre che più amati, del suo tempo. E ciò è dovuto non solo alla bontà e all'onestà del suo messaggio [...] ma anche alla facilità d'accesso che i suoi scritti avevano sul piano della comprensione linguistica. Come scrittore (tipo di scrittura) egli, rientrando nei limiti manzoniani (in senso buono), incarnò effettivamente quella figura di italiano colto che ha a che fare con la prosa intesa in senso moderno, cioè non poetica e non di grande impegno letterario.[1]

Con ciò si intenda che De Amicis fu

> manzoniano sì, ma non pedissequo e con autonomia di vedute nella formulazione delle proposte didattiche (fiorentino che si stempera nel toscano, nei classici e, sia pure molto limitatamente, nel dialetto; vocabolario più ampio e meno limitato dal criterio dell'uso). Il tutto, però, secondo una linea di sostanziale coerenza col messaggio linguistico del Manzoni e mai in posizione di contrasto.

---

[1] E. Tosto, *Edmondo De Amicis e la lingua italiana*, Olschki, Firenze 2003, pp. 145-46.

Infatti

> problemi fondamentali per il De Amicis sono: quello della fedele e completa espressione del pensiero (lingua e pensiero) e quello della chiara comunicazione verbale (lingua e società). Per la loro soluzione è necessaria una lingua idonea [...] e nello stesso tempo unitaria, in grado di determinare, sul piano nazionale, quella civile e completa comprensione tra persone di regioni diverse.[2]

Nello specifico, la novellistica si caratterizza come narrazione a tema, dedicata volta a volta a una questione di interesse collettivo, quindi sociale, o individuale, ossia famigliare (il brigantaggio, la leva militare, Roma capitale, la casa paterna, gli affetti della prima adolescenza), alle spalle della quale si delinea la prospettiva di lettura morale e pedagogica che il narratore intende trasmettere al lettore. Tale impostazione rappresenta una diversa via di reazione alla crisi venutasi a determinare nell'Italia postunitaria con l'esaurimento degli ideali e degli entusiasmi risorgimentali, infrantisi di fronte ai problemi complessi e gravi del nuovo Stato e di fronte a un governo incapace di risolverli. La reazione deamicisiana consiste nel proporre una nuova primavera di valori complementari pubblici e privati, quelli della patria e della famiglia, da diffondere capillarmente nel pubblico con il sostegno delle istituzioni, quindi a cominciare dall'esercito e dalle scuole, attraverso storie, come si è detto, esemplari, narrate insistendo sulle note patetiche e retoriche. Tale forte componente retorica dei testi, tuttavia, pur se tesa a sostenere, per ogni difficoltà incontrata dal singolo o dalla comunità, l'esistenza di una soluzione praticabile, nel sacrificio e nella rettitudine morale, non può più dare vita a una narrativa semplificatoria che non prenda atto del reale e ne neghi le effettive problematiche, specie in merito alle questioni più

---

[2] *Ibid.*, pp. 157-58. De Amicis interviene nel dibattito sulla questione della lingua nazionale, che prosegue dopo la seconda edizione dei *Promessi sposi* tra sostenitori e oppositori della linea manzoniana, con il testo *L'idioma gentile* (1905).

fortemente sofferte dalla popolazione; è il caso, ad esempio, della leva pluriennale obbligatoria, di cui De Amicis non manca di sottolineare l'iniquità e le pericolose conseguenze a livello sociale (oltre all'ostilità e alla disaffezione nei confronti dello Stato, si registrano nei contadini costretti ad abbandonare le terre e le famiglie non pochi casi di diserzione e autolesionismo). La comprensione, ovviamente non giustificatoria, delle cause di singoli atteggiamenti di ribellione non si estende però in alcun modo a fenomeni di massa di rifiuto dello Stato, quale fu il brigantaggio meridionale, nei confronti dei quali la censura e la condanna sono totali, come si legge nella novella antologizzata.

Fortezza

I

«Guarda» mi diceva poche sere sono un amico accennandomi da una finestra di casa sua, che guarda sur una piccola piazza, un terrazzino al quarto piano della casa di fronte; «vedi quell'uomo?» Guardai, e vidi un uomo seduto in un canto, con un braccio disteso sulla ringhiera; ma non ne raccapezzai la fisionomia. «Quell'uomo» riprese l'amico, «m'è antipatico a tal punto, che mi venne più volte l'idea di cambiar di casa non per altro che per procurarmi la consolazione di non averlo più da vedere. Tu mi domanderai perché, e io ti dirò che non gli ho mai parlato, che non ho mai sentito la sua voce, che non so chi sia, che non so che cosa faccia, che non so che viso abbia, perché la mia vista non arriva, fin là, neppure col canocchiale. Quell'uomo m'è antipatico; perché ogni sera, a quest'ora, infallibilmente, s'alza da tavola e si va sedere in quel canto; e ogni sera, collo stessissimo movimento d'automa, mette una gamba sull'altra e stende un braccio sulla ringhiera. Non c'è caso che muova mai la gamba prima che il braccio. Dio ne guardi! Prima il braccio e poi la gamba. È già un uomo uggioso per questo, me lo concedi? Ma questo è il meno. Ogni sera, una donna che par sua moglie, prima ch'egli si alzi, va a metter la seggiola al posto, gli porta la pipa, gliela mette in mano, gliel'accende ogni sera, – e ogni sera lui si lascia servire, impettito e tronfio come un Sultano, senza fare il menomo atto per prevenirla, senza dar nemmeno a vedere ch'egli s'accorga d'esser servito. Poi... ogni momento ha un bisogno, e la donna s'alza, scappa, ritorna con una bibita o qualcos'altro; e lui piglia e tracanna e si forbisce i baffi, con un gusto di sibarita[1] egoista, senza darsi nemmeno la noia di restituire il bicchiere. Poi... vengono amici a visitarlo, e lui non fa mai l'atto d'alzarsi, e sì che sta saldo in piedi e passeggia qualche volta sul terrazzino franco e sciolto come noi due. Non guarda mai giù, né su, né intorno; non saluta; insomma, lui par fatto e messo lì, perché il mondo gli giri intorno; lui fa l'idolo; lui è nato per farsi guardare e servire. E tu ridi! Per me son cose che fanno odiare un uomo; son fatto così, un altro non ci bada, io mi ci rodo. Io credo di conoscer quello là come conosco te. Vuoi sapere chi è? Io non lo so, ma te lo dico come se lo sapessi. Quell'uomo là» e così dicendo appuntava il dito verso quell'uomo, guardandolo fisso come per cavargli dagli occhi il segreto «è un bottegaio bindolo,[2] che comincia ad ammassar quattrini, e cova già fin d'ora la boria di quando sarà arricchito, e ha sposato quella donna per risparmiare la paga d'un fattorino in bottega e d'una serva in casa, e la tratta un po' peggio d'una serva e non molto meglio d'un fattorino; è spilorcio, fuorché per soddisfare la sua golosità; potrebbe stare al terzo piano, e sta al quarto per economia, benché non abbia figliuoli e non desideri d'averne; disprezza tutto quello che non è bottega; dà del ladro a tutti i ministri, del ciuco a tutti quelli che studiano e dello straccione a tutti quelli che hanno meno quattrini di lui... E tu ridi! Tu non sai che l'antipatia è indovina! Io, vedi, sarei felice se mi si presentasse l'occasione di fargli una sgarbatezza; m'è odioso; sarò un visionario, un maligno, quello che tu

---

[1] In senso figurato, persona che ama i piaceri e l'ozio, dal nome degli abitanti dell'antica Sibari, in Magna Grecia.
[2] Imbroglione.

vuoi; ma quando il cuore mi dice: "Quello là è un figuro"; io l'ho in tasca; e bisogna che lo dica e mi sfoghi.»[3]

Bisogna conoscere questo giovanotto di vent'anni, buono, irrequieto e stizzoso, ed essere assuefatti alle sue bizzarre sfuriate contro i fantasmi ch'egli stesso si crea, per poter credere che abbia detto d'un fiato, e senza ridere, quella filastrocca di parole vane. Io guardavo intanto il supposto bottegaio, e la donna seduta dinanzi a lui sur un panchettino, colle braccia incrociate sulle ginocchia, in atto contemplativo; e come ho miglior vista del mio amico, mi parve di scorgere che l'uomo avesse una quarantina d'anni, e la donna poco più, benché né dell'uno né dell'altra potessi ravvisare i lineamenti. Mi feci dare il canocchiale e lo puntai verso la donna. Prima mi ballò dinanzi un faccione confuso; poi si fissò e lo vidi distintamente. Era proprio un viso di donna rassegnata a una vita di sacrificio; aveva i capelli grigi, la fronte rugosa, gli occhi grandi e melanconici; un non so che di grave e di raccolto, che rivelava un'abitudine antica di soffrire. "Par che l'amico abbia indovinato" dissi in cuor mio, e rivolsi il canocchiale verso l'uomo. In quel punto egli si voltò, e mi si presentò tutto il viso. "Chi vedo mai" esclamai tra me stesso; "ma è possibile?" Allungai il canocchiale, riguardai. "Ma è lui! Non c'è dubbio! È quel viso visto cento volte nei ritratti!" E allora mi rivenne in mente un fatto da lungo tempo dimenticato, e quasi nello stesso punto, il principio e la fine del racconto che il lettore troverà più innanzi. L'amico mi domandò: «Ebbene? È o non è un viso di bindolo, di screanzato e d'orgoglioso?»... Io non potei più sorridere, come prima, alle sue parole; gli risposi che veramente non era un uomo simpatico; ma che mi pareva d'averlo visto altre volte; che volevo levarmi la curiosità di sapere chi fosse; che sarei andato a chiede-

---

[3] *figuro... tasca*: un brutto ceffo, io l'ho in antipatia.

re informazioni di lui. Il giorno dopo, infatti, andai difilato a fargli una visita, col pretesto di saper chiaramente il fatto che lo riguardava, perché, come gli dissi, avevo l'intenzione di scriverlo. Abituato a ricevere siffatte visite, mi accolse cortesemente, mi raccontò ogni cosa con grande indifferenza, come se parlasse d'un altro, mi parlò della donna (non moglie) che aveva con sé, delle abitudini della sua vita. «Stiamo insieme da dieci anni» disse concludendo; «io ho della pazienza, essa pure, e si vive... come Dio vuole. Le mie due grandi consolazioni sono la stima della gente e la devozione di questa povera disgraziata.» Andai a casa, scrissi tutta la sera e tutta la mattina seguente, e il giorno dopo mi recai dall'amico col manoscritto. Era l'ora che il "bottegaio" stava a pigliar il fresco sul terrazzino. Dopo qualche altra chiacchiera, si rivenne a parlare dell'antipatia. «Amico» gli dissi, «hai preso un granchio.» «È impossibile!» egli rispose colla sua vivacità abituale. «Lasciamo gli scherzi» io ripresi; «ti prego di leggere questi fogli: è un racconto storico, che ho scritto in questi giorni; il personaggio principale è il tuo "bottegaio" antipatico; ti do la mia parola che, salvo i necessari artifizii dell'esposizione, non ho alterato d'una sillaba la verità.» L'amico prese i fogli e cominciò a leggere. Dopo un po' alzò gli occhi, guardò l'uomo del terrazzino, poi me; e riprese la lettura. Via via che andava innanzi, guardava sempre più spesso me e l'uomo, l'uomo e me; e si faceva sempre più serio. Giunto all'ultime righe, gettò un grido di meraviglia, balzò in piedi, mi afferrò una mano e disse con voce commossa: «Mi dai la tua parola d'onore che è vero?». «Te la do» gli risposi. «E che è lui?» domandò ancora. «Che è lui» ripetei. Senza dir altro, prese il cappello e uscì a passi concitati. Io mi affacciai alla finestra e lo vidi attraversar la piazza e infilar la porta della casa di fronte. Dopo qualche minuto notai che l'uomo del terrazzino era sparito. Di lì a poco ricomparve, e un momento appresso il mio amico riattraversò la piazza. "Io ti conosco!" dissi tra me, correndo ad aprir la porta;

" io lo so quello che sei andato a fare!" L'amico comparve sulla soglia. «Tu» continuai ad alta voce, «sei andato a baciare in fronte quell'uomo.» Egli mi guardò, sorrise, e poi gettandomi le braccia al collo mi rispose con un grido d'allegrezza: «No, perché n'ero indegno; sono andato a baciargli le mani».

II

Era l'estate dell'anno 1861, allorché la fama delle imprese brigantesche correva l'Europa; quei giorni memorabili, quando il Pietropaolo portava in tasca il mento di un "liberale" col pizzo alla napoleonica; quando a Montemiletto si seppellivan vivi, sotto un mucchio di cadaveri, coloro, che aveano gridato: «Viva l'Italia!» quando a Viesti si mangiavano le carni dei contadini renitenti agli ordini dei loro spogliatori; quando il colonnello Negri, presso Pontelandolfo, vedeva appese alle finestre, a modo di trofei, membra sanguinose di soldati; quando il povero luogotenente Bacci, ferito e preso in combattimento, veniva ucciso dopo otto ore di orrende torture; quando turbe di plebaglia forsennata uscivan di notte dai villaggi colle torcie alla mano a ricevere in trionfo le bande; quando s'incendiavano messi, si atterravano case, si catturavan famiglie, s'impiccava, si scorticava e si squartava; e a tener vivo e ad accrescere l'eccidio miserando venivan dalla riva destra del Tevere armi, scudi e benedizioni.[4]

Uno degli ultimi giorni di luglio, poco dopo il levar

---

[4] *quei giorni... benedizioni*: il quadro, dipinto a tinte particolarmente fosche, si riferisce alla difficile situazione venutasi a creare nella penisola, specie nel Sud, negli anni Sessanta; l'ultimo riferimento alla «riva destra del Tevere» (dove si trova San Pietro) è alla politica papalina, che De Amicis accusa di aver sostenuto moralmente («benedizioni») ed economicamente («scudi») le forze contrarie all'unificazione nazionale.

del sole, per una valle deserta della provincia di Capitanata, andava verso San Severo un carabiniere a cavallo, il quale era partito la notte da quella città per andar a recare al comandante d'una "colonna mobile"[5] un ordine del colonnello. Egli portava sotto l'abbottonatura della tunica una lettera di risposta a quell'ordine, nella quale il comandante diceva che si sarebbe recato alle otto della mattina in un recesso d'un monte vicino, dove aveva saputo essere solita a riparare una mano di briganti che da qualche tempo infestava quelle terre. Il portator della lettera era un uomo sui trent'anni, alto, asciutto, con due occhietti scintillanti e due baffetti aguzzi, e quella ruga diritta in mezzo alle sopracciglia, che rivela abitudine di riflessione; la sua fisonomia spirava una gravità prematura, alla quale il grande cappello nero a due punte dava quasi un riflesso di tristezza; e il suo rigido atteggiamento, e le sue mosse franche e recise, attestavano un vigor d'animo rispondente ai bisogni dei tempi e dei luoghi. Andava di trotto per un sentiero serpeggiante, voltando il capo ora di qua, ora di là, a guardare i pascoli abbandonati, i monti rocciosi, il cielo limpidissimo, senza udire altro rumore che lo scalpitìo del suo cavallo e il tintinnìo della sua sciabola.

A un tratto, passando in mezzo a due siepi alte e fitte, vide un lampo e sentì un colpo di fucile. Mentre gira il cavallo e afferra la pistola, il cavallo vacilla; nell'atto ch'egli abbassa il capo per veder se è ferito, si sente afferrar di dietro; nel punto che si volta indietro, un uomo balza fuor dal cespuglio dond'era partito il colpo, e gli è sopra; dietro a lui, come un'ombra, un terzo; non ebbe tempo né di sparare, né di saltar giù, né di mettersi in guardia; fu scavalcato e steso in terra. Qui provò a resistere, si divincolò, percosse, morse; ma non poté alzarsi: spossato, si arrese, e si lasciò disarmare. Nella furia, però, del dibattersi, avvolto da un nuvolo di polvere ave-

---

[5] Reparto mobile di militari.

va potuto con un movimento rapidissimo mettersi la lettera in bocca, senza che se n'accorgessero i suoi assalitori. Gli legarono le mani dietro al dorso; lo alzarono in piedi; gli appesero al collo in fretta e in furia la sciabola, il mantello rotolato,[6] la valigietta della sella; trascinarono il cavallo dietro la siepe, e poi via attraverso i campi, spingendo lui sbalordito e barcollante, con un frastuono infernale di bestemmie, di minaccie, di percosse, di risa.

Dopo una corsa di mezz'ora, essendo omai lontani dalla via battuta abbastanza da non aver più a temere sorpresa, rallentarono il passo. Erano arrivati alle falde dei monti, in mezzo agli alberi, in un luogo dove non si vedevan case, né capanne, né alcun segno d'abitazione. Il carabiniere, curvo sotto il peso dei suoi arnesi, non dava segni né di terrore, né d'ira; e il suo volto, pallido, ma non alterato, mostrava l'animo consapevole della sorte che l'attendeva, e il cuore preparato a riceverla. Egli non ignorava che cader nelle mani dei briganti, in quei giorni di rappresaglie feroci, era la morte; perciò in lui c'era già un po' della calma solenne della morte, e chi non l'avesse saputo, al solo guardarlo negli occhi avrebbe detto: "Quell'uomo va a morire". Il brigante che gli andava innanzi, si voltava di tratto in tratto a lanciargli un'occhiata tra la curiosità e il sospetto. Quello che gli camminava al fianco, e che pareva il capobanda, guardava pure ora il prigioniero, ora il compagno, e ricambiava con questo un sorriso di trionfo.

«To'» disse poi tutt'ad un tratto, appendendo il suo fucile al collo del carabiniere; «portamelo.»

«Porta anche il mio» aggiunse quello che andava innanzi, e fece lo stesso.

«E tu?» dimandò il capobanda, voltandosi verso il terzo brigante che veniva dietro, e che pareva il più giovane.

---

[6] Arrotolato.

«Io?» questi rispose; «io preferisco tenermelo... non si sa mai!»

«Gaglioffo»[7] borbottò l'altro, lanciandogli un'occhiata sprezzante; poi si voltò verso il carabiniere e gli disse: «Amico!» battendogli una mano sulla spalla: «ora ci dirai dove andavi!».

Il carabiniere non rispose.

«Oh! Oh!» esclamò il brigante, chinandosi a raccogliere una verghetta. «Hai inteso?» e gli diede una vergata sulle mani.

Il carabiniere tirò innanzi senza rispondere.

«Parlerai, poveretto» riprese il brigante, buttando via la verga; «comincian tutti come te, e tu finirai come gli altri. Sei di carne ed ossa tu pure; quando sentirai pungere, griderai anche tu; va tranquillo!»

Ciò dicendo, gli diede un urtone per fargli infilare un sentiero lungo la sponda d'un rigagnolo; andarono diritti un pezzo, poi passarono un piccolo ponte, girarono attorno a un poggio, e cominciarono a salire per una viottola angusta su per un monte erto e roccioso. Il carabiniere, stretto intorno al collo dalle bertelle dei fucili, imbarazzato dall'aver le mani legate, soffocato dall'uniforme, grondante di sudore, saliva a sbilancioni,[8] inciampava nei sassi, cadeva in ginocchio, e si rialzava a fatica, per tornare a cadere; e i briganti lo picchiavano, lo malmenavano, lo spingevan su a pedate, schernendolo, urlando: «Su, poltrone! Voialtri, quando ci cogliete ci legate ai vostri cavalli! Una volta per uno, piemontese!».

Su, a mezzo il fianco del monte, erano aspettati. In un punto dove la roccia era tutta bricche,[9] scoscendimenti e precipizi a filo, con appena qualche striscia di cespi e d'arbusti aridi, sotto una rupe cava e ricurva a guisa di

---

[7] Sciocco.
[8] Faticando a tenere l'equilibrio.
[9] Dirupi.

vôlta, si stendeva un breve tratto di terra piano, cinto intorno intorno di macigni, parte franati dall'alto, parte – i più piccoli – spinti a forza di braccia tra i primi, in modo da formare con quelli una specie di baluardo. La rupe serviva di tetto e di parete a una capanna di legno, che occupava una quarta parte dello spazio chiuso. Sulla faccia interna dei macigni erano state incavate delle nicchiette, per riporvi roba, e degli scalini, dall'alto dei quali si vedeva giù tutta la china. S'entrava là per un'apertura poco più larga d'un uomo. Fuori, non appariva indizio di luogo abitato; dentro, pareva insieme una tana, un ridotto[10] e un corpo di guardia. Nelle nicchie v'eran bicchieri, tazze di latta, tegami, pani, coltelli; dalle punte sporgenti dei macigni pendevano sacche e fiaschette; in un angolo c'era un mucchio di cenere e di tizzoni, e la roccia, di sopra affumicata; sotto la capanna, paglia e panni ammontati. A guardar su, oltre la rupe, e dietro, e ai lati, non si vedevano che roccie, fossi profondi, e massi enormi quasi sospesi in aria, con qualche raro albero che appariva appena come un ciuffo d'erba. Sotto i fianchi rotti del monte; più in là, pianura, e lontano, altri monti.

Un uomo, ritto sull'ultimo gradino d'una scaletta, coi gomiti appoggiati sul macigno, e il viso nascosto dietro due pietre, tra le quali sogguardava come attraverso una feritoia, stava aspettando la compagnia. Quando scorse il carabiniere, batté la mano, in segno di contentezza, sur una delle due pietre; e prese a seguitare coll'occhio intento ogni suo passo, accompagnando ogni percossa che gli vedeva dare, con un gesto e una bestemmia, come per accrescere forza al percussore e dolore al percosso.

Quando furono a pochi passi dal ridotto, scese e gli andò ad aspettare alla porta. «Arrivarono.» Il carabiniere, cacciato dentro con uno spintone, stramazzò in

---

[10] Stanza, locale.

mezzo al recinto; entrarono in furia gli altri, ansando, sbuffando, buttando qua e là borse, cappelli, armi; sedettero intorno, sui sassi, e stettero un po' di tempo silenziosi, per riprender fiato ed asciugarsi il sudore.

«Eccone uno!» esclamò poi il capobanda, voltandosi verso il compagno che era uscito a riceverlo.

«Bell'e vivo» rispose questi. Poi, data un'occhiata al prigioniero e visto che aveva gli sproni, domandò al capo: «E il cavallo?».

«Non me ne parlare!» rispose il capo indispettito; «bisognerà che faccia in pezzi questa maledetta carabina: ho colto la bestia invece dell'uomo.» E qui fece in poche parole il racconto dell'accaduto.

«Non importa» disse l'altro; «è stato un colpo da maestro.»

S'avvicinò al carabiniere, lo aiutò ad alzarsi, e dopo averlo fissato un po' in viso con un'aria di stupida curiosità, gli tolse di dosso i fucili, il mantello, la sciabola; poi gli levò il cappello, lo guardò di sopra e di sotto, sorrise e lo buttò in un canto. Il carabiniere, rifinito,[11] si appoggiò alla capanna, e cominciò a guardare i briganti, ad uno ad uno, collo sguardo lento e grave d'un malato, il cui pensiero spazii già di là dalla vita. I briganti si misero a frugare nella sua valigietta.

Erano davvero ceffi degni del luogo e delle opere. Quello che pareva il capo, era un uomo sulla quarantina, basso della persona; ma corpulento, con una grossa testa, le spalle che toccavan le orecchie e le gambe arcate con due polpacci enormi; e dalla fronte ai piedi tutto largo, corto, tozzo, piatto, che pareva un gigante rientrato in sé stesso, che si fosse gonfiato di tanto, di quanto s'era accorciato; e nero, barbuto, baffuto e capelluto, in modo che non gli si vedeva che due dita di fronte e il sommo delle guancie. Degli altri tre, due parevan fratel-

---

[11] Sfinito.

li; avevano la stessa fronte angusta, lo stesso naso rincagnato, gli stessi occhi volpini, la stessa bocca senza labbra, curva in forma di semicerchio rivolto in giù, e lo stesso mento aguzzo e sbarbato; e l'uno e l'altro piccoli e nervosi. Tutti e tre avevano negli occhi quel non so che di cupo, di furbo, di lubrico,[12] di spiritato, che esprime la mostruosa stravaganza di cotali nature miste di superstizione e di ferocia, di coraggio temerario e di abbietta vigliaccheria. Un po' cascanti sulla vita, avevano nel gesto e nel passo, e anche nei loro impeti d'ira, qualcosa della leggerezza molle delle tigri. Portavano un cappello a pan di zucchero,[13] due alte ghette, e una giacchetta ampia ed aperta sul davanti, e tra la giacchetta e i calzoni usciva in giro, a sgonfietti, un po' di camicia, stretta da una larga fascia azzurra. Il quarto brigante, che pareva il più giovane, aveva un viso più umano; ed era anch'egli piccolo e sbarbato come i due che avevan aria di fratelli.

«Adesso» disse il capobanda, quando ebbe finito di visitar la valigia «fategli metter giù gli stracci, poi mangeremo due bocconi, e poi... la vedremo.»

I due fratelli s'avvicinarono al carabiniere, e uno gli slegò le braccia, mentre l'altro gli teneva il pugnale dinanzi al petto. Le due braccia slegate caddero penzoloni come le braccia d'un cadavere.

«Giù l'uniforme» disse uno dei briganti.

Il carabiniere li guardò, e stette qualche momento perplesso, colla fronte corrugata e un labbro stretto tra i denti.

Il brigante più giovane lo guardava con tristezza.

«Tu» disse a costui il capo, che stava seduto presso la porta «va al tuo posto!»

Il giovane, come obbedendo ad un ordine abituale, salì la scaletta, da cui uno dei briganti aveva veduto ve-

---

[12] Disonesto.
[13] *cappello... zucchero*: «a cono tozzo e con la punta arrotondata».

nire i compagni; appoggiò i gomiti sul macigno, mise il viso fra le due pietre, e rimase immobile.

«Giù l'uniforme» ripeterono i due briganti, alzando tutti e due insieme la mano.

«Dategli una ceffata, che gli lasci il segno delle dita!» gridò il capo.

Il carabiniere si scosse come se fosse stato punto in una piaga, poi chinò la testa in atto di rassegnazione, e si tolse l'uniforme. I due briganti la presero; frugaron nelle tasche, nelle maniche, da ogni parte; poi la gettaron sotto la capanna. Uno di essi frugò ancora il prigioniero nelle tasche dei calzoni, e disse al capobanda: «Nulla!».

«Accidenti a lui!» questi rispose; «legatelo al ferro.»

I due manigoldi legarono il carabiniere colle mani intrecciate sul dorso a un grosso uncino piantato in uno dei pali della capanna. L'infelice era bianco come un morto e batteva i denti come pel ribrezzo della febbre.

I tre briganti cavaron dalle nicchie un po' di provvigione da bocca, sedettero sopra tre sassi, e cominciarono a mangiare, discorrendo tranquillamente, a sbalzi e a proposizioni tronche, come si fa quando si bada più a quello che si mangia che a quello che si dice.

«Hai sentito le notizie di Casalvecchio?»

«L'affare di Don Alessio?»

«Già; dugento ducati di taglione.»[14]

«Pagati?»

«Pagati.»

«Che chiappa!»[15]

«E trecento ducati al Sindaco.»

«Furon discreti.[16] Tra lui e suo fratello han di gran terre. Lungo il Fortore, per due miglia, è suo.»

«Ma la più bella è stata a Biccari: sei cavalli, cinque

---

[14] Grosso riscatto, accrescitivo di "taglia".
[15] Guadagno.
[16] Non esosi nel chiedere.

fucili, mille ducati e otto sacchi di cacio-cavallo, d'un sol colpo.» Qui buttò una buccia d'arancio addosso al carabiniere, dicendo: «To'».

«E sento» riprese un altro «che c'è stato dei guai a Cerignola.»

«Tra la banda di Salvatore Codipietro e i Piemontesi. Furono acciuffati all'impensata.[17] È stato uno spionaggio, del Sindaco. Sette presi.»

«Col capo?»

«No.»

«Fucilati?»

Il brigante fece cenno di sì.

«Madonna!» esclamò l'altro, e si voltò verso il carabiniere: «Hai inteso, eh? Ma vi renderemo la pariglia, non dubitare. Ha da venire il giorno che a ogni albero della campagna penderanno le budella d'un piemontese. Da' tempo».

E tracannò un bicchier di vino.

«Guarda» disse un altro, accennando il carabiniere ai compagni, «sta pensando.»

«A che pensi?» domandò il capo forbendosi i baffi.

«A mammata?» ridomandò il primo.

«Dove la lasciasti?»

«Sentiamo.»

E si voltarono tutti e tre a guardarlo. Il povero giovane chiuse gli occhi, stette un po' così, e poi li riaperse grandi ed umidi, e guardò lontano, di là dai monti.

I tre briganti risero.

«Ma il più bello» disse uno «è che non parla... O che sarà?... Superbia?»

«Modestia» rispose l'altro con un riso sguaiato.

«Paura» aggiunse il capobanda.

Il carabiniere scosse la testa come per dire di no.

«Ah! no?» esclamò il brigante, balzando in piedi; «ora vedremo.» E poi ai due compagni, con piglio riso-

---

[17] Di sorpresa.

luto: «Costui andava a portar qualche ordine per farci coglier nel covo. Abbiamo perduto anche troppo tempo. Facciamolo sputare».

«Facciamolo sputare» risposero gli altri, alzandosi.

Il carabiniere si scosse e alzò la testa in atto di chi dice: "Son preparato". I tre briganti gli si piantarono dinanzi. Chi avesse osservato, in quel momento, il giovane che stava alla vedetta, lo avrebbe visto tremar come una foglia e voltarsi indietro, per non farsi scorgere, a poco a poco, col viso bianco dal terrore. Il capobanda se n'accorse, e gli accennò con un gesto imperioso che badasse al dover suo: quegli riprese l'atteggiamento di prima.

«Dunque» prese poi a dire il capo, rivolgendosi al carabiniere, con un accento che non ammetteva più indugi, «di dove venivi?»

Il prigioniero corrugò le sopracciglia e fissò il brigante con uno sguardo profondo che annunziava una volontà più risoluta della sua, e non rispose.

Il brigante, senza dir altro, gli menò un così violento pugno sotto il mento, che s'intese uno scroscio come se gli avesse spezzato i denti. «Risponderai ora?»

Il carabiniere abbassò la testa, lasciò colare il sangue che gli empiva la bocca; poi rialzando gli occhi in viso al brigante, con un'espressione d'imperturbata alterezza, fece cenno di no.

Il brigante si morse le labbra, ricambiò coi due compagni un sorriso forzato; poi, con tutta calma, pose la mano in tasca, trasse un coltello, l'aperse, sbottonò la camicia al carabiniere, e gli mise la punta della lama sotto la fontanella della gola. La vittima fece un movimento convulso come se la lama fosse già entrata. «Nessuna paura» mormorò il brigante; e fece scorrere il coltello, lentamente e leggermente, dal collo fino alla cintura, come avrebbe fatto sopra una tavola per tracciarvi una linea. Sul petto dello sventurato apparve una lunga riga rossa, somigliante a un taglio di rasoio, che subito disparve sotto le goccie di sangue che ne spicciarono fuori; e le goccie filarono giù, come lagrime, sotto i panni e sopra, sino a terra.

«Ah! ah!» gridò con voce bestiale il capo; «lo cominci a vedere, eh?»

«Guarda come corre!» disse l'altro.

Il giovane brigante si coperse il viso colle mani.

«Parli ora?» ridomandò il capo.

Il carabiniere guardò sgocciolare il sangue, poi alzò la testa, fissò gli occhi in viso al brigante, e colla medesima espressione di prima fece cenno di no.

I tre aguzzini si guardarono in viso con un'aria più di stupore che d'ira.

«Ma vuoi dunque morire, imbecille?» urlò improvvisamente il capo banda, mettendo il suo viso contro quello del carabiniere, in modo quasi da toccarlo, e scotendo una mano aperta accanto alla guancia di lui. «Non vedi che sei qui nelle nostre mani, solo, e che ti possiamo sventrar come un cane? Cosa speri? Che ti vengano a liberare? Di' qualche cosa! Fa sentire la tua voce! Metti fuori almeno una parola!»

Il carabiniere rimase muto.

Preso da un accesso di rabbia, uno dei briganti alzò il coltello; ma il capobanda gli trattenne il braccio, dicendo: «No, il coltello!» e afferrò un fucile: «Questo bisogna che provi!» e alzata l'arma da terra gliela batté con tanta forza sui piedi, che l'ossa scricchiolarono; il misero gettò un acutissimo lamento, e si contrasse tutto come preso da epilessia. Ma quasi nello stesso punto, traendo forza dal dolore, batté il piede offeso in terra, alzò la testa, e gridò con un ruggito: «No!».

I briganti lo afferrarono tutti e tre insieme pel collo, e stavan per fargli schizzar gli occhi dal capo, quando il giovane che faceva da sentinella, reso audace dall'orrore che non potea più vincere, gridò con voce e viso di forsennato: «Eh, ammazzatelo una volta, per dio! Tirategli una fucilata nella testa! Che serve farlo tanto patire?».

I tre briganti, colpiti più dalla sua audacia che dalle sue parole, si voltarono a guardarlo in atto di stupore;

ma fu breve stupore. Il capo si slanciò sul giovane temerario, e con un pugno nella nuca gli fece battere la testa sul macigno. Il giovane, sbalordito, riprese senza far parola l'atteggiamento di prima; ma nel punto stesso che gettava lo sguardo giù pel fianco del monte, fece un leggero atto di meraviglia, si sporse più innanzi, e restò immobile, cogli occhi fissi. Il capo dei briganti non se ne accorse, e tornò verso la vittima. Era livido, digrignava i denti e tremava; i suoi stessi compagni lo guardavano con trepidazione. Pose una delle sue grosse mani sul capo del carabiniere, alzò l'altra con l'indice teso in atto di minaccia, e guardandolo di sbieco cogli occhi iniettati di sangue, mormorò con voce strozzata:

«Senti... In mal'ora[18] t'è venuta l'idea di fare il cocciuto con me... Tu non sai chi sono... Io ho fatto rizzare i capelli sulla testa a gente che aveva più fegato di te... Tu non hai idea di quello che son capace di farti soffrire... Io son capace di pugnalarti fino a domani senza toglierti la vita... di ridurti a non aver più figura d'uomo... di strapparti gli occhi dal capo... Sai quello che è seguìto agli altri... non mi mettere al cimento... di' quello che devi prima che mi monti il sangue alla testa...»

Dicendo le ultime parole, gli levò la mano dal capo, – la guardò, – c'eran dei capelli. Indispettito, glieli buttò nel viso e gli rimasero attaccati alla bocca. Il carabiniere, per liberarsene, sputò. I briganti presero quell'atto come uno spregio, e non si contennero più. Gettando tutti e tre insieme un grido di rabbia, chinando il capo, torcendo gli occhi, gli si slanciarono addosso come tre fiere, e cominciarono colle punte dei pugnali, coll'unghie, coi denti, colle ginocchia, coi piedi, a torturarlo, in fretta e in silenzio; or l'uno or l'altro sostando un momento per riprender fiato; dicendosi l'un l'altro «Adagio!» per avvertirsi di non ucciderlo; e pestavano, punzecchiavano, mordevano, e

---

[18] In un cattivo momento.

cadevano in terra stille di sangue, brani di camicia, ciocche di capelli; e non s'udiva che il respiro affannoso dei tre carnefici, e il rumor dei pugnali che s'urtavano, e il singulto secco della vittima; erano accecati, ebbri, imbestialiti; non parevano più tre uomini, ma un mostro di tre corpi avviticchiato ad un uomo: presentavano tutto quello che posson avere insieme di orribile la demenza, la viltà e la ferocia.

«Non lo uccidete ancora!» ricominciò a gridare il giovane con grande affanno, voltandosi e rivoltandosi rapidissimamente ora verso i briganti, ora verso la campagna, e alzando a grado a grado la voce come se volesse coprire un rumore che s'avvicinava. «Non lo uccidete ancora! Aspettate! Dirà tutto! Se lo uccidete, non saprete nulla! Provate ancora una volta! Ha fatto segno che vuol parlare! Lo ucciderete poi! Gli darò io una pugnalata nel cuore, se non gliela darete voi! Mettete giù i pugnali! Picchiate solamente con i pugni! Non vedete che muore?»

Senza cessar di gridare lanciò un'occhiata fuori, vicino, al piede del baluardo; poi balzò in mezzo al recinto, e mutando tutto ad un tratto viso e intonazione di voce, gridò con un accento d'inesprimibile disprezzo:

«Ah! vigliacchi! Tre contro un moribondo!»

«Dannazione!» urlò il capo dei briganti, slanciandosi col pugnale alzato contro di lui.

«È tardi!» questi rispose con un fremito di gioia, e accennando la porta, gridò: «Guarda!».

Nel punto stesso che gli altri due briganti, avvertiti dalle parole del giovane, gettavano in fretta e in furia un ampio mantello addosso alla vittima, e mentre il capo afferrava il fucile per gettarsi contro il nemico misterioso che s'avvanzava, scoppiò uno strepito d'armi, di passi, di voci, balenarono baionette e canne di fucile dinanzi alla porta, sopra i macigni, sull'alto della rupe; e irruppe dentro uno stuolo di carabinieri, che in un baleno circondò, oppresse, disarmò e buttò a terra quanti trovò nel recinto. Seguirono alcuni momenti di silenzio, durante i quali non si udiva che il respirar grosso e frequente dei carabinieri trafelati.

«Soccorrete il moribondo!» gridò all'improvviso il giovane brigante, che stava inginocchiato anche lui, come gli altri, colle mani appoggiate in terra, sotto la baionetta d'un carabiniere.

«Qual moribondo?» domandò il capitano, facendosi innanzi, polveroso ed ansante.

«Là! nell'angolo!» rispose il giovane accennando. Tutti si voltarono a guardare; nessuno scopriva nulla.

«Sotto il mantello!» ripeté il brigante.

Il capitano, seguìto dagli sguardi di tutti, s'avvicinò alla capanna, afferrò il mantello e lo buttò in terra. Un grido generale d'orrore risonò alla vista di quell'orrenda cosa. L'infelice prigioniero, inginocchiato in terra, colle braccia ritorte indietro, e il capo spenzolante sul petto, era tutto lividi e piaghe e sangue, che parea scorticato; e faceva uno sforzo per alzare la testa.

«Slegatelo subito!» gridò il capitano. «Dategli da bere!»

Tre carabinieri accorsero, lo slegarono, lo posero a sedere, e cominciarono ad esaminar le ferite; gli altri, accecati dall'ira, percotevano i briganti col calcio del fucile.

«Giù le armi!» gridò il capitano. E poi, voltosi verso il giovane brigante: «Parla tu!».

Il carabiniere che lo teneva gli permise d'alzarsi in piedi.

«Quando fu preso quell'uomo?» domandò il capitano; «di' la verità prima di morire.»

«Quell'uomo...» cominciò il giovane con voce affannosa, tremando ancora d'orrore e di spavento «quel carabiniere... l'hanno preso stamani... l'hanno condotto qui... l'hanno legato... volevano che parlasse... lui non voleva... non parlò... gli saltarono addosso... Io ho veduto! Mio Dio! Mio Dio!»

«Ma tu chi sei?» gridò il capitano, strappandogli il cappello.

Tutti si voltarono ed esclamarono: «Una donna!».

«Sì!» gridò questa come una forsennata; «sono una donna... m'hanno rubata... son quindici giorni... mi misero il coltello alla gola... m'hanno condotta con loro... Ma io non mi sono macchiata le mani di sangue, no, lo giuro! io li accompagnava soltanto perché non m'uccidessero! Io sono di San Severo... sono una povera contadina.»

«Perché non hai tirato una fucilata nella testa a uno di costoro?»

«Non ho avuto coraggio... mi avrebbero messo alla tortura... Bisogna vedere quello che fanno... Credevo di diventar pazza... Se aveste visto... Ma lui (e accennava il ferito), lui è stato un Dio... ha sofferto tutto... non ha detto una parola! non una parola!»

«Trascinate questi vigliacchi ai piedi della loro vittima» gridò il capitano.

I carabinieri trascinarono i tre briganti dinanzi al ferito, a cui era stata fasciata la testa con una pezzuola che gli cuopriva il viso.

«Son qui io!» gridò il capitano, chinandosi verso l'infelice, che cominciava a ridar segni di conoscenza; «sei salvo! sei in mezzo ai tuoi compagni! fatti coraggio! guarda! i tuoi assassini sono inginocchiati davanti a te!»

Il carabiniere alzò lentamente la testa e si scosse tutto. Poi stese una mano, la posò sulla testa del capo dei briganti, la ritrasse, sorrise colla bocca insanguinata – sporse il capo innanzi – e gli sputò sulla faccia.

«Cos'è questo?» dimandò il capitano, raccogliendo un non so che bianco e molle che gli era parso veder cadere dalla bocca del disgraziato.

«... La risposta... al colonnello...» rispose il ferito con un filo di voce.

«Al colonnello di San Severo? La mia risposta? Quella che t'ho data questa mattina?»

Il carabiniere accennò di sì.

Il capitano si slanciò su di lui, gli mise un braccio intorno al collo e lo baciò sulla fronte; poi balzò in piedi e gridò ai suoi soldati: «Inchinatevi davanti a questo valoroso, figliuoli! Egli portava al colonnello la mia lettera che annunziava la nostra partenza, l'ora e dove andavamo; se i briganti la leggevano eran salvi; la mise in bocca, e non parlò per non tradirsi, e sopportò i tormenti in silenzio! È un eroe! È un martire! È un'anima grande!».

«Sì!» gridarono tutti i carabinieri insieme, con una voce che veniva dal più profondo dell'anima.

«Baciategli i piedi, vigliacchi!» gridò il capitano ai briganti.

L'uno dopo l'altro, strisciando in terra come serpi, baciarono i piedi al ferito.

«Capitano» gridò allora la donna fissandolo con due occhi di pazza; «io potevo dar l'avviso, quando voi venivate... non lo diedi, vi lasciai venire... Fatemi una grazia in compenso... Io sono una donna perduta... Io non posso più tornare a casa... Fatemi fucilare con costoro!»

«No!» gridò con uno sforzo estremo il ferito.

Tutti si voltarono.

«Voi...» continuò l'infelice con voce fioca, tendendo una mano sanguinosa verso la donna, «dovete fare un'opera di misericordia...»

«Quale? dite! Dio mio! Io ve lo domando per carità!» gridò la donna, gettandoglisi ai piedi colle mani giunte.

«... Accompagnarmi...» mormorò l'infelice.

«Dove?» domandò la donna.

«Da per tutto!»

Tutti si guardarono meravigliati.

«Che cosa volete dire?» ridomandò la donna.

«Voi non le avete viste tutte... le mie ferite...» rispose il carabiniere; «Guardate!»

E sollevò il fazzoletto che gli copriva la fronte. Tutti s'avvicinarono ansiosi, guardarono, e gettarono un grido straziante di orrore e di pietà. Lo sventurato era cieco.

«Alla morte!» urlarono allora tutti i soldati, percotendo i briganti coi fucili e coi piedi. «Alla morte!» La voce del capitano non riuscì a dominare il tumulto; i carabinieri si slanciarono fuori, travolgendo gli assassini nella corsa precipitosa.

«Farete... quest'opera... di misericordia?» domandò il ferito alla donna, quando furono soli.

Questa alzò gli occhi al Cielo e disse: «La mia vita è vostra».

Allora si strinsero la mano, e una fragorosa scarica, che scoppiò giù nella valle, parve salutare il nobilissimo patto, che lega da dieci anni la donna pietosa all'eroe.

Commento al testo

Il racconto *Fortezza* compare edito nel 1872 come sesto e ultimo testo della prima raccolta di *Novelle*.

Fortezza non può forse dirsi la prova migliore della novellistica dell'autore, ma all'interno della raccolta è certo la più rappresentativa di quel filone moralmente impegnato e intransigente della narrativa di De Amicis nel quale l'autore si dimostra meno disposto a far emergere, alle spalle della propria ottimistica e positiva ideologia, le contraddizioni storiche da cui sono generate le questioni sociali di maggiore urgenza nella società italiana; contraddizioni che invece affiorano nelle altre novelle di argomento sociale della prima raccolta e ancor più nei successivi volumi.

In linea generale *Fortezza* rientra nell'ambito dei testi narrativi di argomento militare, in merito ai quali l'autore dichiara:

> lo scopo che mi prefiggo scrivendo: – far del bene al soldato, fargli amare la vita militare, e i suoi superiori, e la sua bandiera –, scopo a cui non mi basta l'intelletto, ma non mi manca, oh no certamente, il cuore.[1]

Alla motivazione personale da cui muove l'autore quando si accinge a tale narrativa, ovvero la convinzione che l'esercito (come la scuola) sia tra le istituzioni basilari dello Stato nazionale, nelle quali si realizza l'incontro tra le

---

[1] Lettera di De Amicis a Aleardo Aleardi databile al 1868, citata da A. Brambilla, *De Amicis: paragrafi eterodossi*, prefazione di L. Tamburini, Mucchi, Modena 1992, p. 20.

classi che è il presupposto della conciliazione sociale, si somma il preciso incarico ricevuto dai comandi militari di scrivere qualcosa che si contrapponga a opere, quali *Una nobile follia* di Tarchetti, che suffragano tesi antimilitariste e antibelliche. Il primo risultato in tal senso sono i bozzetti *La vita militare*, nei quali l'autore offre una rappresentazione dei soldati conforme alle esigenze della propaganda militare e nella quale l'esercito, dato anche più interessante, «è colto nel momento in cui si relaziona con il "popolo", scendendo per le strade [...] all'insegna di un ideale di concordia civile».[2] Necessariamente diversa è la descrizione del rapporto tra militari e civili che l'autore offre quando sceglie per soggetto un momento di grande lacerazione tra la popolazione da un lato e lo Stato che le forze armate rappresentano sul territorio dall'altro, come nel caso di *Fortezza* e del tema del brigantaggio. Il risultato è la divisione della società civile in una parte buona, che sostiene l'ordine costituito ed è difesa dai soldati, e una parte cattiva, che viene demonizzata dal narratore.

Il nucleo cruciale sembra essere il trovare un modo inappellabilmente negativo per presentare il brigantaggio, ossia la guerriglia che si contrappone alla presenza delle istituzioni nazionali nel Meridione (in particolare nell'Irpinia, in Puglia, in Basilicata e nel Casertano) e che assume negli anni Sessanta dell'Ottocento i caratteri di un vero e proprio fenomeno di massa. Il brigantaggio si sviluppa sin dal 1860 con l'esplosione della virulenta reazione del mondo contadino alla mancata riforma agraria, che il governo dell'Italia unita, fondato sull'alleanza stabilitasi tra la borghesia settentrionale e la proprietà terriera meridionale, si guarda bene dal porre in atto, nonostante i proclami che hanno animato le campagne di unificazione nel Sud della penisola. Lo scontento contadino è esasperato dalla poco accorta estensione del codice sabaudo alle regioni meridionali (estensione che non tiene conto del contesto economico e sociale meridionale, di per sé problematico e comunque molto distante dal vecchio Stato piemontese per

---

[2] *Introduzione* a I.U. Tarchetti, *Una nobile follia*, a cura di R. Carnero, Mondadori, Milano 2004, p. XVII.

cui era stato concepito il codice), e viene sostenuto più o meno scopertamente dall'opposizione anti-italiana rappresentata dal partito borbonico e dal clero (si veda al proposito la chiusa del polemico primo paragrafo del II capitolo della novella: «e a tener vivo e ad accrescere l'eccidio miserando venivan dalla riva destra del Tevere armi, scudi e benedizioni»).

Proprio per la portata e per la gravità dei fatti il fenomeno è oggetto di accesi dibattiti politici e impressiona profondamente il pubblico così come gli intellettuali, e tra questi De Amicis, per altro chiamato in causa in prima persona perché partecipe come militare della campagna di repressione del brigantaggio. L'autore si colloca tra coloro che oltre a condannare la forza eversiva del fenomeno, assolutamente inconciliabile con l'ideologia deamicisiana perfettamente organica all'ordine instauratosi nella nazione, si orientano a dare una rappresentazione pedagogica del fatto storico, concorrendo a creare quella mitologia del negativo, del fuorilegge malvagio e spietato che si assocerà per decenni all'idea del brigante. In tal senso la novella di De Amicis si colloca al polo opposto rispetto alla verghiana *L'amante di Gramigna*, nella quale il narratore verista, adottando un punto di vista interno al mondo contadino, elenca i danni conseguenti all'attività del brigante (il saccheggio, gli incendi dei seminati), ma non nega il fascino che tale figura esercita sui contadini.

Evidentemente anche dal punto di vista della costruzione narrativa il testo di De Amicis è quanto di più lontano dalla novella di Verga, a partire dal profilo linguistico e sintattico, poiché, rinviando a un modello di lingua nazionale e media, *Fortezza* è estranea all'effettivo livello espressivo dei personaggi portati in scena. Sotto il profilo strutturale, infine, *Fortezza* è caratterizzata, come le altre novelle del volume cui appartiene, sia da una considerevole lunghezza sia dalla strutturazione in ampi capitoli e rappresenta la fase di evoluzione della narrativa deamicisiana nella quale l'autore supera la prosa bozzettistica – pur senza abbandonare il genere che seguita a coltivare lungo tutta la propria carriera – per approdare a una narrazione più complessa e strutturata che conduce, dopo una decina di anni, al romanzo.

NEERA

La vita e le opere

Si può scrivere in poche righe la biografia di Neera, alias Anna Zuccari, e, non fosse la passione per la scrittura coltivata parallelamente agli impegni domestici a distinguerla, la si potrebbe assimilare alla biografia "consueta", quasi priva di nota, di ogni signora della borghesia italiana dell'Ottocento, segnata da un grande evento luttuoso, la perdita del padre adorato, e per il resto così riassumibile: nasce a Milano il 7 maggio 1846, ancora bambina rimane orfana della madre e, dopo una decina di anni, del padre; sposata Radius, nel 1871, vive a Milano con la famiglia fino alla morte avvenuta il 19 luglio 1918. Naturalmente non vuole essere riduttivo l'insistere sulla normalità della vita "da donna", madre e moglie, condotta da Anna Zuccari, ma intende porre da subito l'accento su un concetto forte della poetica di Neera, che ne orienta l'intera produzione e consiste nel riconoscere nel destino-dovere che la donna ha di essere madre all'interno della famiglia il momento esclusivo di affermazione dell'identità della donna in quanto tale. Un'identità che va intesa come esaltazione, al massimo grado, della natura femminile in contrapposizione a quella maschile, quest'ultima biologicamente, emotivamente e socialmente esclusa dalle funzioni proprie della donna-madre.

Come scrittrice, Neera fa il proprio ingresso nel mondo delle lettere a quasi trent'anni, nel 1875, pubblicando una novella sulla rivista «Il Pungolo»; da quel primo passo saranno numerosissime le collaborazioni a riviste[1] – tra que-

---

[1] Oltre a «Neera», con cui firma tutti i propri romanzi, la Zuccari

ste si possono elencare in ordine sparso la «Nuova Antologia», il «Fanfulla» e il «Fanfulla della Domenica», il «Giorno», il «Corriere del mattino», il «Corriere di Napoli» e il «Corriere della Sera», la «Scena illustrata», il «Marzocco», l'«Illustrazione Italiana», la «Gazzetta del Popolo», la «Revue blue» e il «Journal des Debats» – così come numerose saranno le novelle edite su queste testate e poi raccolte nei volumi: *Novelle gaie* (1879), *Iride* (1881), *La freccia del Parto* (1883), *Voci della notte* (1893), *La villa incantata* (1901), *Conchiglie* (1905), *La sottana del diavolo* (1912), e il postumo *Fiori* (1921). Oltre alle novelle Neera scrive anche testi autobiografici, studi morali e saggi, alcune poesie, ma soprattutto romanzi, quasi una ventina di titoli (i più fortunati sono probabilmente *Teresa* del 1886 e *L'indomani* del 1890) sui quali concentra le proprie energie e ambizioni letterarie e con i quali riscuote i maggiori successi. In tal senso la produzione novellistica viene considerata dall'autrice un genere di minor valore e impegno,[2] anche se per taluni aspetti proprio la sua narrativa breve risulta più godibile di quella romanzesca specie per il lettore contemporaneo, che trova nella «misura del racconto [...] una felicità creativa che spesso non ha riscontro nella scrittura volutamente moralistica, a tesi, e perciò più faticosa, dei romanzi».[3]

Al di là del diverso livello artistico raggiunto nei due generi narrativi, tra novelle e romanzi sussistono comunque degli elementi fondamentali di identità, primo fra tutti l'uniformità tematica che caratterizza l'ispirazione dell'autrice. Come sottolinea infatti Benedetto Croce in un saggio

---

nelle riviste adotta diversi altri pseudonimi quali «Atalanta», «Alto», «Vanessa».
[2] Cercando di spiegare come taluni personaggi riescano meglio di altri, Neera adotta la seguente equazione: «Capita però qualche volta la fortuna di un tipo compiuto, e questo avviene soprattutto per le così dette "macchiette", le quali stanno al grande personaggio come la novella sta al romanzo: cioè, hanno, sì, vita propria, ma breve, senza importanza, una bolla di sapone», cfr. Neera, *Una cicala*, in *Neera*, a cura di B. Croce, Garzanti, Milano 1942, p. 690.
[3] Id., *Monastero e altri racconti*, cit., pp. 9-10.

del 1904 (saggio che suggella il rapporto di stima e amicizia che intercorre tra il critico e l'autrice), «il problema della donna e quello dell'amore hanno formato l'oggetto principale e quasi unico del suo studio»[4] e in particolare «la sua predilezione» va «pel tema della donna che ha cercato e non ha conseguito il compimento dell'esser suo nell'amore, nel matrimonio, nella maternità».[5] A ciò si aggiunge la tendenza dell'autrice ad ambientare le proprie storie di preferenza in provincia, una provincia nella cui rappresentazione si avverte ancora la contrapposizione tra un universo campagnolo positivo e uno cittadino negativo, accompagnata dalla nostalgia per un mondo di buoni sentimenti che pare essere in dissoluzione, per «quella cara provincia che va scomparendo»:[6]

> Artisticamente io adoro la provincia; essa mi ispira e mi riposa insieme; la trovo più elevata, più intima, più personale della grande città, dove a furia di urtarsi e di rotolare si riesce tutti eguali, dove gli angoli si smussano, i profili si affinano, i colori si smorzano; dove si piglia tutti supergiù l'aspetto dell'ultimo figurino.[7]

In qualità di estimatore della scrittrice, «cara e venerata amica»,[8] e in veste di critico, Croce ritiene che l'elemento di maggiore solidità, e per lui di pregio, della narrativa di Neera risieda nella tensione morale che emerge nei testi (più nei romanzi che nelle novelle) con evidenza ma senza irrigidire i personaggi e le vicende in stereotipati modelli

---

[4] Id., *Neera*, cit., pp. 932-33.
[5] *Ibid.*, p. 936.
[6] Id., *Confessioni letterarie*, in *Neera*, cit., p. 895. Le *Confessioni letterarie*, premesse alla seconda edizione, del 1891, del romanzo *Il Castigo*, sono una prosa autobiografica nella quale Neera ripercorre la propria vocazione di scrittrice, quello che lei definisce «il racconto delle mie prime armi» (*ibid.*, p. 871), in risposta al testo *Come io divenni novelliere. Confessione a Neera* di Luigi Capuana, che compare nella seconda edizione della raccolta di novelle *Homo!* (1888).
[7] *Ibid.*, pp. 894-95.
[8] *Ibid.*, p. V.

da proporre, con intento pedagogico, al pubblico: «i suoi romanzi non sono costruzioni concettuali: i suoi personaggi non badano a edificare con l'esemplarità delle loro azioni: vivono». In tal senso «l'idea fondamentale è schiettamente e fortemente sentita»[9] e chiarisce il

> suo nobile pensiero, esperto del cuore umano, consapevole del carattere sacro della passione, ma non meno della forza che questa chiude in sé d'innalzarsi e trasfigurarsi, mercé del dolore, in quella suprema passione, in quell'amore sugli amori, che si chiama il dovere. In ciò è il tratto non perituro dell'opera sua.[10]

Al tempo stesso però Croce rileva ed elenca anche i non secondari difetti della pagina di Neera, essenzialmente dovuti alla mancanza di una solida formazione letteraria che le consenta di controllare, con consapevolezza, i propri mezzi espressivi, superando i limiti che le restano dalle scuole, frequentate senza interesse, e a cui non hanno supplito le letture, da appassionata autodidatta, condotte nella biblioteca di famiglia e sulle riviste portate in casa dal padre. Scrive al proposito Croce:

> molto spesso, la scrittrice sembra che abbia fretta; la narrazione non procede ritmicamente: di tanto in tanto precipita vertiginosa,[11]

> e la fretta o la negligenza si propaga per tutte le parti dei suoi libri, si sente nel periodare, nella lingua assai scorretta e imprecisa, e cosparsa di vocaboli e frasi che non sono ardimenti, ma vere e proprie negligenze, perché usati a casaccio.[12]

E la stessa Neera non può che concordare con il critico, ma cerca di fare della propria debolezza stilistica una scelta, più o meno obbligata, di poetica:

---

[9] *Ibid.*, p. 940.
[10] *Ibid.*, p. VI.
[11] *Ibid.*, p. 940.
[12] *Ibid.*, p. 941.

La forma, dico il vero, non è mai stata la mia maggiore preoccupazione. Ora lo diventa, ma per servire meglio il pensiero. Non posso essere dell'opinione di Flaubert, per il quale la forma era tutto. Certo mi piace, come a voi altri uomini piacciono, tra un sigaro e l'altro, le donnine allegre; ma forse ciò basta? Che cos'è la forma senza l'idea? È appunto la carne senza l'anima [...]. Effettivamente, la mia passione, il mio diletto, la mia idealità è lo spirito, non la lettera.[13]

---

[13] *Ibid.*, p. 891.

Paolina

Avevo compiuto dodici anni il giorno prima quando il babbo mi disse:
«Vèstiti, dobbiamo fare una visita.»
Io non potevo immaginarmi che visita fosse perché non conoscevo nessuno. Corsi diffilata da Betta e le domandai se sapeva dove il babbo mi avrebbe condotta.
Betta non sapeva nulla: essa argomentò che il babbo si fosse deciso a farmi fare la conoscenza dei nostri vicini, i quali lo avevano pregato tante volte di lasciarmi giocare colle loro bimbe.
« No, Betta» le dissi «sono persuasa che non si tratta dei nostri vicini; per loro il babbo non mi avrebbe detto di vestirmi.»
Betta confessò di non poter trovare altro e si fece a calmare la mia curiosità osservando che presto lo avrei saputo positivamente.
Indossai così il mio abitino color pesca e stavo raddrizzando un bottone[1] di rosa sul mio cappello di paglia, quando il babbo comparve sull'uscio della camera.
«Sei pronta Paolina?»
«Eccomi.»
Egli mi guardò minutamente con un'aria poco soddisfatta, a dir vero.

---

[1] Bocciolo (più avanti anche «bottone di gardenia»).

«Non si poteva vestirla meglio?» domandò alla mia governante.

«Non saprei...» rispose Betta confusa «è il suo abitino delle feste: vossignoria lo conosce.»

Mio padre si masticò i baffi in silenzio: mi prese per mano e scendendo le scale disse che le mie mani erano ruvide.

«Non hai guanti?»

«Sai bene che non ne porto mai.»

«Ne compreremo un paio strada facendo; queste mani non sono presentabili.»

Ma Dio buono, dove si andava?

La faccenda dei guanti presentò qualche difficoltà; non si poteva calzarmeli per nessun verso; non ci ero avvezza: una volta infilati alla meglio non potei piegare le dita, né riunirle, per modo che le mie mani ciondolavano appese alle braccia come due ventole spiegate.

«La è pur goffa!» borbottò mio padre a denti stretti. La sua intenzione non era di farsi udire da me; ma io udii e mi prese una gran voglia di piangere.

Adoravo mio padre, anch'egli era sempre stato buono e amorevole, e per la prima volta mi accorgevo di spiacergli. Un velo di tristezza mi offuscò tutta; mi parve che il babbo si trasformasse, che non fosse più lui.

«Suvvia sta allegra; smetti quel muso. Che diranno di te nella casa dove andiamo? Rasserenati; vedrai una signora buona e bella, che ti vorrà tanto bene.»

Perché questa promessa non mi ridonò la mia allegria? Non so. Avrei voluto tornare indietro, nella nostra casa, gettar via quegli odiosi guanti, consegnare a Betta il mio vestito color pesca e riprendere i miei giochi nell'orto colle mie bambole, i miei fiori, i miei libri.

Il babbo si fermò davanti a una bella porta, alzò gli occhi e sorrise; io guardai subito a chi aveva sorriso, ma non vidi alcuno – la persona era già fuggita.

Mi raccomandò ancora di essere gentile, di salutare con garbo; mi allacciò un bottone di quegli infelicissimi guanti, e ripetendo: da brava! suonò il campanello.

Un servitore in livrea, senza nemmeno chiedergli il suo nome, alzò una portiera[2] di velluto. Mio padre mi trascinò dietro a lui; allora la voce più soave ch'io avessi mai udito pronunciò queste parole:

«Finalmente, Giorgio, vi siete deciso a condurci la bambina!»

Chi diceva a mio padre *Giorgio*! semplicemente? Per la prima volta in vita mia lo sentivo chiamare così, e ne provai una impressione dolorosa come se qualcuno mi contendesse il suo cuore inalberando diritti che io sola credevo di avere.

Guardai quella persona.

Era una splendida creatura, di una bellezza così fulgida che non la potrei paragonare ad altro che ad un raggio di sole. Altissima, snella, di forme morbide e delicate, sembrava muoversi come una canna a ondate flessuose – oh! lei non era goffa. L'abito elegante non aggiungeva né toglieva una linea alla grazia del suo corpo; aveva le braccia un po' nude, cinte da molteplici cerchietti d'oro che luccicavano e tintinnivano ad ogni gesto. La mobilità raggiante della sua fisionomia era incredibile; tutto aveva vita in quel volto; gli opulenti capelli neri, gli occhi espressivi, il sorriso incantevole, la carnagione pallida e bruna che si coloriva parlando e mutava ad ogni istante. Io la contemplava attonita.

«Vieni, Paolina!» esclamò lei, circondandomi colle sue braccia graziose «noi dobbiamo diventare amiche.»

Sapeva anche il mio nome!

«Non le ho detto nulla,» sussurrò mio padre a voce bassa «vi chiedo scusa per lei se è un po' imbarazzata.»

«Non preoccupatevi di questo, Giorgio; la conoscenza la faremo a poco a poco: non è vero, piccina?»

Corrisposi male, devo dirlo, alle sue gentilezze; vedevo la fronte di mio padre corrugata quasi muto rimpro-

---

[2] Cortina, tenda.

vero, eppure non trovavo in me un solo impeto d'affetto, una sola parola buona.

«Andiamo, Aurora:» disse una vecchia signora che faceva calze di seta sdraiata in una poltrona «lasciala in pace; si vede che è scontrosa e ci vorrà del tempo ad avvezzarla.»

«Aurora, io ne sono desolato!...»

Queste ultime parole le pronunciò mio padre volgendosi alla bella creatura, la quale non parve per nulla turbata e mi rovesciò in grembo una manciata di chicche,[3] sorridendo sempre.

La vecchia signora incominciò a farmi delle interrogazioni su' miei studi, su' miei passatempi: ed io le rispondevo in modo laconico, senza tralasciare mai di guardare mio padre e l'altra signora – Aurora! – sì, nessun nome poteva esserle più adatto; chiunque vedendola avrebbe indovinato che si chiamava così.

Si erano affacciati al balcone e parlavano piano guardandosi dentro gli occhi; mio padre le sorrideva in un modo che mi faceva orribilmente soffrire – non lo avevo mai visto io quel sorriso!...

«Senti,» mi diceva intanto la vecchia signora «non sta bene essere imbronciati: la mia Aurora, quand'era piccina, si faceva voler bene da tutti per il suo carattere allegro e gentile; la bontà e la grazia sono le più care doti di una fanciulla. E poi si diventa brutte, sai, a fare la cattiva!»

Oh per questo non avevo bisogno di diventarlo. Non me ne ero mai preoccupata, ma allora capivo proprio di essere brutta e – curioso – nello stesso tempo mi accorgevo che il babbo era giovine e bello, e ne provavo un dispiacere così vivo come di una ingiustizia.

Silenziose lagrime colavano sulle chicche che avevo in grembo; la vecchia signora, disperando di potermi ammansare, si era rimessa a far la calza.

---

[3] Confetti, caramelle (già in Pratesi, cfr. p. 349, nota 4).

Nel tornare a casa il babbo non mi rivolse mai la parola – prova che egli era malcontento di me.

Io cercai subito la Betta e mi gettai nelle sue braccia raccontandole ogni cosa.

Per qualche giorno tutto camminò liscio come prima; il babbo sembrava bensì provare un momento di malessere quando arrestava gli occhi su di me, ma poi si rischiarava e baciandomi su ambedue le guance finiva sempre col dirmi:

«Sii buona, Paolina, allora tutti ti vorranno bene.»

Tutti chi? Lui e Betta non erano le sole persone che dovevano amarmi? E non mi amavano già così, ad onta de' miei difetti? Non avevo conosciuta mia madre, la vita mi era passata intera fra quei due esseri che segnavano i confini del mio mondo; non mi era mai venuto il pensiero che tale stato di cose potesse cambiare e non invidiavo le bambine dei nostri vicini circondate di fratelli, di sorelle e di parenti. Io ero felice di avere il babbo solo tutto per me e la Betta mia anch'essa. Amavo in secondo luogo la nostra casetta e il piccolo giardino incolto dove m'era lecita qualunque scorreria e dove regnavo da padrona assoluta su mezza dozzina di brulli rosai. A cagione della mia gracile salute non andavo a scuola; un maestro veniva a darmi le lezioni primarie e il babbo mi faceva da ripetitore; non avevo dunque nessuna amica e cresciuta sempre sola non mi piaceva neppure la compagnia degli altri fanciulli. Ero una piccola selvaggia malinconica e capricciosa.

Una domenica dopo pranzo il babbo era uscito; Betta aveva ricevuto senza dubbio delle istruzioni, perché la trovai in giardino grave, compunta, col suo libro di preghiere in mano.

«Paolina,» ella disse mettendomi due dita sulla spalla «tu sei oramai una donnetta e certe cose le puoi comprendere.»

«Sicuro» risposi sfogliando senza scopo e senza pietà i poveri fiori dei rosai.

«Sta tranquilla dunque; è tempo di mettere giudizio; sai che devono accadere grandi cose?»

Diedi un balzo, come i puledri quando accennano ad imbizzarrire; ero retrograda[4] fino al midollo delle ossa. Tutti i cambiamenti mi sgomentavano.

«Anzitutto,» continuò Betta «lascerai questa casa per un'altra più grande e bella.»

«Ecco che il principio non mi piace. Perché non restiamo qui? Questa casa è sempre bastata per noi; l'abitiamo da dieci anni. Forse che non siamo le medesime persone?»

«Tu ragioni sempre, piccina.»

«E se un momento fa dicevi che sono una donnetta?»

«Pace, via, non c'intenderemo più, se non hai un po' di pazienza. Il signor Giorgio...»

«Meno male, tu continui a chiamarlo il *signor* Giorgio; non sei come quella signora dell'altro giorno che gli diceva *Giorgio!*»

«Ah! ma quella signora,» esclamò Betta afferrando la palla al balzo «quella signora, vedi, ha ben diritto di chiamare tuo padre col suo nome di battesimo.»

«Diritto!» esclamai rizzandomi come una vipera a cui si calpesti la coda.

«Eh! buon Dio, come ti alteri. Non si può parlare con te.»

«Dimmi perché quella signora ha diritto di dire *Giorgio* al babbo – e di mettersegli a fianco così, vicino vicino, guardandolo fisso negli occhi?... Ma dimmelo dunque.»

Alcune goccioline di sudore imperlavano i capelli grigi della Betta; ella avrebbe rinunciato volentieri alla sua missione, ma io le ripetei con crescente impazienza:

«Dimmelo!»

E allora ella si fece coraggio puntellandosi colle due mani sul suo libro di preghiere, come fosse un'àncora di salvezza:

---

[4] Recalcitrante, riluttante ad accogliere innovazioni o modifiche.

«Perché, Paolina, il signor Giorgio deve sposare quella signora.»

Non dissi nulla. Centinaia di lucciole mi danzarono improvvisamente davanti agli occhi, il giardino girava, girava, girava. Mi sentivo un gran gelo nel cuore e un fuoco tremendo nel cervello.

La Betta ebbe paura.

«Misericordia!» esclamò facendomi sedere a forza sul banco vicino a lei.

Ma io diedi in uno scroscio di risa:

«Sposarla!... Lo credi?»

«Non è quistione di credere; me lo ha detto lui.»

«Lui!... Ebbene, io non voglio.»

Mi alzai furibonda. Avrei schiantato ogni cosa intorno a me; avrei picchiato la Betta, me stessa, che so io? Mi sarei uccisa. Certo diventavo pazza; se non che le forze mi mancarono e a quell'eccesso di collera subentrò un leggero svenimento. La Betta mi portò sul mio letto.

Molte ore dopo, era notte fatta, io avevo ripreso completamente i sensi, ma non aprivo bocca; la mia governante, seduta presso una lucerna velata leggeva ad alta voce:

«Dio è misericordioso ma è giusto; egli premia i buoni e castiga i cattivi. Egli dice pure: amatevi gli uni cogli altri siccome fratelli.»

La porta di casa si aperse e si rinchiuse con strepito. Era mio padre; il suo passo risonava sulla scala; veniva come il solito a darmi il bacio della sera.

La Betta si alzò vivamente uscendo fuori nel corridoio; essa gli impedì di entrare, dicendogli:

«Dorme. La lasci riposare tranquilla.»

Io udii ogni cosa e tacqui.

Non ho mai potuto sapere precisamente se la Betta abbia raccontato al babbo la mia scena del giardino. Sotto certi rapporti mi parrebbe di sì, sotto certi altri rapporti mi parrebbe di no; comunque, alcuni giorni dopo il babbo mi parlò lui stesso del suo matrimonio e di quella Aurora così gentile che doveva essere la mia seconda mamma. Disse tante cose tenere e commoventi tenendomi stretta fra le sue braccia, che mi vergognai un poco del mio cattivo carattere e gli promisi di essere più docile per l'avvenire.

Però alla sera domandai a Betta:

«Che bisogno avea mio padre di prendere moglie! Io ero felice con lui: e lui perché non se ne è accontentato?»

«La cosa è ben diversa» rispose Betta.

Ma per quanto io la stringessi, non riuscì mai a spiegarmi questa diversità: così non restai persuasa che a mezzo; e mi parve proprio che l'amore del babbo a mio riguardo non fosse così intenso ed esclusivo come il mio. Mi ricordo che soggiunsi:

«Io però non avrei voglia di prender marito!»

«Eh! è presto:» fu la risposta di Betta «e chi sa cosa faresti anche te se invece di dodici avessi vent'anni. Oh! sì io so cosa faresti al primo uccellino che picchiasse nei vetri cantandoti: vieni? tu spiegheresti il volo senza guardare né il babbo, né me. Cose vecchie, cose vecchie!»

Andai a letto sorridendo delle parole di Betta, e quando ebbi spento il lume, mi parve di sentire sui vetri della mia finestra "tic tic, tic tic: vieni?".

Che faccia avrebbe quell'uccellino? Tanto, nessuna faccia d'uomo mi piaceva fuorché quella di mio padre. Egli era veramente bello; aveva un paio di baffi lunghi e sottili, due occhi tanto dolci – non passava certo i trentaquattro anni.

Un giorno venne a casa con un bottone di gardenia all'occhiello.

«Dammi quel fiore!»

«No,» rispose ponendovi sopra la mano in atto di difesa «non posso dartelo.»

«Perché?»

«È un dono.»

«Dammelo egualmente.»

«No» tornò a dire mio padre con fermezza.

Che dispiacere mi fece quel no!

Aurora mi mandò a casa una bella bambola vestita di seta rosa, colle perle al collo, nelle orecchie e nei capelli.

«Che amore!» fece la Betta.

Io posi la bambola a sedere su un panchino e minacciandola col dito:

«Veh!» le dissi «se non sei buona!»

Né la guardai più, occupando tutto il mio tempo in giardino a svellere i rosai. Io volevo lasciare il deserto dietro a me; poiché si abbandonava quella casetta dove erano trascorsi i miei più belli anni, non aveva a restarvi traccia delle mie gioie passate, de' miei divertimenti rustici e solitari. Atterrai una capannuccia di vimini che mi ero fabbricata, dove mi ritiravo nelle ore del sole a leggere *Teofilo o il piccolo eremita*.

Anche Betta era molto malinconica. Ella non voleva seguirci nella casa nuova; mio padre la consolava assicurandola che avrebbe potuto venire a trovarci quando che fosse, e che noi non l'avremmo dimenticata.

Oh! no, mai.

Il giorno del matrimonio mio padre era raggiante. A me avevano fatto un vestito appositamente, ma anche inutilmente, perché non volli andare a vedere. Quando suonarono le campane della chiesa turai le orecchie.

«Non sta bene,» ripeteva la Betta «una ragazzina deve essere docile; i dispetti e la musoneria sono proprio una brutta cosa.»

«Ma quando la ragazzina è malcontenta?» domandai piagnucolando.

«Le ragazzine non sarebbero malcontente se ubbidissero di buona voglia, come comanda Iddio. Vieni qui, inginocchiati e preghiamo insieme.»

Andai, m'inginocchiai, ma non dissi nulla, accontentandomi di sospirare nel grembiale di Betta.

Dopo la cerimonia gli sposi dovevano partire per un viaggio e io fui condotta a salutarli alla stazione. Il babbo mi abbracciò con effusione baciandomi due o tre volte, Aurora mi diede le vertigini curvandosi verso di me col suo bel viso, co' suoi capelli che esalavano un profumo di giovinezza. Mi domandò a bassa voce che cosa doveva portarmi da Napoli, mi accarezzò, mi sorrise, disse che presto saremmo state sempre insieme e ci saremmo amate molto. Lo credeva?... ad ogni modo la frase era gentile.

«Sei un angelo!» le mormorò mio padre all'orecchio mentre l'aiutava a salire in carrozza.

Ella sorrise ancora, e non ne fu che più bella.

Per un mese intero restai sola con Betta; la buona donna mi viziava in tutti i modi, mi lasciava fare ogni cosa a mio capriccio, predicandomi tuttavia e recitandomi degli squarci di Vangelo.

In quel mese mangiai cinque volte la crema al cioccolatte, che era la mia passione; Betta me la preparava in segreto, dicendo poi: Ma ricordati di cambiar vita.

Terminai di mettere a soqquadro il giardino, e la Betta mi incoraggiava:

«Sfogati, poverina. Quando sarai nell'altra casa che ha un giardino all'inglese colla serra, colle aiuole, coi viali di sabbia fina, non potrai fare altrettanto; non te lo permetteranno.»

Poco alla volta, senza affrettarci, raccogliemmo tutte e due i nostri fardelli, e per quanto Betta pretendesse di fare la forte, la sorpresi parecchie volte cogli occhi rossi.

Ogni tanto ricevevo una lettera del babbo che aveva in calce due righe di una scritturina aerea tutta piena di gentilezza per me. Io rispondevo con gravità seguendo strettamente le regole e avendo cura di mettere le virgole al loro posto.

Finalmente venne il giorno fatale. La Betta voleva struggersi raccomandandomi al Signore e raccomandando se stessa al mio affetto. Dopo avere ben pianto:

«Là, Betta,» io le dissi risolutamente «poiché siamo in guerra, combattiamo. Addio e coraggio.»

Ci separammo così.

Casa nuova, vita nuova.

Aurora abbracciò con ardore i suoi doveri di madre; mi teneva sempre con lei, mi pettinava, mi vestiva, mi insegnava a lavorare. Era buona, era indulgente, eppure il filo arcano che lega due cuori non si svolgeva dai nostri. Lo sguardo solo della mia matrigna posandosi su di me, si velava spesso di una leggera tinta di noia! Più volte la sua manina bianca sollevandosi all'altezza della bocca reprimeva uno sbadiglio.

Bisogna convenire che la mia compagnia non era molto divertente; e poi non avevo nessuna delle doti graziose e leggere che attirano la simpatia. Mia madre mi avrebbe amata egualmente... ma lei che obbligo ci aveva?

Fra tutte e due segnavamo i due poli estremi; in mezzo correva tutto un mondo. Lei era bella, gaia, felice, espansiva; io, brutta, malinconica, di carattere chiuso e riservato. Talvolta mi guardava con meraviglia, mordendosi in silenzio le labbra e pensando forse: Che razza d'una creatura è questa?

Del resto mai un rimprovero, mai una parola dura.

Aveva tentato sulle prime con un certo zelo di innalzarmi fino a lei, di insegnarmi il segreto delle sue eleganze, di foggiarmi sul suo modello cara e gentile – ma si stancò presto perché nulla la sosteneva nell'ardua impresa, né un forte amore, né la docilità mia. Io ero, è d'uopo[5] lo confessi, un rozzo macigno immobile al suo posto; ma pure il cuore batteva dentro il mio petto meschino[6] – sentivo anch'io il bisogno prepotente d'amare, sopratutto di essere amata, ma mi mancava una via di comunicazione fra i sentimenti e le parole. Ebbi la peggiore di tutte le disgrazie, quella di rimanere presto senza mamma, e in dodici anni di libere scorrerie come pianta selvaggia ero cresciuta irta di rovi e di asprezze.

---

[5] Doveroso, opportuno.
[6] Infelice.

Se c'era qualche cosa di buono in me stava sepolto tanto in fondo e lo circondava sì dura scorza che al di fuori non ne traspariva nulla.

Il confronto giornaliero con Aurora mi nuoceva anche presso il babbo. Senza perdermi l'affetto,[7] egli non poteva a meno di restare malamente impressionato dal mio poco garbo.

«Dora,» disse un giorno a sua moglie «perché non insegni a Paolina il tuo portamento, il tuo modo di camminare e di muoverti?»

Lei alzò le spalle con un attuccio pieno di adorabile civetteria e prendendomi le mani esclamò:

«Andiamo dunque, signorina, imparate. Uno, due, tre – un bell'inchino.»

Ma invece di approfittare delle sue gaie lezioni io mi facevo più triste e divoravo solitaria la gelosia che mi rodeva.

Tutte le sere, nei bei dopopranzo di maggio, Aurora appoggiata al braccio di suo marito percorreva i viali del giardino. Le loro figure leggiadre, strette insieme in un colloquio appassionato, si perdevano sotto i boschetti; la veste bianca di Aurora fluttuava tra i salici e le magnolie e si udivano gli scoppi argentini della sua voce come trilli d'allodoletta in amore.

Mi dimenticavano allora.

E quando tornavano indietro, vedendomi ancora seria, e taciturna sulla soglia di casa:

«Che fai,» mi dicevano «perché non giuochi?»

Non avevo voglia di giuocare. Io volevo essere felice come loro e non potevo.

Durante i caldi mesi dell'estate, Aurora passava quasi tutto il giorno sdraiata in una poltrona; si sentiva poco bene, era pallida, sofferente. Il babbo le stava vicino per delle ore, contemplandola; egli le prendeva le belle brac-

---

[7] *senza... affetto*: senza negarmi l'affetto, senza che venisse meno il suo affetto per me.

cia nude e si divertiva a numerare i cerchi d'oro de' suoi braccialetti; quando aveva finito ricominciava. Poi dicevano delle parole a bassa voce, lui sorrideva lei scuoteva il capo. Quando si accorgevano della mia presenza, si mettevano in contegno. Aurora non mancava allora di rivolgermi qualche parola affettuosa, ma i suoi grandi occhi guardandomi non avevano lo splendore di scintille che vi avevo scorto prima, e la voce di mio padre dicendo: *cara Paolina*; non era così tremante e carezzevole come a dire: *cara Dora*.

La Betta veniva tratto tratto[8] a trovarmi; piangeva quasi tutte le volte, e mi domandava, piena di mistero, se la mia matrigna mi faceva patire la fame – ella aveva sempre udito dire che le matrigne fanno patire la fame.

La rassicuravo pienamente su questo capitolo; aggiungevo per la pura verità che la mia era una matrigna molto buona.

Verso l'inverno, Aurora che non abbandonava quasi più la poltrona, ammonticchiava colla sua foga solita dentro un bel paniere nuovo tanti camiciolini guerniti di trine, tante cuffiette ricamate coperte di nastri: il tutto così grazioso, così piccino che le domandai a che cosa dovevano servire.

«Ti preparo un bel fratellino», mi rispose festante «tu lo amerai?»

«Ma egli mi amerà?»

«Sì certo; tutti ti ameranno, purché tu sii buona.»

Pensai un pezzo e seriamente a quel futuro fratellino: il mio carattere naturalmente invidioso me lo presentava talvolta come un rivale, ma poteva anche essere un compagno, un alleato. Divisai di stare sempre con lui e di lasciare soli il babbo colla sua Dora.

Nel mio concetto dell'amore c'era infallibilmente l'idea egoistica del possesso unico; la persona che dovevo amare la volevo tutta per me, senza divisioni, né con-

---

[8] Ogni tanto.

cessioni. Il babbo, l'idolo della mia infanzia, m'era stato infedele – io gli avrei dato un successore.

Con queste disposizioni, udii in una fredda sera d'inverno le grida di un bambino e la vecchia signora madre d'Aurora, che già da qualche giorno si era stabilita in casa nostra, venne a portare in sala sotto il lume della lucerna un cosino tutto rosso, letteralmente sepolto tra i merletti, che si disse essere mio fratello.

Allungai subito le braccia per portarlo via, gli avevo già trovato nella mia camera un posticino a modo; ma, con mia grande sorpresa e dolore, la vecchia signora spaventata lo sollevò in alto, quasi a sottrarlo dai miei poco delicati amplessi, e mi ammonì di stare zitta, di avvicinarmi con riguardo, *solamente per guardarlo*.

Che delusione!

Il piccino dormì in camera del babbo e di Aurora, una donna fu posta esclusivamente al suo servizio, ed a me proibito in modo assoluto di prenderlo in braccio.

Dopo qualche mese tutti impazzivano per quel bambino, il più leggiadro, il più vezzoso, il più intelligente dei bambini.

Aurora lo mostrava, orgogliosa, a mala pena coperto da un camiciolino di battista che lasciava scorgere i gigli e le rose del corpicino – ne faceva osservare gli occhietti brillanti, la piccola bocca, i capelli fini e ricciuti. Tutto il giorno sentivo a ripetere: Com'è bello! Com'è carino! Il babbo se lo mangiava di baci.

«Ma è tuo figlio al pari di me?» gli domandai una volta con alterigia.

Egli scappò fuori a ridere e non mi rispose nemmeno, tanto la domanda gli parve stravagante.

Certo – egli era suo figlio al pari di me e per Aurora lo era a mille doppi[9] più di me.

Il fratellino non si fermò lì. Venne dopo una sorellina

---

[9] Letteralmente "mille volte il doppio", in quantità enorme, sproporzionata (già in Nievo, cfr. p. 123, nota 24).

e poi un fratellino ancora; in cinque anni Aurora popolò la casa di tre vispi demonietti – o angioletti, come si vuole.

Intanto, è facile capire, io non ero più una ragazzina; avevo finito l'epoca dei giuochi e delle carezze, contavo diciassette anni. Il babbo mi guardava pensieroso nei brevi istanti che i piccini lo lasciavano libero: Aurora aveva assunto a mio riguardo un'indulgenza molle, un po' indifferente, mista di superiorità e di dolcezza. I nostri rapporti erano tranquilli, corretti e freddi.

Davanti alle persone mi dava volentieri il titolo di figlia; sapeva bene che questo non l'invecchiava punto – era sempre nello splendore massimo della bellezza, con tutte le grazie della fanciulla unite alle seduzioni profonde della donna e della madre. La ci aveva un garbo tutto suo a trascinarsi dietro, ella così giovane e vezzosa, una bighellona[10] di figlia tanto lunga. Mi presentava seriamente, e poiché nessuno voleva crederle, affermava incalorandosi:

«Sì, sì, è proprio mia figlia.»

Espansiva, amava i suoi figli fino al delirio, ma si frenava in mia presenza. La udii più volte, dietro l'uscio, scoccare i baci più lietamente amorosi sulle guancie paffute del suo ultimo nato, e appena io comparivo farsi languida e indifferente. Gli slanci che non mi poteva dare cercava bilanciarli con una giustizia rigorosa e con tutte le apparenze dell'eguaglianza.

La passione che il babbo aveva per lei si era accresciuta di tutto il rispetto, di tutta l'ammirazione che destava la sua bontà inalterata. Aurora regnava su un trono di luce, e d'amore – i suoi bimbi, belli come lei, le crescevano intorno sorridenti – io sola stuonavo nella tinta generale del quadro; io sempre taciturna e malcontenta!

I miei fratelli mi amavano un poco; non troppo. Pre-

---

[10] Oziosa.

ferivano ruzzarsi e scherzare tra loro e mi chiamavano *Paolina scura.*

Lavoravo accanto ad Aurora, ma molte volte la mia presenza le riusciva di imbarazzo – imbarazzo che si traduceva in una lieve inquietudine nervosa o in un lento sbadiglio. Io capivo e senza darmi a conoscere la lasciavo sola co' suoi figli.

Erano allora degli scoppi di gioia vivace, un chiasso festivo, un'espansione di amore che nulla tratteneva, nulla vincolava. Le loro grida e i loro baci venivano a ferirmi nella solitudine della mia camera.

Avevo subito anch'io, come tutti, il fascino d'Aurora e l'amavo mio malgrado di un amore pieno di amarezza. Oh! che cosa non avrei dato per sorprendere ne' suoi occhi una scintilla sola di quelle che prodigava ai suoi figli. Avevo le sue dolci parole, le sue carezze, anche i suoi baci, ma quegli sguardi non potei averli mai!

La spiavo nei menomi atti, nei cambiamenti rapidissimi della sua mobile fisionomia; vedevo quando, confrontandomi mentalmente coi suoi figli, un sorriso soddisfatto le irradiava le labbra. Una volta sgridò severamente il primogenito che mi aveva fatto non so quale dispetto, ma in quei rimproveri c'era maggiore tenerezza nascosta che in tutti gli elogi palesi tributati a me.

E chi potrebbe accusarla? C'è un dovere al mondo che obblighi una madre ad amare i figli degli altri come i suoi propri?

Aurora era generosa nella pietosa menzogna che si imponeva di mostrarsi ugualmente amante e il suo cuore doveva soffrire quasi come il mio di quella continua finzione. Ella non poteva come le altre madri espandersi in tutte le forme di adorazione e di estasi che ispira quell'unico fra gli amori – l'occhio geloso della figliastra le numerava gli amplessi.

E però una volta colsi a volo queste parole ch'ella diceva a sua madre e che senza alcun dubbio si riferivano a me:

«Sì, è una noia: in certi momenti soprattutto la sua

faccia straniera che non dice nulla al mio cuore mi pesa e mi opprime, ma che farci? È la mia piccola croce, conviene sopportarla con pazienza. Pensa poi che non ne ho altre.»

Buona, sempre buona, anche confessando che io ero la sua croce!...

M'avviavo sui diciotto anni e quel tal uccellino di cui Betta aveva parlato una volta non veniva ancora a picchiare nei vetri della mia cameretta.

Ci fu tuttavia una novità preparata dalla vecchia signora e messa avanti sotto le forme né belle né brutte di un vedovino con una bimba.

Mi fecero vedere anche la fanciulla; aveva quattro anni, era pallida. Mi guardò fissa con due occhioni malinconici e in quegli occhioni credetti scorgere una lagrima.

Ricordai tutta la mia vita dall'infanzia fino a quel giorno; ripassai per tutte le torture dell'invidia e della gelosia; feci col pensiero una tela di quello che sarebbe il mio avvenire con quella bimba – freddezza ancora, freddezza sempre, in luogo dell'ardente amore che io sognavo.

No, no. Ne avevo abbastanza di essere figliastra, non volevo diventare matrigna. Sapevo che quella bimba non mi avrebbe amata e sapevo pure che io non l'amerei.

Il mio rifiuto contrariò assai la vecchia signora. Aurora e il babbo non dissero nulla, ma lei batté il chiodo per un pezzo:

«Sperate di maritarla facilmente questa ragazza? Per le sue doti personali... non credo; e se Giorgio non le tiene nascosto qualche tesoro, non avrà neppure quanto basta per farle il corredo. Avesse almeno pensato a darle una professione, a renderla indipendente col mezzo del lavoro! quando si è poveri!...»

Tali riflessioni me ne fecero fare molte altre. Incominciai a preoccuparmi del futuro. Mio padre occupava una brillante posizione dovuta al suo ingegno, ma ricchezze non ne aveva. I miei fratelli, sarebbero stati agiati per parte della loro madre – io no.

Una posizione indipendente! Come si fa dunque ad acquistare una posizione indipendente? Col lavoro; ma che lavoro potevo fare? Davvero non ci avevo mai pensato; eppure l'idea mi lusingava.

Ne parlai a Betta.

«Betta, che lavori può fare una donna?»

Presa così all'impensata[11] la mia vecchia governante rispose:

«Calze, orlo, ricamo.»

«Quanto si guadagna?»

«Secondo. Venti, trenta, ottanta centesimi al giorno; forse una lira; ma perché me lo chiedi?»

Le spiegai la cosa francamente, e allora sì che la vidi rovesciare lagrime a secchi.

«O la mia bambina!» esclamò. «Siamo dunque ridotti a questo? Ti mandano via? Ti obbligano a lavorare per vivere?»

Dovetti calmarla, farle intendere con pazienza che nessuno mi scacciava, ma che io stessa desideravo di farmi una posizione per non dover nulla a chicchessia.

I miei studi trascurati fin dal principio e rimasti poi incompleti non mi avrebbero mai procacciata la patente di maestra; avevo però un'attitudine speciale per le lingue, ed applicandomi di proposito non disperai di perfezionarmi nel francese e nell'inglese, tanto da poter dare delle lezioni.

Eccomi dunque all'opera con tutto il fervore.

Subito subito non dissi il perché di quella smania improvvisa, ma dovetti palesarmi alla fine, e sì il babbo che Aurora se ne mostrarono afflitti. Sembrava loro che tale risoluzione dovesse involgerli in una tacita accusa.

Aurora fu più tenera, il babbo prese ad occuparsi di me con maggior cura; per poco l'illusione biancheg-

---

[11] Di sorpresa (già in De Amicis, cfr. p. 388, nota 17).

giava ancora sull'orizzonte e mi cullai in essa – ma per poco.

Tante piccole inezie, un'occhiata, un sospiro, un moto d'impazienza, una parola sfuggita a caso; la serietà del babbo, la dolcezza rassegnata d'Aurora, l'indifferenza balda e giuliva dei ragazzi, tutto concorreva a raffermarmi nell'idea prima. Io ero d'imbarazzo in famiglia, o per lo meno la mia mancanza sarebbe stata così poco avvertita che non valeva la pena di rimanere.

Sulla fine d'ottobre annunciai in forma ufficiale il mio proposito irremovibile di accettare un posto di maestra per le lingue in un Istituto della città.

Erano tutti riuniti nel salotto, anche i miei fratelli e la mia piccola incantevole sorellina, che a tre anni era già un modello di grazia, a proposito della quale nessuno si faceva riguardo d'esclamare:

«Quanto è vezzosa!... non somiglia a Paolina.»

Una commozione improvvisa (ma chi può scernere nell'arcana composizione di una lagrima se più prevalga il dolore o la gioia?...) inumidì gli occhi d'Aurora; mio padre scosse il capo in silenzio. La piccola Maria venne a gettarsi fra i miei ginocchi gridando colla sua vocetta acuta:

«Starai via molto tempo, Paolina? oh! prendi allora con te l'abitino della mia bambola, che ci farai la gala[12] nuova.»

«Lasciamola sbizzarrire,» disse mio padre «questo capriccio dell'emancipazione non le durerà molto; la nostra casa le è sempre aperta, e i nostri cuori pure, non è vero, Dora?»

Chi non cercò punto di dissimulare la propria contentezza fu la madre d'Aurora. Ella mi fece dei complimenti sinceri sulla mia risoluzione; disse che una

---

[12] «Sottile striscia di trine o di pannolino bianco, ricamata, che le donne portavano sul petto», in senso lato «ornamento, guarnizione di vestiti femminili».

ragazza povera, se non trova marito – e i mariti sono rari – va incontro a una esistenza travagliata, piena di sconforti e di umiliazioni. Soggiunse che il lavoro nobilita, che offrendoci uno scopo alla vita ci riconcilia con noi stessi, dissipa i malumori, ci rende più buoni e più giusti.

Mi meravigliai un poco che, in mezzo a tante virtù enumerate dalla vecchia signora, ella non mi dicesse anche che il lavoro cambia la faccia e sostituisce a una fisionomia poco amabile tutte le seduzioni della bellezza.

Negli ultimi giorni Aurora era sempre con me; mi colmava di dolcezze; si sarebbe detto che nel suo animo così giusto ella cercava i più piccoli torti del passato per compensarli e farmeli dimenticare.

Il mattino della partenza feci colazione sola col babbo e con Aurora; i ragazzi giocavano in giardino sotto i grandi alberi che l'autunno sfrondava lentamente. Eravamo muti tutti e tre, pieni di una tenerezza nervosa che aspettava il menomo pretesto per sciogliersi in lagrime.

Quando si udirono nel viale le ruote della carrozza che veniva a prendermi mio padre si alzò di scatto, turbatissimo. La Dora mi allacciò con materna sollecitudine i nastri del cappello – tremava un poco.

«Ci rivedremo presto; la domenica la passi con noi; è cosa intesa, nevvero?»

«Sì, sì.»

«E non ci dimenticherai?»

«Ah, no.»

«E... pensa che ti vogliamo bene.»

Mi gettai nelle loro braccia. Fu un momento di commozione indimenticabile.

Mio padre scese il primo per osservare se avevano portato i bagagli in carrozza. I bambini accorsero tutti giulivi, cogli occhi animati dal gioco, sorridenti.

«Addio, Paolina! Addio Paolina!»

La piccola Maria mi fece scivolare in tasca la sua

bamboletta raccomandandomi di rimetterla a nuovo per benino.

Sedetti fino in fondo alla carrozza; il babbo mi si pose allato. Aurora coi bimbi formavano gruppo sulla gradinata di marmo e mi inviavano clamorosamente i loro saluti.

Sull'edera rossiccia che pendeva dal muro la figura ammirabile della mia matrigna si disegnava più bella che mai; la sua fronte un po' pensierosa non riusciva ad ombreggiare il lampo degli occhi, splendidi. Vista così, in alto, coi tre fanciulli che le si aggruppavano alle vesti, col busto gettato all'indietro e il braccio teso verso la carrozza che partiva era degna del pennello di un artista.

Fino all'ultimo, come nel primo giorno che la vidi, la sua meravigliosa bellezza mi soggiogava con un fascino strano, misto di simpatia e di acre invidia. Continuavo a guardarla, gustando un piacere pungente nel tenerla tutta occupata di me, immaginando che in quell'istante nessuno avrebbe potuto togliermi la sua attenzione.

Ma la piccola Maria, saltellando, cadde per terra, ed Aurora si precipitò verso di lei.

La carrozza intanto voltava l'angolo... Aurora non pensava più a me.

Commento al testo

Paolina appartiene alla raccolta di novelle *Iride*, nella cui prima edizione, del 1881, il testo ha una sorta di breve postilla finale, staccata dal testo e posta sotto al titolo *Nota dell'autore*, che conclude la novella come segue:

> Queste memorie sono recenti. Da sei mesi appena Paolina vive nel collegio X, e dà le sue lezioni di francese ed inglese. Mi dicono che un professore del collegio stesso, un bravo giovane che ebbe occasione di conoscerla e di apprezzarne le doti anteriori,[1] vuol prenderla in moglie. È probabile che Paolina accetterà – e allora quelli fra i lettori che si interessarono alla malinconica orfanella potranno sperare di saperla finalmente felice.[2]

La soppressione della nota adegua il finale di *Paolina* a una tendenza della narrativa di Neera particolarmente presente nelle novelle, quella a non risolvere la narrazione sul piano dell'intreccio. L'interesse essenziale delle novelle non è infatti rivolto allo svolgimento della vicenda, ai fatti che vedono protagonisti i personaggi, ma alla situazione esistenziale dei personaggi, situazione per lo più bloccata perché resa insolubile da un impedimento esterno o da un'incapacità del singolo. Nel caso di *Paolina* l'eliminazione della *Nota dell'autore*, negando il lieto fine alla storia, rende irrimediabile la condizione di infelicità vissuta dalla ragazza, indipendentemente dal destino che la attende, e insieme la-

---

[1] Così nell'originale dell'autrice.
[2] Citazione tratta da G. Finzi (a cura di), *Novelle italiane. L'Ottocento*, 2 voll., Garzanti, Milano 1985, vol. I, pp. 659-60.

scia irrisolto il tema principale del racconto, ossia il bisogno insoddisfatto, e insoddisfabile, per la giovane donna di ricevere gratificazioni affettive e di manifestare i propri sentimenti. Di conseguenza Paolina va a ingrossare la schiera delle figure femminili sofferenti, perché affettivamente non appagate, sulle quali Neera concentra la propria attenzione.

Il dramma vissuto da Paolina nasce da un infantile bisogno di affetto dominato dall'idea «egoistica del possesso assoluto», bisogno che non trova possibilità di soddisfazione all'interno della dinamica della famiglia e che dunque si manifesta attraverso la gelosia indirizzata sia alla volta della coppia parentale (padre-matrigna) sia della famiglia da questa costituita, e assume i toni della colpevolizzazione autolesionistica, dal momento che la mancata risposta affettiva è imputata da Paolina alla propria mancanza di attrattiva. Anche se il desiderio di Paolina sembra concentrarsi sulla figura della matrigna – «Continuavo a guardarla, gustando il piacere pungente nel tenerla tutta occupata in me [...] Aurora non pensava più a me» – il piacere "pungente" del tenerla per sé, anche se per pochi istanti, si giustifica nel rapporto antagonistico che la bambina si trova a stabilire con la donna, poiché la frustrazione di Paolina è causata tanto dalla propria inadeguatezza a un modello femminile superiore, quanto dall'infedeltà affettiva del padre – «l'idolo della mia infanzia, m'era stato infedele» – di cui Aurora è ritenuta responsabile. Il vero centro dell'universo emotivo di Paolina invero non è Aurora, ma il padre, e appunto, come sottolinea Antonia Arslan, «Aurora, una volta tanto una figura femminile serena e realizzata, non a caso è la compagna del padre, e "occupa il nido", dal quale Paolina non potrà che allontanarsi».[3]

Tutti gli elementi elencati della psicologia della protagonista – il sentimento di esclusione e di estraneità all'interno della famiglia, l'affetto esclusivo per il padre, la difficoltà nel farsi accettare, la colpevolizzazione della bambina non bella e non aggraziata – eccezion fatta per il rapporto con

---

[3] A. Arslan, *Solitudine del cuore e solitudine della strada*, in Neera, *Monastero e altri racconti*, cit., p. 13.

la matrigna, hanno una base autobiografica, testimoniabile soprattutto attraverso le *Confessioni letterarie*. Racconta l'autrice della propria infanzia:

> Rappresentatevi un po' i giorni e gli anni ch'io trascorsi [...] in un ambiente freddo, meschino, dove nessuno mi comprendeva e dove, per la pura verità, io non seppi amalgamarmi a nessuno – straniera in grembo alla mia famiglia. I miei fratelli [...] ridevano qualche volta. Io mai.[4]

E del padre:

> Eppure accanto a me, insieme a me, viveva una delle più nobili figure d'uomo ch'io abbia mai conosciute: bella intelligenza, sensi gentili, carattere alto ed integro [...] è lui, unico, luminoso e sacro.[5]

Sia chiaro che ciò non significa che il padre della novella ritragga il padre di Neera né che le due biografie coincidano; la corrispondenza biografica si ha solo tra l'autrice e il personaggio di Paolina e limitatamente al profilo emotivo. In quanto al motivo della bambina che ritiene di non attrarre il mondo degli adulti perché non ha le qualità richieste dalla società, alla bambina prima e alla donna poi, si ricordano le frasi scritte in gioventù dall'autrice:«*Ho nove anni / sono brutta / la mamma mi sgrida sempre*»,[6] che poi così le interpreta:

> *sono brutta*. Questo vuol dire che nessuno mi faceva dei complimenti e che non vivevo in quell'aura di dolci incantesimi, tanto favorevole alla serenità dell'infanzia ed alla persuasione dei propri meriti. Non ero difatti una bimba allegra né ridanciana. Ero piuttosto timida, scontrosa, selvatica, niente gentile, niente carina. Non avevo riccioli in testa, né fossette alle guance, né fronzoli. Il primo ed *unico* mio abito color di rosa lo portai a quindici anni, per combinazione, avendolo ereditato.[7]

---

[4] Neera, *Confessioni letterarie*, in *Neera*, cit., p. 877.
[5] *Ibid.*, p. 882.
[6] *Ibid.*, p. 873.
[7] *Ibid.*, p. 875.

Zia Severina

La zia Severina entrò nella sua camera, spingendo l'uscio col piede perché tutte e due le mani erano occupate a reggere il candeliere e i doni avuti. Il fratello le aveva regalato un abito di lana color caffè e latte, facendolo seguire dal commento «tinta solida e seria, adattata alla tua età». La cognata un lumino da notte, e le bimbe, a scuola, le avevano lavorato un copripiedi. Tutto in occasione del suo compleanno.

Ma posando gli oggetti sul tavolino della sua camera, il volto della zia Severina non sembrava atteggiato a letizia, al contrario vi stava sopra un velo cosi denso di impenetrabilità, che giustificava in parte le parole pronunziate aspramente dalla cognata, quando ella era uscita dal salottino: «Per quanto si faccia, quella Severina non è mai contenta!».

Un biglietto le era scivolato dalle mani, ricevuto anche quello in occasione del suo compleanno. Veniva da un'amica d'infanzia, carissima, e recava su fondo di carta verdina una farfalla che volava in alto, col motto: *Adhuc spero*.[1] A tergo,[2] mille auguri di felicità.

Severina raccolse il biglietto e lo stette a guardare pensosa, al lume della candela. Quante cose le passarono per la mente! Venticinque anni prima, nella stessa

---

[1] Ancora spero.
[2] Dietro.

circostanza, la stessa amica le aveva appuntato fra i capelli un mazzo di garofani rossi... oh! non era adesso che le avrebbero messo dei fiori nei capelli; gli abiti caffè e latte erano buoni adesso e i lumini da notte; e poi anche i copripiedi, poiché soffriva di reumi nelle gambe; infine degli auguri – questi vanno sempre.

Severina non era affatto ingrata. Riconosceva i benefizi del fratello, amava la cognata e i nipotini; era affettuosa, era dolce più che poteva, non come voleva, perché sentiva dentro di sé un torrente di tenerezza che non sarebbe uscito mai. Questo era appunto il suo male, il nemico chiuso in casa, il tarlo che le rodeva le ossa, il vulcano compresso che le mandava sul volto vampate terree e dense. Le sembrava qualche volta di essere idropica, di trascinare un peso nelle vene, come se ci avesse dell'acqua o del piombo, una cosa morta insomma.

Da bambina era stata molto vivace, da fanciulla molto fantastica; bella mai, né corteggiata, ma quasi felice in un certo suo mondo ideale popolato di sogni. Figlia di un pittore, aveva conosciuto per tempo le seduzioni del colore e della linea. Pagana per istinto, si sentiva trascinata verso la bellezza, mentre i pensieri mistici e la poesia nebulosa la lasciavano fredda.

Amava drappeggiarsi nei pepli[3] e nei veli che le modelle dimenticavano nello studio di suo padre. Scarmigliava i capelli, si metteva in testa una ghirlanda di foglie e faceva la baccante.[4] Sdraiata sopra un mucchio di cuscini, con uno scialle attraverso i fianchi, le braccia nude, una collana di vetro al collo, un gran ventaglio in mano, imitava le odalische. In camicia, ventre a terra, con un grosso librone sotto i gomiti voleva riprodurre la *Maddalena pentita* del Correggio ma proprio allora si accorgeva che le mancavano i principali attributi del

---

[3] Il peplo è l'abito femminile tipico delle donne dell'antica Grecia.
[4] Seguace del culto orgiastico di Bacco.

personaggio. Da quel punto un cruccio sottile come una lima sorda, incominciò a farle guerra.

Confrontandosi colle figure che i maggiori pittori avevano ideate e che i minori si ingegnavano di copiare, venne a conoscere perfettamente la imperfezione delle sue forme e per lei che sentiva così ardente desiderio del bello, il disinganno fu crudele.

Per vedere di combinar meglio la propria magrezza con un tipo artistico, rinunciò alle larghe creazioni Tizianesche e si pose a vagheggiare le donne esili di Canova, le *Grazie*, la *Psiche*. Quest'ultima la rapiva in una intima voluttà. Il sentimento dell'arte e quello dell'amore, la purezza virginale e l'ardore dei sensi, l'armonica, divina fusione di tutto ciò nel gruppo immortale, la trascinava irresistibilmente. Era così semplice la posa di Psiche, erano così parche le forme! Nella sua cameretta, non vista da alcuno, assente Amore ella volle tentare anche questa prova. Non era poi orribile, era giovane, capiva la grazia, intuiva la passione, adorava l'arte, perché non riusciva? Perché Severina, viva, davanti allo specchio, pareva un aborto in confronto alla marmorea dea?

Se solamente potessi ingrassare! – pensava Severina. Non è forse quistione che di qualche linea. Uno che avesse urtato nel braccio a Canova mentre scolpiva il busto di Psiche, non avrebbe fatto altro che spostare la linea, e non sarebbe stata più Psiche.

Quanto al volto, due occhi, un naso, una bocca, i denti li aveva, i capelli pure e un'anima sensibilissima vibrava in lei.

Forse – tornava a pensare – ci vuole del tempo. Non tutte le donne sono belle, come Psiche, a quindici anni. Psiche è la giovinezza verde, il bocciolo, la promessa: un frutto acerbo, dopotutto.

La guantaia, quella donna pericolosa che turbava la quiete in tutte le famiglie del quartiere, non aveva avuto un figliolo a quindici anni? E non confessava ella stessa che, a quell'età, non era stata che una bighellona[5] allampanata? Chi sa se madama di Maintenon,[6] sposando Scarron[7] a vent'anni era bella come quando, a quaranta suonati, tirò nella rete la maestà del re di Francia?

Sentì dire anche e lesse sui libri, che la bellezza alla donna viene dall'amore; ma siccome sentì dire e lesse parimenti che la donna trova amore in virtù della propria bellezza, le due cose principiarono a confondersi nella sua mente. Certo ella non era di quelle femminuccie che coltivano l'avvenenza a scopo di vanità e di civetteria; non somigliava per nulla alle sue compagne; passava tra loro colla fama di un'*originale*.

Sempre invasa dagli ideali artistici, vestiva in modo bizzarro con strisce in testa, alla greca; con scialli rossi drappeggiati secondo le norme statuarie; e la sua bruttezza in questa cornice bizzarra, appariva doppia. Era poi curioso a vedere come, trasportata dalla fantasia dietro una immagine di bellezza sovrumana, trascurasse i minuti particolari, le cure della persona; dimenticava di tagliarsi le unghie, portava scarpe scalcagnate, guanti senza bottoni, nastri gualciti, calze rinfrinzellate.[8] Non tutti i giorni si lavava la faccia.

Così, aspettando la bellezza e l'amore, era passata accanto alle realtà della vita senza avvertirle, sognando sempre. Sognava quando, al mattino, gettando indietro la coperta di filugello[9] e balzando leggera sopra un rettangolino formato con pezzetti di panno cuciti insieme, ella pensava all'*Aurora* di Guido Reni, volante sopra le nubi nell'irradiamento del sol nascente; e cingeva sui

---

[5] Oziosa (già in *Paolina*, cfr. p. 422, nota 10).
[6] Françoise d'Aubigné marchesa di Maintenon (1635-1719), scrittrice francese, moglie prima di Paul Scarron poi del re di Francia Luigi XIV, con cui si sposò segretamente nel 1685.
[7] Paul Scarron, poeta e drammaturgo francese (1610-1660). Sposò nel 1652 Françoise d'Aubigné.
[8] Rattoppate, ricucite malamente.
[9] Seta di qualità scadente.

magri fianchi la gonnella, con una visione di ninfe discinte davanti agli occhi.

In chiesa, perduta nella contemplazione di un bel torso di fanciulla ebrea, Ruth[10] o Noemi,[11] non si accorgeva di restare appesa colle scapole sulla spalliera della sedia, finché un burlone gliele urtava, facendo lo gnorri, col pomo della mazza; ed ella allora arrossiva tutta per la vergogna e il dispetto.

Gli anni intanto passavano, la bellezza non veniva e l'amore nemmeno – quell'amore che aveva creato tanti capolavori; le madonne di Raffaello, alcuni ritratti di Van Dyck, il *Bacio* di Hayez – bellezza e amore, i sommi dèi dell'Olimpo pagano, del suo proprio Olimpo.

In casa del fratello, che faceva l'agrimensore[12] ed aveva venduto tutti gli attrezzi artistici del babbo, Severina non trovava più i pepli, né si arrischiava colla cognata in casacca di flanella e grembiule impermeabile, a intrecciare ne' suoi capelli le corone delle baccanti.

Presto poi i bimbi, attaccandosi alle sottane di zia Severina, si fecero imboccare la pappa, ritagliare gli omini di carta, pulire il naso, e in mezzo a queste faccenduole, domestiche sì, ma punto artistiche, la zitellona si inacerbiva, perdendo di vista i suoi ideali e inalberando quella faccia lunga, terrea, impenetrabile che provocava l'irosa esclamazione della cognata: Per quanto si faccia, Severina non è mai contenta!

Eppure fino a quel giorno Severina sperava ancora; finché mancavano dodici ore, sei ore, un'ora, poteva succedere una rivoluzione, un cataclisma, un miracolo, chi lo sa cosa poteva succedere! Levandosi dal letto, alla mattina, aveva detto: «Quando tornerò a coricarmi

---

[10] Progenitrice di Davide, personaggio biblico della cui vita narra l'omonimo libro dell'Antico Testamento.
[11] Suocera di Ruth.
[12] Esperto nella misurazione dei terreni e nella loro rappresentazione in mappe.

avrò quarant'anni» – ma un folle barlume, una lusinga non ragionata, la tenevano sospesa come alla vigilia di misteriosi eventi.

Aveva anche pensato: "Queste ultime ore di giovinezza le voglio godere". Ma come! Che fare? Il sangue le ribolliva, il cervello fantasticava, una smania atroce di trattenere il tempo la rendeva quasi febbricitante. Le ore passavano ed ella le contava scorata. Non succedeva nulla.

La posta le recò due o tre lettere ch'ella aperse con mano tremante: complimenti, voti, luoghi comuni. Finalmente le avevano regalato l'abito caffè e latte, il lumino, il copripiedi...

A mano a mano che il giorno finiva la faccia di zia Severina diventava sempre più impenetrabile. A tavola, dove c'erano stati i brindisi e una poesiuccia recitata dalle nipotine con tanti auguri di lunga vita, la zia era ammutolita affatto; due dita di marsala la resero funebre addirittura.

Finalmente poté ritirarsi nella sua camera, deporre i doni sul tavolino e se stessa sulla sponda del lettuccio.

La fiamma oscillante della candela le danzava davanti agli occhi, dando noia ad una congiuntivite incipiente; alzò la mano, e così riparata si pose a riflettere, ma non erano, a rigor di termine, riflessioni le sue. Erano visioni, erano quei fuochi fatui della fantasia che si sprigionano dai corpi intorbiditi, guizzi fuggevoli, lampi del pensiero che si ostina a vivere e che scuote i nervi loro malgrado, come veltro[13] sguinzagliato. Era una grande e profonda mestizia, lo sconforto di tutte le cose, che la pigliava sempre in quell'ora ultima della sera, terminando una giornata vuota, mettendo la parola fine sotto una pagina bianca.

E quella sera non trattavasi più di un giorno né di una pagina; era tutta la sua giovinezza che finiva, che

---

[13] Cane da caccia (già in A. Boito, cfr. p. 316, nota 9).

moriva, che bisognava sottoscrivere; cambiale rappresentante un valore ch'ella non aveva posseduto.

Proprio lì, nella solitudine dell'alcova, dove i felici contano le loro gioie e gli amanti le loro ebbrezze, quando nella sicurezza pudica della notte cadono tutti i veli e le maschere si strappano e i cuori posti a nudo non temono più l'oltraggio dell'ironia, zia Severina contava anch'essa le sue magre illusioni; ogni sera le aveva viste assottigliarsi, perdere forma e colore, vanire nel buio.

Un gran sospiro le sollevò il petto. Colle dita lunghe cercò i ganci dell'abito, senza guardarli, e li sbottonò lentamente, sentendo salire dal fondo delle viscere l'odio di se stessa; perché ella odiava quella brutta faccia che da quarant'anni la faceva soffrire, che era la sua sventura, il suo incubo.

Quale soddisfazione, la più naturale, la più vera, la più squisitamente femminile deve provare la donna che guardandosi, ammira in se stessa la più bella opera di Dio! Essere Venere un giorno solo, – sfolgorare, amare, morire – basta. Ma nascere e morire appena, nascere e morire e nient'altro fra questi due estremi, nulla, se non la vecchiaia, è atroce destino.

Come dorme placido il mondo! Sarebbe la buffa idea, s'io aprissi la finestra e mi ponessi a gridare: Accorrete, accorrete, muore la più amata cosa ch'io m'abbia, la giovinezza mia.

Ma fuori faceva freddo, la notte era nera; la finestra ben chiusa, cogli scuri sui vetri. Severina, spogliato il vestito, lo appese all'attaccapanni e mosse verso il cassettone, in gonnella corta, col ventre lievemente sporgente, il petto depresso, la vita larga e piatta; dal dorso in giù, tagliata a picco.

Frugò per qualche istante nel cassettone, rimovendo pezzuole, aprendo scatolini. Prese un mazzo di spigo mezzo sciupato e lo fiutò – lo aveva comperato a una sagra di campagna, in un bel giorno d'autunno; era vestita di celeste allora, con un cappello che le stava bene, glielo avevano detto... Toccò un ventaglio, una boccina vuota, un braccialetto che non metteva da gran tempo; questo lo volle provare, vi infilò dentro il braccio, ma lo tolse subito, scuotendo il capo. Tutta la sua vita stava chiusa là, nel cassettone, sciupata come il mazzo di spigo, vuota come la boccina che aveva contenuto degli odori e che ora non serbava nemmeno più il profumo.

Sopra un vecchio taccuino, scritto a lapis lesse:

> *Chi è giovane e bella deh! non sia punto acerba,*
> *Che non si rinnovella l'età come fa l'erba.*[14]

e tosto le passò per la mente il gaio volto ridanciano di chi aveva scritti quei versi sul taccuino, dopo una cena di capodanno, a occhi lustri e cuor tenero; una serata allegra, dove si era divertita anche lei nel tripudio ingenuamente sensuale della gioventù. Ma che ironia, adesso, quell'invito al piacere, e che inutile avvertimento sull'età che non si rinnovella! quasi fosse stata padrona lei del suo destino.

Un muratore, un falegname prendono i loro arnesi e vanno per il mondo a crearsi la fortuna; un povero tende la mano; un ammalato cerca il medico; un cane abbandonato sulla via trova qualcuno che lo porta con sé. L'amore solo non si crea dal nulla, non lo si dà per elemosina, non ha medicina, non ha ricovero – chi non ha amore è il vero mendico, è il vero ammalato... Oh gente che amate ecco la gran miseria!

Si era fermata nel mezzo della camera, colle braccia penzoloni, l'occhio fisso e vitreo. Dalla camera attigua

---

[14] Citazione dalle *Rime* di Angelo Poliziano; la citazione non rispetta il metro originale in settenari: «Chi è giovane e bella, / deh! non sie punto acerba, / chè non si rinnovella / l'età come fa l'erba», cfr. A. Poliziano, *Rime*, a cura di D. Delcorno Branca, Accademia della Crusca, Firenze 1986, CXXII, 15-18.

veniva il cinguettare delle bambine che si erano svegliate nel primo sonno: parlavano confusamente di bambole e di dolci. La voce della madre, umida e molle di sotto le coperte, mormorava: Zitte, dormite. Si sentivano i lettini scricchiolare sotto i piccoli corpi, e sotto il corpo placido della madre, che si voltava dall'altra parte, cedere dolcemente il talamo.

Severina si voltò verso il suo letto sconsolato; trasse di sotto al guanciale, una reticella di cotone bianco e se la strinse intorno ai capelli: È finita! In questo letto entrerà ora una vecchia.

Ripeté *vecchia*, guardandosi attorno, meravigliata che nessuno protestasse.

Che squilibrio però, che ingiustizia! Ella non si sentiva vecchia. Se sapessero i giovani come è difficile uccidere i desideri... Balzac[15] diceva trent'anni – evidentemente per non scoraggiare troppo quelle di venti.

Tornò a guardare in giro per la camera, così fredda, così nuda, dove i mobili non avevano una voce, dove la tristezza delle cose rifletteva la continua tristezza della sua vita; il letto rigido, lo specchio trascurato, sul canterano un pettine inforcato nella spazzola; due ciabatte di pelle color cioccolata; un cencino di velo nero a cavalcioni di una sedia; nessun nastro, nessun fiore; una regolarità monastica, quell'ambiente grigio delle celle dove non si è mai in due.

Sciolse le sottane, fece saltare le molle del busto, restò in camicia. Ancora una volta girò lo sguardo sulle pareti, più in là delle pareti, fuori, nel mondo che dormiva, nel mondo che tripudiava, nel mondo che soffriva – vedeva una catena che allacciava tutti, lieti e dolenti – vedeva la pietà china sui giacigli, e invidiò gli ammalati, invidiò quelli che possono piangere, quelli che possono gridare – quelli che hanno una gamba cancrenosa e se la

---

[15] Honoré de Balzac (1799-1850), tra i padri del realismo in letteratura in epoca romantica.

fanno portar via – tutti i dolori che si vedono, che si toccano, i soli a cui il mondo crede!

Alzò le braccia, stirandole con una contorsione penosa di tutto il suo essere, lasciando cadere un'occhiata obbliqua; poi, rapidamente come per fuggire a un estremo supplizio, si chinò a strappare le calze, buttandole in un canto, spense il lume, brancicò il letto e vi si gettò, anima persa, nel grande oblio delle tenebre.

Commento al testo

Zia Severina viene pubblicata nel volume *Voci della notte* del 1893.
All'interno dell'universo femminile le zitelle e specie quelle non più giovani, quali zia Severina, sono, dichiaratamente, tra le figure più care all'autrice:

> Molto prima che si parlasse di una questione femminile io avevo preso singolarmente a cuore la causa della donna dal punto di vista della sua felicità, concentrando specialmente le mie osservazioni sulle vecchie zitelle [...]. Le amo perché queste sono le vere infelici, le derubate, le vittime della società, qualunque sia la loro condizione di ricchezze e di coltura.[1]

La condizione della zitella rappresenta per Neera il caso emblematico di sospensione irrisolta nella vita di una donna, di incompiuta espressione della femminilità e dunque di sofferenza:

> È una schiera interminabile che mi sfila dinanzi. Qualcuna, timida, a piccoli passi, con quei movimenti legati, così caratteristici, di uccelletto in gabbia; qualche altra cauta e felina, coll'andatura leggera di chi porta scarpe felpate; altre invece procedono rigide, maschili, scambiando la durezza per disinvoltura e la violenza per il potere, quasi fosse in loro un tentativo di mutar sesso

---

[1] Neera, *Vecchie zitelle*, in *Le idee di una donna*, in *Neera*, cit., pp. 814-15.

per aver fallito quello che ebbero dalla natura; riconoscibili al gesto, alla voce, allo sguardo, al sorriso: tutte segnate da un misterioso accenno, da un velo impalpabile che sembra isolarle dal fermento della vita e rinchiuderle nello stupore del sogno.[2]

Tale è la realtà di Severina che «sentiva dentro di sé un torrente di tenerezza che non sarebbe uscito mai. Questo era appunto il suo male, il nemico chiuso in casa». Come in *Paolina*, l'autrice si sofferma sul «male» lasciando in secondo piano l'intreccio, per altro in questo caso quasi inesistente, e subordinandolo alla rappresentazione dello stato d'animo della donna. Pur senza contraddire il tono complessivo della novella, il ricordo degli anni giovanili è sostenuto da una gradevole vena comica che rievoca la figura goffa di Severina sentimentalmente abbandonata in pose da «baccante» o da «Maddalena», persa in un mondo di fantasmi d'arte, fino al giorno in cui si desta in lei, appunto come se emergesse da un «sogno», la consapevolezza che è ormai troppo tardi per vivere, ossia per amare. Severina è infatti ritratta non nel rammarico della gioventù trascorsa, bene di cui non ha goduto e che non rimpiange in quanto tale – «cambiale rappresentante un valore ch'ella non aveva posseduto» – ma nel momento in cui prende atto che con gli anni si sono esaurite le sue possibilità di realizzarsi come donna, nonostante il naturale e inestinguibile desiderio di farlo: «chi non ha amore è il vero mendico», «come è difficile uccidere i desideri».

La riflessione sul fallimento esistenziale delle zitelle, escluse «dal fermento della vita» perché escluse dalla vita matrimoniale e quindi dalla maternità, si riallaccia alla netta presa di posizione assunta contro il femminismo, che allora tenta i primi passi in Italia, con un certo ritardo rispetto al movimento europeo. Se infatti

> la peggiore sorte che possa toccare ad una donna è il celibato, non perché l'uomo sia in sé stesso il supremo dei beni, ma perché nell'unione coll'uomo a scopo di fonda-

[2] *Ibid.*

re una famiglia la donna trova la estrinsecazione completa di tutte le sue facoltà,[3]

allora

> tutte le questioncelle di sapere o non sapere, di diritti, di indipendenza, intorno alle quali si fa tanto baccano, sono men che bolle d'aria a confronto di questa questione capitale, la sola vera questione della donna. Il resto può essere buono o buonissimo od anche ottimo, ma non è necessario [...] col pretesto di giovare alla causa femminile si trascura l'essenza stessa e il perché della donna nella creazione e nella società[4]

e di conseguenza

> quel che importa (dice Neera) è far sì che uomini e donne si migliorino a vicenda [...] il femminismo ha nel suo fondo quel falso concetto dell'eguaglianza materiale, e contro di esso bisogna sostenere che la donna è fatta per la famiglia e non per le aule e per le piazze.[5]

---

[3] *Ibid.*, p. 818.
[4] *Ibid.*, p. 815.
[5] Sono ancora parole di Croce, *ibid.*, p. 934.

GIOVANNI FALDELLA

La vita e le opere

Giovanni Faldella nasce nella provincia piemontese a Saluggia (Vercelli) il 26 aprile 1846 e nella stessa Saluggia muore il 14 aprile 1928 dopo aver trascorso la maggior parte della propria vita a Torino. Nella ex capitale del Regno di Sardegna, all'epoca ancora capitale del Regno d'Italia, Faldella studia legge, avviando al contempo la collaborazione con il «Novelliere della Domenica», dal 1865, e frequentando i circoli dei giovani intellettuali piemontesi; dopo la laurea comincia a esercitare l'avvocatura, ma abbandona presto la professione legale per diventare giornalista. L'attività giornalistica diviene la sua principale occupazione, fino a quando intraprende la carriera politica: si candida senza successo per la sinistra moderata nel 1876 e nel 1880, entra quindi alla Camera nel 1881 prendendo il posto del deputato del proprio collegio "promosso" al Senato; viene successivamente rieletto per altre tre legislature (non consecutive) e progressivamente si allontana dall'iniziale moderatismo per accostarsi a posizioni più intransigenti e di orientamento conservatore (nel 1915 sostiene il fronte interventista). Nel 1896 è nominato senatore. Dagli scritti giornalistici così come da quelli legati all'esperienza parlamentare ricava numerose pubblicazioni; si vedano a titolo di esempio, rispettivamente per i due versanti, il volume *A Vienna. Gita con il lapis*, del 1874: libro di viaggio relativo al soggiorno a Vienna come corrispondente per la «Gazzetta piemontese» in occasione dell'Esposizione mondiale del 1873, e *Salita a Montecitorio (1878-1882)*: cinque volumi di memorie editi tra 1882 e 1884.

La produzione artistica di Faldella è ampia, anche se non sempre costante nei risultati, e diversificata in più generi letterari prevalentemente in prosa. Si ricordano tra le novelle e i bozzetti i volumi: *Il male dell'arte* (1874), *Figurine* (1875), *Le conquiste. Il male dell'arte. Variazioni sul tema* (1876), *Rovine. Degna di morire. La laurea dell'amore* (1879), *Un serpe. Storielle in giro*, trilogia composta da *Idillio a tavola* (1881), *Un consulto medico* (1882) e *La giustizia del mondo* (1884), *Una serenata ai morti* (1884), *Tota Nerina* (1887) e *La contessa del Ritz* (1891), prima e seconda parte di una inconclusa trilogia intitolata *Capricci per pianoforte*, il cui terzo volume, *Nemesi* o *Donna Folgore. Romanzo verista scritto da Spartivento (non per innocentine)* ("Spartivento" è pseudonimo usato da Faldella sulla rivista «Il Velocipede»), è composto tra 1906 e 1909 e viene edito postumo nel 1974, infine la figurina *Cullata dalle acque (farfalla angelica)* (1913). In questo quadro si rileva che il confine tra bozzetto e novella non è sempre riconoscibile e che le due trilogie rappresentano un caso piuttosto singolare di aggregazione e ibridazione di generi, tra il racconto lungo e il romanzo breve, mentre fanno capo "tradizionalmente" alla forma romanzo la *Madonna di fuoco e madonna di neve* (1888, e il *Sant'Isidoro. Commentarii di guerra rustica* (edito nel 1909 ma scritto tra 1889 e 1892) che per Gianfranco Contini «chiudono la carriera letteraria di Faldella e ne costituiscono la cima, in particolare dal rispetto propriamente narrativo».[1]

Per proseguire lungo l'irrinunciabile solco critico tracciato da Contini e preliminarmente a qualsiasi altro discorso sull'autore occorre collocarne l'opera letteraria all'interno della cosiddetta «Scapigliatura piemontese». Faldella è infatti tra gli animatori di un circolo studentesco, "Dante Alighieri", nato nel 1863 attorno a Emilio Praga e ad Arrigo Boito presenti a Torino per la rappresentazione (fallimentare) del dramma scritto a quattro mani *Le madri galanti*; partiti i due ispiratori le adunanze della società intellettuale proseguono, assumendo il carattere di un appuntamento culturale-mondano con sede nell'anfiteatro di chimica dell'università torinese, e danno vita a qualche iniziativa editoriale come «Il Velocipe-

---

[1] G. Contini, *Racconti della Scapigliatura piemontese*, cit., p. 28.

de – Gazzettino del Giovane Popolo di scienze lettere ed arti» diretto da Faldella ma che ha vita breve (nasce nel 1869 e muore l'anno successivo), o come le più longeve «Serate italiane» dirette da Giuseppe Cesare Molineri. Le personalità più interessanti che si distinguono nel gruppo "Dante Alighieri" sono quelle del già citato Molineri, di Giuseppe Giacosa, Giovanni Camerana, Roberto Sacchetti, Antonio Galateo, Federico Pugno; in un secondo tempo Faldella stringe amicizia con Achille Giovanni Cagna e durante i soggiorni a Milano frequenta Salvatore Farina, Arrigo Boito, Emilio Praga, Luigi Gualdo, collaborando anche al giornale della Scapigliatura milanese «Rivista minima».

Le coordinate tracciate rappresentano unicamente la cornice storica in cui si sviluppa il fenomeno letterario della «Scapigliatura piemontese», le cui caratteristiche fondamentali vanno identificate, secondo Contini, su tutt'altra base, una base strettamente "tecnica" che parte dal ripensamento complessivo del fenomeno letterario, incluso quindi quello lombardo: la Scapigliatura va intesa come una categoria letteraria e non come un insieme non meglio definibile di autonomi atteggiamenti vagamente ribellistici o antiborghesi. Al contrario, la Scapigliatura è l'espressione storica di una precisa costante stilistica e tale costante è quella dell'espressionismo linguistico, sicché la Scapigliatura come categoria letteraria si qualifica (sia essa lombarda o piemontese) in quanto «varietà di espressionismo» e dunque di «violenza linguistica»:[2]

> Beninteso si tratta di Scapigliatura in senso stilistico e culturale: lingua ottenuta galvanizzando e mescolando esperienze puristico-letterarie ed esperienze dialettali in un amalgama di rapidità giornalistica, tematica regionale e naturalistica con abbondante infusione di umorismo anglo-germanico.

Solo in tal senso «Se si può parlare [...] di Scapigliatura piemontese, il Faldella ne è, nella narrativa, il rappre-

---

[2] *Ibid.*, p. 4.

sentante di gran lunga più solido»[3] e se così è, allora «una personalità espressiva come quella di Faldella [...] merita che ricaviamo da lei, dal suo espressionismo, il predicato che definisca la Scapigliatura piemontese».[4] Restano quindi da definire i termini entro cui si muove l'espressionismo di Faldella, e lo si può fare attraverso le indicazioni che l'autore stesso offre con una certa puntualità in *A Vienna. Gita con il lapis* (si veda l'introduzione generale), elencando i materiali linguistici eterogenei che porta contemporaneamente sulla pagina, in cerca di un equilibrio di contrasti: in primo luogo la lingua del purismo, estratta della tradizione letteraria del Trecento e del Cinquecento e il dialetto sia toscano sia piemontese;[5] a questi due elementi portanti ne vanno aggiunti un altro paio non elencati dall'autore, ossia i latinismi e i tecnicismi (per quanto non frequenti).[6]

Scostandosi parzialmente dalla linea critica sin qui seguita va rilevato che, di contro a uno stile così fortemente caratterizzato, sperimentale ed eccentrico rispetto a buona parte della letteratura coeva (Dossi escluso, come si vedrà), a livello ideologico Faldella quasi "delude" le aspettative del lettore perché rappresenta piuttosto modestamente una «soluzione moderata e serena contro le inquietudini e le gravose eredità scapigliate»[7] (laddove, si badi bene, "scapigliate" non ha più il valore continiano), poiché «non c'è in lui, appunto, una solida centrale interpretativa che trasformi il furore stilistico in scandaglio alla Dossi, né quel furo-

---

[3] Id., *Letteratura dell'Italia unita*, Sansoni, Firenze 1968, p. 218.
[4] Id., *Racconti della Scapigliatura piemontese*, cit., p. 11.
[5] Per costruire la propria composita lingua Faldella fa ampio ricorso ai dizionari e allestisce, dal 1864 al 1886, uno *Zibaldone*, ossia un repertorio o *vademecum* a uso privato di lemmi, espressioni, glosse a testi, sequenze o accostamenti linguistici, appunti, temi.
[6] Commenta al riguardo Contini: «La sindrome dei macaronici moderni c'è intera», in *Racconti della Scapigliatura piemontese*, cit., p. 18.
[7] R. Bigazzi, *op. cit.*, p. 275.

re può vantare l'autonomia dell'ironico *divertissement* di uno scettico».[8]

Ossia: la Scapigliatura di Faldella, e piemontese in generale, dimostra un sostanziale disinteresse verso i temi delle polemiche sociali e civili antiborghesi, così come appare estranea al disagio esistenziale predecadente, che invece agitano le opere dei fratelli maggiori lombardi. L'organo più "contestatore" in questo senso è il faldelliano «Velocipede», che però è un'esperienza limitata e il cui stesso direttore, di lì a breve, dimostra nelle proprie opere narrative la volontà di dare vita a una letteratura posta alla difesa di valori socialmente basilari e tradizionali quali il lavoro e la famiglia (valori, si ricorda, fondamentali anche in De Amicis, non a caso cresciuto a Cuneo e formatosi a Torino), espressioni di un'ideologia di fondo conservatrice o comunque assai moderata (sulla quale di fatto si sviluppano poi le posizioni politiche del Faldella deputato e senatore). Chiaramente schierata in tal senso suona infatti la dedica a Cagna di *Rovine*:

> tu [...] unisci felicemente al culto dell'arte quello del lavoro utile e della famiglia; e lo scopo di questo mio racconto (a dimostrazione per via dei contrarî) è appunto quello di predicare l'unione dei suddetti culti corrisposti.[9]

Ciò detto, non si può che concludere che Faldella sia un «autore di prevalente interesse formale»,[10] intendendo con questa affermazione che è essenzialmente interessato alla forma della propria arte ma anche che interessa soprattutto per la forma delle sue opere:

> In Faldella, insomma, l'impressionismo (poiché per lui si trattava qui, e in fondo sempre, di rendere delle superfici, di rendere profondamente delle superfici) porta a una tecnica, pur trattata con mano di dilettante più che di scienziato, di giustapposizioni alla Monet, di divisionismo o puntinismo verbali.[11]

---

[8] *Ibid.*, pp. 275-76.
[9] Citazione tratta da R. Bigazzi, *op. cit.*, p. 279, nota 97.
[10] G. Contini, *Racconti della Scapigliatura piemontese*, cit., p. 24.
[11] *Ibid.*, p. 14.

Una serenata ai morti

I

All'osteria

Un verde da vetriolo ammutolisce nei prati, le camere da pranzo sentono l'autunnale tanfo delle castagne lessate, e le cortine delle finestre prospicienti all'orto putono come una malora alla caduta delle pulverolente cimici selvatiche. Ridiventa buono l'interno dell'osteria.

Le partite a tarocchi e a bazzica,[1] cui l'estate avea disperse o confinate in un angolo del pergolato per poche ore del vespro, si riuniscono di nuovo gagliardamente dietro la ghisa[2] della cucina, e si protraggono fino a notte tarda.

L'osteria di Borgo Grezzo non ha titolo speciale, perché è unica; e le basta l'insegna della frasca;[3] e la rinomanza dell'ostessa Ghitona. Un cacciatore, dopo averla assaggiata l'aveva dichiarata «non bella ma pulita».

Si intende che questa definizione riguardava la persona di lei, e non gli arnesi delle sue tavole e della sua cucina. Imperocché le tovaglie ne sono stomachevoli e nascondono nelle pieghe ditate di azzurro e barbigiate[4] di giallo e di terreo; stagna sulle posate un unto indele-

---

[1] Tipo di gioco di carte.
[2] Propriamente la lega di ferro e carbonio, per metonimia la stufa di ghisa della cucina.
[3] Tradizionalmente appesa come insegna di osteria, specialmente in campagna.
[4] Costruito per analogia su "ditate", indica le impronte dei barbigi, ossia dei baffi.

bile; i bicchieri hanno il fondo non solo ruvido, ma nerastro e gli orli avvinati; la piatteria è, per costante elezione dell'ostessa, nerissima a fine di nascondere gli imbratti restati dalla rigovernatura; e nella saliera cenere di pipe, gocce di aceto, spruzzi di vino violaceo, soffi di pepe e pane trito, e lunette di rosso d'ovo lasciatevi dalle punte dei coltelli formano nel sale pastorizio iniezioni e stratificazioni pittoresche.

Un tumulto di cose disarmoniche circonda l'osteria e le sovrasta, come se l'anti-estetica fosse la legge, la divinità del luogo. Le fascine della chiudenda[5] sono di varia età e pendono in direzioni diverse; hanno buchi pel passaggio delle galline e dei conigli, e dei monelli. Fra i loro stecchi nudi tengono imprigionati gusci d'ovo, stracci abbandonati che fanno un singolare contrasto con i piantoni di salici, che sputano tuttavia umori e foglioline.

Il pergolato è un rovescio di travicelli tarlati, un penzolio di foglie fracide da una stuoia di ontani morti, è uno scarduffiarsi[6] di pampini di una vite irrugginita, mentre serpeggia e verdeggia la zucca, tuttavia vigorosa, e mostra qua e là le punte dei suoi fiori luminosi. Uno zuccone rubicondo rotola giù dal tetto come un deretano fustigato; i fagiuoli rampicanti gittano a diverse altezze uno zampillo di capettini viperei, curvantisi come impugnature di violino e punti di interrogazione esilissimi come una filigrana vegetale.

Il ballatoio della casa non ha sponda; quindi nella desidia[7] campagnuola per evitare le cadute ai ragazzi, piuttosto che principiare il gran lavoro di una balaustra, si tiene per anni ed anni inchiodato il balcone,[8] e

---

[5] Staccionata, recinto.
[6] Spettinarsi, scompigliarsi.
[7] Pigrizia, trascuratezza.
[8] *inchiodato... balcone*: chiusa, inchiodata la porta di accesso al balcone.

buio il magazzino e camerino da letto, dove in un angolo talliscono[9] le patate e le cipolle.

Eppure, nonostante questo fastello di sgarbo, disordine e cascaggine che la circonda, l'osteria della Ghita è l'unica nota confortante e ricreativa nella vita selvaggia di Borgo Grezzo. Quivi convengono come ad un'oasi il cacciatore, il viaggiatore di commercio, il viandante uscito di prigione, e quello ricercato dalla giustizia e i maggiorenti del paese. Il giovane medico condotto, famoso pel suo gaio umore, qui sfrottola tutte le sere le sue satire e le sue caricature acclamato dalle più cordiali risate degli astanti, a cui egli unisce il proprio cachinno[10] fragoroso. Egli nel muovere verso il villaggio si era fatto il più saldo proposito di intraprendere e compirvi studi botanici, fisici, antropologici e scrivervi delle memorie scientifiche, ed ora da più di un anno, non toglie più nemmeno la fascia ai fascicoli di «Riviste Mediche» che riceve; egli che forse sarebbe riuscito felice umorista anche nella letteratura; ravvolto dall'ambiente è diventato una vera ricchezza di giocondità per l'osteria, cosicché molti ne sono assidui solo per lui, che si è ridotto a trattenimento periodico serale, tanto che potrebbe farsi pagare dall'ostessa il proprio spettacolo.

Rivale del dottorino si è il signor Ambrogione, detto per antonomasia il Cottimista; perché è lui che da parecchi anni ha l'appalto dei canali demaniali e la manutenzione delle strade provinciali. Alto e membruto come un *camallo*[11] genovese, porta sulle spalle prominenti incassato un collo corto che sostiene una testa piccina come di testuggine; veste una giacca e i calzoni di velluto di cotone rigato e qualche volta la blusina azzurra del carrettiere.

---

[9] Germogliano.
[10] «Risata a gola spiegata.»
[11] Scaricatore di porto.

È veemente in tutto e specialmente nel bere. Entra con furioso affanno nell'osteria, gridando a squarciagola: «Ghita, un litro!»; quando se l'è ingollato,[12] dice invariabilmente, elevando un sospiro di consolazione: «Ho ancora sete».

Allorché viaggia in ferrovia, egli è lo spasso del vagone di terza classe, su cui sale. Sternuta come un terremoto, e ad ogni stazione si protende fuori dello sportello, chiamando col suo allegro francese di Biella un *bisciuar*.[13]

Nell'ultima festa del paese egli si avvinazzò tanto, ballonzolò tanto, si arrovellò tanto di vino e di movimento che ritornando a casa voleva costringere tutti coloro, cui incontrava per la strada, a ballare con lui: preti, vecchie, ragazze, padri coscritti.[14] O sia che una villanella riluttante, puntandogli contro il ginocchio, gli abbia dato il gambetto,[15] o sia che lo abbia rovinato, come l'impero romano, la propria mole, fatto sta ed è, che stramazzò per terra e si slogò una coscia. Non se ne adontò per nulla e ricusò di essere portato a casa per la fasciatura; volle che il medico venisse a mettergli la gamba a posto nello stesso tratto di strada, in cui egli era ruzzolato. Sdraiatosi nella polvere rizzò la testa e si addossò ad un paracarro per aspettare comodamente il dottore, e intanto per rendere vieppiù comoda l'aspettazione si fece recare dall'osteria un altro doppio litro con bicchieri. Beveva e costringeva a bere la moglie e le figliuole accorse e gli altri assistenti, e offriva da bere a tutti i passanti, dicendo che voleva da buon cottimista fare gli onori dello stradone provinciale.

---

[12] Ingoiato, ingurgitato.
[13] Storpiatura francesizzante del dialettale *bicéer* (ringrazio la signora Palma Magni per la segnalazione dell'uso lombardo-piemontese proprio degli ex emigranti rientrati dalla Francia).
[14] I membri del senato romano, si intenda "rispettabili anziani".
[15] *gli... gambetto*: gli abbia fatto lo sgambetto.

Venuto il medico, non si lasciò toccare da lui, se prima questi non aveva toccato con esso il bicchiere, e quando finalmente gli permise di accingersi alla operazione, pretese a forza che gli applicasse alla gamba slogata alcune doghe di un barile sfasciato, che egli aveva comandato gli recassero da casa.

Guarì completamente, ma la cordiale riconoscenza per la bella cura fattagli dal medico non gli tolse dall'animo un'inconscia invidia che gli era trapelata addosso; un'invidia che si potrebbe chiamare del mestiere, se fosse mestiere quello di dire buffonate.

Non c'era caso che egli ridesse alle spiritose barzellette del medico; questi per sua parte, pur avendo un'indole così risanciona,[16] diventava serio, quando Ambrogione sferrava i suoi lazzi, e nella superiorità della propria educazione ostentava di non avvertirli neppure. Questi rapporti tesi erano gravidi di una sfida, come li giudicò un uomo politico, il farmacista. Infatti nell'osteria e poi nel paese intiero erano nati quasi due partiti pei due contafavole.

La parte più intelligente e la società più fine del paese, le signore, il segretario comunale e il farmacista tenevano pel dottore.

Erane specialmente devoto ammiratore il panattiere Gregorio, il più indefesso, mansueto e silenzioso bevitore del Borgo, quegli che senza giuocare accettava di far parte di qualsiasi partita, in cui vi fosse per posta qualche bibita; tantoché chicchessia entrando nell'osteria, e disagiato a bersi una bottiglia intiera, ne proponeva sicuro la società a Gregorio, e questi non diceva mai di no; onde gli capitava magari di avere carature[17] in quattro o cinque tavolini; qua per la gazosa, là per la birra, o per il caffè, o pel vino del bottale,[18] o per il ne-

---

[16] «Incline al riso.»
[17] Quote, partecipazioni.
[18] Specie di botte lunga.

biolo imbottigliato; ed egli beveva e pagava da per tutto con una flemma e una soddisfazione ammiranda.[19]

Anche i mugnai parteggiavano pel dottore; insomma erano con lui quasi tutti quelli di arte bianca. Invece quelli di arte nera, come il Gran Tommaso carbonaio, Pietro il fuligginoso fabbro ferraio, il maestro cappellano, ecc. erano partigiani del forte Ambrogione. Dicevano le vecchie dell'Opera Pia che anche il diavolo teneva per lui.

Però nella sua banda egli prediligeva l'organista Protaso e il bel Rolando, che formavano con lui un terzetto musicale. In effetto egli, famoso lavoratore ed ubbriacone, era anche a tempo avanzato[20] vigoroso suonatore di fisarmonica, e si faceva accompagnare appunto dal vecchio organista che conosceva abbastanza bene il flauto, il violino e il contrabasso, e dal giovinetto Rolando che grattava la chitarra con un'aria ispirata. Anzi quest'ultimo pareva il Ganimede[21] di quel Giove.

Il bel Rolando era stato definito dal parroco con proprietà di linguaggio quale scioperato; ma il più mite neologismo degli altri borghigiani lo riteneva per un semplice *disimpiegato*. Figlio di un *particolare* (contadino proprietario), aveva fatte le scuole tecniche; ma non si era spinto più in là, tra per la poca voglia che egli aveva di studiare, e per il desiderio della mamma di averlo attaccato ognora alla gonnella e per la stufaggine, che aveva suo padre, di sprecare i denari a fine di mantenergli i vizi in città.

Nel villaggio, alieno dai lavori di campagna, senza mestiere, egli consumava il tempo bruciando pipate di tabacco da tre soldi, perseguitando e corrompendo le più belle ragazze del villaggio. Molti matrimoni andaro-

---

[19] Degna di ammirazione.
[20] *a... avanzato*: nei ritagli di tempo.
[21] Personaggio della mitologia greca, rapito per la sua bellezza e portato sull'Olimpo perché servisse da coppiere a Zeus.

no rotti per cagion sua. Esercitava una languidezza imperiosa, irresistibile da gatta morbida e da tenore brigante, teneva sulla testa due ditate spesse di capelli biondi come l'oro, spartiti in metà come li spartiscono le donne: possedeva un mostaccino[22] rotondo, come nelle maschere da fanciulle, e nelle Sirene da *giostra* o nelle ballerine per pipe di schiuma:[23] aveva gli occhi grossi, azzurri, di cobalto; la camicia di flanella senza solino[24] gli lasciava libero il collo alto e ben tornito: portava un'elegante cacciatora con bottoni bianchi, orlata di refe[25] rosso. Era un bel vizioso. Persino la nominata Erzegovina, e poscia ribattezzata Krumira, la cortigiana celebre del Borgo, che faceva il servizio di tutte le caserme dei Carabinieri del circuito, sentiva delle debolezze gratuite per lui; ed una volta per amore di lui aveva lasciato bussare invano alla sua porta il deputato capitato in vacanze, quantunque fosse già stato due volte segretario generale del Ministero di Agricoltura e ministro in predicato.

Quando, per usare una frase tecnica del paese, qualche ragazza alzava il grembiule prima del tempo, lo si attribuiva al bel Rolando e si attribuivano a lui i gettatelli[26] che si trovavano sulla porta della chiesa. Onde una volta il feroce cottimista gli disse: «Mio caro! tu pel bilancio degli esposti costi alla provincia più che l'avv. Denticis, che noi cottimisti non possiamo andare a trovare, senza mostrargli il gruzzolo dietro la schiena».

Quel satanico fanciullo piaceva, si appoggiava e quasi si maritava al Satana adulto, come la grazia alla forza, l'edera all'olmo.

---

[22] Musetto, diminutivo di "mostaccio", volto.
[23] «Schiuma di mare», seppiolite (già in Nievo, cfr. p. 134, nota 76).
[24] Colletto.
[25] «Filo resistente costituito da due filati accoppiati o da ritorti di cotone, lino, canapa o altra fibra.»
[26] Diminutivo di "gettato", trovatello, bambino abbandonato.

Ambrogione se ne serviva qualche volta per farsi fare i conti del negozio[27] dei bozzoli,[28] su cui speculava e versavasi come un maroso nei mesi di giugno e di luglio, o per l'affitto delle trebbiatrici, nel cui acquisto si era gettato come un veltro[29] ferito, e per fargli conteggiare i mucchi di ghiaia su cui frodava, e lo retribuiva con gite di piacere e merende. Questa era l'unica occupazione lucrosa, cui attendesse il bel Rolando nel suo ozio geniale. Qualche volta d'inverno coltivava ed enunciava l'idea di raccomandarsi poi al deputato, già segretario generale, e futuro ministro dell'Agricoltura, e domandargli qualche impiego. Ma, sopraggiunto l'autunno, egli si sentiva così bene, si gatteggiava[30] così tiepidamente nel suo dolce far niente, che non pensava neppure per sogno di andare ad umiliarsi all'on. ex Segretario Generale e promesso Ministro, e preferiva fargli prendere il fresco di fuori, quando questi col portabiglietti pinzo[31] si degnava di bussare all'uscio della Erzegovina poscia Krumira, e nei pochi casi in cui lo lasciava entrare, si divertiva poi a fumare i sigari d'Avana da 24 soldi.

L'organista Protaso, un vecchio sbarbato, vestito di un giubbino nero, corto, lucido, sfuggente, lieve come la fodera di un violino, era servitor devoto di tutti quanti, ma si inchinava premurosamente alla generosità e alla potenza di Ambrogione, ed in una sola parte si riservava ad essere lui stesso *intransigente*, cioè nel non ammettere ballabili moderni, e nel mantenere, come Vangelo del terzetto, un vecchio cartolaro[32] di *danzeria del maestro Caronti*, che egli aveva portato da un paesel-

---

[27] Commercio.
[28] «Antica misura per i cereali.»
[29] Cane da caccia (già in A. Boito, cfr. p. 316, nota 9).
[30] Si comportava da gatto.
[31] *portabiglietti pinzo*: portamonete pieno zeppo.
[32] Cartolare, libro di appunti, registro.

lo di montagna, dove aveva fatte le sue prime armi musicali. Quindi né *Sangue Viennese*, né *Labbra di fuoco*, né *Fiotto di mussola* poterono aver mai l'onore d'entrare nel repertorio musicale di Borgo Grezzo, dove trionfavano continuamente le vispe cantilene dell'antico cartolaro, intitolate: *Iride – Cuor contento – La priora di San Sebastiano – Pietrina Michisso*, ecc., scritte da quel genio ignoto del maestro Caronti certamente per qualche figliuola di castellano; imperocché ad ogni unto fondo di pagina c'era l'avvertenza: *L'illustrissima signora damigella è pregata*, oppure *degnisi di voltare il foglio*. Per somma grazia erano state accettate dall'organista alcune canzoni popolari che Ambrogione aveva raccolte nella sua vita d'impresario anche fuori del Piemonte. Il giovane dottore, quantunque egregio dilettante di canto e pianoforte, non poté mai accordarsi col terzetto, avendo egli avuto delle coraggiose velleità di introdurre a Borgo Grezzo un ballabile di Klein, un altro di Capitani e alcune romanze di Tosti e di Rotoli, e sull'organo della Chiesa il *Mefistofele* di Boito.[33]

II

I contafrottole

Una sera l'adunanza dell'osteria era al *gran completo*.

Il salone dietro la cucina, formato da due stanze riunite, in cui alla abbattuta parete divisoria si era sostituito un arco sorretto da un pilastro, era rigurgitante di gente, pareva una fitta piantonaia[34] di uomini clamorosi, come un'assemblea operaia per fondare un magazzino cooperativo, o un comitato elettorale, in cui un can-

---

[33] Opera di Arrigo Boito rappresentata per la prima volta nel 1868 e poi, rimaneggiata, nel 1875 (cfr. A. Boito, pp. 309-13).
[34] Vivaio di piante, piantagione.

didato pagasse le spese alle sue speranze di consigliere o deputato delle acque.

La Ghita doveva affaccendarsi a voltare i grossi peperoni gialli e rossi; e le fette di polenta, che arrostivano sopra le molle adagiate sulla brace; e a portare litri e doppi litri alle tavolate richiedenti.

Nello scompartimento di destra c'era la tavolata del dottore, il quale quella sera pareva proprio in buona vena d'accettare con Ambrogione la sfida a chi le dicesse più grosse. Ambrogione si presentava maestoso quale un fiume nella sua piena. Il dottore aveva già comunicato per la millesima volta il suo progetto di una confraternita religiosa, nella cui processione il Gran Tommaso avrebbe fatta la parte di Longino, e Ambrogio quella del buon Ladrone; aveva già narrato in una ultima edizione il suo sogno di una rivista militare che farebbe il Commissario di leva agli impiegati e alle impiegate del Municipio che sarebbero denudati e denudate come coscritti alla visita; aveva già riferito il famoso testamento di Don Coraglia.

«Non ho capito bene» osservò il panattiere mansueto ed inesauribile nel bere ed ascoltare e far ripetere.

«Don Bertrame Coraglia» ripeté il dottore «dopo avere vissuto da lepido gaudente, aveva voluto mantenersi buffo anche in morte, corbellando il pubblico con un pio teatrale decesso, che accadde, come si ricordava mia nonna, a Trentacelle, nel 1840. Egli era caduto ammalato in uno dei primari alberghi dell'antico capoluogo della nostra provincia; e per farsi trattar bene dall'albergatore e onorare dalla cittadinanza, mandò a chiamare il notaio, a cui dettò un grasso testamento. Con esso nominò erede universale delle sue sostanze il venerando Capitolo metropolitano, e profuse un'immensità di legati pii non dimenticando il padrone dell'albergo, a cui lasciò l'orologio d'oro, né i camerieri che lo assistevano durante l'ultima malattia, ai quali lasciò, in compagnia del padrone, le cedole della sua valigia. Anzi, prima di spirare, ebbe cura di farli chiamare intorno al letto, e loro pronunciò distillando con la solennità dell'Uomo Giusto, che muore nell'ultimo atto di un dramma, un commovente discorso, in cui loro raccomandò la fermezza nella fede cattolica, l'amore di patria e la purezza dei costumi.

«I canonici commossi di riconoscenza gli ordinarono un funerale sontuoso di prima classe, durante il quale cantarono colla più sfogata solennità a squarciagola; ma poco dopo dovettero mangiarsi i pugni di pentimento per la voce prodigata e per la cera buttata al diavolo, riconoscendo che le sostanze dell'abate erano una vera burla: zero via zero. L'albergatore trovò di ottone, trovò essere un misero giocattolo da fiera il famoso orologio d'oro; e i camerieri dell'albergo poi, aperta la famosa valigia delle *cedole*, scopersero che esse non erano già cartelle del Debito pubblico, come essi avevano fermamente creduto, ma cartelle del Debito privato del testatore, cioè cedole di citazione intimate pel ministero d'usciere dietro istanza[35] dei creditori al Don Coraglia, diventato da parecchi anni debitore non solvente.»

Il panattiere batté le mani, poi le lasciò cadere congiuntamente sui ginocchi, per atto di grande meraviglia.

Lo stesso Ambrogione si degnò cavallerescamente di tacere alla ripetizione di questa storiella.

Onde il dottore lesse una nuova tacita preghiera negli occhi del panattiere, e, senza pigliar fiato, riprese:

«Voi, Gregorio, volete sapere...»

E Gregorio: «Sì... Ma era proprio...».

«Ve lo ripeto? L'abate Coraglia era proprio quel desso, che nel confessare dava l'assoluzione a capriccio e secondo le conoscenze. In una sera scura si recò a confessarsi da lui il vecchio Conte. E Don Coraglia di-

---

[35] *cedole... istanza*: citazioni notificate attraverso un pubblico ufficiale su domanda dei creditori.

stratto gli negò l'assoluzione. Quando il penitente si partì, il prete sporgendosi dal confessionale si avvide di chi si trattava; e gli trottò dietro gridandogli: scusi non l'aveva mica conosciuto... Se vuol tornare, subito ripariamo.»

Risero discretamente gli ammiratori del medico, ma il panattiere si prese la testa fra le mani, per non scoppiare dal contento e parve risoluto di assumere coi suoi monosillabi la parte di *leader* del partito.

Ambrogione punto di invidia, per non riuscir sopraffatto in quel torneo, cominciò a parlare con voce strepitosa alla sua tavola, ma in modo che la direzione della sua voce e del suo racconto pareva soprattutto rivolta a vincere gli avversari costringendoli a non perderne una sillaba. Disse: «Don Coraglia l'ho conosciuto pur io. Si è conservato fino a settant'anni una capigliatura nera e folta. Usava di una certa pomata, che avrebbe fatto nascere i capelli anche sopra una palla di bigliardo. Un giorno, avendo le dita unte di quella pomata, toccò un sedile di pietra nel giardino. Orbene, il giorno dopo quel sedile era coperto di peli come un velluto...».

«Boun!»

E Ambrogione senza scomporsi seguitò:

«Del resto, la morte e il testamento di Don Coraglia sono accaduti non nel 1840, ma nel 1849, quando io era all'eroica difesa di Casale. C'erano con me allora tre cannonieri veterani così sordi, che quando avevano sparato il cannone, si domandavano l'un l'altro, se aveva preso fuoco: *l'a pià fò?*»

Balzarono gli ah ah! più contenti dalle bocche dei suoi abbronziti[36] partigiani, i quali poscia bevettero; e dopo la bevuta batterono rumorosamente il bicchiere sulla tavola.

Riscaldato, Ambrogione continuò dicendo: «Ciò è nulla a petto dei Cinesi, i quali respingono gli attacchi

---

[36] Abbronzati.

alla baionetta e le scalate date ai loro spalti, gettando della polvere negli occhi...».

«Ai gonzi!»[37] interruppe il dottore sentendosi incoraggito dall'approvazione che continuava a scintillare negli occhi al panattiere.

«No, signore! Ai nemici Francesi» continuò imperturbato Ambrogione. «Perché quei guerrieri vanno alla guerra colle tasche piene di sabbia... Cosa, del resto, facilissima a capirsi... Perché vi sono dei metodi di guerra e di caccia ancora più semplici... Un mio amico, guarda-convoglio, mi raccontava che egli prendeva gli orsi comodamente così: metteva in capo al sentiero, per cui essi dovevano passare, un semplice cribro[38] di fili di ferro. Allorché gli orsi si affacciavano a quell'ostacolo, rizzandosi per apporvi le zampe di contro, attraversavano colle unghie i buchi del crivello. Allora il cacciatore appostato dall'altra parte con un piccolo martello ribatteva quelle unghie, ritorcendole gentilmente contro i fili di ferro. Tich tach. Così gli orsi rimanevano attaccati al cribro e si potevano portare via belli, vivi e sani.»

«Questa è da Barone di Münchhausen!»[39] dissero a un tempo il medico e il segretario comunale.

«Non c'entra nessun calcio nel caffè di Moka» rispose Ambrogione. «È un fatto storico... Si tratta dello stesso capo-convoglio, mio grande amico, che venne poi nominato capo stazione a Baltesana. Egli per non interrompere la partita a tarocchi colle guardie doganali, era solito a non presentarsi al passaggio dei treni di-

---

[37] Sempliciotti, sciocchi (già in Nievo, cfr. p. 148, nota 115).
[38] Crivello, setaccio composto da un telaio e da una lamiera bucherellata.
[39] Karl Friedrich Hieronymus barone von Münchhausen (1720-1797), nobile tedesco celebre per le frottole fantasiose che amava raccontare; nel 1875 divenne il protagonista del volume *Baron Munchhausen's Narrative of His Marvellous Travels and Campaigns in Russia*, scritto da Rudolf Erich Raspe (1737-1794) e ispirato alle novelle attribuite al barone.

retti e collocava sull'uscio dell'ufficio un fantoccio della sua statura, col berretto, e colle cifre del grado. Una volta il vento nell'impeto di un treno celerissimo rovesciò il fantoccio, onde il macchinista, temendo di avere travolto il capo-stazione, fermò la macchina; e si riconobbe...»

«Ih! Ih! Ah! Ah!... Uh! Uh!» urlarono tutti.

L'organista, come fosse pagato per dargli l'imbeccata:

«Baltesana è lo stesso paese...»

«Lo stesso paese» abboccò Ambrogione «dove c'era quella ragazza magnifica, ma smorfiosa e prepotente, la quale una volta recitava coi dilettanti nella *Suor Teresa*. Avendo sentito in platea alcuni giovinastri darle la baia,[40] essa benché vestita da monaca, si avanzò risolutamente sul proscenio, si rivolse al pubblico bestemmiando: "Fate silenzio, brutti diavoli! cri... cco! contacc!" e alzando le anche si diede una patta[41] di dietro.

«Un'altra volta, sul loggione, al teatro dei burattini, si lagnò infinitamente d'aver sentito un rumore e un odore cagionato da una scorpacciata di fagiuoli. Per tutta quella sera e per il giorno dopo non cessò mai dal protestare che non si dovevano permettere quelle porcherie, vantando che a lei non era mai accaduta... simile disgrazia.

«I giovanotti del paese per punirla di quel vanto, una volta la colsero in un bosco, mentre essa andava per funghi, e con un soffietto, che avevano portato espressamente con loro, la gonfiarono tanto, che essa ritornando a casa strombettava per via come una diavolessa!»

«E fece...» disse il medico.

Il segretario completò la citazione di Dante.[42]

---

[40] Canzonarla.
[41] Pacca.
[42] «Ed elli avea del cul fatto trombetta», cfr. D. Alighieri, *Inferno*, XXI, 139.

«Impossibile! Una ragazza ricca non va sola per funghi...» osservò il panattiere.

«Osate negare ciò che dico io...? Si fece il processo... Fui io testimonio, ché in quei tempi lavoravo pel canale Cavour a Baltesana... Minchioni! Se non li cercano le ragazze ricche, chi andrà a cercar funghi in quel paese!? in cui il più povero pezzente, che si presenti agli usci per amor di Dio, ha per lo meno una ventina di giornate in proprietà tra risaie e marcite.»

«Boun!»

Le due tavolate rimasero veramente spaventate.

Ambrogione, offeso dai volti increduli, inferocì.

«Ché! Vi prego di credere, che a Baltesana certi contadini pigliano per carità i calzoni di mezzalana dall'Opera pia, e posseggono tenimenti di 200 giornate...»

L'osteria tremò... Si guardava dai più la finestra in modo supplichevole, perché la si aprisse pel passaggio delle bombe.

L'organista arrischiò:

«Io non stento a credere.»

Allora Ambrogione per rimunerarlo:

«Ghita, due litri... e di vino imbottigliato.»

L'attenzione degli astanti si tolse volentieri dallo sballone[43] e si riposò sul bel Rolando che aveva staccata dalla parete la chitarra.

Sedutosi sull'angolo della tavola, colle gambe incrociate, teneva la cassa armonica sulle ginocchia e la testa in su a domandare ispirazioni. Il berretto alla marinara, dalla gronda[44] larga di panno azzurro, gli faceva un'aureola celeste; egli era una bella cosa da osservare per la Ghita.

La ostessa guardandolo sentiva sotto le ascelle un calore, un'arsura di abbracciarlo, di avviticchiarselo.

Egli unghiava le corde, e ne cavava lentamente vibra-

---

[43] Spaccone.
[44] Falda.

zioni sonore che empievano, rallegravano l'aria e il petto a tutti; rompevano il tanfo e guizzavano nei nervi più pigri. Mentre egli sonava, gli si ingrandivano gli occhi; gli passavano sulla fronte rossori, vergogne di trovarsi un fannullone paesano, e baldanze, desideri di essere un elegante, misterioso giovane, barabba di città: correre come un demone sull'asfalto degli Skating-Ringh,[45] trascinandosi allacciata pei fianchi, intrecciata nelle mani la più bella cocotte di Torino, – e ai balzi della musica, al fragore delle rotelle girare con una gamba in aria, valseggiare[46] con lei, volteggiando fra quelle anime dannate, fra quelle fanciulle vestite di velluto, dal largo cappello peloso, dalla pellegrina,[47] intagli di prete: e poi scivolando, filare dietro il paravento, e scalzarla, premerla lei, così superba e di così alto prezzo pei senatori, e per lui docile al solo prezzo di picchiarla come una cagnolina. Indi gli si ritiravano le vedute pornografiche dalla fronte ed erano sostituite da nobili propositi di andar via a guadagnarsi il pane, e diventare qualche cosa di buono, un bravo ingegnere, disegnatore, capo officina... Questa lanterna magica[48] non solo si vedeva passare sulla fronte del bel Rolando, ma la si sentiva nel suono della sua chitarra.

Il panattiere, ottuso per la musica, profittando di una pausa, aveva cercato di avviare il medico sul tema dei Conciliatori.[49]

«Signor dottore, sarà vera la risposta, che Bertolo, l'oste, ha data al Conciliatore di Calciavacca?»

«Sì, me lo hanno riferito. Bertolo era stato citato da

---

[45] Pista circolare per il pattinaggio a rotelle.
[46] Ballare il valzer.
[47] Mantellina.
[48] Con il nome dello «strumento ottico da proiezione, costruito da Kircher nel 1646» si intenda una serie di immagini che passano in sequenza.
[49] Giudici onorari che si occupavano di ricomporre controversie civili di valore limitato.

Rolla il droghiere, che avanzava da lui venti lire per spezie e candele.

«Il Conciliatore minacciava l'oste di una condanna coi danni, spese e vacati;[50] quando Bertolo li osservò placidamente: "Io pagherò le venti lire, che devo a Rolla, quando voi, signor Conciliatore, mi pagherete le trenta lire per quelle due brente di vino...". Allora il Conciliatore furioso:

«"Silenzio! Silenzio! Se no, metto mano in carta libera...".»

«Ah! Ah! Che ridere! Che ridere!» scompisciava il panattiere.

«Ma la più buffa» ripigliava il dottore «è la sentenza, che ha pronunziato il nostro macellaio Conciliatore all'ultima udienza. Egli stanco di due litiganti temerari, che non ho bisogno di nominarvi, li licenziò dicendo: "Sentite! aggiustatevi! se no, ve lo giuro su questo santo Vangelo, per Cristo morto, se vi presentate ancora al mio macello, non vi do più una libbra di carne intera. Vi do tutta giunta ed ossi... E non fatemi perdere la testa...".»

«Oh, che ridere! che ridere!» seguitava il panattiere, lacrimando e quasi scompaginandosi[51] dalla contentezza.

«Questo è nulla in paragone del Conciliatore di Baltesana» disse Ambrogione, riafferrando il mazzo lui; «quel Conciliatore, antico furiere in riposo, non essendo stato provvisto di nessun Codice civile dal Procuratore del Re, né dal Comune, si serviva del Codice penale militare, che aveva portato dal reggimento e per questioni di galline o di uno schizzetto di pochi soldi, minacciava condanne alla reclusione, e ai lavori forzati.

---

[50] Si intenda "vacazione" ovvero il compenso che spetta a chi opera nel settore della giustizia per il tempo impiegato nel prestare la propria opera (ringrazio per l'interpretazione del lessico giudiziario ottocentesco il prof. Aldo Travi).
[51] Scomponendosi.

«Nella festa di Sant'Orsola, le ragazze della Compagnia, essendosi ubbriacate in casa della Priora, messesi in fila sul ballatoio, improvvisarono una fontana nel cortile con grande scandalo e bagnatura dei musicanti che suonavano di sotto.

«Il Conciliatore, fattele citare, le condannò alla fucilazione nella schiena previa degradazione.»

Trrr... um.

Il bel Rolando, con una strappata delle sei corde a un tempo, tagliò degnamente la frottola di Ambrogione, in modo che tutti l'applaudirono ridendo come matti; quindi da quell'arrabbiato accordo, egli si sollevò e li sollevò ad una cavata dolcissima, mentre dalla testa pareva che gli svaporasse un inno oraziano in lode di Cesare Augusto.[52]

III

La serenata

Il dottore si alzò per avvicinarsegli e fargli la corte; gli cavò il berretto; e gli mise in testa il suo cappello nero con un'ala alzata alla spagnuola, figgendogli nel nastro un cucchiaino di legno.

«Ecco la studiantina,[53] cioè la cucchiaina di Siviglia o Salamanca.»

Ambrogione guardò il suo ganimede con un occhio intenerito, come Saulle dopo una doccia di arpa davidica.[54] Stette un po' sovra pensieri di gelosia e di dispetto,

---

[52] Quinto Orazio Flacco (65-8 a.C.), fu tra i maggiori autori del circolo intellettuale che Mecenate raccolse attorno a Ottaviano Augusto.

[53] Da "estudiantina", compagnia di studenti che va in giro suonando strumenti.

[54] Saul, primo re di Israele, sofferente di nevrastenia, placava le proprie crisi furiose al suono dell'arpa di Davide.

come se con la parola *Salamanca* avessero satireggiato il suo protetto per mancanza di sale in zucca; e poi comandò giulivamente:

«Protaso, lesto, correte a prendere il vostro violino, o il vostro contrabbasso, e poi passate a casa mia a prendermi la fisarmonica.»

Il vecchio organista curvò la testa, che rassomigliava ad un'urna da tabacco, allargò le braccia, strinse le gambe, divergendo i piedi; e stava apparecchiato a fare qualche osservazione con un inchino.

Ma Ambrogione non glie ne lasciò il tempo.

«O andate, o vi...» e gli mostrò una pedata.

Protaso fece una giravolta sul suo inchino, mentre le falde del farsetto[55] corto e leggero gli si alzavano di dietro, quasi per ricevere degnamente ciò che gli era stato promesso. Quindi, tutto d'un pezzo, mantenendo la curva e le braccia larghe, uscì dall'osteria.

Traversando la corte ardì, per celia, di tentennare sulla vetrata, ma il cottimista lo fece scappare, urlando:

«Fate presto, o vengo a spiantarvi la casa e voi vi spolpo... voi...!»

Profittando dell'assenza dell'organista il dottore aveva fatto provare qualche accordo al bel Rolando, e lo incamminò ad accompagnarlo nella romanza del Tosti: *Vorrei morir!*[56]

Ambrogione si degnò di lasciarlo cantare, e alla fine della romanza lo complimentò.

«Non siete un minchione.»

Intanto l'eco di quei patetici *vorrei morir* gli faceva attraversare il cervello da una strana, benché ancora indistinta idea.

Non ritardò a ritornare l'organista cogli strumenti.

---

[55] Indumento maschile, sorta di giacca.
[56] *Vorrei morir!*: Composizione di Francesco Paolo Tosti (1846-1916), cfr. *Edizione completa delle romanze per canto pianoforte di Francesco Paolo Tosti*, Ricordi, Milano 1991.

Ambrogione, scelto a coadiutore il Gran Tommaso, lo trascinò pel colletto nello stanzone superiore a stanare una spinetta,[57] che posava le gambe zoppe fra le cipolle e da parecchi anni, cioè dalla morte dello zio prete che l'aveva lasciata in eredità alla prole nascitura della Ghita, non era stata più sonata da altri, che dal gatto allorché passeggiava sulla tastiera.

Scaricato giù quel vecchio mobile, non ostante le opposizioni dell'ostessa, Ambrogione costrinse il medico a suonarlo. E il dottore, mezzo brillo dal vino e dalla buona luna di quella sera, accettò e tempestò una polka di Edoardo Strauss *Bahn Frei* (*Fate largo*).[58] Pareva martellasse sui vetri. Ciò nondimeno il bel Rolando, deposta la chitarra, aggavignò[59] la Ghita, e la fece ballonzolare, abballottandola[60] ed accantonandola di tanto in tanto in un angolo contro alla scopa, mentre essa lo stringeva, pur riluttando con le grida.

L'organista per ristabilire l'ordine, propose ed allestì, che si ripassasse in quartetto la famosa *danzeria del maestro Caronti*.

Si accondiscese; ma prima di tutto il cottimista ordinò che si bevessero da tutti insieme altri quattro litri.

Il panattiere disse che accettava, ma che voleva entrare per sua parte nel conto:

«Chi mette bocchino, metta quattrino.»

«Chi parla di pagare, quando comando io?... E se qualcheduno si muove per uscire, piglio la falcetta e gli taglio le gambe.»

«Comanderai, quando avrà finito di comandare Ambrogione» disse l'organista *pro bono pacis* e per proprio vantaggio.

---

[57] «Strumento a tastiera analogo al clavicembalo.»
[58] *Edoardo... largo*: Eduard Strauss (1835-1916); la polka citata è del 1869-70.
[59] Avvinghiò, agguantò.
[60] Sballottandola.

«A questo patto accetto» si acquietò Gregorio.

Dopo mezz'ora di accordature innaffiate dal nero vino di Freisa,[61] il quartetto si poté dire montato.

Si suonò la *Perseveranza*, scottish;[62] e poi il *Cane di guardia*, marcia in cui ad ogni tanto i sonatori si fermavano ad abbaiare: *Bau! Bau!*

Ciò elettrizzò l'osteria; e Gregorio entusiasmato ordinò per suo conto sette litri.

Nell'emozione di versare egli stesso il vino, lasciò cadere per terra una bottiglia, che venne prosciugata dal pavimento. Ma gli altri sei litri se li bevettero i congregati, senza perderne una goccia. Oltre l'intiero quaderno del maestro Caronti, si suonò e si cantò la *Biondina in gondoletta* – *Cò sto caldo, cò sto caldo, insima ai monti* – *La fioraia di Firenze*, cavallo di parata del bel Rolando – *Souma i fieuj d'Gianduja* – e i *Bougianen an dio* di Brofferio.[63]

Il bel Rolando uscì a dire:

«C'è una bella luna... Dovremmo andare a fare delle serenate.»

> *Rosina vieni abbasso*
> *È un'ora che son qui,*
> *Già la luna sen va a spasso*
> *E succede chiaro il dì.*

«Indispettito il padre di Rosina...» continuò con voce da tiranno il dottore...

«Ma io ho sete» conchiuse Ambrogione: «Ghita porta dei peperoni, del formaggio e mezza brenta[64] di vino... *Ho sete, ho fame... Spazzacamino...*».

---

[61] Vitigno da vino largamente coltivato in Piemonte.
[62] Scozzese.
[63] Angelo Brofferio (1802-1866), uomo politico e scrittore, autore di una fortunata raccolta di *Canzoni piemontesi* (1839).
[64] Grossa bigoncia, damigiana capiente una cinquantina di litri (in Piemonte).

Quasi tutti assaggiarono il formaggio *pro forma*, e solo per rendersi più abili a bere. Alcuni non poterono mandar giù un boccone. Solo Protaso e Gregorio ne fecero un buon striscio.[65]

«Cantiamo... *La serva va in cantina... E il prete...*»

«Auff... Andiamo a fare la serenata... Non si resiste più qua dentro» esclamò il bel Rolando.

> *Rosina, vieni abbasso*
> *È un'ora che son qui...*

«Andiamo!» concesse Ambrogione «ma si portino con noi i viveri,»

Uscì nel cortile; sollevò una carrettella[66] di sotto la travata,[67] vi aggiogò il carbonaio e il fabbroferraio. Vi caricò la spinetta, un canestro di bottiglie, un altro di vivande, una mezza tinozza di vino... *Allons! marchons – Partons pour la gloire et pour la Syrie.*[68]

Il denso silenzio campagnuolo era rotto da quel carriaggio di briaconi notturni.

Tutti si guardavano le pance illuminate dal chiarore della luna.

Arrivati sul sagrato, videro la piazza colma, bianca, di quell'uniforme luce lunare, a cui faceva da nera sponda l'ombra dei tetti e dei balconi.

Ambrogione si fermò a pensare, inorecchito[69] come presentisse dell'acqua, e poi disse: «Io non ho paura, so nuotare».

In un baleno si spogliò; e tenendo in bocca il fagotto degli abiti, traversò la piazza a nuoto asciutto.

---

[65] Una buona quantità.
[66] Piccola carrozza a quattro posti trainata da due cavalli (già in Nievo, cfr. p. 127, nota 43).
[67] Travatura.
[68] *Allon... Syrie*: "Andiamo! marciamo – Partiamo per la gloria e per la Siria".
[69] «Con le orecchie tese.»

Il seguito col carro gli corse dietro come a Faraone nel Mar Rosso. Infatti il grido del dottore fu: «Viva Mosè in Egitto!».

Raggiuntolo dall'altra parte, il bel Rolando si permise di dirgli: «Signor Ambrogione, sarà meglio andare a casa...».

«Vai tu, piccirillo!... Va' a pigliare la poppa...»

Con qualche fatica il gigante cotto riuscì a rivestirsi, dopo aver provato invano a mettersi uno stivale in testa. Trasse in disparte il bel Rolando, gli pose in mano una chiave, e gli sussurrò:

«Va' tu con mia moglie.»

Al giovanotto la voglia di profittarne fu cacciata dalla certezza che l'indomani sarebbe stato pugnalato.

Balbettò:

«No... no... grazie!»

«... Come? Grazie!...»

Il bel Rolando si sentì livido da una guardata velenosa nel collo...

«Ho sete!» ricominciò Ambrogione... E faceva stappare delle bottiglie...

Era il tocco dopo la mezzanotte; al rumore dei tappi che saltavano via, si unirono i ventiquattro rintocchi dei morti. Passò per la testa di Ambrogione più chiara una torbida idea.

Il medico disse:

«Adunque facciamola questa serenata.»

Allora tutti si volsero verso il balcone della stanza, dove dormiva la figliuola del Sindaco.

Il medico salì sul carretto a martellare la spinetta... Ambrogione allargava e rinchiudeva poderosamente il mantice della fisarmonica, l'organista inviperiva sul violino, il bel Rolando faceva vibrare mestamente la chitarra. Tutti cantavano il coro della *Mascherata dei quaranta pagliacci*, che si adattava da per tutto:

E la bella Borghezzese
Sarà sempre il mio sospir.

«Adesso andiamo in barca» sentenziò Ambrogione, come un lucido dirizzone[70] l'avesse preso; e avviò i due bipedi aggiogati al carretto sulla strada che conduce al torrente Borghera.

Quando si trovarono un po' dilungati dalla piazza, si accorsero che il dottore ed i suoi partitanti si erano squagliati.

«Vigliacchi!» borbottò Ambrogione... «Ma, tanto d'avanzato!... Berremo tutto noi.»

«È vero!» approvò l'organista, tremolando fra la paura e il freddo.

Quando giunsero in riva alla Borghera, Ambrogione sventrò[71] come un bombardone un interminabile *euhpp!* per svegliare il barcaiuolo nella chiatta.

Impaziente, assaltò egli stesso una barca e snodò la fune che la legava ad un piantone.

Quindi invitò i suoi seguaci ad accompagnarlo in barca.

Vedendo che il barcaiuolo, svegliatosi, si era messo al governo del timone, molti si affidarono di accettare l'invito.

Ma l'organista rifiutossi.

Ambrogione lo scosse e ordinò ai *bipedi* del carretto: «Bipedi, gettatelo nell'acqua.»

L'organista s'inginocchiò sul ghiareto.[72]

Pareva una scena di sacrifizio umano. Dove l'onda era crespa, la luna faceva succedere un movimento di carta dorata, e inargentata; e dove l'acqua spaziava liscia, si appozzavano[73] splendori. Qua e là guizzavano larghi nereggiamenti, come schizzi immani di seppia. Nericavano[74] i fili d'erba sulla riva; la ghiaia imbruniva nei contorni morbidi dell'ombra, e mandava qua e là scintillamenti ossei.

---

[70] Impulso.
[71] Far uscire dal ventre con suono baritonale.
[72] Greto ghiaioso di un fiume.
[73] Si facevano pozza, divenivano stagno.
[74] Nereggiavano.

Ambrogione si mise a ridere, e si contentò che l'organista rimanesse a terra, purché suonasse il violino in ginocchione.

La brigata in barca si versò da bere; e poi cominciò a cantare e a suonare.

Dalla sponda l'organista la accompagnava raspando il violino, genuflesso come un condannato a morte.

La musica sull'acqua faceva un effetto magico; diventava più fina, più trasparente, più godibile...

Pareva trasmessa per mezzo del telefono da un paradiso incarcerato nel centro della terra.

La ripercussione delle onde sonore sulle onde liquide era un incanto... Le fantasie logore dei poeti avrebbero ridetto che i venti, i quali passeggiano sui fiumi, sostavano innamorati sull'ali ad ascoltare, e i pesci boccheggiavano le armonie a fior d'acqua.

Ambrogione spicciativo, brutale nei suoi capricci, quietò appena cinque minuti in barca, poi fissando un nero cespo di ontani sulla riva lontana, ordinò che si ritornasse a terra. Là annunziò solennemente:

«Andiamo a fare una serenata ai morti. Poi verrete a casa mia a mangiare il cardo con la salsa calda e i tartufi.»

Nessuno gli rispose di sì.

Anzi l'organista, assunto un coraggio apostolico, da uomo di chiesa con annesso stipendio, disse: «No... Non va bene... È una profanazione... I nostri vecchi...».

Ma Ambrogione minacciò: «Vi dico che verrete con me, dovessi spingervi innanzi a colpi di revolver».

Protaso, al pari del resto della brigata, ammutolì. Tutti camminavano, come la biscia all'incanto. L'organista non vedeva più splendere la luna, fuorché sulla punta delle sue scarpe.

Ruminava in mente il modo di evadersi: pensava e ripeteva: «Ah! se fossi rimasto a casa, chiuso col chiavistello...».

Ritrovandosi sulla piazza considerò che poteva con una stranezza minore evitare la maggior pazzia di Ambrogione, e gli propose: «Se andassimo a far la serenata sulla punta del campanile!».

«L'idea non è cattiva...»

«Io so dove sta la chiave... È qui.»

«Pigliala subito.»

L'organista, tosto levato un mattone da una buca presso la finestra del campanaio, vi trovò la chiave del campanile. Ambrogione si caricò sulle spalle la cesta colle bottiglie rimaste, e cacciandosi innanzi il bel Rolando e l'organista cogli strumenti, salì poderosamente le numerose e ripide scale legate l'una in vetta all'altra nell'interno della torre. Egli era così igoglioso che pareva il succhio sanguigno di quell'albero in muratura. Giunti nel castello[75] delle campane si affacciarono al firmamento. Che dominazione!

Alcuni cortili di case, che da basso figurano in lontananza fra loro, qui parevano essere proprio riuniti sotto gli sputi dal campanile.

Ambrogione guardò fieramente nel cortile di sua casa, quasi schiodando colle pupille le impannate della stanza coniugale. Era scuro; sua moglie dormiva... Egli rapidamente si tranquillizzò.

«Ho sete... Come si deve bere bene qui sopra *in excelsis Deo*!...[76] Ci deve essere ancora nel canestro un'ala di pollo... Adesso... soniamo...»

Le ondate sonore si diffondevano spaziose, quasi arricchivano di forza i lombi[77] dei suonatori; e ad un tempo un senso di benessere igienico, estetico, alleggeriva, sollevava, rassicurava tutti.

Finita la prima suonata, l'organista si accorse che gli altri della banda non lo avevano seguito.

---

[75] Parte alta della torre campanaria dove sono collocate le campane.
[76] *in excelsis Deo!*: «Gloria in excelsis Deo», citazione dal testo del *Gloria*.
[77] Fianchi.

Ambrogione guardò in giù, e vide ch'era sparito anche il carretto colla spinetta.

«Manigoldi!»

Poi si ritornò a suonare...

Un ampio fremito ondeggiava intorno. Sbucò un gufo spaventato e strisciò come un velluto ombroso sulla testa di Ambrogione.

«Alt!» disse egli con voce da capitano di nave. Quindi con entusiasmo d'oratore ubbriaco: «Andiamo al cimitero».

L'organista, scendendo per le scale, avrebbe voluto rompersi il collo, pur di non seguire Ambrogione nella sacrilega impresa.

Ma, a farlo apposta, si trovò in istrada saldo e netto[78] sulle gambe.

Si ricordò un'altra volta, che gli altri si erano discostati; e questa solitudine gli aumentò il terrore.

Ambrogione se lo cacciava dinanzi a piattonate[79] nella schiena e a pizzicotti nei fianchi. Osava persino minacciarlo barzellettando: «Se non trottate, vi rovescio addosso il campanile, e vi... schiaccio...».

Il bel Rolando andava di per sé di buon portante.[80]

Quando si fu fuori del paese, all'organista si piegarono le gambe. Camminava ginocchino come un prigioniero sfinito.

Comparve il viale del camposanto.

Protaso assalito da un brivido non trovò altra ripresa fuorché addossarsi ad un albero colla testa penzoloni.

Ambrogione vincendo la ripugnanza di accostarsegli, si mosse ferocemente per ghermirlo, e staccarlo dall'albero:

«Troio!»

---

[78] Intero, integro.
[79] Manate.
[80] Andatura spedita.

L'organista si difese col sonare il violino, traccheggiando[81] in tutta la persona.

Ambrogione ne fu disarmato, colpito da un'idea.

«Pitocco! sta' pure lì; e suona. Ma non cessa dal suonare... se no, ti fulmino con la pistola.»

Protaso seguitò a suonare, come l'avesse morso la tarantola. Sfregacciava con l'archetto nell'impugnatura, e quando arrivava le corde sul cavo armonico, mandava raspature gemebonde, sdruccioli, guizzi di note che facevano rizzare i capelli: sonava ripiegando la pancia, come un soffietto, rompendosi, curvandosi, aprendosi come un compasso; si alzava, si torceva come uno spirale, traboccava in singulti, come se recesse[82] secco sopra un invisibile leggìo.

Ambrogione e il bel Rolando continuarono il cammino da soli.

Ad un tratto quest'ultimo si sedette sopra un paracarro.

«Che? anche tu?... ti ballano i morticini davanti gli occhi?... O temi che venga Caterina dalla Maternità di Torino a tirarti i piedi, o la bionda Nina dal cimitero di Vercelli?... Piangi?... Devi suonare, suonare... su, via, alzati! dico... Veniamo ai voti fra noi due. Che dici? Bestia! pari e dispari... Non ti muovi? Sei freddo come un marmo? Devo seppellirti...? Su, gratta la chitarra...»

Il bel Rolando con la mano tronca, febbrile, trovò il coraggio di straziare un accordo.

Ambrogione tranquillossi.

«Bravo! stai lì... lascerò dietro due colonne vive, di musicanti, dico musi... cani... Fermi...! Olà!»

Quindi con l'impeto di un masnadiero e collo sgarbo di un orso prese d'assalto il muro del cimitero.

Ritto sulla vetta, quel truce gradasso dominava nella notte.

---

[81] Temporeggiando.
[82] Vomitasse.

Dentro il camposanto scintillavano le croci intagliate nel chiarore lunare, quasi armi apparecchiate[83] per combatterlo.

Egli allargò spaventosamente la fisarmonica con un muggito interminabile, come se aprisse un abisso di sonorità sotto il pedale di un organo stregato. Quindi la rinchiuse con un soffio da smorzare la luna e l'intelligenza. Poi si diede ad agitarla, divincolarla con una frequenza di movimenti di su, di giù, nel mezzo, cagionando tremolii concentrici, cicalecci di vecchie sdentate, civetterie rabbiose, sospiri strozzati, lordure musicali, stomachevoli. In un punto si sentì passare un cane vicino all'orecchio, e poi sollevarsi un cespo nero dentro il camposanto.

Saltò a capo fitto nell'agone.

Era una mischia orribile. Aveva contro di sé tutti i morti... C'erano le nonne che lo minacciavano con le rocche;[84] tutti i parroci, di cui si legge l'iscrizione nel corridoio della parrocchia, lo allontanavano coll'aspersorio. Don Beltrame Coraglia gli buttava gocce roventi... Contadini, spose di duecento anni fa, gli si avventarono contro colle unghie ricurve... Gli innocenti tentavano di fustigarlo colle verghe. Si chiudevano vecchie tabacchiere; sentì scricchiolare il pettine della sua povera mamma sotto la pesta[85] sanguinosa.

Scoppiavano fragorosamente i cadaveri nelle tombe... Colonne di fuoco gli ballonzolavano attorno, ed egli, orribile clown funereo, combatteva contro tutti col soffio della fisarmonica.

Correva, rinculava, avanzavasi all'impazzata, spingendo, ritraendo, agitando lo strumento, come dovesse purgare ogni angolo col vento e collo strazio della sua musica.

---

[83] Preparate, disposte.
[84] «Strumento usato per la filatura a mano.»
[85] Impronta del piede.

Ma fu sopraffatto... Gli furono addosso le conocchie, gli aspersori, le unghie... lo ardevano i fuochi... lo strozzava il fetore, lo impacciavano le vesti, lo impauriva, assordava il fragore tumultuante degli scoppi cadaverici... tutto lo toccava, lo forava, lo opprimeva... Sentì sotto le piante il petto tenero di un bambino mortogli nelle fasce. Balzò in aria, e si scatenò verso il muricciuolo. Ne guadagnò la cima, lasciandovi l'impronta di due guanti[86] sanguigni. Ululava, ululava così tremendamente, che i boari levatisi alle due antimeridiane per dare il fieno nelle stalle, recitarono un *De profundis*.[87]

Nessuno seppe precisare quanto egli abbia corso. Lo si poté congetturare il giorno dopo, quando si trovò l'impugnatura della fisarmonica dentro il cimitero e la carta rossa del mantice a un miglio di distanza, e un vaccaro scoperse poi le linguette e le molle d'acciaio, e i bottoni di porcellana sotto il fogliame in un bosco a un altro mezzo miglio di lontananza. Egli fu rinvenuto al mattino sull'orlo di un fosso, coi calzoni spalmati di fango, la giacca a brandelli, il petto scoperto, scalfitto e intriso d'erba fra la neraggine irsuta della pelle, la faccia chiazzata e logora come invecchiata, la schiuma alla bocca, gli occhi lividi e ingigantiti, i capelli pesti e insafardati[88] di letame, ma tuttavia con un anelito da Mongibello.

L'organista venne immediatamente licenziato con un motivato verbale del Consiglio comunale e della Fabbriceria della parrocchia, e dovette risalire in un paesello di montagna per raccattarvi polenta e castagne tanto da poter campacchiare senza la sicurezza di scoprire un altro tesoretto musicale del maestro Caronti.

---

[86] Mani.
[87] *De profundis*: *Incipit* del *Salmo* CXXX recitato in suffragio ai defunti.
[88] Sporchi.

Stavolta anche il bel Rolando fu proprio costretto a sloggiare dal suo nido; ossia venne *esiliato* dal paese, come ne ragionano le vecchie, quando fanno il pane al forno.

I maldicenti invidiosi suppongono, che egli faccia da forza armata e protettrice a una famosa mondana d'ambasciatori. Invece i suoi parenti annunziano (ed è la verità) che, dopo avere lavorato al Gottardo è disegnatore in un'officina a Londra, e si fa onore e manda giù buone notizie con vaglia internazionali.

Perciò la compagnia del Santo Cordone assicura che egli ritornerà presto in paese per erigervi una nuova cappella in suffragio delle Anime.

Il dottore dovette penare per guarire Ambrogione, molto più che non abbia faticato allora, quando il camallo si era rotta una gamba sullo stradone. Non potendo il grosso cottimista pei suoi interessi e per la famiglia abbandonare il paese, sentì con molta amarezza soprattutto per riguardo alla moglie e alle sue creature una terribile notificazione fattagli dal Parroco: "Ambrogione, siete irregolare![89] Siete incorso nella scomunica maggiore!".[90] Per farsela togliere, il cottimista spinto dalla moglie, egli già così fiero, accettò la penitenza canonica di girare a porte chiuse quattro volte intorno all'altare, come un ciuco stangato[91] e ricevette poi vera-

---

[89] Incorso nella «irregolarità canonica» che nel diritto canonico indica una «particolare categoria di impedimenti (detti "impedienti"), di natura permanente, che rendono illeciti per chi ne sia affetto (salvo dispensa, per lo più pontificia) il ricevere gli ordini sacri e l'esercizio di quelli eventualmente ricevuti».
[90] Forma grave di sanzione ecclesiastica che, oltre a comportare l'esclusione di un fedele dalla comunità, «comporta l'obbligo per i fedeli di non avere rapporti con lo scomunicato».
[91] Preso a stangate, si riferisce all'uso di aggiogare i muli a un'asta collegata a un macchinario (ad esempio una macina), che veniva azionato dall'animale fatto camminare in circolo intorno al macchinario stesso.

mente, dal Prevosto, parecchie bastonate sulla testa e sulle spalle con accompagnamento di parole latine ed acqua benedetta.

Il suo personone di orso domato soffrì un gran ribasso; non frequenta quasi più l'osteria, dove il dottore per un po' di tempo imperò esclusivamente, e poi scadde anche lui di moda essendosi sbandata anche la sua clientela dei frottolisti.

Appena si parla di musica e di morti, al povero Ambrogione si imbrusca e si intenebra la faccia.[92]

---

[92] *imbrusca... intenebra*: imbruschisce, diventa brusco, aspro e si rabbuia.

Commento al testo

La prima pubblicazione della novella *Una serenata ai morti* risale all'edizione in volume del 1884, nella quale il testo viene preceduto dalla *Dedica. Al prof. avv. Nino Pettinati* e da una lunga prefazione dal titolo *Giovanni Faldella* a cura di Carlo Rolfi, datata aprile 1884, che ripercorre dettagliatamente la biografia e la bibliografia dell'autore, senza trascurare di fornirne un ampio ritratto fisico («Giovanni Faldella è di mezzana statura e di robusta complessione; ha testa forte, voluminosa...»).[1] L'attacco della prefazione di Rolfi, a conferma di quanto esposto nell'introduzione, è teso a illustrare (o a ricordare al lettore che già conosce lo scrittore) la sorpresa e il disorientamento prodotti nel pubblico dalla prosa faldelliana alla sua prima comparsa e suona un po' come una riscrittura dell'autopresentazione inclusa da Faldella in *A Vienna*:

> Nel 1873, i pacifici lettori della «Gazzetta piemontese» di Torino furono repentinamente scossi da una prosa singolare, dagli atteggiamenti stupefacenti, dai paragoni inaspettati, seminata di piemontesismi, piena zeppa di parole disusate, per le quali occorreva il *Vade Mecum* o la stella polare del Glossario, a fine di poter tirare avanti nella lettura; una prosa mossa da una fresca vena di allegria, ma rude come una ventata, come un colpo di doccia.[2]

---

[1] G. Faldella, *Una serenata ai morti*, con un saggio di C. Ridolfi. In appendice: *A Parigi. Viaggio di Geronimo e comp.*, introduzione e cura di B. Mortara Garavelli, Serra e Riva, Milano 1982, p. 115.
[2] *Ibid.*, p. 63.

Umorismo sferzante, dunque, e lingua mobile tra i due estremi del preziosismo e del dialettalismo ricorrono come punti fermi della prosa di Faldella e tali si confermano anche nella nuova novella edita a breve distanza dalla fortunata raccolta delle *Figurine* (1883).

Rispetto a queste ultime *Una serenata ai morti* non si allontana dall'ambientazione provinciale prediletta da Faldella per le proprie narrazioni, ma varia la prospettiva di interpretazione della vita di paese, rinunciando alla rappresentazione deproblematizzata che quasi sempre prevale nelle *Figurine*. Salvo pochi casi, infatti, la campagna delle *Figurine* sembra discendere in linea diretta, non fosse che per l'aspetto stilistico, dalla letteratura campagnola, con quel tanto di moralismo che le è connaturato e con la relativa semplificazione dei personaggi umili in soggetti virtuosi e buoni, pur se dipinti senza patetismi o sentimentalismi e anzi con toni comici e irriverenti, in contrapposizione ai cittadini.[3] *Una serenata ai morti* inoltre è forse meno rocambolesca, linguisticamente e stilisticamente, delle più ardite prose precedenti; in compenso abbandona l'impostazione propriamente bozzettistica, reintroduce un intreccio pur se limitato e guadagna in estensione narrativa, il che consente la strutturazione in tre ampi capitoli: *All'osteria*, *I contafrottole* e *La serenata*. La tripartizione, con un certo gusto dell'ordine, prima presenta l'ambiente, poi introduce alla serata di bisboccia soffermandosi sulla disputa tra i due rivali, infine arriva, lungo il *climax* della nottata, al vero cuore della vicenda, la serenata al cimitero che

---

[3] «Raccontini che muovono da un fin troppo scoperto intento didascalico e moraleggiante. Ecco in tale registro la parabola di *Lord Spleen*, storia di un aristocratico annoiato e ozioso che vince la tentazione del suicidio quando, capitato nel villaggio di San Bartolomeo, ha modo di compiere una buona azione. E in una delle *Figurine* di più mosso e vivace respiro, *High life contadina*, troviamo non a caso celebrata la virtù morale e filantropica di quei nobili che decidono di trasferirsi in provincia e che, superando ogni barriera sociale, partecipano alla vita della comunità essendo ben consapevoli dei doveri che la loro condizione comporta», in G. Carnazzi, *La Scapigliatura*, Morano, Napoli 1989, p. 127.

si chiude con la punizione (civile e religiosa) dei balordi. Ciò nonostante all'interno del testo sono evidenziabili due trame narrative tra loro distinte e autonome rispetto alla suddivisione in capitoli: per primo è svolto il racconto-bozzetto della vita di Borgo Grezzo, osservata dall'osteria e attraverso i suoi frequentatori, tra i quali si distinguono le due personalità di spicco di Ambrogione e del medico; per seconda è narrata la bravata che dà il titolo alla novella e che ha per protagonista il solo Ambrogione affiancato dai suoi due riluttanti compari.

È forse a questa seconda trama narrativa e al suo protagonista negativo che più si adegua la definizione che Faldella dà della novella nella dedica a Nino Pettinati, quando parla di «cattive e brute scene plebee» attraverso le quali confida di portare il suo «piccolo tributo alla gentilezza ed all'estetica del bene».[4] E appunto nella dedica l'autore tende a marcare con una certa insistenza il carattere aspro delle scene illustrate, arrivando a un esplicito accostamento della propria narrativa con la prosa realista: «la mia prosa più villana, che i malevoli non tarderanno a gridare scurrile e brutale»; e ancora:

> Se io tento di escuotere con la mia penna ogni angolo di vita sociale fino al tanfo delle osterie, e proseguo la sinfonia di una sbornia fino all'orazione o al sacrilegio, gli è perché credo che a conoscere e a riferire che cosa sia e che voglia la società presente (scopo d'ogni arte non sfaccendata) bisogni proprio affondare il bistorì nei tumori sociali ed osservarne con paziente microscopia gli sgorghi e le squarciature.[5]

Secondo Faldella, del resto, al novelliere

> incombe il dovere che Giuseppe Mazzini assegnava ad ogni artista di «interrogare la vita latente, addormentata, inconscia del popolo». Se da tali inchieste coscienziose, che intraprenda coraggiosamente l'arte non schifiltosa, verrà a riconoscersi che c'è molto marasmo spirituale e

---

[4] G. Faldella, *Una serenata ai morti*, cit., p. 124.
[5] *Ibid.*, p. 122.

molto predominio animalesco in questa defezione di fedi, e che sopra tutti i disgusti del presente e fra tutti gli apparecchi di rivoltoloni e disgregazioni per l'avvenire, appena permangono vincoli immarcescibili la religione dei sepolcri, la santimonia della famiglia, la redenzione e la salubrità fisica e morale del lavoro e la fratellanza patria ed umana, noi per siffatto modo avremo indicati agli apostoli i concetti, che essi dovranno fomentare, gonfiare od ingrandire per la salvezza comune.[6]

Tuttavia, se i grandi tumori sociali in cui Faldella vuole affondare coraggiosamente il proprio bisturi (bisturi espressionista, non si dimentichi) sono una disputa di «contafrottole» da osteria, una colossale sbornia e una serenata blasfema, allora il "naturalismo" faldelliano non procede molto oltre l'indignazione del benpensante e non fa che lasciare sullo sfondo, poco distinti, gli altri temi sociali che potrebbero profilarsi tra le cause della decadenza morale della provincia piemontese. Un effettivo influsso dell'esempio verista si farà sentire in Faldella più avanti e in particolare nei due romanzi, ma tale influsso sembra limitato all'area tematica, dal momento che non incide né sullo stile né sull'impostazione ideologica della narrativa; scegliere quindi il tema dell'isteria come oggetto di analisi, in *Madonna di fuoco e madonna di neve*, oppure affrontare la questione sociale mettendo in scena una rivolta popolare, in *Sant'Isidoro*, ancora non realizza il programma da scienziato del reale esposto nella *Dedica* a *Una serenata ai morti*, per quanto sia indubitabile che la novella si dimostri meno estranea al realismo delle precedenti *Figurine*, per le quali è improponibile un accostamento tanto al verismo come al naturalismo, trattandosi di una prosa ideologicamente attardata e stilisticamente tutto fuorché mimetica del parlato dei personaggi portati in scena e che nell'insieme non ambisce in alcun modo a una rappresentazione analitica o impersonale del reale.

[6] *Ibid.*, pp. 123-24.

CARLO DOSSI

La vita e le opere

Il soggetto di questa diàgnosi nacque settimestre, in fuga, giallo d'ittèrica paura. Parecchi mesi stette tra la vita e la morte, sentenziato dalla dotta ignoranza per l'enorme volume del cranio, a prossima fine – come idrocefàlico. Crebbe stentatamente in un continuo indefinìbile malèssere. Ora ha 31 anni.[1]

Così inizia Carlo Dossi, nel 1880, il profilo clinico-biografico in terza persona dei propri disturbi nervosi e delle proprie vere o presunte tare congenite, profilo che avrebbe dovuto introdurre una raccolta di tavole statistiche alle quali l'autore aveva intenzione di andare «consegnando giorno per giorno, ora per ora, lo stato della mia mente, e [...] del mio corpo»,[2] compilando dunque una sorta di «intima ragioneria del cèrebro»[3] intitolata *Autodiàgnosi quotidiana*. Dell'*Autodiàgnosi*, pensata per essere affidata come documento di studio all'amico Cesare Lombroso, non sono state ritrovate le tavole statistiche e ne resta la sola *Prefazione* a testimoniare la (quasi maniacale) tendenza dossiana all'auto-auscultazione psicofisica e alla redazione di quadri riassuntivi, tra l'ironico e il pessimistico, di uno stato insieme biologico ed esistenziale di sostanziale disagio e insoddisfazione.

---

[1] C. Dossi, *Autodiàgnosi quotidiana. Prefazione*, a cura di L. Barile, All'insegna del pesce d'oro, Milano 1984, p. 6.
[2] *Ibid.*, p. 5.
[3] *Ibid.*, p. 6.

Prosegue l'autore:

> Quanto alla vita del Dossi, non fu davvero un viaggio alla Verne. È una lumaca, il nostro soggetto, che non si allontanò mai dal suo guscio. Vide poche città, meno regni; rimase per lo più nella sua càmera e intorno alle gonne della mammina.[4]

Di fatto invece Alberto Carlo Pisani Dossi, nato nel 1849 a Zenevredo (Pavia), dopo essersi laureato in Legge a Pavia, e dopo un primo fallimentare tentativo di entrare nella diplomazia (tra il 1871 e il 1873), nel 1878 si trasferisce a Roma, assunto al ministero degli Esteri, e quindi nel 1880 intraprende la carriera che lo porta negli anni a incarichi di sempre maggiore responsabilità, in particolare con i governi Crispi e De Pretis, oltre che a impegnativi soggiorni all'estero, fino al 1901, quando viene posto in congedo. Muore una decina di anni dopo, nel 1910. Quanto poi alla carriera letteraria, a trent'anni Dossi ha già dato prove importanti, sebbene molte delle prime edizioni siano state stampate in tirature limitate, distribuite privatamente tra gli amici:

> Dopo arpeggi che non meritano nota, a 17 anni il Dossi imaginò il suo "Altrieri" che è il romanzo del bimbo; a 20 l'"Alberto Pisani" che è quello dell'adolescente; a 25 i "Ritratti Umani" "il Regno de' Cieli" e "la Colonia felice" che fanno il libro del giovane. A chiudere il ciclo della letteraria sua vita, gli rimarrebbe ora a scrivere il romanzo dell'uomo e del vecchio.[5]

I precocissimi esordi, su cui Dossi sorvola, risalgono al 1866, mentre i testi elencati sono due romanzi a sfondo autobiografico – l'*Altrieri* edito nel 1868 e la *Vita di Alberto Pisani* del 1870 –, due raccolte di prose brevi pubblicate nel 1873 – il *Regno dei cieli* (non più edito dall'autore) e i *Ritratti umani. Dal calamajo di un mèdico* – e, nel 1874, il romanzo la *Colonia felice. Utopìa* (*Utopìa lirica* dal 1879). Mancano ancora all'appello i volumi *La Desinenza in A* (1878), le *Goc-*

---

[4] *Ibid.*, p. 7.
[5] *Ibid.*, p. 9.

cie d'inchiostro (1880), *I mattòidi al primo concorso pel monumento in Roma a Vittorio Emanuele II* (1884), i *Ritratti umani. Campionario* (1885), *Amori* (1887) e infine il testo teatrale in dialetto milanese *Ona famiglia de cilapponi* (1905) e la *Fricassea critica di arte, storia e letteratura* (1906).

Tutti testi in prosa e quasi tutti narrativi, o meglio testi che progressivamente abbandonano le strutture narrative tradizionali, romanzesche prima e novellistiche poi, e, pur non rinunciando mai definitivamente a contenere in sé una componente narrativa, ne reinventano la funzione all'interno di una prosa che si colloca in un'area del tutto autonoma nel contesto del secondo Ottocento. La base di partenza di tale "narrativa" è quello stesso argomento prediletto già messo in evidenza nei brani citati dell'*Autodiàgnosi*: «Finché la sua estrema particella di fosforo non sarà del tutto abbruciata, il Dossi studierà il Dossi».[6] L'analisi di sé e dunque l'autobiografia, intese prima come racconto della propria vita poi come registrazione e commento dei propri pensieri, attraversano tutta la prosa dossiana, che si inaugura con l'autore che, richiamati alla mente gli «amati ricordi», esorta «Compagni miei, novelliamo»,[7] e si chiude sulla «confessione» dei propri *Amori*. Oltre che nella produzione letteraria, l'auto-registrazione si ritrova chiusa negli spazi paratestuali (per eccellenza le prefazioni), ma soprattutto affidata a uno zibaldone che viene pubblicato con il titolo di *Note azzurre* nel 1912.

Per quanto redatte, numerate e indicizzate a cura dello stesso Dossi, appunto a sussidio dell'attività intellettuale, le *Note azzurre* sembrano scritte anche a beneficio di quell'*alter ego*, o lettore ideale, con il quale l'autore sembra sempre dialogare nelle proprie opere, quasi fossero in fondo destinate a un circolo di pochi eletti, simile a quello della Scapigliatura milanese degli anni Settanta, in cui Dossi si forma:

Per conto mio, son ben contento di èssermi alzato ai primi albori per cominciare questo viaggio, non breve,

---

[6] *Ibid.*, p. 16.
[7] Id., *Opere*, a cura di D. Isella, Adelphi, Milano 1995, p. 7.

di una vita letteraria; e, quotidianamente ringrazio il buon Cletto Arrighi che mi fece da sveglia.[8]

Ciò non significa che Dossi si possa riconoscere interamente nella stagione scapigliata, di cui condivide il desiderio di innovazione della tradizione letteraria nazionale, ma da cui si differenzia, come scrive Dante Isella, perché

Aristocratico per nascita e umbratile per natura, non tra le rumorose e inconcludenti parate di un anticonformismo assunto come programma biografico esperiva, il Dossi, le sue violenze [...]. La tensione espressiva del Dossi trovava la sua vitalità nel recupero di una lezione rimasta inascoltata nella cultura lombarda: l'alta lezione stilistica del *pastiche* portiano;

nella scoperta [...] di una insospettata raffinatezza stilistica: connotato, sia nelle grandi creazioni portiane sia nella prosa umorosamente lombarda della prima edizione dei *Promessi Sposi*.[9]

Il risultato è una prosa molto complessa, linguisticamente e stilisticamente stratificata, letteratissima e innovativa, che affianca il dialetto ai cultismi e alle invenzioni verbali e che cerca nel gioco di assonanza e dissonanza tra elementi disomogenei il proprio singolarissimo carattere, altrettanto distante dai «gatti idealisti miagolanti dai tetti ad una luna dipinta» e dai «bòtoli realisti che fiùtano estasiati, quali rose, lo sterco».[10]

È dunque sul piano dello stile che si gioca la partita fondamentale dell'arte dossiana che, come egli stesso scrive,

---

[8] *Ibid.*, p. 447.
[9] D. Isella, *I lombardi in rivolta*, Einaudi, Torino 1984. Per inciso sia detto che Dossi, anche se riconosce il magistero manzoniano, proprio a partire da una considerazione linguistica rileva l'inverosimiglianza del romanzo storico e afferma a proposito delle figure storiche che «il solo farle discòrrere in una lingua moderna, toglie, per chi ha fino l'orecchio, qualunque illusione del vero», cfr. C. Dossi, *Opere*, cit., p. 528.
[10] *Ibid.*, p. 920.

«Ora, l'arte che si fa, vuol èssere anzitutto viva, ossìa contemporanea», «Sia detto ancora una volta: non nella idèa soltanto ma nella forma, esige l'arte contemporaneità».[11] Dossi sperimenta una "forma" contemporanea di arte tanto nell'ambito linguistico-stilistico quanto in quello delle strutture narrative. Limitando qui il discorso al primo ambito e rinviando alle novelle per il secondo, lasciamo la parola ancora una volta all'autore che, sempre in cerca di un'autodefinizione, così illustra lo stile del «geroglìfico Dossi»:

> Uno stile che fosse una rotaja inoliata sarebbe la perdizione de' libri miei. Uno invece a viluppi, ad intoppi, a tranelli, obbligando il lettore a procèder guardingo e a sostare di tempo in tempo – parlo sempre del non dozzinale lettore ossìa dello scaltrito in que' docks di pensiero che si chiamano e Lamb e Montaigne e Swift e Jean Paul – segnala cose che una lettura veloce nasconderebbe;[12]

> Nelle frasi poi e nelle parole bizzarre, seguirebbe i labirìntici giri fatti dal Dossi per raggiùngere ed esprìmere idèe alle quali la mente sana arriva per largo e piano stradone – salti spesso mortali sullo stesso posto –; e nell'intrico e nel sovraccavallarsi de' ricordi eruditi, le male digestioni delle dottrine di cui l'autore cibossi affrettato e indiscriminatamente. E fu la stessa involtura del suo periodare che rese il Dossi e lo manterrà originalissimo, e fu la poca memoria che ne creò un neologista.[13]

In conclusione va aggiunto che, nella costruzione di una lingua personalissima, Dossi arriva anche a elaborare un autonomo sistema ortografico e interpuntivo che mette in opera soprattutto all'inizio degli anni Ottanta: aggiunge ai segni di interpunzione il «due-vìrgole» ";" che esprime una pausa intermedia tra la virgola e il punto e virgola; inoltre adotta il doppio punto interrogativo o esclamativo,

---

[11] *Ibid.*, pp. 528 e 529.
[12] *Ibid.*, p. 680.
[13] Id., *Autodiàgnosi quotidiana. Prefazione*, cit., p. 10.

sul modello spagnolo, posti uno all'inizio uno alla fine della frase in modo da segnalare l'intonazione al lettore sin dell'avvio del periodo: "¿?", "¡!". Quanto poi all'accentazione, mette sistematicamente l'accento grave alle parole «semitronche (precipitài) e le sdrùcciole, bisdrùcciole e trisdrùcciole (precìpita, precìpitano, precìpitansi)»,[14] per evitare, sempre al lettore, ogni incertezza di pronuncia.

[14] Id., *Opere*, cit., p. 607.

Profumo di poesìa

Miss Ada Banner of Bannerlodge, con un tometto del suo inseparàbile Moore[1] sottobraccio, risaliva le scale del *Grand Hôtel de Genève* a Roma e veniva dall'aver impostato il suo terzo reciso rifiuto alla terza insistente proposta di matrimonio del cugino di lei, Tomaso Turtleson, esq.[2] Mò[3] figuràtevi presunzione! Parlare di matrimonio, anzi di letto matrimoniale, ad una che non capiva se non l'amore di contrabbando (che è il più incòmodo amore) parlarne poi tanto alla buona, tanto commercialmente, come se si trattasse di un affar di formaggi. Infatti – circostanza aggravante – il cugino Tomaso negoziava all'ingrosso di questo alleato degli osti. Per quanto muschio sentisse la sua carta da lèttere, le delicatìssime nari di Ada, odoràvano sempre formaggio. Pàride anche – chissà! – avrà *esercito in sìmili gèneri*, ma il Priamide[4] vestiva pelli agnelline e non avèa su ditta. Imaginate! Sposare un "Thomas Turtleson and Co." all'insegna della Vacca e del Bue! e di più, uno le cui ventrali carnosità, già inestètiche, auguràvano di riuscire nella maritale sbottonatura alle rotondità di

---

[1] Il poeta irlandese Thomas Moore (1779-1852).
[2] *Esquire*: egregio.
[3] Con valore rafforzativo, "proprio", "ma".
[4] Paride figlio di Priamo, eroe della mitologia classica, personaggio dell'*Iliade*, colui che portò Elena a Troia.

una pancia. Domando io, come possìbile i voli con una sìmile bomba ai piedi? Come i lunari colloqui con un paralume tale dinanzi?

Fanciulle! gran bella cosa la poesìa – ... Parlo s'intende, non a quelle dense tosoccie o piuttosto «pollanche[5] ingrassate col riso» che si permèttono di avere sempre appetito e sempre voglia di rìdere, ma a quelle, le quali,

tenuia vix summo vestigia pùlvere signant,[6]

dalla lingua perpetuamente sudicia, dagli occhi coi luciconi, dal naso che trasparisce, assidue frequentatrici del negozietto Aleardiano di profumerìa poètica: e dico, gran bella cosa, o mie azzurrine, la poesìa! inquantochè essa ci toglie al solitismo di cotesto mondaccio e ci fa piàngere amaramente sopra disgrazie non mai avvenute nè mai avventure, e ci mantiene tutta la scienza dimessa e sèrbaci magri con poco.

Disgraziatamente, per quanto poco si mangi – ahimè! – non tutto va in sangue, ed anche le più vaporose fanciulle... (dove troverò io espressione che non offenda le mie gentili lettrici, tanto caste d'orecchio?...) sono obbligate di fare da sè ciò che non pòssono far fare dalla lor cameriera. Il che, per la forma, è il capolavoro della infernale malizia: *dìgitus diàboli est hic;*[7] benchè io ci ravvisi piuttosto di quella sapienza divina che mette tutti nel mondo per un'ùnica strada. O pòpoli, trepidanti in ginocchio dinanzi a degli appiccapanni[8] abbigliati d'oro e d'argento, o datevi pena d'imaginare i

---

[5] Tacchine giovani.
[6] *tenuia... signant*: «Lievi impronte segnano appena la superficie della polvere», cfr. Silio Italico, *Bellum Poenicum*, 4, 147, *Silii Italici*, edidit Iosephus Delz, Stutgardiae in aedibus B.G. Teubneri MCMLXXXVII.
[7] *dìgitus...hic*: variazione del biblico «digitus dei est hic», "è il dito di Dio", cfr. *Esodo*, 8,19.
[8] Attaccapanni.

vostri Reacci e Papassi anche sul trono forato! Quella è la vera *comune*. Addìo maestà! addìo infallibilità!

E appunto – tornando a noi – fu uno di tali inviti improvvisi, imperiosi, che colse a mezza scala la biondìssima Inglese e la obbligò, pàllida e smarrita, a rifugiarsi nella sua prima compatriota in cui diede. Era il poètico cestellino di uva, mangiato il dì prima. Tutto và in quell'eterno sepolcro – e la foglia di rosa e la foglia d'alloro...

Ma sostiamo. Non è indispensàbile, vero? ch'io dica tutto. Avessi pure lettori leggenti le sole parole, di que' lettori pei quali i puntini rèstano sempre puntini, abituati alle dande[9] e non ancora svezzati, parmi ciò nondimeno ch'io possa, in questo ùnico caso, contare un pochetto, se non sulla fantasìa loro, almeno sulla memoria. E però, pregàndoli di èssermi tacitamente collaboratori, tirerò via dritto saltando a ritrovare la nostra bionda inglesina, quando, soffusa di un pudico rossore e, diciàmolo pure, col cuore più sollevato (o cuore, comodìssimo nome) sta per riporre la mano sul catenaccio dell'uscio.

Ma, alla maniglia, un sobbalzo. Miss Ada si arrestò sussultando.

Era un nuovo avventore. Il quale trovando chiuso, e avendo invano bussato parve si allontanasse.

E lei ripose con titubanza la mano sul catenaccio.

Ma l'avventore ritorna e si dà a passeggiare su e giù pel ripiano.

Miss Ada si ferma di nuovo e si mette in ascolto. Il passo continua. Che fare? uscire? spoetizzarsi?... Ma e in faccia di chi? La poesìa è alle fanciulle come la polve dorata alle farfalle... guài se la tocchi!... E perduta la poesìa, che le restava da pèrdere?... Fra il sì e il no, passàrono alcuni minuti, minuti che a tutti e due sembràrono un'ora – e lo credo.

---

[9] «Strisce o cinghie con cui si reggono da dietro i bambini quando incominciano a camminare.»

«*Sapristì!*»[10] esclamò spazientito, colùi che aspettava.

Gran Dio! la voce del prìncipe russo – di quell'elegantìssimo giòvane, che accompagnàvala al piano e cantava con lei i più appassionati duetti ed imparava l'inglese dalle sue rosee labbruzze sul Moore... pòvero Moore! Or che fare? che fare? Ragazze mie: mettètevi ne' panni suòi. Parlo, sempre, s'intende, alle mie sòlite magroline.

Ogni speranza, vana.

E intanto s'era avviato sul pianeròttolo il dialoghetto seguente:

«Comanda il signore?»

«*Morbleu!*[11] – ma sono tutti occupati i vostri nùmero 1000?[12] E ci si gode a starci. È un'ora che attendo.»

«Un'ora?»

«Dico poco.»

«Ha bussato? hanno risposto? no...? oh allora... non voglia Dio!» E forte battendo e scuotendo la spagnoletta dell'uscio, il nuovo venuto gridò: «signore! signore!».

Miss Ada si guardò bene dal muòvere labbro.

«Certo... certo...» continuò in inquietìssimo tono colùi che parlava «una disgrazia è accaduta. È un luogo malaugurato questo. L'altr'anno...»

E quì nuovi passi e altre voci... Che c'è?... una disgrazia? – dove?... apoplessìa?[13] omicidio?... Convien chiamare un dottore... Chiamate un prete piuttosto... Occorre il sìndaco... il giùdice... Fate presto... un ferro... una leva.

Miss Ada non sapeva più in che mondo si fosse, o, sapèvalo troppo. L'idèa del suicidio le balenò. Guardò al

---

[10] «*Sapristi* o *sacristi*, bestemmia fam. eufem.», cfr. C. Dossi, *Glossario dossiano*, in D. Isella, *La lingua e lo stile di Carlo Dossi*, Ricciardi, Milano-Napoli 1958, p. 153.
[11] Per tutti i diavoli.
[12] Numero con cui negli alberghi si era soliti indicare la *toilette*.
[13] «Sindrome determinata da emorragia cerebrale.»

finestrino del chiaro; non vi passava nemmeno la testa; sguardò al finestrino del buio, inorridì.

E dire che ella sarebbe rimasta senza paura in una gabbia di tigri! O martirio, invidiàbile onore! all'aria aperta però. Nè più sapeva se le convenisse svenire.

Ma la porta cedette.

Miss Ada fremè di furore e si coprì colle palme la faccia. Stette immota un istante, come vinta dal peso di una universale berlina, come sotto le risa che meno udiva di quel che sentisse – eppòi precipitossi alla scala, dietro lasciando un profumo, che non era di viole.

La Poesìa fuggì, turàndosi il naso.

E quel dì stesso Tomaso Turtleson, esq. negoziante in formaggi all'ingrosso – Chester – Whitesquare – leggeva, gongolando di gioia, il telegramma seguente:

"Riceveràì una lèttera mia. Non aprirla. Stràcciala. Io mi marito anche con tè."

Commento al testo

Profumo di poesìa, come riferisce la relativa nota di Dante Isella, viene «inviato da Roma al fratello Guido con lettera alla madre del 19 ottobre 1872»,[1] e figura come sesto dei trentadue racconti raccolti nel volume *Goccie d'inchiostro*, del 1880, nel quale confluiscono, con testi precedentemente comparsi in rivista o estratti dal romanzo *Vita di Alberto Pisani* (per cui si rinvia alla novella successiva), alcuni inediti, tra cui la novella in esame.

La vivacità linguistica sviluppata a sostegno di una narrazione brevissima e umoristica è certamente il carattere fondamentale della novella (carattere che peraltro assimila una nutrita serie di *Goccie*), e mette in luce un'ulteriore costante della prosa dossiana, lo *humour* appunto, anche se, è bene precisarlo, in questo caso ci si trova di fronte a un testo che tende tanto al comico quanto all'umoristico. Per intendersi: comiche sono la scena dell'inglesina volontaria reclusa nel gabinetto o le perifrasi indicanti il gabinetto medesimo e le necessità fisiologiche; umoristiche sono le osservazioni dell'autore sulle pose romantiche della protagonista e delle «magroline» sue ideali sodali. Concetti ben distinti –«Il comico è riso, l'umorismo sorriso»[2] –, la comicità e l'umorismo "convivono" nella pagina dossiana essenzialmente nei primi anni, per vedere poi il prevalere della vena umoristica, sviluppata in una direzione sempre più intellettualmente raffinata, linguisticamente e concet-

---

[1] C. Dossi, *Opere*, cit., p. 1439.
[2] Id., *Note azzurre*, cit., vol. I, p. 198, n. 2429.

tualmente elitaria, aristocraticamente lontana dunque dalla semplicità immediata e dal riso che *Profumo di poesìa* suscita, grazie tanto alla forma quanto alla storiella in sé.

Anche se associato a elementi comici, lo *humour* si appunta evidentemente su comportamenti paradigmatici di attitudini mentali e di difetti costanti dell'uomo in quanto essere sociale, essendo che l'oggetto preferenziale su cui si esercita l'umorismo dossiano è la peculiare fisionomia che l'imperfezione del genere umano assume nel diciannovesimo secolo. Scrive al riguardo Dossi nella *Prefazione generale ai "Ritratti umani"*, serie, si vedrà, sotto questo profilo analoga alle *Goccie d'inchiostro*:

> Una infatti delle mie due grosse spirituali correnti (delle secondarie non parlo) fu ed è quella di narrare le cose e gli uòmini del tempo mio, non oso già dire come davvero sono, ma quali appàjono a' mièi occhi, forse affetti da itterizia morale. Sìmili descrizioni appartengono evidentemente alla storia – storia mia, ove si tratti di quelle quasi-autobiografìe»

o «storia altrùi»;[3] e ancora:

> Io quì non mi òccupo che dei difetti e de' vizi degli uòmini. E studiàndoli e descrivèndoli e pungèndoli per farne uscire tutto il marcio, tento non solo di curare altrùi, ma mè stesso.[4]

Quest'ultima intenzione – curare ovvero migliorare sé e gli altri – è peraltro spia di una tensione etica che guida la critica di costume ma che mai osa affacciarsi esplicitamente tra le pieghe della dissacrazione, pur dimostrandosi nei fatti erede di quella attitudine "pedagogica" e moralistica lombarda già di Manzoni e prima ancora di Parini: «A costituire l'umorismo che è a un tempo satira e insegnamento, l'apparente giulleria deve basare su un fondo della più incrollabile e severa verità».[5]

---

[3] Id., *Opere*, cit., p. 903.
[4] *Ibid.*, p. 904.
[5] Id., *Note azzurre*, cit., vol. I, p. 87, n. 1590.

Quanto alla tecnica di composizione del racconto, nella novella, per quanto breve, prevalgono le digressioni, che intrecciano le immagini gustose ai giochi verbali concentrando i fatti nella parte conclusiva; fatti che d'altra parte si rivelano piuttosto un esile pretesto, che rimane sullo sfondo dell'analisi umoristica e della ricerca formale dell'autore.

Odio amoroso

I

Volta e rivolta, nulla! Sonno non ne veniva. E sfido! La fantasìa di lui conflagrava al ricordo di una bellìssima tosa[1] bevuta con gli occhi quel dì, Correggesca Madonna, fuggita alla gloria di un quadro e pòstasi ad una finestra. Senonchè, in sulle braccia, invece del gonfi-ampolle bambino, reggèa un gatto soriano. E gli facèa carezze... Gatto felice!

Innamorato dunque, cotto, biscotto! – *Egli*, Leopoldo Angiolieri, che in una bicchierata a New-Orleans avèa sclamato «amore, nel tran-tran della vita, è un nome decente per esprìmere... *altro*». Fatto è, che sino a quell'ora, cioè ai ventisette e passa, niuno uncino amoroso avèa pigliato Leopoldo; e chi ha verace giudizio sa come ciascuno di noi tutto misuri con la spanna sua propria.

In verità, era d'uopo che per cangiare d'idèe, egli cangiasse di mondo, tornasse giusto in paese – imaginate! – nel bel primo dì.

Venuto per la sorella... Ma quì la parola *sorella*, lo deviò in altri pensieri, pensieri indigesti. Allorchè egli partiva per l'oltremare – nè lunga avèa a riuscire l'assenza – Ines, sejenne, era stata messa in collegio; ora, dopo quattòrdici anni, rimpatriava a farle da babbo, lui. E, questo, egli avrebbe e di cuore e con gioja prima che la *sua* sconosciuta apparisse; ma ora, no; ora, una sorella

---

[1] Ragazza (già in Nievo, cfr. p. 128, nota 49).

non gli accomodava un bel nulla, qualunque si fosse. Chè, se sveglia d'ingegno, quale tormento! se stupidetta, che noja!... Ed era? Leopoldo pendèa al secondo partito; il ritrattino difatti che, dodicenne, essa gli avèa mandato, mostrava una faccia grassa, dormiosa. Non rifletteva però il giovanotto, che chi dormiva era amore, e che chi dorme si sveglia. Pur, sia come si sia, a che ci hanno le doti? a che gli spiantati?

Così, cacciato con un sospiro di gusto quel tafano della sorella, Leopoldo intese la imaginazione tutta alla vaghìssima incògnita. E ricompose gli occhioni di lei, neri; e il fiume de' suòi neri capelli, e il viso «color di amore e pietà» di un sùbito pinto a vergogna, com'ella si accorse di lui, e sparve.

Volta e rivolta, sentì sonare le quattro.

II

E, nella mattina, venne a trovarlo il signor Camoletti, procurator suo in patria. Era egli una miseria di uomo, dal viso color formaggio-di-Olanda, con due occhiucci nerìssimi, da faìna; neri, i capelli cimati; nero, un pizzo da capra; nera, la cravattona (e non un *sìntomo* di una camicia); neri, il vestito impiccato e le brache; sì che parèa ch'e' uscisse da un calamajo in quel punto e gocciasse l'inchiostro. Il corpicciolo di lui, inquieto, le lappoleggianti[2] palpèbre, le mani che non requiàvano[3] mai, dicèvano chiaro il caràttere suo, rabattino[4] ed astuto. Quando parlava, colùi che avèssene udita solamente la voce, doveva pensare "oh pappagallo d'inge-

---

[2] Che battono.
[3] «Requiare: darsi pace, starsi tranquillo», cfr. C. Dossi, *Glossario dossiano*, cit., p. 150.
[4] «Da rabattino, cioè da persona che si industria, si arrabatta in mille modi», cfr. *ibid.*, p. 149.

gno!". Ed era, quattro-parole-un-complimento-e-un-inchino.

Il quale ometto dei ceci, dopo di èssere andato in dileguo sul ritorno felice e sulla bella presenza di Leopoldo, disse della *fortuna* di avere, il dì prima, ricevuto un biglietto «proprio del signor conte» – e quì un saluto di capo; – ma aggiunse della *disgrazia* di non averlo potuto lègger che a sera... «capirà, noi gente d'affari...». Nondimeno, com'egli, *a fortuna*, abitava nella medèsima via del *Pensionnat Anglais Catholique* di donna Ines – e quì un altro saluto – così, vi avèa tosto spedito il suo saltafossi e il biglietto. *Sgraziatamente!* la contessina, uscita a pranzare da una sua amica sposa, non era ancor rientrata...

«Tuttavìa» osservò Camoletti «io avèa già avuto l'onore di partecipare a donna Ines il pròssimo arrivo di sua signorìa. Donna Ines lo sospirava da un pezzo.»

«Anch'io» fe' Leopoldo «Pensi, avvocato, che essa toccava appena i sei anni, quand'io partìi con pappà. Ben mi ricordo; era una bimba cicciosa; bella no certo; cattiva come un folletto...»

«Oh, allora!» sclamò Camoletti «la contessina di adesso, chi è?»

«Vero» notò il giovanotto «che le belle ragazze nàscono ai quìndici anni...»

«Infatti...» fe' per dire l'avvocato.

«Prego!» interruppe Leopoldo «La non mi dica niente. Mi lasci un po' d'improvviso.»

E sonò il campanello.

«Un *brougham*!»[5] ordinò al servitore.

Intanto, il discorso si ridusse agli affari, e parve che tutto assieme andàssero a maraviglia, inquantochè i *per fortuna* in bocca di Camoletti fùrono un dieci a ciascun *per disgrazia*. Leopoldo, da parte sua, accennò a cam-

---

[5] Dal nome di Lord Brougham, carrozza coperta a quattro ruote, per due o quattro persone.

biamenti ch'egli voleva nei fondi (i fondi visiterebbe nella settimana ventura) parlò di màcchine agrarie commesse a Manchèster, di un nuovo sistema d'affitti, di nuove colture; sul che, il discorso, continuando anche nel *brougham*, s'interessò vivamente, tanto che, al fermarsi di quello, il cocchiere dovette smontare, aprir lo sportello, e dire «signori!».

Ed essi scèsero ed entràrono.

Quantunque la vaghìssima incògnita avesse già in Leopoldo occupato il posto migliore, tuttavia, trovàndosi egli sì presso a colèi che sola poteva ancor chiamare *parente*, si sentì bàttere il cuore. Ecchè! Ines, forse, non era nè un velo di Tulle, nè una che curiosava ogni dove, nè un rompigloria a *perchè?*; – bensì di quelle creature devote, sentimentali, veri tiretti[6] ai nostri segreti, e manualucci di pràtica filosofìa. Or, chi non sa che gli amanti han sempre a confidare qualcosa e sempre a dimandare consigli?

In sulla scala, non incontràrono alcuno. Ma, al primo ripiano, il signor Camoletti, ad una vecchia senza cuffia e in cartucce, che il salutò per nome e cognome, chiese:

«C'è donna Ines?»

La inserviente rispose: che le signore maestre e tutte le damigelle èrano fuori a messa... «messa bassa» aggiunse per consolarli «vògliono intanto sedere?» e lor dischiuse una porta con scritto su *"Direzione"*.

Ned essi rispòsero no.

Rimasti soli, rimàsero anche in silenzio. Il signor Camoletti, accomodàtosi in una sedia a bracciuoli, dopo di aver concrepate[7] le dita alcun po', prese a mangiarsi furiosamente le unghie. Leopoldo girandolava la sala. Sulle pareti di cui, oltre il ritratto del rè, era una mostra

---

[6] Cassetti.
[7] «Farne crocchiare le ossa», cfr. C. Dossi, *Glossario dossiano*, cit., p. 120.

(proprio una *mostra*) di adaquerelli e disegni, di prove di bella scrittura, pantòfole ricamate, ghirlande di fiori, quadri a margheritine, iscrizioni (*evviva la direttrice! viva il suo onomàstico!*) tutto disotto al vetro e in cornice; e, sopra i tàvoli e i tavolini, programmi dell'Istituto, mazzi di fiori di carta, un cestino di biglietti da vìsita, in cui stàvano a galla quelli con la corona; poi, dentro uno stipo, un lucicchìo d'oro e d'argento – pese, coppe, un nùvolo di tabacchiere una sull'altra come le scatolette delle sardine, e campanelli e penne e posate – doni ed omaggi. Oh quanti segni di amore!... diciamo meglio... oh quanta adulazione pelosa! oh quanta smania di un *saldo* ai conti seccanti della riconoscenza! E, tuttociò, si voleva che fosse visto e ammirato. Leopoldo ci frisò appena lo sguardo. Però, siccome, nè ad ammirar nè a vedere, posava dimenticato sullo scrittojo un pìccolo albo, Leopoldo l'aprì.

E lesse:

«*Note sulle ragazze del P. A. C.*» (*Pensionnat Anglais Catholique*) «*anno corrente... fatte da mé direttrice* MARIA STEWART.»

E, a pàgina prima, lèttera A:

«ALDIFREDI *baronessina* VITTORIA – diciasett'anni, naso all'in su; capelli da *Barba-Jovis*; colorito di fuoco.

«Da che reggo il collegio, non mi è mai capitata una fanciulla più ghiotta. Va in seconda a ogni cibo. E sì che tra i pasti non fa che spazzare scàtole di canditi, e pasticche e cioccolatte e mentini! Jeri di là, ad esempio, mi ha furato e vuotato il mastelletto della mostarda. Poi, ride sempre, di tutto. Entro io, ride; entra il signor Catechista, ride. Sgrido; ride ancor più. E attacca alle altre il morbino.

«Vittoria ama, tra i fiori, il garôfano...»

Ma quì, Leopoldo, abbandonò l'Aldifredi, e passò all'A-*enne*.

E lesse:

«ANGIOLIERI *donna* INES (dei *conti*) – vent'anni.
«Buona fanciulla, ma che si atteggia all'interessantismo. Per quanti gliene sequestri e tèngala d'occhio, mi legge continuamente romanzi, roba francese ed istèrica.
«Il suo fiore mignone[8] è la viola. Non sa sonar che *notturni, clôches du village, dernières pensées*,[9] e sìmili piagnonerìe.
«Ines mangia il meno che può...»

«Sente, avvocato?» dimandò Leopoldo «dìcesi che mia sorella *mangia il meno che può*. Quest'è, io credo, una nota di buona condotta in collegio: e lei?»
Camoletti si affrettò di sputare i rottami di unghia, e disse:
«Oh certo! buona!... ih... ih!» con un ridacchiar cavallino.
E Leopoldo leggendo, ma a forte:

«... Invìa delle letterone alle amiche, a punti ammirativi e puntini...»

«Dica, avvocato, ma e le àprono dunque le lèttere?»
«Sa! nei collegi!» prese a dir Camolètti, in tono che sottintendeva «è un naturalìssimo uso.»
«Bella!» sogghignò il giovanotto; e seguendo:

«... punti ammirativi e puntini... in cui loro confida dei dispiaceri *impossìbili*.»

"Auf!" pensò "che piaga! Dovèa toccar proprio a mè!... Fosse la gaja Vittoria" e chiuse il pìccolo albo, mortificato.

---

[8] «Beniamino, preferito», cfr. *ibid.*, p. 140.
[9] *notturni... pensées*: notturni, campane di villaggio, ultimi pensieri.

In quella, uno scarpicciò e un suono di freschìssime voci. Rifluiva il sangue al collegio. E, nella sala, parve che gli ori, gli argenti e i cristalli scintillàssero il doppio, all'idèa di rispecchiare qualche grazioso visetto; e, dal giardino, levossi un'affollata di *cipp-ri-cip-cip*, tale, che sembrò ogni foglia e ogni fiore cangiato in un vispo augellino.

I passi, il cinguettìo, il fruscìo già rasentàvano l'uscio della direzione. E una vocetta, maliziosamente chioccia, diceva: «*badabigelle! le pvego; non fàccian tvoppo vumove!*». Giù, un gruppo di risa! e le fanciulle passàrono.

E, dopo un istante, si udì un ràpido passo. Leopoldo assunse un contegno serio.

«Oh fratel mio!» sclamò una ragazza, entrando di corsa.

Il giovanotto diede uno scatto all'indietro. L'amata di lui non era più sconosciuta.

«Abbràccialo, Ines!» fe' la rettrice apparsa alla soglia, vedendo la tosa arrestarsi.

Ed Ines si appressò a Leopoldo, tremante; ella, come un fantoccio, l'abbracciò; lui si lasciò abbracciare.

«Son pur felice, conte!» disse la vecchia maestra, facèndosi innanzi «Si accòmodino.»

E tutti e quattro sedèttero.

Così, il discorso, principiò, e seguì solo tra Camoletti e la signora Marìa, due tali, per parlantina, allo stessìssimo buco; questa, che già iscorgeva in prospetto le sguizzasole[10] vetrine del giojelliere, tolse la mano del dire, mettèndosi a fare l'elogio della scolara di lei, dàndola per garantita, e sospirò e pianse; quello, come riu-

---

[10] «Abbagliante (qui agg., è voce suggerita dal Ch. quale corrispondente al lomb. gibigianna)», cfr. C. Dossi, *Glossario dossiano*, cit., p. 158; l'abbreviazione "Ch." sta per *Vocabolario milanese-italiano* di Francesco Cherubini, 4 voll., Milano 1839-1843, con un V volume di *Supplimento*, Milano 1856, *ibid.*, p. 102.

scì a rubarle la parola di bocca (chè altro mezzo non c'era), snocciolò una tirata di lodi sul principale di lui, la quale, vôlto il tempo presente in passato, avrebbe pure servito da necrologìa. Ma, quanto alla sorella e al fratello, non una di quelle vampe di affetto che rischiàrano a un tratto antichi ricordi obliati, ricordi d'infanzia; sèdevano a bocca chiusa, non rispondèvan che a cenni, parèvano insomma due poveretti villani, che, mascherati da ricchi, stèssero in soggezione del loro vestito.

"Oh sacristìa!" dicèa tra sè l'avvocato "che scherzi fà l'amore!"

III

In verità, era un bruttìssimo scherzo! Poichè Leopoldo fu tornato all'albergo e fu nella càmera sua, solo (chè egli avèa lasciato ancor la sorella in collegio sotto la scusa che tra pochìssimi dì sarebbe venuto a pigliarla per condurla alla villa) cominciò a lagrimare, poi ismaniò, e finì tempestando. E che tempesta la fosse, il conto dell'albergatore può dire!

No; la sorella di oggi non dissolveva l'amata di jeri. Argomentava pur bene la signora Ragione, ma il Sentimento, non ne capiva il linguaggio. Leopoldo pensò di scrìvere ad Ines, di dirle ch'egli era obbligato di ritornare in Amèrica, che lo obbligàvan gli affari, e ci si pose a tamburo battente. Ma, fatto due righe, sostò. E l'avvocato gli crederebbe? con quale fronte abbandonar la ragazza, che, forse, anzi! certo, certìssimo, l'avèa solamente a fratello? dove la volontà? dove l'ànimo forte?... e stracciò il foglio, poi il quinterno.

Si alzò disperato. No! egli non dovèa allontanarsi da lei... Cioè, non *poteva*, perchè...

E trasse un sospiro di avidità, e abbrividì del sospiro.

IV

Pensate dunque che inferno! e chissà quanto avèa a durare!... inferno, le cui pene maggiori èrano appunto gli sforzi per dissimularle, tantochè, ogni collòquio tranquillo con l'avvocato, costava, al giòvane, una o due sedie.

E, un dì, l'avvocato fe' capire a Leopoldo che la sorella di lui non sapeva che dire del suo starle lontano, e si lagnava e piangeva, e...

«A domani!» interruppe Leopoldo alla brusca.

E l'indomani, una carrozza a quattro cavalli e a postiglioni[11] fermossi al collegio. Di cui le finestre si fècer tosto cornice a tanti quadri viventi di ragazzine e ragazze; le une, curiose dell'equipaggio superbo; le altre, del padrone di quello. E Ines passò di saluto in augurio, di augurio in abbraccio, ed ebbe una scorta di baci tale, che, se di labbra coi baffi, avrebbe tornato la vita a chissà quante inamate!... Così, baci perduti.

Tuttavìa, Leopoldo si rimaneva in carrozza.

«Il tuo signore fratello» notò Giorgina Tibaldi, sinceramente, all'amica «è una meraviglia di giòvine, ma, a cortesìa... ve' scusa... è americano... un po' troppo.»

Ines tacque. Condotta dall'avvocato e dalla rettrice, scese le scale e salì il montatojo.[12] Ella non si era messa alla via:[13] solo, si avèa gettato in ispalla una mantiglia a cappuccio. Ma la beltà non chiede altro che luce: oh conoscèsser le belle qual male fanno gli specchi! E Ines, in disabbiglio, appariva sì seducente, sì voluttuosa, che il giovanotto, impaurito, tòltosi dapresso lei, siedette all'opposto. E fece:

---

[11] «Guidatore dei cavalli delle carrozze di posta e diligenze» (già in Nievo, cfr. p. 139, nota 94).
[12] Predella che facilita la salita in carrozza.
[13] "Mettere alla via", «rassettare (-rsi), mettere in ordine (lomb. *mett a la via*)», cfr. C. Dossi, *Glossario dossiano*, cit., p. 140.

«Oh avvocato» (con una voce ansiosa, affogata) «venga!... la prego.»

Il Camoletti ringraziò vivamente, ma si scusò:

«Se si ricorda» aggiunse «abbiamo quest'oggi a trattare dell'eredità di sua zia.»

«Maledette le càuse!» fe' a mezzo tono Leopoldo, occhieggiando con ira; e serrò lo sportello di colpo.

La carrozza partì.

Il giòvane, allora, si ricacciò nel suo canto; e alla sorella disse, che la stanchezza il vincèa... Dopo una stranottata, si sa!... dunque, di tenerlo iscusato se si metteva... a dormire.

Ines, nulla rispose.

E, in modo tale, si trottò via quattr'ore. Di tutti i viaggi di lui, faticosìssimi, lunghi, niuno il spossò più di questo.

V

Nè era certo in villa *con lei*, che Leopoldo dovèa trovare riposo. L'omiopatìa lì non serviva. Leopoldo avèa bel circondarsi di affari, bel imbrogliarli, bel stare fuori giorno su giorno pe' suòi latifondi, ma nello specchio del capo apparìvagli sempre quella pàllida faccia contro la quale parèa battesse continuamente la luna; avèa bel vilupparsi in filosòfiche dissertazioni intorno all'*equanimità*, e al *modo di annichilir le passioni*, cioè di vìvere morti, studiàndone anche a memoria i concettini ingegnosi e le elegantìssime frasi, ma tutta 'sta roba, scritta in pacìfici studi verso cortile, al sovvenire di una occhiata di lei, languidìssima, nera, sprofondàvasi giù.

Venìvano allora i furori. E allora e' fuggiva a serrarsi nella càmera sua e ne appiccava la chiave sotto il ritratto materno. Facèa le volte di un leone affamato. Pigliàvalo uno struggimento di abbracciare *colèi*, di schioccare dei baci... che dico! di mòrderla, di pugnalarla. Ma, inorridito a un tratto di sè, si gettava sul letto, sospirava d'angoscia, e mirava con il desìo negli occhi le sue pistole. Oh, a non toccarle, ci volèa bene coraggio!

Ma e fuggire da lei?

Pazzìe! ei si sentiva legato con doppia catena. Avesse amato soltanto, non era impossìbile... forse; ma, nell'amare, egli odiava; ed una goccia di odio fà un sentimento eterno.

Per quante fitte crudeli, per quante torture ciò gli costasse, egli or più non poteva fare di meno di que' terrìbili istanti, nei quali era presso a *colèi*, anzi, èrale al fianco; quando, in una sentiva e le vampe amorose e i brìvidi dell'orrore ed i sobbalzi della disperazione; tutto, sotto una màschera calma, solo tradendo la irrompente passione al spesseggiare convulso del nome, il più severo, il più dolce, "sorella".

E, a volte, Ines fisàvalo con gli occhi gonfi, inghirlandati di duolo...

Pòvera tosa! Non avèa fatt'altro se non cangiar di prigione; e in peggio. Chè, almeno in collegio, allegre voci di amiche mischiàvansi a quella della campana imperante; quà, rinchiusa come dalla pioggia autunnale, splendèndole il sole all'intorno, senza compagne ma serve, niuno veggendo all'infuori del fratel suo e di un dottore vecchio, sentìvasi orribilmente sola, spopolata pur di pensieri, perchè *temeva* a pensare; in collegio, a traverso le spìe delle persiane, scorgeva un fine, un cangiamento; quà, con un largo orizzonte, nulla. Or, che cosa, Dio mio! più paurosa dell'infinito?

E la salute si dilungava da lei; sì che Leopoldo, agitato, chiese al dottore, una sera:

«Che dice di mia sorella?»

«Dico» rispose il dottore «che sua sorella ha un di que' mali che i mèdici non guarìscono – i mèdici vecchi almeno, come, purtroppo, io. Donna Ines ha il male di amore.»

«Ah? innamorata? di chi?» sclamò Leopoldo adombrando; e, senza stare per la risposta, corse alle sue càmere.

E pòsesi a passeggiarle in lungo ed in largo. Una folla di suoni gli mormoràvano un nome... tremò. Lo sbigottiva il suo stato, ch'egli non avèa osato mai di segnarsi a netti contorni e che non mai in altrùi avrebbe pur sospettato. No; questo non si poteva – non si *dovèa*, cioè; era duopo un nome diverso; qualunque.

E cercò spasimando... Ah! ecco... Emilio Folperti... Eppure! no. Imaginate in costùi un fittabil del suo, che il mèdico avèa un giorno condotto in casa Angiolieri; un giòvane bello sì, ma bello e *nient'altro*. Il quale Folperti, s'era creduto d'ingraziarsi il fratello, lodando a lui la sorella, e Leopoldo – gentilmente villano – avèagli chiuso, prima la bocca, poi la porta sul viso; dopo, se n'era affatto scordato. Ma adesso, creàtoselo appena a *rivale*, Leopoldo non lo potè più soffrire, non gli parve più il mondo, vasto per tutti e due abbastanza... o l'uno o l'altro... lì ci volèa una soddisfazione... Soddisfazione? e di che?... E se il Folperti gliel'avesse accordata con lo sposare *colèi*?

Ben seguitava a sussurrargli il *buon senso* "come vuòi ch'ella ami una sì fatua cosa a bellezza ed a senno?". Ma saltò su a dire il *sofisma* "non si adoràrono statue? non si adoràrono mostri? non si *baciàron* cadàveri?..." e Leopoldo, sospinto da geloso furore, schiuse di botta salda la porta, e fe' il corritojo, lungo, che divideva le sue dalle stanze di lei.

VI

Era notte; e, nelle càmere d'Ines, niun lume, ma le finestre aperte, sì che il raggio lunare e la brezza entràvano a loro piacere. Leopoldo passò le due prime. E, nella seguente, era Ines, sur il poggiolo che rispondeva al giardino, seduta, e reclinando la testa all'indietro, gli occhi velati, semichiuse le labbra, in quell'abbandono di quasi-delìquio, che inonda chi pianse molto e molto si disperò. Piovèndole attorno, la luna ora piangeva per lei.

Leopoldo riste' a contemplarla un istante. Ed ella se lo sentì forse vicino, vicinìssimo anzi, ma tènnesi immota.

Leopoldo tentò proferire un nome; la lingua non gli ubbidì. Ei la obbligò, e disse: «sorella!».

Si alzàrono lentamente le palpèbre di lei, e scopèrser due occhioni, nuotanti in negri stagni di duolo.

«Sorella» riappiccò egli a fatica, in tono alterato «sono ancor quì... perchè... perchè non ti posso stare lontano... quando tu soffri. E, che tu soffri, io so.»

«Ma no» ella disse con un filo di voce.

«Sì!» egli fece, in uno scoppio di rabbia «or perchè contradici?... Atrocemente soffri. Io leggo negli occhi tuòi, ebri; nella tua faccia patita, colore di perla; in questo tuo istesso singulto. Eppòi, conosco il tuo male.»

Ines sorrise pallidamente.

«Tu spàsimi di amore.»

Ella ne sobbalzò; si raddrizzò sulla vita, e, serràndosi al cuore le mani, quasi per ratenerlo, chè le parèa fuggisse, gridò: no.

«Sì!» ripetè Leopoldo con un riflesso d'incendio nelle pupille, piantàndosi innanzi a lei «Non mentire a mè! Tu spàsimi d'amore per... per tale che io odio, che io schiaffeggerò, ucciderò» (e accennava come a sè stesso) «per...» (e si stravolse la lingua) «Emilio...»

Ma oltre non disse. Ella il guardava, schiettamente stupita, ed ei ne ebbe un sussulto e di gioja e dolore.

«Dunque, chi è?» disse, piegàndosi sopra di lei strette le pugna.

Ines era un trèmito solo.

«Voglio saperlo» egli fece «voglio!... hai capito?»

Il viso della fanciulla sformossi, pigliò la strana gonfiezza del viso di un folle. E una ràuca voce esclamò «*tè*»; e un bacio, incandescente carbone, arse per sempre un sorriso.

Ma a pena Leopoldo ebbe toccata la sua contro la bocca di lei, che si ritrasse atterrito, cacciò le mani ai capelli, fuggì – Caino d'amore.

Ed ella si morse a sangue le labbra; poi, tramortita, cadde.

VII

Da quella sera, i due giòvani èbber paura l'uno dell'altro. Leopoldo cominciò a star lungi da casa le settimane, or cavalcando alla pazza, allorchè lo pigliava una fumana furiosa, or lungo disteso su 'n prato, quando la spossatezza vincèa l'esaltamento. Ines, gittàtasi per indisposta, più non usciva di càmera.

Ma sìmil vita non poteva durare.

Un dì, corse voce che il conte Angiolieri, in caffè, se l'era presa con il Folperti e gli avèa minacciato uno schiaffo; e ciascuno si chiese "epperchè?".

Ma, in quel dì stesso, Leopoldo camminò risoluto verso l'appartamento della sorella e ne aperse la porta.

Ines era a scrittojo; dinanzi a lei, carta bianca; e si posava d'un'aria stracca, abbattuta, su di una mano, tenendo con l'altra la penna. Cercava forse pensieri e ne trovava sol uno. Senonchè, al cricchiare dell'uscio, si volse, vide il fratello, e il fisò. Parèano gli occhi di lei "due desìri di lagrimare".

Il contegno di Leopoldo era freddo, severo.

«Sorella» cominciò egli, sottolineando tal nome «io stò per dir cosa che è capitale a tè... e a mè. Dà retta. Ci ha... un *quìdam*...[14] giòvane, bello... ma ciò poco importa... il quale ti chiede per moglie... e questo è quello che conta.»

Ines si alzò, e nettamente disse: io non mi marito.

«Tu ti mariteràì» ribattè Leopoldo con una voce decisa «Io ti ho promessa già. È affare finito.»

«Affare!» sospirò la fanciulla.

«E che altro sarebbe?» dimandò Leopoldo «Tu, ti ma-ri-te-ràì.»

Ines ricadde, con le mani alla faccia, seduta.

E il giòvane continuando:

«Di', c'è forse una via diversa per la finire col nostro stato infamìssimo? A noi, morte è bene vicina, chè, sen-

[14] Tale.

za cuore si vive, ma non col cuore piagato; ma... e intanto? Io torno, è vero, in Amèrica; e là ferve anche una guerra... tuttavìa, non basta. Mille miglia di mare framezzo a noi sono poche... ci vuole, quà, sulla spiaggia europèa un uomo, che possa, che abbia il *diritto* di uccìdermi se... o sorella! sorella!»

E tenne dietro un terrìbil silenzio.

«Lo sposo è il Folperti» aggiunse Leopoldo con una tinta di sprezzo e come di circostanza di nullo rilievo.

«Io non potrò mai amarlo!» sclamò la fanciulla dolorosamente.

«E chi altri potremmo... io e tè?» egli chiese, lasciàndosi trasportare dalla passione, ma, padroneggiàtosi poi «Sorella, quì non si tratta di *amore*» disse «io parlo di *matrimonio*... Abbìgliati! stasera io verrò con colùi...» e, soggiogato, a sua volta, dalla propria emozione e da quella della ragazza, Leopoldo fuggì.

VIII

In un battibaleno, tutti della provincia parlàrono del matrimonio, e tutti credèttero *allora* capire di aver *già* capito il perchè della scena violenta tra l'Angiolieri e il Folperti, e il perchè della guancia affilata della ragazza, quantunque loro allegasse[15] un po' i denti quello di un sìmile amore. Infatti, avèano detto sempre gli uòmini, che, in espressione, la faccia di Emilio era una mortadella, e, quanto agli uòmini, passi! ma anche le donne s'èrano sempre accordate in questa sentenza. Comunque! il matrimonio parèa dei meglio assortiti: in ambidue, anni pochi, soldi moltìssimi... qual gioja per il fratello!

Ma, oh avesse potuto, chi la pensava così, dare un'occhiata in casa Angiolieri! Dove – all'infuori di quel cic-

---

[15] Da allegare, ossia «provocare nei denti la sensazione molesta di essere legati».

cioso e lustro di Emilio, il quale, tutto soddisfazione imaginàndosi amato, non scomodàvasi manco ad amare, come colùi che, servito, si lascia servire – e' vi avrebbe veduto una giòvane, o, meglio, la marmorea effigie di una, costretta a sedere dapresso tale che odiava ed a sentìrsene tôcca; come pure, veduto un amante obbligato a mirare, anzi a far buona cera, allo strazio del cuor dell'amata e del suo.

Poi, sulla fine di un pranzo, lo sposo, con un sorriso a Leopoldo, disse:

«Al nostro primo bambino ci metteremo il tuo nome; ti piace?»

E il conte, che si stava mescendo, assentì con un ghigno. Ma fu una grazia del Cielo se la bottiglia di lui continuò a versare.

IX

Il moribondo per decreto dell'uomo, quando dispera di protrarre la vita, chiede gli sia la morte accorciata; e sì facèa Leopoldo, accelerando la sua.

Nè tardò molto quel dì, in cui la sorella gli apparve abbigliata di bianco e di pallidezza. Foss'ella stata in un còfano, niuno avrebbe temuto di porle sopra il coperchio: nè lei certamente sarèbbesi opposta.

E fùrono alla chiesola. Ines dìssevi un *sì*, gelato come neve all'ombrìa. Una sua amica, svenne.

Uscìrono. Bombàvano i mortaletti, le campane suonàvano ed una banda di stuonatori die' fiato alle trombe. In sul sagrato, giostre, cuccagne, apparecchi pei fuochi, tra i quali la bianca ossatura di un I e di un E giganteschi; da ogni parte, folla. E il Sìndaco, in tutta divisa, inchinati gli sposi, presentò loro dieci contadinelle, vestite di nuovo e dotate[16] per il *fàusto giorno* da Ines,

---

[16] Fornite di dote.

principiando un discorso che avèa l'odore della carta bollata. Ma l'interrùppero i *viva*; un grosso pallone con sòpravi scritto *felicità* pigliava l'aìre. Si sparse il cammino di fiori, si presentàrono mazzi, scambiàronsi in aria i cappelli. Camoletti, intanto, guizzava quà e là nella piena, distribuendo denari, *boni* per scorpacciate, *boni* per sbornie, e remissioni di dèbiti inesigìbili. La gioventù si asciugava la gola, la vecchiaja le ciglia. Ed il maestro di scuola, riuscito a chiappare un bottone a Leopoldo, gli fece inghiottire fino all'ùltima stilla un sonetto di *duecento e più versi* che incominciava:

> Te beäto, o signor, cui la sorella
> D'amor ferita, ora Imenèo risana.

X

Ed Ines e Leopoldo si sono divisi per sempre, in questo mondo almeno, dato che l'altro ci sia. C'è? Speriamo allora trovarli – non condannati ad una *fraternità eterna*.

Commento al testo

Nella *Vita di Alberto Pisani* sono contenuti tredici racconti autonomi che Dossi, quando raccoglie le *Goccie d'inchiostro*, tira fuori dal romanzo insieme a quattro testi derivati dall'adattamento di porzioni del romanzo stesso. *Odio amoroso* è uno dei tredici e viene estratto dall'undicesimo capitolo, dove è sesto di una serie (gli altri sono, nell'ordine: *Prima e dopo*, *Insoddisfazione*, *La maestrina d'inglese*, *La corba*, *Una fanciulla che muore*) che l'autore presenta come "scampoli" di un'opera, intitolata *Le due morali*, scritta dal protagonista del romanzo.

La polemica antiromantica condotta nel racconto della disavventura di Miss Ada in *Profumo di poesìa* non è indirizzata solo alle pose sentimentali di certa società ottocentesca, ma è rivolta a ben più alto bersaglio, ossia direttamente alla letteratura romantica; tale polemica accomuna *Profumo di poesìa* e *Odio amoroso*, con la sostanziale differenza che nella prima è svolta frontalmente, nella seconda no. In *Odio amoroso* infatti Dossi non motteggia o ridicolizza in modo scoperto gli stereotipi del romanticismo; al contrario, scrive una novella apparentemente romantica o meglio: la novella fino al IX capitoletto è, per il tema svolto, per le situazioni, le tipologie dei personaggi e il modo in cui questi parlano e agiscono, "romantica". Se non che il X microscopico capitolo svela l'inganno dell'autore, ossia il tono ironico con cui la porzione romantica va letta, e funziona come uno schiocco di dita al termine di un'illusione ipnotica, di un sogno, riportando il lettore alla realtà.[1]

---

[1] Così facendo Dossi ripropone lo stesso espediente che ha collau-

Analogamente, le *Goccie d'inchiostro* intridono di ironia diverse tracce narrative svolte secondo forme e strutture tutto sommato tradizionali. Ma è ineluttabile che la ricerca letteraria dossiana coinvolga, o meglio travolga, tutto l'apparato di temi, forme e strutture proprio della tradizione letteraria e, nello specifico, della prosa. In tal senso Dossi mette sostanzialmente in crisi la tradizione narrativa ottocentesca, a cominciare dal suo istituto fondamentale: l'intreccio. Questo infatti, per l'autore, deve essere funzionale all'emergere della componente ironica ("umoristica" per l'autore) ed è privo di per sé di pregio artistico:

> Lo scrittore umorista deve mediocremente rendere interessante l'intreccio, affinchè per la smania di divorare il libro il lettore non sorvoli a tutte quelle minute e acute osservazioni che costituiscono appunto l'*humour*.[2]

> Ed è al medèsimo scopo di farmi lèggere con attenta lentezza che dèvesi ancora attribuire la mia ripugnanza di usare parecchi spedienti – meglio dirèi ruffianesmi – i quali, secondo l'opinione de' critici e il gusto della platèa, costituirebbero i requisiti essenziali della forma romàntica, primo tra tutti l'intreccio che appassiona e rapisce.[3]

La dissoluzione dell'intreccio – in questi termini teorizzata nel *Màrgine alla "Desinenza in A"* aggiunto alla seconda edizione del 1884 – è uno dei segni del cedimento complessivo dell'impianto tradizionale nella poetica dossiana e interessa tanto le novelle quanto i romanzi, ma sono appunto i romanzi, vale a dire le grandi architetture a cui l'Ottocento cerca di affidare il proprio ritratto complessivo, i primi a essere messi in discussione da Dossi. È il caso

---

dato nel finale della *Vita di Alberto Pisani*, per il quale si rinvia allo studio di Antonio Saccone, *Carlo Dossi. La scrittura del margine*, Liguori, Napoli 1995.
[2] C. Dossi, *Note azzurre*, cit., vol. I, p. 135, n. 2174.
[3] Id., *Opere*, cit., p. 681.

dell'*Altrieri* e ancor più della *Vita di Alberto Pisani*, che, oltre a presentare in sé una struttura antitradizionale, si vede smembrato proprio nelle *Goccie di inchiostro* in singoli racconti a cui l'autore riconosce autonomia tematica e di genere. Le *Goccie d'inchiostro* sono infatti «tutte quelle scenette, que' piccoli romanzetti etc. che non esigono troppo inchiostro alla lor trattazione. Né possono fondersi in un unico tema»;[4] sono quindi una silloge di elementi disparati che dichiara sin dalla fase di progettazione di voler negare l'unità strutturale del romanzo fagocitandone pezzi distinti: «Progetto di un libro, dal titolo "Goccie d'inchiostro" in cui il Dossi raccoglierebbe tutte le sue briciole letterarie, avanzategli dai grossi pasti delle opere. Molte di queste briciole si trovano già sparse e nelle sue lettere, e nell'Alberto Pisani ecc. e nella Palestra Letteraria ecc."».[5]

Permane tuttavia, anche in questa destrutturazione del genere romanzo nel genere novella, una costante che aggrega tra loro le novelle, ossia il «narrare le cose e gli uòmini del tempo mio»:[6] è proprio su questo elemento comune che il Dossi fa ulteriormente leva per arrivare a negare anche la forma della novella. Se infatti le *Goccie* sono probabilmente il meno stravagante degli esperimenti dossiani rispetto al genere novellistico e ne sono il prodotto meno moderno, chiusa la silloge Dossi approda, con i *Ritratti umani* a una ulteriore concezione della novellistica: l'elemento propriamente narrativo non è eliminato, ma sempre più contratto e ridotto a mero spunto, sino a che finisce per essere subordinato a un principio che potremmo dire saggistico di sistematizzazione delle analisi sull'uomo. Il punto probabilmente più avanzato di tale subordinazione tassonomica è il *Campionario* – «metodica collezione»[7] – che incasella elementi narrativi in tipologie (per esempio: *I lettori, I dilettanti, I seccatori, Gli allarmisti, Contrattempisti, Gli irreperibili, Fanulloni* ecc.).

---

[4] Id., *Note azzurre*, cit., vol. I, p. 340, n. 3496.
[5] *Ibid.*, vol. I, p. 223, n. 2527.
[6] Id., *Opere*, cit., p. 903.
[7] *Ibid.*, p. 908.

Ancora in terra. Adele

E non solo de' mièi, ma degli amori degli altri ho goduto e specialmente di quelli degli amici. Se taluno quì sogghignando dicesse: «ciò è d'uso», potrèi rispòndergli col fiero e pudico motto dei cavalieri della Giarrettiera.[1] Le brìciole degli altrùi banchetti amorosi hanno sempre avuto per mè sapori e profumi, insospettati a coloro medèsimi che vi sedèvano, ingordi o nauseati.

Ho già detto quanto mi appassionassi ai romanzi, sino a confòndermi coi lor personaggi, e come mi innamorassi delle simpàtiche eroine, fino ad incollerirmi coi loro amanti, quando questi le trattàvano non a seconda delle mie intenzioni. Soggiungerò che la lieta fine di un amore scritto – raramente lieta in uno vissuto – il matrimonio, rendeva mè pure beato. Mercè i romanzi, io mi trovài dunque, più volte, amante riamato o sposo felice, senz'òbblighi notarili o morali di rimangiarmi per tutta quanta la vita i detriti della felicità.

E, come sul cammino del romanzo, così in quello della vita reale, io sempre mi rallegrài e rallegro all'incontro di una coppia ben assortita e contenta. La direte

---

[1] "The Order of the Garter", supremo ordine cavalleresco inglese, fondato nel 1347. Il motto dell'ordine *Honi soit qui mal y pense* ("vituperato sia chi pensa male") si attribuisce a Edoardo III che, avendo raccolto la giarrettiera caduta a una dama a corte, avrebbe con queste parole troncato i malevoli commenti dei cortigiani.

follìa – non pero tu, amica geniale – ma io credo e mi persuado ognor più che ciascuno di noi è il volume di un'ùnica òpera, la molècola di un medèsimo sterminato individuo sulla foggia del Leviathan[2] di Hobbes o dei mondi animati del Nolano.[3] E però le altrùi glorie, quando schiette, m'inorgoglìscono come se fòssero mie; gli amori degli altri, quando veri e profondi, mi consòlano come se appartenèssero a mè. Nulla mi è più gradito degli sguardi mutuati tra pupille che si comprèndono e si vògliono bene; io mai non mi posi tra essi; anzi, fin dove è onesto, li favorìi. Oh, con quale occhiata tu mi ringraziavi, o fanciulla, quando, uscendo a passeggio, io sequestravo alla tua ìspida istitutrice il braccio, mentre l'amato giòvane offriva a tè il suo: oh come, ritardando, più che potevo, il passo, mentre vojaltri lo allungavate, accompagnavo con occhio di affetto la vostra coppia gentile che si scambiava sussurri, inarrivàbili alle tese reti acùstiche della tua vìgile!

Senonchè, quanto mi è a gioja l'assìstere ad una mùsica mite d'amore a quattro mani suonata, a due desideri placati in un'ùnica soddisfazione, altrettanto m'indispettisce lo spettàcol di donna che, amando èssere amata, gli amanti odia, e li cangia, coi mille capricci della sua malvagità, in spregèvoli servi; o, peggio ancora, d'uomo che, feroce e vigliacco, fà piànger colèi che lo adora. E qui ricordo un mio condiscèpolo d'università, del quale si era pazzamente innamorata una fanciulla buona e bella. Di quale plebèo combustìbile si alimèntano molte volte le pure fiamme di una ragazza, è strano! in bocca di quali gattacci vàdano spesso a finire tante canarine graziose, è deplorèvole! Aveva egli una di quelle faccie convenzionali di bel-giòvine che vèggonsi sui giornali dei sarti. Nè l'animaccia, che, come il sale, im-

---

[2] Il *Leviathan*, edito nel 1651, è il testo fondamentale dell'opera del filosofo inglese Thomas Hobbes.
[3] Giordano Bruno (1467-1541).

pedìvagli di completamente marcire, disaccordàvasi dall'aspetto. Costùi, sempre in ammirazione di sè medèsimo – e tenèasi addosso, pensa! uno specchietto in cui si mirava di tratto in tratto scimmiescamente – riceveva, spesso, lèttere della pòvera bimba e, tra lo sprezzante e il vanesio, me le mostrava. Certamente, non èrano testi di lingua: a scuola non avrèbbero, forse, neppur riportato i punti occorrenti alla promozione, tuttavìa spiràvano tale una ingenua e profonda passione che, leggèndole io, mentr'egli, il furfante, sogghignava arricciàndosi i baffi, mi sentivo commosso di tenerezza per la innocente fanciulla e d'ira per l'indegnìssima càusa delle sue afflizioni. E allora, per una magnètica trasposizione di sentimenti, mi sembrava che tutte le lèttere che io leggeva di lei, fòssero, non a lui, ma veramente dirette a mè che le meritavo, e godevo delle loro espressioni come se fòssero a mè dedicate. Non solo: ma componevo le più amorose risposte, le ricopiavo sulla carta più fina e le mettevo in... pila. È un epistolario, come altri cèlebri, in cui la posta nulla ha che vedere e che potrebbe, quandochessìa, èsser dato alle stampe senza perìcolo di rossori miei od altrùi. Un giorno, mi venne poi fatto – ned era così difficile, poichè il mio condiscèpolo piacèvasi di dimenticar dappertutto i documenti della sua vanità – d'impossessarmi di una lèttera di quel cuore malcapitato. Per lungo tempo, essa mi fu soave compagna: la recavo con mè nelle passeggiate: la miravo talvolta con le pupille annuvolate di làgrime e ne baciavo con religione d'amore la firma: quando poi, coricàndomi, l'avevo nascosta sotto il guanciale, mi pareva di giacere men solo. Oh fanciulla non vista mai nè a mè nota, che ti disperavi di non èsser riamata, quanto invece lo fosti! Se nelle regioni spirìtiche, se nel mondo della quarta dimensione, c'incontreremo, come impalliderài di giojosa sorpresa, trovando negli occhi mièi le mille dichiarazioni d'amore da tè sognate, quelle dichiarazioni, che tante volte ti ho dette e tu non udisti, che tante volte ti ho scritto e tu non leggesti!

Pronto invece fui sempre, come Ovidio, a favorire gli amori altrùi. Abitavo – molti anni son corsi – un pìccolo alloggio, in una via fuori di mano e tranquilla, tutta giardini e conventi. Di tempo in tempo, un amicìssimo mio me la chiedeva in prestanza per un segreto convegno – con chi non diceva – ma dal suo occhio sereno capivo trattarsi di ben differenti cospirazioni delle polìtiche, ed il silenzio di lui èrane prova. E allora abbigliavo a festa la mia casetta, come se la *sponsa de Lìbano*[4] dovesse scèndere a mè, non a lui; cancellavo dagli specchi ogni mìnima appannatura e dai mòbili ogni velo di pòlvere; stendevo i lini più mòrbidi e i tappeti più sòffici, non lasciando càlice senza fiore, nè fiala senz'essenza odorosa nè cuscinetto senza spilli: disponevo perfino sui tàvoli libri di gentilezza, e sul leggìo del pianoforte pàgine musicali, dirèi amorose se tutta la mùsica non fosse voce, anche nell'ira, d'amore. Rientrando poi, a notte alta, in casa, benchè l'àngiolo nel suo passaggio non vi avesse piuma perduto, sentivo cullarsi nell'aria una sottile fragranza come di violette fiorite in ajuole celesti, e negli specchi mi pareva sorprèndere ancora il riflesso di una forma di cherubino; e, quella notte, il letto mi si cangiava, tra i sogni, in càndide braccia femminee. Sovratutto gioivo, allorchè qualche fiore, di quelli che avevo io colto e apprestato, mancava, imaginàndomelo ne' suòi capelli. Una volta, per contro, ne trovài uno di più – posato sulla *Divina comedia* e precisamente ai versi «amore – acceso di virtù sempr'altri accese, – purchè la fiamma sua paresse fuore»,[5] un incoraggiamento e un consiglio. E con riconoscente tremore me lo avvicinài alle labbra, come se offèrtomi, e lo baciài.

---

[4] *sponsa de Lìbano* «Veni de Libano, sponsa mea», "Vieni con me dal Libano, sposa mia", cfr. *Cantico dei Cantici*, 4,8.
[5] «Quando Virgilio incominciò: "Amore / acceso di virtù, sempre altro accese, / pur che la fiamma sua paresse fore;"», cfr. D. Alighieri, *Purgatorio*, XXII, 11.

Molti anni – ripeto – son corsi. Il mio amico dimenticò interamente questo episodio della sua vita. Io serbo tuttora, nella tomba immortale dove fu posto, quel fiore e con esso il ricordo di un anònimo amore che ogni dì più và facèndosi mio.

Un'altra volta, un altro amico mi pregò di dargli una mano in un incontro ch'egli desiderava di avere con una giòvine da lui amata e lontana. Il mio amico reggeva, in una borgata pettègola, un pùbblico ufficio che non gli avrebbe permesso di accògliere in casa ragazze sole senza esporsi a commenti infiniti. La giòvine, che io non conoscevo neppur di veduta, dovèa figurar, quindi, come sorella mia e tutti e due passare per nipoti suòi. Io mi sarei recato a ricèverla sulla riva di un lago, distante poche ore dalla borgata, e gliela avrèi condotta. Per riconòscerci, era inteso che la giòvine, nello sbarcare, terrebbe in mano un volumetto dalla verde rilegatura e che io me le sarèi presentato con un garòfano rosso all'occhiello.

Mi recài dunque, nel giorno e nell'ora posta, all'indicato luogo ed ivi aspettài la mia improvvisata parente. Il piròscafo apparve (oh come il cuore mi palpitò quand'esso riunissi alla riva!) e tra i passeggeri che ne discèsero, vidi la giòvine col volumetto verde – una magrolina ventenne, tutta sola, che intorno guardàvasi miopemente, cercando, essa pure, qualcuno. A lei mi avvicinài arrossendo, e anch'essa arrossì. Una carrozzella attendeva lì presso. Ella vi montò su, svelta, da un predellino, io dall'altro, e la carrozzella si mosse.

Era ben naturale che nei primi momenti ci si sentisse assài imbarazzati. Ambedùe ci vedevamo in una posizione delicatìssima, dubitando e temendo ciascuno di parere all'altro quello che veramente non era. Io studiavo sott'occhio l'aspetto della mia compagna. Ella era tutta modestia, nell'àbito, nell'atteggiamento, nel viso – un viso che io avrèi definito: un complesso simpàtico di difetti. Per interròmpere un silenzio che cominciava a farsi uggioso, le domandài quale fosse il nome del libro che teneva fra le mani... – nè come ella si nominasse sapevo ancora. Ella, confusa, mi disse invece il suo – Adele –, e mel disse con una melodiosa oscillazione di voce: poi, accòrtasi, mentre mi rispondeva, della domanda che fatta gli avevo, mi porse, arrossendo, il libro.

Era questo un poema in versi, breve di mole, denso di affetto, *Ènoch Àrden* di Tènnyson,[6] un di que' libri la cui lettura è per l'ànimo come un bagno di bontà. Io espressi le mie simpatìe pel generoso poeta ed ella si unì a mè nella lode. Avviato il discorso sulla carreggiata della letteratura, scopersi presto in Adele, non solo una leggitrice insaziàbile ed un finìssimo crìtico, ma – quanto più mi fu caro – un'alleata nelle mie letterarie adorazioni. Comunanza di amicizie è di amicizia cagione. Frequentatori ambedùe di casa Shakspeare, casa Montaigne, casa Lamb, Rìchter, Manzoni e altrettali, non potevamo più considerarci, reciprocamente, forastieri.

Passava la strada fra vigneti gravi di porpuree uve e sparsi di vendemmiatori. Adele uscì in una esclamazione ammirativa e desiderosa. Feci fermare la carrozzella, e comprammo dai vignajuoli una grembialata di gràppoli. Steso quindi un giornale sulle mie e sulle ginocchia di lei e ammucchiàtavi l'uva, ci mettemmo deliziosamente a mangiarla, spiccando gli àcini dallo stesso gràppolo e insieme cianciando e ridendo all'ombra delle vaste impassìbili spalle del vetturino.

E più Adele parlava ed io miràvala e più mi sembrava che le sue cento bruttezze minùscole si fondèssero in una sola e grande bellezza, quella della intelligente bontà: la sua medèsima miopìa, che dapprincipio parèami fastidiosa, conferiva al suo viso una espressione tutta speciale di attentività, gratìssima a chi la guardava e parlàvale. All'imbarazzo era insomma sottentrato una

---

[6] Alfred Tennyson (1809-1892), poeta inglese autore del poemetto *Enoch Arden* nel 1864.

vera famigliarità e la parte di stretti parenti, stàtaci imposta, ci diventava sempre più fàcile.

Ma, ad un tratto, il battuto della piana strada di campagna cede' all'acciottolato fracassoso e trabalzatore di una città.

«Siamo giunti!» dissi.

«Di già!» esclamò ella in tuon di rammàrico, e taque.

La carrozzella si arrestò ad una bianca casetta. Il mio amico, un giovinottone acceso di colorito e baffuto, era sul marciapiede ad attènderci. Si fe' al predellino ed ajutò a scèndere Adele, o a meglio dire, la trasportò giù come un cuscino di penne. «Come state, carìssimi nipoti mièi?» vociava egli a noi o piuttosto ai vicini affacciati a tutte le porte e finestre «spero bene che questa volta non mi scapperete via sì presto!» E in casa ci trasse, sollevàndoci quasi di terra, uno per braccio.

Verso sera, mi congedài da lui e... da lei. Ella mi accompagnò fino all'albergo dove il vetturino era andato a staccare e donde sarèi ripartito – solo – con esso. Gli occhi di Adele èrano ùmidi e tristi, e anche i mièi. Non mai fratello fu salutato con affetto più intenso, non mai sorella lasciata con maggiore dolore.

Commento al testo

Ancora in terra. Adele è il sesto degli undici testi del volume *Amori* (1887). Se si considera che il testo teatrale *Ona famiglia de cilapponi*, anche se edito nel 1905, è stato scritto a quattro mani da Dossi con Luigi Perelli nel 1873, nel pieno della giovinezza scapigliata, e che la *Fricassea critica di arte, storia e letteratura* è del 1906 ed è, come recita il titolo, una raccolta di saggi critici, gli *Amori* sono da considerarsi l'opera che mette la parola fine alla produzione letteraria di Dossi, e dunque ne rappresenta, più o meno intenzionalmente, l'ultima, definitiva posizione.

Sebbene sul finire della carriera (professionale oltre che letteraria), probabilmente in un periodo di sconforto, l'autore lamenti di non aver effettivamente soddisfatto alcuna ambizione:

> *L'incompleto.* Se descrivessi questo tipo, farei la mia autobiografia. Io non riuscii a condurre a perfetta fine, nulla. In letteratura cominciai arditamente; scrissi scrissi, dovevo essere un innovatore, mille progetti, tutti saggi, *essays*, nessuna opera e, tanto meno, conclusione. *L'oeuvre* non fu compiuta,[1]

tuttavia l'ultima opera sembra specchiare l'immagine di un autore che ha trovato per la propria prosa una forma di equilibrio, in parte rinunciando alle vette più ardue della sperimentazione, specie quella linguistica, in parte invece consolidando le conquiste più avanzate, specie sotto il pro-

---

[1] C. Dossi, *Note azzurre*, cit., vol. II, p. 885, n. 5698.

filo delle strutture narrative; tutto ciò sempre ritornando all'eterno tema del sé: «¿Parlo molto di me, non è vero, miei adoràbili critici?».[2] *Lisa*, la prima delle tre sezioni del primo romanzo autobiografico – l'*Altrieri* –, è dedicata al ricordo dell'amore infantile: da lì in poi il tema amoroso domina quasi ogni altra pagina autobiografica di Dossi, sino agli *Amori*, che è interamente dedicato agli amori, o meglio a quelli mai realizzati dell'autore, che li descrive in una struttura di ispirazione dantesca, per tipologie. Si veda qualche esempio: «Nel sommo del ciclo letterario è la soglia musicale, ed io su questa sostai [...] Ora, io ebbi un amore interamente musicale»; «Siamo al capìtolo dov'io vorrei ricordare, con fervore di gratitùdine, tutti gli sguardi che rispósero ai miei»,[3] e lo stesso *incipit* di *Adele*: «E non solo de' miei ma degli amori degli altri ho goduto e specialmente di quelli degli amici». L'ultimo volume dossiano, dunque, coerentemente all'evoluzione della novellistica che si attesta con il *Campionario*, confermando l'impostazione saggistica anche per la narrazione autobiografica, abbandona la linea cronologica e sceglie quella tassonomica.

La costante autoreferenzialità che regge le sorti dell'arte di Dossi e che riconduce l'autore al racconto di argomento autobiografico, culmina in una prosa che non intende più altro che catalogare il reale da un angolatissimo punto prospettico, fino a rinunciare al quadro sociale se non in funzione della autorappresentazione. Perché tuttavia sia ulteriormente chiarito il filo che lega le tre novelle antologizzate, è opportuno ribadire che è ancora una volta l'analitico sorriso dell'umorista, sempre più velato, sempre più oscuro al lettore comune, a dare la chiave di lettura di *Adele* – come di ogni altro testo dossiano – per esplicita ammissione:

> In un libro d'umorismo il protagonista è sempre l'autore, non lo si può perdere mai di veduta, e ne fa il principale interesse. Di qui la nessuna importanza, anzi il nessun bisogno dell'*intreccio* o *intrigo* nel romanzo umo-

---

[2] Id., *Opere*, cit., p. 683.
[3] *Ibid.*, pp. 1056-57, 1062.

ristico. L'intreccio sta nel cuore solo dell'autore, poco importa ch'ei parli in 1ª persona singolare o plurale od in terza.[4]

Se sul versante delle strutture l'ultima prosa di Dossi ribadisce il superamento della narrativa dell'Ottocento, non altrettanto accade sul versante dello stile, le cui ultime prove non possono dirsi le più avanzate e moderne. Se infatti il tratto caratterizzante la modernità dell'autore, anticipatrice di Gadda, è la deformazione, quella deformazione che

> nella prosa del Dossi, non intacca solo determinate zone particolarmente sensibili del periodo, ma invade la totalità della pagina. Fonetica, morfologia, sintassi, stilistica non hanno nessuna barriera più valida delle loro inconsistenti distinzioni da opporre alla sistematica corrosione dell'autore,[5]

questa nelle ultime novelle rientra nei ranghi di uno stile più lineare e composto, altrettanto colto ma meno sorprendente delle prove precedenti.

---

[4] Id., *Note azzurre*, cit., vol. I, p. 147, n. 2267.
[5] D. Isella, *La lingua e lo stile di Carlo Dossi*, cit., p. 2.

REMIGIO ZENA

La vita e le opere

Remigio Zena, al secolo Gaspare Invrea, nasce il 23 gennaio 1850 a Torino da una famiglia dell'antica aristocrazia genovese, dalla quale riceve un'educazione di impostazione reazionaria e cattolica, che lo induce, dopo gli studi liceali, ad arruolarsi come volontario tra gli Zuavi del Papa; al rientro da Roma a Genova si laurea in Giurisprudenza e intraprende la carriera di magistrato, per seguire la quale si trasferisce a Salerno, Chieti, Massaua, Palermo, Firenze, Milano, La Canea (l'attuale Chania, nell'isola di Creta) e Roma; tornato a Genova nel 1914, vi muore l'8 settembre 1917.

Esponente di spicco della narrativa verista, Zena si presenta sulla scena letteraria come poeta, ma è un poeta di dubbio talento, presto portato ad abbandonare la poesia per la prosa dalla propria scarsa propensione all'abbandono lirico e dall'attitudine alla descrizione e al commento ironico. Perciò, sebbene siano i testi poetici ad accogliere per primi quelle sollecitazioni realiste, che derivano all'autore dalla Scapigliatura e pongono le basi per la sua adesione al verismo, è con la narrativa che Zena lascia un'impronta originale nella letteratura italiana. I tratti peculiari di tale impronta sono, in primo luogo, l'aver prodotto una sintesi di Scapigliatura e verismo, accostando la vena ironico-umoristica dell'una all'analisi sociale e soprattutto alla tecnica dell'altro; in secondo luogo, il non aver quasi mai spostato il baricentro della propria narrativa fuori da Genova, proponendo ambienti e temi cittadini o del diretto entroterra. Il fatto che l'autore lasci rare volte, narrativamente parlando, la provincia ligure, ossia non cambi soggetto, vuol dire che è la società genovese la principale, se non unica, interlocutrice dell'autore[1] e di conseguenza la destinataria della critica che conduce appunto attraverso la sua scrittura ironica e verista. Mentre infatti il sorriso polemico rimarca la superiorità dello scrittore aristocratico nei confronti del popolo, il racconto senza veli dei sobborghi urbani e della campagna – «Scene che vi mostrano il popolo nella sua vita quotidiana di miserie e di fatiche, di amori malsani e di disinganni, di ambizioni, di invidie, di vizi»[2] – rifiuta, sull'altro versante sociale, la prospettiva delle miopi rappresentazioni di stampo conservatore.

Se tale rifiuto significa che l'autore, liberatosi degli stereotipi e dei pregiudizi di classe, cerca di osservare obiettivamente il reale, significa anche che non giunge a quella divaricazione tra autore e narratore, tipicamente verghiana, che porterebbe il narratore ad abbassare il proprio sguardo al livello dei personaggi e degli ambienti popolari rappresentati: l'autore Zena non si nasconde mai dietro un racconto effettivamente impersonale, nemmeno quando adotta sistematicamente la tecnica del discorso indiretto libero. A parte questa essenziale differenza di impostazione, Zena accoglie senza eccezioni la poetica verghiana, che elegge a soggetto della narrativa fatti comuni, e di conseguenza non condivide la capuaniana analisi psicologica dei «casi patologici».[3] In merito Zena sostiene, in via teorica, la pari validità dell'impostazione di Capuana e Verga, alla luce della identica «risultanza»: «la rappresentazione del vero», «scopo, che in arte per me è il supremo se non l'unico»,[4] ma poi aggiunge che coi testi di Capuana occorre armarsi, per lo meno, di

---

[1] Si ricordi che Zena è il nome dialettale di Genova.
[2] Recensione del 1883 a *Per le vie*, ora in R. Zena, *Verismo polemico e critico*, a cura di E. Villa, Silva, Roma 1971, p. 190.
[3] «Forse egli si compiace soverchiamente di cotali anomalie umane e le studia con singolare predilezione, tanto da farci supporre che nella ricerca dei soggetti egli non sappia scegliere che casi patologici [...] ma non per questo è meno vero e meno profondo il suo studio» (sulla seconda edizione di *Giacinta*, 1886, in «Frou-Frou», sezione *Libri e giornali*, a firma O. Rabasta, in R. Zena, *Verismo polemico e critico*, cit., p. 198).
[4] *Ibid.*, p. 196.

prudenza: «tutto sta che chi legge siffatti libri sappia, come il chimico, premunirsi contro i veleni».[5]

Il contravveleno, che riduce l'abnormità portata in scena da Capuana così come dai naturalisti francesi, ai casi «per nostra fortuna assai rari nella vita»,[6] è la consapevolezza che tali eventi sono rari e limitati, e ciò basta ad annullare la carica destabilizzante che il "mostro" ha se viene invece concepito come esempio macroscopico di una quotidianità malata e deforme; nessuna possibilità di controllo razionale soccorre però l'autore quando si trova di fronte alla negatività messa in luce dalla sua stessa osservazione del reale; accade infatti che Zena, quanto più fa propria la tecnica verghiana, tanto più è portato a descrivere una realtà non assoggettata ad alcun principio di ordine e giustizia. In lui, uomo di legge e di fede, matura di conseguenza un profondo pessimismo, che può essere sintomaticamente seguito e registrato in alcuni elementi sia delle novelle sia dei romanzi, quale, per esempio, il destino cui vanno incontro i personaggi positivi, destino che registra un *excursus* di segno negativo, a cominciare dalle novelle per culminare nel romanzo *La bocca del lupo*, nel quale i "buoni" sono invariabilmente destinati a soccombere. Ciò nonostante, quando si accinge a raccogliere le novelle, Zena colloca a conclusione del volume *Il tifo*, una storia a lieto fine in cui prevalgono gli individui probi a scapito dei cattivi; si tratta tuttavia di una novella estranea al resto della raccolta e che assume una funzione di chiusa intenzionalmente ottimistica, ma autocontraddittoria e di breve momento. E infatti il successivo romanzo, *La bocca del lupo*, non fa che proseguire la novella *La Bricicca in gloria*, in cui la *climax* negativa delle novelle arriva al grado maggiore.

Sarebbe da valutare il peso di tale evoluzione in rapporto all'esaurimento della vena verista zeniana, che lascia il posto negli ultimi anni al racconto fantastico,[7] ovvero al-

---

[5] *Ibid.*, p. 198.
[6] *Ibid.*
[7] Evidentemente ricredendosi rispetto alla valutazione espressa ancora in merito a Capuana: «Troppo fantastici e troppo oscuri, d'un genere che ha fatto il suo tempo, sono *Un caso di Sonnambulismo* e il *Dottor Cymbalus*, due viaggi stranissimi nel paese delle chimere», in «Frou-Frou», sezione *Libri e giornali* nel 1883 a firma

l'altro filone della letteratura europea incubato in Italia dalla Scapigliatura; anche nel nuovo contesto[8] si deve rilevare che, pur nella diligente ripresa formale del genere, riemerge la medesima *impasse*, come dimostra la novella postuma *La cavalcata*, caso di racconto ibrido tra *conte fantastique* e *detective novel*, in cui il detective, personaggio delegato per statuto di genere alla tutela dell'ordine razionale, fallisce nella propria azione razionalizzatrice e viene completamente travolto dalla componente irrazionale e incontrollabile del reale.

O. Rabasta, commento all'edizione 1883 di *Sommaruga*, in R. Zena, *Verismo polemico e critico*, cit., p. 194. Quanto ai romanzi, Zena nel 1910 pubblica *L'apostolo*, romanzo di indagine psicologica che risente dell'influsso di Fogazzaro e di d'Annunzio.
[8] Stavolta con ambientazioni non liguri e non popolari.

La Bricicca in gloria

I

Quando si dice la Bricicca s'intende la Bisagnina[1] che sta nella Pece Greca, quella che aveva tre figlie, perché a Genova ce n'è un'altra che vende farinata a Prè,[2] e le due non sono neppure parenti, anzi questa di Prè figlie non ne ha mai avuto e dopo che il maschio più grande ha trovato un buon impiego nel tramvai, se la passa bene e se ne ride. Invece la Bricicca della Pece Greca, povera diavola, se l'ha quasi sempre passata male fino da quando stava ancora a Manassola e il marito partì per l'America, lasciandole sulle braccia una corba[3] di figliuoli tutti piccoli. Dalle nostre parti è cosa solita, i giovani pigliano moglie e dopo che alla moglie le hanno fatto fare due o tre figli, s'imbarcano e che la moglie si aggiusti; appena arrivati, danno segno di vita e mandano giù mezz'oncia d'oro, poi, i più bravi, si contentano di scrivere ogni sei mesi, lamentandosi d'essere stati ingannati e che in America, o per la febbre gialla o per la guerra o per la pace, ci si muore di fame peggio che da noi.

---

[1] «Bisagnina o bes., dal genov. bezagninn-a, è la fruttivendola o erbivendola; il nome deriva dal Bisagno, dove un tempo si coltivavano ortaggi», cfr. R. Zena, *Romanzi e racconti*, a cura di E. Villa, Cappelli, Bologna 1971, p. 104, nota 1.
[2] *Pece Greca, Prè*: vecchi quartieri della città di Genova.
[3] «Grossa cesta intrecciata di vimini e di rami di castagno» (già in Carcano, cfr. p. 42, nota 9).

Ora la Bricicca tira avanti, perché a questo mondo, finché non arriva la signora Cicchetta[4] a tagliarvi l'erba sotto i piedi, avanti si tira sempre, ma quei pochi cavoli che vende in un portichetto non le mettono caldo nemmeno sotto la lingua, e dice che per morire così tutti i giorni tanto vale morire una volta sul serio. In coscienza, se non avesse vergogna, rimpiangerebbe il tempo che ha passato l'anno scorso in Sant'Andrea,[5] per l'affare del lotto clandestino; vedeva il sole a quadretti, ma almeno mangiare, mangiava.

Ora che è rimasta sola, dice che vorrebbe avere le figlie che potrebbero aiutarla o almeno farle coraggio, e quando le figlie le aveva con sé si raccomandava a tutti i santi del paradiso perché non sapeva come mantenerle. A quei tempi, dieci o dodici anni fa, subito dopo la morte del Gigio, erano in quattro a mangiare, lei, due figlie che avrebbero digerito i mattoni del lastrico, e il fitto di casa che mangiava più di tutti e capitava puntuale come Pasqua dopo sabato santo. Dodici franchi al mese un buco sotto i tetti che per arrivarci bisognava fare come i gatti, dove d'inverno ci si ballava per tutto fuori che per l'allegria, e d'estate la minestra bolliva da sé senza fuoco. Il padrone cantava che lassù in cima l'aria era buona e si godeva la vista del porto e della Lanterna, ma lei, la Bricicca, della Lanterna non sapeva cosa farsene, e dodici franchi al mese erano tanto sangue che si levava.

Una rovina era stata la morte del Gigio, da non consolarsene più notte e giorno. Avevano bel dirle le donne della Pece Greca che tanto e tanto, disperandosi, il figliuolo non l'avrebbe fatto risuscitare e che ci voleva pazienza, nossignore, lei non poteva avere pazienza. Era troppo cruda vedersi portar via un ragazzo venuto

---

[4] «Modo scherzoso di indicare la morte, dal genov. scià Cicchetta», cfr. R. Zena, *Romanzi e racconti*, cit., p. 105, nota **4**.
[5] Nome del carcere di Genova.

su buono come il pane di Natale,[6] affezionato, rispettoso, e vederselo portar via sul più bello, quando cominciava a dare una buona spalla alla famiglia. Non ce n'erano state abbastanza delle disgrazie? Non si contava per nulla quella del marito, che tornato finalmente dall'America e venuto a Genova dove lavorava in porto nello scarico dei vapori, aveva fatto una morte così macacca[7] sotto la catena della mancina?[8]

E dopo il padre, il figlio, alla distanza di dieci mesi. Pareva impossibile il giudizio di quel ragazzo, che appena uscito dalle scuole, un bravo impiego aveva saputo trovarselo, e al telegrafo si guadagnava i suoi cinquanta franchi al mese, piuttosto più che meno. Salute da buttar via non ne aveva, eppure i passi non se li faceva rincrescere, lasciava che i compagni pigliassero l'omnibus o si divertissero a camminare dietro la musica dei soldati, e lui a piedi tutto il giorno a portare i dispacci senza perdere due minuti, corri di qua, corri di là, da San Teodoro alla Pila, tanto che quasi sempre tornava a casa stanco frusto e si gettava sul letto come un sacco vuoto, senza voglia di mangiare. I superiori gli volevano bene, si buscava qualche mancia ed era contento. La vigilia di Natale, siccome aveva portato a casa tante mancie per più di venti franchi, aveva voluto comperare lui, del suo, il torrone, il pandolce e una bottiglia di moscatello per far tutti insieme il Natale allegro, era andato alla messa di mezzanotte, e sia il freddo o l'umidità pigliata giusto quella notte, ché le strade erano coperte di neve, la mattina della seconda festa non aveva potuto star su: dolori nelle gambe e nei reni, male in gola da non potere inghiottire nemmeno la saliva. Sul principio si era detto: «non sarà niente, un po' di costipazione» poi la costipazione era diventa-

---

[6] Pane dolce tipicamente natalizio.
[7] Sciocca, stupida.
[8] Gru di grandi dimensioni impiegata nei cantieri navali e nei porti.

ta un gran riscaldamento, e il medico fino dalla prima visita aveva fatto una certa faccia, che quando i medici fanno di quelle faccie lì, se non si è ancora morti bisogna morire di sicuro. Di male in peggio, il Gigio aveva capito che per lui non c'era più rimedio, e mentre sua madre si strappava i capelli, lui, fatte le sue divozioni come un San Luigi, cercava di consolarla. Perfino il parroco piangeva. Ad un tratto era parso che stesse un po' meglio, ma la mattina di Pasquetta,[9] intanto che le figlie erano uscite per andare a vedere i presepi coi Remagi, il meglio era diventato peggio in un momento, e la morte era venuta.

Questo si chiamava cominciarlo bene l'anno! Restare sul lastrico è una disgrazia in tutte le stagioni, ma nel cuore dell'inverno è tanta roba da perdere la testa, e alla Bricicca le pareva d'essere come Bellinda e il mostro,[10] senza sapere da che parte voltarsi per scappare. Dopo aver ben pianto, e portati al Monte[11] quei quattro stracci ammucchiati in casa a poco a poco dal ritorno del marito, si trovò nuda e cruda, lei e le figlie. Bisognava mangiare, e lei colle sue mani era giusto buona a mangiare, ché di mestieri non ne aveva mai imparato nessuno, nemmeno a far calzette, e tutto il guadagno si riduceva a quello di Angela che orlava scarpe da donna per un calzolaio di via Assarotti e quando pigliava molto, arrivava a quattro franchi la settimana.

Quand'era a Manassola, col Checco in America, la Bricicca s'era trovata a dei brutti punti, ma così agli ul-

---

[9] Regionalmente indica, come in questo caso, l'Epifania.
[10] «Bellinda o Bellindia è il personaggio fiabesco di una ragazza, che per salvare il padre si presenta dinanzi ad un mostro e, per quanto atterrita, ne sopporta la compagnia [Quando poi consente a sposare il mostro, sul punto di morire, questo si trasforma in un bel principe]. È favola popolare e molto variata (cfr. G. D'Aronco, *Indice delle fiabe toscane*, Firenze, Olschkì, 1953, pp. 69-74)», cfr. R. Zena, *Romanzi e racconti*, cit., p. 107, nota 12.
[11] Monte dei pegni.

timi, mai, e là almeno, tra l'aiuto dei suoceri e il buon prezzo della roba, ingegnandosi col vendere frutta ai maestri d'ascia[12] del cantiere, la pignatta al fuoco l'aveva sempre potuta mettere. Anche qui se le fosse riuscito d'impiantare nella Pece Greca un banchino di verdura, la pigione e la minestra le avrebbe fatte sortire, ma i primi denari chi glieli dava?

I vicini non le avrebbero neanche sputato in bocca se l'avessero vista morire di sete. Il parroco una volta le aveva messo in mano un cavurrino e arrivederci in paradiso, fu il primo e l'ultimo, perché a sentirlo lui, dei poveri ne aveva tanti in parrocchia che per soccorrerli tutti ci sarebbe voluto un pozzo pieno di marenghi. La signora della Misericordia, alla quale s'era raccomandata, una signora ricca che i denari glieli portavano a carrate, una palanca[13] che è una palanca non l'aveva tirata fuori, dicendo che per quell'anno dei fondi disponibili dell'opera pia non ce n'erano più. Non ce ne erano più dei fondi, e come va allora che per tante e tante che non ne avevano bisogno, che la festa marciavano vestite di seta e con degli ori al collo, i fondi li aveva trovati? Tutte le settimane venivano i signori di San Vincenzo, quei signori detti i paolotti,[14] che portavano delle cartelline, ma si poteva giusto stare allegri! Un chilo di pane e un chilo di polenta, tanto appena da non morire di fame per un giorno – e gli altri sei giorni? E vestirsi? E le scarpe? Dei lussi pel capo Angela non ne aveva di sicuro e Marinetta era ancora troppo giovine, non si trattava di andare a far le

---

[12] Falegnami, carpentieri.
[13] *cavurrino, marenghi, palanca*: il cavurrino era una biglietto bancario con il ritratto di Cavour, il marengo e la palanca erano monete l'una d'oro, l'altra di poco valore.
[14] «Della Compagnia, della Società o delle conferenze di S. Vincenzo de' Paoli (fondate nel 1833 da A.F. Ozalam al fine di recare soccorso ai poveri e di porre le persone, e in partic. i giovani, delle classi abbienti a contatto con le realtà sociali più dure e misere).»

belle nelle strade Nuove, ma a rendere il lavoro e alla maestra non si potevano mandare vestite come ladre e senza scarpe nei piedi.

II

Angela era da marito. Tutta suo fratello, di casa e di giudizio, si adattava a sgobbare e un lamento dalla sua bocca non si sentiva mai, fuori che per compatire la madre così carica di tribolazioni. Pigliato l'ago al mattino, cuci cuci, pareva una macchinetta, e non lo posava più fino alla sera, assai tardi, quando nella Pece Greca i vicini russavano come tromboni. E ne assaggiava del freddo, e il sonno se lo levava dagli occhi che erano sempre rossi come se avessero pianto, eppure, siccome sapeva bene che la casa l'aveva lei sulle spalle, diceva che il freddo e il sonno non erano pane pei suoi denti e non aveva tempo di sentirli ed era troppo brutta per darsi delle delicatezze. Brutta veramente non si poteva dire, ma come lei e meglio di lei a Genova ce n'era un subisso,[15] anche nella Pece Greca, dove le belle figlie non mancavano, e le faceva torto il naso troppo lungo, voltato in giù verso il mento, come il becco delle civette.

Chi prometteva di diventare col tempo e colla paglia una giovinotta da darle la parte dritta, era Marinetta. Un pellame bianco come la calcina vergine e liscio come il raso, due occhietti furbi con del fuoco dentro, un bocchino piccolo, che quando era chiuso somigliava ad una ciliegia.

Marinetta era la figlia della gallina bianca[16] e tanto basta. Sua madre e sua sorella la tenevano in adorazione nel tabernacolo, si sacrificavano anche e si toglievano il pane dai denti perché lei tutte le mattine potesse

---

[15] Quantità enorme.
[16] *era... bianca*: riceveva un trattamento di favore.

comprarsi la sua brava farinata e i suoi pesci fritti. Andava alla maestra se ne aveva voglia, ma la voglia veniva di rado, e si fermava sulla piazzetta a far carnovale colle compagne del vicinato o a raccontare delle favole, che nessuna sapeva raccontarle come lei, e perfino le donne anziane stavano a sentirla. In quanto a discorrere era un donnino e discorreva meglio di tante grandi, e tirava fuori delle ragioni speciose da mettere la pancia in terra pel ridere, anzi certe volte ne aveva di quelle alle quali, per bacco, non si sapeva cosa rispondere, di quelle un po'... – Sciocchezze, ma intanto le monache Dorotee, giusto per queste mezze parole l'avevano mandata via dalla loro scuola, dove, se avesse saputo restarci, avrebbe imparato, come in nessun altro luogo, a lavorare nella biancheria fina e guadagnarsi a poco a poco la sua giornata. È vero che lei diceva di non essere fatta per pungersi le dita con l'ago e che voleva mettersi a fare la pettinatrice, difatti quando, così per ridere, tirava su i capelli a sua sorella, aveva una grazietta particolare come se per quell'arte fosse nata apposta.

L'anno stesso della morte del povero Gigio, avrebbe dovuto a Pasqua prendere la comunione; se ne parlava già da un pezzo, e Angela s'era ingegnata tanto da fare qualche risparmio, e la Bricicca anch'essa aveva nascosto in una calza dei soldi che crescendo tutte le settimane, dovevano servire per il velo e gli stivalini di raso bianco, ma ora, dopo la disgrazia, i progetti erano andati in fumo. La comunione si piglia o non si piglia, e quando si piglia, le cose si fanno in regola, perché davanti alla gente non si deve scomparire, e se non si può spendere, piuttosto che mandare la figliuola in chiesa senza almeno una veste nuova, non si fa nulla.

La Bricicca ragionava così, e questa della comunione di Marinetta, in mezzo a tante spine era la più grossa, e non riusciva a levarsela dal cuore, anche perché Marinetta, mortificata di non poter più fare la sua figura, si rodeva tutto il giorno ed era diventata un demonio in carne ed ossa per la rabbia. Oh, lei la comunione se la pigliava quell'anno, bene – se no, niente, non ci pensava più e si faceva turca! Sua madre sentendo di queste eresie, cominciava a piangere, ché le lagrime le aveva sempre in tasca, massime quando tornava a casa da battere la cattolica[17] senza aver buscato un soldo dai benefattori e nella pignatta non sapeva cosa metterci, cominciava a piangere, predicando che per far piacere a sua figlia, lei la pelle dai denti non se la poteva levare.

Marinetta mangiava l'aglio[18] e faceva il muso lungo anche per un'altra ragione. Qualche compagna della Pece Greca e ancora di più la Rapallina, una pettinatrice che spesso se la tirava dietro nelle case, le avevano montato la testa, dicendole che avrebbe dovuto andare a farsi inscrivere al teatro Doria, dove quei dei giuochi dei cavalli cercavano ragazzi da tutte le parti per la pantomima[19] della *Cendrillon*.[20] Non si trattava che di comparire in pubblico per otto o dieci sere, vestita da gran signora, colla parrucca incipriata e mezzo metro di coda, far tante belle riverenze di qua e di là, sentirsi battere forte le mani e divertirsi.

Marinetta, pigliato fuoco subito, non parlava d'altro, ma la Bricicca che non capiva niente, figurandosi che sua figlia dovesse andare sul cavallo e rischiasse di rompersi le gambe, diceva di no, di no e di no, che piuttosto si sarebbe lasciata bruciar viva, e Angela diceva di no anche lei perché al teatro, ai giuochi dei cavalli, c'era da rovinarsi il corpo e l'anima, e Marinetta intanto, che vedeva passare il tempo, grugniva e picchiava i piedi per terra. Ecco, una cosa che le avrebbe fatto piacere doveva restarle nella gola! Quando si nasce disgraziati,

---

[17] *battere la cattolica*: «Chiedere carità; propr. cattolica = accattolica = accatto», cfr. R. Zena, *Romanzi e racconti*, cit., p. 110, nota 16.
[18] *mangiava l'aglio*: si arrabbiava in silenzio.
[19] «Rappresentazione teatrale in cui l'azione è espressa da movimenti del corpo [...] sincronizzati con una musica di accompagnamento e commento.»
[20] La *Cenerentola*.

tutto bisogna che vada male fino all'ultimo, e lei era nata apposta per le disgrazie! Sua madre e sua sorella non potevano vedersela davanti agli occhi. Avrebbero fatto meglio a lasciarla coi nonni a Manassola come Battistina, ché Battistina laggiù fame non ne soffriva e nessuno la tormentava.

Battistina era un'altra figliuola della Bricicca, in mezzo tra Angela e Marinetta, ma la Bricicca non ne parlava mai e non si ricordava neppure d'averla. Sua suocera se n'era incaricata e la teneva con sé a Manassola, dove la mandava due volte al giorno sulla spiaggia a tirare la rete, col sole, col vento, colla pioggia. Che Battistina fame non ne soffrisse era verissimo, ma era anche vero che, poveretta, soffriva per un altro verso, non potendo mandar giù di vedersi così dimenticata da sua madre, lei che non aveva mai fatto altro che volerle bene e scriverle più spesso che poteva senza ricevere risposta, tanto che la morte del padre l'aveva saputa dopo un mese e da una terza persona. Guadagnava poco, perché in un paese come Manassola si sa cosa può guadagnarsi una donna che va a pescare, eppure da quel poco faceva sortire qualche risparmio che mandava sempre a Genova, invece di comperarsi uno straccio di veste per sé o un paio di scarpe, ché di scarpe in tutto e per tutto ne aveva un paio solo, e le metteva la domenica per andare in chiesa e se le levava subito, e la veste d'indiana[21] che possedeva era tutta a pezzi come quella della giustizia.

Ma questo non c'entra; l'importante è che a forza di lamenti e di pianti, spalleggiata dalla Rapallina, Marinetta finì per fare quello che voleva e prendere l'iscrizione al teatro Doria. Erano già cominciate le prove. Da quel giorno, in casa e in tutta la Pece Greca non si visse più; Marinetta col becco in aria, gonfiandosi come un pallone, non raccontava che meraviglie di prin-

---

[21] Tela di cotone.

cipi e principesse, carrozze e cavalli, balli e festini. Avrebbero visto la vecchia di ottant'anni che chiedeva l'elemosina e poi invece era una fata colla bacchetta magica, Cendrillon che da povera straccona accanto al fuoco, dove l'avevano messa le sue sorelle cattive, diventava vestita di tela d'argento e andava al palazzo del re in tiro da quattro, Vittorio Emanuele, Garibaldi, tante cose avrebbero visto! Lei, Marinetta, che era una dama di corte, sarebbe entrata al braccio di un cavaliere, facendosi aria col ventaglio, avrebbe fatto una bella riverenza, così, al re e alla regina, poi avrebbe ballato la contraddanza[22] proprio come le signore vere. E raccontando tutto ciò s'infiammava, si tirava su la veste come se avesse avuto lo strascico, si storceva in riverenze, e sua madre, guardandola estatica, se la mangiava come una pasta frolla.

Alle ultime prove, dopo essersi misurata il vestito dalla parrucca alle scarpe, era una continua descrizione dell'abito ricamato, cogli sbuffi alle maniche e coi nastri sulle spalle, un abito venuto da Milano e d'ultima moda! Ah! se per Pasqua Marinetta non pigliava la comunione, almeno era contenta, ché la sua comparsa l'avrebbe fatta lo stesso e anche meglio, senza tanti preparativi di dottrinetta e tanto frustamento[23] di ginocchi. Angela, che era un po' beghina, queste cose non voleva sentirle dire e la Bricicca neppure, ma la Bricicca pensava che in fine dei conti non doveva sborsare un centesimo, mentre invece la comunione le avrebbe costato in un giorno il mantenimento di un anno.

Però quei dei cavalli, per avere i ragazzi, avevano promesso più salciccia che pane, e poi all'ultimo si era-

---

[22] «Danza (di origine inglese), caratterizzata dal fatto che le coppie (in genere quattro od otto), anzi che danzare in tondo, si disponevano in file contrapposte, danzando l'una di fronte all'altra e ripetendo a turno i passi.»
[23] Logoramento.

no tirati indietro. Dopo aver dichiarato e cantato in musica che le spese del vestiario sarebbero state tutte a carico della compagnia, ecco venir fuori l'antifona che ai guanti, alle calze, ai fiori da mettere in testa dovevano pensarci le famiglie. Questa poi la Bricicca non se l'aspettava, e quando Marinetta glielo disse, si sentì freddo alle gambe. Dove li trovava lei, povera donna, tanti denari? Per amore o per forza, regalati o a prestito, bisognò trovarli e comperare quanto occorreva e tutta roba sopraffina, di prima qualità, perché Marinetta non voleva diventare rossa in faccia alle altre ragazze, oppure sentirsi lavar la testa dal signor Davide, il direttore della compagnia.

III

Il giorno, che era un sabato, della prima rappresentazione, Marinetta pareva che avesse degli spilli sotto i piedi e l'argento vivo addosso. Su e giù per le scale, dalle donne del vicinato, dalla Rapallina, nelle botteghe, a farsi promettere che la sera tutti sarebbero andati a vederla. Tornava in casa un momento, poi subito fuori, poi di nuovo in casa. E metti acqua al fuoco per lavarsi tutta da capo a piedi, e cerca il sapone, e misura i guanti, e misura le calze. Che ora era? Non voleva mica giungere in ritardo e buscarsi una ramanzina dal direttore! Sua madre e sua sorella la servivano come una regina, ma intanto avevano il cuore grosso e più voglia di piangere che di ridere. Dopo aver creduto per un pezzo che, come s'era detto, i parenti avrebbero avuto il biglietto gratis, nossignore, per quella sera biglietti gratis non ce n'erano, e chi non poteva pagare doveva starsene a casa.

Bel modo di trattare quello, promettere e farsi fresco[24] delle promesse! E se i parenti si fossero mangiati

---

[24] Infischiarsene.

essi pure la parola e non avessero più lasciato andare al teatro i figliuoli, non sarebbe stata una vendetta giusta e giustissima? Aveva ragione la Bricicca di parlare così, lei che, spesi quei pochi per Marinetta era rimasta al verde, e le toccava quella sera far crocette[25] senza la consolazione di vedere sua figlia comparire in pubblico vestita da signora, e senza aver potuto nemmeno cuocere due cucchiai di minestra!

Che gusto,[26] appena accesi i fanali per le strade, di trottare giù per Ponticello verso le porte dell'Arco sotto una pioggia rossa come le mele, a stomaco vuoto, colla certezza di restar fuori a vedersi passare la gente sotto il naso! Arrivata alla porticina degli artisti, Marinetta si staccò subito, mostrò al portinaio il suo scontrino, e d'un salto fu dentro, lasciando sole in mezzo al cortile, a guardarsi come due sceme, sua madre e Angela, che fino allora avevano conservato una mezza speranza di essere introdotte di straforo da qualche anima misericordiosa. La porticina si chiuse da sé, e rimaste all'oscuro, sempre sotto la pioggia, si rifugiarono nel vestibolo del teatro coll'idea di aspettare sino alla fine.

Presto detto, ma lì per lì non pensorono che lo spettacolo sarebbe durato fino a mezzanotte passata, e che c'erano cinque ore buone da battere i chiodi[27] sulle lastre di marmo.

Il vestibolo era ancora deserto, illuminato malamente da una fiammetta, il caffè chiuso, nessuno dei portinai al suo posto. Piene di tristezza, esse si rannicchiarono in un canto, sedute sopra uno scalino, vicino alla stanza dove tutto intorno erano appesi al muro degli attaccapanni. Faceva freddo, colle vesti fradice che s'incollavano alle gambe, coi piedi a bagno, coperte da uno straccietto, stando ferme si sentivano intirizzire, e non

---

[25] Digiunare.
[26] Che piacere.
[27] Battere i piedi per scaldarsi aspettando.

osavano muoversi per paura d'essere mandate via dal guardaportone, che era venuto insaccato nella sua livrea e passeggiava fiero in lungo e in largo, tenendo dietro le reni il bastone col pomo d'argento.

Per far qualche cosa, Angela si mise a studiare il manifesto di quella sera con un gran *Cendrillon* scritto grosso come una casa, e il cartellone generale della compagnia, coi nomi di Miss Ella, di Orazio Filippuzzi e dei clo... clo...[28] una parola bisbetica, stampata in tedesco, che non si sapeva come leggere.

La Bricicca borbottava a più non posso. Ci mettevano tanto tempo a cominciare? E la gente perché non veniva? Sarebbe stata bella che non fosse capitato nessuno, dopo tanto gonfiamento che si era fatto. Quasi quasi, anzi senza il quasi, ne avrebbe avuto piacere perché i signori di là imparassero a loro spese a trattare i poveri. Poveri poveri! Per essi tutto buono, anche le legnate.

Ma il piacere di non vedere nessuno la Bricicca non l'ebbe. Si aperse il caffè, si accesero i becchi del gaz, e la gente cominciò a venire, prima tutte persone basse[29] che entravano presto dentro per prendersi i posti più belli, poi persone d'alto bordo, ufficiali, giovinotti allegri con tanto di sigaro. La buca dei biglietti era assediata, l'atrio pieno di uomini e di fumo. Le signore e le signorine, imbacuccate nei loro scialli, colla punta del naso che usciva fuori rossa pel freddo, passavano tra la folla e sparivano subito.

Chi sarà stata quella signora bionda, giovane come l'acqua, al braccio d'un ufficiale? Doveva averne dei denari! Diamanti alle orecchie, braccialetti d'oro, pelliccia, e gli stivalini che facevano cri cri. Una nobile di sicuro. Potersi ficcare in una delle sue maniche e entrar dentro così, alla barba dei portinai! – E arrivava sem-

---

[28] Probabilmente clown.
[29] Di ceto inferiore, meno ricche.

pre gente, tutti col portamonete aperto, come tanti milionari.

Ecco la Rapallina vestita di seta, accompagnata dal parrucchiere del Pontetto. Ci voleva un bel coraggio per una donna maritata mostrarsi in pubblico coll'amico. E che superbia! Eccola passare trionfante, fingendo di non vedere, e la mattina era ancora venuta in casa a farsi pettinare da Marinetta. Ah! anche Pellegra veniva al teatro? e colle figlie e coi ragazzi, che parevano un presepio. Per non pagare i debiti raccontava sempre miserie da torcere il cuore, fame e sete in compagnia, tutti i giorni dell'anno, ma per venire al teatro, i denari madama aveva saputo stanarli! Non c'era nessuna come lei per tirarne giù alla signora della Misericordia che aiutava solo le intriganti ciarlone, e le bisognose vere se le toglieva dai piedi con dei buoni consigli. Minestra che non si mangia quella dei buoni consigli. – E Angela perché stava zitta? Non si sentiva rivoltare lo stomaco dalla rabbia?

Angela rispondeva di sì, ma pensava ad altro. Le era passato accanto il garzone del calzolaio di via Assarotti e l'aveva salutata; un bravo figliuolo, piuttosto timido e tutto cuore. Se avesse avuto il coraggio di dirgli perché esse due stavano lì nascoste nell'angolo senza poter entrare, lui i biglietti li avrebbe presi sul momento, pensiamo, ma il coraggio l'era mancato. Come si fa a non aver vergogna d'essere poveri? Quando una persona vi guarda di buon occhio e che anche voi ci discorrete insieme volentieri, ebbene, non si può, piuttosto vi lascereste tagliare il collo.

Una scompanellata che non finiva più mise la folla in movimento, tutti si precipitarono verso la porta della platea, e in un minuto il vestibolo restò di nuovo deserto, allagato dall'acqua degli ombrelli, seminato di mozziconi. Finalmente si cominciava.

La Bricicca e sua figlia non si mossero, per esse c'era clausura, e quasi subito sentirono un gran fracasso di musica, poi cic, ciac, dei colpi di frusta che parevano schioppettate, un cavallo che galoppava, e la voce di una donna: hop hop! mentre gli applausi facevano venir giù il teatro. Chi le avrebbe tenute? Si alzarono e vollero avvicinarsi alla porta della platea per vedere qualche poco almeno da una fessura, ma l'orso, insaccato nella livrea, col bastone sotto l'ascella e il cilindro storto in capo, da un'ora le teneva d'occhio come se fossero venute per rubare. Toccò la Bricicca sulla spalla. O dentro o fuori. Se avevano i biglietti, padrone di accomodarsi, se non li avevano, padrone di filar via. L'avevano preso per loro salotto di conversazione l'atrio del teatro, oppure speravano di farla franca e entrare collo scappellotto?

La Bricicca si sentì venir rossa come un biscione. Ah! avrebbe risposto per le rime se non fosse stata Angela, colle sue paure, a tirarla per la manica, supplicandola di non far scene per amor di Dio!

E scene non ce ne furono, ché la Bricicca era donna che l'educazione non aveva bisogno di impararla da nessuno e sapeva portare rispetto al luogo dove si trovava, ma se avesse voluto farla una scena, tutti le avrebbero dato ragione dal primo all'ultimo. Anche quel – come si chiamava? – quel traccagnotto colla barba nera e il naso piatto, che parlava colla lingua in mezzo ai denti, tsi, tsi, e tutti i sabati si vedeva per la Pece Greca e dicevano che veniva a riscuotere dalla Bardiglia i denari del lotto clandestino, le diede ragione lì sulla faccia dell'orso, sostenendogli che l'atrio era pubblico come la piazza dell'Acquaverde, e la gente, purché non disturbasse, poteva starci a suo piacere. Un galantuomo quel barbone. Colla Bricicca si conoscevano solo di vista, eppure lui, dopo averla difesa, si fermò a discorrere domandandole tante cose, e anzi volle a tutti i costi invitarla con Angela nel caffè a prendere un poncino.

Lui dei cavalli non sapeva cosa farsene, sempre i medesimi giuochi visti, rivisti, ed era venuto per la pantomima; se le donne volevano vederla esse pure, a momenti le avrebbe fatte entrare senza spendere un soldo.

Niente paura, ci pensava lui. Un uomo allegro e di mondo, si vedeva subito; nel caffè conosceva tutti, parlava con tutti, e guardando Angela raccontava delle barzellette che la facevano ridere, quantunque di ridere essa ne avesse tanta voglia come di succhiare dei chiodi fritti.[30]

Sul tardi, quando dopo i dieci minuti di riposo il pubblico rientrava in teatro, raccomandò alle donne faccia franca e se le spinse davanti, facendole bravamente passare sotto gli occhi dei portinai, confuse nella folla. Esse si trovarono dentro quasi senza accorgersene, ma in fondo e schiacciate dalla calca contro il muro. Dov'era andato a perdersi il barbone, che non lo vedevano più? Gomiti nei fianchi, piedi sui calli, urtoni da tutte le parti, e per giunta sotto il colonnato, da dove si vedevano delle schiene e niente altro, senza nemmeno il piccolo conforto di godere il teatro coi palchi e i lumi, figurarsi la Cendrillon, che la facevano giù bassa, proprio nel mezzo! Sentirono la musica, questo sì, le battute di mani, gli oh e gli ah dei vicini, anzi la Bricicca, fra le altre cose, sentì un crac nella sua veste, che le andò al cuore.

In quel momento, al suono della marcia reale, compariva nella pantomima Vittorio Emanuele, un Vittorio Emanuelino, dicevano, piccolo piccolo, coi baffi più lunghi di lui, che veniva al ricevimento del principe insieme a Garibaldi, a Napoleone e al re dei turchi, marciava duro, fiero come un generale, e tutti, per vederlo meglio, si alzavano in punta di piedi, buttandosi addosso, rompendosi le coste. Bravi! c'era più altro da vedere? Non ne avevano ancora abbastanza? intanto il vestito era rovinato, e alla Bricicca Vittorio Emanuele non glielo pagava di sicuro.

---

[30] «Espressione rielaborata da quella dialettale, "comme sussâ un agûo con a rûzze", come succhiare un chiodo con la ruggine», cfr. R. Zena, *Romanzi e racconti*, cit., p. 118, nota 27.

IV

Marinetta, si capisce, tornò a casa contenta e trionfante, colla testa in processione. La sua figura l'aveva fatta; carezze, complimenti, sorrisetti, e siccome lei di novantatré bambini era la più grande, era stata trattata quasi come una grande. Il direttore, un uomo burbero che non parlava mai o se parlava faceva tremare, le aveva detto: brava, e Miss Ella, nientemeno, aggiustandole colle sue mani la parrucca, le aveva chiesto come si chiamava, e un altro della compagnia, uno di quelli colla farina sulla faccia e le corna in testa, nel camerone aveva voluto baciarla davanti a tutti, facendo certi gesti, che tutti si erano messi a scoppiare dal ridere.

Il giorno dopo, la Rapallina salì dalla Bricicca. L'aveva dato sì o no un buon consiglio? Marinetta non ce n'era che una a Genova; gli altri ragazzi della pantomima, tutti bravi, tutti bravissimi, niente a dire, ma levati quelli della compagnia ch'erano del mestiere, Marinetta se li mangiava in insalata dal primo all'ultimo. La più svelta, la più bella senza paragone, e quella che portava meglio l'abito da signora. Aveva ballato la contraddanza con un sussiego, tirandosi su la coda e facendo le sue riverenze, che una principessa vera non sarebbe stata più dignitosa, e sempre a tempo di musica, senza sbagliarsi di un ette.[31] Era una figliuola che lasciarla marcire nella Pece Greca come una mummia, non si poteva, e lei, la Rapallina, se fosse stata sua madre, avrebbe voluto farla studiare da ballerina o da comica, ché il pane non le sarebbe mai più mancato, e non solo il pane, ma il formaggio e le pernici.

La Bricicca stava lì colla bocca larga a sentire i miracoli di sua figlia, e se interrompeva la Rapallina nel discorso, era solo per approvare, oppure per lamentarsi di essere rimasta a denti asciutti, ché sua figlia lei avrebbe

---

[31] In nulla, di una minuzia.

avuto diritto più degli altri di godersela e pasteggiarsela.[32] Le comiche e le ballerine non sapeva che minestra fossero, ma per levarsi dalla miseria si sarebbe attaccata agli specchi, ché a quel modo non poteva più vivere e non le restava che il ponte di Carignano.

La più contenta era Marinetta; eccolo trovato il suo mestiere: comica o ballerina, andar ben vestita, divertirsi e mangiare delle pernici, lei era nata per questo. I cavalli non le sarebbero dispiaciuti se non ci fosse stato il pericolo di fracassarsi le ossa, e se non avesse visto il signor Guillaume che colla frusta non scherzava; prima di imparare a star su, solamente come Miss Flora che era una marmotta, ne avrebbe toccato tante da cambiar la pelle dieci volte.

E venne finalmente la sera sospirata che Angela e la Bricicca se ne andarono al Doria coi loro biglietti gratis e poterono scegliersi un buon posto in prima fila, quando i lumi non erano ancora accesi. Entrando, il guardaportone le aveva squadrate con un'aria di brutto tempo che pareva venissero a domandargli qualche cosa del suo, ma esse l'avevano squadrato lui. Erano in piena regola? Sì. Dunque basta.

Con tanto parlare che s'era fatto di cavalli e di Cendrillon, lo spettacolo press'a poco lo sapevano già a memoria più che se l'avessero veduto, e trovarono quello che s'erano aspettate di trovare. Però, che spaventi! Certi giuochi si ha bello figurarseli, bisogna vederli e quando si vedono, se non ci siete assueffatti, vi piglia un freddo per le gambe e dovete chiudere gli occhi. Questo è quello che diceva il signor Costante, venuto a sedersi vicino alla Bricicca, mentre l'uomo-mosca, colla testa in giù, marciava coi piedi attaccati al soffitto. No, no, il governo non avrebbe dovuto permetterli questi spettacoli; al teatro ci si va per stare allegri, gli uomini per vedere qualche bel tocco di ragazza che abbia

---

[32] Godersela.

caldo alle spalle e col sottanino corto, le ragazze qualche bel tocco di giovinotto, e non per morire dalla paura. Cosa ne diceva Angela? Dio guardi, ci fosse stata una donna incinta, tanta roba da farle far la frittata in pieno teatro.

Dopo la sera del poncino, il signor Costante e la Bricicca non s'erano più visti, ma riattaccarono subito come amici vecchi, e di discorso in discorso si fecero delle confidenze. Ossia, le confidenze le fece la Bricicca, ché il signor Costante non aveva niente da confidare a nessuno e ad ogni modo le sue cose preferiva tenersele per sé, chiacchierando molto senza sbottonarsi. Ed essa raccontò le sue croci, che a metterle in riga sarebbero arrivate fino a Sampierdarena, raccontò delle figlie che la mangiavano viva, del Gigio buon'anima, una perla, che se non fosse morto, prima o poi la famiglia l'avrebbe tirata su, e invece era morto, e così la famiglia si trovava per terra, in camicia. In camicia, ché quei pochi stracci avevano fatto un viaggio al Monte, e il freddo che si pativa lo sapevano esse, povere donne, il freddo e il resto dietro. Al mondo ce ne saranno stati dei disgraziati, ma come lei no di sicuro, e si sfogava perché era con una persona di riguardo e di buon cuore. Finì per mettersi a piangere in pubblico, mentre i fratelli inglesi campanologhi[33] suonavano il motivo della Mariannina, tanto che Angela non ne poteva più dalla vergogna, e le pareva che tutti guardassero dalla sua parte, perfino i campanologhi.

Il signor Costante stava a sentire, sbuffando nel barbone. Gliele venivano a raccontare a lui queste miserie? E lui cosa poteva farci? La madre una testa di cavolo, la figlia una sciocca tutta santi e madonne, l'aveva capito subito, piena di scrupoli, da non contarci sopra. Avrebbe cambiato posto se non fosse rimasto sequestrato dalla folla, e per interrompere la cantilena cominciò di nuovo le sue burlette sul terzo e sul quar-

---

[33] Esperti di campane.

to,[34] specialmente durante i salti delle cavallerizze e quando i pagliacci, applicandosi certi calci nel mappamondo, cascavano colle gambe all'aria.

Ma più tardi, in tempo della pantomima, appena la Bricicca gongolante gli mostrò Marinetta che pareva una stella del cielo, e gli disse che nella Pece Greca tutti avevano dato il consiglio di metterla agli studi per farne una teatrante, diventò serio. Quella era Marinetta? Bella, bella figliuola, caramba! E le piantò addosso il cannocchiale. Quanti anni aveva? Bella figliuola, e che occhietti, e che portamento! come si dimenava con galanteria e come sapeva farla bene la civetta! Doveva essere un peperonetto di quelli ben graniti,[35] un accidente in salsa bianca, che non si lasciava mangiare neanche dal diavolo. Bella figliuola! Cominciava a formarsi, sicuro, e in quattro e quattr'otto veniva su come la grazia di Dio e si faceva una donnetta di prima classe.

Queste cose la Bricicca non le imparava mica allora, cose vecchie e stravecchie, ma i panegirici non guastano, e si leccava i baffi, sempre più gongolante. S'era scordata delle sue croci. Morto un papa si fa un papa e un cardinale; se il Gigio era morto, Marinetta era viva, sana come un'anguilla, e col tempo a tappare i buchi ci avrebbe pensato lei.

Ci avrebbe pensato anche il signor Costante che non solo approvava l'idea di farla studiare per il teatro, ma voleva addirittura spedirla a Milano, alla scuola da ballo. Che comica d'Egitto! Ballerina, ballerina. Colle sue disposizioni e con quelle gambette, era nata per Ters... – no – sì, per Tersicore.[36] Lui a Milano, della gente ne co-

---

[34] *burlette... quarto*: scherzi su quello e su quello, su persone estranee.
[35] Ben maturi, saporiti.
[36] Una delle nove muse della mitologia greca, quella della lirica corale; personaggio di diverse opere, tra le quali si ricorda il *Pastor fido* di Georg Friedrich Händel (1685-1759) che comprende un balletto cantato intitolato *Tersicore*.

nosceva, e dei pezzi grossi, e con due righe aggiustava la faccenda. Bella, bella figliuola, corpo di bacco! Il Costante la proteggeva e alto là, quando il Costante garantiva una cosa non c'era pericolo che strisciasse delle verdine,[37] lo conoscevano abbastanza a Genova e fuori di Genova. Frattanto aveva pensato a un altro progetto, a una California[38] per la Bricicca, ma zitti per carità, più tardi se ne sarebbe parlato con comodo, in tutta segretezza. Fin dal primo momento la Bricicca gli era piaciuta e l'aveva indovinato subito, donna di casa, prudente, furba, insomma quella che ci voleva. Si fidavano di lui? Benissimo, parola del Costante, parole di re.

Viva la sua faccia. Quindici giorni dopo, in un portichetto della Pece Greca, quasi dirimpetto all'Angelo Custode, la Bricicca, tornata bisagnina come a Manassola, aveva un banchino di verdura. Da qualche parte i pochi denari dell'impianto erano usciti, e le vicine, conoscendo le acque basse della Bricicca, domandavano se l'aveva aiutata il parroco oppure la signora della Misericordia, tanto più che Marinetta andava tutti i giorni al catechismo insieme agli altri ragazzi, segno che a Pasqua avrebbe finalmente preso la comunione.

Ma il banchino di verdura non era altro che un coperchio messo sopra la California del signor Costante, e le vicine creparono dall'invidia appena lo seppero, esse che avrebbero sposato il boia piuttosto di vedere il prossimo all'onore del mondo. California per modo di dire. Nel lotto pubblico il governo ci si fa ricco, in quello segreto, chi lo tiene ci si fa ricco ancora di più, ma le donne che lo tengono per conto d'altri, con tre palanche di guadagno per ogni lira incassata non diventano milionarie, e la Bardiglia palazzi nelle strade Nuove non

---

[37] *strisciasse... verdine*: «Calare il quattro di un seme diverso da quello dominante nella mano. Al figur.: usare mezzi insufficienti allo scopo.»
[38] Terra di abbondanza.

se n'è comprata mai, eppure lei, quando teneva il giuoco prima della Bricicca, di palanche ne buscava quattro. Del resto, meglio poco che niente; nella Pece Greca e nei vicoli intorno, le donne qualche ambo se lo giucavano tutte, e se la Bardiglia non aveva più voluto saperne, era perché il signor Costante, già d'accordo colla Bricicca e venuto colla volpe sotto l'ascella, senz'altro le aveva diminuito il profitto da quattro a due palanche.

Col chiodo che Marinetta prendesse quell'anno la comunione, la Bricicca riuscì a farsi anticipare sul giuoco trecento franchi da scontarsi tanto la settimana, e con trecento franchi in saccoccia, che non li aveva mai visti in vita sua nemmeno dipinti, era signora. Finalmente, dopo aver dovuto tirare il diavolo per la coda, un po' di respiro non se lo meritava? Superbia no, ma con l'aiuto del Padre eterno voleva far vedere che lei non aveva più bisogno di nessuno. Le erano toccate troppe mortificazioni, e di tutti i generi e di tutte le qualità, dai ricchi e dai poveri, dai preti e dai secolari, per non mettersi in grado di poter fissare la gente colle mani sui fianchi e dire la sua ragione, ora che l'acqua alla gola non ce l'aveva più. S'intende che pel signor Costante era un altro paio di maniche. A lui gli avrebbe baciato la suola delle scarpe, ché un galantuomo come quello non c'era bocca per ringraziarlo. Marinetta di qua, Marinetta di là, non parlava che di Marinetta, più che se fosse stato suo padre, e dopo tutto quello che aveva fatto, s'era ancora preso l'impegno di andare lui quanto prima a Milano a cercarle il posto nel collegio delle ballerine novizie. In cinque o sei anni voleva vederla al Carlo Felice[39] e far furore nella prima quadriglia.

Marinetta al Carlo Felice non ci pensava, per essa l'importante era Milano, dove avrebbe trovato una cuccagna, e dava ad intendere a tutti che sua madre le aveva già preparato un baule nuovo con tanta bella roba, per farla

---

[39] Teatro di Genova.

partire subito dopo Pasqua, presa la comunione. Alla dottrinetta in chiesa non mancava, ché il parroco era severissimo e a cancellarla dalla lista faceva presto, ma ci andava per divertirsi colle compagne, e quando il parroco era voltato dall'altra parte, tirava fuori tanto di lingua, minchionandolo. Per rispondere, rispondeva giusto, meglio d'un canonico. «Maria Carbone, quanti sono i misteri principali della nostra santa fede?» «Maria Carbone, che cosa vuol dire esaminar bene la propria coscienza?» E non c'era pericolo che sbagliasse, solamente, dopo aver risposto, se ne rideva come una matta. All'ultimo però, sul finire della quaresima, mise testa a capitolo.[40] Per bacco, bisognava essere sodi e non dare scandalo, altrimenti cosa avrebbero detto le persone? E allora si contentò di discorrere sotto voce della veste bianca che la sarta, una sorella della Rapallina, le stava facendo in quei giorni, con tanti falbalà[41] di seta e i bottoni di madreperla, degli stivalini di raso alla polacca, del velo ricamato. Volevano giuocare le sue compagne che lei sarebbe stata la meglio vestita di tutte? Degli ori poi, inutile parlarne. Ci pensava il signor Costante agli ori, e al libro da messa ci pensava la Rapallina, un bel libro d'avorio o di velluto, precisamente non lo sapeva ancora, di quelli eleganti e pieni di immagini, chiusi nel loro astuccio, che a leggerli sarebbe stato un peccato.

V

La mattina della seconda festa di Pasqua, Marinetta si alzò col lume, e in camicia corse subito alla finestra a vedere com'era il tempo. Parola, se la strada fosse stata bagnata, piuttosto di andare in chiesa, lei si sarebbe lasciata tagliare il collo. Le lastre erano asciutte, ma sem-

---

[40] A posto.
[41] Stoffa pieghettata o increspata con cui si guarniscono le gonne.

brava fatto apposta, il cielo coperto non prometteva niente di buono. Mentre Angela e la Bricicca, tutte affaccendate, giravano per casa, Marinetta, sempre in camicia e col muso lungo, apriva la bocca solo per domandare: «pioverà?» ed esse rispondevano guardando fuori: «uhm, non pioverà» sebbene l'acqua la vedessero appesa a un filo. Dopo tante spese e tanti fastidi, Signore benedetto, non se la meritavano l'improvvisata di doversi chiudere fra quattro mura appena finita la funzione, invece di andare a spasso, ché la loro veste nuova l'avevano pronta anch'esse e se non la mostravano quel giorno, non la mostravano più.

Chi non ce l'aveva la veste nuova era Battistina, venuta da Manassola la sera di sabato santo. Poco pratica della casa, col suo fazzoletto rosso al collo e un paio di scarponi nei piedi, colle braccia incrocicchiate sulla pancia, stava zitta, senza muoversi, guardando Marinetta che finalmente s'era decisa a mettersi le calze. Sua madre bolliva. Aveva voluto venire a Genova, la signora, e buttar via i denari del viaggio! Perché invece di star lì come una goffa, non dava una mano, ché era già tardi e tutto ancora da fare? Non aveva gli occhi per vedere che Angela non riusciva a stringersi il busto, e che Marinetta cercava il legaccio da un'ora? E Battistina stringi il busto, cerca il legaccio, ma sì, quando per aiutare toccava un oggetto, misericordia! Voleva rovinarla la roba colle sue mani che puzzavano di pesci marci e se le lavava collo sputo una volta al mese? Angela però non era così intrattabile; per levarla da quel tormento, la spedì in chiesa a confessarsi, poi si mise a difenderla: povera figlia, la trattavano come una bastarda, la trattavano! Non l'avevano vista colle lagrime agli occhi e il cuore grosso che le scoppiava?

Nel frattempo era venuta la Rapallina a pettinare Marinetta e a fabbricarle in testa una montagna col chicchirichì.[42] Allegre; per tutto il giorno non c'era pe-

---

[42] Crestina, come quella solitamente indossata dalle cameriere.

ricolo di bagnarsi, lei se ne intendeva; forse qualche goccia durante la messa, ma niente di più. Quella mattina, cominciando alle tre dopo mezzanotte, ragazze della comunione ne aveva pettinato cinque o sei, nella Pece Greca, nel vicolo della Capra, da Santa Dorotea, ebbene, poteva dirlo in coscienza, neppur una che Marinetta non se la lasciasse dietro; tale quale come alla Cendrillon. E Marinetta sotto i ferri, se ne andava in brodo di taglierini: a momenti, tutte morte dall'invidia le compagne! E faceva l'occhietto alla vesta bianca distesa larga sul letto, gonfia come una schiuma d'uovo, e agli orecchini colle perle, regalati dal signor Costante.

Una babilonia in quelle due camere. Per far presto, la Rapallina s'era condotta sua sorella che un po' intorno ad Angela, un po' intorno alla Bricicca, avrebbe dovuto essere sant'Antonio o avere una dozzina di mani. Non si trovava più nulla, qua uno strappo, là un bottone in aria, tirar su questo, tirar giù quello, la Bricicca i manichini,[43] Angela il pezzotto,[44] insomma una vera babilonia, e frattanto Marinetta, quasi vestita, che gridava domandando se stava bene. Sì, stava bene, ma era tempo di muoversi. Non volevano capirla che se tardavano ancora un poco, non avrebbero neppur più trovato le candele dell'altar maggiore? Tutte cinque dicevano di allestirsi, e si allestivano come quello che non era mai lesto.

Giunsero in chiesa che i ragazzi erano già tutti dentro dello steccato, i maschi da una parte, le femmine dall'altra, e la messa cominciata. Nella sua veste di fai[45] nero, così stretta da levarle il respiro, la Bricicca scoppiava, non poteva sentirsi i guanti di pelle che l'obbliga-

---

[43] Parte terminale delle maniche dell'abito, polsino.
[44] «Velo quadrato, orlato di pizzo e cadente ai fianchi, che le donne liguri, a partire dal sec. XVII, portavano sulla pettinatura.»
[45] Tessuto di seta.

vano a tenere le dita larghe, le persone le venivano addosso. Voleva recitare dei paternostri perché non era mica ebrea lei e la religione, si sa, è la prima cosa, ma di paternostri ne cominciava una litania e non ne finiva nessuno.

Aveva da guardare Marinetta, da contare quante ragazze c'erano nello steccato, esaminarle, squadrarle e fare i confronti, da rispondere alle vicine, una nuvola di pezzotti, che discorrevano lo stesso come in strada. E l'organo, e il predicatore, e Pellegra che s'era fatta venir male, e l'Arcangela del Pontetto che perdeva le treccie finte. A proposito di Pellegra ne contavano una bella, nientemeno che per vestire sua figlia Carlotta e poterle far prendere la comunione, era andata dai protestanti, quelli che hanno la chiesa in cima di via Assarotti, a giurare e spergiurare che si sarebbe fatta protestante anch'essa se le davano cento franchi.

Messa, colloqui, litanie, benedizione, i preti non la finivano più, e il signor Costante nell'uscire colla Bricicca e le altre in mezzo ad un'onda di popolo che si accalcava per vedere, l'aveva coi preti, coi frati, con l'organista. Quello non era il modo di far stare in chiesa, in ginocchio, digiuni per tanto tempo, dei poveri ragazzi; lui aveva una fame da orbo, e se l'aveva lui, figuriamoci Marinetta col suo stomaco debole! Rispettava tutte le opinioni perché le opinioni bisogna rispettarle tutte, alla religione si levava tanto di cappello, però, francamente, quelle erano buffonate che nemmeno i preti le pigliavano sul serio, e nel secolo decimonono, col progresso che s'era fatto, non avrebbero più dovuto sussistere. Del resto, per lui era tanto il cattolico come il turco, rispettava tutti, e prova ne era che prima non ci aveva messo bocca su, anzi il suo regaletto l'aveva tirato fuori come gli altri ed era venuto alla funzione appunto per mostrare la sua tolleranza.

Le donne, ossia la Bricicca e Marinetta, non ci badavano a questi discorsi; erano in vetrina, mangiate vive dagli occhi di tanta gente, ché sulla piazza la popolazione della parrocchia c'era tutta, e dovevano occuparsi della loro figura, distribuire saluti e sorrisetti a destra e a sinistra. Se non si gonfiavano allora, quando avrebbero dovuto gonfiarsi? E dietro le spalle e intorno sentivano bisbigliare: «Quella è la Bricicca?» con un accompagnamento basso che non si capiva bene. Sissignore, la Bricicca, vestita di fai, colla figlia della comunione, che quell'anno di quante ce n'erano dalla Lanterna alla Pila, era la più di lusso, e così? Volevano tagliarle i panni addosso queste signore, gialle dall'invidia? Lei le mandava tutte da Luccoli, faceva la somma e portava sette![46]

Si andò a far colazione fino in piazza della Posta, al caffè Rossini. Fra grandi e piccoli, la comitiva sarà stata di dieci o dodici, perché oltre il signor Costante, c'era la Rapallina con sua sorella, diverse nipoti e il parrucchiere del Pontetto che non mancava mai, lui. Angela domandò due volte: «e Battistina?». Ma nessuno le fece attenzione. Chi era Battistina? Sua madre borbottò che non l'aveva più vista né in chiesa né fuori; se si era divertita a nascondersi, dovevano andarla a cercare colla lanternetta? Piuttosto bisognava stabilire dove si andava a pranzo. Chi teneva pel Giunsella a Sampierdarena, chi per la Grotta di Sestri. Silenzio tutti, toccava a Marinetta decidere, e Marinetta decise la Grotta per far la carrozzata più lunga, mentre, guardando le figure dipinte nei giornali, domandava al signor Costante chi era quello col cilindro fracassato e quell'altro colle scarpe così grosse piene di chiodi e quell'altro coi calzoni corti corti. Ne vide un'altra figura, una colla barba e col cappello da carabiniere, che teneva in mano un certo ordigno, ma se quest'ordigno

---

[46] *faceva... sette*: nel senso di sistemare qualcuno a dovere; «L'espressione "mandā da Luccoli" è rielaborazione di convenienza per altra volgare», cfr. R. Zena, *Romanzi e racconti*, cit., p. 128, nota 36.

il signor Costante non l'avesse nominato e mostrato alla compagnia, lei si sarebbe contentata di ridere da sé, perché il giorno della comunione, di certe cose non stava bene parlarne.

Dunque alle due in punto trovarsi tutti da San Domenico, sotto l'orologio del teatro Carlo Felice. Il signor Costante e il parrucchiere rimasero nel caffè a leggere, le donne andarono a spasso e a far vedere Marinetta nelle case di conoscenza, in quelle, si sa, che valeva la spesa. Per esempio, dalle monache Dorotee, dal calzolaio di via Assarotti, da una signora che affittava camere ammobigliate in via Palestro, amica della Rapallina. Dappertutto complimenti e regali, dolci, mazzi di fiori, quadretti di divozione, e Marinetta, per quanto aiutata da Angela a portarli, i regali non sapeva più dove metterseli.

Sotto il suo velo di pizzo ricamato, camminava sul marciapiede avanti e sola, dritta come un fuso, senza girare mai la testa, guardando solo colla coda dell'occhio se la gente si voltava per ammirarla; camminava attenta per non scontrare nei muri, colle braccia larghe, un mazzo in una mano, il libro d'avorio nell'altra, i nastri d'una bomboniera infilati nelle dita. Le donne la seguivano tutti in una riga, come un pelottone[47] di soldati all'esercizio. Se incontravano per strada qualche altra ragazza della comunione, e ne incontravano tante, di tutte le parrocchie, che Genova pareva un giardino fiorito, occhiate lunghe e in cagnesco, oppure una risata di compatimento. Volevano mettersi con lei quelle marmotte? E la Bricicca si pavoneggiava, gongolando come una regina in trono.

---

[47] Plotone.

VI

Arrivarono sotto l'orologio del teatro che l'ora era passata. Due landò,[48] a due cavalli; cavallo più, cavallo meno, trentanove e trentadieci, alla spesa non ci si badava. Nel primo, aperto e spalancato, guernito da mazzi di fiori di qua e là, salirono in mezzo a un circolo di curiosi, Marinetta e la Rapallina, la Bricicca e il signor Costante, nell'altro il resto della comitiva, e via. Angela domandò di nuovo: «E Battistina?». L'aveva sempre con Battistina, lei. Perché non se l'era messa in tasca? Ma Battistina fu presto dimenticata.

Le carrozze volavano, e lì sui cuscini belli larghi, con quell'arietta, con tante cose da vedere, ci si stava d'incanto. Ci si stava così bene, che Marinetta sarebbe arrivata fino in Francia. Poter fare almeno una volta da signora, vedersi la gente a piedi sotto di sé, e intanto correre come il vento, era una consolazione che veniva troppo di rado. Colla sua pratica delle cose di questo mondo, il signor Costante di mano in mano spiegava a che cosa servivano i Magazzini generali, perché avevano fabbricato la Lanterna così alta che a salire in cima proprio sul cupolino, e lui c'era salito, i bastimenti del porto parevano barchette di carta, perché a Sampierdarena la strada carrozzabile passava sotto la ferrovia, e i vetturini degli omnibus portavano la blusa turchina. Sul ponte di Cornigliano incontrarono quella faccia di negadebiti della Pellegra, in carrozza anch'essa, ma una carrozza a un cavallo solo, e dentro tante persone da sfondarla, marito, moglie, figli, tutti coi cicchetti in corpo, ubbriachi marci, anche Carlotta che s'era comunicata la mattina. Ecco dove andavano a finire i denari dei protestanti e della signora della Misericordia!

Quando si videro i primi bastimenti nel cantiere di

---

[48] Carrozza signorile, a quattro ruote trainata da una o due coppie di cavalli.

Sestri, la Bricicca disse che le pareva d'essere a Manassola, ai tempi che suo marito era in America e lei nell'odore di catrame doveva viverci giorno e notte. Sebbene il signor Costante dichiarasse che il catrame era un rimedio buonissimo pei tisici, tanto la Rapallina come Marinetta, che non erano tisiche, protestarono che con quell'odore nel naso non avrebbero potuto starci manco morte, e la Rapallina gridò al cocchiere di toccare i cavalli, ché si sentiva venir male al cuore. Male di stomaco vuoto, e pure gli altri l'avevano, e le ragazze, affamate, strillavano dalla cittadina[49] dietro per domandare se alla Grotta non ci si arrivava mai.

Appena arrivati, nessuno si fece pregare; saltarono giù tutti in un momento, e nella trattoria la prima tavola che videro se la presero subito per paura che scappasse. Il pranzo fu comandato alla svelta dal signor Costante che se ne intendeva: taglierini al sugo, frittura di pesci, stufato, torta pasqualina colle uova, pollo arrosto, latte dolce alla spagnuola, e allegri; frutta e formaggio, questo si sa. Contenti tutti? Contenti tutti. Marinetta era in capo di tavola, fasciata in due tovagliuoli grandi per non macchiarsi, tra la Rapallina ed il signor Costante che le empiva il piatto di roba e le versava da bere; le ragazze sedute vicino, s'ingolfavano e ridevano di vedersi servite da un cameriere serio serio che cambiava i piatti e le posate appena avevano finito. Nella Pece Greca di quegli usi non ce n'erano, si mangiava perfino in terra, e Angela ne sapeva qualche cosa, ché più d'una volta le era toccato di non mangiare niente del tutto.

Sul principio, il vino lo mischiavano, anzi la Bricicca, che col suo scialle addosso, moriva dal caldo, beveva acqua pura, ma il signor Costante saltò su. Acqua? Non lo sapevano che a tavola, in un giorno come quello, l'acqua era scomunicata? Se non lo sapevano, glielo diceva lui, sacramenico! pigliava le bottiglie bianche

---

[49] Per "carrozza cittadina", adibita al trasporto passeggeri in città.

pel collo e le faceva volare dalla finestra a una per una! Il parrucchiere e la Rapallina gli tennero bordone, Marinetta diede il buon esempio. Non era ingrato il vino, un vinetto di Piemonte, sincero, che scaldava la boccia[50] e la cassetta dello stomaco e scendeva giù piano piano come un rosolio. Le ragazze ci presero gusto, diventarono subito tanti galletti, colla faccia rossa, e la Bricicca gridando: «basta, basta» tutte le volte che le empivano il bicchiere, il bicchiere l'aveva sempre vuoto, anche lei rossa che pareva una fornace.

Ma il vino le sortiva dagli occhi in tante lagrime. Se lo pigliava per quel verso, era colpa sua? Cominciò a confessarsi col parrucchiere, poi a piangere, a piangere come una Maddalena, che se avesse pianto così i suoi peccati, il primo posto libero in paradiso sarebbe stato il suo. Gli altri gridavano tutti insieme senza capirsi neppure, e all'ultimo, quando il signor Costante fece venire il vino dolce colla schiuma che saltava fuori, e la sorella della Rapallina si macchiò il vestito di seta, evviva! se ne sentirono delle belle. Marinetta non voleva più tornarci a casa, voleva partire subito per Milano, in cittadina. E la Bricicca, non era di carne come le altre? e se suo marito era morto, degli uomini non se ne trovavano più al mondo? Ecco, lei aveva bisogno d'un marito; non domandava mica troppo, una cosa onesta. La Rapallina lì presente, ne aveva due mariti, uno fisso, sposato in regola, l'altro posticcio che lo cambiava secondo le stagioni, e lei, povera donna, nessuno? Ma queste parole la Rapallina non le intese perché era andata ad allargarsi il busto, altrimenti gliele avrebbe fatte mangiare, e intanto le ragazze, Marinetta per la prima, addosso al signor Costante, gli cercavano nelle tasche dei dolci che aveva comprato dai Klainguti,[51] e

---

[50] Testa.
[51] «Noto caffè pasticceria in piazza Soziglia», cfr. R. Zena, *Romanzi e racconti*, cit., p. 133, nota 43.

lui non se li lasciava prendere, e nel difendersi faceva a tutte il solletico. Un ridere da scoppiare. Angela era ferma al suo posto; cogli occhi mezzi chiusi perché la stanza girava un poco, beveva dell'acqua fresca, e s'era ficcata nelle corna che sua madre andasse in cerca di Battistina e gliela portasse lì bella calda.

VII

Valla a pescare Battistina. Esse si empivano la trippa, e Battistina, digiuna, si abbandonava in mezzo di una strada. L'avevano mandata a confessarsi? Almeno dirgliela bene la chiesa, invece niente; vicino alla Pece Greca ce n'erano tre o quattro chiese, e lei, poco pratica, era entrata nella prima che aveva visto, aspettando sempre che cominciasse la funzione che non cominciava mai. Tornata a casa dopo tanto pregare e aspettare, porta chiusa, allora esci di nuovo, perditi in quel laberinto di vicoli, informati nelle botteghe, capita in parrocchia giusto a tempo per non trovare più un'anima, nemmeno sulla piazza, torna indietro di corsa, monta le scale, sempre porta chiusa. Ah! era impossibile che i suoi l'avessero abbandonata a quel modo, scordandosi di lei come se non fosse mai esistita! Voleva trovarli, ché per qualche cosa era venuta fino da Manassola, ed eccola in giro per Genova, dove non conosceva né le strade né niente. Santa fede benedetta, sua madre e le sue sorelle non s'erano mica nascoste sotto terra in una tana, non s'erano mica, e a forza di girare, in un luogo o in un altro le avrebbe trovate.

E con questa idea, che bisognava proprio essere di Manassola per averne di queste, andava dritta al naso, svoltando come le veniva, dai vicoli nelle strade più larghe, dalle strade più larghe nei vicoli, così invece di trovare gli altri si perdeva lei. Ogni momento, incontrando o vedendo da lontano delle ragazze della comunione in compagnia di donne col pezzotto, si sentiva una martellata nelle ossa e diceva: «sono là...». Sì, pigliale!

Ma dov'erano andate quelle creature, che dopo tanti passi e tanto guardarsi intorno, davanti, dietro, non le trovava da nessuna parte? E correva più forte, come se correndo potesse farsele nascere sotto i piedi all'improvviso, senza fermarsi, cogli occhi fuori della testa che non ci vedevano più.

Intanto il diavolo la tentava. Se esse l'avessero fatto apposta di mandarla a confessarsi per liberarsene, e si fossero nascoste? Non lo sapeva ancora lei che era peggio d'un pidocchio in casa e la tenevano sempre a Manassola per non sporcare la loro signoria? Vestite di lusso, che guai toccarle solo coll'unghia, quel giorno fossero state matte di lasciarsi vedere per Genova insieme a una stracciona della sua specie! Già, perché lei aveva la rogna e non era figlia di sua madre come le altre!

Il diavolo la tentava, e per non ascoltarlo il diavolo, correva sempre più da inspiritata, ma finalmente gliela diede vinta. Era di ferro forse? Le scoppiò il cuore in un gran pianto. No, non dovevano trattarla così, non se lo meritava; cosa le aveva fatto a sua madre altro che rispettarla e volerle bene? Si appiattò sotto un archivolto[52] e ci stette un pezzo a piangere, poi senza sapere né dov'era né da che parte pigliare per tornarsene nelle Pece Greca, si mise di nuovo in giro, e questa volta trascinandosi adagio, guardando le carrozze e la gente che passava, fermandosi davanti alle botteghe. Guardava cogli occhi spalancati che pareva si volesse mangiare tutta Genova, ma erano occhi di vetro.

Sola, abbandonata in quel va e vieni, senza aver niente fame si sentiva digiuna con un bruciore allo stomaco, si sentiva così stanca, che se non avesse avuto

---

[52] Propriamente il motivo ornamentale di un arco, si intenda in senso generico "sotto a un arco".

vergogna si sarebbe distesa sul marciapiede. Era risoluta di non tornarci più a casa di sua madre; andare avanti finché le gambe la sostenevano, poi in un luogo deserto, che nessuno la vedesse, lasciarsi cadere in terra e morire. Morire come un cane e pazienza.

Sempre strade. Bella madonna cara, l'avevano fatta così grande Genova, che non finiva più? – Capitata in una via lunga, piena d'omnibus e di carri, dove passava anche il vapore,[53] aveva troppo male; il fischio della macchina se lo sentì freddo, gelato attraversarle il cuore, non vide più nulla e si accucciò contro il muro.

Una guardia municipale toccò colla punta del bastone quel mucchio di stracci. Via di lì; che idea quella paesana stupida di mettersi a dormire quasi sotto le zampe dei cavalli? Battistina non rispose e non si mosse, i passanti si affollarono intorno. Una donna svenuta! Un carrettiere di Manassola, fermatosi come gli altri, la riconobbe. Per bacco, a Manassola stavano di rimpetto, si vedevano tutte le mattine a scuro quando lui veniva a Genova col carro e lei andava alla rete, altro se la conosceva! Si fece largo, aiutato dalla guardia la tirò su per levarla presto di lì, ché i carri e gli omnibus avevano dovuto fermarsi e il passaggio bisognava lasciarlo libero, e la portò sulle braccia in un'osteria di Sottoripa.

C'era come in casa sua nelle osterie di Sottoripa. Quando Battistina, rinvenuta, vide una faccia di conoscenza, le sembrò di vedere lo Spirito Santo, acconsentì a bere del brodo di trippa e mezzo gotto di vino che la fecero risuscitare, ma non seppe dire altro se non che doveva tornarsene al paese e s'era perduta. Accettò subito appena il carrettiere le propose di portarla lui sul carro a Manassola. Un giramento di testa, ora stava meglio e voleva imbarcarsi a tutti i conti: se diceva che non aveva più niente, non aveva più niente! E s'imbarcò.

---

[53] Una macchina a vapore, ferrovia.

Era quasi notte. Passate le porte, una processione continua di cittadine che tornavano a Genova; in tutte grande allegria e canti a più non posso; il carrettiere bestemmiava e pregava degli arcipreti a secco, fatti col becco e senza becco,[54] alle cittadine e ai ragazzi della comunione che c'erano dentro, ché tutti i momenti gli toccava di scendere per tirare le bestie da una parte se non voleva essere investito, e più di due volte e più di quattro attaccò lite coi cittadinieri, che gli venivano addosso, guidando i cavalli a rompicollo.

Battistina era mezza coricata sopra un sacco, e con tanto che aveva detto di star meglio, invece stava peggio e tremava dal freddo pensando ai casi suoi. Siccome verso Sestri faceva già scuro, non vide passare in carrozza né sua madre né gli altri che tornavano a Genova trionfanti, solo riconobbe la voce di Marinetta che cantava in coro colle compagne: «bell'augellin, lin lin, bell'augellin, com'è piccin cin cin, com'è piccin...» e si sentì una coltellata al cuore. Alzatasi sulle ginocchia, gridò: «ferma, ferma!» ma i due landò tiravano via che nemmeno il diavolo poteva fermarli, e il carrettiere, infuriato, colla frusta alta dalla parte del manico, gridava più forte di lei. Potessero rompersi il collo e morire senza sacr...!! non avevano occhi? se non stava attento al mulo di punta, gli cacciavano il timone[55] nella pancia, gli cacciavano, quelle sacristie d'Olanda!

Intanto la Bricicca, distesa sul trono come un pascià, tutta sbottonata e col pezzotto che volava via, non s'era accorta di niente. In tanta gloria, avrebbe dovuto essere

---

[54] «Dopo la variante attenuativa di arcipreti per accidenti, si ha una precisazione inventata dall'A. con un possibile riferimento all'espressione cō becco (= col naso all'insù, detto di persona altezzosa), per cui si avrebbero in senso ironico accidenti di varia qualità e misura», cfr. R. Zena, *Romanzi e racconti*, cit., p. 136, nota 46.
[55] La stanga anteriore del carro ai cui lati sono aggiogati gli animali da tiro.

contenta della sua giornata, invece non apriva bocca, e voltandosi e rivoltandosi da tutte le parti, pareva che fosse sulle spine. Il signor Costante e la Rapallina non facevano altro che domandarle se si sentiva male; no, stava benone, solamente un gran caldo alla faccia e una gran voglia di dormire; del resto, in quanto allo stomaco, stava come un angelo, e se le avessero detto di tornare a tavola, ci sarebbe tornata subito senza farselo dire due volte.

La stessa voglia di dormire, oppure qualche altra voglia dovevano averla anche le ragazze del landò dove c'era Marinetta, perché a Cornigliano non cantavano più, anzi alle porte della Lanterna, quando quelli del dazio fermarono le carrozze e misero il naso dentro e vollero toccare nelle sottane delle donne per vedere se c'era niente che dovesse pagare, nessuno parlò fuori del signor Costante: cosa volevano che ci fosse? delle quaglie? c'era quel che c'era, ma tutta roba che dazio non ne pagava.

Sicuro, roba che dazio non ne pagava, ma all'aggiustamento dei conti i cittadinieri pretesero venti franchi di più, perché i cuscini e i tappeti dei landò erano rovinati, e il signor Costante, salito su in casa della Bricicca, dovette passare tutta la notte in cucina a far bollire dell'acqua di camomilla.

Commento al testo

La Bricicca in gloria, seconda novella del volume *Le anime semplici – Storie umili* (1886), deriva dalle prime tre delle otto puntate del racconto lungo *Le figlie della Bricicca*, comparso su «Frou-Frou» tra il marzo e il novembre del 1883; entrambi i testi confluiscono, nel 1892, nel romanzo *La bocca del lupo*, insieme a un ulteriore brano edito in rivista nell'aprile 1885 intitolato *Il Castigamatti*; *La Bricicca in gloria* rappresenta dunque lo stadio intermedio e provvisorio di un lavoro decennale svolto attorno a un unico nucleo narrativo. Di tale nucleo gli elementi caratterizzanti sono, in primo luogo, alcune costanti tematiche connesse all'ambientazione nei bassifondi cittadini: l'emigrazione degli uomini verso l'America, la mancanza di istruzione, il rapporto tra istituti di misericordia e poveri o sedicenti tali, il lotto clandestino, il degrado morale della città contrapposto all'ambiente pur sempre povero ma solidale della campagna: tutte piaghe sociali o fenomeni di costume, cause o conseguenze delle precarie condizioni di vita della plebe urbana. Il fatto che i temi elencati ottengano una organizzazione definitiva solo nel romanzo da un lato dimostra la necessità di un ampio spazio, comunque superiore a quello della novella, per l'approfondimento di tante e tali questioni e per la caratterizzazione non bozzettistica dei personaggi conseguentemente chiamati in causa; d'altro canto conferma la preferenza sempre accordata da Zena alla misura lunga, come già è evidente nelle novelle, che non hanno mai l'intenzione sintetica delle novelle verghiane.

Per altro le fasi dell'elaborazione cui viene sottoposta la storia della Bricicca consentono di seguire l'evoluzione della poetica e della tecnica narrativa zeniana negli anni Ottanta, ossia nel momento cruciale del confronto con l'esempio verista, a cominciare dalla maturazione del pessimismo zeniano che, come si è accennato nell'introduzione,[1] si acuisce nel passaggio dalle novelle al romanzo, senza però variare nella sostanza, così come sottolinea Montale parlando della *Bocca del lupo*:

> Quello è il romanzo di Genova, quello in cui – come si usa dire – si trova l'"ambiente" genovese. Ma è anche qualcosa di più. Quei poveretti, che parlano ed agiscono così genovesemente nei vicoli della Pece Greca, sono figure larghissimamente umane. [...] dietro al gran libro dello Zena c'è un patrizio, che passa tra la folla col sorriso e la confidenza dell'antico *Magnifico*, addolorato di ciò che osserva ed ode, e pur convinto che nulla al mondo si può mutare, che sempre vi saranno stolide donne come la Bricicca, e ragazze scemarelle come la Marinetta, e imbroglioni e imbrogliati, e la bocca del lupo della miseria e del dolore sopra tutta questa gente. [...] E questa è, a ben guardare, la ragione della eccezionale sfortuna letteraria dello Zena e del suo romanzo. Lo Zena è uno scrittore ironico, amaro, pessimista: egli crede nella *charitas* cristiana, ma non nella giustizia; nel suo libro non c'è nessuna luce di rivendicazione sociale, nessuna promessa di redenzione. [...] Se per "mentalità reazionaria" si intende la concezione antica della vita sociale, fondata sulla carità, e non sulla giustizia, convinta della immutabilità del mondo, e non della sua migliorabilità, lo Zena è uno degli scrittori più reazionari che sian mai esistiti».[2]

Anche dal punto di vista della tecnica narrativa la novella condivide con il romanzo l'assunto fondamentale, ovvero

---

[1] Nel romanzo Battistina si separa definitivamente dalla famiglia, Angela muore; «nella novella, invece, i comportamenti di Angela e di Battistina mantengono un quoziente di praticabilità, rappresentano un modello di vita diverso, che si confronta con maggiore forza con i comportamenti egoistici e poco sensibili di Bricicca e Marinetta», cfr. M. Di Giovanna, *Remigio Zena narratore*, Bulzoni, Roma 1984, p. 76.
[2] E. Montale, *Calendarietto: due ombre*, in *Il secondo mestiere. Prose 1920-1979*, 2 tomi, a cura di G. Zampa, Mondadori, Milano 1966, t. I, pp. 442-43.

l'adozione del modello verista, che nel caso specifico della storia di Bricicca è da individuare nella raccolta *Per le vie*, e in tal senso si caratterizza come tappa nel percorso zeniano di ri-elaborazione di Verga. Le novelle della raccolta dell'86, preso il testimone lasciato dalla poesia, si fanno carico di continuare la sperimentazione in direzione verista: prima con la rinuncia alle strutture narrative tradizionali, quali la presentazione introduttiva dell'ambiente e dei personaggi in favore degli *incipit in medias res* affidati a un osservatore anonimo, poi con l'introduzione di tentativi sempre più sistematici di discorso indiretto libero, che cercano la mimesi con la lingua dei personaggi. Nella *Bricicca in gloria* Zena evita accuratamente di introdurre battute di dialogo e interventi d'autore e, spostando volta a volta il punto di vista dalla Bricicca agli altri personaggi e al narratore anonimo popolare, adotta il discorso indiretto libero come modalità narrativa unica, cui affida tanto la funzione narrativa in senso stretto quanto l'analisi psicologica dei personaggi. La mimesi della parlata della Pece Greca, infine,

> è ottenuta attraverso tutti gli artifici retorici già presenti nei grandi testi verghiani: sintassi irregolare, prevalenza della coordinazione, cambiamenti repentini di soggetto, ellissi del verbo, serie di esclamative e interrogative e, insieme, anacoluti, foderatura del discorso, uso della parola nucleo, generatrice di discorso, ripresa di uno stesso sintagma all'interno di uno stesso periodo o dalla fine di una frase all'inizio della successiva. Elementi fondamentali di questo tessuto sintattico sono il dialetto e il gergo.[3]

Dialetto e gergo compongono infatti «il livello più significativo del linguaggio zeniano», in cui «parole e modi di dire sono spesso calchi italiani dal genovese», e generano un «tessuto solidamente dialettale, reso ancor più consistente dall'uso di espressioni genovesi».

---

[3] C. Riccardi, *Verismo ligure: Zena novelliere*, in *I verismi regionali*, Atti del Congresso Internazionale di Studi, Catania 27-29 aprile 1992, p. 71.
[4] Id., *Introduzione* a R. Zena, *La bocca del lupo*, Mondadori, Milano 1980, p. 26

EMILIO DE MARCHI

La vita e le opere

De Marchi nasce il 31 luglio 1851 e muore il 6 febbraio 1901 a Milano; la sua biografia, tutta raccolta nella città e nel circondario milanese, si segnala per la costante e varia attività di intellettuale e educatore impegnato nella partecipazione in prima persona alla vita sociale e amministrativa cittadina. De Marchi infatti, oltre che autore di novelle,[1] romanzi, poesie, testi teatrali, libretti d'opera, scritti e discorsi morali e educativi, è critico, giornalista, insegnante, traduttore di La Fontaine e amministratore di istituti pubblici e filantropici. Come novelliere pubblica sei raccolte: nel volume del romanzo *Due anime in un corpo* (1878), sono incluse le novelle *Carletto in collegio, Lucia, Don Asdrubale*; seguono i volumi di sole novelle *Storielle di Natale* (1880), *Sotto gli alberi* (1882), *Storie di ogni colore* (1885), *Racconti* (1889), *Nuove storie d'ogni colore* (1895). Ha dunque una carriera intensa, anche se breve, sempre condotta su due fronti, cui il filantropismo e il pedagogismo di ispirazione cattolica conferiscono un orientamento uniforme, ponendolo, erede dichiarato di Manzoni, nel solco della tradizione realista lombarda orientata all'impegno civile e all'educazione morale del pubblico.

De Marchi non rimane però estraneo alle sollecitazioni del naturalismo francese e più direttamente della Scapi-

---

[1] L'esordio letterario di De Marchi risale al dramma patriottico *I nostri buoni soldati* (a firma Marco De Mili), ispirato alla battaglia di Custoza e scritto nel 1869, mentre del luglio 1874 è la prima novella *I due filosofi. Storiella*, edita su «Il Convegno».

gliatura lombarda e del verismo, con cui entra a diretto contatto nei circoli culturali milanesi; di conseguenza la componente realista di derivazione manzoniana subisce un aggiornamento, che porta l'autore a rinunciare alle ambientazioni storiche e a radicare la propria narrativa nella quotidianità dell'area lombarda compresa tra Milano, la Brianza e il Varesotto, cercando una resa più diretta e immediata della morale derivata dall'interpretazione della realtà. De Marchi si colloca quindi al crocevia tra Manzoni, la Scapigliatura e il verismo, perché rappresenta l'evoluzione del manzonismo che non arriva al radicalismo realista del verismo, e perché accoglie le istanze di rinnovamento scapigliate ma ne rifiuta le tendenze romantico-simboliste e soprattutto l'elitaria concezione dell'arte. Cerca piuttosto di realizzare una narrativa "media", che si adegui per stile, lingua e temi a un pubblico più vasto possibile e sia bilanciata sulla domanda di cultura che proviene dalla maggioranza degli alfabetizzati, ovvero dalla media e piccola borghesia imprenditoriale, artigianale e impiegatizia. La centralità del rapporto con il lettore, e con il nuovo grande pubblico in particolare, è determinante per la definizione della prospettiva entro cui si muove la narrativa demarchiana, sintetizzabile nell'affermazione : «L'arte è cosa divina; ma non è male di tanto in tanto scrivere anche per i lettori».[2] In tal senso De Marchi trae dall'esempio manzoniano la lezione fondamentale del ruolo di mediazione svolto dal narratore, la cui voce interviene direttamente a commentare e a giudicare la vicenda per indirizzare la comprensione e la valutazione del lettore. Lo scrittore si fa quindi portavoce di un'arte che non estende uno sguardo obiettivo o scientifico sul reale, ma che intende fornire insegnamenti di vita, facendosi carico nella società di una funzione educatrice e moralizzatrice improntata ai valori dell'etica cristiana, contrapponendosi così frontalmente alla poetica naturalista e verista, di cui rifiuta i principi positivisti e i canoni dell'oggettività e dell'im-

---

[2] E. De Marchi, *Il cappello del prete*, in *Tutte le opere di Emilio De Marchi*, 3 voll., a cura di G. Ferrata, Mondadori, Milano 1959-65, vol. I, p. 284.

personalità, nonché la più o meno intenzionale portata critica a livello sociale e politico.

La biforcazione tra il realismo verista e quello demarchiano risiede nel concetto di vero, che non è per De Marchi ciò che emerge dall'osservazione disinteressata del reale, ma è il vero assoluto dell'ideale cristiano, quindi è il vero del messaggio morale illustrato attraverso la rappresentazione della quotidianità. «Incongruenze, sozzure e carni ignude» è la definizione con cui viene stigmatizzata la portata del romanzo sperimentale nella *Avvertenza premessa dall'autore* al suo *Il cappello del prete*,[3] in cui adduce, quale prima ragione che lo ha spinto alla redazione del romanzo, la volontà di

> provare se sia proprio necessario andare in Francia a prendere il romanzo detto d'appendice, con quel beneficio del senso morale e del senso comune che ognuno sa; o se invece, con un poco di buona volontà, non si possa provvedere da noi largamente e con più giudizio ai semplici desideri del gran pubblico.[4]

Per fare ciò De Marchi si applica a rappresentare secondo la medesima prospettiva tutti (o quasi) gli strati sociali, interessato alle virtù e ai vizi umani che accomunano le diverse classi in una società dei buoni sentimenti, che tende all'assimilazione tra poveri e ricchi e non manifesta i segni della conflittualità di classe, particolarmente complessa invece soprattutto nella Milano dell'ultimo trentennio dell'Ottocento. È proprio il contesto milanese a rendere singolare la rappresentazione deproblematizzata, soprattutto nelle novelle, della società demarchiana;[5] se

---

[3] *Ibid.*, pp. 283-84.
[4] *Ibid.*, p. 283.
[5] Fa significativamente eccezione rispetto a questa tendenza una delle migliori novelle demarchiane, *Carliseppe della Coronata*, drammatica storia di una famiglia di fittavoli costretta dall'indifferenza degli amministratori e del proprietario terriero a «fare Sammartino», cioè ad abbandonare la cascina in cui abitano da generazioni perché a causa di un'annata cattiva si trovano in ritardo con i pagamenti del fitto.

infatti a De Marchi si deve l'introduzione nella narrativa di personaggi del ceto impiegatizio,[6] evidente segno dell'attenzione posta nell'assumere il panorama cittadino a sfondo della propria narrativa, d'altro canto l'autore lascia del tutto fuori scena il grande gruppo sociale emergente, in cui si manifestano le maggiori contraddizioni della crescita dell'unica città industriale italiana: il sottoproletariato urbano.

Lasciate quindi a margine le analisi sociali così come i casi psicologici e patologici, la produzione novellistica demarchiana si incentra sulla quotidiana normalità, con particolare cura per alcuni temi tra i quali spicca quello della famiglia, filo conduttore tra oltre la metà delle circa settanta novelle scritte (di cui una quarantina raccolte in volume), risultando significativamente trasversale ai diversi registri delle novelle drammatiche e melodrammatiche, dei bozzetti paesani e cittadini, dei testi comici e tragicomici. Come sostiene Vittorio Spinazzola, De Marchi segue la linea di

> un realismo moderatamente critico, che rispecchiando con umile fedeltà i casi della vita d'ogni giorno aiuti gli interlocutori borghesi a ritrovare una misura di giudizio assennatamente mediata tra pensiero analitico e sentimento ingenuo,[7]

e se «si dedica alla novellistica, moltiplicando le occasioni per confermare una verità di coscienza sempre identica»,[8] questa verità di coscienza va in primo luogo individuata nella centralità dell'istituto familiare e dei sentimenti domestici.

La rilevanza del tema della famiglia accomuna le novelle ai romanzi, ma in questi ultimi è inserito in un contesto

---

[6] Tra tutti certo il più importante è Demetrio Pianelli, impiegato protagonista dell'omonimo romanzo; fu però Vittorio Bersezio (1830-1900) a tenere a battesimo il primo personaggio impiegato, nella *pièce* teatrale *Le miserie di Monsù Travet*.
[7] V. Spinazzola, *Emilio De Marchi romanziere popolare*, Edizioni di Comunità, Milano 1971, p. 45.
[8] *Ibid.*, pp. 48-49.

di maggiore spessore sia strutturale che tematico ed è sostenuto da una più approfondita definizione psicologica dei personaggi; le novelle invece risentono, a volte, della semplificazione cui sono costrette dalla misura breve e dalla funzione di intrattenimento e svago attribuita al testo: il risultato sono racconti con una morale apparentemente ingenua, un intreccio e un'analisi ridotti all'essenziale e personaggi tipizzati. In linea generale, la distanza qualitativa tra novelle e romanzi lascia intendere che De Marchi attribuisca alla narrazione lunga più rilievo o che preveda per i due generi la destinazione a un pubblico differenziato, meno colto e maturo nel caso delle novelle. Poiché lo scopo, il valore morale dell'arte è educare, l'autore si dimostra consapevole che gran parte dei lettori potenziali legge solo la stampa periodica, dunque la novella edita in rivista o su quotidiano diventa la forma ideale per la diffusione di un'istruzione in pillole pensata anche per un pubblico poco predisposto alla lettura. L'abilità e il merito stanno nel portare la novella e il suo messaggio alla portata di tale pubblico. Anche i romanzi, come le novelle prima che in volume vengono editi in rivista, ma, mentre nel caso dei romanzi per creare la *suspense* necessaria a indurre il lettore all'acquisto del successivo numero della rivista, De Marchi si serve delle consolidate tecniche della narrativa romanzesca – storie appassionanti, intrecci articolati, colpi di scena – le novelle, il cui racconto si esaurisce per lo più in una sola pubblicazione, brillano per la mancanza quasi assoluta di tutti quegli espedienti, definiti «comuni artifici d'invenzione e di richiamo».[9] È insomma il tono medio a prevalere nella narrativa breve, pur rimanendo invariata rispetto ai romanzi la finalità di commuovere e divertire educando, ossia di «suscitare in mezzo ai palpiti della curiosità qualche vivace idea di bellezza che ajuti a sollevare gli animi»,[10] come conferma l'*Epilogo* posto da De Marchi, a inconsapevole suggello della propria novellistica, al fondo dell'ultima raccolta, le *Nuove storie di ogni colore* (1895):

[9] E. De Marchi, *Il cappello del prete*, cit., p. 283.
[10] *Ibid.*, p. 284.

> Un libro può ben essere senza cartone, ma non senza morale. Chi a libro chiuso si accorge di non avere acquistata nessuna nuova e bella persuasione, era meglio per lui che l'autore fosse annegato nell'inchiostro.[11]

L'intenzione pedagogica associata alla volontà di scrivere testi che siano di intrattenimento e alla scelta di un tono medio si traduce in una lezione non dispensata *ex cathedra*, ma condivisa con il lettore al quale l'autore cerca di mostrarsi solidale, mettendo in rilievo l'adesione al medesimo mondo e al medesimo sistema di valori. Ecco allora che il realismo diventa descrizione di fatti del tutto quotidiani, per nulla eccezionali, e tali da interessare per immedesimazione un pubblico di media cultura, con un orizzonte intellettuale ed esistenziale modesto; all'adeguamento delle tematiche al lettore corrisponde un adeguamento delle modalità narrative, a partire dal tono non elevato ma discorsivo delle novelle. Uno stile piano che miscela bonomia e gravità, una lingua in equilibrio tra dialetto lombardo e italiano, e soprattutto una vena comico-ironica con cui è costantemente descritta la realtà, anche in contesti drammatici, concorrono a realizzare un racconto di costume in cui il lettore può non solo riconoscere la propria diretta esperienza, ma anche una morale chiara e condivisibile, presentata in modo disincantato, serio e divertito insieme; il risultato finale è un'arte "popolare", che combina realismo, sentimentalismo e umorismo.

---

[11] Id., *Epilogo* a *Nuove storie d'ogni colore*, in *Tutte le opere di Emilio De Marchi*, cit., p. 1023.

Zoccoli e stivaletti

Accadde quel che doveva accadere. Per quanto don Cesare sferzasse i cavalli, il temporale, che s'era andato raccogliendo fin dalla mattina, scoppiò e l'acqua cominciò a cadere una mezz'ora prima d'arrivare alla Castagnola.[1] E bisognò pigliarla.

«Ti avevo detto che non era una giornata da fidarsi» cominciò a gemere donna Ines, che sedeva a fianco del conte sull'elegante *phaeton*.[2] «Ma parlare con te e parlare col muro è lo stesso.»

«Brava, se i Castagnola ci aspettano...»

«Si doveva mandare un telegramma, o partire col legno grande[3] e col Giuseppe.»

«Che Giuseppe d'Egitto...!» brontolò il conte molto seccato.

«Intanto rovini il legno e i cavalli.»

«Ai cavalli ci penso io... ep, là.»

E il conte lasciò andare al capo delle bestie due belle frustate. I due cavalli fini non furono troppo persuasi di quel modo di pensare e acciecati anche dal bagliore dei lampi, flagellati da una pioggia grossa mista a gragnuola, cominciarono a galoppare malamente, a strattoni irregolari, su per la riva rotta dal fango. Donna Ines strillò:

---

[1] Residenza dei signori di Castagnola.
[2] Tipo di carrozza scoperta a quattro posti.
[3] Carrozza grande, coperta, a quattro ruote.

«Fermati, fermati...»

La povera contessa era livida di dentro e di fuori. E sfido! trovarsi lor due soli, in carrozza, per una strada deserta, con quel tempo in aria, con quei cavalli che don Cesare guidava quasi per la prima volta, via, chi si sarebbe divertito?

La contessa, come sono in genere tutte le donne e come devono essere tutte le contesse, era un carrettino nervoso, molto impressionabile, proprio quel che ci voleva in certi momenti per andar d'accordo con un uomo ostinato e irragionevole come il conte.

«Sacrr...» ruggì costui, accompagnando colla più energica delle sue bestemmie un terribile crac d'una ruota davanti, che fece piegare il legno da quella parte. Se non era pronto a saltar giù e a sorreggere la carrozza col suo gran corpo da gendarme, andavano tutti e quattro nel prato di sotto.

«Sacrr... s'è rotta la ruota davanti. Vien giù.»

«E come faccio a venir giù?» chiese la contessa con voce dolente mista di lagrime, di spavento e di rabbia.

«Vien giù in qualche maniera, per Dio sacrr... Non vedi che devo tenere i cavalli?»

«Non c'è qui un uomo?» tornò a domandare la povera signora, a cui pareva impossibile che non ci fosse al mondo nemmeno un uomo per aiutarla a discendere. L'acqua veniva giù grossa.

I cavalli tenuti per il muso dalle mani di ferro del conte, scalpitavano, rinculavano, dando scosse al legno. Bisognò discendere, in qualche maniera; ma un lembo di pizzo della *visite*[4] restò attaccato alla *mécanique*.[5]

«Se non te l'avessi detto, pazienza! che male c'era a condurre il Giuseppe?»

«Non far la stupida» rimproverò il gendarme. «Apri

---

[4] Letteralmente visita, si intenda l'abito da visita.
[5] Meccanismo, parte della carrozza.

l'ombrellino e piglia questo viottolo a destra. C'è un cascinale vicino.»

«Dove?»

«A destra, non a sinistra, oca! va a cercare qualcuno che venga a tenere i cavalli. Moro ha l'occhio spaventato. Se li lascio andare si accoppano questi accidenti sacrr...»

Non era il momento di far questioni filologiche. Sotto il parasole di *satin*[6] la contessa cercò la stradetta, saltando come poté sulle pozze d'acqua e prese a correre verso il cascinale che distava un trecento passi. Proprio in quel momento si aprirono le cateratte del cielo. L'istinto di conservazione, rinforzato dalla bile e dall'odio contro l'asino imbecille che l'aveva tirata in quell'avventura, dettero alla povera signora una forza straordinaria, che a casa sarebbe subito scomparsa alla vista del più piccolo ragno.

Ma come *l'appetit vient en mangeant*,[7] così il coraggio viene dal bisogno d'averne. Lo scrisse lei stessa qualche giorno dopo in una lunga lettera a donna Mina Besozza: *"l'occasion fait le larron*:[8] io che soltanto all'idea d'una fessura sento un reuma[9] nel cuore, son uscita da quel diluvio senza il più piccolo raffreddore".

Come arrivasse alla cascina Torretta è più facile immaginare che descrivere. Avendo un colpo di vento spezzato il parasole, la povera martire dovette camminare cinque minuti sotto quella benedizione, coi piedi in un velluto di fanghiglia, d'una fanghiglia cretosa che si appiccicava agli stivaletti, alle calze, alle balzane.[10] L'ac-

---

[6] Raso.
[7] *l'appetit... mangeant*: "l'appetito viene mangiando".
[8] *l'occasion... larron*: "l'occasione fa l'uomo ladro".
[9] Dolore reumatico.
[10] Fasce aggiunte all'estremità inferiore dell'abito.

qua che defluiva dalle campagne finiva a formare un laghetto davanti alla casa, e dovette attraversarlo sotto le grondaie, che versarono un mezzo barile di colatura[11] sul cappellino di paglia.

«Non c'è qui nessuno?» gridò ricoverandosi sotto un rustico portichetto, appena poté tirare fiato. «Si è rotta la ruota di una carrozza. Ehi, di casa!»

Provò a scostare il paletto e a spingere un vecchio uscio sgangherato che lasciò vedere una cucina affumicata piena di mosche. Davanti al camino stava seduto un vecchio massaio colle mani aperte su un focherello invisibile, immobile sulla sua sedia di legno come se fosse anche lui lavorato nel legno.

«Galantuomo! non c'è nessuno?»

Il vecchio di legno non si mosse. Era sordo.

«Va al...» fu per dire la povera donna che, trascinandosi dietro le sottane impegolate,[12] andò a chiedere aiuto a un altro uscio. Era (*pardon*) una stalla. Un uomo sui quarant'anni, rosso di pelo, con una gola larga, colle braccia e colle gambe ignude, si affacciò reggendo una forchetta non da *dessert* e parve impaurito di vedersi davanti una figura vestita a quel modo.

Se ne contano delle storie nelle stalle! e coi temporali, si dice, vanno intorno anche le anime dei poveri morti.

«C'è una carrozza sulla strada con una ruota rotta. Andate, mandate qualcuno, presto.»

Il Rosso stentò a capire.

«Che carrozza? che strada?»

«Sono la contessa Battini Laziares.»

Il Rosso, che non aveva mai sentito a dire che ci fosse una signora di questo nome, rispose:

«*Chí la gh'è no...*»[13]

«C'è una carrozza, il conte... Mandate, andate voi.»

---

[11] Lo spurgo delle grondaie.
[12] Impiastrate.
[13] *Chí... no...*: "Qui non c'è".

Il Rosso, dopo aver strologato[14] il fenomeno atmosferico, gonfiò un poco la gola e soggiunse, indicando colla forchetta l'acqua della grondaia:

«*Adess, al piœuv tropp...*»[15] e sotto questo punto di vista non aveva torto. Pareva il diluvio universale.

«C'è un uomo sulla strada con due cavalli spaventati, capite?» replicò la contessa, cambiando il conte in un uomo nella speranza di commuovere le viscere di questo suo simile.

Poi, pensando che la cascina Torretta poteva appartenere a un essere ragionevole, soggiunse:

«Voi di chi siete?»

«*Semm dol Rostagn, ol deputato...*»[16]

Quando si dicono le combinazioni! Rostagna era da cinque anni il tirannello del mandamento,[17] un radicale rosso anche lui come il suo villano, un mangiapreti e un mangiasignori in insalata. Eletto coll'aiuto materiale e morale degli osti e dei mediatori di vitelli, spadroneggiava i comuni a dispetto dei padroni e delle autorità, che dovevano sopportare la sua prepotenza, voglio dire la sua influenza sui ministeri. A farlo apposta, don Cesare Battini era stato l'inventore d'un famoso anagramma, che da Rostagna tirava Sta rogna e la scritta "eleggete Sta rogna" si leggeva ancora alquanto diluita dal tempo sui muri di cinta. E si sapeva da tutti chi aveva pagato l'inchiostro indelebile e la mano d'opera. *Rebus sic stantibus*,[18] la povera contessa non poteva capitar peggio. Ma poi la donna di spirito pensò che la politica è una pettegola e lei era la contessa Battini: che la *politesse*[19] è superiore a tutte le piccinerie elettorali:

---

[14] Scrutato per trarre una previsione.
[15] *Adess... tropp...*: "Adesso piove troppo".
[16] *Semm... deputato...*: "Siamo del Rostagna, il deputato".
[17] «Circoscrizione giudiziaria e amministrativa del Regno Sabaudo, poi del Regno d'Italia.»
[18] *Rebus... stantibus*: "Così stando le cose".
[19] Buona educazione, cortesia.

che per quanto democratico, quell'aristocratone al rovescio dell'onorevole Rostagna, non avrebbe mai permesso che una contessa Battini Luziares morisse affogata in un barile o avesse a pigliare una polmonite fulminante. E stava per invocare in suo aiuto l'aborrito nome, come si invoca dai disperati quello del diavolo se i santi non si muovono, quando una vecchierella col capo pelato comparve sul ballatoio di legno.

«Non si può trovare qui un paio di uomini?» provò a supplicare la signora, alzando il viso verso il ballatoio, nella speranza di trovare nel seno della vecchiezza un po' più di visceri di umanità.

«*Gh'è Meneghin dol Gatt*»[20] disse la vecchia parlando del[21] Rosso.

«Dov'è *sto Meneghin?*»[22] insistette la contessa.

«*Al soo minga, sciora. A l'è andai fœura con l'asnin.*»[23]

Donna Ines provò una gran voglia di piangere. A veder quei villani così duri, così incapaci, così indifferenti per i suoi bisogni sentì tutto il suo sangue mezzo spagnuolo ribollire nelle vene. Capì come nei panni di una Elisabetta d'Inghilterra, o d'una Caterina di Russia si possa in certi momenti commettere una esagerazione; farne, per esempio, impiccare una mezza dozzina. Se si fosse trattato dell'asino o del porco, oh li avresti veduti ammazzarsi in dieciotto! ma la pelle dei signori è una cosa che non conta. "Egoisti, poltroni, vendicativi!" Queste parole risuonarono e rimbalzarono come fucilate nel suo cervello fatto irragionevole dal dolore.

[20] *Gh'è... Gatt*: "C'è Meneghino del Gatto".
[21] Al.
[22] *sto Meneghin?*: "questo Meneghino?".
[23] *Al... l'asnin:* "Non lo so mica, signora. È andato fuori con l'asino".

«Sarete pagati. O pago subito, muovetevi...» e trasse fuori il suo bel portamonete di cuoio di Russia.

Il vecchio sordo, che si era destato anche lui al bagliore di un lampo, venne sull'uscio e riempì colla sua persona lunga, stecchita, color della terra il vano oscuro.

«Avete visto Meneghin del Gatto?» chiedeva la vecchia pelata dal ballatoio di legno.

«*Che Gatt?*»[24] diceva il vecchio che capiva male le parole in aria.

«Potrebbe tornar stasera» osservò il Rosso.

«Se ci fosse Martin della Fornace...» riprendeva la vecchietta.

«Martin? Martin è andato a Cinisello...»

E intanto che i tre villani si scambiavano dai tre punti della casa queste belle parole così conclusive, l'acqua veniva a secchi: e sotto l'acqua, poco dopo fu visto venire anche il conte coi due cavalli, uno per mano, conciato anche lui come un brigante delle Calabrie, più idrofobo[25] che arrabbiato. La carrozza era rimasta sulla strada inginocchiata sulla sua ruota davanti.

«C'è qui un accidente di stalla da poter ricoverare queste bestie?» gridò col suo vocione da gendarme. «Bell'aiuto che mi hai mandato!» riprese mangiando la contessa cogli occhi. «Se aspettavo te sarei morto annegato. Dov'è questo anticristo di stalla?»

«*Gh'è dent la vacca, scior...*»[26]

«Tirala fuori la vacca. Vuoi lasciar crepar di tosse i cavalli?»

Il Rosso, dopo essersi consultato colla vecchia, si rassegnò a tirar fuori la vacca che legò al timone di un car-

---

[24] *Che Gatt?*: "Che Gatto?".
[25] Rabbioso come se affetto da idrofobia, la malattia che provoca repulsione per l'acqua.
[26] *Gh'è... scior*: "C'è dentro la vacca, signore".

ro sotto l'andito e lasciò che il conte mettesse a tetto[27] le sue bestie.

«Prendi un bel fascio di paglia asciutta e fregali forte» comandò il conte con quel tono brusco che fa trottare i villani. E il Rosso obbedì come s'avesse parlato col deputato.

«E adesso uno di voi vada a Caspiano dal fattore di Ca' Battini e gli dica di mandar qui subito il legno coperto.»

Nessuno si mosse. Chi ci doveva andare? non mica il vecchio sordo, che non sentiva un cannone; non mica la vecchietta pelata, e nemmeno il Rosso che aveva la sua vacca da curare. E poi con quel tempo...

«Non ci siete che voi tre, corpo dell'anticristo?» gridò il conte che teneva in mano la frusta per il manico. «Non c'è qualche ragazzo?»

«*No, scior.*»[28]

«Che Dio v'infilzi! non vi moverete per niente, figli di cani.»

«*Se ghe fuss Meneghin dol Gatt...*»[29] tornò a dire la vecchietta, che non sapeva proprio suggerire niente di meglio.

«*Dove l'è sto Meneghin de la Madonna...*»[30] urlò il conte.

«*L'è andaa a la fornas con l'asen.*»[31]

«E la fornace dov'è?»

E per non bestemmiare di nuovo in faccia ai villani (che si scandalizzano facilmente) strozzò la brutta parola con un colpo di frusta, che fece scappare e strillare tutte le galline accovacciate sotto i trespoli.

Quell'uomo grande e grosso, con quel nome, con

---

[27] *mettesse a tetto*: riparasse, mettesse nella stalla.
[28] *No, scior*: "No, signore".
[29] *Se... Gatt*: "Se ci fosse Meneghino del Gatto".
[30] *Dove... Madonna...*: "Dov'è questo Meneghino della Madonna".
[31] *L'è... l'asen*: "È andato alla fornace con l'asino".

quella frusta, con quelle bestemmie aristocratiche cominciava quasi a far paura. Allora la vecchia prese a chiamare:

«*Teresin, Teresin...*»

Il conte e la contessa si guardarono un pezzo nel muso. E dico muso, perché avevano una gran voglia di mordersi: lei livida di freddo e di veleno; lui acceso, sudato, congestionato. Grugnirono qualche parola in francese (sempre per rispetto ai villani) e si voltarono ruvidamente le spalle.

«Pover'anima, venga in casa: così conciata com'è si piglierà un malefizio.»[32]

Chi parlava questa volta era la Teresin, detta la sposa, una donna non più molto giovane, ma ancor fresca e di buona apparenza. Nel fondo oscuro della cucina, la spera degli spilloni d'argento, che le facevano aureola al capo, illuminava il suo viso da cristiana. Chiamata dalla suocera, aveva lasciato il bimbo e cercava ora di fare verso i due poveri signori quel che non si rifiuterebbe a un cane bagnato. Fece entrare la contessa, la mise a sedere su uno sgabello su cui distese a rovescio il suo grembiule e aiutò il nonno a mettere il fuoco in una fascina di strame e di pannocchie secche, che riempirono la stanza prima di un fumo d'inferno e poi di una fiamma che abbruciava gli occhi.

La contessa mezza affumicata cominciò a tossire.

«Lei ha bisogno di togliersi di dosso questa roba» seguitò la Teresin. «Madonna dell'aiuto! par tirata fuori da un pozzo come una secchia. Se non le fa ripugnanza, venga di sopra nella mia stanza, dove potrà almeno levarsi le scarpe e le calze. Canzona?[33] coi piedi bagnati si va al camposanto. Un paio di calze di filugello[34] le troveremo anche noi e poi le faremo scaldare una goccia di latte, po-

---

[32] Malanno.
[33] Scherza.
[34] Seta di qualità scadente (già in Neera, cfr. p. 435, nota 9).

vero il mio bene; intanto il suo uomo (voleva dire il conte) potrà tornare con un'altra carrozza a prenderla.»

Presa e sospinta da questi ragionamenti, che avevano il merito d'esser giusti, donna Ines – *à la guerre comme à la guerre* –[35] si lasciò condurre su per una scaletta di legno che cigolava sotto i piedi. Dal ballatoio vide il suo uomo che partiva su un carrettino tirato da un asinello in compagnia d'un villano, sotto la cupola d'un grande ombrello rosso sgangherato. Pioveva un po' meno.

«La venga qui, santa pazienza! la roba è netta.[36] Lasci che le tolga gli stivalini. O care anime, che piedini bagnati gelati. È matta a tenersi queste calze indosso? c'è da pigliarsi una *pilorita*.[37] O ma', date qua un paio delle mie calze. Ne ho portate sei paia quando sono venuta sposa e non le ho quasi toccate. E ora si tiri fuori anche il vestito, che lo metteremo al fuoco. Che peccato mortale d'aver rovinata questa grazia di Dio, con tutti questi pizzi che sono così belli! sembran fatti col fiato. Se avessi anche un vestito degno di lei... ma ora penso che ci abbiamo una buona coperta di lana. Aspetta, intanto che facciamo asciugare un poco la roba, lei la si volti ben bene qua dentro, così: magari la si distenda un poco sul letto (questa è la mia parte) e lasci che le metta un coltroncino[38] sui piedi. Gesummio, sto povero cappellino! par stato sotto i piedi della vacca. Le è proprio capitata una giornata di quelle: e quel suo uomo ha poco giudizio a strapazzare una carnagione come la sua. Stia sotto sotto, quieta quieta e cerchi di sudare. Ora le porto il latte caldo.»

---

[35] *à la guerre comme à la guerre*: modo di dire generalmente non tradotto, che letteralmente si può intendere come "andare alla guerra pronti, preparati per la guerra" e che in italiano si avvicina al "fare di necessità virtù".
[36] Pulita.
[37] Pilorite, infiammazione del piloro, in senso lato malanno che colpisce lo stomaco.
[38] Diminutivo di "coltrone", coperta pesante da letto.

Teresin uscì e tornò con una scodella di latte bollente, grande come il lago di Como, che fu un vero ristoro per la povera creatura intirizzita di dentro e di fuori. La contessa tornò a rannicchiarsi nel grosso e ruvido coltrone, se lo tirò fin sopra le orecchie e cercò di fare una buona reazione.

Nel ritorno del calore le sue forze si sentirono consolate. La tensione stessa irritata dell'animo cedette insensibilmente nel molle e soave abbandono del corpo. Un tiepido senso di benessere calmò i suoi pensieri, percorse le sue membra strapazzate, finché un velo di sonno trasparente e leggiero come una nuvoletta passò sulle sue palpebre. Ed ebbe una visione rapida, evanescente, che la portò colla solita irragionevolezza dei sogni a vedere una gran festa di rose in fiore, di cui era pieno un gran giardino non suo, veduto forse in un romanzo giapponese di Pierre Loti.[39] E per il viale fiorito vide venire incontro a gran salti di gioia il suo Blitz, il bel cane di Terranuova, che nel partire avevan lasciato piagnucoloso alla catena. Blitz le poneva le sue zampone alla spalla, faceva cento baci colla lingua e si lasciava prendere e carezzare il muso. Un sentimento di infinita tenerezza la spingeva a baciare la bella testa di quell'animale così buono e intelligente.

"Fu veramente un sonno delizioso" scriveva lei stessa a donna Mina Biraga "come da un pezzo non sogno più. Ma ero letteralmente *épuisée*.[40] Non ho pigliato un malanno, ma Dio ti salvi dagli idilli campestri. Per me preferisco una spanna del mio salottino a tutti i *Trianon*[41] e a tutti i *chalets* dei poeti, a meno che i buoi e le capre

---

[39] Julien Viaud Loti detto Pier (1850-1923).
[40] Spossata.
[41] Trianon erano chiamate le piccole dimore amene fatte costruire all'interno del parco del castello di Versailles.

non siano di porcellana. L'Arcadia è sporca. E la bestia uomo non è meno bestia delle altre, non escluse le donne. Teresin me ne raccontò di tutti i colori. Quando seppe che non ho figli, mi consigliò, indovini? di portare in vita tre spicchi d'aglio infilati in uno spago. Una sua sorella che ha provato questo rimedio consigliatole da un santo eremita di Musocco, ebbe due volte due gemelli dopo quasi tre anni che non vedeva figliuoli. Puoi immaginare un *ilang-ilang*[42] più delizioso? amore all'aglio. Quando tornò Cesare colla *daumont*[43] era già sera. Siccome ebbe la prudenza di condurre con sé quel mattacchione del barone Barletti (è vero che fa la corte alla Tea?) così si è evitata la scena ultima e si è finito col ridere. E bene sia quel che è finito bene; ma ho dovuto venir via colle calze di filugello e cogli zoccoli della sposa, fino alla carrozza come su due trampoli, sostenuta da Cesare da una parte e dal barone dall'altra, che mi chiamò una deliziosa Diana traballante. *Glissons, n'appuyons pas.*[44] Faccio conto di mandar questi zoccoli alla Madonna di Pompei in segno di grazia ricevuta. Par che faccia mirabilia quella cara Madonna, se è vero quel che scrive la principessa d'Ottaiano alla madre superiora del nostro Cenacolo. Sarebbe la miglior confutazione a quella porcheria del Lourdes di Zola,[45] *qui sent la bête*[46] anche lui.

"Siccome *malheur à quelque chose est bon,*[47] così anche i temporali servono a qualche cosa. Cesare ha creduto dover suo di scrivere un biglietto al deputato per

---

[42] Ylang-ylang, olio essenziale ricavato dall'omonimo albero che cresce nell'arcipelago malese.
[43] Carrozza trainata da quattro cavalli e guidata da due postiglioni.
[44] *Glissons... pas*: "Sorvoliamo, non insistiamo".
[45] Émile Zola (1840-1902), maggiore autore del naturalismo francese; *Lourdes*, del 1894, appartiene, con *Roma* del 1896 e *Parigi* del 1898, al ciclo *Tre città*.
[46] *qui... bête*: "che sente la bestia".
[47] *malheur... bon*: "[anche una] disgrazia serve a qualche cosa".

domicilio violato, ecc. Il deputato, che mangerebbe un prete a pranzo e un aristocratico a cena, ha risposto un biglietto cortesissimo e anche spiritoso, nel quale deplora di non essere stato avvertito a tempo, perché avrebbe mandata la sua carrozza e ci avrebbe ospitati nella sua villa di Mirabello che è a due passi dalla Torretta. Spera però in un altro temporale. So che i due uomini si sono poi trovati sul terreno neutro. Cesare gli manderà domani una coppia di conigli americani, due cosi stupidini, ma assai *chéris*.[48] Politica a parte, pare che il feudatario di Mirabello sia meno orso di quel che si dice. Cesare aspira quest'anno alla deputazione provinciale e chi sa che l'asino di Meneghino e i conigli americani non abbiano a far alleanza! Questi democraticoni, a saperli pigliare, sono i nostri migliori servitori.

"Mi chiamano per il bagno. È già il terzo e mi par di sentire ancora indosso la pelle della pecora. Ah quel coltrone! *Il y a*, poi, *quelque chose aussi qui me pique*.[49] Ciao.

Tua INES.

"P.S. Di' a don Carlo che mi mandi la 'Manna dell'Anima'[50] legata in mezza pelle. Voglio regalare qualche cosa a quella povera cristiana in pagamento degli zoccoli. A proposito: chi è il tuo calzolaio?"

---

[48] Carini, graziosi.
[49] *Il y a... pique*: "C'è, poi, anche qualche cosa che mi punge".
[50] La *Manna dell'anima, ovvero esercizio facile e fruttuoso per chi desideri in qualche modo attendere alla orazione per tutti i giorni dell'anno*, di Segneri Paolo (1624-1694).

Commento al testo

Zoccoli e stivaletti compare in volume nelle *Storie di ogni colore*, edite nel 1885. Delle sei raccolte di novelle pubblicate prima della scomparsa dell'autore, incluse le prime apparse con il romanzo *Due anime in un corpo* (1878) e il volume antologico dei *Racconti* (1889), venti testi su quarantuno risultano riediti e di questi, cinque compaiono tre volte e uno solo quattro volte.[1] Nel gruppo dei testi ripetuti rientra anche *Zoccoli e stivaletti*, che è il rifacimento diretto di *Carletto in collegio*, la prima delle tre novelle pubblicate nel 1878.[2]

La medesima avventura del conte e della contessa che, nel corso di un viaggio in carrozza funestato da un temporale, sono costretti a trovare rifugio in una casa di contadini è infatti al centro di entrambi i testi, con la differenza che in *Carletto in collegio* la vicenda fa da sfondo al soggetto principale dichiarato nel titolo: i due coniugi stanno ritornando dal collegio in cui hanno appena lasciato il loro unico figlio. La sosta presso la casa dei contadini diventa allora, nel testo del '78, occasione per una riflessione sul

---

[1] Si tratta di *Un povero cane*, una delle più angosciose e drammatiche storie demarchiane, incentrata su un cane che viene ucciso perché, latrando sul luogo della morte del proprio padrone, evoca immagini di dolore e abbandono e disturba la festa di una famiglia.

[2] Si ricorda che in *Due anime in un corpo* De Marchi pubblica *Carletto in collegio*, *Lucia* (edita in volume nel complesso tre volte: '78, '82 e '85) e *Don Asdrubale* (edita due volte: '78 e '95).

senso degli affetti familiari, indotta dal confronto con il sentimento di dedizione e amore per i figli di cui i contadini sono esempio,[3] e che spinge il conte a tornare immediatamente a riprendere il proprio per ricondurlo a casa. L'abbandono del tema della separazione dal figlio, sotto il profilo strutturale, non porta a una revisione sostanziale dell'intreccio di *Carletto in collegio*, a cui di fatto *Zoccoli e stivaletti* rimane fedele nella sostanza e in molti dettagli. Ma oltre all'azzeramento della retorica famigliare,[4] De Marchi introduce una serie di varianti – la limitazione del numero dei personaggi, la descrizione non corale ma individuale del mondo contadino, l'eliminazione di elementi digressivi non strettamente connessi all'incidente di viaggio e alla permanenza nella cascina – che mirano a focalizzare l'attenzione solo sulle azioni e sulla psicologia dei personaggi nella singolare circostanza che mette faccia a faccia in modo insolito il mondo nobiliare (gli stivaletti del titolo) e il mondo contadino (gli zoccoli). La prospettiva della nuova novella risulta dunque rivoluzionata e tende a definire un quadro umano e sociale dei due mondi, lasciando vagamente sullo sfondo le autonome vicende dei due nuclei familiari. La linea di riscrittura della novella fornisce implicitamente la misura della maturazione della poetica di De Marchi, che compone un racconto meno vincolato agli schemi della narrativa campagnola, popolare e di costume, sia nella costruzione delle sequenze narrative, sia nella definizione dei personaggi. Ad esempio in *Zoccoli e stivaletti* il mondo contadino viene affrancato dalla ste-

---

[3] «Quanto ringrazio il Signor benedetto che m'abbia dato de' figliuoli! Tenerseli accanto è il miglior modo, perché la famiglia navighi diritta, e un'occhiata di questi piccini spesso fa più di cento consigli del massaio, che pure è nel suo genere un ometto d'oro. Lor signori hanno altre distrazioni, ma se noi, poverini, non avessimo questi balocchi...», cfr. E. De Marchi, *Tutte le opere di Emilio De Marchi*, cit., p. 367.
[4] Dei figli della giovane contadina resta solo un bimbo, lasciato per accudire la contessa, e il sentimento materno di quest'ultima si trasferisce da Carletto a Blitz, il cane.

reotipata e idilliaca rappresentazione di ingenua bontà e rettitudine morale, e gli abitanti della cascina acquistano in rilievo realistico e in credibilità. Conte e contessa, dal canto loro, vedono messa a nudo la loro debole umanità al di fuori degli schemi letterari della narrativa di argomento sentimentale e domestico nel momento in cui si trovano privati del loro contesto di relazioni consuete: isolati in un luogo climaticamente ostile e soprattutto in un ambiente sociale che non li accoglie come pretenderebbero – cioè obbedendo a una logica di asservimento – ma che reagisce secondo un calcolo dettato da spiccio senso pratico.

Anche sotto il profilo linguistico *Zoccoli e stivaletti* segnala, nel confronto con *Carletto in collegio*, l'evoluzione della novellistica demarchiana. L'autore, infatti, allontanandosi dalla lezione manzoniana, rifiuta progressivamente il toscano letterario – estraneo al carattere lombardo delle ambientazioni, dei personaggi e della voce narrante – e cerca una via propria, ossia una lingua che rappresenti realisticamente i soggetti e sia insieme piacevolmente educativa, quindi non scorretta, ma comprensibile e gustosa. Il risultato, in *Zoccoli e stivaletti*, è un amalgama di italiano, francese, latino e dialetto, che non rappresenta un passo indietro verso quel composto indigesto di frasi lombarde, toscane, francesi, e latine che Manzoni lamenta essere il *Fermo e Lucia*, ma è un italiano regionale comprensibile anche al di fuori dell'area milanese, perché regolato anzitutto in funzione dei personaggi, lombardi di varia estrazione, ma anche dei lettori non solo lombardi. Si consideri in primo luogo l'uso del dialetto e dell'italiano nei dialoghi: De Marchi fornisce una rosa realistica di esempi che vanno dal dialetto vero e proprio a un italiano con una evidente impronta regionale. Ma l'uso del dialetto da parte del Rosso e dei due anziani, che contribuisce al realismo della scena, serve anche a rappresentare la mancanza di comprensione reciproca tra la contessa e i tre contadini che incontra all'arrivo alla cascina. Il dialetto parlato dai contadini diventa in questo caso emblema di una barriera, non solo linguistica, che i personaggi non sanno superare; al contrario, con il conte la comunicazione si stabilisce senza equivoci e infatti anche il nobile ha una battuta in un dialetto semiitalianizzato: «*Dove l'è sto Meneghin de la Madonna*». Teresina invece, parlando un italiano scorretto, che spesso è l'italianizzazione di espressioni dialettali, si dimostra l'unica in grado di stabilire una interazione sia linguistica sia pratica tra i due mondi e soprattutto con la contessa. Si noti peraltro che anche nella lingua del narratore emerge un «sostrato milanese», ossia una «superficie fonetica italiana sovrapposta alla dialettalità locuzionale»,[5] e ciò perché De Marchi vuole inserire i dialoghi dei personaggi in un tessuto linguistico uniforme, offrendo al pubblico un testo omogeneo tutto orientato alla resa della normalità conversazionale lombarda. Il narratore caratterizza dunque la propria lingua in modo da sottolineare la propria appartenenza sia all'ambiente descritto, sia all'ambiente del lettore che nelle novelle si dovrebbe riconoscere.

Il francese, invece, quando è usato dal narratore ha funzione ironica nei confronti dei due nobili – si pensi a passaggi quali «Era (*pardon*) una stalla» – e ciò è giustificato dal fatto che la lingua straniera viene usata dal conte e dalla contessa come una sorta di gergo di classe, che mantiene la distanza con il mondo contadino, e a cui infatti la coppia ricorre, ad esempio, per insultarsi senza venire intesi: «Grugnirono qualche parola in francese (sempre per rispetto ai villani)». Nell'uso quotidiano all'interno della classe elevata il francese è invece la lingua colta attraverso cui si esprime il sentimento di aristocraticità della contessa, che infarcisce di termini e frasi francesi la lettera a donna Mina Besozza, cercando di ingentilire una vicenda per nulla "chic" e che infatti, tra un «*glissons*» e un «*n'appuyons pas*», pare averle lasciato addosso qualche assai plebea pulce: «*Il y a*, poi, *quelque chose aussi qui me pique*». Dunque anche la lingua riveste un ruolo fondamentale nella costruzione di *Zoccoli e stivaletti* come racconto del confronto tra due classi sociali rappresentate al di fuori di edulcorati schemi letterari, confronto che si attua nell'interazione realisticamente messa in scena tra individui che pensano, parlano e reagiscono agli eventi in base alle convenzioni e alle abitudini dell'ambiente sociale cui appartengono.

---

[5] E. De Marchi, *Tra gli stracci. Racconto popolare*, a cura di A. Stella, Scheiwiller, Milano 1989, p. 12.

Regi impiegati

I

R. UFFICIO POSTALE
DI
CASTAGNAZZO

N. di posizione 3A
N. di Protocollo generale 34
N. di partenza 25
OGGETTO:
TOPI.

Castagnazzo, addì 5 aprile 1890.

Essendosi verificato in questo Uffizio postale il grave inconveniente di topi rosicchianti che provenendo dal vicin canale entrano a guastar carte, lettere ed eziandio[1] gli indumenti; non bastando a scongiurare i danni le varie trappole e stiaccie[2] distribuite con opportuna oculatezza dal locale distributore, non che le paste velenose disseminate all'uopo, son venuto nella determinazione di assumere due gatti, naturali nemici a siffatti animali, che rimanendo in Uffizio in ispezial modo nelle ore notturne, potranno colla loro presenza e vigilanza intimorire i dannosi rosicchianti. A tale intento mi rivolgo a codesta direzione provinciale perché mi voglia ottenere un

---

[1] Pure, perfino.
[2] Da stia, gabbia.

corrispettivo assegno sia per l'acquisto, come pel mantenimento dei due animali per tutto il tempo che non potrà essere riparato definitivamente il danno.

Con osservanza

l'uff. dir.
PACCHIOTTI.

All'Onor. Direzione Provinciale
delle Regie Poste
   in Broccasecca.

II

R. UFFICIO POSTALE
DI
BROCCASECCA

N. di posizion 545B
N. di Protocollo generale 671
N. di partenza 844

OGGETTO:
TOPI E GATTI.

Broccasecca, 20 aprile 1890.

L'ufficio di Castagnazzo dipendente da questo circolo postale ci scrive con lettera del 5 andante mese come uno stormo di topi infesti, danneggiano le carte, le corrispondenze, non che gli indumenti e i mobili di detto locale; onde si muove per mezzo nostro istanza a codesta Onorevole Direzione centrale affinché voglia provvedere con una pronta riparazione o quanto meno assegnare un'adeguata somma per l'acquisto e il mantenimento di due animali felini, resi necessari dall'urgenza e condizioni delle cose.

Per il Reggente
BALOSSI.

All'Onorevole Direzione Centrale
delle Regie Poste
   Milano.

III

DIREZIONE GENERALE
DELLE
REGIE POSTE DI MILANO

N. di posizione 567494
N. di Protocollo generale 278944CC
N. di partenza 27945

OGGETTO:
GATTI E TOPI.

Milano, 30 maggio 1890.

Eccellenza,
Si è riscontrato nell'Ufficio Postale di Castagnazzo (Broccasecca) che le carte e le corrispondenze d'ufficio, non che vaglia e oggetti personali sono frequentemente danneggiati dai topi dell'attiguo canale. A rimuovere l'anzidetto inconveniente prego V. E. a voler ordinare un'ispezione di tecnici a detto locale e ad autorizzare intanto con equo assegno il dirigente ufficio ad acquistare e a mantenere due gatti comuni. Per il che credo possa bastare un assegno di L. 70 (settanta).
Con profondo ossequio.

Il direttore
PASQUALIGO.

All'Eccell. Ministro
delle R. Poste
     Roma.

IV
R. MINISTERO DELLE POSTE
E DEI R.R. TELEGRAFI

N. di posizione 4448894
N. di Protocollo generale................................496AAB
N. di partenza..4894215

OGGETTO:
ASSEGNO PER ANIMALI FELINI.

Risposta a lettera 30 maggio N. 278944CC.

N. di posizione..567494
N. di Protocollo generale 78944CC
N. di partenza..27945

Roma, 27 giugno 1890.

Ho ordinato a codesto ufficio tecnico una sollecita ispezione all'ufficio di Castagnazzo onde sia al più presto ovviato all'inconveniente di cui nella emarginata[3] nota; e nello stesso tempo ho ordinato che sia concessa la somma di L. 70 (settanta) in aumento alla dotazione annua dell'ufficio di Castagnazzo, circolo di Broccasecca, per l'acquisto e il mantenimento di due gatti. Detta somma sarà dietro speciale mandato pagata dalla Regia Tesoreria di Milano e la S. V. avrà cura che nel Rendiconto annuale siano allegate le relative pezze giustificative.

per il Ministro
PECORA.

*All'Onor. Direzione
delle R. Poste*
Milano.

---

[3] Indicata in margine, in oggetto.

V

R. TESORERIA DI MILANO.

Milano, 15 luglio 1890.

Avverto codesta Direzione che è arrivato un mandato di L. 70 intestato Gatti.

Il cassiere
BOTOLA.

Alla Direzione delle R. Poste
Milano.

VI

REGIA DIREZIONE
DELLE
POSTE DI MILANO

20 luglio 1890.

Non esiste in quest'ufficio il nominato Gatti per cui giace mandato di L. 70. Avverto invece che al cavaliere Ratti non fu ancora pagato l'aumento sessennale. Prego verificare se è incorso errore.

Il direttore
SALA.

All'Onor. R. Tesoreria
Milano.

VII

21 luglio.

Caro Sala! Il mandato dice Gatti; e in quanto allo spettabile cavaliere Ratti fate piacere a scrivere voi d'ufficio. Io vado a far colazione con un osso buco e spaghetti.

Vostro BOTOLA.

VIII

DIREZIONE
DELLE
R. POSTE DI MILANO

Milano, 1 agosto 1890.

Eccellenza,

Giace in questa Tesoreria un mandato di L. 70 intestato Gatti che si suppone appartenente a quest'ufficio. Credo che sia incorso errore di nome, mentre all'egregio cavaliere Ratti, nostro vice-cassiere, non è stato ancora pagato il dovuto aumento sessennale maturato col giugno u. s.[4] Del che dò comunicazione a V. E. per le verifiche e rettifiche del caso.

Il direttore
SALA.

A S. E., ecc.

IX

DIREZIONE
DELLE
R. POSTE.
Ufficio tecnico.

N. di posizione 15
N. di Protocollo generale 24CC
N. di partenza 24875

OGGETTO:

RIPARAZIONI.

Milano, 3 agosto 1890.

Autorizzo codesto ufficio provinciale a voler in relazione al rapporto del 20 aprile u. s. ordinare un sopraluo-

---

[4] Ultimo scorso.

go all'ufficio di Castagnazzo, dipendente da codesto Circolo postale e a trasmettere colla massima sollecitudine un preventivo delle spese occorrenti in detto ufficio onde riparare agli inconvenienti lamentati nella sovracitata nota.

L'ing. capo
VIRGOLA.

*All'ufficio Postale
di Broccasecca*

X

UFFICIO POSTALE
DI
BROCCASECCA.

N. di posizione..555B
N. di Protocollo generale 915
N. di partenza 916

OGGETTO:
RIPARAZIONI.

Broccasecca, 15 agosto 1890.
Urgentissima.

Avverto codesto ufficio che per ordine del Regio ufficio tecnico avrà luogo nei giorni di giovedì e venerdì della vegnente settimana un'ispezione dei signori ingegneri cavalier Cardone e cavalier Tarocco per provvedere al più presto a quei lavori di riparazione di cui è cenno nella Nota dello scorso 5 aprile.

Il ff. di direttore
PERETOLA.

*All'Ufficio Postale
di Castagnazzo*

XI

TELEGRAMMI DI STATO.

Direttore Poste Milano
 Assegno Gatti Castagnazzo ordino pagamento Ratti.
 Ministro.
 (*Continua... sempre così.*)

Commento al testo

Comparsa nella medesima raccolta di *Zoccoli e stivaletti*, *Regi impiegati* condivide con la prima novella antologizzata la vocazione realista che orienta la narrazione demarchiana sulle quotidiane esperienze di una umanità comune, escludendo fatti e personaggi fuori dalla norma sia nel senso dell'eccezionalità romantica, sia in quello dell'abnormità patologica naturalista e verista. *Regi impiegati* può essere considerata la prova estrema di tale rifiuto del soggetto macroscopico in favore di una vicenda davvero minima: un episodio realistico che, secondo lo stile prettamente demarchiano, esprime una valutazione seria della realtà attraverso una rappresentazione comica.

Il comico di *Regi impiegati* è però solo in parte costruito con i medesimi elementi che caratterizzano la vena di *Zoccoli e stivaletti* e delle altre novelle di De Marchi (talvolta anche di quelle drammatiche). Il tratto comune a tutte le novelle è il gioco di animalizzazione degli uomini che, ad esempio in *Zoccoli e stivaletti*, segue come un contrappunto tutta l'analisi umana e sociale legata all'odissea del conte e della contessa: comincia il conte a dare dell'«oca» alla moglie, lei risponde gratificandolo in cuor suo dell'appellativo di «asino» e poi cerca «visceri di umanità» nei villani contrapposti come animali agli «esseri ragionevoli»; il narratore parla per i due coniugi di «muso», mentre Teresina fa loro quello che «non si rifiuterebbe a un cane bagnato», e così via. In *Regi impiegati* l'animalizzazione, cioè la sovrapposizione tra la "richiesta Gatti" e la "questione Ratti", è il momento culminante della *climax* descritta dallo scambio epistolare tra uffici, ma lo *humour* della vicenda non risiede in questa comicità diretta e facile, quanto in ciò che di originale la caratterizza e differenzia dalle altre novelle e che è direttamente legato alla eccezionale costruzione di *Regi impiegati* come trascrizione di documenti burocratici.

L'effetto comico nasce spontaneamente dal non-senso della storia in sé e del suo non-epilogo, nasce dall'assurdità della burocrazia nazionale, verso la quale De Marchi esprime una inequivocabile censura divertendosi a dare del sistema una rappresentazione satiricamente realistica: per i gatti è richiesta una regolare assunzione con preciso orario di lavoro, la richiesta si ripete da lettera a lettera perdendo progressivamente significato, i soldi per i gatti si confondono con quelli per il signor Ratti ma sono destinati analogamente a perdersi nei meandri di un sistema alla deriva, eccetera; di questo gorgo burocratico De Marchi cura anche i dettagli con accanimento satirico (si vedano la cura dei numeri di protocollo, le variazioni sul tema nell'oggetto dei documenti, la misura della comunicazione che va progressivamente a diminuire e a disperdersi, con un effetto di eco). Ciò che manca è essenzialmente l'espressione diretta della voce del narratore, indispensabile nel resto della narrativa demarchiana per definire tanto la prospettiva comica quanto il messaggio morale dei testi: in *Regi impiegati* l'autore parla invece indirettamente nascondendosi nelle formule burocratiche, e affida la comicità e il messaggio a una sorta di autoevidenza dell'assurdo e del ridicolo.

Non va trascurata, in conclusione, una considerazione sugli impiegati protagonisti dalla novella poiché, come anticipato nell'introduzione, De Marchi è tra i primi autori a portare i colletti bianchi sulla scena letteraria. L'esperienza di lavoro impiegatizio cui De Marchi può fare riferimento deriva dall'estensione al Regno italico dell'apparato burocratico sabaudo (che pare non brillasse già di per sé per elasticità ed efficienza), "Regi" infatti e non "Regi Imperiali" (ossia non dipendenti dell'Impero austro-ungarico) sono gli impiegati della novella. Se il lavoro impiegatizio nel *Demetrio Pianelli* non è fonte di gratificazione né di realizzazione del protagonista, tuttavia il testo resta incentrato sull'esperienza di un individuo. Al contrario in *Regi impiegati*, attraverso l'espediente della documentazione d'ufficio, l'autore evita la rappresentazione del singolo individuo e concentra l'attenzione sul sistema, in cui non emerge alcun soggetto e nel quale addirittura animali (gatti) e uomini (il signor Ratti) si confondono. Al di là del gioco di consonanti tra gatti e ratti, infatti, ciò che emerge della burocrazia sabauda è un sistema grottesco, in cui si perde il banale senso della realtà.

MATILDE SERAO

La vita e le opere

Nata nel 1856 in Grecia, a Patrasso, figlia di un giornalista napoletano, Matilde Serao sviluppa sin da giovane la passione per la letteratura e per la scrittura giornalistica, due attività che si dimostreranno per lei complementari e che coltiverà parallelamente lungo l'intero corso della sua carriera. Compiuti gli studi superiori a Napoli dove consegue il diploma magistrale, si impiega presso la sede cittadina della società dei telegrafi dal 1874 al 1877. Insoddisfatta dell'occupazione e desiderosa di affermarsi nel mondo del giornalismo e della letteratura, avvia una fitta serie di collaborazioni con numerose riviste locali e nazionali (pubblica il primo articolo probabilmente sul «Corriere di Napoli» il 23 ottobre 1876,[1] collabora tra gli altri con il partenopeo «Corriere del mattino» e il romano «Capitan Fracassa»). Attraverso la rete di conoscenze che riesce così a stabilire stringe intense relazioni intellettuali con numerosi esponenti della cultura nazionale del secondo Ottocento, e tra questi conosce, durante un soggiorno a Roma, Edoardo Scarfoglio, che sposa nel 1884. Con Scarfoglio la Serao fonda e dirige, fino a che il matrimonio regge, diverse testate giornalistiche – i due dirigono «Il Corriere di Roma» e fondano il «Corriere di Napoli» e poi «Il Mattino» –, raccogliendo attorno a tali iniziative, specie a Napoli, vivaci cenacoli culturali. Dopo la separazione dal marito la Se-

---

[1] «Il primo articolo, una recensione a un'opera dell'Alessi, apparve il 23 ottobre sul "Giornale di Napoli"», cfr. T. Scappaticci, *Introduzione a Serao*, Laterza, Roma-Bari 1995, p. 8.

rao fonda, sempre a Napoli, la rivista letteraria «La Settimana» (1902-1904) e il quotidiano «Il Giorno» (1904), a capo del quale resta fino alla morte, che la coglie nel 1927.

A cominciare dal giudizio di Croce, la valutazione critica su Matilde Serao non ha potuto fare a meno di individuare una serie di polarità, se non di vere e proprie contraddizioni, che caratterizzano la poetica della scrittrice napoletana. Così, se Croce individua la qualità distintiva della Serao nella convivenza di descrizione realistica e partecipazione emotiva – «Essa è tutta osservazione realistica e sentimento»[2] –, ottantaquattro anni dopo Antonio Palermo si trova ad approfondire oltre che a

> confermare l'immagine di una scrittrice costitutivamente dimidiata in una serie di opposizioni irrisolte che si può prolungare a dismisura: lingua-dialetto; invenzione-mimesi; partecipazione-distacco; letteratura-narrativa di consumo; (Mastriani), Balzac, Flaubert, Zola, Verga-D'Annunzio, Scarfoglio, Bourget; e così via. Lo specchio insomma di una diffusa situazione culturale tardo-ottocentesca che travalica la Serao, così come accade per le sue abbastanza ridotte capacità e volontà mediatrici.[3]

Per quanto non si possa riconoscere alla Serao una personalità artistica tale da produrre una sintesi della contraddittorietà del periodo storico-letterario, va comunque considerato che la scrittrice volontariamente tende a ritagliare per sé uno spazio autonomo proprio a metà strada tra percorsi apparentemente inconciliabili, sotto il profilo ideologico oltre che letterario, dando luogo a una sorta di conservatorismo moderato evidentemente apprezzato da gran parte del pubblico del secondo Ottocento. In tal senso, dal punto di vista strettamente storico-letterario e novellistico in particolare, è rilevante mettere a fuoco in pri-

---

[2] B. Croce, *La letteratura della Nuova Italia. Saggi critici*, 6 voll., V edizione riveduta dall'autore, Laterza, Bari 1949, vol. III, p. 34.
[3] A. Palermo, *Le due narrative di Matilde Serao*, in «Filologia e letteratura», 17, 1971, pp. 69.

mo luogo la posizione della Serao tra realismo e spiritualismo.

La Serao muove i primi passi come narratrice nell'alveo del realismo,[4] e ancora nel 1884, rispondendo a distanza a chi la accusa «di scrivere in una lingua cattiva imperfettissima»,[5] ovvero inadeguata ai canoni dell'italiano letterario, colloca il proprio stile nel solco tracciato da Verga, De Roberto e Capuana;[6] contemporaneamente però, a partire dal 1883, avvia sul «Mattino di Napoli» una serie di articoli intitolati *I cavalieri dello spirito* con cui, nella reazione spiritualista al realismo, si schiera sul versante opposto e, per dirla con Ojetti, prende

> accanto al Fogazzaro e al Salvadori un alto posto tra quelli che nella religione, o meglio nel sentimento profondo ed oscuro di un al di là, cercano conforto a loro stessi e alla loro opera letteraria».[7]

Occorre dunque individuare, proprio nella sua prima produzione narrativa, gli elementi che identificano e distinguono il realismo della Serao e consentono che questo abbia punti sostanziali di contatto con l'altro versante della letteratura tardo-ottocentesca. Allineano la novellistica della Serao a quella verista l'attenzione non folklorica rivolta alla realtà sociale e alle condizioni di vita delle classi umili, la scelta di ambientazioni regionali e del contesto urbano napoletano, in quanto ai contenuti; l'adozione di una lingua e di uno stile aderenti all'uso parlato locale, in quanto alle modalità narrative. Su entrambi i versanti si tratta di una identità formale, che si arresta alla superficie

---

[4] Della sua produzione novellistica si ricordano, a partire dal 1879 fino al 1885, *Dal vero*, *Raccolta minima*, *Pagina Azzurra* (che è una combinazione delle novelle di *Dal vero* e di *Raccolta minima*), *Piccole anime*, *La virtù di Checchina*, *Il romanzo della fanciulla*.
[5] U. Ojetti, *Alla Scoperta dei Letterati*, postfazione di N. Merola, Gela Reprint, Roma 1987, p. 236.
[6] «Noi quattro (intendo Verga, de Roberto, me e un po' Capuana) accusati di scorrettezza abbiamo un pubblico che ci segue e ci legge: perché nella posterità dovremmo morire?», cfr. *ibid.*, p. 237.
[7] *Ibid.*, pp. 238-39.

tecnica della prosa verista mentre di fatto ne rifiuta i fondamenti: assente è l'intenzione di dare al lettore l'impressione che l'opera d'arte "si sia fatta da sé", il soggettivismo non cede al canone dell'impersonalità e, soprattutto, esclude lo "scrupolo scientifico" dall'analisi del reale. Se per Verga l'invenzione narrativa riesce ad avere l'impronta dell'evento reale solo quando l'artificio della creazione artistica scompare nella naturale sincerità della realtà rappresentata, per la Serao la sincerità e l'autenticità della narrazione sono garantite dalla partecipazione emotiva del narratore oltre che dall'osservazione diretta dei fatti e, talvolta, dalla loro matrice autobiografica (ed è quest'ultimo il caso della prima novella antologizzata). Inoltre l'intento della Serao non è analitico, ossia non cerca con lo studio sociale di sondare il reale sollecitando il lettore alla riflessione, intende invece proporre un vero cronachistico con una forte caratterizzazione soggettiva che coinvolga sentimentalmente, per immedesimazione, il pubblico.

In questo senso anche l'interesse verso gli umili rientra in un progetto di rappresentazione complessiva della società napoletana, un affresco interclassista senza volontà di analisi o denuncia sociale e che ignora il distacco indifferenziato del narratore verista. Se infatti, tra i due grandi gruppi sociali – abbienti e non abbienti – la Serao individua la medesima sotterranea insoddisfazione esistenziale, diversa è la prospettiva di rappresentazione con cui l'autrice si pone nei confronti dei due ceti, cercando il rispecchiamento del primo e ponendosi con distacco pedagogico nei confronti del secondo:

> Ora guardiamo al popolo: null'altro risponde in lui a quei nostri sentimenti che una irrequietudine continua, pungente, una aspirazione all'ideale fuori dalla faticata vita di tutti i giorni. E le difficoltà economiche sociali sono la causa determinante di quella inquietezza. Esso non sa dove dirigersi per il conforto, noi dobbiamo mostrargli la via; ed è opera santa [...]. Con questo non scioglieremo la questione sociale, chè ciò è impossibile, ma la leniremo.[8]

---

[8] *Ibid.*, pp. 240-41.

Lenire, non risolvere la questione sociale sintetizza la visione economico-politica degli interlocutori cui si rivolge la letteratura della Serao, interlocutori che appartengono tanto alla media e piccola borghesia quanto all'aristocrazia e che cercano una rappresentazione della realtà quotidiana realistica ma non problematica e al contrario consolatoria e pacificante.

Considerando il destinatario e la funzione della narrativa breve della Serao, si deve necessariamente menzionare l'affinità con la sua produzione giornalistica. La ricerca di una specializzazione stilistica per il giornalismo e per la letteratura comporta la differenziazione, ma non esclude una parziale contaminazione tra i due ambiti, un "travaso" che frutta alla narrativa l'abilità (giornalistica) acquisita nella definizione rapida dei tratti, dei caratteri e degli ambienti. Schizzi di pochi elementi incisivi, realistici e soggettivi al tempo stesso. A parte quindi la normale compresenza nello spazio fisico del periodico, giornalismo e letteratura dimostrano punti di tangenza ideologica e formale – di destinazione di lettura, di pubblico e di stile – che condizionano la natura della narrativa seraiana nel momento in cui l'autrice riconosce al narratore una funzione referenziale, descrittiva del reale, propria del cronista che condivide con il lettore l'interesse per la realtà, nel rifiuto dei casi abnormi, strani, scientifici, che condivide il desiderio di partecipazione emotiva non soverchia, di svago, e dunque il desiderio di una cultura non destabilizzante e facilmente accessibile, che ritragga i tanti aspetti della quotidianità, anche superficiali, e sia rispettosa dell'ordine costituito. All'estremo di questa prospettiva nella novellistica della Serao si segnalano da un lato brani che passano dal testo narrativo alla prosa giornalistica (è il caso di *Telegrafi dello Stato*), sfrondati del contesto dialogico e serrati nel tessuto espositivo ma sostanzialmente invariati, dall'altro la redazione di inchieste giornalistiche al limite della prosa narrativa, a cominciare dal famoso *Il Ventre di Napoli* (1884).

Tra le tipologie propriamente novellistiche, a parte i casi al limite dell'ibrido tra giornalismo e narrativa, la maggior parte della produzione della Serao non risulta innovativa, specie quella successiva alla stagione d'oro del decennio 1880-90. Nel 1883 una dichiarazione abbastanza generica sulla difficile definibilità della novella lascia intravedere nell'autrice la consapevolezza dell'incerto percorso evolutivo del genere novellistico, in bilico tra arte e giornalismo alla fine del secolo;[9] a tale incertezza la Serao sembra rispondere con una interessante raccolta che rappresenta il momento più alto di elaborazione della sua autonoma via nella novella italiana: *Il romanzo della fanciulla*, 1886; successivamente invece tendono a prevalere le strutture e i temi tradizionali della narrativa di argomento sentimentale. L'elemento di maggiore innovatività che distingue la produzione della Serao negli anni Ottanta e in seguito è la narrazione corale e per quadri. Nell'ambito del suo realismo *sui generis* tuttavia la coralità non va intesa in senso verghiano, ossia la Serao non affida la funzione narrante a una voce popolare e collettiva, ma, mantenendo il diretto controllo della diegesi, porta in scena un insieme di personaggi tra loro distinti e ugualmente protagonisti, che non rappresentano un uniforme punto di vista, una voce corale unica, ma plurimi aspetti di un gruppo sociale. Forse quale involontaria eco della organizzazione scientifica dell'analisi letteraria, alcune delle prime raccolte della Serao esaminano monograficamente un gruppo sociale – si vedano le giovani di *Il romanzo della fanciulla* oppure i bambini di *Piccole anime* (1883). In volumi del genere o le singole novelle rappresentano sottotemi che si diramano dal tema principale, oppure all'interno del tema individuato dal titolo della novella sono raccolti testi brevissimi e autonomi: è il caso, ad esempio, di *Gli spostati* in *Piccole anime*, che raccoglie scene descrittive, non narrative, che recano al lettore esempi di bambini "spostati" ossia disorientati, mal condotti, dal comportamento non accorto dei genitori.

---

[9] «Avvengono i più bizzarri fenomeni di condensazione o di risciacquatura: tutto può essere una novella e niente è una novella. Una stanza descritta, è una novella – e intanto il pubblico si lagna che non vi è nulla dentro, che manca il fatto e benedice quelle novelle che cominciavano: "c'era una volta", poiché ci si raccontava qualche cosa», cfr. M. Serao, *Nihil*, in «Il Pungolo della domenica», 2, 11 febbraio 1883, citato da V. Pascale, *Sulla prosa narrativa di Matilde Serao, con un contributo bibliografico (1877-1890)*, Liguori, Napoli 1989, p. 47.

Telegrafi dello Stato
(Sezione femminile)

1

Come Maria Vitale schiuse il portoncino di casa, fu colpita dalla gelida brezza mattinale. Le rosee guancie pienotte impallidirono pel freddo; il corpo giovenilmente grassotto rabbrividì nell'abituccio gramo di lanetta nera: ella si ammucchiò al collo e sul petto lo sciallino di lana azzurra, che fingeva di essere un paltoncino. Nella piazzetta dei Bianchi non passava un'anima: la bottega del fabbro era ancora chiusa, la tipografia del «Pungolo»[1] era sbarrata: per i vicoli di Montesanto, di Latilla, dei Pellegrini, dello Spirito Santo che sbucavano nella piazzetta, non compariva nessuno. Una nitida luce bigia si diffondeva sulle vecchie case, sui vetri bagnati di brina, sui chiassuoli sudici: e il cielo aveva la chiarezza fredda, la tinta metallica e finissima delle albe invernali. Allora Maria Vitale, mentre si avviava, sorpresa dal silenzio e dalla solitudine, fu côlta da una vaga inquietudine.

«Sono forse uscita troppo presto» pensò.

Batté il piede in terra, pel dispetto. Non avevano orologio, in casa, e alle sette meno cinque minuti, ella si doveva trovare in ufficio. Così, alla mattina, cominciava il fastidio: la madre si destava prestissimo e dall'altra stanza la chiamava:

«Mariè?»

[1] Rivista napoletana.

«Mammà?»

«Alzati, che è ora.»

Ella si riaddormentava, col buon sonno delle fanciulle sane e tranquille. Dopo cinque minuti la madre la chiamava di nuovo, a voce più alta:

«Ho inteso, mammà, ho inteso: mi sto alzando.»

Ma poiché il sonno riabbatteva sul lettuccio quella fanciullona robusta, la madre taceva, vinta: e interveniva il padre, l'ebanista, con la sua grossa voce:

«Mariettella, alzati: se no, paghi la multa.»

Ella, allora si decideva, si buttava giù di un colpo, sbadigliando, non osando voltarsi al letto, per timore di ricadervi, accanto alla sorella Serafina: camminava piano, in camicia e gonnella, per non isvegliare i due fratellini, Carluccio e Gennarino, che dormivano nella stessa stanza, dietro una tenda. Andava a lavarsi la faccia in cucina: invece del caffè, che non si usava in casa, mangiava un frutto avanzato alla cena della sera prima e un pezzo di pane stantio: si vestiva presto presto. Malgrado questa sua premura, quattro o cinque volte era giunta in ufficio dopo le sette, perché non aveva l'orologio; la direttrice aveva segnato questo ritardo sul registro e Maria Vitale aveva pagato una lira di multa. Accadeva che dalle novanta lire di mesata, tra le sei che se ne prendeva il Governo per la ricchezza mobile e altre due o tre che se ne pagavano per le multe, si scendesse a ottanta, come niente. Così, ogni mattina, ella era presa da una gran tremarella: e talvolta usciva troppo presto.

"Che ora sarà?" pensava Maria Vitale, contristata dall'idea che fosse prestissimo.

Nel vicolo dei Bianchi, per dove si va a Toledo, incontrò il caffettiere ambulante, che portava in giro il suo fornelletto con le cogome[2] sepolte nella cenere calda e tre o quattro tazzine infilate alle dita.

---

[2] Cuccume, tazze.

«Galantò,[3] che ora sarà?» domandò ella.

«Sono le cinque e mezzo, signorina mia. Lo pigliate un *tocchetto*?»[4]

«Grazie: non ne prendo.»

Un'ora, ci voleva un'ora, ella era uscita un'ora prima. Se ne andava, con le lagrime agli occhi pel dispiacere, pensando a quel buon tempo di sonno che aveva perso: un dolore ingenuo, puerile, le saliva dal cuore alle labbra, come se le avessero fatto una grande ingiustizia, come quando, piccoletta, la battevano per una colpa non sua. Che avrebbe fatto in quell'ora? Oh come sarebbe volentieri tornata a casa, a ricacciarsi nel suo lettuccio caldo, con la guancia affondata nel cuscino e le braccia piegate alla cintura! Era inutile, oramai: era uscita troppo presto, non avrebbe mai ritrovato quella bella ora di sonno perduta. Dove andare? Il venticello gelido la infastidiva, mandandole in faccia la polvere di via Toledo, non ancora spazzata: non poteva passeggiare a quell'ora, sola, come una pazza, fra i venditori di frutta che scendevano dai giardini alle vie centrali di Napoli, e fra i carri dello spazzamento che trabalzavano cupamente sul selciato. Andar a prender Assunta Capparelli che abitava ai Ventaglieri? Assunta era di servizio nel pomeriggio, quel giorno non aveva obbligo di levarsi presto: certo, felice lei, dormiva profondamente. Andare a prendere Caterina Borrelli che abitava alla Pignasecca? Che! Caterina Borrelli era una dormigliona impenitente, che si alzava alle sette meno un quarto, si vestiva in sei minuti e arrivava all'ufficio correndo, ridendo, sbadigliando, col cappello di traverso, la treccia che si disfaceva, la cravatta a rovescio, e rispondeva vivamente all'appello: presente! Tutte, tutte dormivano ancora, le fortunate. Un'amarezza si diffondeva nella buona anima di Maria Vitale: le pareva di es-

---

[3] Galantuomo, signore.
[4] Una tazzina di caffè.

ser sola sola, nel vasto mondo, condannata a dormire scarsamente, condannata ad aver sempre freddo e sonno, mentre tutte le altre dormivano, al caldo, nella felicità intensa e profonda del riposo. E l'amarezza era anche senso di abbandono, disgusto della miseria, dolore infantile: chinando il capo come a rassegnazione, entrò nella chiesa dello Spirito Santo, macchinalmente, per rifugio, per conforto.

Subito, quella penombra sacra, quell'aria molle e umida, non fredda, la calmarono. Sedette in uno dei banchi di legno dipinto, quello dei poveri che non hanno il soldo per la sedia di paglia, e appoggiò il capo alla spalliera del banco che aveva innanzi. Ora pregava quietamente, dicendo un *Gloria*, tre *Pater*, tre *Ave*, tre *Requiem*, come è prescritto quando si entra a caso in chiesa e non vi sono funzioni sacre. Poi raccomandò a Dio l'anima della nonna che era morta l'anno prima, la salute di sua mammà, di suo papà: nominava i fratelli, le sorelle, il compare,[5] i superiori, i viaggiatori sul mare in tempesta, le anime abbandonate. Per sé non chiedeva nulla: in quel torpore fisico, non provava nessun desiderio spirituale e personale: nulla le si precisava, come bisogno, nell'anima. Solo, confusamente, avrebbe voluto pregare la Madonna che la lasciasse dormire, al mattino, sino alle nove: bella felicità, che non aveva mai goduta. Sentiva solo un sonno tenace scenderle sul capo e dalla nuca diffondersi lentamente per il corpo: dormiva, con la faccia tra le mani, il cappello venuto giù sulla fronte, con le gambe immobili e il busto penosamente inchinato: dormendo, udiva lo scaccino[6] andare e venire, scostare le sedie, spazzare il pavimento marmoreo. A un tratto una voce le mormorò nell'orecchio:

«Vitale? Dormi o piangi?»

---

[5] Padrino.
[6] Inserviente della chiesa.

«Ecco, mammà» borbottò Maria, svegliandosi.

Giulietta Scarano, una fanciulla dai bei capelli castani, dalla testina piccola sopra un corpo grasso, dagli occhi chiari e sempre estatici, sorrideva mitemente, accanto a lei, guardando l'altare maggiore, dove lo Spirito Santo risplendeva in una raggiera d'oro.

«Mi sono addormentata: hai anche sbagliata l'ora, tu?»

«No, esco presto, perché devo venire a piedi da Capodimonte. Entro sempre in chiesa, passando.»

«Andiamo?»

«Sì, sì: è ora.»

Si avviarono, Maria Vitale, tutta indolenzita, con un gran freddo addosso e un formicolìo nelle gambe: Giulia Scarano camminando come una sonnambula, senza parlare.

«Che hai?» chiese Maria.

«Niente» disse l'altra, con la malinconia di una voce giovanile che i singhiozzi hanno velato.

«Sempre Mimì, eh?» insistette Maria, con la sua aria saggia e compassionevole di donnina invulnerabile.

«Sempre.»

«Ci perderai la salute, Scarano.»

«Così fosse!»

«Non dir queste brutte parole. Oh che cattiva cosa è l'amore! Io non ho mai voluto fare all'amore, per questo.»

«Già: si dice sempre così, quando non si vuol bene a nessuno. È che Mimì è ammalato, io non posso vederlo e mi sento morire» scoppiò a dire l'altra, non potendone più.

«Oh poverello, poverello! speriamo che non sia niente» mormorò Maria che si contristava subito.

Scendendo per la via di Monteoliveto, erano giunte presso la fontana, Giulietta Scarano assorbita nella desolazione della sua idea amorosa, Maria Vitale crollando il capo sulle miserie umane. Ecco, ella non era una testa forte come Caterina Borrelli che scriveva continuamente un romanzo in un suo quaderno, grosso

grosso: ella non sapeva fare i versi come Pasqualina Morra; ma capiva che l'amore è un grande tormento.

«Non posso vederlo...» ripeteva ancora Giulia Scarano.

«Scrivigli una letterina.»

«Gliene ho scritte tre, di quattro foglietti l'una, da ieri, ma non so come mandargliele: mammà ha cacciato Carolina, la serva che mi voleva bene e mi aiutava...»

«Impostale.»

«Non ho soldi pei francobolli: e mi vergogno di mandarle senza. Chissà, Galante, la nostra inserviente, potrebbe aiutarmi...»

Erano innanzi al palazzo Gravina: severo palazzo bigio, di vecchio travertino, di architettura molto semplice. Pareva, ed era, molto antico: certo aveva visto succedersi, dietro le sue muraglie profonde, casi lieti e casi truci, feste di amore e congiure di ambizione, dolci affetti umani e feroci passioni umane. Ora le sue stanze terrene, sbarrate ermeticamente sulla via, si aprivano al pubblico, sotto il portico, nell'interno del cortile e servivano da uffici postali: intorno ai suoi finestroni larghi e alti, sugli spigoli dei suoi muri oscuri era una fioritura verticale di funghi bianchi, gli isolatori telegrafici di porcellana, da cui partivan tutti quei fili sottilissimi, dieci, dodici da una parte, tre da un'altra, quattro o cinque da una terza, trama leggera che si stende sul mondo. Sul balcone di mezzo, dietro il largo scudo di metallo, dove si legge: *Telegrafi dello Stato*, un uomo fumava, appoggiato all'inferriata, guardando il cielo mattinale.

«Chi è, quello?» chiese Maria Vitale.

«È Ignazio Montanaro: sarà stato di servizio questa notte.»

Per il largo scalone, Cristina Juliano le raggiunse, le salutò, senza fermarsi. Sembrava un brutto uomo, vestito da donna, col suo grande corpo sconquassato, troppo largo di spalle, troppo lungo di busto, senza fianchi, con le mani grandi, i polsi nodosi e i piedi enormi. Portava ancora il cappello di paglia bianca, dell'estate, abbassato sulla fronte per mitigare lo spavento che produceva il suo occhio guercio, bianco, pauroso: e per scoprire la dovizia meravigliosa di due treccioni neri, una ricchezza strabocchevole di capelli, che le tiravano la testa indietro, pel peso.

«È inutile, questa Juliano mi è antipatica» disse la Vitale.

«Non è cattiva, però» rispose la Scarano con la mitezza delle anime innamorate.

Sul pianerottolo le raggiunse Adelina Markò e si unì a loro.

«Che freddo!» disse ella colla voce molle e seducente.

Si lisciava, con la punta delle dita, i capelli biondissimi, ondulati che il vento aveva scomposti; ma il vento aveva reso più vivida la bella bocca dalle labbra delicatamente rialzate agli angoli, aveva colorito piacevolmente quella fine carnagione dorata di bionda. La leggiadra e flessuosa persona diciottenne era ben riparata in un vestito caldo ed elegante di panno verde cupo. Una piuma bianca volitante[7] sul cappello di feltro verde, le dava un aspetto di amazzone giovanile, una figura di fanciulla inglese, aristocratica, pronta per montare a cavallo. Non era povera né popolana, Adelina Markò: era una delle due o tre felici signorine, che lavoravano solo per farsi i vestiti, per comperare la biancheria del corredo. Quando entrava in ufficio, Adelina Markò, col suo sorriso benevolo, col suo passo ritmico, portando i suoi vestiti fini e ricchi, i suoi cappelli bizzarri, i suoi profumi squisiti, pareva una giovane duchessa che si degnasse visitare quella casa del lavoro, una infante reale benigna e umana che si compiacesse passare una giornata fra le umili operaie del telegrafo.

Parlavano ancora del freddo, innanzi alla porta bianca su cui era scritto: *Sezione femminile*. Venne ad aprire

---

[7] Fluttuante, ondeggiante.

Gaetanina Galante, l'inserviente, mostrando il suo viso appuntito e olivastro di volpe maligna.

«È venuta la direttrice?» chiesero, quasi in coro, le tre ausiliarie, entrando.

«Ma che! è ancora a messa» rispose quella, sogghignando nella sua sfacciataggine di servetta viziata.

Respirarono. Era sempre meglio giunger prima della direttrice, per dimostrar zelo e amore all'ufficio. Come entravano in quell'anticamera tetra, la burocrazia avvinghiava l'anima di tutte quelle ragazze, il frasario di ufficio, sgrammaticato e convenzionale, fioriva sulle loro labbra. Quelle già arrivate, chi seduta, chi presso la finestra per avere un po' di luce, parlavano già di linee, di guasti, d'ingombri sui circuiti diretti. Lo stanzone era cupo ed esse sbassavan la voce, per istinto. L'unica finestra dava sullo stretto vicolo dei Carrozzieri; l'oscurità dell'anticamera era aumentata dal grande armadione diviso in tanti armadietti, dove le ausiliarie riponevano i cappelli, gli ombrellini, i mantelli: quelle più poverine, la colazione portata da casa: quelle meno povere, il ricamo o l'uncinetto: le più studiose o le più romantiche, i quaderni. In mezzo allo stanzone, un grande tavolino di mogano: a una parete un divano di tela russa: nessun altro mobile. Negli spazi liberi delle pareti, chiusi in sottili cornici di legno nero, senza cristallo, pendevano l'indice alfabetico delle ausiliarie e delle giornaliere, il regolamento interno, l'ultimo editto direttoriale, una carta geografica e telegrafica dell'Italia. Nessuno li leggeva più questi stampati polverosi, insudiciati dalle mosche: l'interesse di tutte era quel foglio di carta che circolava di mano in mano e che le destinava, per quel giorno, a una speciale linea. La direttrice, con la sua scrittura rotonda e tutta svolazzi, scriveva da una parte in colonna, il numero d'ordine che porta la linea, dirimpetto il nome dell'ausiliaria che doveva lavorarvi, in quel giorno, per sette ore. Appena entrate, tutte cercavano questo foglio, avidamente, mentre ancora si cavavano il cappello e si sbottonavano il paltoncino. E come ci erano linee buone e linee cattive, linee senza lavoro e linee con molto lavoro, linee dove ci vuole una pazienza infinita e linee dove è richiesta una sveltezza singolare, così le esclamazioni piovevano.

«È vero che sono una scema e che non so ricevere ancora bene,» mormorava Maria Vitale «ma mettermi ogni due giorni a Castellamare, è insopportabile. Se faccio cinquanta telegrammi in sette ore, è un gran che: imparerò presto, a questo modo.»

«E non ringrazi Dio?» le diceva Emma Torelli, una biondona alta e bianca, dalla forte pronunzia piemontese «io vorrei non saper ricevere, come te. Oggi mi hanno dato Salerno, quella linea indiavolata: è sabato e ci saranno i biglietti del lotto che i salernitani giuocano a Napoli. Centottanta dispacci, come niente! Ho l'emicrania, io: vedrai che lite, oggi, fra me e il corrispondente, se non ara diritto!»[8]

«Ma come le viene in mente alla direttrice, di consegnarmi Avellino?» esclamava Ida Torelli, la seconda sorella. «Io con quel vecchione del corrispondente non posso lavorare: figurati, cara Markò, una mummia di settant'anni, che non può soffrire la sezione femminile. Lo chiamate, non risponde: dopo un'ora, vi chiama precipitosamente e vi fa una sfuriata. A ogni parola trasmessa, interrompe: a ogni dispaccio, chiede spiegazioni. È irascibile, cocciuto e insolente: una linea da crepare.»

«Io sto con Genova,» rispondeva la Markò, con una voce che pareva un canto «il che non è divertente. La linea è così lunga che la pila non basta mai: la corrente è variabilissima: ora forte forte, che unisce e confonde tutti i segni, ora tanto debole che i segni non arrivano. Chiami il corrispondente, non ti sente: ti chiama lui, non lo senti. Corrispondi per dieci minuti bene e respi-

---

[8] *se... diritto*: se non si comporta bene.

ri. Che! all'undecimo minuto la linea si guasta. I dispacci crescono: il ritardo è sempre di tre ore.»

Le più scontente erano le *hughiste*, le migliori ausiliarie che avevano imparato a lavorare sulla macchina stampante Hughes. Ci si lavora in due a questa macchina complicata che pare un cembalo: e vi è bisogno di forza e di attenzione in ambedue le impiegate. Ora in queste coppie, la direttrice non univa mai due che fossero amiche, per impedire il soverchio chiacchiericcio; univa sempre una brava a una più debolina. Così queste coppie mancavano di simpatia fra loro: l'una disprezzava l'altra, e l'altra sentiva il disprezzo. Queste galeotte del lavoro non si lagnavano ad alta voce, per superbia; ma se ne stavano ognuna in un cantuccio, imbronciate, senza parlarsi e senza guardarsi. Maria Morra si ripassava la parte di Paolina nei *Nostri Buoni Villici*[9] che doveva recitare, da filodrammatica, al teatro di San Ferdinando; la sua compagna, Sofia Magliano, una brunetta, dal lungo viso caprino, covava il dispetto, lavorando a una sua *stella*, all'uncinetto; Serafina Casale, piccola, fredda, orgogliosa, pallida e taciturna, prendeva del citrato di ferro in un'ostia bagnata, per guarire dall'anemia che la minava; e Annina Pescara aveva la bella faccia rotonda tutta conturbata dall'idea di dover lavorare con quella noiosa di Serafina Casale.

In un angolo scuro, Giulietta Scarano pregava e supplicava l'inserviente, Gaetanina Galante, che le facesse questo favore, per amore della Madonna, che mandasse per qualcuno la lettera a Mimì. La Galante diceva di no, protestando che di codesti affari non si voleva più mischiare, che aveva avuti troppi dispiaceri, che le ausiliarie erano tante sconoscenti, che lei, l'inserviente, valeva molto meglio di tante che portavano superbia, perché erano impiegate alle macchine e poi dovevano umiliarsi

---

[9] *Nos Bons Villageois* (1866), di Victorien Sardou (1831-1908).

a lei per ogni genere di favori. Giulietta Scarano impallidiva, le tremava la voce innanzi a quella serva che la torturava, con un rifiuto villano, affogato in un profluvio di trivialità: giunse sino a prenderle la mano, raccomandandosi.

A un tratto, sulle voci irose, lamentose e strascicate nella noia, sugli sfoghi dei rancori amorosi e di invidie di uffizio, un zittio passò: entrava la direttrice. Subito, in coro, a voci digradanti, più basse, più alte, acute, lente, frettolose o in ritardo, queste parole si udirono:

«Buon giorno, direttrice.»

Ella salutava col capo, con un sorriso amabile sulle labbra di rosa morta. I fini capelli di un biondo cinereo erano tirati indietro, precisamente, non uno fuori di posto: tutto il volto aveva la grassezza molle, il pallore di avorio delle zitelle trentenni, vissute in monastero o in educandato, in una castità naturale di temperamento e di fantasia. In verità, ella aveva qualche cosa di claustrale in tutto; nel vestito di casimiro[10] nero, nel goletto[11] bianco, nella cautela del passo, nella bassezza della voce, nella morbidezza delle mani che pareva si dovessero congiungere solo per la preghiera, nella limpidezza inespressiva degli occhi bigi, in certi reclinamenti del capo, per pensare. Ella toglieva i guanti e il mantello, chetamente, e guardava le ragazze, osservando che Ida Torelli non aveva il busto, al solito, che Peppina De Notaris portava un anello d'uomo al dito mignolo, che Olimpia Faraone portava troppa *veloutine*[12] sul viso. Le ausiliarie si davano un contegno disinvolto, ma si sentivano sotto quello sguardo freddo e l'imbarazzo le vinceva. Ella, la prima, entrò nel salone delle macchine e si sedette al suo posto, dietro la scrivania, scrivendo in certi suoi regi-

---

[10] Kashmir, lana estremamente soffice e pregiata.
[11] Striscia di stoffa rigida che cinge il collo della camicia.
[12] Polvere di riso usata come cosmetico.

stri, pian piano, con la testa inclinata, come si farebbe il compito di scuola.

«Burrasca, in direzione» disse Caterina Borrelli, che era la miope più insolente, rialzandosi le lenti sul naso rincagnato.

Le ausiliarie si trattenevano ancora in anticamera, visto che mancavano cinque minuti alle sette: ogni minuto squillava il campanello elettrico, qualcuno sopraggiungeva. Era Peppina Sanna, una magrolina e snella, tutta inglese, col vestito a quadrettini bianchi e neri, con gli stivaletti a punta quadrata e senza tacco, col grande velo azzurro che le avvolgeva il cappello e la testa, con un ombrello da pioggia, un sacchetto di pelle nera e un volume dell'edizione *Tauchnitz*[13] sempre sotto il braccio. Era Maria Immacolata Concetta Santaniello, una fanciullona bianca, grassa e grossa, che ondeggiava, camminando, come un'oca, di cui tutti si burlavano, che era piena di scrupoli religiosi e prima di trasmettere un telegramma, invocava il nome di Gesù e Maria. Era Annina Caracciolo, brunissima, coi capelli neri e ricciuti, la bocca rossa e schiusa come un garofano, gli occhioni languidi, l'andatura indolente di una creola: impiegata svogliata, che nessun rimprovero e nessuna emulazione poteva risvegliare. Si parlottava, in un gruppo di due o tre, sogguardando verso la direttrice che scriveva sempre, con la sua posa composta di alunna calligrafa; appena ella udiva una voce troppo forte, o una risata troppo alta, levava il capo e faceva:

«Stt!»

Poi, uno squillo del timbro e la voce liquida della direttrice:

«Signorine, in ufficio.»

In silenzio, esse sfilarono avanti alla sua scrivania e si diressero alle macchine. Nella piena luce del salone, ri-

---

[13] Rinomato editore di Lipsia.

schiarato da tre finestre, si vedevano le facce assonnate di quelle che avevano troppo poco dormito, le faccie smorte di quelle colpite dal freddo, le faccie scialbe di quelle malaticcie: e da tutte si diffondeva un senso di pacata rassegnazione, di noia indifferente, di apatia quasi serena. Cominciavano la loro giornata di lavoro, senza ridere, tutte occupate meccanicamente in quei primi apparecchi: curve sulle macchine, chi svitava il coltellino d'acciaio che imprime i segni, chi metteva un rotolo nuovo di carta, chi bagnava d'inchiostro, con un pennello, il cuscinettino girante, chi provava la elasticità del tasto. Poi, nella quiete mattinale, principiò il ticchettìo dei tasti sulle incudinette, e ogni tanto, queste frasi suonavano monotamente:

«Direttrice, Caserta non risponde.»

«Direttrice, si va bene con Aquila.»

«Direttrice, al solito, Genova chiede un rinforzo di pila.»

«Direttrice, Benevento vuol sapere l'ora precisa.»

«Direttrice, Otranto ha un dispaccio di quattrocento parole, in inglese.»

«Direttrice, Salerno dice che vi è guasto sulla linea di Potenza.»

Il sole d'inverno, ora, entrava in ufficio. Nessuna levava la testa, a guardarne, sui vetri, la striscia sottile.

2

A un tratto, nella taciturnità delle macchine che pareva dormissero, in quel riposo festivo pomeridiano, una lieve chiamata telegrafica s'intese. Nessuna la udì: le poche ausiliarie, malinconicamente condannate a venire in ufficio, dalle due e mezzo alle nove della sera, di Natale, facevano altro. Maria Concetta Immacolata Santaniello, con le mani in grembo, nascoste sotto il grembiule di ufficio, diceva silenziosamente il rosario; Pasqualina Morra, la poetessa, leggeva un volumettino di versi di Pietro Paolo Parzanese,[14] libro permesso dalla direttrice; Giulietta Scarano scriveva, rapidamente, sopra un foglio di carta da telegrammi; Adelina Markò con le mani ficcate nel manicotto, una piccola pelliccia al collo, sonnecchiava; Annina Caracciolo, la indolente, guardava in aria, col suo contegno di distrazione che le risparmiava il lavoro; e le altre, chi dormicchiava, chi chiacchierava sottovoce con la vicina, chi fingeva di non aver inteso, per non muoversi. Ma la chiamata risuonò, più viva: veniva da una macchina solitaria in un angolo di tavolino. Concetta Santaniello interruppe un *mistero doloroso* e disse, con un tono di orazione:

«Foggia chiama.»

Pure non si mosse; non rendeva servigio a nessuno e non si moveva mai, senza l'ordine della direttrice, con un egoismo placido di beghina scrupolosa. E come le chiamate si facevan sempre più precipitose, le ausiliarie, per dire qualche cosa, per interrompere quel noioso silenzio, per far chiasso, dissero ognuna:

«Foggia chiama, Foggia chiama, Foggia chiama, chi *sta* a Foggia, chi risponde a Foggia?»

«Zitto, zitto, eccomi qua» disse Annina Pescara, entrando dall'anticamera e correndo alla macchina di Foggia. «È un bel seccante, Foggia!»

E si mise a ricevere, tenendo alta con due dita della mano sinistra la striscia di carta e scrivendo il telegramma che era per Napoli, sul foglio bianco. Dopo le prime parole ella chiamò la sua indivisibile amica.

«Borrelli, vieni qua.»

La Borrelli piegò un giornaletto letterario che stava leggendo di nascosto, la «Farfalla», se lo cacciò in tasca, si raddrizzò le lenti sul naso con quel moto istintivo dei miopi e corse dalla sua amica. La Borrelli, ora, leggeva anch'essa sulla striscia di carta, attentamente:

---

[14] Sacerdote e predicatore (1809-1852), autore di alcuni volumi di poesia edificante.

«Che imbecille!» esclamò, a un tratto.

«Scusa, mi pare che non sia un imbecille: vuol molto bene a questa sua innamorata» rispose Annina Pescara, offesa nelle sue tendenze sentimentali.

«Sì, ma un uomo non si umilia così» ribatté Borrelli, facendo la dottoressa.

Il telegramma d'amore continuava, era di cinquantanove parole, veniva da Casacalenda ed era diretto a una Maria Talamo, in Napoli, alla Riviera di Chiaia. Era un telegramma dolcissimo: l'uomo effondeva il suo amore in quel giorno di festa familiare, dolendosi della solitudine che nulla veniva a confortare, desiderando una parola di affetto dalla persona amata, giurando che nulla lo avrebbe fatto desistere da questo amore, né la guerra degli uomini, né le avversità del destino, né il medesimo disprezzo di lei, donna adorata. Tutto questo era letto da Maria Morra che era accorsa anche lei, da Peppina Sanna che passando, si era fermata, da Caterina Borrelli e da Annina Pescara che riceveva sempre.

«Quanta retorica!» esclamò la Borrelli.

«Questo telegramma viene da Casacalenda?» chiese la De Notaris, avvicinandosi.

«Sì, sì» le fu risposto.

«Oh è il solito: ne giunge uno quasi ogni giorno: ne ho ricevuto anch'io» disse la De Notaris.

«Questo è quel tale che si sdilinquisce sempre,» gridò Ida Torelli, dal suo posto «aspetta aspetta, che voglio leggere anche io.»

Erano aggruppate in dieci, attorno alla macchina di Foggia. Annina Pescara, tutta fiera, rizzava la piccola persona sulla poltroncina di tela e leggendo sulla *zona*, ripeteva ad alta voce, con tono solenne quelle parole appassionate. Le ragazze stavano a sentire, tutte intente: Ida Torelli, la scettica, sogghignava: Caterina Borrelli, lo spirito forte, si stringeva nelle spalle, come seccata di tante scioccherie. Ma le altre erano un po' commosse da quella prosa telegrafica incandescente, e sottovoce già parlavano dei loro amori, più o meno sfortunati.

Adelina Markò, la bellissima, aveva due o tre pretendenti che ella non poteva soffrire e invece amava un alto impiegato telegrafico, vedovo con due figli, troppo vecchio per lei, che i suoi genitori non le avrebbero mai lasciato sposare: e si torturava per questo amore, non potendo né parlargli, né scrivergli mai. Peppina Sanna pensava al suo bell'ufficiale di marina, dai mustacchi biondi e dai capelli ricciuti, che navigava allora nelle acque del Giappone e che sarebbe ritornato solo fra due anni. Maria Morra, la filodrammatica, amava fedelmente, da cinque anni un impiegato che aspettava sempre un maggiore avanzamento per sposarla e che intanto si consolava, recitando insieme con lei la *Celeste* di Marenco[15] e la farsa: *Un bagno freddo*. Annina Pescara, terminando di ricevere il dispaccio, pensava al suo studente di legge di secondo anno, che ne doveva studiare altri due per la laurea, altri tre per il diploma di procuratore e aspettare altri quattro o cinque per avere un po' di clientela o il posto di pretore in qualche paesello della Basilicata. Questi umili, onesti, ferventi amori sgorgavano da quelle anime giovanili, in quel giorno di festa che dovevano passare in quello stanzone pieno di macchine, lontane dalla gente che amavano, lontane dai semplici piaceri famigliari. Ma, subito le discussioni cessarono. La direttrice era venuta dall'altra sala delle macchine, dov'era stata a conferire col *capoturno* della sezione maschile.

«Che è questo attruppamento, signorine? Ai posti, ai posti, non è permesso lasciare gli *apparati*. Torelli, vedete, Napoli-Chiaia vi sta chiamando e voi siete qui a discorrere!» «Sanna, avete finito di copiare quel registro che vi ho dato?» «De Notaris, vi è un telegramma per Potenza, datelo.» «Markò, anche voi imparate a lasciare il posto? Che smania di complottare!»

---

[15] La *Celeste* è opera del drammaturgo Leopoldo Marenco (1831-1899).

«Direttrice, era un telegramma» disse Caterina Borrelli, con la sua improntitudine.

«Che telegramma?»

E toltolo dinanzi ad Annina Pescara, la direttrice lo lesse. Le ausiliarie che erano ritornate, tutte umiliate ai loro posti, la guardavano per leggere sul suo viso monacale, l'impressione di quel telegramma amoroso. Ma ella non fece atto di nulla e, voltate le spalle, andò a buttare il telegramma nella buca della porta che divideva la sezione maschile dalla femminile. Ritornando, si fermò in mezzo alla stanza e disse severamente:

«Signorine, ho creduto sempre di esser qui a dirigere un ufficio di fanciulle serie, di impiegate solerti che dimentichino, in questo luogo, la storditaggine e l'imprudenza giovanile. Vedo di essermi ingannata, vedo che un nulla, una scempiaggine vi distrae, v'interessa, vi fa abbandonare il lavoro. Se non mettete giudizio, le cose andranno male. Ricordatevi, signorine, che con giuramento avete promesso di non rivelare il segreto telegrafico: il miglior mezzo, è di non interessarvi punto a quello che i privati scrivono nei dispacci. Siamo intese per un'altra volta.»

Un silenzio profondo: nessuno osava rispondere. Ella aveva parlato lentamente e senza riscaldarsi, senza guardare in volto a nessuna, con gli occhi abbassati. Ella non era cattiva, ma sentiva moltissimo la sua responsabilità e tremava continuamente che la sua sezione sfigurasse innanzi ai superiori. Profondo silenzio, penoso: tutte pensavano, non riprendevano le loro occupazioni, come intorpidite. Solo il tasto di De Notaris strideva, trasmettendo a Potenza le parole del dispaccio.

«Che ore sono?» domandò la De Notaris.

«Le diciassette e trenta» mormorò lieve lieve, Clemenza Achard, la sua vicina.

E dopo:

«Le diciassette e trentuno» gridò Ida Torelli.

«Grazie» disse la De Notaris, e segnò l'ora sul dispaccio trasmesso.

Cioè le cinque e mezzo. Era notte da mezz'ora: eppure per arrivare alle nove, ci volevano altre tre ore e mezza. Erano state accese le fiammelle di gas, ma visto che non vi era lavoro, la direttrice aveva dato ordine che si abbassassero: il direttore predicava sempre l'economia del gas. Così in quella penombra, poco si poteva leggere e poco fare l'uncinetto: le ombre delle macchine si profilavano stranamente sui tavolini, con la loro ruota dove si svolgeva la carta, col piccolo braccio movibile di acciaio, con la chiave per dare la corda che pareva l'elsa a croce di una spada. Qualche punto lucido, qua e là: la campanella di vetro che proteggeva il piccolo parafulmine; il bottoncino di un tasto; gli orecchini di *strass* di Olimpia Faraone; gli spilloni di pastiglia nera che Ida Torelli portava nei capelli biondi. Silenzio profondo: non potendo né scrivere, né leggere, né ricamare, le ragazze pensavano.

«Che voleva poi, Napoli-Chiaia, da voi Torelli?» domandò la direttrice dal suo posto.

«Niente, direttrice: abbiamo scambiato un *niente*.»

«Vi ha parlato, dopo?»

«Sì: ha detto che era Natale e che si seccava.»

«Spero che lo avrete messo al silenzio!»

«Non gli ho risposto, direttrice.»

«Va bene.»

La conversazione sulla linea, salvo affari urgenti di ufficio, era severamente proibita. Si era indulgente pei ritardi, per gli errori, per la incapacità; per la conversazione col corrispondente non mai. Chi parlava e veniva sorpresa sul fatto era punita prima con l'ammonizione, poi con la censura, una pena gravissima; al corrispondente, si faceva una lettera risentita dalla Direzione, per avvisarlo che non ci ricadesse mai più. Eppure era questo il peccato più frequente, commesso con maggior gusto, perché più pericoloso. Difatti anche in quel silenzio, in quella penombra, pianissimamente, Annina Pescara parlava col corrispondente di Foggia. Costui, dopo trasmesso il telegramma amoroso, aveva subito esclamato:

«Che moccoletto si regge noi, nevvero, signorina?»

E Annina Pescara aveva risposto subito che non le dispiaceva di reggere il moccolo, che l'amore era una bellissima cosa: il corrispondente aveva risposto che l'amore rende infelice tre quarti del genere umano. La discussione sentimentale ferveva sulla linea: Annina Pescara, che indovinava le parole del corrispondente, *a udito*, col semplicissimo rumore del coltellino che fa i segni, non aveva bisogno di lasciar correre la carta; poi, per non far udire le sue risposte in ufficio, dal rumore del tasto, aveva stretta moltissimo la vite del tasto, che così non faceva più chiasso. Immersa nell'ombra, con le spalle appoggiate alla poltroncina, ella parea dormisse, con una manina bianca allungata e immobile sul tasto: le sue amiche, le sue colleghe vedevano che ella parlava con Foggia, per averlo fatto altre volte anch'esse, altrove; ma chi avrebbe osato tradirla? Laggiù, anche Olimpia Faraone parlava con Reggio, come al solito: ma più imprudente, più inesperta, lasciava correre la carta, strappandola pezzo a pezzo e mettendosela in saccoccia: da venti giorni, ogni giorno parlava con quel corrispondente calabrese, che le aveva già scritto due lettere d'amore. I giorni di festa erano fatti apposta per la corrispondenza proibita: gli impiegati si seccavano nei loro uffici solitari, senza lavoro, e veniva loro la voglia di chiacchierare; le ragazze si seccavano egualmente, e quel parlare con un ignoto, a tanta distanza, lusingava la loro fantasia. Questo accadeva chetamente; ma sul volto della peccatrice si leggeva la compiacenza dell'ingannuccio che commetteva.

«Pescara?» chiamò la direttrice.

«Direttrice?» trabalzò colei, spaventata appoggiando la mano al tasto fortemente, per far tacere il corrispondente.

«Che, dormite?»

«No, direttrice.»

«Domandate a Foggia, se ha niente.»

Annina Pescara sorrise nell'ombra. Dopo un minuto, monotonamente:

«Direttrice, niente con Foggia.»

Ma Caterina Borrelli, che aveva sempre la malizia in risveglio, disse a Olimpia Faraone:

«Faraone, domanda anche tu a Reggio, se ha niente.»

E Faraone, tranquilla, con la voce strascicata:

«Si va bene con Reggio: non vi è niente.»

La direttrice non si accorgeva di nulla. Scriveva una lettera a una sua compagna di scuola, che ora faceva la maestra rurale, in un piccolo villaggio del Molise. Le augurava buon capodanno, ricordandole i bei tempi del convitto, dicendole che era contenta del suo posto: pure la lettera era malinconica. Anche su lei, povera donna, cadeva la stessa tristezza di tutte quelle fanciulle, riunite a far nulla in uno stanzone in penombra, innanzi a una macchina silenziosa, nel giorno sacro di Natale, mentre i parenti, i cari, gli amici erano riuniti a pranzo, a giuocar la tombola e si preparavano per un ballonzolo famigliare. Ella stessa che non aveva più nessuno, sola al mondo, era presa da una nostalgia della casa, delle persone amate. Levava la testa e guardava tutte quelle ragazze immobili, chi sonnecchiando, chi con la fronte fra le mani, chi discorrendo con la vicina a voce bassa, – e non le sgridava più, sentendo la mestizia di quelle lunghe ore fredde scendere su quella gioventù: non le sgridava: le nasceva in cuore una pietà profonda di loro, di sé medesima.

Maria Vitale starnutò due volte.

«Salute» le disse, lieve lieve, la voce di Clemenza Achard.

«Grazie,» e si soffiò fortemente il naso «sei qui tu? Neppure ti avevo visto. Non sei dell'altro *turno*?»

«Ho dato il cambio a Serafina Casale che preferiva venir di mattina, essendo Natale.»

«E ti sei sacrificata tu?»

«Non è un sacrifizio.»

Era una soavissima creatura, magra, bruttina, gracile e timida, che poco sapeva lavorare e che restava sempre in silenzio, alle peggiori linee, dotata di una pazienza angelica, non lagnandosi mai, non alzando mai la voce, cercando di ecclissarsi quanto più poteva. Ella rendeva alle sue amiche una quantità di piccoli servigi, naturalmente: portava un disegno di tappezzeria per pianelle a una, un figurino di mode all'altra, un romanzo alla terza, un pezzo di musica alla quarta; si sedeva a una linea che andava male, in cambio della compagna nervosa che non ne poteva più; era sempre pronta a cambiar di turno per una, a restar due o tre ore di più in servizio per un'altra, a cedere financo il suo giorno di festa, che le toccava ogni due mesi, a qualcuna che ne la pregava; ella prestava il suo ombrello e se ne andava sotto la pioggia a casa sua; prestava il suo scialle e tremava di freddo, andandosene. Tutto questo senza pompa, con una dolcezza silenziosa, con una naturalezza affettuosa tale che le compagne finivano per non esserle più riconoscenti. Sapevano che bastava dire, per ottenere da lei qualunque di questi sacrifici:

«O Achard, te ne prego, fammi, fammi questo favore...»

Ella non resisteva, diceva di sì, subito. Talvolta esse diventavano brutali con lei, che era molto educata. Infatti, Serafina Casale, il giorno prima le aveva detto:

«Achard, te ne prego, lasciami venire di mattina, domani. È Natale, abbiamo gran pranzo in casa e dopo si va al teatro. Tu certo non vai in nessun posto e del Natale non te ne importa niente: dammi il cambio.»

Ebbene, la mite creatura non aveva osato risponderle, che il Natale le importava molto e che da un mese pensava di andare al San Carlo quella sera: e aveva fatto il favore, a chi glielo chiedeva con poca delicatezza. Quando la direttrice lo aveva saputo, aveva detto:

«Povera Achard! voi ne abusate.»

Così Clemenza Achard era lì, accanto a Maria Vitale che aveva il naso rosso e lacrimava da un occhio pel forte raffreddore. Maria sfogava un malumore ingenuo, fisico e morale, perché non poteva respirare e perché doveva stare in ufficio di Natale.

«Figurati, cara Achard, che ho avuto appena il tempo

di ascoltare le tre messe di Natale alla chiesa dei Pellegrini, poi siamo andate con mammà, mia sorella e Gennarino, dalla comare, donna Carmela, che è panettiera e ha tanti denari. Ci ha dato il caffè: ma che caffè! mi pareva veleno: questo catarro[16] non mi fa sentire più nessun sapore e poi il pensiero di dover venire in ufficio alle due e mezzo! Ho pranzato sola, all'una e mezzo, sopra un angolo di tavola: un piattino di maccheroni ed un pezzetto di stufato: poi un *mostacciuolo*,[17] che la comare mi aveva regalato. Tutta la famiglia mia avrà pranzato insieme, verso le tre, poi sono andati al teatro di giorno, al Fondo: si fa *La figlia di madama Angot*.[18] Beati loro che si divertono! Alle nove saranno già a casa e andranno a dormire, essi che hanno avuto la consolazione di godersi il Natale.»

«Se papà tuo ti viene a prendere alle nove, perché non ti fai condurre a teatro?»

«Sì! A quell'ora? con tutta la buona volontà, sono così stanca, che ho un solo desiderio: dormire. O Achard, il lavoro mi è piaciuto sempre, anche per portare a casa quei quattrini, per sollevare papà che ha l'asma, dalla soverchia fatica, per confortare mammà che ha perso la salute coi figli; ma questa è una vita troppo dura. Quando tutti si godono la festa, noi in ufficio: il Padre Eterno si è riposato il settimo giorno, e noi non riposiamo mai. Se cadiamo ammalate e manchiamo all'ufficio, ci trattengono le giornate alla fine del mese, come non si fa colle serve; se manchiamo per volontà, non ci pagano e ci sgridano. Noi non sappiamo più che siano Pasqua, Natale, carnevale. Ci danno le ottantaquattro lire, alla

---

[16] Come segnala Bruni, "catarro" è il termine regionale per "raffreddore", cfr. M. Serao, *Il romanzo della fanciulla. La virtù di Checchina*, a cura di F. Bruni, Liguori, Napoli 1985, p. XXIII.
[17] Dolce tipico del periodo natalizio.
[18] *La fille de Madame Angot* (1872), opera comica di Alexandre Charles Lecocq (1832-1918).

fine del mese? E tutto questo lavoro? Niente, niente, questa è la schiavitù.»

«Perché non hai fatto la maestra?» domandò Achard, dopo aver sospirato.

«Ero troppo stupida,» disse Maria chinando il capo «facevo sempre degli errori di ortografia nel cómpito di lingua italiana e non capivo l'aritmetica.»

«E che vuoi farci, allora? Pazienza ci vuole. O Natale o un altro giorno, non è la stessa cosa? Poi, chi soffre per un dolore, chi per un altro.»

«Anche tu, povera Achard, avrai dei guai. La matrigna ti tormenta?»

«No, no,» disse quella subito, ma con voce tremante «la matrigna è buona.»

«Non hai un fratello militare?»

«Sì, sì, a Pavia.»

«È venuto in permesso?»

«Non ha potuto averlo.»

«Avrà anche lui fatto il Natale solo, poverino. È per lui che ti dispiace?»

Clemenza Achard scosse il capo, come per dire di no, ma le lacrime le scendevano per le guancie, lente lente, senza singulti. Maria Vitale vedendola piangere, contristata per sé, per la compagna, affogata dal raffreddore, cominciò a singhiozzare fortemente.

«Che avete, Vitale? Perché piangete?» domandò la direttrice.

«Niente, niente» borbottò quella fra i singhiozzi, lamentandosi, tossendo, soffiandosi il naso.

«Come, niente? Perché piangete? Dite.»

«Piango perché ho il raffreddore, ecco» fece l'altra, con un dispetto bambinesco.

«Fortunata te, che non hai altri motivi di piangere» mormorò Giulietta Scarano.

«Sei una fanciullona, Vitale,» intervenne Annina Pescara «respira dell'ammoniaca per guarire.»

«Ma che! è meglio una buona tazza di thè» suggerì Peppina Sanna.

«Non dare ascolto, Vitale,» gridò Ida Torelli «cacciati sotto le coperte e cerca di sudare questa notte: domattina sarai guarita.»

«Vitale, non far nulla di questo, figlia mia» disse Caterina Borrelli, ridendo.

Vi fu un movimento in ufficio. Napoli-prefettura aveva comunicato una circolare all'ufficio centrale, in cui si avvisavano tutti i prefetti e sottoprefetti del regno di sequestrare il numero 358 del giornale «La Spira», poiché il suo articolo intitolato *Il Monarcato* che cominciava con le parole: *sino a quando*, e finiva con le parole: *in un mare di sangue*, conteneva voti contro l'attuale ordine di cose, insultava le istituzioni ed eccitava gli spiriti alla rivolta. Subito le fiammelle del gas furono rialzate, i tasti cominciarono a stridere. Campobasso, Avellino, Cassino, Pozzuoli, Castellamare, Salerno, Caserta, Benevento, Reggio, Catanzaro, Aquila, Foggia, Bari, Bologna, Genova, Venezia, Ancona, Cosenza, Casoria, Potenza, Sora, Otranto, furono pronti a ricevere la circolare del sequestro: per cinque o sei minuti l'ufficio si rianimò, un fracasso di trasmissione si diffuse per le due stanze, come un giocondo rinascer di attività. Indi un minuto di pausa e di silenzio: quindi uno stridìo metallico dei coltellini, i corrispondenti che ripetevano tutti, a Napoli, il numero del telegramma, il titolo del giornale, il suo numero, il titolo dell'articolo, le parole con cui principiava e con cui finiva, insomma le cose più importanti, per evitare errori. Qualche voce domandò che ora fosse e fu risposto: ore diciannove. Le fiammelle furono riabbassate, le ausiliarie si distesero di nuovo nelle poltroncine, riprendendo il filo del loro discorso o dei loro pensieri. Il corrispondente di Catanzaro aveva subito detto a Maria Morra, dopo il telegramma del sequestro:

«Valeva la pena di scomodarci per così poco!»

«Che, scherzate? Chissà che vi sarà in quell'articolo» aveva risposto Maria Morra.

Discussero di politica: Maria Morra odiava i repubblicani, li chiamava straccioni, il corrispondente era socialista. Il corrispondente di Cassino anche aveva mandato al diavolo il telegramma, dicendo a Clemenza Achard che per rispondere presto, aveva ingoiato di traverso un bicchierino di rosolio e che ora tossiva come un dannato. Clemenza Achard era tutta confusa, non osando intraprendere una conversazione proibita e temendo di sembrare ineducata al corrispondente, se non gli rispondeva. Non sapendo che fare, batté un colpettino sul tasto, un puntino solo, timido timido: e Cassino, visto che la conversazione non attecchiva, si tacque. In quel momento dalla piazza della Posta, dove già si udivano i primi scoppî di *trictrac* e delle bombe natalizie, salì alla sezione femminile un lungo, dolcissimo fischio. Peppina De Notaris, malgrado la sua presenza di spirito, arrossì nel suo delicato volto di bruna, e tutte le ausiliarie, più o meno, chi trasalì, chi sorrise. La sapevano tutte, quella appassionata leggenda dell'innamorato di Peppina De Notaris. Era un giovanotto bruno e sottile come lei, impiegato al municipio: adorava Peppina. Restava in ufficio fino alle cinque: e se ella era libera nel pomeriggio, andava da lei e vi restava fino alle sette, l'ora del suo pranzo: vi ritornava dopo pranzo, subito. Ma quando ella era di servizio nel pomeriggio, egli pranzava in fretta e si andava a ficcare nel piccolo caffè della Posta, dirimpetto al palazzo Gravina. Ogni mezz'ora fischiava lungamente, dolcemente, come a dire: eccomi, sono qui, ti voglio bene. In quel piccolo caffè non vi era mai nessuno e l'innamorato di Peppina che vi restava tre o quattro ore, leggeva tutti i giornali, parlava col padrone, col cameriere, si era fatto amico con tutti. Di estate sedeva sulla porta e parlava coi conduttori dei *trams*, che aspettavano i passeggieri per partire per Posilipo. E, puntuale, non si dimenticava mai di fischiare, ogni mezz'ora, come per dire: consolati, bella mia, io son qua, ti voglio bene, non ho il coraggio di andare a divertirmi, mentre tu lavori, io ti aspetto, abbi fede, abbi pazienza. La soave leggenda sentimentale circolava nella sezione femminile: e il fischio lo aspettavano tutte, come se fosse un interesse affettuoso proprio. Alle nove Peppina De Notaris era la prima ad andarsene, salutando in fretta: fuori trovava suo padre che l'aspettava per ricondurla a casa: ma giù, sotto i portici del cortile, per non dare all'occhio, l'innamorato passeggiava. Si scambiavano un *buonasera*, sottovoce: e se ne andavano in tre, discorrendo piano di quello che era avvenuto il giorno nella sezione femminile e nell'ufficio municipale. Egli non mostrava né impazienza, né stanchezza per aver tanto atteso, in un caffè solitario, a non far nulla: ella lo guardava con una tenerezza infinita, senza ringraziarlo.

«Signorine,» avvertì la direttrice «non dormite, perché a momenti sarà qui il direttore.»

Quelle che facevano l'uncinetto, lo riposero, avvolgendolo in un pezzetto di giornale: quelle che leggevano, chiusero i libri. Pasqualina Morra riportò il volumettino delle poesie di Aleardi[19] alla direttrice, che glielo aveva prestato: ella era la prediletta, perché non parlava, perché non si muoveva dal suo posto e per aver pubblicato dei versi *a una viola*, in una strenna religiosa. Maria Immacolata Concetta Santaniello, detta la *bizzocchella*,[20] per farsi merito, si mise a leggere la convenzione di Pietroburgo per il servizio telegrafico internazionale. La prima a muoversi dal suo posto per andare dalla direttrice, fu Cristina Juliano.

«Direttrice,» disse ella piegandosi sulla scrivania e fissandola col suo occhio tondo, bianco e guercio «ora che viene il direttore, ditegli che mi faccia andar via mezz'ora prima.»

«E perché?»

«È Natale: e debbo andar a ballare.»

«Andate a una festa?» chiese la direttrice guardando il vestito di lanetta bigia, poverissimo, e la sciarpa al collo scarno, di ciniglia rossa.

---

[19] Aleardo Aleardi, poeta del romanticismo italiano (1812-1878).
[20] Diminutivo di "bizzocca", bacchettona.

«Balliamo a casa mia,» rispose l'ausiliaria, tutta superba «siccome affittiamo stanze a certi studenti...»

«Quando verrà il direttore glielo dirò.»

Cristina Juliano tornò al suo posto, dimenando il lungo corpo mascolino. Venne la volta di Caterina Borrelli:

«Direttrice, ora che viene il direttore, ditegli che vorrei andar via mezz'ora prima.»

««Anche voi ballate?»

«Io debbo andare al Sannazzaro, alla prima rappresentazione della Marini.»

«Che si recita?»

«La *Messalina*, di Cossa.»[21]

La direttrice aggrottò le sopracciglia.

«... glielo dirò» soggiunse poi, con voce secca.

«Anche per Annina Pescara? Io non vado in nessun posto senza lei.»

«Mi pare che ne vogliate troppo, Borrelli.»

Due o tre altre andarono a chiedere questa mezz'ora, miserabili trenta minuti implorati come una grazia. Adelina Markò andava a San Carlo; Olimpia Faraone andava a ballare anche lei. La direttrice prometteva di dirlo, d'intercedere: non poteva far altro; ma erano troppi i permessi. Tutte quelle che li avevano chiesti, ora, guardavano continuamente verso la porta donde soleva entrare il direttore. Era un piemontese severo, talvolta duro, che comandava alle telegrafiste come a un plotone di soldati, e la cui collera fredda e il rigore settentrionale, sgomentava le più audaci. Egli pranzava da vero allobrogo,[22] al *Wermouth di Torino* in piazza Municipio, e dopo capitava sempre in ufficio, per il controllo serale: entrava sempre di sorpresa, arrivava alle spalle, non salutava che la direttrice e ronzando at-

---

[21] Pietro Cossa, drammaturgo autore di drammi storici tra cui la *Messalina* del 1876.
[22] «Antico abitante della Savoia; piemontese.»

torno ai tavolini delle macchine, vedeva tutti i ritardi, le disattenzioni, le trascuranze, le macchine insudiciate di inchiostro azzurro stampante, i tasti troppo alti, quelli troppo bassi, i registri mal tenuti, i fogli di carta telegrafica disordinati. A bassa voce, guardando bene negli occhi l'ausiliaria, egli faceva in pochissime parole l'osservazione: l'ausiliaria chinava gli occhi, non rispondeva, cercava subito di riparare il proprio errore. Sulle prime, qualcuna aveva tentato scusarsi; ma egli girava sui tacchi, le voltava le spalle e tirava via, come se non avesse udito, non ammettendo, per principio, che si discutesse con lui. Di giorno, col sole, questo direttore pareva meno terribile; ma di sera, nella penombra, con quelli occhi nerissimi e fieri d'inquisitore, con quel suo ronzare fra le macchine, con quella voce cheta cheta che non voleva risposta, con quel suo abbrancare improvviso del registro, del tasto, dei dispacci *fermi*, egli aveva qualche cosa di fantastico, egli faceva terrore. Di giorno lo chiamavano *il papa*, per l'infallibilità; lo chiamavano *mammone*, che è lo spauracchio dei bimbi napoletani: ma di sera non lo chiamavano che il *direttore*, e queste quattro sillabe, soffiate più che dette, facevano agghiacciare il sangue. Ma giungevano sino a desiderare la sua presenza: almeno per guadagnare mezz'ora!

«Vedrai che questa sera il direttore non viene e noi schiatteremo qui, sino alle nove» disse Caterina Borrelli ad Annina Pescara.

«Dove sarà, che non viene?»

«Festeggierà il Natale, pranzando con la vice-direttrice.»

«Borrelli, sei maligna.»

«Che maligna? Si sposano: non lo sai?»

Annina Pescara confidò subito la notizia a Ida Torelli, la diceria circolò a voce sommessa. La discussione era: la vice-direttrice può conservare il suo posto, maritandosi? Le ausiliarie, secondo il regolamento, non potevano; ma il regolamento si estendeva alla direttrice e alla vice-direttrice? Chi opinava di sì, chi negava.

«Vedrete, vedrete che si marita e resta qui» sostenne Olimpia Faraone. «Ci divertiremo assai, fra il marito e la moglie.»

«Ma che? La vice-direttrice è un po' nervosa, ma non è cattiva, lo sapete» disse Peppina Sanna.

«È buona, è buona;» soggiunse Caterina Borrelli «bisogna conoscerla bene, per apprezzarla: io sono stata nel suo *turno* e lo so.»

«Ma non rimarrà qui, dopo il matrimonio;» disse Peppina De Notaris «si farà un concorso, fra le migliori, per il posto di vice-direttrice.»

Chi, chi poteva riescire? Quale nuova volontà avrebbero dovuto subire? Serafina Casale, forse, superba, sdegnosa, prepotente? O se fosse riescita Adelina Markò, così bella, così gentile, quello sarebbe stato un piacere grande per tutte: ma ella non avrebbe accettato, doveva maritarsi, un giorno o l'altro, era una impiegata provvisoria, di passaggio. Caterina Borrelli? svelta, intelligente, ma troppo vivace, troppo tumultuosa, faceva troppe satire contro i superiori, non l'avrebbero mai nominata. Pasqualina Morra, la poetessa? Troppo giovane, molle, floscia, senza energia, senza prestigio.

«Signorine, signorine, un po' di silenzio.»

Erano le otto e un quarto: questa ultima ora, dalle otto alle nove, sembrava di una lunghezza interminabile. Quelle che avevano chiesto il permesso, erano prese da una esasperazione nervosa: il direttore non veniva, no, e avrebbero dovuto agonizzare sino alle nove.

«O direttrice, quando viene il direttore!» esclamò, con accento desolato, la Borrelli.

«Eccolo qua: vuole qualche cosa?» le chiese una voce, alle spalle.

La Borrelli, malgrado la sua improntitudine, rimase interdetta. Il direttore si arricciava il mustacchio, come aspettando, guardandola freddamente, con la dominazione tranquilla degli uomini che non subiscono la femminilità.

«... nulla, grazie» mormorò stupidamente la Borrelli.

Il direttore, come al solito, girava attorno ai tavolini, con una lentezza che faceva fremere d'impazienza quelle che volevano andar via prima: leggeva i registri, a lungo, come se li studiasse; leggeva l'ora di tutti i telegrammi *fermi*, per la chiusura festiva degli uffici. Markò, Borrelli, Juliano, Pescara, le altre, guardavano supplichevolmente la direttrice, quasi la implorassero di alzarsi dal suo posto, di raggiungere il direttore, di chiedergli quel benedetto permesso. Erano le otto e mezzo. La direttrice non capiva o fingeva di non capire: ella sapeva di non dover interrompere il direttore nel suo controllo. Quei minuti che passavano, sembravano eterni. Ad un momento disperavano: il direttore aveva preso un telegramma di transito, alla linea di Terracina e se n'era andato verso la porta a tamburo della sezione maschile.

"Se ne va e non abbiamo il permesso" pensavano.

Era un falso allarme: egli ritornò subito, e questa volta, andò direttamente alla scrivania della direttrice. Le parlava sottovoce, senza gestire, ma con una forza e una intensità che trapelavano: ella ascoltava, tutta intenta, con gli occhi abbassati, una mano bianchissima allungata sulla scrivania, l'altra che le reggeva la guancia: ogni tanto le palpebre le battevano, come se approvasse. Ella non rispondeva, però: ed egli seguitava a discorrere, energicamente, senza alzar la voce. Le ragazze che avevano chiesto il permesso fremevano, come se quell'ultimo quarto d'ora rappresentasse la loro salvazione. Ogni volta che la direttrice apriva la bocca, trasalivano: ma ella diceva due o tre parole, come se facesse una obbiezione, che il direttore subito ribatteva, ricominciando la sua perorazione. Alle otto e cinquanta, Caterina Borrelli, non potendone più, disse sottovoce:

«Al diavolo Galvani, Volta, la bottiglia di Leyda, la pila di Daniell, il solfato di rame e la emancipazione della donna...»

«Aquila dà la buona notte» disse Adelina Markò, forte.

«Rispondetegli subito che va male il suo orologio,

che mancano dieci minuti alle nove, che per sua regola non si permetta più di dare la buona notte, e che l'aspetti da Napoli» ribatté il direttore.

Otto e cinquantacinque. Addosso a tutte quelle fanciulle era piombata la grande stanchezza finale, l'aridità di sette ore passate in ufficio a compire un lavoro scarso e ingrato. Stavano immote, senza aver più neanche la forza di levarsi su per andarsene: avevano intensamente desiderata quell'ora delle nove, si erano consumate in quel desiderio e adesso esaurite, senza vibrazioni nervose, stracche morte dall'aspettazione, dall'ozio e dalle chiacchiere vane, non desideravano più niente. Quelle che dovevano ritirarsi a casa, pensavano alla cena e al letto, con un bisogno tutto animale di mangiare un boccone e di sdraiarsi: quelle che dovevano andare al teatro, a ballare, rifinite,[23] esauste, spezzate in tutte le giunture, non avevano più nessuna vanità, non provavano più nessun stimolo.

«Io resto qui sino a mezzanotte» borbottò Borrelli a Annina Pescara.

«E perché?»

«Per gusto.»

«Napoli-Chiaia dà la buona notte.»

«Mancano tre minuti alle nove: aspetti» rispose il direttore, con una grande severità, questa volta.

Finalmente la voce liquida della direttrice:

«Ore ventuno: signorine, date pure la consegna.»

Le telegrafiste sfilarono, a una a una, senza fretta salutando solo la direttrice, poiché il direttore non voleva essere salutato. Nell'anticamera, rischiarata da una vacillante fiammella di gas, innanzi agli armadietti aperti, esse s'infilavano i paltoncini, si avvolgevano al collo le sciarpe, mute, il viso concentrato e chiuso nella indifferenza, in un abbrutimento dello spirito. Olimpia Faraone, innanzi allo specchio di mezzo, con certi colpi di

---

[23] Sfinite (già in De Amicis, cfr. p. 385, nota 11).

piumino, si metteva della cipria nei capelli biondi e le altre non la invidiavano, la guardavano, un po' meravigliate, che avesse ancora voglia di acconciarsi. Ma la sua civetteria, tutta languori, si compiaceva di quello stato di abbattimento. Adelina Markò aveva portato un corpetto di velluto nero, per indossarlo alla fine del servizio; ma, ora, il desiderio le era passato, e, tolte da un bicchiere d'acqua due camelie bianche, se le aggiustava sul petto, nella ricca cravatta di merletto; e tutta la bella persona, dalle dita molli e fiacche, che non giungevano a conficcare una spilla al leggiadro collo biondo e flessuoso, indicava una stanchezza infinita. Esse uscivano di là, salutandosi fiocamente, senza baciarsi, come istupidite, con la faccia rilasciata nella fatica: fuori le madri, i padri, i fratelli le aspettavano per ricondurle a casa.

«Che è?» chiedeva la madre di Giulietta Scarano alla figliuola.

«Niente, mammà.»

«Ti senti male?»

«No: sono stanca.»

Maria Vitale se ne andava, col padre, tutta incappucciata nella mantiglia che le aveva prestata Clemenza Achard: Maria Vitale piegava la testa sotto il peso plumbeo del raffreddore e respirava profondamente, per vincere l'oppressione del petto. Le ausiliarie si allontanavano per le vie della Posta, di Monteoliveto, di strada Nuova Monteoliveto, di Trinità Maggiore, strette nei paltoncini, ombre dileguantisi nell'ombra, un po' curve, come se una improvvisa vecchiezza le avesse colpite.

3

L'editto del direttore, in forma di lettera alla direttrice, diceva così: "che pel giorno di domenica, 8 aprile, erano indette le elezioni generali politiche e pel giorno di domenica, 15 aprile, le elezioni di ballottaggio: che in quelle due settimane, ma, specialmente sabato, domenica, lunedì, vi sarebbe stato un grandissimo affollamento di telegrammi, su tutte le linee, importanti e non importanti: che quindi si rivolgeva allo zelo delle ausiliarie, per sapere se volessero prestarsi a un servizio straordinario, di due, tre, quattro ore, oltre le sette del servizio ordinario: che tutte quelle che volessero dare questa prova di amore al lavoro, si firmassero sotto quella carta; che si lasciava, per questo, intiera libertà, non volendo obbligare nessuno". Questo editto era stato letto in forma solenne, alle due e mezzo, innanzi tutte le ausiliarie riunite, presenti direttrice e vice-direttrice. Le fanciulle ascoltavano, trasognate, con la sensazione di un grosso colpo nella testa, incapaci di decidersi: vi era tempo due giorni. E il fermento di ribellione nacque subito, si sviluppò in ufficio, nella strada, nelle case. No, non volevano prestar servizio straordinario. Era una oppressione, un martirio anche quell'ordinario: farne dell'altro? Niente affatto. Perché, per chi? Le trattavano come tante bestie da soma, con quei tre miserabili franchi al giorno, scemati dalle tasse, dalle multe, dai giorni di malattia: e invece, esse avevano quasi tutte il diploma di grado superiore e al telegrafo prestavano servizio come uomini, come impiegati di seconda classe, che avevano duecento lire il mese. Farsi un merito? Ma che, ma che! Chi le avrebbe considerate? Non erano nominate né con decreto regio, né con decreto ministeriale: un semplice decreto del direttore generale, revocabile da un momento all'altro. Se le telegrafiste facevano cattiva prova, le potevan rimandare a casa, tutte, senza che avessero diritto di lagnarsi. L'avvenire? Quale avvenire? Erano *fuori pianta*,[24] non avevano da aspettar pensione: anzi, diceva il regolamento, che a quarant'anni il Governo le licenziava, senz'altro: – cioè se avevano la disgrazia di

---

[24] Il contrario di "in pianta stabile", ossia non inserite nell'organico del personale.

restar telegrafiste sino a quarant'anni, il Governo le metteva sulla strada, vecchie, istupidite, senza sapere fare altro, consumate nella salute e senza un soldo. Tutte quelle lagnanze sorde che correvano negli animi giovanili, incapaci di sopportare il giogo burocratico, salivano alle labbra, amarissime, e tentavano lo spirito delle più serene: tutti i piccoli torti, tutte le piccole ingiustizie, tutte le piccole sofferenze, prendevano voce, si rinfocolavano nel ricordo, gli spiriti depressi si sollevavano in quel flusso di parole, in quelle frasi che venivano ripetute venti volte, in quelle doglianze monotone come un ritornello. In casa di Caterina Borrelli discutevano Annina Pescara, Adelina Markò, Maria Morra, Sofia Magliano; in casa di Olimpia Faraone complottavano Peppina Sanna, Peppina De Notaris, Ida Torelli. Le amiche si davano convegno, per mettersi d'accordo. Si litigava dapertutto, fra quelle feroci e quelle miti: fra le ribelli aggressive che consigliavano di non andarci punto in ufficio, per lasciare i superiori nell'imbarazzo, e le ribelli passive che intendevano solo prestare il servizio ordinario. I parenti, i fidanzati, gli amici s'interessavano a quella grande questione, parteggiavano chi per una ribellione intiera, chi per un contegno indifferente, nessuno consigliava il servizio straordinario. Le ausiliarie si sentivano pregate dalla direzione, si sentivano le più forti: volevano mostrare di aver carattere.

Ma quando fu il giorno e l'ora della firma, sotto quel grande foglio bianco, avvenne un curioso fenomeno psicologico, tutta una rivoluzione in quegli spiriti. E in processione, silenziose, con un'aria decisa e un contegno fiero, ognuna andò a scrivere qualche cosa. La prima Rachele Levi, una israelita, piccola, bruttissima, sempre piena di gioielli, scrisse che avrebbe ogni giorno prestato un'ora di più di servizio. Grazia Casale, la bruna grassotta, tutta profumata di muschio, scrisse che avrebbe prestato servizio per sé e per sua sorella Serafina, che era inferma. Adelina

Markò, sarebbe rimasta di giorno sino alle cinque e ogni sera sino a mezzanotte. Emma Torelli: farebbe cinque ore di servizio straordinario ogni giorno. Ida Torelli: come sua sorella. Peppina De Notaris: sarebbe venuta alle sette, andata via a mezzogiorno; ritornata alle quattro, andata via a mezzanotte. Peppina Sanna: farebbe il servizio completo, dalle sette del mattino alle nove della sera: chiedeva solo due ore per andare a pranzo. Maria e Pasqualina Morra: sarebbero venute dalle sette del mattino a mezzanotte, chiedevano due ore per andare a pranzo. E così tutte le altre, di ambedue i turni, senza eccezioni, salirono di offerta in offerta, sino a che l'ultima, Caterina Borrelli, scrisse col suo grosso carattere storto, questa dedizione completa: *sono a disposizione della direzione*. Ma sotto queste ultime parole fu attaccato un pezzettino di lettera: Maria Vitale scriveva da casa sua, dal letto, dove la bronchite l'aveva gettata per la terza volta, che sentendosi meglio, avrebbe fatto tutto il possibile, per venire a fare il suo dovere.

***

Che giornata fu quella di domenica, otto aprile! Alla mattina piovvero, come fitta gragnuola, telegrammi di candidati ai grandi elettori, ai sindaci, ai segretari comunali, raccomandandosi: le ultime, ferventi, pie raccomandazioni: – telegrammi umili, ardenti, pieni di concessioni precipitose e di promesse disperate. Poi una circolare politica, del Ministero dell'interno, l'ultima, a tutti i prefetti e sottoprefetti del regno, in cifra, quattrocentosettantadue gruppi di numeri, una fatica immensa, con la paura continua di un errore di cifra che avrebbe guastato il senso del dispaccio: e per ogni cifra sbagliata, l'impiegato paga sei lire di multa. Ma l'accesso di febbre telegrafica fu a mezzogiorno. Da tutti i comunelli, da tutti i grossi comuni, da tutti i capiluoghi, da tutte le sottoprefetture e prefetture, arrivavano i risultati delle frazioni, al ministro, alla *Stefani*, ai giornali, ai candidati, agli amici dei candidati, ai capipartiti, alle associazioni politiche: e subito dopo, telegrammi privati di commenti, di sfiducia, d'incoraggiamento, di speranze moribonde, di trionfo, di congratulazione, di aspettazione, di bestemmie, di amarezza, di scetticismo. Alle tre del pomeriggio l'accesso febbrile divenne furioso. Nella sezione maschile erano attivati quattro fili con Roma, due più dell'ordinario e il ritardo era di tre ore; con Firenze, con Milano, con Torino vi era un ingombro tale di dispacci, che si contavano a serie di dieci. Tutte le macchine, Morse, Siemens, Hughes, doppia Hughes, Steele, erano in movimento: i due capoturni erano presenti, andando e venendo, come sonnambuli, col sigaro spento, un fascio di telegrammi in mano. La porta di comunicazione con la sezione femminile era semiaperta, caso nuovissimo, ma nessuno si voltava. Nella sezione femminile erano presenti tutte le ausiliarie, ognuna a una macchina; la direttrice andava e veniva. La vice-direttrice, piccolina, coi capelli corti, una testolina simpatica di garzoncello svelto, correva da una macchina all'altra, riordinando dispacci, regolando i sistemi di orologeria, dando l'inchiostro, lesta come uno scoiattolo, le mani pronte, l'occhio vivo, la parola alta e breve. I telegrammi nascevano, sgorgavano, spuntavano da tutte le linee; su tutte il ritardo era di tre ore, i telegrammi da trasmettere si ammonticchiavano, formavano fasci, manipoli, cumuli; mentre se ne trasmetteva uno, ne arrivavano cinque da trasmettere, mentre si finiva di trasmettere una serie di dieci, ne restavan *fermi* cinquantadue. Le ausiliarie erano prese dalla febbre, che ogni ora saliva di grado. Alta, seduta sul seggiolone, col vestito coperto da un grande grembiale nero, Adelina Markò lavorava alacremente alla macchina Hughes, con Genova, trasmettendo con una lestezza di dita di pianista emerita, con uno scricchiolìo rapidissimo di tutto quell'ingranaggio, dando la corda al congegno con certi colpi potenti del piede diritto,[25] i capelli rialzati sulla testa per non aver fastidio sulla nuca, le maniche rimboccate per poter trasmettere più facilmente: accanto a lei, Giulietta Scarano aveva appena appena il tempo di registrare i dispacci. Maria Morra sedeva sull'alto seggiolone, anche lei, alla linea di Bari: un ciuffo di capelli le scendeva sopra un occhio, aveva una macchia d'inchiostro azzurro sul mento, il goletto sbottonato perché si sentiva soffocare, due macchie rosse sui pomelli: ogni tanto, Emma Torelli le dava il cambio, per farla riposare, un po', registrando i dispacci, classificandoli, facendo tutto il servizio di segreteria. Fra le coppie di *hughiste*, ambedue egualmente responsabili della linea, vi erano questi brevi dialoghi, senza lasciar di trasmettere e di scrivere.

«Quanti ce ne sono ancora?»
«Quarantatre.»
«E che ritardo?»
«Due ore e cinquanta.»
«Madonna santissima!»
Sulla linea poi, col corrispondente:
«Quanti ne avete?»
«Sessantaquattro» era la risposta recisa.

Esse impallidivano. La moltiplicazione dei telegrammi era miracolosa, tutti telegrafavano, ora. Si era dovuto attivare un quinto filo con Roma e – onore insperato – lo aveva la sezione femminile, che sin'allora non aveva mai corrisposto con la capitale. A quel filo, macchina Morse, si riceveva soltanto: vi era stata messa quella che riceveva meglio, la Borrelli. Con le lenti fortemente piantate sul naso, una gamba incavalcata sull'altra, come un uomo, con un movimento nervoso della bocca, senza mai levar la testa, senza muoversi, senza voltarsi, ella riceveva sempre, indovinando le parole dalla prima sillaba, finendo di scrivere il telegramma prima che il

---

[25] Destro.

corrispondente finisse di trasmetterlo. Dopo averne ricevuti quindici o venti, ella lo interrogava:

«Ne avete molti, ancora?»

«Moltissimi.»

«Quanti saranno?»

«Una settantina.»

«Date.»

E ricominciava a ricevere, con la bocca arida, le dita sporche di inchiostro sino alla prima falange. Poi, presa da una specie di delirio telegrafico, diceva al corrispondente: trasmettete più presto, io so ricevere. Quello affrettava la trasmissione, rapidissima, di una velocità quasi irraggiungibile e quella lo aizzava, lo spronava, come il fantino al cavallo da corsa, dicendogli ogni tanto: più presto, più presto, più presto.

Sulla linea Napoli-Salerno, lo spettacolo era diversamente meraviglioso. Il corrispondente di Salerno era il migliore impiegato di quell'ufficio: e corrispondeva con Peppina Sanna, una delle più forti, se non la più forte, della sezione femminile. La mattina si erano scambiata una sfida gioconda, da campioni valorosi, si erano salutati come due schermitori di prima forza: e il torneo era cominciato. Alternavano trasmissione e ricevimento, a partite eguali, di un dispaccio: appena il corrispondente dava la firma del suo dispaccio, Peppina Sanna aveva la mano sul tasto per dare il proprio. Era un alternarsi di rumori: ora il tasto di Napoli rapidissimo, saltellante, sotto la ferma mano di Peppina, ora il coltellino che riceveva la trasmissione di Salerno, che ballava, ballava, con un ticchettìo infernale. Si eccitavano, a vicenda: «Che tartaruga siete!» esclamava Peppina Sanna. «Ah, sono tartaruga?» gridava il corrispondente e correva correva come un indiavolato, per vedere di sbigottirla. «Credete di spaventarmi?» esclamava lei e precipitava talmente la propria trasmissione, che non pareva possibile egli arrivasse in tempo a riceverla.

«Svelte, signorine, svelte» strillava la vice-direttrice.

«Abbiamo un grave ritardo» mormorava la direttrice, girando attorno ai tavoli.

Anche il direttore andava e veniva, ma muto, serio, senza fare osservazioni, passeggiando come un leone nella gabbia. Non diceva niente, vedeva tutto: la faccia pallida di Annina Pescara che sedeva da dieci ore alla linea di Reggio e crollava ogni tanto il capo, come se non potesse reggerlo; la pazienza angelica di Clemenza Achard, che combatteva con sette piccoli uffici sulla sua linea, che tutti avevano telegrammi e tutti volevano avere la precedenza; il tormento di Ida Torelli che si dannava alla linea Napoli-Ancona-Bologna, ella aveva sessanta dispacci, Ancona e Bologna perdevano il tempo a litigare fra loro; la perizia di Peppina De Notaris che arrivava a intuire, più che a leggere, la trasmissione del corrispondente di Catanzaro, una bestia che non sapeva trasmettere. Egli dava le volte come il leone, ma non diceva niente: le ausiliarie erano tutte svelte, tutte intelligenti, quel giorno: quell'ambiente, quell'eccitamento avevano sviluppato in loro qualità nuovissime. Si soccorrevano, con amore, scambievolmente, d'inchiostro, di penne, di carta; le più disadatte alla corrispondenza, registravano, mettevano l'ora ai dispacci, contavano le parole, mettevano i rotoli di carta, raccoglievano i telegrammi trasmessi. Non vi erano più distinzioni di *turno*, di antipatie, di valori: si assistevano fraternamente, arse dal desiderio di far bene. Alle otto della sera, di quella domenica, le ausiliarie telegrafiche, tutte presenti, senza aver fatto colazione, senza aver pranzato, seguitavano a trasmettere, a Hughes, a Morse, seguitavano a ricevere, fra un fascio di telegrammi già dati e un fascio da darsi, con gli occhi lustri, le trecce disfatte, la mano nervosa che forte stringeva il tasto, e la voce velata che chiedeva, ogni tanto:

«Vi è ingombro, ancora?»

4

Dopo un ottobre dolcissimo, con un sole tepido di primavera e una grande fioritura di rose, il primo novembre, giorno dei Santi, un bianco strato di nuvole aveva coperto il cielo e nel pomeriggio era venuta la fine pioggia autunnale, la pioggia che bagna sempre il pietoso pellegrinaggio della gente che va al camposanto, il giorno dei morti. E per tutta la prima settimana di novembre piovve sempre, con qualche intervallo in cui la pioggia smetteva, come per stanchezza: ma insensibilmente, dopo mezz'ora le goccioline ricominciavano a cadere, lente, rade, poi s'infittivano venendo giù, per due o tre ore, con una monotonia di rumore che addormentava. Nell'anticamera della sezione femminile, gli ombrelli aperti lucidi d'acqua, gocciolavano dalle punte delle balene[26] appoggiate al suolo: sulla spalliera del divano di tela russa e su qualche sedia si asciugavano certe mantelline bagnate, certi sciaIletti che la pioggia faceva stingere; finanche sopra una macchina Hughes che serviva per l'istruzione, era disteso un *waterproof*[27] nerognolo, chiazzato da larghe macchie nere di acqua. Le più prudenti, appena entrate, si cambiavano gli stivaletti, mettendone un paio vecchi, che conservavano nell'armadietto: ma alla fine dell'orario, era difficile calzare nuovamente quelli che l'umidità aveva fatto restringere. Da che erano venute le pioggie, la colazione di quelle che potevano spendere, non era più composta della granita di limone che si risolveva in un liquido acidulo e verdastro, in cui s'intingeva un panino da un soldo: col novembre si prendeva il cioccolatte, una bevanda nerastra, pesante, caldissima, che bruciava la lingua e lo stomaco. Gabriella Costa, la pic-

---

[26] Stecche di balena («lamine cornee molto elastiche e flessibili, ricavate dai fanoni delle balene») con cui erano fatti gli ombrelli.
[27] Impermeabile.

cola Lavallière,[28] detta così pel suo bianco volto ovale e malinconico, per i riccioli biondi della fronte e delle tempia, diceva, lamentandosi dolcemente, che in quel cioccolatte vi era del mattone pesto. Questo incidente delle colazioni era un eterno soggetto di lite fra Gaetanina Galante, la inserviente, e le ausiliarie: esse non pagavano giorno per giorno, facevan conto, mangiavan biscotti e paste; alla fine del mese, quando essa presentava il conto di dieci, quindici lire, financo, esse torcevano il muso, le più educate tacevano, le più pettegole dicevano che vi doveva essere errore certamente, non avevano mangiato mai tutta quella roba. Ma con Gaetanina Galante era difficile di averla vinta, tanto era insolente e ineducata: aveva già fatto un bel gruzzoletto coi guadagni delle colazioni e a certune aveva prestato dei quattrini, con l'interesse: poco, venti, trenta lire, cinquanta lire, che esigeva a rate mensili di cinque lire, di dieci, secondo la somma. Il giorno in cui dall'amministrazione scendevano le mesate, ella si tratteneva più a lungo in ufficio, per esigere. Non pagarla, era impossibile, tanto era il terrore che la direttrice o il direttore venissero a sapere di questo debito: e lei si avvaleva di questo terrore, per esercitare un certo dominio su quelle che le dovevano dei denari. Una le faceva i cappellini, un'altra le regalava un paio di guanti, una terza le prestava il suo medaglione d'oro, quando ella doveva andare a ballare: e questa serva le trattava da compagne, da amiche, dava loro del *tu*, di che esse arrossivano e si vergognavano.

Dal primo giorno della pioggia, si erano manifestati i guasti di linea, il tormento autunnale e invernale dei telegrafi. Procida aveva subito inviato un telegramma di servizio, dicendo che per la pioggia non vedeva più le

---

[28] Dal nome di Louise-Françoise de La Baume-le-Blanc de La Vallière (1644-1710), nobildonna francese che fu, in giovane età, la favorita di re Luigi XIV.

isole di Ponza e di Ventotene; immediatamente dopo, Massalubrense telegrafò che non vedeva più Capri; le comunicazioni semaforiche erano dunque interrotte. Dopo tre giorni la linea delle isole che parte da Pozzuoli, tocca Ischia, Forio d'Ischia, Casamicciola e Procida, un po' sottomarina, un po' aerea, e poi di nuovo sottomarina, principiò a soffrire: la corrente giungeva a intervalli, si corrispondeva con grande stento. Alla sera, si guastò addirittura, non rispose più nessuno. Tutta pensosa la vice-direttrice andò alla porta della sezione maschile, chiamò il *capoturno* e gli disse:

«Con le isole, è guasta ogni comunicazione.»

«Molti dispacci, fermi?»

«Sette.»

«Poco male, li manderemo per posta.»

Sotto quella pioggia continua, in quella umidità che impregnava l'aria, le strade, le persone, i vestiti, le anime, il servizio telegrafico era tutto un lavoro di pazienza. Quando entravano in servizio, le ausiliarie guardavano il cielo, facevano una smorfia di sfiducia e chiamavano il corrispondente. Talvolta, sul principio, il servizio procedeva bene, per un'ora, per due: a un certo momento i segni scomparivano e l'ausiliaria pensava: ci siamo: Madonna assistimi. Ma più spesso il guasto si dichiarava dal mattino, il tormento si manifestava subito dal *buongiorno* del corrispondente che Napoli non sentiva, e dal *buongiorno* di Napoli che il corrispondente non sentiva. Le sette ore di servizio passavano, consumate in tentativi vani di farsi sentire, battendo forte il tasto, facendo i segni lunghi, chiari, lentissimi.

«Per carità, direttrice,» mormorava l'ausiliaria «la nostra pila è troppo debole, aggiunga qualche cosa d'altro.»

«Avete già trenta *elementi* di più: che posso farvi?» rispondeva la direttrice, desolata.

«È inutile, è inutile» soggiungeva l'ausiliaria. «Otranto non mi sentirà mai.»

La corrente partendo o giungendo, soffriva un morbo capriccioso e strano che la prendeva a sbalzi, che le dava tregua per due ore e la prostrava per una giornata, che la faceva balzare, subitamente ringagliardita o la immergeva in una debolezza mortale, il fluido possente che un po' di rame, un po' d'acido solforico, un po' di zinco fanno sviluppare, il fluido fortissimo che niuno ha ancora spiegato, la grande efficienza naturale, inesplicabile e grande come il calore, come la luce, la corrente elettrica, forza, volontà, pensiero, era ammalata, attaccata nella sua forza e nella sua potenza. La torcevano per dolore, certe convulsioni strane, per cui le macchine parea dovessero spezzarsi sotto il suo impeto: essa batteva batteva sul metallo certi colpi duri, secchi, ripetuti fittamente, come bussasse per aiuto, come se chiamasse al soccorso: e nell'abbattimento che susseguiva questi impeti, il coltellino della macchina aveva un tremolò indistinto, un movimento così lieve che pareva un soffio:

«Direttrice, direttrice,» diceva lamentosamente Annina Pescara «certo Bologna mi sta dicendo qualche cosa, ma i segni non arrivano.»

«Rendete sensibile la macchina.»

Si smontava la macchina, si regolava più delicatamente il sistema di orologeria, si accorciava la spirale per farle sentire meglio la corrente, si accostava il coltellino a un capello dalla carta. La macchina, così regolata, pareva uno di quei raffinati temperamenti umani, in cui la vibrazione è immediata, in cui i nervi frizzano a qualunque piccolissima sensazione: *l'apparato era sensibile*. Allora, pallidamente, qualche segno compariva, parole spezzate, frasi monche: pareva un delirio fioco ed indistinto di persona morente. E il guasto era dichiarato, per non avere responsabilità:

«Vi è dispersione su Bologna.»

Pure la telegrafista restava alla sua linea, tentando ancora, tentando sempre, sperando sempre di poter corrispondere. La malattia della corrente era così bizzarra! da un istante all'altro essa poteva guarire, per un'ora, o per una giornata. E con questa incertezza, la telegrafista passava le sue ore in sforzi inutili, provando, riprovando, con una costanza di coraggio, con una rassegnazione tutta giovanile. Ogni tanto si udiva qualche sospiro profondo:

«Che hai?» domandava la Caracciolo che ci si divertiva ai guasti, perché non si lavorava.

«Questa linea di Catanzaro mi fa morire» rispondeva Grazia Casale.

E ogni tanto:

«Non si corrisponde più con Benevento.»

«Che guasto vi è?»

«Corrente continua.»

Ma il guaio maggiore erano i contatti. Per la pioggia, per le strade cattive, per la pessima manutenzione dei fili, per un uccello che vi si posava, per un caso qualunque, frequentissimo in inverno, due linee che andavano nella stessa direzione, si univano, e accadeva il *contatto*. A un tratto, mentre si parlava con Reggio, saltava fuori, sulla linea, Torre Annunziata, e le trasmissioni s'imbrogliavano, si confondevano, i corrispondenti litigavano, le correnti s'intrecciavano. E la voce triste di Clemenza Achard, lieve, lieve, diceva:

«Non si va più con Reggio: vi è contatto con Torre Annunziata.»

***

In quel giorno, il dodici novembre, aveva cessato di piovere, dalla mattina: ma il cielo era rimasto chiuso e grigio, quasi nero alla linea dell'orizzonte, dietro la collina di San Martino. E nelle nuvole il tuono rumoreggiava sordamente, continuo; un lampeggio folgorava azzurrino, all'orizzonte. Alle quattro il *capoturno*, che aveva la faccia stanca e annoiata, si presentò alla porta della sezione femminile, chiamò la vice-direttrice e le disse:

«Non comunico più con la Sicilia.»

E si guardarono tutti e due, avendo sul viso l'aria preoccupata di chi subisce un guaio irreparabile. La direttrice ritornò in mezzo alle ausiliarie e comunicò la notizia.

«Non si corrisponde più con la Sicilia.»

Le fanciulle si guardarono fra loro, crollando il capo: a poco a poco, l'ufficio di Napoli pareva s'isolasse da tutti gli altri paesi con cui era legato. Da quattro giorni non si avevano notizie di Venezia che dava i suoi telegrammi a Roma; Campobasso mandava i suoi telegrammi per posta; di Ancona non si sapeva nulla; con Benevento non si comunicava: ora questo isolamento dalla Sicilia, che era il più importante, sembrava l'abbandono completo, l'isolamento assoluto. In quel giorno, tutte le altre linee andavano male, non per l'umidità, ma per le scariche elettriche dell'aria che colpivano la linea e spezzavano i segni della trasmissione.

«Signorine, non toccate con le dita il metallo del tasto; potreste prendere una scarica» aveva raccomandato la direttrice.

Ma qualcuna ci si divertiva a quel giuoco, di prender una scarica. Bastava toccare uno dei reofori,[29] o il manico del tasto, o un bottoncino esterno della macchina per sentire una piccola vibrazione, passante dalle dita al polso, dal polso alla nuca.

«Borrelli, Borrelli, non scherzate con le scariche elettriche: potreste essere fulminata.»

«Sono cose che si raccontano, vice-direttrice.»

Maria Immacolata Concetta Santaniello si segnava a ogni tuono più forte e si vedevano le sue labbra muoversi, come per la preghiera. Peppina De Notaris, a ogni scarica elettrica, si arretrava con un lieve movimento di paura. Peppina Sanna aveva una smorfia nervosa della faccia, come se tutta quell'elettricità le si scaricasse nei nervi. Sofia Magliano, cercando invano di farsi rispon-

---

[29] «Filo metallico capace di condurre corrente elettrica.»

dere da Cosenza, parlava con Maria Morra di quella bella Adelina Markò che nel mese di luglio aveva date le dimissioni e nel mese di agosto si era felicemente maritata con un giovanotto di Salerno, un negoziante: ella aveva dato un addio alle fisime sentimentali, per cui si attaccava al vedovo di quarant'anni ed era felice, adesso, come aveva scritto alla direttrice. Ora la più bella della sezione era Agnese Costa, una alta, snella, con un bel collo bianco, una nuca grossa e due grandi occhi grigi. Anche Emma Torelli si era fidanzata con un impiegato telegrafico e il matrimonio si doveva fare fra cinque o sei mesi. Discorrevano di questo, un po' nervosamente, eccitate dalla fatica inutile di poter avere una risposta dai corrispondenti, dalle scariche elettriche e dalle cose che dicevano. La verità, sul caso della Juliano, non si era mai potuta sapere: era mancata a un tratto; ma tre o quattro volte era stata chiamata in direzione, l'avevano vista salire dall'altro salone, col suo grande corpo slogato da uomo mal fatto. E anche la direttrice era stata tre o quattro volte in direzione, per molto tempo a conferire col direttore; e n'era venuta via con la faccia stravolta e le labbra di rosa morta anche più pallide. Una disgrazia, quella della Juliano, che colpiva tutta la sezione: una disgrazia non chiara, ma di cui si sentiva il malessere latente. E pensare che ella era così brutta! Ma tutto un farfuglio di segni comparve sulle linee di Cosenza e di Catanzaro dove stavano Maria Morra e Sofia Magliano, e poco dopo la vice-direttrice annunziava:

«Un palo è stato fulminato, verso Salerno: contatto su Cosenza, Catanzaro, Reggio, Potenza e Lagonegro.»

Sei linee erano abbattute nello stesso tempo: ma non tacevano: su quelle macchine vi era un garbuglio di correnti, di trasmissioni, di colpi forti che l'elettricità dell'aria tagliava in due. Il tuono rombava più forte: in tutti i punti di contatto, fra metallo e metallo delle macchine, vi era una lieve scintilla.

Gli isolatori, a punte metalliche, come i denti di un

pettine, anche scintillavano, a riprese. In questo la direttrice entrò, vestita di nero, con un velo di crespo nero sul cappello e i guanti neri: aveva gli occhi rossi e gonfi. Si mise a discorrere piano con la vice-direttrice: le ausiliarie la guardavano, subitamente diventate pallide a quel lutto, senza curarsi più dell'elettricità: certo ella ritornava di *lassù*, dove era andata con le altre ausiliarie. Non osavano chiamarla e chiederle che era accaduto *lassù*. Un lampo guizzò nel cielo livido: e un forte tuono scoppiò, un fulmine era caduto in città. Tutte le macchine scricchiolarono, a tutti i reofori, a tutti i bottoncini, vi fu un fioco scintillìo: negli isolatori parve un fiammeggiamento. Il *capoturno* si presentò alla porta della sezione maschile e gridò:

«Temporale: vi è pericolo: linee alla terra!»

La vice-direttrice esitò un momento innanzi a una misura così grave, che si prende rarissimamente: ma un nuovo fulmine cadde più vicino.

«Linee alla terra!» comandò il capoturno.

Subito dopo una quiete si allargò nell'ufficio. Napoli era isolata: i tasti, le macchine, gli isolatori, parevano colti da una improvvisa morte: la corrente era morta. E attorno alla direttrice, che veniva dal cimitero, le ausiliarie, aggruppate, rimpiangevano Maria Vitale che era morta.

Commento al testo

«Le novelle pubblicate su rivista e sùbito dopo raccolte ne *Il Romanzo della Fanciulla* furono concepite fin dall'inizio come una serie organica»;[1] di queste *Telegrafi dello Stato (Sezione femminile)* viene pubblicata nella «Nuova Antologia» con il titolo *Telegrafi dello Stato (Bozzetto)* nel 1884.

Nella *Prefazione*, datata ottobre 1885 e premessa al testo edito in volume, l'autrice chiarisce che il senso della novella ruota tutto attorno alla sua «impersonale» o collettiva unica protagonista, la «fanciulla», ed è connesso al valore che in relazione alla protagonista medesima assume la raccolta nel suo complesso, e soprattutto la ambigua definizione di "romanzo" attribuita alla serie novellistica. L'au-

---

[1] M. Serao, *Il romanzo della fanciulla. La virtù di Checchina*, cit., p. XLI; si rimanda alla *Nota al testo* curata da Bruni per un orientamento filologico e in particolare per l'analisi della evoluzione del progetto della raccolta: «L'idea della "fanciulla", distinta dalla donna, troppo spesso protagonista, secondo la Serao, di drammi passionali, è specificamente legata agli interessi della scrittrice entro un periodo ben circoscritto di tempo, e risulta già obliterata nell'edizione del 1895 che prende il titolo dalla prima novella della raccolta [*Telegrafi dello Stato*], con un sottotitolo – *Romanzo per le signore* – che indica un pubblico se non più ristretto, certo meno qualificato di quello per il quale aveva lavorato la Serao dieci anni prima, quando la distinzione di "fanciulla" e "donna" non lasciava spazio alla borghesissima "signora", e la critica dell'idea romantica, passionale della donna, si sviluppava attraverso una discussione critica e una produzione narrativa rivolta al pubblico colto dei due sessi», *ibid.*, p. XLVIII.

trice parte dalla considerazione che il romanzo sperimentale fallisce quando si applica all'analisi delle fanciulle – è il caso di *Chérie* di Edmond de Goncourt (1884) –, perché lo scrittore non ha modo di penetrare un mondo, quello femminile giovanile, che non si confida né si lascia interpretare attraverso segni esteriori ed è quindi precluso all'osservazione scientifica, tanto più se condotta da un uomo, e accessibile solo dall'interno. Ecco allora che la (non più fanciulla) scrittrice si pone a descrivere quel mondo a partire dalle proprie memorie, per dare vita a una rappresentazione non autobiografica in senso stretto, ma che, partendo dall'esperienza individuale, rappresenti le fanciulle, e di scorcio le future donne, come gruppo, come classe trasversale ai diversi ceti sociali. Il metodo sperimentale, messo in crisi da un soggetto inaccessibile, è scavalcato dalla rielaborazione della testimonianza personale, attraverso la quale si recupera una visione di insieme della storia «spirituale e fisiologica» della fanciulla, un "romanzo" appunto, o meglio un anti-romanzo, non solo perché mosaico di novelle, ma perché altro nella struttura e nelle intenzioni:

> io non voglio fare un romanzo, non voglio creare un tipo, non voglio risolvere un problema di psicologia sperimentale. Io scavo nella mia memoria […] vi do le note così come le trovo, senza ricostruire degli animali fantastici, vi do delle novelle senza protagonisti, o meglio, dove tutti sono protagonisti.[2]

> Invece di fabbricare una fanciulla, ho rievocato tutte le compagne della mia fanciullezza.[3]

Mentre ribadisce la base autobiografica dei soggetti delle novelle – «la mia psicologia è fatta di memoria»[4] – la Serao indica nell'istintività la specificità del proprio realismo della memoria, significativamente dunque in un carattere al di fuori di ogni teoria o indirizzo scientifico:

---

[2] *Prefazione*, in *ibid.*, pp. 3, 5.
[3] *Ibid.*, p. 6.
[4] *Ibid.*, pp. 4-5.

Se ciò sia conforme alle leggi dell'arte, non so: dal primo giorno che ho scritto, io non ho mai voluto e saputo esser altro che un fedele, umile cronista della mia memoria. Mi sono affidata all'istinto.[5]

La medesima materia si dimostra peraltro valida tanto per la rielaborazione narrativa quanto per l'analisi giornalistica della condizione della donna lavoratrice, a conferma del fatto che la Serao attribuì funzione sostanzialmente analoga alle due tipologie testuali, novella e articolo; infatti alcuni dei dialoghi nei quali le protagoniste descrivono la propria condizione di impiegate sottopagate, precarie e discriminate nei confronti degli impiegati uomini, ricompaiono, adattati, dalle pagine di *Telegrafi dello Stato* nelle pagine del «Corriere di Roma» a due anni di distanza dalla prima comparsa in rivista.[6] *Telegrafi dello Stato*, come novella, dà finalmente spazio di azione alla donna al di fuori della tematica sentimentale, che per buona parte dell'Ottocento sembra esaurire la rappresentazione femminile in letteratura, e, al contempo, con il supporto della versione giornalistica, alza il velo su una realtà trascurata. Individuare nel lavoro impiegatizio un nuovo terreno di azione della donna non significa però ancora riconoscerle un nuovo spazio di affermazione sociale. Le ambizioni di autoaffermazione che la Serao ritiene adeguate alla donna restano infatti limitate all'ambito matrimoniale e famigliare, e infatti, convinta che «qualunque sia la condizione della donna non vi è per lei felicità in questo mondo», la scrittrice afferma che alla donna spetta praticare «la terribile virtù dell'altruismo» con «l'esercizio di una lunga pazienza, di una lunga dolcezza»,[7] per amore dei propri cari all'interno delle mura domestiche. È forse questa una delle aporie più stridenti tra la lettera e la pratica nella vita della Serao, non solo perché descrive modelli di donne estranei alla sua effettiva esperienza, ma perché sembra evitare di mettere in bocca ai propri personaggi femminili riflessioni

---

[5] *Ibid.*, p. 5.
[6] Id., *Le Telegrafiste*, in «Corriere di Roma», 7 dicembre 1886.
[7] Id., *E i figli?*, in «Il Mattino», 19 novembre 1901.

che rispecchino le posizioni da lei stessa manifestate negli interventi giornalistici, o che solo ne affrontino le questioni (quali ad esempio il divorzio, il suffragio universale, la partecipazione alla vita politica da parte delle donne, l'istruzione e l'occupazione femminile). In questo panorama asfittico dell'esistenza femminile tuttavia la Serao trova la parte più vitale della propria narrativa, ossia il ritratto di una varia gradazione di modi di essere, di sentimenti, di caratteri e tipi umani: un «meraviglioso poliorama di fanciulle d'ogni classe, d'ogni indole, d'ogni razza».[8]

Il poliorama dedicato alle telegrafiste copre un intero anno di lavoro ed è diviso in quattro quadri: il primo introduce tema e personaggi, il secondo e il terzo sono dedicati a due situazioni limite del lavoro delle telegrafiste (il giorno di festa e il giorno di straordinario a oltranza non retribuito), il quarto, d'epilogo, sullo sfondo di una normale giornata di problemi lavorativi chiude il racconto con il compianto delle compagne per Maria Vitale. Sebbene sia il personaggio-occasione su cui si avvia e termina il testo, Maria Vitale non ne è in alcun modo l'unica protagonista, né c'è una protagonista, come sottolinea la Serao, consapevole della innovatività della scelta: «Ho fatto delle novelle corali, ove il movimento viene tutto dalla massa, ove l'anima è nella moltitudine: e non me ne pento».[9]

Protagonista della novella dunque è il gruppo femminile, nella descrizione del quale la materia autobiografica, unica certificazione possibile della veridicità del testo, risulta spersonalizzata, in modo tale che non si determina una narrazione impersonale, ma uno stemperamento della soggettività memoriale nella moltiplicazione dei personaggi protagonisti. Il risultato è una voce narrante esterna e semi-onnisciente, la cui onniscienza è infatti limitata alle fanciulle che compongono il gruppo (e che non sono tutte le telegrafiste, resta ad esempio il mistero sulla vicenda della Juliano). Fermo restando che nessun personaggio domina il racconto, uno comunque emerge, come soggetto parzialmente eccentrico nel gruppo delle telegrafiste: Caterina

---

[8] *Prefazione*, in Id., *Il romanzo della fanciulla*, cit., p. 4.
[9] *Ibid.*, pp. 5-6.

Borrelli,[10] il personaggio specchio della scrittrice, che sembra una *mise en abîme* della dinamica di differenziazione e identificazione della Serao nei confronti del coro delle fanciulle. Sebbene la Borrelli venga descritta come personalità forte e indipendente, sarcastica in materia d'amore, spavalda e intellettualmente vivace, lontana dall'ideale femminile di pazienza e dolcezza, nemmeno lei esce dal coro nel rapporto con l'autorità maschile – «il papa, il mammone, il direttore», colui che dimostra «la dominazione tranquilla degli uomini che non subiscono la femminilità» –, né la reazione della Borrelli si discosta da quella delle altre di fronte alla richiesta di straordinario per le elezioni.

L'episodio delle elezioni rappresenta la rivolta impossibile del gruppo femminile alla condizione di subalternità cui la società lo relega. La polemica che la richiesta di lavoro straordinario suscita tra le telegrafiste è infatti lettera morta essenzialmente perché, oltre a non trovare una corrispondenza nelle azioni, resta senza un effettivo interlocutore istituzionale, che di fatto non è previsto né nella dinamica sociale della prospettiva politica della Serao, né nella dinamica psicologica del gruppo rappresentato.[11] La Serao non presenta l'adesione alla richiesta di straordinario come prova di responsabilità da parte delle telegrafiste, ma lascia intendere che questa è motivata dalla necessità

---

[10] Poiché la Borrelli si trova in quattro dei cinque racconti della raccolta (*Telegrafi dello Stato, Scuola Normale femminile, Non più, Nella lava*), la sua fisionomia complessiva si ricava per somma di descrizioni successive; sui caratteri del personaggio, sulle corrispondenze biografiche con la Serao e sulla sua presenza nella raccolta si veda la *Nota introduttiva* di Bruni, in *Il romanzo della fanciulla*, cit.
[11] Giancarlo Buzzi fa notare che «nessun personaggio femminile nei libri della Serao propone la propria condizione in chiave intelligentemente problematica, ribellistica polemica», (G. Buzzi, *Invito alla lettura di Matilde Serao*, Mursia, Milano 1981, p. 85); a ciò si aggiunga che la Serao ipotizza la soluzione della questione femminile non all'interno di una prospettiva complessiva di miglioramento sociale, affidata all'intervento umanitaristicamente illuminato delle classi governanti, come a proposito delle classi disagiate, ma a seguito di un intervento messianico non meglio precisabile: «Vi sarà mai qualcuno, un uomo di cuore o di mente, un apostolo, un vero

di dimostrasi all'altezza del ruolo loro affidato, in un contesto di generale diffidenza nei confronti della donna lavoratrice, emblematizzata nella figura della direttrice che «tremava continuamente che la sua sezione sfigurasse innanzi ai superiori». Il comportamento femminile nel contesto lavorativo risulta condizionato e calibrato sulla misura della approvazione o della censura esercitata dalla società maschile, che lascia alla donna come reazione possibile la sola autocommiserazione. Le telegrafiste rappresentano infatti un gruppo sociale debole, alla cui precarietà contrattuale si associa una richiesta di dedizione al lavoro che non fa leva su fattori professionali, ma emotivi, e si qualifica di fatto come una richiesta ricattatoria, data l'impossibilità o la pericolosità del rifiuto.

apostolo, che cerchi di far fare una meno peggiore parte nella vita a queste sventuratissime donne», «Oh apostolo, oh liberatore, esci dall'ombra, dì la tua grande parola», cfr. M. Serao, *Le lavoratrici dell'ago*, in «Il Giorno», 7 febbraio 1905.

Scena

Tutta chiusa ancora nella pelliccia di lontra, con la veletta nera del cappellino, ancora abbassata sugli occhi, con le mani ficcate e strette nel manicotto, donna Livia, ritta innanzi al caminetto, si riscaldava i piedini intirizziti, alla vampa. A un tratto, nell'ombra della sera nascente, ella vide biancheggiare qualche cosa accanto a sé.

«Che è?» disse buttandosi indietro improvvisamente sgomentata.

«Sono io, Livia, non aver paura» rispose il marito, con tranquillità.

«Ah! sei tu, Riccardo? Non ti ho inteso venire» e la voce si era subito raddolcita, era diventata tenera.

«Non capisco come non abbiano portato i lumi.»

«Sono rientrata ora da Villa Borghese» mormorò lei, fiaccamente. Poi, tastando un poco, trovò il campanello elettrico sul muro e vi appoggiò il dito. Un servitore entrò, con due lampade coperte da paralumi di seta azzurra che mitigavano la luce. Il salottino apparve nelle sue tinte un po' triste, di velluto oliva con broccato[1] oro vecchio, molto smorto; una quantità di rose thea sorgeva dai vasi di porcellana, dalle coppe di cristallo. Don Riccardo era in marsina,[2] cravatta nera, gardenia all'occhiello.

---

[1] Tessuto di seta molto prezioso.
[2] «Abito maschile da cerimonia, di colore nero, con falde strette a coda di rondine» (già in Pratesi, cfr. p. 353, nota 22).

«Già pronto?» chiese donna Livia.
«Ho sbagliato l'ora, non sono che le sei: aspetterò.»
E si distese nella poltrona, accanto al fuoco, incavallò una gamba sopra un'altra.
«Qui si fuma, eh Livia?»
«Certo. Cerca un po' le sigarette; sono su quel tavolinetto.»
«Ne ho anch'io.»
«Le mie saranno migliori, Riccardo.»
«Chi te le ha date?»
«Le ha portate Guido Caracciolo da Costantinopoli.»
Ella stessa gli portò i fiammiferi aspettando che lui accendesse.
Egli si distese di nuovo, fumando.
«Dunque, questo vostro pranzo di fondazione al Circolo è per le sette?»
«Sì, cara Livia, alle sette. Un pranzo tutto di uomini: sarà molto noioso.»
«Oh! noiosissimo.»
Donna Livia si sbottonava lentamente i guanti di capretto nero.
«Almeno tu avessi dei vicini di pranzo divertenti: ti seccheresti meno, Riccardo mio.»
«I vicini sono Mario Torresparda e Filippo Ventimilla.»
«Quella Villa Borghese è una ghiacciaia» mormorò lei rabbrividendo dal freddo, presentando le manine inguantate alle fiamme.
«Fai male ad andarci, allora» rispose il marito colla sua bella calma che niente arrivava a turbare.
«Sai... l'abitudine. Oh, vi era una quantità di gente, giorno di festa, molte faccie sconosciute oltre alle solite. La regina aveva una piuma rosa pallido sul cappello di velluto nero. Credi tu che mi stia bene il rosa pallido, Riccardo?»
«Tutto ti sta bene, cara!»
«Bella risposta! Infine ho incontrato Maria, Clara, Margherita, Teresa, Vittoria; Giorgio era solo, nel *phae-*

ton;[3] Paola mi ha fatto segno se ci vedevamo stasera, le ho risposto di sì. Ci vieni tu?»

«Sì, dopo il pranzo.»

«Bravo! Ci sono restata troppo, a Villa Borghese, non mi accorgevo che era notte, poi sapevo che avrei pranzato sola! Brutto cattivo che sei! Sono stata anche da Sofia, prima di Villa Borghese; oh, se sapessi quante cose ho fatte oggi, dalle tre! Povera Sofia, il bimbo è sempre con le febbri e si è fatto magro, giallo; domani lo avvolgeranno negli scialli, lo metteranno in carrozza chiusa e lo porteranno a Tivoli; chi sa che il cambiamento d'aria gli faccia bene...»

«Federico parte con Sofia?»

«No, andrà ogni giorno a Tivoli. Che uomo freddo e antipaticissimo! Non ha vegliato una sola notte accanto al suo bambino, e Sofia da dodici notti non dorme...»

«Dicono che non sia suo, quel bambino» osservò don Riccardo, scuotendo le ceneri della sigaretta nel portacenere.

«Lo dicono, è vero. Sofia si è troppo compromessa con Guido. L'ho incontrato, Guido, in piazza di Spagna, mentre andavo dalla sarta. Sono stata anche da questa sarta, per il vestito grigio, che, è inutile, per quanti sforzi ella faccia, e per quanto tempo mi faccia perdere, non arriva ad essermi conveniente. Un vestito è come un quadro: quando è sbagliato non si corregge più, bisogna buttarlo via e farne un altro.»

«Mi sembri poco soddisfatta della tua sarta da qualche tempo. Perché non cambi? Perché non fai venire tutto da Parigi? Io non me lo spiego.»

«Hai ragione, ma come fare? Questa qui mi si raccomanda, e poi spesso da Parigi mandano degli intrugli di colore di cui è impossibile servirsi. Crederesti che a Giulia hanno mandato un vestito verde! Piangeva, oggi.

---

[3] Tipo di carrozza scoperta a quattro posti (già in De Marchi, cfr. p. 589, nota 2).

Sono stata anche da lei, un minuto, per vedere questo vestito che lei aspettava con una certa ansietà. Fiasco, Riccardo mio, fiasco! Un vestito verde chiaro!»

Il suo riso strillò per la stanza, poi, essendosi tolto il cappellino e sbottonata la pelliccia, si distese anche lei sulla poltroncina, dall'altra parte del fuoco.

Ora la volubilità nervosa con cui aveva parlato, si chetava. Ella si passava lentamente le dita nei capelli biondi ondulati come per lisciarli. Don Riccardo accese un'altra sigaretta, e guardando il fuoco parlò così:

«Livia, oggi tu sei uscita alle tre con la *vittoria*.[4] Sei subito andata da Sofia e vi sei rimasta fino alle tre e venti; di lì sei andata da Giulia, dove sei rimasta dieci minuti; alle quattro eri innanzi al portone della tua sarta in piazza di Spagna; sei entrata di là e ne sei immediatamente uscita dalla porticina che dà in piazza Mignanelli. Hai preso una vettura chiusa da nolo che portava il n. 522. Sei andata in via Cesarini al n. 170, al primo piano, dove Mario Torresparda ha un appartamentino per ricevere le signore del bel mondo, che si compiacciono d'andarlo a trovare. La sua abitazione legale, dove riceve gli amici e le *cocottes*,[5] è altrove. Sei restata lì dalle quattro e dieci minuti fino alle cinque e cinquanta minuti; sei discesa, la vettura da nolo t'ha ricondotta in piazza Mignanelli; non avevi moneta spicciola, poiché non si pensa mai a tutto, hai date dieci lire al cocchiere; sei subito uscita dalla grande porta di piazza di Spagna, sei montata nella *vittoria*, che ti ha condotta in venti minuti alla Villa Borghese, d'onde sei ritornata subito qui.»

Ella era scivolata sul tappeto e gli stendeva le braccia mormorando:

«Perdonami, perdonami, era la prima volta!»

---

[4] Victoria, carrozza elegante, scoperta, a quattro posti trainata da due cavalli.
[5] Prostitute.

«La prima volta, lo so. Mario Torresparda ti fa la corte da luglio, quando eri a Livorno; cominciò una sera di plenilunio; fu niente, prima, uno scherzo poi, dalla Svizzera dove era lui, in Sabbina dove eri tu, ti ha scritto prima spesso, poi ogni giorno. Hai sempre risposto; saranno state da cinquantadue a cinquantacinque fra lettere e biglietti. Qui vi siete visti due volte, al Pincio, di mattina, venerdì diciotto novembre e domenica ventotto. D'allora gli promettesti d'andare da lui, ma hai già mancato di parola due volte, lunedì e giovedì della settimana scorsa. Oggi finalmente ci sei andata per la prima volta.»

«Oh Riccardo, oh Riccardo!» singhiozzava donna Livia come un bambino. «Perché non mi uccidi invece di dirmi queste cose?»

«No, mia cara, io non ho l'abitudine di ammazzare nessuno e non voglio cominciare adesso, io. I mariti che uccidono le mogli si vedono nei romanzi di Ohnet[6] e nei drammi del medesimo autore. Io non sono di questo parere: ho certe mie idee sull'onore che trovo inutile di sottometterti,[7] perché tu non le intenderesti. Sangue, no; non vale la pena, cara. Ci siamo voluti bene, prima e dopo il matrimonio, per un bel pezzo; poi tu non me ne hai voluto più, come è perfettamente naturale, e naturalmente ne hai voluto ad un altro. Non mi parlare di lotta, di battaglia, di acciecamento, di passione contrastata; non servirebbe a nulla, io non ci credo. Gli amori finiscono, ed è logico che sia così. Il tuo, per me è durato abbastanza, mi pare. – Non mi lagno, come vedi; tu non hai fatto nulla di irregolare; anzi con quella lunga abitudine femminile, per quella tradizione a cui non mancate mai voialtre, per quel raffinato gusto per cui siete tanto seducenti, tu hai scelto il mio buon amico Mario Torresparda. Io gli volevo bene a Mario Torre-

---

[6] Georges Ohnet, romanziere francese (1848-1918).
[7] Sottoporti.

sparda e glie ne voglio ancora. Non mi batterò mica con lui, per dar gusto a te ed al pubblico. Vuoi forse dirmi che egli ti ha sedotta? No, cara, non è vero: forse tu stessa credi che sia così, sei in buona fede; ma disilluditi, sono le donne, che cominciano sempre a sedurre, e l'uomo si lascia prendere. Che colpa ha Mario Torresparda? Nessuna. Ha trovato una donna che faceva la civetta con lui, si è lasciato invescare, poveretto, si è innamorato. Lo compatisco, esser l'amante di una donna maritata non è molto piacevole, è una posizione piena di fastidi.»

«Oh come hai ragione di disprezzarmi!» singhiozzò lei.

«No, cara. Io non ho alcun sentimento a tuo riguardo. Mi sono informato del tuo amore, per sapere la verità, per semplice bisogno di posizioni nette. Ora, per l'avvenire, fa quel che ti piace, io non mi prenderò neppur la pena di appurarlo. Ti avverto però che Mario Torresparda è innamorato sul serio di te, e fargli subito un tiro, non sarebbe umano. Addio, son le sette, vado a pranzo; buon appetito.»

«Non mi perdonerai mai?» gridò essa, afferrandolo per un braccio.

«Ma che perdono? Non ve n'è bisogno punto. Trovo, così in massima generale, che noialtri uomini abbiamo torto a pigliarvi sul serio e a sposarvi in conseguenza. Se questa è una scortesia, scusami tanto. Vado, perché son le sette. Verrò da Paola dopo, a prenderti. Buona sera.»

. . . .

«Il pranzo è pronto» disse il servitore entrando.

Donna Livia, seduta sul tappeto, guardando il fuoco che moriva, pensava quanto suo marito, don Riccardo, fosse più *chic* di Mario Torresparda.

Commento al testo

La novella *Scena* compare per la prima volta in rivista nel 1884 sul settimanale «La Domenica letteraria», quindi viene riedita nella raccolta *Fior di passione* del 1888, che introduce al decennio 1890-1900, particolarmente ricco per la Serao dal punto di vista della produzione novellistica mondano-sentimentale.

Se nella raccolta *Il Romanzo della Fanciulla* le diverse scene e i tanti personaggi rappresentano altrettanti modi di essere del medesimo universo, ossia la fanciullezza femminile, le novelle sentimentali, di cui *Fior di passione* è uno di numerosi esempi, propongono altrettanti aspetti della casistica amorosa, che esemplificano esperienze sentimentali della buona società. La novella è divisa in due parti. La prima, estesa per la quasi interezza del testo, comprende il dialogo tra i coniugi; la seconda, brevissima, isola la reazione della donna realizzando la chiusura a effetto che scioglie la tensione del percorso narrativo. Il momento rilevato della chiusura è appuntato sul quel termine «chic», con cui donna Livia valuta il comportamento del marito e sintetizza una complessa dinamica affettiva e comportamentale che sarà poi sviluppata nella novella *L'indifferente*.[1] In entrambi i casi il tema è quello del marito che con la propria indifferenza riconquista la moglie adultera. Assai più sviluppata nella seconda novella è l'a-

---

[1] Novella lunga edita sulla «Nuova Antologia», luglio-agosto 1894, quindi in volume da sola nel 1894, infine nella raccolta *Il pellegrino appassionato*, Perrella, Napoli 1911.

nalisi degli aspetti psicologici della relazione moglie-marito, che mette in evidenza come il tradimento da parte della moglie sia determinato tanto da un insoddisfatto desiderio di amore, quanto dalla necessità di attirare attenzione rivendicando una forma di partecipazione attiva nella vita del consorte. La moglie, in questa prospettiva, fallisce nel proprio tentativo di guadagnare valore agli occhi del marito investendo il proprio capitale umano nella relazione adulterina e finisce per ridare la palma del possesso al suo proprietario "istituzionale". Particolarmente efficace nella novella *L'indifferente* risulta la rappresentazione del matrimonio come contratto estraneo alle dinamiche sentimentali: Anna Mormile, omologa di donna Livia, si rende infatti conto, dopo averne erroneamente e inutilmente temuta la gelosia, che il marito l'ha scelta e sposata a completamento della propria condizione sociale, e che è dunque sentimentalmente insensibile al tradimento in quanto tale. È proprio la mancanza di gelosia che induce Anna Mormile a riflettere e infine a comprendere quale sia effettivamente la realtà dei suoi rapporti con il marito:

> ella era bella, di una famiglia nobile, abbastanza ricca, se non ricchissima, con una reputazione di spirito e di grazia: una eccellente moglie, per un banchiere che deve ricevere, che deve andare in società, che ha bisogno di mostrare dei merletti e dei brillanti, sovra una bella donna.[2]

La differenza fondamentale tra *Scena* e *L'indifferente* sta nella leggerezza sarcastica della prima contrapposta alla gravità sentenziosa della seconda, concentrata in entrambi casi nella battuta conclusiva, che nell'*Indifferente* suona come segue:

> «Tu ami tuo marito!» «Sì» disse lei, aprendo le braccia e abbassando la testa. «Quell'uomo che non ti ama, che ti abbandona, che ti gitta nelle mie braccia, da un anno?» «Sì.» «Quell'essere spregevole?» «Quell'essere spregevole.» «Quel corrotto, quel cinico?» «Quel corrot-

[2] *Ibid.*, p. 237.

to, quel cinico.» «Tu l'ami? Hai perduto così ogni vergogna, ogni pudore?» «Sì.» «Oh vigliacca, vigliacca, vigliacca» gridò lui. «E tu non sei vigliacco? E mio marito non è forse vigliacco? Io sono la donna di voi due. *Io sono come voi.* Addio.» E se ne andò, senza voltarsi.[3]

La distanza nel tono non cambia la sostanza delle relazioni nel triangolo amoroso, ma se nell'*Indifferente* il finale si basa su una considerazione profonda della condizione della donna, su un giudizio morale, in *Scena* questo discorso è sottinteso, presupposto dai testi precedenti, e ciò che più conta nella breve novella è mettere in evidenza, sotto la spinta dell'assurdità della considerazione di donna Livia («quanto suo marito, don Riccardo, fosse più *chic*»), il vuoto affettivo anche della relazione extraconiugale, poi analogo a quella di Anna Mormile:

> Ella aveva accettato l'amore di Giorgio Giorgi, così, per capriccio: più tardi lo aveva amato. Egli aveva un bel nome, più poetico, le pareva, di quello di suo marito: egli era elegantissimo; egli era ricco e disoccupato: ed era un seduttore.[4]

Nel proporre la figura di un marito che non ha di che lamentarsi fino a che non vede lesi i propri interessi dalla moglie che, pur fedifraga, non viene meno alla funzione e al ruolo sociale che in quanto moglie deve svolgere, la Serao introduce una variante piuttosto innovativa e disincantata nella grande ossessione tematica dell'Ottocento: il tradimento coniugale. L'innovatività e il realismo stanno proprio nella non sorprendente e in fondo lecita indifferenza.

Per inciso si segnala che le uniche alternative possibili all'eccesso di gelosia omicida o suicida, corollari quasi irrinunciabili del tema del tradimento nella letteratura ottocentesca, vengono proposte da Capuana, in una serie di figure di cornuti contenti o rassegnati e persino compiaciuti, i cui casi però sono trattati dall'autore come anomali e pa-

---

[3] *Ibid.*, pp. 317-18.
[4] *Ibid.*, p. 240.

tologici. Nella novella della Serao è donna Livia che, durante la conversazione con il marito, cerca di attenersi al modello letterario (l'inginocchiamento in atto supplice, la discolpa, il terrore della gelosia, la richiesta del perdono), mentre il marito, portavoce di una mentalità concreta, resta assolutamente estraneo a questo gioco delle parti, di cui nel finale anche Livia dichiara l'inconsistenza, proprio quando, rimasta sola, soppesa l'elegante *aplomb* del marito. E, se nella letteratura sentimentale ottocentesca la passione rappresenta l'alterazione dalla normalità e il tradimento la negazione di quei valori di onestà e purezza con cui la moglie dovrebbe preservare l'onore della famiglia, al contrario l'indifferenza rappresenta in *Scena* la normalità, una normalità non imbellettata o distorta da falsi sentimentalismi e da fittizie passioni, ma una normalità in cui l'infedeltà coniugale è prevista, «è la regola; è nell'ordine delle cose»,[5] una normalità a cui Livia dimostra in conclusione di aderire pienamente e consapevolmente.

---

[5] M. Serao, *Sulla tomba*, in *Fior di Passione*, Galli, Milano 1888, p. 40.

SALVATORE DI GIACOMO

La vita e le opere

Salvatore Di Giacomo nasce a Napoli il 12 marzo 1860; concluso il liceo si iscrive alla facoltà di Medicina, per seguire le orme del padre che è medico, ma abbandona gli studi alla fine del secondo anno di corso, nel 1880, e si impiega al «Corriere del mattino», per il quale aveva cominciato a scrivere l'anno precedente; lavora stabilmente come giornalista fino a quando trova occupazione come bibliotecario (si veda il commento alla novella *Pesci fuor d'acqua*); mantiene le due attività per tre anni, dal 1893 al 1896, quando lascia la redazione del «Corriere del mattino», pur mantenendo i contatti con lo stesso «Corriere» e con altri periodici in veste di collaboratore esterno. Limitato l'impegno giornalistico quotidiano, intensifica la produzione letteraria ed erudita, che spazia dalla poesia in dialetto napoletano alla prosa narrativa, dai testi teatrali, per musica e per il cinema (è sceneggiatore cinematografico dal 1915) alla produzione di saggi e inchieste di argomento partenopeo sia in prospettiva storica sia di attualità. Nel 1916 si sposa con Elisa Avigliano, che ha conosciuto nel 1905. La popolarità e i riconoscimenti che riscuote in Italia e all'estero gli valgono, nel 1910, l'elezione all'Accademia Pontaniana di Napoli, mentre nel 1924 viene proposto per la nomina a senatore che però non ottiene; politicamente vicino alle posizioni del governo Mussolini, nel 1925 firma il manifesto degli intellettuali fascisti redatto da Giovanni Gentile e nel 1929 è nominato Accademico d'Italia. Muore a Napoli il 5 aprile 1934.

I suoi inizi come novelliere risalgono agli anni degli studi superiori, quando dà vita alla rivista «Il Liceo. Giornale Letterario» che dura un anno, dal 1877 al 1878, e sulla quale pubblica la prima novella, *La bellissima. Fantasia medioevale*, nel 1877. Negli anni successivi cura le edizioni in volume: *Minuetto settecento* (1883, una seconda edizione accresciuta è del 1887), *Nennella, bozzetti napoletani* (1884), *Mattinate Napoletane* (1886), *Rosa Bellavita* (1888), *Pipa e boccale. Racconti fantastici* (1893), *La piccola ladra* e *Perlina e Gobbetta* (1899), *Nella vita* (1903); nel 1914 ricava dai volumi elencati (escluso *Pipa a boccale*) la raccolta *Novelle napolitane*, che esce con prefazione di Benedetto Croce; seguono *Garofani rossi* (1916), la sua ultima novella, *Suo nipote*, che compare nel volume collettaneo *Le novelle della guerra. Le sette rose* (1919) e, l'anno successivo, il 1920, *L'ignoto*, che rivede la raccolta *Nella vita*. La maggior parte dei titoli elencati ripropone novelle già comparse in rivista.

L'attività di narratore prende dunque l'avvio, come per la maggior parte degli autori dell'Ottocento, sulle pagine delle riviste, si è detto prima «Il Liceo», poi il «Corriere del mattino», quindi numerose altre testate, ma nel caso di Di Giacomo si intreccia con un rapporto particolarmente stretto alla pratica propriamente giornalistica, di cronista, che l'autore svolge sui medesimi periodici. Tale rapporto si articola sia sul versante contenutistico sia su quello formale, dal momento che, quanto al primo aspetto, le cronache e le novelle condividono lo stesso fondamentale soggetto: la vita delle classi meno abbienti della società napoletana, mentre, quanto al secondo aspetto, si verifica un fenomeno di reciproca attrazione tra l'impianto testuale tipicamente cronachistico e quello narrativo. Infatti la Napoli che il Di Giacomo scrittore di cronaca nera e di cronaca giudiziaria descrive, ossia la Napoli dei fondaci e dei bassi, caratterizzata dal degrado sociale e morale, dalla corruzione e dall'incapacità degli amministratori, la Napoli della malavita, dei tribunali, delle carceri, degli ospedali, degli ospizi e dei conventi, è la stessa città in cui si muove, narrativamente parlando, il Di Giacomo novelliere, tanto che alcuni articoli di cronaca entrano a far parte delle raccolte di novelle, dopo essere stati sottoposti a una revisione formale, per altro non radicale, come nel caso di *Le bevitrici di sangue*, qui antologizzata. Nel ricorrere del medesimo contesto urbano e dei medesimi soggetti umani si verifica che la cronaca tende spesso ad assumere un taglio narrativo, a farsi "storia" accostandosi alla novellistica, la quale, a propria volta, acquista sia la brevità, asciutta ed essenziale, della pagina di cronaca, sia la peculiare attenzione ai dettagli ambientali e umani. Per la referenzialità della scrittura digiacomiana, per la resa aderente al dato reale e per la scelta di soggetti "umili" si parla di adesione da parte dell'autore ai canoni del verismo, adesione "programmatica" di cui è però opportuno puntualizzare i limiti e le caratteristiche e per cui si rinvia al commento alla novella *"Cocotte"*.

L'interesse per la città partenopea caratterizza, in verità, l'intera opera intellettuale di Di Giacomo, non solo la prosa: basti pensare all'uso del dialetto nella poesia o ai recuperi di documenti negli archivi locali, agli studi sulle condizioni sociali ed economiche del centro urbano e via dicendo, fino alla fondazione, nel 1892, con Benedetto Croce, Riccardo Carafa, Giuseppe Ceci, Luigi Conforti, Michelangelo Schipa e Vittorio Spinazzola della rivista «Napoli nobilissima». A tale dominante tematica si oppone un'unica significativa eccezione, rappresentata dall'ambientazione non napoletana, ma tedesca, del filone della narrativa fantastica. Il filone fantastico si afferma precocemente nella prosa digiacomiana, con la prima novella edita sul «Corriere del mattino», nel 1879, intitolata *Karl il violinista* e ambientata a Norimberga, città che, con Erlangen, è sede preferenziale delle ambientazioni tedesche di Di Giacomo, il quale, va sottolineato, in Germania non è mai stato.

Dei propri inizi come narratore fantastico l'autore scrive: «Nel *Corriere* principiai a scrivere alcune novelle di genere tedesco che, se puzzavano di birra, non grondavano, però, dell'onor dei mariti e del sangue degli amanti».[1] Ciò sta a significare che la preferenza accordata al genere fantastico assume il valore di un rifiuto rivolto alla letteratura sentimentale prevalente nella narrativa ottocentesca, posizione che non varia, ma viene al contrario ribadita, con

---

[1] Il brano è tratto dalla pagina autobiografica edita su «L'Occhialetto» il 18 settembre 1886, con il titolo *Pubblicisti: Salvatore Di Giacomo*, ora in S. Di Giacomo, *Poesie e prose*, a cura di E. Croce e L. Orsini, Mondadori, Milano 1977, p. 392.

parole identiche, al momento della raccolta in volume della prosa fantastica, nella prefazione in forma di dedica, naturalmente "fantastica", «Al professor Otto Zimmermann – Erlangen (Bayern)» al volume *Pipa e boccale*:

> Io ve lo dedico, dunque, questo povero libriccino. Esso è come il risultato di una fusione di verità e di fantasia, un'impressione, direi, pittorica dei vostri luoghi, distribuita, come fondo di scena, al bizzarro spettacolo degli avvenimenti che vi seguono. Nel vostro paese, egregio Zimmermann, non si può allo stesso modo come nel nostro immaginare e concepire. Una grande diversità di ambiente e di caratteri tenta la sensibilità artistica, colpisce l'animo e lo move ad esaltazioni troppo estranee alle realtà e alla logica della vita. L'*humanum* del paese nostro è men calmo, la nevrosi è immensamente più eccitabile. Per modo che gran parte della nostra letteratura gronda dell'onor de' mariti, del sangue degli amanti, delle lagrime delle amate: roba del tutto sconosciuta a voi ed ai vostri concittadini. Il drammatico si muta, presso voialtri, nell'inverosimile, nello straordinario, e se lo permette soltanto la vostra fantasia dopo cinque bicchierini di *Kümmel*, quanti, forse, ne ingollava il vostro Hoffmann prima di porsi a scrivere.[2]

L'ambientazione tedesca è dunque l'occasione per contrapporre alla narrativa drammatica, sentimentale e patetica ("meridionale") la letteratura fantastica ("settentrionale"), che poi l'autore ulteriormente distingue dall'ispirazione verista in cui riconosce il carattere principale della propria scrittura (si veda al riguardo *"Cocotte"*).

---

[2] Id., *Opere*, 2 voll., a cura di F. Flora e M. Vinciguerra, Mondadori, Milano 1946, vol. I, *Le poesie e le novelle*, pp. 345 e 348.

Pesci fuor d'acqua

I

«Son deciso, ecco!» ripetette, seduto di faccia a me alla medesima tavola, il mio compagno d'ufficio De Laurenzi. «Ormai son deciso a resistere! E staremo a vedere! L'ufficio? I doveri dell'ufficio? L'orario? Ma l'ufficio non conta nulla, mio caro, a fronte di tutta una vita, di tutti i ricordi che v'inchiodano al posto ov'è stato il padre. Il padre, capisci? E io dunque dovrei rinunziare alla scrivania di mio padre, alla stanza dov'è stato mio padre, all'aria che ha respirato mio padre! Ah, sì per esempio! Ma voglio vederlo, perdio!»

S'interruppe. Il cameriere, uno de' più anziani di quella ignobile *gargotte*[1] ove s'andava a far colazione tra preti, avvocati, studenti e cantanti del teatro vicino, ora gli poneva davanti un piatto di baccalà alla livornese fumigante in una brodaglia rossastra. Gli occhi miopi del De Laurenzi s'appressarono al piatto e vi si sprofondarono e lo interrogarono avidamente: tra quel vapore succulento le nari di un lungo naso floscio palpitarono e si dilatarono.

«Alla livornese, professore» disse il cameriere. «Poi me ne parlerà. E appresso[2] ha ordinato?»

«Un formaggio e un finocchio.»

«Il vino solito?»

---

[1] Bettola.
[2] Dopo, di secondo.

«Solito.»

Si mise a mangiare, voracemente. E io, che avevo terminato il mio modesto asciolvere,[3] sorseggiando un caffè e fumando mezzo toscano mi misi a guardarlo come se lo vedessi per la prima volta.

Alto, magro, con le spalle incurvate, con una gran barba grigiastra e incolta pel cui pelo intricato or si disseminavano le briciole del pane e le gocce del brodo untuoso, con orribili mani dalle dita nodose e lunghe che parevan artigli, mal vestito, tutto chiuso in un vecchio cappotto stinto e rattoppato il cui bavero che un tempo era stato ornato di pelo marrone or ne serbava solo quattro o cinque ignobili ciuffetti, il mio compagno di ufficio De Laurenzi, un uomo sui sessanta anni suonati, incarnava pittorescamente la pietosa straccioneria del travettismo.[4] Ammogliato, carico di figliuoli e di piccoli debiti pe' quali il suo stipendio era strappato a brani e giorno per giorno alla cassa dell'economo, egli era un di quelli sciagurati il cui contatto uggioso ve ne sollecita quasi a non indulgere alle volgari abitudini e a' miserabili vizii, ma ch'io m'inducevo a creder degno, il più delle volte, della più malinconica commiserazione.

Era stato – raccontava – giornalista di grido, nell'Alta Italia, a' suoi be' tempi: lo era ancora qui, adesso, in una gazzetta quotidiana che stentava parecchio la vita, e nelle cui trascurate colonne il De Laurenzi poneva, di volta in volta, certe sue rievocative narrazioni partenopee scialbe e sciatte, disseminate di ampollosi rimpianti e miserabilmente intessute sulle cronache de' giornali del tempo, in cui frugava tutta la santa giornata.

Nella biblioteca governativa, ov'ero anch'io, il De Laurenzi era entrato quando essa aveva a capo un prelato di cui bastava soltanto soddisfare l'olimpica vanità

---

[3] Colazione.
[4] Definizione in genere spregiativa del modo di essere proprio degli impiegati, specie della pubblica amministrazione.

per guadagnare, se non la stima, la indifferente acquiescenza. Morto costui, la biblioteca non aveva più potuto offerire alle gratuite libertà che l'ex giornalista vi s'era conquistate un comodo asilo remuneratore. Ora bisognava lavorare e frequentare l'ufficio. Il nuovo bibliotecario era severissimo: guardava nel registro d'ingresso degl'impiegati, segnava le ore e i minuti a' tardi arrivati, mandava in giro, di volta in volta, ordini del giorno in cui si raccomandavano lo zelo, l'ossequenza all'orario, la diligenza ne' compiti, e pretendeva che tutti firmassero quelli *ukase*[5] in segno di rispettosa adesione.

Una schiavitù, sissignori: una soppressione spietata, implacabile, dell'ingegno e della personalità, una scettica considerazione dell'io pensante e creante, degli altrui nervi, dell'altrui cultura quando non fosse quella delle scienze naturali e delle matematiche, nelle quali quel nuovo direttore era spaventosamente agguerrito.

Ah, sì: portate in questi polverosi e silenziosi antri, foderati della storia cartacea del pensiero umano, portatevi, se vi riesce, la giovialità, l'arditezza, il libero arbitrio, la poesia, l'indipendenza: portatevi il vostro talento, la vostra modernità, le vostre abitudini sincere e svegliate, se vi vorrete vedere a mano a mano sfiorire tutta codesta ancor viva giovinezza dell'animo vostro! Mio Dio, che aridità e che tristezza tra queste mute pareti, gravi d'*in folio*[6] e d'enciclopedie: tra queste mura sorde a ogni voce impulsiva e pur così impregnate de' pettegolezzi, delle invidie e delle guerricciuole che costituiscono il tessuto connettivo della vita degl'impiegati, il continuo esercizio della loro parola aspra e mordace, l'alimentazione quotidiana dell'ozio e dell'ignoranza del loro pensiero!

Che diamine, dunque, pretendeva di non volere lasciare qui, come un brano del suo cuore dolente, il mio

---

[5] "*Ukas*", editto dello zar, per estensione disposizione autoritaria.
[6] Volumi di grandi dimensioni in cui ciascuna delle parti dei fogli di stampa contiene la riproduzione di due sole pagine.

compagno De Laurenzi? E di dove gli veniva tutto questo attaccamento atavotopografico,[7] espresso con tanto impeto melodrammatico? Io non sapevo, in verità, figurarmi e ammettere tra il baccalà alla livornese e l'evocazione paterna alcuna tollerabile analogia. Quest'uomo dunque componeva con tanta assoluta ignoranza della loro espressione dissimile le sensazioni della psiche e la più brutale delle soddisfazioni fisiologiche?

«Comprenderai» disse lui, quasi come per rispondere al mio pensiero, e dopo aver vuotato il suo terzo bicchiere di vino bianco siciliano «comprenderai ch'io mi trovo nelle biblioteche non per le mie aspirazioni, non per elezione mia. Ti pare? Un impiego governativo! Cioè una sgobbatura! Una servitù! Ma, poi che là dentro mio padre, ch'era uno studioso, è stato impiegato anche lui e ha vissuto metà della sua vita, io vi ho voluto iniziare come una tradizione metodica ed esemplare nella storia di queste successioni familiari. Usciamo?»

«Usciamo. Bada ch'è ora di tornare lassù.»

De Laurenzi afferrò un tovagliolo e si forbì le labbra, in fretta, e poi lo buttò sulla tavola tutto insudiciato, come uno straccio. Si levò: cacciò la mano nella profondità d'una delle saccocce del suo cappotto, vi pescò e ripescò per buon tratto, e infine cavò fuori quell'artiglio armato d'un mozzicone di sigaro.

«Andiamo» mi fece, dopo avere acceso il mozzicone.

Sulla soglia della trattoria s'arrestò, per ricominciare il discorso.

«E così eccomi in guerra aperta col signor direttore. Si capisce: io sono uno straordinario,[8] pel momento: io sono entrato nel *sancta sanctorum* senza i titoli che ci vogliono. Titoli? E il mio ingegno, il mio passato? Questi signori non vedono che bibliografia, schedatura, inventa-

---

[7] Neologismo digiacomiano composto di atavico e topografico, ossia inerente ai propri avi e alla topografia.
[8] Non appartenete all'organico, assunto in via temporanea.

rii. E guai a chi è qualcuno o qualcosa! E poi sotterfugi, rapporti segreti, denunzie: ecco la loro maniera di battagliare. Ora, come l'hanno insegnato anche a me, loro mandano ufficii e io mi do per malato e vado a Roma.»

Si scappellò, con un saluto profondo.

Colui ch'egli aveva salutato gli fece pur di cappello e passò via, in mezzo a quattro o cinque altri che lo accompagnavano e con cui discuteva calorosamente.

«*Lupus in fabula*» disse De Laurenzi. «L'onorevole Maliberti. Non lo conosci?»

«No.»

«Vuoi che ti presenti, un'altra volta?»

«Ma no!...»

«Fai male. Una potenza, sai. È lui che m'ha presentato al ministro. Ed è così che sono a posto, adesso.»

Riaccese il suo mozzicone di sigaro, che s'era spento. E soggiunse:

«Vedrai, mio caro. S'è battagliato, a Roma, giorni addietro. Ma l'ho spuntata, questa volta. Francamente, se io fossi te, cercherei di conoscere l'onorevole. Non sei elettore, tu? No? Come, non sei elettore, non ti sei fatto inscrivere?...»[9]

Affrettavo il passo. Egli s'accorse della poca attenzione onde accoglievo le sue parole e s'arrestò, a un tratto.

«Tu dunque rientri in ufficio?»

«E tu non ci vieni?»

«Io no. Vado al giornale. Ho un articolo da correggere in bozze di stampa. E mi preme più quello, naturalmente.»

Feci l'atto di rincamminarmi.

«Se domandano di me...»

«Ho capito...»

«Ecco... Si potrebbe inventare una frottola. Un figlio malato, per esempio. L'influenza. Si può dire che mi so-

---

[9] Il sistema elettorale prevedeva che i cittadini aventi diritto, per poter esercitare il voto, dovessero iscriversi alle liste elettorali.

no venuti a chiamare da casa mia, d'urgenza. Una malattia a tua scelta. E poi mi telefoni al giornale. D'accordo?»
«Sì,» mormorai «d'accordo.»
Egli s'era già allontanato, a gran passi, trascinando pel fango di via Costantinopoli le sue scarpacce inzaccherate sulle quali sbattevano, molli e intrise di mota, le bocche larghe e logore de' suoi pantaloni.
Ora passava un carro funebre, di quelli che fanno continuamente la via di Foria e s'avviano al cimitero. Il De Laurenzi, curvo, con la mano alla falda del cappello, scivolò accanto all'enorme e nero carrozzone dalla cui cimasa dorata pareva che volessero spiccare il volo, ad ali spiegate, quattro polisarcici[10] angioli di legno. La via, su quel transito, s'era fatta silenziosa, a un tratto. E a me parve che tanto da quel lento carro come da quell'uomo pur funebre si sprigionasse in quel punto una medesima espressione mortuaria il cui senso mi durò dentro per qualche secondo. Poi tutto si tolse dalla mia vista. Ma sopra di me e sull'animo mio, mentre m'avviavo alla porta del mio ufficio, pesava ancora, come l'ultimo segno di tanta malinconia, un cielo invernale plumbeo e greve. L'aria mi pareva satura d'una umidità uggiosa, e associata a tutta quella tristezza, a tutta quella miseria.
«Spero che non mi chieggano di costui!» m'auguravo, salendo le scale della biblioteca.
Come mi seccava di dover mentire, se mai! Una collera sorda, commista d'insofferenza e di sprezzo, mi sommoveva contro quest'uomo che intendeva piegarmi a una ripugnante complicità. Lui tenero dell'ufficio, della stanza paterna, della vita di quel luogo severo e nobile – lui, così svogliato, così cinico, così pronto a barattare la sua dignità e il suo amor proprio con una menzogna da scolare?
Un uomo di quasi sessant'anni!

---

[10] Obesi.

II

«Stazza l'aspetta» mi disse l'usciere di guardia alla porta, come mi vide. «Ha domandato di lei più volte.»
«Stazza? E che vuole? Dov'è?»
«Nella stanza del direttore.»

Era uno degl'impiegati più anziani, un uomo eccellente, nel cui bonario sorriso io m'abbattevo ogni mattina, da quattro o cinque anni che frequentavo l'ufficio: il solo sincero sorriso che ritrovassi là dentro. Nella biblioteca Stazza era entrato a trent'anni; ora ne aveva sessantacinque suonati. Era ancora un colosso: nelle sue larghe mani poderose s'ammucchiavano pile enormi di libri, ed egli le reggeva e le portava qua e là senza alcuno sforzo visibile, con le braccia tese, lento, paziente, tranquillo. E come la pratica scienza del luogo, ove quasi aveva vissuto tutta la sua vita, ve lo ritrovava acconcio e disposto alle fatiche più improbe, egli non se ne stancava. Si conosceva illetterato, sapeva la insufficienza della sua cultura, meno che mediocre e null'affatto accresciuta neppure dalle più immediate e continue comunioni co' sapienti compagni locali e con i lettori – e però badava, offerendo e adoperando come un valore succedaneo la forza delle sue membra poderose, a compensare questa sua grande pochezza spirituale.

Di volta in volta, quando per cercare qualche libro mi capitava di entrare nella sua stanza – ov'egli non s'era fatto portare che una delle più vecchie e più umili scrivanie e due seggiole, una delle quali per riporvi il cappello – la bonaria semplicità di quell'uomo mi vi tratteneva per un pezzo. Era la mezz'ora in cui Stazza si concedeva un breve riposo. Facevamo quattro chiacchiere: io addossato a uno scaffale, con tra le mani il libro che mi occorreva, lui seduto alla sua scrivania, coi gomiti sulla tavola.

Una volta, non so come, non ricordo più perché, gli chiesi, sorridendo:

«E lei crede che si possa aver passione per la biblioteca, noialtri?»

Stazza, serio, socchiuse gli occhi, con quel suo solito vezzo di quando voleva dire cose gravi.

«Si possa? Si deve, caro collega. Guardi, io non ho moglie, non genitori, non fratelli. E per me la biblioteca è la moglie, è la madre, qualcosa come una famiglia. Penso, talvolta, che avrei avuto quasi il diritto di nascere qui, in una di queste stanze. Lei ride?»

«No, anzi, trovo naturale. S'intende, naturale per lei che non fa altro, che non conosce altro, perdoni.»

«Già, lei fa un'altra vita. E poi...»

Rimase in forse un momento. Poi soggiunse, con aria di sincera umiliazione:

«E poi lei sa tante cose ch'io non so. E poi è giovane, e ha da pensare a tante altre cose.»

«No, non è questo. Dica che ciascuno non comprende se non quel che ritrova in se stesso.»

«Sarà. Ma glie ne voglio dire una: stanotte, per esempio, sa lei che cosa ho sognato? Il nostro gatto rosso che scorrazzava nella sala degl'incunaboli.»

Sorrideva, candidamente. In quel punto mi sentii quasi intenerito da quella innocenza pacata e soddisfatta, illuminata, come da un dolce riverbero dell'anima, da due limpidi occhi azzurrini. No, non ponevo, è vero, quell'inconscia virtù in relazione con tante altre della vita, più stimabili, più alte, e non mi pareva di doverne cavare ammaestramento: quella era una forma nulla, una espressione quasi brutale di accontentamento, l'indizio ignaro e pietoso d'una natura inferiore, tranquillamente passiva. Tuttavia quella felicità fortificante, d'un tonico effetto morale, pareva che mi volesse ammonire sulle cose della vita.

O non avevo davanti a me un essere ch'io forse giudicavo troppo frettolosamente? La mia fantasia, disposta ad architettare, ora mi offeriva un più sottile giudizio intorno ad esso: io gli supponevo, adesso, una rinunzia progressiva, una riduzione continuata delle sue pretensioni, delle sue speranze, della sua libertà, e tutto questo mi sembrava mascherato da quel faccione rosso e pletorico,[11] traspirante una giovialità e una contentezza fanciullesche e rischiarato da un sorriso perenne.

Così, talvolta, quando potevo coglierlo in qualche momento in cui mi si mettesse tutto quanto sott'occhi, io facevo scorrere sulla superficie di quest'uomo il mio sguardo investigatore, e tentavo di penetrarla. Sapevo ch'egli era solo, che in casa non aveva che una vecchia serva, che l'abito suo di trovarsi sempre pel primo in ufficio e d'uscirne sempre l'ultimo – urtante metodicità per gli apprezzamenti d'un malato di nervi com'io sono – non s'era mutato una sola volta da quando Stazza era entrato in biblioteca. Costui dunque non aveva avuto gioventù, passioni, disillusioni, scoraggiamenti? Che cosa era nel passato di questo gigante rubicondo che violentava e superava tutte le leggi impulsive alle quali tre quarti dell'umanità va soggetta?

Finii per arrendermi a quella impenetrabilità pacifica e indifferente. Ma un senso di tedio e di stanchezza mi allontanò dal mio compagno. Lo incontravo, ci salutavamo freddamente, ed io gli sfuggivo, accrescendo così, senza forse desiderarlo, il numero delle persone la cui comunione mi diventava, là dentro, ogni giorno più insopportabile.

III

Entrai nella stanza del direttore.

Stazza, impiedi davanti alla costui scrivania, si voltò. Mi venne incontro e mi tese le mani.

«Mille scuse! Ma io non potevo andarmene senza averla salutato. Addio, caro signore... Io me ne vado.»

Interrogavo con gli occhi il direttore e gli altri miei compagni, che circondavano Stazza, silenziosi.

---

[11] Prospero, florido.

«Un fatto deplorevole» disse il direttore, rompendo il silenzio. «L'ottimo nostro Stazza è stato collocato a riposo. Ci lascia.»

«Come!» esclamai. «Così! Di punto in bianco?»

Stazza chinò la testa.

Il direttore con la punta del tagliacarte additò un foglio sulla sua tavola.

«M'arriva ora la comunicazione ministeriale. Le solite sorprese. Ma, Dio mio, non avrei mai immaginato!...»

Le mani di Stazza mi si protendevano, tremanti. Lasciai cadere su quelle le mie, e le strinsi, due, tre volte. Guardai in faccia il colosso: era turbato, ma si sforzava di parer tranquillo. Soltanto s'era arrossato un poco più agli zigomi. Si passò una mano sulla fronte, si guardò intorno, tornò a voltarsi verso la tavola del direttore, smarritamente.

«Dunque...» gli balbettò. «Se lei mi permette... Vado. Spero bene di rivederla, qualche volta...»

«Macché! Ma vuole andarsene proprio adesso? Ma v'è tempo. Guardi, faccia come se il decreto non glie l'avessi comunicato ancora...»

«No, no!» disse lui. «Mi permetta, mi scusi. Voglio essere ossequente...»

«Peccato!» esclamò il direttore, come lo vide uscire e scomparire dietro l'uscio. «Dopo trent'anni!»

Si levò, s'incamminò fino alla porta, si arrestò sulla soglia. Di fuori s'udivano le voci degl'impiegati, la voce di Stazza che si licenziava, confuse.

Il direttore rientrò. Andò al balcone, guardò nella via, senza badarvi.

Eravamo rimasti soli. Egli tornò addietro, s'appressò alla scrivania, vi cercò qualche carta, la lesse e la buttò lì, sulla tavola, con un moto sdegnoso.

«Mi permette?» chiedevo.

«Guardi, guardi!» esclamò. «Guardi un po' con chi mi sostituiscono quel disgraziato. Aspetti un momento... Legga pure.»

Mi pose quella carta sotto gli occhi.

«Come! De Laurenzi!»

«Già, s'intende. Ha brigato e v'è riescito. Entra in organico e prende il posto di Stazza.»

Soggiunse, dopo un momento, rimettendosi a sedere alla sua scrivania:

«S'accomodi pure.»

IV

Passò un mese. In questo tempo gli studenti fecero chiasso, al solito, e ruppero vetri e banchi: l'Università fu chiusa e il numero de' lettori, nella nostra biblioteca, s'accrebbe del doppio. Vi fu un gran da fare e Stazza fu dimenticato. Soltanto qualche volta, in un momento di tregua, il suo nome ricorreva nel vaniloquio degl'impiegati raccolti nella sala della distribuzione intorno all'ultimo bollettino del ministero, ove apparivano – già indicati, con una crocetta, da qualche necrologo de' nostri compagni – i nomi di coloro che o eran morti o erano stati collocati a riposo. La constatazione de' decessi e de' *ritiri* – un refrigerio per i superstiti – occupava quelle constatazioni e quelle conversazioni fredde e indifferenti; per lo più si discuteva sugli anni di servizio del croce segnato o sulla somma della sua pensione. Ma la psicologia di queste sparizioni – un legame di troppo sottili e pietose induzioni che in altri spiriti potevano forse rampollare[12] dall'esame di casi somiglianti – non veniva certo a turbare l'animo de' miei compagni. Stazza, dopo tutto, sottobibliotecario a tremila, liquidava, come si dice, quasi dugento lire al mese. Una fortuna per un illetterato, una *tabula rasa* come lui, che la doveva a quei benedetti tempi borbonici ne' quali era così facile di entrare, senza le qualità di cultura che vi occorrono, in un institu-

---

[12] Derivare, scaturire.

to scientifico come di mettersi a tavola in una pubblica taverna.

«Vuol vedere Stazza?» mi fece un di que' giorni l'usciere addetto alla spolveratura della mia camera.

Con uno strofinaccio tra le mani s'era avvicinato al balcone chiuso e guardava nella via, attraverso a' vetri.

«Venga, venga! Eccolo lì...»
Mi levai e corsi al balcone.
«Lo vede?»
«Dov'è?»
«Non lo vede? Lì, seduto fuori al caffè di rimpetto. Lo vede? A quel tavolo a sinistra della porta. Eccolo che leva gli occhi. Guarda quassù, guarda i nostri balconi.»
«Difatti.»

Il colosso era lì, seduto a un tavolinetto tondo sul quale stavano il vassoio e la chicchera del caffè. Posava le mani sulle ginocchia e di volta in volta alzava gli occhi e li faceva trascorrere sulla facciata della biblioteca, lentamente.

«Così fa ogni giorno, da un mese» disse l'usciere.
E ripassò il panno sui vetri perché vedessi meglio.
«Arriva al caffè sulle nove ore, si mette a sedere lì fuori, e vi resta fino a mezzodì. Poi torna dopo pranzo e si rimette allo stesso tavolino e non se ne leva che alle quindici.»

«E tu come fai a saper tutto questo?»
«Me l'ha detto il caffettiere. Il signor Stazza gli dà una lira al giorno, per l'incomodo.»

Mi rimisi a sedere, pensoso. L'usciere, che non si partiva dal balcone, rideva e continuava a guardare rimpetto. E come l'alito suo tepido appannava la vetrata di volta in volta, egli tornava a soffregarla con lo straccio.

«Insomma,» seguitava «la biblioteca non se la vuol proprio scordare. Se n'è dovuto andare e nemmeno la lascia in pace. Adesso ci fa all'amore da lontano, tutti i giorni.»

Non risposi. Ordinavo macchinalmente un mucchio di schede ed aspettavo, con una certa nervosità, che l'inserviente smettesse e se ne andasse.

«Ecco che s'addormenta... Venga a vedere. S'è addormentato...»

Tornai a levarmi e mi accostai daccapo alla vetrata. Stazza aveva allungato un braccio sul tavolino e reclinata la testa sul braccio. Il cappello di paglia gli era scivolato di su le ginocchia a terra. Un lustrascarpe, che aveva posta la sua cassetta all'ombra, a pochi passi, glie lo raccoglieva e lo posava sul tavolino, accanto al vassoio.

L'ora meridiana avanzava: il sole batteva su' muri. Uscì, a un tratto, dalla bottega il garzone del caffettiere e si mise a girar la manovella per fare abbassare la tenda, che scese, lenta. Sul deserto e largo marciapiedi, su' tavoli, su Stazza si diffuse un'ombra uguale, per buon tratto.

Mancava qualche diecina di minuti alla chiusura della biblioteca. E svogliatamente, aspettando che trascorressero, ricominciavo a ordinare le mie schede. L'inserviente se n'era andato: le vaste sale, fino a poco prima turbate dal molesto vocio de' distributori, s'acchetavano, adesso, in una pace profonda.

Improvvisamente – mi dimenticavo nella mia bisogna – il grande orologio della stanza de' manoscritti suonò le quattro. Vibrò quel suono nel silenzio, con un tintinno allegro, come di cristalli percossi. Era l'ora. M'avviai alla porta.

Ma, sulla soglia, uscendo, m'arrestai, sorpreso. Lì sulla soglia, sul ballatoio, su per le scale vedevo agitarsi una folla attonita, mormorante, che quasi m'impediva il passo.

Risaliva le scale, di furia, Pandolfelli, un distributore.

Una voce gli chiese, dal balaustro del ballatoio:

«Di', è vero? È vero?...»

Pandolfelli rispose, alto:

«Sì, è morto.»

Mi vidi di faccia l'inserviente, in quel punto. Apriva le braccia, smarrito.

«Stazza!» mi fece.

E batté palma a palma, convulso:

«Lì davanti al caffè, poco prima. Un colpo. Si ricorda? Quando pareva addormentato.»

Apparve il direttore, pallidissimo. Accorrevano altri compagni. Tre o quattro lettori s'indugiavano sul ballatoio, senza comprendere.

Il direttore mi chiese:

«Scende?»

Non mi sentivo la forza. Ma lo seguii, e ci seguirono pur tutti gli altri.

Nella via, come uscimmo dal palazzo della biblioteca, il caffè ci apparve subito, rimpetto.

La folla si pigiava davanti alla porta.

Pandolfelli si fece largo ed entrò nella bottega.

Subito ne riuscì, annunziando:

«L'hanno posto in una vettura e portato ai *Pellegrini*.[13] Ma era morto. Ho parlato col medico che s'è trovato a passare. Una sincope.»

Uscì sulla via il padrone del caffè, con le lagrime agli occhi.

«Quel povero signore! Che disgrazia, hanno visto? Veniva qui ogni giorno, sempre alla medesima ora. Anzi, ieri, m'aveva detto, col suo solito buon sorriso: "Lei si meraviglia, non è vero? Già: sono puntuale. Mi hanno mandato via di là" e mi mostrava il palazzo ove stanno lor signori "ma io ci continuo a stare, col pensiero, almeno".»

La moglie del caffettiere, una piccola donnetta, era uscita anche lei sulla strada.

Mi pose una mano sul braccio. Mormorò:

«Ma è vero che l'hanno mandato via?»

La guardavo, senza risponderle. Udivo dietro di me le voci, tranquille, dei miei compagni.

Diceva Pandolfelli a un altro:

«È morto in orario, hai visto?»

La voce di quello che segnava le crocette fece notare lenta:

«Un posto vuoto.»

---

[13] Ospedale di Napoli.

Commento al testo

Pesci fuor d'acqua è tratta dall'ultimo volume delle novelle di Di Giacomo, *L'ignoto* del 1920, che rielabora il volume *Nella vita*.

La novella affronta il tema, non frequente nella narrativa dell'autore, del lavoro impiegatizio, quello che nel testo è definito, con il neologismo ottocentesco derivato dall'opera teatrale di Vittorio Bersezio *Le miserie di Monsù Travet*, «travettismo». La narrazione è svolta in prima persona, secondo un uso proprio del filone fantastico piuttosto che di quello napoletano, da un personaggio nel quale si riconosce, limitatamente all'impiego come bibliotecario e all'insofferenza per l'ambiente lavorativo, una base autobiografica, legata alla professione che Di Giacomo esercita a partire dagli anni Novanta: nel 1893 è assunto al Conservatorio San Pietro a Maiella, nel 1894 all'Università di Napoli, quindi al Regio Istituto di Belle Arti nel 1896, dal 1903 (anno di edizione del volume *Nella vita*) è direttore della biblioteca Lucchesi-Palli presso la Nazionale di Napoli, infine dal 1916 collabora con la biblioteca del Conservatorio di San Pietro a Maiella (dove ha modo di fare interessanti scoperte d'archivio).

Sin dall'uso del termine «travettismo», che connota in senso spregiativo l'impiegato del settore pubblico, e ancor più esplicitamente nei paragrafi iniziali della novella, introduttivi al mondo della biblioteca e ai personaggi che la popolano, la voce narrante si esprime criticamente tanto verso i responsabili dell'ufficio – «Una schiavitù, sissignori: una soppressione spietata, implacabile, dell'ingegno e della personalità, una scettica considerazione dell'io pensante e creante»; «che aridità e che tristezza tra queste mute pareti, gravi d'*in folio*» – quanto verso i dipendenti – «il continuo esercizio della loro parola aspra e mordace, l'alimentazione quotidiana dell'ozio e dell'ignoranza del loro pensiero». Di questi ultimi in particolare sono due gli atteggiamenti che vengono messi in rilievo: da un lato il parassitismo rappresentato da De Laurenzi, l'assenteista che vanta appoggi politici «a Roma», espressione del malcostume del ricorso al pubblico come fonte da cui trarre privilegi privati; dall'altro lato l'alienata indifferenza sia verso il lavoro sia verso i colleghi rappresentata dagli altri impiegati, di cui resta emblematica, per la drammatica comicità, la chiusa:

> Udivo dietro di me le voci, tranquille, dei miei compagni. Diceva Pandolfelli a un altro: «È morto in orario, hai visto?». La voce di quello che segnava le crocette fece notare lenta: «Un posto vuoto».

In questo contesto umano desolante Stazza costituisce una evidente anomalia, non solo perché lavora con dedizione – «Si conosceva illetterato [...] e però badava, offrendo e adoperando come un valore succedaneo la forza delle sue membra poderose, a compensar questa sua grande pochezza spirituale» – ma per l'affezione con cui si lega all'impiego e al posto di lavoro, affezione che lo porta, una volta «collocato a riposo», a recarsi quotidianamente di fronte alla biblioteca e a morirvi, per di più in orario. Per quanto rappresentato in contrapposizione al resto dei bibliotecari, tuttavia, nemmeno Strazza, che di fatto è un disadattato al di fuori dell'ambito lavorativo, identifica un modello validamente proponibile, ed è appunto la generale miseria che uniforma il tessuto umano a caratterizzare nell'insieme *Pesci fuor d'acqua*, in tal senso meno rivolta di altre novelle alla descrizione esterna degli aspetti ambientali ed economici della vita napoletana. Si osservi, in conclusione, che anche la voce narrante non si sottrae al quadro complessivo pur manifestando il proprio sentimento di estraneità al mondo che rappresenta, e infatti di sé, con un raro accenno di autorappresentazione da parte dell'autore, dice: «urtante metodicità per gli apprezzamenti di un malato di nervi com'io sono».

"Cocotte"[1]

I

Erano le cinque ore del mattino. La grande lampada posta davanti alla statua di legno di sant'Ignazio ardeva nella cappella del carcere femminile di Santa Maria ad Agnone, ancora addormentato. Fra poco le recluse avrebbero udito la campana della sveglia e sarebbero scese a borbottare le solite preghiere nella penombra di quel tempietto freddo e malinconico, i cui quattro finestroni affacciano sul tortuoso vicolo afrodisiaco intitolato dallo stesso nome delle prigioni e frequentato da soldati e da male femmine.

In quell'ora – l'ottobre era agli ultimi suoi giorni – il vicolo, affatto deserto, offriva a' sorci o a qualche cagnuolo abbandonato e vagante la copiosa vettovaglia de' suoi rifiuti e della sua spazzatura, ammonticchiati qua e là. Due fanali a gas, dal muro di faccia alle carceri – il muro cieco e altissimo d'un monastero di clarisse – stendevano due braccia di ferro, una delle quali, spiccandosi di su la piccola porta antica del monastero, coronata da un festone marmoreo e dallo stemma quattrocentesco d'una famiglia illustre, si puntava proprio rimpetto a uno dei finestroni della cappelletta e ne inquadrava la sagoma sulla interna e prospiciente parete della chiesuola, ove parte d'un vecchio quadro se ne illuminava anch'essa, vagamente. L'altro fanale, molto più lontano,

---

[1] Prostituta (già in Serao, cfr. p. 681, nota 5).

stava sulla garitta della sentinella, addossata allo stesso muro claustrale lì ove il vicolo cominciava a far gomito, e a qualche passo dalla porta delle prigioni.

Il silenzio era alto, la notte fresca.

La sentinella – un soldato di fanteria, che s'era posto il fucile ad armacollo – passeggiava con le mani in saccoccia, e zufolava. Talvolta, lasciandosi addietro per buon tratto la sua garitta, allungava il passo fino all'arco depresso ed oscuro ove il vicolo sbucava, nell'alto, sulla deserta via de' Santi Apostoli. Talvolta, soffermandosi, piantato sulle gambe allargate, il soldato interrogava lungamente, con gli occhi in su, quella fetta di cielo che le alte mura della prigione e quelle del monastero pareva che attingessero con le loro creste taglienti: un pezzo di cielo sereno, rischiarato come da un lume prossimo ed invisibile. Era imminente l'alba. Difatti, a poco a poco, cominciò a mancare sulla intera parete della chiesetta quel riverbero giallastro che il lume del fanale vi stampava. Si liberarono a mano a mano dall'ombra l'altare, le scranne in fila, le pareti coperte di vecchie tele e di quadretti votivi, il piccolo confessionale di cui lo sportello era rimasto schiuso, e uno scarabattolo[2] a vetri, custodia d'un presepe addossato a uno de' pilastri.

Pareva come se da gran tempo quel luogo fosse rimasto abbandonato: vi avevano conquistato ogni angolo le ragnatele, la poca cura della suppellettile ve la lasciava coprirsi di polvere o di muffa, e l'umidità esalava un tanfo di terriccio rimosso. Continuando la luce a mostrare quelle cose, la breve navata del tempio anch'ella se ne abbeverò a poco a poco tutta quanta. Si svelò, dietro l'altare, la porticina della sagrestia, e l'altare medesimo, carico di frasche e di candelieri, si bagnò tutto del freddo chiarore mattinale: la tovaglia ad orlo ricamato che v'era stesa sopra vi sembrava appiccicata con l'acqua. E come, per un vetro rotto d'uno de' finestroni, penetrava là den-

---

[2] Armadio di piccole dimensioni.

tro il vento a quando a quando e sibilava, qualche volta, davanti alla statua di santo Ignazio, la fiamma della lampada, investita da una folata più veemente, allora si inclinava e pareva che si volesse spegnere a un tratto.

Era giorno, adesso. Le ore suonavano al vicino orologio dal palazzo della Vicaria, lente e chiare. Nel vicolo s'arrestò in quel punto il romore de' passi della sentinella: il soldato contava que' rintocchi della campana e aspettava il cambio. Difatti s'udirono altri passi frettolosi e pesanti accostarsi dal lontano e subitamente davanti alla garitta si posarono sul selciato, con un romore breve e ferreo, i fucili: una voce dava la consegna, nel silenzio: e la voce della sentinella rimossa le rispondeva piano, brevemente. Poi daccapo risuonarono i passi cadenzati, e s'allontanarono.

D'improvviso la porticella della sagrestia s'aperse tutta quanta. A una a una entrarono di là nella chiesa dodici suore della Carità e sedettero a un banco, rimpetto all'altarino. L'ultima, una vecchietta, si chiuse la porta addietro e rimase in piedi, ritta, davanti alla mensola dell'altare. Non s'era udito romore e quelle donne erano come scivolate sul pavimento: dalle loro gonne molli e copiose non s'era partito alcun fruscio. Ora, nella mezza luce, le cornette[3] bianche s'allineavano, immobili.

Un colpetto di tosse ne scosse una, per qualche tratto.

II

La suora addossata all'altare si fece il segno della croce e disse:

«Sorelle mie, questo in cui ci troviamo per ordine della nostra reverenda madre generale è il carcere femminile detto di Santa Maria ad Agnone. Fino ad ora la

---

[3] «Copricapo di lino inamidato, con due larghe tese con le estremità rivolte verso l'alto.»

cura delle sciagurate donne che sono qua dentro è rimasta affidata ai Gesuiti. Ma vi sono tante necessità, tante circostanze, non so come dire, per cui in una prigione femminile valgono meglio le donne che gli uomini. Insomma, s'è creduto necessario di farci venire qui a regolare non dico meglio, perché i buoni padri Gesuiti lo hanno fatto assai bene per quindici anni, ma con affetto, con amore di sorelle, con tutte le cure di cui hanno bisogno, queste povere anime vissute nel peccato.»

S'interruppe. Il suo sguardo percorse la bianca fila delle cornette e vi frugò sotto, come interrogare le pallide facce che ombreggiavano, in parecchie delle quali sarebbe stato difficile leggere: erano volti da cui nulla traspariva per gli occhi, erano pupille immote, inespressive, abituate al riverbero della passività di anime apatiche, depresse dalla preghiera e dalla regola.

«Ho ancora qualche cosa da dirvi» soggiunse la superiora.

E mentre la chiesuola si rischiarava tutta quanta e di fuori già suonavano voci confuse nel vicolo, ella annunziò con voce più alta e più lenta:

«Non tutte voialtre rimarrete qui, in servizio. Vi resterò io con otto di voi. Basteremo.»

Subitamente fu picchiato forte all'uscio della chiesa. Di fuori, dal vasto cortile ove le recluse s'adunavano ogni giorno, una rauca voce femminile urlò:

«Monache! Monache! Ove siete?...»

La superiora additò l'uscio alle compagne e ordinò:

«Aprite.»

La porta s'aperse. Un fiotto di luce si riversò dal cortile nella chiesa e ne illuminò le ultime scranne. Tre o quattro donne apparvero sul limitare dell'uscio e vi si arrestarono, irresolute.

Una di esse, con le mani in cintola, protese la testa arruffata.

«Ma dove siete?» gridò.

S'udiva, nel silenzio, il loro ansimare: come se avessero voluto arrivare per le prime alla porticella della chiesa quelle donne respiravano forte. E, fra tanto, per la scala dei dormitorii altre recluse scendevano di furia nel cortile, urlando, ridendo, schiamazzando.

«Fuori, fuori!» strillò una che sopraggiungeva. «Venite fuori, monache! Vi vogliamo vedere!»

Si fece largo tra le compagne, stese le braccia e tornò a gridare, in fondo alla chiesa:

«Fuori! Fuori!»

Le fece eco un urlio assordante.

«Fuori le monache!»

Il cortile s'era affollato. Cento braccia si levavano, cento bocche continuavano a urlare. Sul pozzo che non s'usava più e sulla cui bocca era stata posta una tavola, tre o quattro delle recluse erano saltate in piedi, per veder meglio. E a un tratto, nella folla, avanzando, le suore apparvero e si raccolsero in un silenzioso gruppo, di faccia al pozzo.

La superiora balbettò:

«Figliuole...»

Gli urli copersero la sua voce. E si mescolarono a quello schiamazzo spaventevole le apostrofi più insultanti, le più feroci invettive, delle risate scroscianti, delle frasi impure e minacciose. Intanto la scala de' dormitorii seguitava a rifornire il cortile: ora, più lentamente, scendevano le anziane, orribili megere, discinte, qualcuna scalza perfino, qualcuna appoggiata a un bastone.

Vi fu un momento di silenzio. La fila delle suore si rinserrava. Strette l'una all'altra, pallide, palpitanti, gli occhi pieni dell'orrore della scena, esse affisavano sullo spettacolo insolito il loro sguardo impaurito. E s'udiva in quel silenzio un balbettio cadenzato, quasi un canto sommesso: una idiota sedeva al sommo della scala dei dormitorii e cullava sulle ginocchia un fantoccio di stracci la cui testa informe aveva incappucciata in una piccola cuffia bianca. Il fantoccio andava su e giù in grembo all'idiota, ed ella, piegata su quel sudicio fagotto, seguitava a ninnarlo:

«Oh, oh! Dormi, figlio... oh, oh!...»

«Taci!» le gridò una vecchia. «Finiscila!... Tutta la santa giornata il lamento di questa scema!»

«Insomma?» fece un'altra, rivolta alla superiora. «Tu non parli, eh, mamma grande?»

«Ve lo dico io perché non parla» esclamò un'altra. «Questa santa donna...»

Scoppiò a ridere. E mosse incontro alla suora, minacciosa.

III

Era una delle più singolari di quelle sciagurate. Alta, bionda, vestita d'un camice roseo dalle larghe maniche orlate d'un pizzo gialletto che s'era sciupato e sbrandellato, ella aveva dei braccialetti a' polsi, e al collo nudo un filo d'oro da cui pendeva una medaglietta. Con la mano sinistra ora raccoglieva sul fianco la vestaglia, e appariva da quel lato, fino al polpaccio, la gamba calzata di seta nera; a' piedi aveva scarpini bianchi, trapunti, d'un taglio elegante, e li trascinava su pel sudicio selciato del cortile. Certo era stata bella un tempo: ma adesso faceva paura. La sua voce rauca, alcoolizzata, d'un timbro maschile, superava tutte le altre. Un tremito spasmodico le percorreva di volta in volta le labbra, a' cui umidi angoli si raccoglieva una lieve e lucente schiuma bavosa. De' grandi occhi azzurrini nei quali palpitava quell'aura epilettica onde lo sguardo si esprime singolarmente tra il terrore e lo spasimo, entro gli orli arrossati delle palpebre ammiccavano di tanto in tanto, come offesi dalla troppa luce.

«Non parla poiché ha scorno![4] Noi le facciamo scorno, si capisce! Non è avvezza, la santa donna!»

---

[4] Vergogna, umiliazione, disagio.

Fece un altro passo. E posò la mano sulle braccia conserte della suora. Sporse il capo. L'affisava muta.

«Ti secca, non è vero? Hai ragione. Delle suore tra le omicide, le ladre, le male femmine!...»

Incrociò le braccia anche lei. E a una a una, curiosamente, squadrò le altre monache rimaste mute anch'esse e immobili. Nessuna di loro sostenne quello sguardo sfacciato: le suore abbassarono gli occhi, rabbrividendo.

«Dunque rimarrete con noi, non è vero?» disse la bionda. «Onoratissime!»

«Rispondi!» urlò un'altra alla superiora. «Rispondi a *Cocotte*!»

Allora la superiora rispose:

«Sì. Nove di noi. Le sceglierete voi stesse.»

«Come!» disse quella che chiamavano *Cocotte*. «Ma davvero?»

«La nostra madre generale vi accorda questa facoltà.»

«Voialtre! La sentite? Abbiamo il diritto di scegliere!»

E *Cocotte* si voltò addietro e chiamò le compagne con la mano.

Cento voci urlarono:

«Alla scelta! Alla scelta!»

L'orribile turba frenetica si riversò sulle suore e le circondò, le agguantò, se le contese.

Proruppe un assordante vocio.

«Io voglio quella!»

«Io questa!»

«Io quest'altra!»

«La bruna!»

«La grassa!»

«Quella più modesta!»

«Di qua, di qua! Da questa parte!»

«Silenzio, silenzio! La vecchia vuol parlare!»

«Ascoltate!...»

«Un momento! Bisogna contare le prescelte!» disse una dal viso sconciamente butterato. «Devono essere nove, con la vecchia.»

Sotto il sole, davanti al pozzo, la fila delle suore aspettava.

Ora la butterata, con l'indice teso, s'era messa a contare.

«Una, due, tre, quattro, cinque e sei...»

«Otto devono essere, le giovani» la interruppe *Cocotte*. «E ne manca una...»

Lievemente una mano le sfiorò il gomito. Una voce le mormorò:

«Prenda me...»

Cocotte si volse. La suora che le aveva parlato ora chinava la testa: le sue braccia, nelle larghe maniche chiuse a' polsi, pendevano come abbandonate. Un tremito impercettibile le correva lungo le mani bianche e nervose, che a un tratto s'afferrarono alla molle sottana azzurrina, convulsamente, e se ne empirono, come se volessero strapparla...

Gli occhi arrossati della vecchia peccatrice cercarono di spiare tra quel soggolo[5] e quella cornetta.

Gli urli ricominciavano.

«Alla scelta! Alla scelta!»

Disse *Cocotte*:

«Tocca a me. Scelgo io.»

Stese la mano: prese il mento della suora tra pollice ed indice e lentamente le sollevò la testa. Un viso quasi ancora infantile, una pallida faccia di giovinetta si coperse subitamente di luce. Due grandi occhi cilestrini s'affisarono sulla reclusa, ansiosi e sbigottiti.

«Ma guarda!» fece *Cocotte*. «È carina!... E come ti chiamano?»

La suora balbettò:

«Suora Vittoria.»

Cocotte le mise la mano sulla spalla, si volse alle compagne e annunziò:

«Io scelgo questa.»

---

[5] Fascia di tessuto che nell'abito monacale fascia il collo e circonda il viso.

IV

A poco a poco il cortile si era vuotato. Ora un'improvvisa calura sciroccale umida e greve occupava l'aria. Il sole scottava. In quello spiazzato irregolare, rinserrato da muri grigi, alti e interrotti da linee non simmetriche di finestre e di poggiuoli, la luce pioveva come in un pozzo e vi si raccoglieva pesantemente. A uno de' poggiuoli era seduta una reclusa, incinta, e rammendava un panno bianco che le si distendeva sul ventre rotondo e gonfio. Guardava abbasso, di volta in volta, e poi levava un lembo del panno per passarlo e ripassarlo sulla fronte sudata. Due altre donne, affacciate alla finestra accanto, chiacchieravano, e una fumava una sigaretta e sputava continuamente sotto, su un mucchio di calcinacci. E passavano e ripassavano dietro alle altre finestre altre recluse, e attraversavano corridoi e dormitorii, dai quali usciva un confuso vocio, uno strepito di voci discordi e di risate, un fracasso di porte e di vetrate sbattute. Nella infermeria, i cui quattro poggiuoli stampavano sul bianco muro rivolto a mezzodì il vivace colore de' loro stipiti dipinti di verde, una suora già era sopraggiunta e apriva le persiane, sbatacchiandole sul cortile. Accanto, vestita d'un camice grigiastro e tutta raccolta sopra uno sgabelletto, a un cantone d'un altro poggiuolo, una malata infilava alla gamba scarna e nuda una calza, e si voltava a quel romore.

Improvvisamente la campanella del refettorio tintinnò. Le tre porte del refettorio s'apersero, giù a pian terreno, sotto gli archi che da quel lato ricorrevano davanti a un breve peristilio. Erano le otto del mattino e a quell'ora le recluse scendevano a sorbire il caffè. S'udì subito là dentro un romore di panche trascinate sul pavimento, s'udirono cozzare le chicchere e a un tratto, mentre si faceva un silenzio profondo, una voce lenta e nasale giunse di là fino al cortile.

«Figliuole, un'altra giornata della nostra vita principia. Ringraziamo la santa Vergine Maria che ci ha concesso di vivere quest'altra giornata, e promettiamole di averla presente in tutte le nostre azioni. Un'avemaria secondo la intenzione di ciascuna di voi.»

Seguì un breve mormorio come di preghiere recitate sommessamente. Poi ricominciarono lo strepito e il vocio.

«Hai sentito?» fece *Cocotte* a una spilungona che si trascinava dietro una seggiola in cortile e vi cercava un posto all'ombra. «Ci raccomandano alla santa Vergine. I Gesuiti ci raccomandavano a quel bravo Eterno Padre, ti ricordi?»

Levò il braccio e puntò al refettorio la mano spiegata.

«Idiote!» urlò.

E subito dette in una risata folle, tenendosi i fianchi, battendo i piedi a terra, scotendo i pugni stretti.

L'altra aveva trovata l'ombra e s'era seduta. Aveva cavato un coltellino e s'era messa a sbucciare un'arancia.

«Levati dal sole» ammonì.

E una voce, da una finestra, ripetette, forte:

«*Cocotte*, levati dal sole!»

«Ieri il Padre Eterno, oggi la santa Vergine!» strillò *Cocotte*. «Napoli! Roma! Firenze! Si cambia!»

Ora s'accendeva e s'agitava, sorpresa da que' suoi vapori convulsivi per cui si cominciava a mano a mano a scolorire nel viso, a tremare, a balbettare parole senza senso.

Fece ancora qualche passo verso gli archi del peristilio e a un punto si soffermò, piegandosi quasi, allungando il collo, spiando...

«La piccola!...» mormorò.

Suora Vittoria appariva sotto uno di quelli archi.

Allora l'epilettica le si avvicinò, pian piano, con un sorriso ebete.

«Badi!» fece alla suora quella dell'arancia, e si levò. «Badi! È malata!...»

Suora Vittoria stese la mano, come per difendersi. *Cocotte* glie l'afferrò a volo e la strinse forte e la tenne fra le sue, borbottando.

Vi fu un silenzio pauroso. Adesso l'epilettica, estatica, la bocca spalancata, affisava la suora. E sul suo volto inquieto, impallidito improvvisamente, e negli occhi suoi stralunati cresceva un terrore subitaneo e angoscioso. Le sue labbra si sforzavano di articolar parole che vi s'interrompevano confusamente e vi morivano tra un suono gutturale. Poi, lentamente, le sue mani si rilassarono. Il balbettio scemò, s'udì appena. Ed ella si ritrasse, tutta raccolta sopra se stessa, piegata, in un atteggiamento di bestia.

Mise un alto strido, d'un subito, e barcollò.

«Scendi, Rita!» gridò la spilungona a una finestra. «Porta un cuscino!»

Accorreva, con la bocca ancor piena.

«Qui! Qui! Voialtre!»

Sopraggiungevano le recluse, dal refettorio. *Cocotte* era caduta sul selciato, con un tonfo sordo. E come la suora, in quel punto, le aveva profferto le braccia, l'epilettica le si era avvinghiata a' fianchi, se l'era trascinata addosso e se la premeva sul petto ansante.

Al sole ardente che lo investiva quel gruppo di membra s'aggrovigliava e sobbalzava. Le braccia di *Cocotte*, nude fino alla scapola, ora percotevano l'aria, i suoi denti stridevano, ed ella mugolava come un bruto ferito.

«Lasciala!» gridò la butterata alla suora. «Scostati!...»

Si chinò, l'afferrò per la vita e tentò di svellerla da quelle braccia che l'avevano riafferrata, irrigidite e tenaci.

«Lasciala!»

Cocotte, sfinita, ricadde di peso e restò immota.

La suora le passò una mano sotto il capo, si piegò, posò la sua guancia su quella faccia stravolta e bruttata di sozza bava sanguigna.

La butterata, ginocchioni, cercava di liberarla e le urlava, faccia a faccia:

«Ma sei pazza?... Ma bada!... Ricomincerà!...»

Allora la piccola suora balbettò, soffocata da' singhiozzi:

«Mia madre... Mia madre...»

Commento al testo

"*Cocotte*", che fa parte del volume *Nella vita* quindi di *L'ignoto*, attorno alla figura della prostituta epilettica che «Certo era stata bella un tempo: ma adesso faceva paura», porta in scena uno dei tanti spaccati digiacomiani della vita napoletana. Una vita, quella della città povera colta nella decadenza e nell'abbandono, che assume il significato di un fallimento esistenziale, come in *Pesci fuor d'acqua*, e viene rappresentata attraverso l'incontro impossibile tra due mondi estranei e opposti: le monache e le carcerate. I due estremi della società, il convento e il carcere, la vita raccolta e la vita dissipata, la verginità e la prostituzione, sono infatti presentati e affiancati per contrasto: il primo caratterizzato dal silenzio e dall'ombra, da cui emergono nella cappella, compostamente, in fila, le suore destinate al servizio in carcere; il secondo, al contrario, dominato dalla luce accecante e dal chiasso in cui si muovono caoticamente le recluse. E ciò che Di Giacomo mette in rilievo di comune a entrambi gli ambienti è appunto lo squallore di un mondo desolato, poiché se il carcere è, prevedibilmente, sporco e malmesso, altrettanto trascurata e sciatta si presenta la cappella, piena di ragnatele, di polvere, di muffa, con i vetri rotti, tanto che l'autore sottolinea: «Pareva come se da gran tempo quel luogo fosse rimasto abbandonato».

Tra i due mondi Cocotte si trova a essere l'inconsapevole legame, come rivela nel finale la suora, che balbetta «soffocata dai singhiozzi»: «Mia madre... Mia madre...»; in tale balbettio il lettore ricostruisce un'intera esistenza, che non ha bisogno di essere ulteriormente descritta perché va a toccare un problema sociale ben vivo, quello dell'abbandono infantile nelle classi povere, nel caso particolare da parte di una prostituta che, abbandonata «la piccola» (come lei stessa chiama Suor Vittoria) ancora bambina, non è poi in grado di riconoscere la figlia fattasi monaca (destino, quello della monacazione, frequente per le bambine esposte). Le ultime battute del finale imprimono quindi una significativa svolta patetica a un testo altrimenti mantenuto in equilibrio su un tono di asciutta tragicità, e danno luogo a quella miscela di referenzialità distaccata e di partecipazione addolorata che si può dire caratterizzi l'adesione di Di Giacomo al verismo.

Nell'area "verista" viene di fatto collocato Di Giacomo dai contemporanei:

> Tutta la scena che precede è fortemente colorita, tanto da darvi l'illusione perfetta della verità; l'autore ritrae col vero davanti, non lavora di fantasia: e il suo merito sta proprio in questo aver saputo vedere il vero e di avere imbroccato il procedimento per ritrarlo e per renderlo artistico[1]

ma è lo stesso Di Giacomo il primo a definire "verista" la propria arte:

> Carissimo signore, Le mando l'ultimo volume delle mie novelle: *Pipa e boccale*. Non giudichi me da questo libro di pura immaginazione: io sono piuttosto verista [...]. Un verista sentimentale è vero. Ella se n'avvedrà dalla novella *L'ignoto* [...]. Giudichi da questo se sono un verista. Ci tengo. Osservazione della verità con alito di poesia personale. Questa l'arte per me.[2]

---

[1] Sono le parole usate da Federigo Verdinois nella recensione alla raccolta *Nennella, bozzetti napoletani* del 1884, pubblicata in F. Verdinois, *Nennella*, in «Corriere del mattino», XII, 158, domenica 8 giugno 1884, citato da T. Iermano, *Il melanconico in dormiveglia. Salvatore Di Giacomo*, Olschki, Firenze 1995, p. 45.
[2] Lettera di Di Giacomo a Georges Hérelle, in G. Infusino, *Lettere da Napoli. Salvatore Di Giacomo ed i suoi rapporti con Bracco, Carducci, Croce, De Roberto, Fogazzaro, Pascoli, Verga, Zingarelli...*, Napoli, Liguori 1987, p. 95.

Il definirsi un «verista sentimentale» sta a significare l'adesione da parte dello scrittore al verismo attraverso la scelta dell'argomento della narrativa, nei termini già definiti nell'introduzione, ma al tempo stesso segnala la presa di distanza dal modello nella rappresentazione di tale soggetto, dovuta alla rinuncia al canone dell'impersonalità, come sottolinea Toni Iermano commentando l'autodefinizione dell'autore: «Di Giacomo appare sempre più avvolto da melanconie decadenti e sempre meno afflitto da preoccupazioni d'impersonalità e di oggettività».[3]

---

[3] T. Iermano, op. cit., p. 52.

Le bevitrici di sangue

Dalle sette e mezzo della mattina fino alle dieci la carneficina delle vacche, al macello di Poggioreale, si compie tra uno strano affollamento di bevitrici di sangue, dura tra i desiderii sanguinosi delle anemiche, delle clorotiche,[1] delle povere fanciulle sbiancate in faccia come la cera. Esse accostano alle pallide labbra il bicchiere colmo di quello spumante *vin delle vene* e bevono d'un fiato, socchiusi gli occhi, la mano che leggermente trema. Intorno seguita la strage, tra un continuo romore di battiture, di tonfi sordi, di catene che si sciolgono, d'argani che rizzano i cadaveri ancor palpitanti delle povere bestie. Dopo bevuto il caldo sangue spicciato dalle carotidi incise, si passa in una stanzaccia nuda e sporca, e lì si sciacquano le coraggiose bocche femminili e le mani insanguinate. A parte il bene che può fare questo rimedio novello, lo spettacolo è orribile.

Appena entrati nel macello, come il visitatore si va accostando allo scannatoio, ode un rapido succedersi di colpi sordi, i quali dànno la precisa idea di una gran quantità di tappeti sciorinati e battuti da servitori invisibili a un invisibile terrazzo. I tappeti sono cadaveri, ancor palpitanti, di vitelli, di vacche, di bovi smisurati. I carnefici, appena caduto l'animale sotto il coltello-

---

[1] Affette dalla forma di anemia definita clorosi.

pugnale di questi *toreadores* del macello, cominciano a menar di gran colpi di mazze sulle reni e sul ventre delle bestie, perché la pelle se ne stacchi. E mentre uno compie codesta bisogna, un altro si vale d'un mantice per gonfiare l'animale, e un altro d'un lungo ferro tondo per frugar nelle viscere. Il sangue scorre d'ogni parte e inonda il pavimento. I garzoni s'accovacciano, radunano con le mani il sangue a pezzi già quasi coagulato, ne colmano scodelle di ferro e quelle vuotano nelle botti preparate in un angolo. Tutto questo è fatto con grandissima rapidità, l'ammazzamento durando tutta la giornata e dovendo i beccai[2] sbarazzarsi in un giorno fin di ottocento animali.

Le vacche entrano malinconicamente nell'ammazzatoio. Piegano fino a terra la testa. Annusano il sangue e si volgono intorno. Un primo leggero fremito incosciente increspa loro la pelle, gli occhi grandi e dolci s'inumidiscono. Attaccate per le corna ai pali dei cavalletti enormi, alle forche bruttate[3] di sangue rappreso, continuano a dondolare la testa inquieta, lasciando mescolare al sangue, per terra, i fili argentei della bava, ond'hanno tutto umido il muso. Subitamente un carnefice s'accosta: nascondendo il pugnaletto nella destra, guardingo. Leva la mano. Il pugnale s'abbassa, colpisce tra le corna, penetra, rapidissimo, fin nel cervello, e riappare fumante. Il carnefice dà un balzo, e si scosta. La vacca cade, fulminata. Una sola, breve convulsione le agita le gambe, ed è tutto; è morta. La sua compagna si agita, cerca di liberarsi, leva il capo, sbarra gli occhi, spaventata. Ma cade anch'essa sotto l'orribile forca, accanto alla prima. Lì per lì comincia la battitura, cominciano ad agire il soffietto, il ferro tondo, il gran coltello sventratoio. Ma prima, appena l'animale piega le gambe e si rovescia sul dosso, il fornitore di sangue, scalzo,

---

[2] Macellai.
[3] Imbrattate.

sguazzanti i piedi nel sangue, accosta alla viva fontanella il bicchiere e, correndo, lo porta, colmo, alla fanciulla anemica. E costei beve d'un subito fino all'ultima goccia, e le labbra e il mento le si tingono d'un rosso fortissimo, e le dita si sporcano, e gli anellini luccicano tra il sangue gocciante...

La gran parte di queste bevitrici si compone di un elemento assai borghese. Sono modistine, sartine, fioriste e simili. Escono dall'ammazzatoio con le punte delle scarpette, coi tomai alti, macchiati. In Napoli l'anemia serpeggia un po' da per tutto: ora pensate a queste povere ragazze che fanno una vita sedentanea,[4] in un laboratorio, coi lumi a gas d'inverno; pensate a queste giovanette elegantemente vestite che a casa loro dormono in un miserabile sottoscala, senza luce; pensate alle privazioni, alla mancanza dell'aria, del sole, alla mancanza del cibo sano, della carne che costa troppo, e vi spiegherete la mancanza dei globuli rossi.

Ma guardatele, quando, nelle prime ore della mattina, queste fanciulle del popolo attraversano Toledo, in cappellino lucente di conterie,[5] vestite come tante marchesine, le calze nere, di seta, lo stivalino verniciato, la punta ricamata d'un moccichino[6] che scappa fuori dalla saccoccia in petto, la mantiglia sul braccio e l'ombrellino in mano. Son quelle che ieri hanno bevuto, coraggiosamente, il sangue vivo vivo. Ora guardatele: hanno due soldi in tasca per la merenda, ma le labbra carezzano il gambo d'un fiore, o sorridono deliziosamente a un giovanotto cocchiere padronato, che sorride e le minaccia con la frusta elegante...

---

[4] Sedentaria.
[5] Perline di vetro colorate.
[6] Fazzoletto (già in Nievo, cfr. p. 130, nota 55).

Commento al testo

La novella *Le bevitrici di sangue* risulta inclusa nel volume *Novelle napolitane*, del 1914, ma

> Nell'agosto del 1886 Di Giacomo pubblicò ne «Il Pungolo» (a. II, n. 211), senza firma, una nota di cronaca intitolata *Le bevitrici di sangue* che, l'anno successivo, rielaborata, apparve nel volume di novelle *Mattinate napoletane*.[1]

Il testo è quindi esemplificativo del rapporto di interdipendenza tra la produzione giornalistica, in particolare cronachistica, e la produzione narrativa di Di Giacomo e fornisce un caso interessante di cronaca che, nel passaggio alla novella, non approda a una forma compiuta di narratività ma si colloca in uno stadio intermedio, piuttosto prossimo al bozzetto. *Le bevitrici di sangue* rientra infatti nel novero di quelle novelle-bozzetto digiacomiane nelle quali prevale la componente descrittiva e che non sviluppano compiutamente nessuno degli spunti narrativi che contengono. All'interno del quadro cronachistico delle anemiche che si recano al macello a bere il sangue degli animali, sono identificabili due nuclei narrativi di fatto non svolti o svolti in misura estremamente concisa: la macellazione, cui è dedicata la parte più ampia e propriamente descrittiva della brevissima novella, e le donne, le «modiste, sartine, fioriste e simili» la cui esistenza quotidiana, divisa tra la malattia, il lavoro insalubre e i sogni giovanili,

---

[1] T. Iermano, *op. cit.*, p. 65.

è lasciata, con un veloce quanto esaustivo accenno, sullo sfondo:

> Ma guardatele, quando, nelle prime ore della mattina, queste fanciulle del popolo attraversano Toledo [...]. Ora guardatele: hanno due soldi in tasca per la merenda, ma le labbra carezzano il gambo d'un fiore, o sorridono deliziosamente a un giovanotto cocchiere padronato, che sorride e le minaccia con la frusta elegante...

È ancora una volta alla chiusa che, analogamente a *"Cocotte"*, Di Giacomo affida l'elemento «sentimentale» affiancato al dato realistico e, ancora come in *"Cocotte"*, è attraverso un procedimento narrativo fatto di contrapposizioni che si delineano i due mondi che si incontrano nel macello: da un lato la quotidianità della morte, trattata dall'autore con un certo accento patetico – si noti l'uso di termini quali «la strage», i «carnefici», «l'orribile forca» e il riferimento all'ingresso malinconico delle vacche nel macello – e dall'altro l'attaccamento alla vita delle anemiche. Relativamente a questo secondo tema Di Giacomo muove una limitata polemica sociale, nella terza sezione della novella, contro le condizioni di vita e di lavoro cui è attribuito il diffondersi del male in Napoli.

FEDERICO DE ROBERTO

La vita e le opere

Nato a Napoli il 16 gennaio 1861, ma discendente da una famiglia siciliana, Federico De Roberto si trasferisce nel 1870, dopo la morte del padre, a Catania e si avvia agli studi tecnico-scientifici che però abbandona appena ventenne per dedicarsi alla carriera di giornalista e all'attività letteraria. Dalla Sicilia comincia a intrattenere collaborazioni con riviste nazionali e relazioni con intellettuali e scrittori quali Capuana e Verga, ma per meglio coltivare le une e le altre si trasferisce prima a Firenze e poi a Milano (nel 1890), dove frequenta Verga e i cenacoli della Scapigliatura lombarda. Rientra a Catania nel 1894 e vi rimane, salvo periodici soggiorni a Roma e a Zafferana Etnea, quasi ininterrottamente fino alla morte, che sopravviene il 26 luglio 1927. La sua produzione, piuttosto varia, spazia dai numerosi saggi e monografie di vario argomento, alla poesia – una sola raccolta: *Encelado* (1887) –, ai romanzi – *Ermanno Raeli* (1889), *L'Illusione* (1891), *I Viceré*, il capolavoro del 1894, *Spasimo* (1897), *L'imperio*, incompiuto e edito postumo nel 1929 – alle novelle, che pubblica raccolte in sette volumi.

Sin dal suo esordio di novelliere De Roberto viene affiancato a Verga e Capuana quale terzo esponente di spicco della narrativa verista. L'effettiva relazione di discendenza letteraria, oltre che di amicizia, per quanto sottolineata dallo stesso autore,[1] non toglie che si debba ri-

---

[1] De Roberto chiama Verga e Capuana «maestri ed amici» nella lettera-prefazione ai *Documenti Umani* indirizzata a Emilio Treves: «Parlo di Giovanni Verga e di Luigi Capuana, di due scrittori nei quali i critici della *Sorte* trovarono i miei modelli, facendomi

conoscere nell'opera di De Roberto, più che la continuazione del magistero verista, il suo momento di crisi e di superamento. De Roberto non solo si pone nel solco del verismo nel momento in cui questo comincia a tradire la propria eversività rispetto alla narrativa italiana precedente e coeva per diventare esso stesso scuola, ma è responsabile di una sostanziale reimpostazione, o aggiornamento, delle problematiche del realismo, che scardina dalle fondamenta, pur senza abbandonarne, dal punto di vista della tecnica narrativa, la lezione principale riassunta nella formula dell'impersonalità. Di fatto, e paradossalmente, mentre raggiunge risultati impeccabili nella resa impersonale della realtà, De Roberto ruota l'asse prospettico su cui si basa la narrazione realista e lo sposta dall'interno del dato descritto al punto di vista esterno dell'osservatore-narratore, facendo dell'impersonalità la tecnica narrativa del relativismo analitico. De Roberto si affaccia così sulla soglia del Novecento, pur senza varcarne il limite, quanto basta per proporre testi tuttora assolutamente attuali per la lucidità dello sguardo esteso sulla realtà sociale e umana. Tale modernità soffre tuttavia di una certa discontinuità, che si risolve in risultati narrativi qualitativamente contraddittori, ora innovativi ora conservativi, e tali per cui, a fianco di brani di incisività sorprendente, si trovano pagine canonicamente ottocentesche.

La narrativa di De Roberto alterna la produzione di romanzi e di novelle.[2] L'avvicendamento lascia in secondo piano le problematiche specifiche dei due generi letterari, a nessuno dei quali l'autore sembra accordare esplicita predilezione, poiché a monte della scelta della misura narrativa De Roberto si dimostra interessato alla messa a fuoco delle premesse teorico-tecniche che presiedono alla narrazione *tout court* e su queste infatti si sof-

---

così il maggior elogio ch'io potessi ambire», cfr. F. De Roberto, *Romanzi Novelle e Saggi*, a cura di C.A. Madrigani, Mondadori, Milano 1984, p. 1628.
[2] Unisce i due generi il volume *La messa di nozze. Un sogno. La bella morte*, 1911, che accosta due novelle al romanzo breve *La messa di nozze*.

ferma in tutti i testi prefativi alle raccolte di novelle. Nodo centrale è il problema della forma espressiva da adottare in funzione dei diversi aspetti del reale: De Roberto parte dal presupposto non ideologico, ma squisitamente tecnico-letterario, che la scelta di un argomento implica conseguenzialmente il metodo con il quale trattarlo[3] e che tale scelta viene compiuta «per disposizione naturale dello spirito, per una preferenza tecnica, per una ragione qualunque»[4] comunque dipendente solo dall'individualità dello scrittore. Ciò sta a significare non solo che non è un sistema ideologico a orientare la scelta dell'argomento e che questa è determinata da fattori soggettivi e contestuali, quindi relativi e transitori, ma soprattutto che le due linee evolutive della letteratura ottocentesca, contrapposte sullo scorcio della fine del secolo, realismo e idealismo, vengono di fatto prese in considerazione a prescindere dai rispettivi contenuti teorici e solo in quanto metodi narrativi implicati da distinti soggetti. De Roberto afferma infatti che «realismo e idealismo sono al tempo stesso dottrine morali e metodi tecnici»,[5] ma poi li introduce nella propria narrativa solo come metodologie, "dilettandosi" nella sperimentazione di entrambi: «È stato per me un raffinato godimento da dilettante il condurre di pari passo due serie di novelle opposte nella forma e nelle intenzioni».[6] Il riferimento è alle raccolte parallele di novelle *Processi verbali* (di impostazione realista) e *L'albero della scienza* (di impostazione idealista).

Va da sé che l'azzeramento delle premesse teoriche che contrappongono le due poetiche svuota di significato la contrapposizione stessa:

> In arte si vogliono distinguere due scuole: la naturalista e l'idealista [...] i naturalisti sono accusati di veder

---

[3] «Quando io ho scelto un argomento ho scelto nello stesso tempo senza saperlo, il metodo col quale trattarlo», cfr. *Prefazione* a *Documenti Umani* in F. De Roberto, *Romanzi Novelle e Saggi*, cit., p. 1630.
[4] *Ibid.*, p. 1631.
[5] *Ibid.*, p. 1630.
[6] *Prefazione* a *L'albero della scienza*, in *ibid.*, p. 1644.

tutto nero, di deprimere tutto; gl'idealisti di veder roseo e d'esaltare ogni cosa [...] tutti sono persuasi di vedere la vita com'è [...]. Io dico che siccome mancano alla realtà caratteri specifici, siccome essa non è precisamente definibile, le visioni antagonistiche delle due scuole sono egualmente legittime.[7]

L'azzeramento del dualismo si basa dunque sulla non definibilità del reale, ovvero sulla sua irriconducibilità a un sistema epistemologico, e conduce all'abbandono del verismo in direzione di una poetica della relatività. Con la convinzione che una verità assoluta non esista o meglio non sia determinabile da parte dell'individuo e di conseguenza «che non c'è nessuna credenza sicura, nessun concetto indiscutibile, nessuna determinazione incrollabile»,[8] De Roberto imposta il problema oltre l'ambito artistico in termini di disorientamento collettivo – «In arte, oggi, come in politica, non si sa da quale parte rifarsi»,[9] «Senza bussola intanto, il pensiero umano erra qua o là secondo che il vento soffia da una parte o dall'altra» –,[10] e inscrive il relativismo della conoscenza in una valutazione critica della contemporaneità:

Il bilancio morale del secolo nostro è in condizioni veramente disastrose [...] ma il deficit dei valori etici si chiama propriamente angoscia, confusione, oscurità, pessimismo,[11]

valutazione che approda a un pessimismo metastorico ed esistenziale:

Di estremi, di contraddizioni, di antinomie non è piena tutta quanta la storia dell'umanità? [...] il secolo decimonono non è poi tanto singolare quanto sembra;

---

[7] *Prefazione* a *Documenti Umani*, in *ibid.*, p. 1629.
[8] Lettera a Ferdinando De Giorgi del 7 marzo 1891, in *ibid.*, p. 1729.
[9] Id., *Il secolo agonizzante*, in *Il colore del tempo*, Sandron, Milano-Palermo 1900, p. 19.
[10] *Ibid.*, p. 17.
[11] *Ibid.*, p. 15.

si può dimostrare che somiglia non poco al diciottesimo, e si può scommettere che il ventesimo gli somiglierà.[12]

Date queste premesse si può apprezzare la modernità del realismo derobertiano proprio a partire dalla conservazione della tecnica dell'impersonalità, attraverso la quale il narratore non tende più a una oggettività inesistente:

> l'unica impersonalità conseguibile è puramente formale [...] nello stile, nella scelta degli effetti, nella stessa concezione d'una opera la personalità dell'autore lascia una indelebile impronta, che ne costituisce l'interesse.[13]

Nell'impersonalità formale che, secondo l'esempio flaubertiano, non consente l'individuazione precisa del punto di vista dell'autore che pure pervade l'insieme dell'opera, De Roberto cerca l'espressione della propria prospettiva gnoseologica:

> Quando l'artista pare più indifferente, allora è più vigile [...] [le cose narrate] riflettono, al contrario, certi lati oscuri della vita e della natura umana, racchiudono una filosofia o amara o ironica, hanno una loro propria bellezza.[14]

La ragione della scelta realista da parte di De Roberto sembra rispondere a una esigenza di ordine conseguente proprio alla progressiva perdita di punti di riferimento fissi: «L'arte è il supremo inganno e l'ultima superfetazione: ma bisogna metter dell'ordine in questa pazzia».[15] L'ordine cui accenna De Roberto è lo stesso di cui parla Maupassant nella introduzione a *Pierre e Jean*, ossia è la

---

[12] *Ibid.*, pp. 24-25.
[13] Id., *Flaubert e Leopardi* in *Romanzi Novelle e Saggi*, cit., pp. 1591-92.
[14] Id., *L'Arte*, Bocca, Torino 1901, p. 46.
[15] Lettera a Ferdinando De Giorgi del 7 marzo 1891, in Id., *Romanzi Novelle e Saggi*, cit., p. 1728.

riorganizzazione illusionistica cui lo scrittore realista deve sottoporre l'oggetto della propria narrazione perché questo acquisti agli occhi del lettore un inequivocabile significato. Ne discende che l'ordine è una forma di illusione prospettica e che in tale ordine, quindi nell'illusione della narrazione realistica, emerge, con un effetto di straniamento, la prospettiva autoriale. Il problema dell'adeguamento del modo artistico al soggetto si traduce in una costante pratica di ricerca di soggetti e forme narrative da parte di De Roberto, che sonda un vario campionario strutturale, ma soprattutto si concentra sulla centralità del linguaggio, nel trattamento del quale raggiunge i risultati di maggiore interesse e modernità, arrivando con il plurilinguismo sperimentale al limite della manipolazione espressionistica.

La modernità di De Roberto non è nella identificazione dei nodi problematici della crisi di fine secolo, al cui dibattito teorico prende parte senza apporti significativamente originali; la sua modernità è nella resa narrativa della consapevolezza della crisi, quindi nel perdurare nel tempo della validità e della acutezza dell'analisi e nella tenuta delle strutture narrative. Quale sia il peso specifico della scrittura novellistica all'interno della ricerca derobertiana è ancora tutto da definire: per certo si può affermare che i punti fermi stabiliti con alcune delle novelle (si vedano *La disdetta*, *Il rosario*, *Nel cortile*) vengono accolti e approfonditi nei romanzi e di qui tornano nelle novelle (ad esempio *La paura* e altre novelle degli anni di guerra). Quindi le prove migliori dell'uno e dell'altro versante della produzione narrativa possono essere poste su una linea di continuità; per contro, quasi ogni raccolta di novelle, come ogni romanzo, segna una sessione di ricerca autonoma: le novelle non derivano dall'aggregazione di testi eterogenei, ma dalla produzione e dalla riunione di testi pensati in funzione di un progetto omogeneo, come evidenzia la redazione contrapposta e parallela delle raccolte *Processi verbali* e *L'albero della scienza* (entrambe edite nel 1890). A complicare l'analisi della novella come genere compare la forma ibrida della novella-saggio o del saggio con novella. Il *corpus* derobertiano comprende infatti numerosi volumi dedicati all'analisi teorico-scientifica dell'amore:[16] in alcuni di questi[17] l'autore supporta la divisione del discorso in aree tematiche con novelline esemplificative immerse nel tessuto argomentativo, in modo tale che l'elemento narrativo risulta assorbito dalla natura saggistica del contesto, senza però venirne snaturato.

---

[16] *La morte dell'amore*, Pierro, Napoli 1892; *L'Amore. Fisiologia, Psicologia. Morale*, Galli-Chiesa-Guindani, Milano 1895; *Una pagina della Storia dell'amore*, Treves, Milano 1898; *Gli amori*, Galli, Milano 1898; *Come si ama*, Roux e Viarengo, Torino 1900; *Le donne, i cavalier...*, Treves, Milano 1913.
[17] In particolare *La morte dell'amore* e *Gli Amori*.

Rivolta

Giunto dinanzi all'albergo Bella Firenze, il portalettere in giro per la prima distribuzione, col bavero del cappotto rialzato e il berretto sugli occhi, si fermò a cercare nel suo fascio.

«Questa è per Filippo Mordina.»

Don Ciccio, il portinaio, appoggiato con la pipa in bocca contro l'orario delle ferrovie che tappezzava il muro del piccolo vestibolo, insieme con i cartelloni della Navigazione generale e delle macchine Singer, domandò:

«Non c'è altro?»

«Nient'altro.»

Giù per la scaletta angusta e ripida s'udì uno sbattere di zoccoli e donna Vincenza, la fantesca, comparve tenendo un corbello[1] d'immondizie.

«Questa lettera per Mordina, numero 7, di sopra.»

«Vengo subito.»

Donna Vincenza andò a vuotare il corbello all'angolo della via, sotto gli aghi di pioggia che cominciavano a fendere silenziosamente l'aria buia.

«Che tempo scellerato!»

Il portinaio levò gli occhi, guardò da una parte e dall'altra, e disse, pipando:

«Scirocco e levante.»[2]

---

[1] Recipiente tondo, di legno o vimini.
[2] Sciroccolevante, «mezzovento che spira da est sud est».

Di sopra, la padrona chiamò:

«Vincenza... Vincenza...»

«Vengo, mi dia tempo» rispose la fantesca, lasciando la lettera sulla tavola dov'era schierata la batteria dei lumi.

La padrona, col petto mezzo nudo, cercava inutilmente di quietare il suo bambino che rifiutava il seno, gettando acute strida, col viso congestionato.

«Guarda quest'innocente: che avrà mai?»

«Indigestione, non è niente. Senta che stomachino!»

«Dammi quella chicchera.»[3]

Ma il bambino si mise a strillare più forte, col mento gocciolante, rovesciando la chicchera con una gomitata.

«Io vorrei il medico. Saverio dov'è andato?»

«Ha lasciato detto che non verrà prima di mezzogiorno. Vuole altro da me? Vado a preparare i lumi.»

Vedendo la lettera sulla tavola, donna Vincenza disse, parlando tra sé:

«Me n'ero dimenticata!»

La prese, salì al piano superiore facendo sbattere i suoi zoccoli e andò a bussare al numero 7. Nessuno rispose.

Bussò più forte. Il silenzio nella camera era profondo. Col pugno, col piede, tornò a picchiare, a scuotere la porta, gridando: «Ehi, di casa!...». Niente.

Dal numero 6 comparve il padre Miniscalco di Scordia, arrivato il giorno prima, con un rasoio in mano e una guancia insaponata.

«Che cos'è questo fracasso?»

«Picchio da un'ora, qui a fianco, e non risponde nessuno.»

«Sarà fuori.»

«No.» E donna Vincenza provò a girare la maniglia. «Se dico vero: è chiuso di dentro!»

---

[3] Tazza, tazzina.

Il prete s'avvicinò, curvò la lunga persona per guardare dal buco della serratura, e trinciò l'aria col rasoio, gridando:

«Qui c'è uno assassinato!»

«Che?... Come?... Che diceste?»

Donna Vincenza attaccò l'occhio al buco, e si tirò subitamente indietro.

«Bella Madre!» gridò, stendendo le braccia con le mani aperte. Poi scappò a precipizio, giù dalla poltrona.

«Signora!... Signora!...» e non trovava il fiato. «Il numero sette!... Buttato per terra, in mezzo al sangue!... Picchiavo da un'ora, e non rispondeva... Con questi occhi, l'ho visto, dietro il buco della serratura!...»

La padrona, pallida come una morta, col bambino che le si aggrappava al collo, spaventato, la prese per un braccio, scuotendola:

«Che mai dici? Che è stato?...»

«Gli portavo la lettera, signora... la lettera che m'aveva dato don Ciccio; ma non rispondeva nessuno... e allora è venuto fuori il vicino, il prete di Scordia, quello di ieri sera, e ha visto dal buco della serratura... il sangue nero come l'inchiostro!... ed è chiuso di dentro!»

«Anime del Purgatorio!» esclamò la padrona, segnandosi, intanto che dietro l'uscio apparivano le facce curiose di alcuni passeggieri,[4] accorsi alle strida.

Comparve il prete, in maniche di camicia, una guancia sbarbata e l'altra no.

«Qua ci vuole il delegato,[5] l'uscio è chiuso a chiave. Chi va a cercare il delegato?»

«Don Ciccio!... Don Ciccio!...» e donna Vincenza corse a chiamare il portinaio.

«Ma che cosa avete visto, in nome di Dio? Non mi fa-

---

[4] Clienti dell'albergo.
[5] Delegato di pubblica sicurezza, funzionario di polizia corrispondente all'attuale commissario.

te stranire!...»[6] diceva la padrona, tentando di riagganciare con mano tremante la veste sul petto.

«Si vede uno per terra, la gamba sola, e il pavimento intriso di sangue. Io mi stavo radendo, quando la serva venne a fare quel chiasso, bussando. Allora ho guardato...»

Due o tre persone erano entrate nella camera, a udire.

«È morto?» domandò uno.

«Che ne so io? Non si muove...»

«Ecco don Ciccio.»

Il portinaio guardava con occhi aperti gli astanti, mezzo intontito dalle grida di donna Vincenza.

«Correte alla polizia, a chiamare un delegato, le guardie, un medico, con gli strumenti per scassinare... In un salto, correte!...»

«Anime del Purgatorio!» balbettava la padrona. «E Saverio che non viene... Anime del Purgatorio!...»

Dietro la porta del numero sette i curiosi si davano il cambio al buco della serratura, guardando la gamba, studiando l'aspetto della camera.

«Il letto non è disfatto.»

«Anche la finestra è aperta.»

«Segno che non s'è coricato.»

«Ma nessuno ha udito rumore?»

«Chi ha udito rumore?»

«Io no... Io no...»

«Si potrebbe entrare nella camera attigua?»

Padre Miniscalco, che era risalito, entrò in camera sua, e i curiosi dietro.

«Non si può aprire» disse, provando a scuotere la porta. «Ci sarà qualche mobile di contro.»

«Meglio così, aspetteremo la polizia.»

«E chi era? chi era?...» domandavano da tutte le parti.

«Un giovane, un tale Mordina: era qui da molto tempo...»

---

[6] Turbare, sconvolgere.

«Io non l'ho visto. Sono arrivato ieri sera; mi stavo facendo la barba quando ho sentito picchiare» e padre Miniscalco ricominciava la sua storia.

Fuori, dinanzi la porta dell'albergo, i curiosi formavano già capannelli, scambiandosi le notizie.

«Hanno ammazzato uno... Il padrone è scappato... Non è niente, un passeggiere che non vuole aprire.»

E i più arditi montavano su, gironzavano per i corridoi, andavano a osservare dal buco della chiave; intanto che la padrona, dalla sua stanza, a quella processione di facce nuove, a quel vociare, ripeteva istupidita:

«E Saverio che non viene! Vergine Santa, Giuseppe e Maria!...»

Da lontano un sordo rotolar di carrozze, che crebbe, rapidamente, e arrestossi di botto dinanzi alla Bella Firenze.

«La polizia, la polizia!»

Padre Miniscalco andò a infilarsi una giacca. Si udì uno scalpiccìo per la scaletta, e dal fondo del corridoio mezzo buio luccicarono i cappelli d'incerato[7] delle guardie.

«Che fa qui tutta questa gente?» diceva una voce. «Animo, largo! largo!»

«Ehi, fate adagino, sono dell'albergo, sono arrivato iersera...» Padre Miniscalco protestava, si difendeva dagli spintoni delle guardie.

«Largo! Indietro!»

E in un batter d'occhio il corridoio fu sgomberato dai curiosi.

«Un piantone abbasso, e non entri neppur Domineddio.»

L'ispettore, con la tuba dal pelo lucido, una mazzettina sotto l'ascella, si baloccava con uno stuzzicadenti e reprimeva di tanto in tanto un piccolo rutto.

«Mestiere cane, non si può neanche far colazione!»

---

[7] Incerata, tela impermeabilizzata.

Data un'occhiata dal buco della serratura, egli guardò in giro le guardie, strizzando l'occhio destro, e disse, col suo forte accento palermitano:

«A noi, picciotti!»

I colpi picchiati sullo scalpello rimbombavano nel silenzio profondo del corridoio; poi lo strumento s'affondò fino al manico, e, girata la maniglia, la porta s'aperse.

Nessuno fece un passo.

Fra la soglia e il letto, di traverso, giaceva il corpo esangue, con la camicia aperta, il collo tagliato da due ferite larghe come bocche spalancate, e un rasoio accanto alla destra, sul pavimento insanguinato.

L'ispettore si voltò indietro, a chiamare:

«Dottore!... Dov'è il dottore?»

«Eccolo.»

«Eccomi.»

Dopo aver guardato un momento il cadavere, il medico fece un segno con la mano, come a dire:

«Che cosa volete da me?»

L'altro si strinse nelle spalle:

«Requiescat[8] in pace!»

E andò al tavolino dal tappeto stinto, dove si vedevano molte carte sciorinate. Sopra una busta gialla messa in vista, l'ispettore lesse:

«"Mi uccido, non s'incolpi nessuno della mia morte. Mezzanotte. Filippo Mordina."»

Il delegato Pinelli, sopravvenendo con altre guardie, si fermò un istante sulla soglia, alla vista del cadavere.

«Entrate, Pinelli; due parole di rapporto per il pretore, presto.»

«Non c'è carta; un po' di carta, una busta...»

«Subito!» e donna Vincenza e il portinaio, che stavano nel corridoio, corsero a cercarne.

---

[8] Riposi.

«Ehi, comare,[9] voi venite qui» gridò l'ispettore a donna Vincenza. «Chiamate il padrone.»

«Il padrone è fuori, vossignoria...»

«Bravo! La padrona?»

«La padrona, vossignoria, piange e non sa niente...»

«Portatemi il registro dei passeggieri; non c'è neppur quello?...»

«Corro subito io» disse il portinaio, dopo avere recata la carta al delegato Pinelli, che si mise a scrivere.

«Ora sentiamo un po', com'è andata?» domandò l'ispettore a donna Vincenza.

«Vossignoria, io ho la testa che non mi regge... e se fosse venuto un angelo, a dirmi... non gli avrei creduto, mai e poi mai...»

E donna Vincenza, gettando di traverso uno sguardo al morto, si andava segnando.

«Alle corte, senza tante chiacchiere...»

«Don Ciccio, ecco qua, vossignoria... il portinaio... m'aveva dato una lettera, per il passeggiere; e ho picchiato un'ora, dietro a quest'uscio, senza avere risposta, e allora è venuto fuori il reverendo, che ha guardato dalla serratura, e ha visto, Dio liberi, il passeggiere...»

«Se permette, signor delegato...»

«Ispettore.»

Padre Miniscalco restò un momento interdetto.

«Signor Ispettore... io ero arrivato ieri sera, e mi stavo facendo la barba; come lei vede son rimasto a mezzo! e sentito il fracasso della serva, mi sono affacciato: "Che state a picchiare, il passeggiere sarà andato fuori!". Ma il passeggiere non era andato fuori...»

«No, non era fuori» confermò donna Vincenza.

«Allora ho capito che c'era sotto qualche cosa, e ho guardato dalla serratura, come ha fatto lei; e capirà, quando ho visto...»

«Bravo lei, ho capito. Avete finito, Pinelli?»

---

[9] Donna, signora.

«Ecco qui» rispose il delegato.

«Su via, Spina, questo al pretore, al Duomo, in quattro salti.» Poi, rivolto al Pinelli: «Vedrete adesso che cosa ci vorrà perché il signor pretore si scomodi!». E, additando il cadavere: «Mi pare che...».

«C'è poco da fare!» rispose il delegato.

«Alle corte: Bruscalà, vai dal compare Mezzanca, per il carrozzone e una cassa. Intanto vediamo che cos'è tutta questa roba.»

Sedette dinanzi al tavolino, cavò di tasca una lente, l'inforcò e prese ad esaminare le carte.

«"Mi uccido, non s'incolpi nessuno..." questo lo sappiamo. Qui c'è una lettera: "Regalbuto, 19 ottobre. Caro cugino, possessore della tua cara del 16 corrente, ho saputo con dispiacere la cattiva notizia del tuo... del tuo... concorso per impiegato alla posta e spero... e spero" che razza di calligrafia! "che sarai più fortunato nell'altro di cui mi parli. Qui nessuna novità, tuo padre come ti dissi nell'altra mia ha consumato il matrimonio con la Finocchiara e della sant'anima di tua madre nessuno più se ne ricorda. Ma se vuoi sentire il mio consiglio, torna a casa che tuo padre ti riceverà, e così ti levi dalle tue pene. Lo zio ti manda venti lire, con vaglia postale; io ti abbraccio caramente e sono il tuo affezionatissimo cugino Giovanni Ba... Bu... Bertella".»

Nel silenzio della camera si udiva il borbottìo dell'ispettore che leggicchiava e s'interrompeva di tratto in tratto facendo fischiare l'aria attraverso i denti, per scacciarne i residui della colazione. Un sordo rumore di voci, di scalpiccii di passi saliva dalla folla ingrossante dinanzi la porta dell'Albergo.

«Che cappio stanno a guardare? l'opera di Pulcinella?» Le guardie risero alla facezia del superiore. «Vediamo un po'; un'altra lettera: "Regalbuto, 25 ottobre. Caro cugino, ho ricevuta la tua del 21 corrente mese e sento quanto mi dici; tu hai ragione e la tua lettera mi ha fatto piangere; ma considera la difficoltà di procurarti un pane in una grande città, e tu stesso mi fai sapere che alla Banca Industriale non ti hanno voluto; se tua madre, sant'anima, potesse parlare dall'altro mondo, ti direbbe di tornare a casa, e di fare buon viso alla Finocchiara, che così tuo padre ti torna a voler bene e ti considera come i figli della Finocchiara. Poi mio padre è della stessa opinione, e anzi ti dico che ho dovuto stentare per le venti lire che ti mandai; ma io farò il possibile per poterti aiutare. Il canonico Pesce ti manda la lettera di raccomandazione per il barone...".»

«Eccellenza, questo è il registro» interruppe don Ciccio, porgendo il fascicoletto stretto e lungo, dalla copertina sporca di grasso e d'inchiostro.

«Si chiamava Mordina?»

«Eccellenza sì.»

«Era qui dal 10 ottobre?»

«Eccellenza non rammento.»

«Va bene, non c'è altro. Ma che è questo vociare? Pinelli, fate sgombrare il corridoio.»

E l'ispettore riprese a frugare tra le carte.

«Questo che cos'è? "Navigazione generale, società, ecc. Onorevole signore, il personale di questa Agenzia trovasi attualmente al completo; mi è quindi impossibile tener conto della sua domanda. Con perfetta osservanza, ecc." Un'altra: "Amministrazione delle zolfare del marchese Sanfilippo. Signore, il signor marchese ricevette a suo tempo la lettera che lei gli fece pervenire, e le fa sapere che per il momento, trovandosi provvisto ad esuberanza di personale, non può corrispondere al suo desiderio. Mi creda, ecc.". To', questo è un libretto: "Le Campane di Corneville, operetta in tre atti del maestro Planquette".[10] Che c'è scritto sopra? "Le... Pe..." Pinelli, venite a vedere; come dice?»

Il delegato compitò anche lui:

«Pe... Se... Teresa!»

---

[10] *Le Campane... Planquette*: Les cloches de Corneville, opera in tre atti musicata da Jean-Robert Planquette (1848-1903).

«Avanti. Questi che cosa sono? Mezzi biglietti di platea del Teatro Nuovo. E questo? "Elenco dei titoli di Filippo Mordina: licenza della scuola tecnica, licenza dell'istituto tecnico, patente di lingua inglese, patente di grado superiore..."»[11]

«Ispettore, lo frughiamo?» domandò il delegato.

«Senza il signor Pretore? Oibò! Volete farmi dare dello sbirro borbonico?»

E riprese a rovistare sul tavolino.

«Un'altra lettera: "Caro cugino, sono angustiato per le notizie della tua salute, e spero che per guarirti tornerai a casa, se il dottore ti ha prescritto l'aria del paese. Mi angustia la tua lettera, per lo stato in cui ti trovi, tanto più che non posso domandare niente a mio padre, che vuole che tu ritorni al paese, ma spero in settimana entrante poterti mandare qualche cosa. Caro Filippo, torna presto, questo è il mio consiglio, è meglio soffrire a casa tua che in una locanda...".»

«Signor ispettore...» La guardia si era fermata a due passi, sull'attenti.

«Che c'è?»

«Ho portato l'ufficio al pretore; dice così che aspettino un momento...»

«Pinelli, che cosa avevo detto?» E l'ispettore riprese a leggere le carte.

«"Al signor Giuseppe Bertella, sue proprie mani, Regalbuto." Un altro plico: "Al signor Michelangelo Mordina, sue proprie mani, Regalbuto". Questi sono giornali... giornali... giornali... Pare che non ci sia altro.»

L'ispettore lasciò il suo posto e si fece all'uscio del corridoio.

«Dov'è il portinaio?»

---

[11] *Elenco... superiore*: Di Grado fa notare che «il curriculum del suicida Filippo Mordina è lo stesso, del resto, dell'autore», cfr. A. Di Grado, *La vita, le carte, i turbamenti di Federico De Roberto, gentiluomo*, Biblioteca della Fondazione Verga, Catania 1998, p. 112.

«Eccellenza!» Don Ciccio si rigirava fra le mani il berretto gallonato.

«Era andato fuori, iersera?»

«Eccellenza sì; tanto è vero che tornò a notte avanzata, dopo il teatro.»

«Come lo sapete?»

«Che un momento dopo venne la commediante, quella del numero 5.»

«Quale commediante?»

«Quella del Teatro Nuovo.»

«Ah, Teresina Scardaniglio?»

«Eccellenza sì.»

L'ispettore pensò un momento.

«Che abitudini aveva?»

«Ma, eccellenza, quasi sempre in casa; non lo veniva a cercare anima viva, solo qualche volta tornava tardi, come ieri...»

Interrompendolo, l'ispettore strizzò un occhio e disse al delegato:

«Pinelli, si è visto il pretore?...» Poi, rivolto al portinaio: «E col padrone, c'erano conti?».

«Al padrone gli doveva una quindicina, e lo voleva mandare a spasso; poi pregò tanto che gli dette un'altra settimana di tempo, e l'orologio in pegno.»

«Quando finiva la settimana?»

«Quando finiva?... Domenica, lunedì, martedì...» don Ciccio fece il conto sulle dita, guardando all'aria. «Eccellenza, finiva oggi. Per questo si sarà scannato. Ma non poteva campar molto, eccellenza...»

«Perché?»

«Era malato, qui alla cassa... Quando rifacevo la camera, lo sentivo abbaiare come un cane... e sputava sangue...»[12]

«Il pretore!... Il pretore Restivi!...»

A un tratto le guardie si schierarono da una parte e

---

[12] *malato... sangue*: manifestava i sintomi tipici della tisi.

dall'altra, padre Miniscalco si tirò indietro sull'uscio della sua camera, l'ispettore si cavò il cappello, indietreggiando:

«Signor pretore, le bacio le mani!»

Il pretore Restivi entrò, a capo chino e con aria assonnata. Quando vide il cadavere parve svegliarsi, e intanto che l'ispettore lo metteva a giorno della faccenda, egli muoveva un poco le labbra, come dicendo qualche cosa tra sé.

«Ecco la dichiarazione... ci sono poi alcune lettere e altre carte...»

«Ma questo qui io lo conosco» articolò distintamente il pretore. «Dove l'ho visto?...»

«Si chiama Filippo Mordina...»

«Mordina!... Sicuro, in casa della principessa... Va bene, va bene... Intanto, gli faccia frugare addosso.»

E, sedutosi dinanzi al tavolo, lentamente, come all'ufficio, cominciò a esaminare una dopo l'altra le carte. Nella camera non si sarebbe udito volare una mosca. Sotto l'albergo, nonostante il tempo sempre più buio, la folla ingrossava e ne saliva un mormorio come di acque scorrenti.

«Ecco quel che s'è trovato.»

Il pretore prese ad esaminare quel ritratto, formato "promenade",[13] su cui il sangue aveva tirato come un velo rossastro. L'ispettore, con la mazzettina a spall'arme,[14] il cappello un po' rovesciato sulla nuca, si avanzò anch'egli a vedere.

«Ma questa è Teresella Scardaniglio, nelle *Campane di Corneville*!»

E mostrava la figura di contadina, con la veste corta

---

[13] Da passeggio, da poter essere portato in tasca.
[14] Con la punta appoggiata alla spalla; da "spallàrm", il comando militare con cui si ordina di reggere con la destra il calcio del fucile appoggiandone la canna sulla spalla.

che lasciava vedere le gambe fino al ginocchio, le braccia nude e le prime curve del seno.

«Quella che piglia sempre posto a destra, e fa da capofila?» osservò il Pinelli.

«Sicuro, Teresella!»

«Dove avete trovato questo ritratto?» domandò il pretore.

«Fra il gilè e la camicia» rispose la guardia. «Si sentiva una cosa dura.»

«Nient'altro?»

«Nossignore.»

Ora il cadavere restava con le braccia in croce, la testa rimossa dalla prima posizione e un po' inchinata verso la spalla sinistra, l'abito aperto mostrante la camicia insanguinata.

«Delegato» chiamò il pretore «venga qui, cominciamo due parole di verbale. Avete pensato al trasporto?»

«È tutto disposto.»

L'ispettore, senza far rumore, uscì sul corridoio e chiese di don Ciccio, fermo lì in mezzo:

«A che numero sta la Scardaniglio?»

«Numero 5, al piano di sotto.»

«Da questa parte?»

«Eccellenza sì.»

L'ispettore scese e andò a picchiare discretamente all'uscio.

«Avanti, chi è?»

Teresella stava vicino alla finestra, con una forbicina in mano, ritagliandosi le unghie, mentre guardava la folla. La faccia bianca di cipria pareva una maschera sul fazzoletto di seta rossa che le avvolgeva il capo.

«Neh, cavaliere, che è stato?» domandò con la voce rauca, accorrendo.

L'ispettore la guardò un momento; poi, rifacendo anch'egli quel verso:

«È stato che uno s'è ucciso per causa tua!»

«Voi che dite, Giesù! Voi scherzate...»

«Non mi credi? Gli abbiamo trovato il tuo ritratto sul cuore.»

«Il mio ritratto?... Guarda, guarda com'è serio!...»

E gli dette uno spintone.

«Ferma con le mani. Parlo sul serio, il tuo ritratto, nelle *Campane*, e c'è anche una copia del libretto, col tuo nome scritto sopra.»

«Voi davvero?... Giesù, Giesù!... E com'è stato?...»

«Si è scannato, con un rasoio.»

«È morto?» domandò, spalancando i grandi occhi.

L'ispettore trinciò una piccola croce, col pollice.

«Il ritratto gliel'avevi dato tu?»

«Io? Siete pazzo! Chi lo conosceva!...»

«Allora, come?»

«Io che so! L'avrà comprato dal fotografo.»

«E... non l'hai mai visto?»

«Dàlli! V'ho detto che non lo conosco!»

«Un giovanotto, coi baffetti castani... occhi neri... alto...»

«Aspetta, aspetta... Con la lente?... Mo' ricordo; qualche volta l'incontravo, dopo la recita, abbasso al portone.»

«E... non t'ha avvicinata mai?»

«Quante volte v'ho da di'...»

«L'incontrasti anche iersera?»

«Mi pare...» Poi aggiunse, curiosamente: «Chi ve l'ha detto?...».

L'ispettore la guardò, ammiccando:

«Con chi eri?»

Teresella gli dette un altro spintone.

«Ih, com'è curioso!...»

Si udì una carrozza arrestarsi sotto l'albergo; l'ispettore andò a guardare dalla finestra.

«Lasciami andar via; portano la cassa.»

«Giesù, Giesù!»

Poi, mentre quegli stava per uscire sul corridoio, Teresella gli corse dietro:

«Cavaliè... sentite... avessi mai da passà qualche seccatura?...»

L'ispettore le accarezzò il mento, paternamente.

«Non aver paura.»

E salì nella stanza del morto. Dietro, il becchino portava la cassa: tre tavole inchiodate e una mobile.

«Pretore, ci siamo?»

«Faccia pure.»

«Picciotti, a noi!»

Preso dalle spalle e dai piedi, il cadavere fu deposto nella cassa. L'abito aperto faceva ingombro; lo affagottarono alla meglio. Il tempo diventava sempre più scuro; alla luce triste, giallastra, filtrante tra i nuvoloni color creta, la faccia del morto pareva di cera.

A un tratto si udì, fuori nel corridoio, un confuso rimescolio, voci sorde, indistinte; poi passi affrettati che si avvicinavano, strilli di bambino e un gridar rauco.

«Assassino!... Lasciatemi, sangue di Dio!... Assassino, assassino!...»

«Saverio!... Per carità, Saverio!...»

Il padrone, terribile nella faccia accesa, gli occhi iniettati di sangue, i capelli rossicci sconvolti, si precipitò nella camera, come una furia.

«Assassino!... Dov'è l'assassino?...» E corse addosso alla cassa.

Le guardie furono a tempo ad afferrarlo. Contorcendosi, tentando di svincolarsi, con la bava alla bocca, egli gridava parole mozze:

«Il cuore debbo mangiargli... a cotesto infame!... Mi ha rovinato!... l'Albergo è rovinato!...» E nella rabbia dell'impotenza, gonfiò le gote e lanciò uno sputo che andò a stamparsi sulla fronte del morto.

«Carogna, tieni!»

L'ispettore, facendo fischiare più forte l'aria fra i denti, gli si fece incontro, gli posò una mano sulla spalla, e disse, guardandolo fermo:

«Principale, che facciamo?»

Restarono un momento così, gli occhi negli occhi. Il

pretore guardava, impassibile, stropicciandosi le dita. Poi il padrone, fremente, con le labbra strette e le mascelle contratte, si lasciò portar via, barcollando.

«Su, facciamo presto.»

Il becchino s'inginocchiò, inchiodò la cassa, leggermente; le guardie la presero da capo e piedi e gliela misero sulle spalle. Per il corridoio angusto, giù per la scaletta della vôlta bassa, il carico andava sbattendo di qua e di là.

«Adagio!... attento alla porta!... più basso!» avvertivano don Ciccio e donna Vincenza.

Sul marciapiede la folla indietreggiò. La guardia aperse lo sportello del carrozzone, e come la cassa vi sdrucciolò, lo richiuse, sbattendolo.

«Al Deposito» disse al becchino, consegnandogli l'ufficio del pretore.

Dopo che il carrozzone fu partito, donna Vincenza, nel risalire, vide qualcosa di bianco per terra.

«La lettera del passeggiere!»

E la portò su alla giustizia.

«"Municipio di Messina"» lesse il pretore, interrompendo la redazione del verbale. «"Oggetto: concorso fra gl'insegnanti elementari. Le si partecipa, in risposta alla sua del 20 corrente mese, che, ai termini dell'avviso 8 ottobre, quando la patente di grado superiore è conseguita prima del 1878, occorre espressamente, per essere ammessi al concorso, il certificato speciale di abilitazione allo insegnamento della ginnastica. Tale essendo il suo caso, la Commissione non può passare all'esame dei titoli già presentati se la Signoria Vostra non le farà pervenire il certificato di cui sopra."»

FINE.

Commento al testo

Rivolta appartiene alla prima raccolta di novelle, *La sorte*, del 1887, di cui è il testo conclusivo. Il volume dopo l'87 vede altre due edizioni, una nel 1892 e una nel 1910; all'edizione del 1892 è premessa una *Avvertenza* nella quale l'autore, segnalando l'introduzione di un testo e l'apporto di alcune modifiche, sottolinea l'esistenza di una logica progettuale all'origine della produzione novellistica:

> per rendere meglio evidente l'unità d'ispirazione con cui furono scritte, sono state ora tutte collegate in modo da formare come un piccolo ciclo e quasi altrettanti capitoli d'un'opera sola.

Tra gli elementi superficiali che concorrono a rendere la serie di novelle una sequenza di «capitoli» spicca il diramarsi di alcuni dettagli e di alcuni personaggi a partire dalla novella iniziale, *La disdetta*, verso le successive, in modo tale che tutte vanno a comporre un quadro di storie parallele sostanzialmente autonome, eppure connesse le une alle altre da un macroscopico indizio del casuale intrecciarsi, nella realtà, di sorti indipendenti. Nel caso di *Rivolta*, sia il suicida sia il pretore sono citati come comparse nella *Disdetta*.[1]

L'espediente della concatenazione è la prima evidente

---

[1] «Filippo Mordina, un povero diavolo sul cui viso magro e patito si leggeva la fame»; «Il pretore Restivi, rincantucciato nell'angolo del divano con la testa reclinata sulla spalliera, volgeva al suo interlocutore uno sguardo spento, fra le palpebre socchiuse, poi le

manipolazione cui l'autore sottopone il soggetto della narrazione per mettere a fuoco la specifica chiave interpretativa del reale tematizzata nel titolo della raccolta. La «sorte», che De Roberto elegge quale soggetto delle novelle, va intesa come il destino di insoddisfazione che pervade la modernità e che l'autore cerca di analizzare nelle diverse classi sociali:[2]

> Questa incapacità di vivere merita di essere studiata, perché è uno dei caratteri del nostro tempo. Il "male del secolo", la malinconia romantica, il pessimismo filosofico ne sono altrettante manifestazioni. Pare che la volontà, l'energia operosa e la stessa attività vitale vadano di giorno in giorno scemando.[3]

L'inettitudine esistenziale di Mordina, che culmina con il suicidio,[4] è di natura analoga all'incapacità della principessa di Roccasciano, protagonista del primo racconto, di opporre un qualsiasi argine alla propria rovina economica, che si conclude appunto solo con la morte. Il tema della morte chiude quindi circolarmente la raccolta, ma va notato che la morte che viene messa in scena è quanto di più

---

richiudeva nuovamente e ripigliava il sonno interrotto», cfr. F. De Roberto, *Romanzi Novelle e Saggi*, cit., p. 1398; «Si vedeva ancora quel giovanotto Mordina che non si sapeva bene come non fosse ancora morto, tanto era malandato, e andava raccomandandosi alle persone in cerca di un impiego!», *ibid.*, p. 1413; «E il pretore Restivi smaniava ancora per non trovare riposo sulla poltrona ammaccata», *ibid.*, p. 1414.

[2] È un tratto distintivo del verismo di De Roberto l'estensione dell'analisi all'intera scala sociale: le novelle della *Sorte* passano infatti dall'ambiente aristocratico, ai diversi livelli del ceto medio, ai contadini, per concludere con la borghesia intellettuale, cui appartiene Mordina.

[3] F. De Roberto, *Il Colore del Tempo*, cit., pp. 237-38.

[4] Il tema del suicidio non è infrequente nella narrativa di De Roberto: a titolo di esempio si vedano, tra le novelle, *Donato del Piano* (in *Documenti Umani*), *Il paradiso perduto* (in *L'albero della scienza*), che si chiude su un ambiguo suicidio-incidente, *La Paura*, e, tra i romanzi, *Ermanno Raeli*.

lontano dai *cliché* ottocenteschi topici del momento solenne, anche veristi, perché è aliena da sentimenti drammatici o patetici, tanto meno tragici o eroici, e non sollecita alcuna partecipazione emotiva.

Si consideri infatti come in *Rivolta* il suicidio e il suicida restino sullo sfondo della scena corale che si svolge nell'albergo e domini un generale sentimento di estraneità al fatto, una totale mancanza di sentimenti di pena o pietà; tutte le reazioni dei presenti sono egoisticamente connotate: dallo spavento della cameriera al ripetitivo resoconto del prete (forse l'unico istituzionalmente chiamato a esprimere una parola di commiserazione e che invece in tal senso tace), dall'isterismo della padrona al voyeurismo dei curiosi, dalla routine professionale dei poliziotti al timore per le conseguenze da parte dell'attrice, fino al culmine dell'ira del padrone che sputa sul cadavere. Anche il narratore si mantiene del tutto all'esterno della scena, astenendosi sia dal connotare pateticamente la vicenda, sia dal commentarla e riservandosi di intervenire direttamente per suggerire una interpretazione complessiva del suicidio solo nel titolo, mentre dall'interno della narrazione nessuna spiegazione certa emerge: Mordina è un crocevia paradossale di sciagure – dissesto economico, disoccupazione, disaccordo famigliare, delusione amorosa, malattia – ma il suo gesto si può prestare solo a un esame indiziario.

L'interesse autoriale non è per altro attratto tanto dal tema del suicidio in sé, quanto dall'analisi della reazione corale all'evento, poiché in *Rivolta*, come nel resto del volume, il distacco impersonale, che nell'impianto rigorosamente verista determina tecnicamente il carattere di uniformità della *Sorte*, serve a De Roberto per portare allo scoperto l'essenza della dinamica dei rapporti sociali. Partendo dal presupposto che il modo implicato dal soggetto scelto è l'impersonalità e dalla consapevolezza, esposta teoricamente tre anni dopo nella *Prefazione* ai *Processi verbali*, che l'impersonalità è incompatibile con la descrizione e con la narrazione, la molteplicità del reale può essere rappresentata solo attraverso il dialogo, e De Roberto cerca di limitare il proprio intervento ai passaggi di raccordo tra una sequenza di dialogo e la successiva. Il risultato è l'assoluta preponderanza delle voci che si affollano sulla scena e assumono l'incarico di svolgere drammaticamente il racconto sino ad assorbire nelle battute di dialogo, come letture ad alta voce, anche i documenti scritti che testimoniano della situazione e del passato di Mordina. Tale rappresentazione mobile e molteplice si risolve nella confusione dei punti prospettici dei parlanti: insignificanti e insufficienti a condurre a una rappresentazione decifrabile del reale, non danno origine a una visione pluriprospettica della realtà. La novella è al contrario orientata da un solo punto di vista, quello autoriale, che manifesta il proprio giudizio sulla scena narrata lasciando emergere nelle diverse voci dei tratti comuni, un minimo comune denominatore che qualifica con l'indifferenza, l'egoismo e il disinteresse la reazione di tutti i presenti.

Una dichiarazione

I

Al signor Guglielmo Valdara,
        Castellammare.

                        Hôtel Royal.

Mon cher,[1]
    Ah, que c'est drôle![2] Ah, que c'est drôle! Permettete, j'étouffe![3] O povero amico mio, quelle mine piteuse![4] Scusate, non vi avrei mai creduto capace di una cosa simile! Francamente, non ve ne faccio i miei complimenti. Ma è una lettera à dormir debout,[5] la vostra lettera!...
    Dunque, voi mi amate? Avrei voluto voir ça,[6] che non me lo aveste detto, dopo un mese che prendiamo posto alla stessa table d'hôte[7] e che vediamo, dalla stessa terrazza, arrivare e partire diciotto treni il giorno – oltre i facoltativi. Li avete contati? Io sì. Ecco qua: treni omnibus[8] alle 7 e 5, 8 e 5, 12 e 35, 3 e 20, 6 e 40, 9 e 25; diretti alle 10 e alle 5 e 25; misto alle 7 e 40. Questo per gli arrivi. Quanto alle partenze... brisons là-

---

[1] Mio caro.
[2] *que... drôle*: che buffo, divertente.
[3] Mi sorprendo, mi meraviglio.
[4] *quelle ... piteuse*: che magra figura.
[5] *à... debout*: incredibile.
[6] *voir ça*: vedere.
[7] *table d'hôte*: tavolo.
[8] Treni locali.

dessus.⁹ Ma quale cantoniera non farei! J'y songe:¹⁰ perché non mi avete offerto di andare a fare i cantonieri, in fondo a una linea poco frequentata? Noi avremmo una piccola casetta gialla con un grosso numero nero, e un giardinetto pas plus grand que ça,¹¹ con molti geranii e qualche robinia. I passeri cinguetterebbero sopra le nostre tegole, e noi sotto... Voi ispezionereste la linea ed io vi sonerei ogni tanto il corno!... En voilà une idée! Enfoncés,¹² la «capanna e il tuo cuore!...». Decisamente, amico mio, voi non siete all'altezza del vostro secolo. Nel secolo dei treni lampi voi mettete un mese a dirmi che siete innamorato di me! C'est on ne peut plus petite vitesse!¹³ Almeno, aveste evitato i deraillements!¹⁴ Nossignore; pare che sia di vostro gusto arrischiare ad ogni momento l'osso del collo. «Vi è un'angoscia indicibile nell'idea che la divorante passione resterà eternamente ignorata dalla persona che ha saputo destarla!» E voi partite di qui per buttarvi a occhi chiusi sotto il tunnel dell'analisi psicologica: «L'anima ha bisogno di comunione; che cosa importa se un'altra anima non le risponderà? Confessare il proprio tormentoso secreto è renderlo più sopportabile; lo sanno i malfattori che un irrefrenabile istinto spinge a rivelare...». Lanterna rossa:¹⁵ ferma! assez!¹⁶ stop!... A chi dicono? Voi non ci vedete, e finalmente: patatrac... eccovi andato a gambe per aria! «La misteriosa voce delle cose... l'universale rispondenza delle forme e degli esseri... la complice dolcezza di questa natura...»

---

⁹ *brisons là-dessus*: tagliamo corto.
¹⁰ *J'y songe*: ma scherzo.
¹¹ *pas... ça*: non più grande di così.
¹² *En voilà... Enfoncés*: Ecco un'idea! Assorbiti.
¹³ *C'est... vitesse*: Un po' più di velocità.
¹⁴ Deragliamenti.
¹⁵ Semaforo rosso.
¹⁶ Ferma.

Quel baragouinage![17] Rimettetevi, mon cher; su via! Ripigliate fiato, così, animo!

Sapete che siete un bell'originale? Vi faccio un po' timbré, my poor fellow! Est-ce que[18] si scrive sul serio a quel modo, nel vostro paese? Io mi ero lasciata dire che l'Italia è il paese dei troubadours;[19] ma voi siete, ma foi,[20] incredibile!... Ah, j'y suis![21] Voi mi volete dare un aperçu[22] di ciò che sarà la vostra compagnia, se io «colmerò» i vostri «voti più fervidi». Tutto il giorno a roucouler[23] intorno a questo «Sorriso del Cielo!...». Salvo quando vi accenderete d'ira tremenda e mi «soffocherete nelle vostre braccia». C'est ça;[24] poiché voi non siete fatto come tutti gli altri, voi! «Non sapete di che amore io amo? Io amo come il mare ama la riva: dolcemente e furiosamente!» Bravo, very well, vortrefflich![25] «Nei giorni della calma esso la bacia, lieve, susurrante, carezzante, quasi pauroso di farle del male. Quando il soffio dell'aquilone lo gonfia, esso l'assale, terribile, e la morde, la flagella, la seppellisce!» Ah, que c'est drôle! Ah, que c'est drôle! Così, quando siete gonfiato, voi mordete la gente? Ma andate allora da M. Pasteur,[26] o fatevi mettere la museruola!

Ditemi un po' una cosa: v'imaginereste, per caso, di essere il primo a dirmi delle storie simili?... Connu,[27] con-

---

[17] *Quel baragouinage*: che cose incomprensibili.
[18] *timbré... que...*: tocco, mio povero amico! Forse che...
[19] Trovatori, poeti.
[20] *ma foi*: in fede mia.
[21] *j'y suis*: ci sono.
[22] Saggio.
[23] Tubare, gorgheggiare.
[24] *C'est ça*: ma certo.
[25] *very well, vortrefflich*: molto bene, eccellente.
[26] Louis Pasteur (1822-1895) (M. sta per Monsieur), chimico e biologo francese autore di importanti studi sulla rabbia, a seguito dei quali definì un metodo di cura per le persone morse da cani affetti da tale malattia.
[27] Noto.

nu, povero amico!... Perché non v'innamorate dunque de ces Messieurs?[28] Ciascuno di loro possiede il secreto dell'Amore (con un A maiuscolo), il secreto del Grande Amore! «Associatevi» dunque, al loro «Destino!» Probeblatt[29] gratis!... Chi non respinge il primo numero si considera abbonato!... Io torno à mon idée:[30] facciamo i cantonieri!

Sul serio: voi avete preso ciò che qui si dice una cantonata. Indovinatemi un po' che cosa ho fatto? Ho contato quante volte nella vostra lettera avete scritto la parola *amore*. È come pei treni; che cosa volete! Quando l'on s'ennuie,[31] tutto è buono. Dunque voi avete scritto *amore* trentasette volte. Zur Güte,[32] mi sapreste dire q'est-ce que c'est que ça? R. S. V. P...[33] Sentite dunque: qualcuno si è tirato per me, un colpo di pistola al cuore, o, più esattamente, sotto la clavicola. La palla è penetrata fra la terza e la quarta costola, ha intaccato il polmone, e non si è potuta cavar fuori. L'individuo è stato un mese fra la morte e la vita; finalmente il s'est tiré d'affaire. Je ne m'en porte,[34] come voi vedete, né meglio né peggio. If you please,[35] non partite di qui per tirarvi un colpo di revolver alla tempia, che è le bon endroit,[36] come dice Dumas fils[37] nella *Boîte d'Argent*[38] (l'avete letta?). Ce serait grand dommage![39] Lo *Stabia's Hall* ve-

---

[28] *de... Messieurs*: di questi signori.
[29] Provino, prova di stampa.
[30] *à... idée*: alla mia idea.
[31] *l'on s'ennuie*: ci si annoia.
[32] *Zur Güte*: per bontà.
[33] *qu'est-ce... R.S.V.P.*: che cos'è questo (*Repondéz S'il Vous Plait*) rispondete per favore.
[34] *il... porte*: se l'è cavata, non mi fa stare.
[35] *If... please*: se non vi spiace.
[36] *le... endroit*: al momento buono.
[37] Dumas figlio, ossia Alexandre Dumas (1824-1895), figlio di Alexandre Dumas (1802-1870).
[38] Opera di Alexandre Dumas (1855).
[39] *Ce... dommage*: sarebbe un gran peccato.

drebbe mancare uno dei suoi frequentatori più charmants.[40] Voi vedete che io sono equa, e che faccio onore ai vostri talents d'agrément.[41]

Torniamo dunque, come voi dite, in carreggiata. Cercando bene, ho trovato nella vostra lettera una definizione, ou presque,[42] dell'amore; il quale sarebbe il "sacrifizio di *tutto*". Di *tutto*, e pas plus que ça?[43] Ma è troppo poco!... Tenez,[44] vi ricordate di quel signore polacco che mi presentarono domenica passata al *Pozzano*, e che mi strinse la mano con la sinistra? Era una conoscenza delle mie, vous en doutiez vous?[45] A quel signore tagliarono il braccio destro per un colpo di pistola che gli spezzò il radio. Je m'y connais,[46] in anatomia! Il colpo di pistola lo ha preso in duello, col signor principe Dimitri Borischoff, governatore di Kiew ed anche un po' mio marito. Quel signore non può più tornare in Russia, dopo essere stato sorpreso a tricher[47] al Circolo Imperiale di Mosca, e dopo aver commesso due piccoli falsi, rien[48] che per potermi seguire da un capo all'altro dell'Europa, dal Ladoga a Biarritz. Vi ricordate che era en grand deuil? Le deuil de son père,[49] buttatosi per la vergogna – dicono – e pel dolore, sotto un treno diretto. Si deve essere fatto un male orribile! Aussi,[50] che modo selvaggio di spedirsi all'altro mondo! Ne peut-on s'y prendre[51] con più garbo? Voi, per esempio, mio caro idealista, vi annegheresta in

---

[40] Affascinanti.
[41] *talents d'agrément*: capacità di fascinazione.
[42] *ou presque*: o quasi.
[43] *pas... ça*: non più di questo.
[44] Guardate.
[45] *vous... vous*: ne dubitate.
[46] *Je... connais*: me ne intendo.
[47] Barare.
[48] Niente.
[49] *en... père*: in grande lutto. Il lutto per suo padre.
[50] Anche, pure.
[51] *Ne... prendre*: non ci si può.

un lago azzurro, una notte azzurra, da una barca azzurra... A Capri, per esempio; ça vous va-t-il?[52] Già, voi avete un penchant[53] per gli annegamenti. Non mi avete scritto che lasciate annegare la vostra anima «al suono della mia voce» ed «al profumo dei miei capelli»? Pardon, della mia «nebbia d'oro». Perché i miei capelli sono della «nebbia» e questa «nebbia» è per giunta «d'oro»! Ciò mi ricorda un poetino, morto poitrinaire[54] laggiù in Russia – per me, on prétend –[55] il quale chiamò una volta i miei occhi dei «diamanti neri». Dire che il povero maestrino non ne aveva visti né neri né bianchi, in fondo a quel villaggio della Siberia dove mi confinarono le cure del principe Dimitri Borischoff, governatore di Kiew ed anche un po' mio marito!

Voi non conoscete il principe Dimitri? Avete torto. Per voi, che fate professione di scrivere, sarebbe un tipo interessantissimo. Qu'à cela ne tienne;[56] posso darvi qualche renseignement; je me flatte[57] di conoscerlo abbastanza. Dunque, il principe Dimitri è un russo; ma quel che si dice un russo puro sangue. Voi non conoscete la Russia? Avete torto ancora. È una terra vergine; non v'imaginate però di andarla a conoscere nelle *Terres vierges* di Turguenieff.[58] Per tornare al principe Dimitri, rappresentatevi, al fisico, un bull-dog, un bull-dog in giubba e cravatta bianca che si tenga raide sur ses pattes,[59] e ne avrete un'idea sufficiente. Quando era nella diplomazia, feu[60] M. de Gortschiakoff ne faceva

---

[52] *ça... va-t-il*: vi piace.
[53] Propensione.
[54] Tisico.
[55] *on prétend*: si sostiene.
[56] *Qu'à... tienne*: se è solo questo il problema.
[57] *renseignement... flatte*: indicazione; credo.
[58] Ivan Sergeevič Turgenev, narratore russo (1818-1883); il romanzo *Terre vergini* è del 1877.
[59] *raide... pattes*: rigido sulle sue zampe.
[60] Fu, defunto.

un grandissimo conto, e il n'était pas dans son tort.[61] Pieno di forme, per esempio! corretto, digne,[62] impeccabile! Avec ça,[63] egli è molto attaccato alle patrie tradizioni, ragione per cui è ben visto a Corte, e tiene in grande onore lo knut.[64] Ne avete sentito parlare? È uno strumento, my dear fellow,[65] del quale a noi russe non bisogna dir male. Catulle Mendès[66] ha molto torto di chiamar mostro quella ragazza che avendo vista una esecuzione di knut si sostituì alla serva condannata a 25 colpi, per farseli dar lei. Voialtri latini avete la rettorica nel sangue. Perché *mostro*? Non sapete dunque che tous les goûts sont dans la nature?[67] Non nego che, applicato sulle spalle d'un idealista come voi, lo knut farebbe guarire ipso facto[68] (un po' di latino non guasta) le più strane fantasie. Ma io son grata al principe Dimitri di avermelo fatto conoscere. Egli ne era professore, et je ne regrette pas[69] le sue lezioni. Bisogna tâter[70] un po' di tutto. Però, siccome tutto si paga in questo basso mondo, dopo una lezione di knut non si può andare, per esempio, en grand décolleté[71] al ricevimento dell'ambasciata, e si soffre qualche poco al circolo dell'imperatrice. Non importa!... La vita in Russia, col principe Dimitri, governatore di Kiew ed anche un po' mio marito, è piena di distrazioni. La villeggiatura in Siberia, per esempio, in inverno, è on ne peut

---

[61] *n'étatit... tort*: non aveva torto.
[62] Pieno di contegno.
[63] *Avec ça*: con ciò.
[64] Staffile.
[65] *my... fellow*: mio caro amico.
[66] Tra i principali autori della poesia parnassiana francese (1841-1909).
[67] *tous... nature*: tutti i gusti esistono in natura.
[68] Senz'altro, immediatamente.
[69] *et... pas*: e non rimpiango.
[70] Saggiare.
[71] *en... décolleté*: con una scollatura ampia.

plus[72] divertita. D'inverno, in Siberia? domanderete voi. Sì, mio caro; quistione di temperatura e di... temperamento. Voi dovete sapere che il principe Dimitri ha sempre presso di sé il dottor Baribine, al quale è affidata la vostra salute. Quando il principe domanda: Pietro, come sta la principessa? Pietro risponde: La principessa ha bisogno di un clima freddo. E il principe Dimitri vi manda in Siberia. Regola generale: quando il principe Dimitri s'informa della vostra salute, il dottor Baribine ha pronta la sua ordonnance.[73] Un'altra volta il principe domanda: Pietro, di che cosa soffre la principessa? Baribine risponde: La principessa ha bisogno di riposo. E il principe vi manda nel castello di Paliskaja, dove non entra e di dove non esce âme qui vive.[74] Un bel giorno si odono delle fucilate: sono gli uomini del principe che tirano contro un cacciatore curioso, sorpreso a guardare alle finestre, e lo stendono morto. In questo castello di Paliskaja, si sentono la notte – histoire[75] di non dormir troppo – dei rumori strani, gemiti sordi come di persone a cui si applichi la question;[76] è il vento – rien que ça –[77] il vento che s'ingolfa sotto le arcate, per le coulisses,[78] e che fa stridere le girouettes![79] Ah, un gran dottore, il dottor Pietro Baribine! Dopo eseguite le sue ordonnances, voi tornate interamente rifatto; voi potete andare ogni sera dans le monde;[80] e gare[81] a mancare un solo invito! Il principe Dimitri si avanza verso di voi col suo sorriso di bull-dog

---

[72] *on... plus*: quanto mai.
[73] Prescrizione.
[74] *âme... vive*: anima viva.
[75] Storie, racconti.
[76] Questione.
[77] *rien... ça*: nient'altro.
[78] Scanalature.
[79] Banderuole.
[80] *dans le monde*: in società.
[81] Attenzione.

che scopre le zanne... e voi, vi alzate subito, andate a fare un petit bout de toilette,[82] sedotto da tanta amabilità. Ah! ah! ah! Voilà che ricomincia! Ah! ah! ah! Sapete a che cosa penso? Alla vostra lettera, amico mio, alla vostra lettera famosa, colossale, gigantesca! «Voi non sapete che io vi porto nel cuore? Come è mai avvenuto, buon Dio, che io abbia messo tanto tempo a dirvelo?... Egli è che voi siete sola, senza nessuna forza presso di voi che possa difendervi; egli è che sarebbe stato offendervi il parlarvi d'amore, che le grandi parole avrebbero potuto nascondere il calcolo vigliacco di pervenire voi profittando della vostra debolezza...» Ah! ah! Parfait![83] Voi siete tutto ciò che v'ha di più moyen âge![84] Come un cavaliere errante, voi andate in cerca di avventure... oh, pardon! è venuto da solo; non l'ho fatto exprès!...[85] Eh, «buon Dio!» voi avete una grande inclinazione per le vie di traverso! Assolutamente, non sapete dove metter le mani!... Bisogna che io perfezioni la vostra educazione mondaine,[86] volete? Temo soltanto di dover spezzare «l'ideale» che vi siete formato di me. Incolpatene vous-même;[87] voi sapete che cosa dice la saggezza delle nazioni: la plus belle fille du monde ne peut donner...[88] quel che non ha più!

Quanti anni avete?... Sono sicura di non essere indiscreta; voi siete così giovane che per dieci anni ancora non sarà la pena che ne nascondiate qualcuno. Ventotto anni? Trenta? C'est la fleur même de l'age![89] Volete sapere l'età mia? Con tutta la buona volontà del mon-

---

[82] *petit... toilette*: un piccolo ritocco di toilette.
[83] Perfetto.
[84] Medioevo.
[85] Apposta.
[86] Mondana.
[87] Voi stesso.
[88] *la... donner*: la più bella ragazza del mondo non può donare.
[89] *C'est... l'age*: è proprio il fiore dell'età.

do, l'affare non sarà così facile. Se il tempo ha le ali, io faccio del mio meglio per corrergli dietro. È un combattimento ad armi corte; ma vi assicuro che non ho aucune envie[90] di fare la vieille garde!...[91] Quando sarà venuto il momento psicologico (... per modo di dire) io mi arrenderò, con armi e bagagli. Toujours est-il[92] che sono ancora presentabile, am I not?[93] E voi avete il toupet[94] di non «chiedermi nulla», di voler soltanto «vivere nella mia ombra», contento soltanto se le mie mani saranno «pietose alle ferite del cuore»! Honny soit qui mal y... panse!...[95] O merveille![96] o stupore! Messieurs et mesdames;[97] entrate! Ecco l'uomo che non chiede nulla; toccatelo: è di carne e d'ossa; on ne triche pas, quoi![98] L'uomo che non chiede nulla! On ne paie qu'en sortant!...[99] Sapete dunque di chi mi avete l'aria, voi? Di quei giovanotti e di quelle ragazze che se ne vanno a far delle copie al British Museum, e si attaccano un écriteau,[100] dove dice: Visitors are requested not to stand round the student!...[101] E i borghesi della City, le loro mogli, la loro discendenza e le loro serve si dispongono intorno allo studente, che si studia

---

[90] *aucune envie*: nessun desiderio.
[91] *vieille garde*: vecchia guardia.
[92] *Toujours est-il*: sempre è.
[93] *am... not*: non è vero.
[94] Sfrontatezza.
[95] *Honny... panse*: vituperato sia chi medica; il verbo finale modifica il motto dell'ordine dei Cavalieri della Giarrettiera, "Honi soit qui mal y pence", "vituperato sia chi pensa male" (già in Dossi, cfr. p. 525, nota 1).
[96] Meraviglia.
[97] *Messieurs et medames*: signori e signore.
[98] *on... quoi!*: non si imbroglia.
[99] *On... sortant*: non si paga che all'uscita.
[100] Cartello.
[101] *Visitors... student*: i visitatori sono pregati di non sostare attorno allo studente.

d'essere studiato! Qua la mano: vi facevo più spirito; parole d'honneur![102]

Dopo tutto!... A guardarci de près,[103] io m'accorgo di essere ingrata verso di voi. Sapete che cominciavo ad annoiarmi, con questo golfo sempre dinanzi, con questo verde sempre di dietro, con questi mannequins[104] sempre d'intorno? Ah, la noia, la noia vasta, profonda, irresistibile; la noia che vi afferra le mâchoires[105] e che ve le disloca, la noia che vi inchioda in fondo a una causeuse,[106] e che non vi dà guère l'envie de causer,[107] e che vi mette una cappa di piombo sulle spalle e sul petto, come ai dannati del vostro Dante! Ah, la noia che vi accompagna dovunque, come la vostra ombra; che si attacca a voi, che vi penetra tutto, che finisce per diventarvi quasi indispensabile! Qual è stato l'uomo di spirito che ha scritto questa confessione profonda: Mi annoio tanto, che se non mi annoiassi mi annoierei? Tenez, lo abbraccerei, se fosse qui! J'ai vécu,[108] caro mio. E ne ho viste, come voi dite, di crude e di cotte. Quasi quasi je regrette[109] lo sport knutesque[110] di cui è professore il principe Dimitri Borischoff, governatore di Kiew ed anche un po' mio marito. Quasi quasi vorrei ricorrere alle ordonnances del dottor Baribine... Tenez, sbadiglio! Come ho fatto a scrivere tanto? Je n'en reviens pas encore![111] Domani, meno male; avrò la curiosità di vedere quelle mine[112] voi farete; ma dopo domani, que

---

[102] D'onore.
[103] *de près*: da vicino.
[104] Manichini.
[105] Mascelle.
[106] Divanetto.
[107] *guère... causer*: proprio il desiderio di conversare.
[108] *J'ai vécu*: ho vissuto.
[109] *je regrette*: rimpiango.
[110] Del frustino.
[111] *Je... encore*: non ne esco ancora.
[112] *quelle mine*: che faccia.

vais-je devenir?[113] Tutto sommato, me ne andrò a Loèche. Di lì passerò a Londra, per la season.[114] A luglio sarò in Normandia, a Honfleur o al Tréport, c'est selon.[115] In agosto verrò un'altra volta a casa vostra; passerò una quindicina di giorni sui laghi.

Vous voyez;[116] faccio di tutto per distrarmi; ma prevedo che incontrerò difficilmente una persona che mi diverta più di voi. Senza rancore?

Toute à vôus[117]
CATERINA P. BORISCHOFF.

Post-scriptum. – La vostra amabilità merita bene un premio. Mi permetto di offrirvelo, sotto forma di un consiglio. Se volete riuscire con le donne, non le fate ridere.

P.B.

II

Alla signora Caterina, principessa Borischoff,

Castellammare.

Hôtel Royal.

Signora,
Sono mortificatissimo di doverle dire che Ella si è stranamente ingannata sul conto di quel manoscritto da me inviatole. Molto orgoglioso dell'interesse che Ella mostrò di prendere alla nostra letteratura, e per obbedire al desiderio espressomi di leggere qualcosa di mio, mi

---

[113] *que... devenir*: che ne sarà di me.
[114] Stagione.
[115] *c'est selon*: dipende.
[116] *Vous voyez*: vedete.
[117] *Toute à vous*: vostra.

recai ad onore di farle pervenire quella novellina che, sotto il titolo di *Una Dichiarazione*, ella potrà rileggere – se l'ha fatta ridere tanto – in un prossimo numero del «Fanfulla della Domenica».[118] La colpa del curiosissimo equivoco è... – rida ancora! – del litografo Richter. Se egli mi avesse mandato i biglietti che aspetto da una settimana, ne avrei messo uno, con qualche parola di accompagnamento, dentro la busta contenente il manoscritto. Così, senza nessuna spiegazione, Ella lo ha preso per quel che non era, ma che del resto avrebbe potuto essere! Non mi dica che faccio il galante; la galanteria suppone – *de part e d'autre* –[119] un piccolo fondo di menzogna, e ciò che io le dico è l'espressione sincera del mio pensiero. Una signora di spirito come lei è capace di tutto, anche di darne a chi non ne ha *de son chef*.[120]

Chiamato da affari urgenti a Roma, mi rincresce infinitamente di non poter venire a salutarla di persona. Ma giacché Ella andrà ai laghi in agosto, avrò il piacere di rivederla lì, quantunque sarà difficile che mi vi anneghi secondo il suo desiderio. Ad ogni modo, trovi Ella qui l'espressione dei miei più vivi ringraziamenti pei consigli materni di cui mi è stata prodiga, insieme con l'attestato del mio più profondo rispetto.

Devotissimamente,
G. VALDARA.

III

TELEGRAMMA. *Guglielmo Valdara, Roma.*

Venite.

---

[118] Rivista edita a Roma dal 1879 al 1919.
[119] *de... d'autre*: da una parte e dall'altra.
[120] *de... chef*: di testa propria.

Commento al testo

Una dichiarazione è la terza novella del volume *Documenti umani* del 1889, raccolta caratterizzata da una spiccata tendenza digressiva in senso introspettivo, cui non fa eccezione l'impianto della novella qui antologizzata, che indugia sull'ironico gioco linguistico della principessa Borischoff e che poi condensa lo sviluppo della vicenda nel botta e risposta finale. La raccolta si colloca quindi sull'altro fronte di riferimento della ricerca letteraria derobertiana, quello che, rivolto all'analisi psicologica, porta in primo piano non «varietà di costumi», ma «gradazioni di sentimenti»,[1] come dichiarato programmaticamente nella *Prefazione*:

> Documenti umani si sono chiamate le prove delle miserie orride e lamentevoli? Chiamiamo *Documenti umani* un libro di novelle ispirate dalle alte idealità.[2]

L'analisi psicologica definita come «esposizione di tutto ciò che passa per la testa dei personaggi»[3] per De Roberto è il prodotto di «un particolar genere di immaginazione»[4] simpatetica, quindi di un esercizio di immedesimazione nei personaggi da parte dell'autore. In quest'ottica il problema fondamentale dell'immedesimazione risiede nell'impossibilità, autobiografismo a parte, di far coincidere

---

[1] F. De Roberto, *Romanzi Novelle e Saggi*, cit., p. 1636.
[2] *Ibid.*, p. 1632.
[3] *Ibid.*, p. 1636.
[4] *Ibid.*, p. 1637.

due individui indipendenti (autore e personaggio), che in quanto tali esprimono punti prospettici inconciliabili poiché relativi; di conseguenza l'autore «non può direttamente osservare se non gli atti, le parole, i gesti»[5] del personaggio: «indizi esteriori», polivalenti e ambigui, dai quali è arduo risalire a una interpretazione attendibile del movimento interiore che li motiva. Il distacco impersonale che caratterizza la prosa verista di De Roberto non può quindi che ripresentarsi nella sostanza, pur nel mutato contesto metodologico delle novelle di analisi psicologica, confermando l'impossibilità sistematica di individuare nella narrativa derobertiana un portavoce autoriale.

Nel caso di *Una dichiarazione* De Roberto adotta in prima battuta una modalità realista di presentazione della soggettività del personaggio, proponendone un'espressione diretta attraverso le lettere, tecnicamente equivalenti al dialogo, poi però fa leva sulla polivalenza degli indizi esteriori per arrivare a una immedesimazione "a intermittenza". Vero è che «le medesime parole [...] servono a diversissime persone, per diversissimi motivi»,[6] e le parole con cui la principessa Borischoff sbeffeggia il supposto seduttore satireggiano la retorica sentimentale della letteratura ottocentesca, nessun *topos* escluso, rispecchiando la disillusa concezione derobertiana dell'amore.[7] Ma, nel momento in cui Valdara dichiara l'equivoco e la principessa, conquistata, risponde con il più tipico dei richiami appassionati, il carteggio rientra nella trita routine della seduzione galante. Poiché l'equivoco, vero o fittizio, riporta la vicenda negli schemi consolidati del corteggiamento, sottraendo alla dama la responsabilità della dissacrazione ironica ai danni del sentimento d'amore. L'azione infatti contraddice la parola della principessa, o meglio la riconduce al rispetto della sequenza standardizzata di rifiuto e cedimento. Siccome «le azioni possono essere e sono spes-

---

[5] *Ibid.*
[6] *Ibid.*
[7] «Erano rimaste, in tanto naufragio, alcune tavole di salvezza. Avevamo l'amore. Anche questo ci manca», cfr. Id., *Il secolo agonizzante*, in *Il colore del tempo*, cit., p. 18.

so contrarie alle intenzioni» e siccome «questi contrasti appunto l'analisi psicologica deve studiare»,[8] lo studio della psicologia della principessa si risolve nella contraddizione tra la satira e la pratica, contraddizione che svela dietro alla *verve* linguistica un vuoto sostanziale, e che tipicamente costringe il personaggio derobertiano a rimanere vincolato a un *cliché* sociale e umano, da cui non riesce a svincolarsi. Il medesimo scarto segna però anche la fine dell'immedesimazione con l'autore, basata sulla condivisione della polemica antisentimentale, e marca la distanza tra il punto di vista autoriale e lo sviluppo autonomo della vicenda e dei personaggi. In tal senso De Roberto introduce un movimento alterno di immedesimazione e distanziamento, nel quale l'immedesimazione dura solo fintanto che la parola dell'autore può confondersi con quella del personaggio.

Il tratto più stravagante della lettera, al quale si deve attribuire buona parte dell'efficacia ironica del testo, è il composito idioma della principessa, un *divertissement* linguistico non funzionale alla narrazione, il cui filo è tanto sottile da rimanere fino alla fine sommerso dal profluvio sarcastico della principessa. Ma l'innovativa sperimentazione del *pastiche* linguistico viene giustificata, e quindi ricondotta a normalità, dalla effettiva poliglossia dell'aristocrazia europea ottocentesca, sottolineata dalla nazionalità della Borischoff. Proprio sulla plausibilità realistica del mondo rappresentato si basa l'espressionistico effetto di straniamento che De Roberto cerca nella divaricazione tra il piano del racconto e il piano dell'interpretazione autoriale, cioè nella contrapposizione tra una realtà che, osservata dall'interno, appare incomprensibile e una prospettiva esterna che, per quanto relativa, risulta l'unica praticabile.

---

[8] Id., *Romanzi Novelle e Saggi*, cit., p. 1638.

Il krak

Nell'anticamera, molte persone aspettavano il proprio turno per essere introdotte; e come don Rosario Leone entrò, tutti si voltarono a guardare il nuovo venuto. Egli si mise a sedere sopra uno spigolo di poltrona, guardandosi intorno timidamente, quasi vergognoso della sua giacca di panno grossolano, del suo berretto contadinesco che non sapeva in qual mano tenere, fra tanti signori che si baloccavano con le mazze dai pomi d'argento.

«Chi è?...» si chiedevano nell'altro angolo della sala, additando quel faccione tutto liscio, quella figura tozza e bonaria.

«Don Rosario Leone, il primo coltivatore della provincia!» rispose il sensale[1] Faranda, che si alzò e gli andò incontro, battendogli sopra una spalla: «Voi qui, don Rosario?... Da quando bazzicate coi banchieri?...».

Don Rosario si alzò, rispettosamente, balbettando qualche parola: era molto confuso.

«State comodo!» disse l'altro, come fosse in casa sua, e mettendoglisi a sedere vicino. «Beato voi, che ve ne state in campagna, e mettete il vostro denaro in buone terre. Qui c'è l'inferno, lo sapete?... A proposito, come sta vostra moglie?»

«Sempre a un modo...»

---

[1] Mediatore in una contrattazione commerciale.

«Mi dispiace!... Ma, i medici?»

«Non sanno niente. Si dovrebbe andare a Napoli, per consultare un dottore...»

«Perché non vi andate? Vostro figlio è ancora lì?»

Ad un tratto don Rosario prese la mano del sensale, abbassando ancor più la voce:

«Sentite, don Salvatore, non mi parlate. Non ne posso più. Sono sfinito, non ho forza, non ho coraggio...»

«Ma che cos'è stato?... Avete nulla?... Volete qualche cosa?...» chiedeva l'altro premurosamente, facendoglisi più accosto.

Don Rosario disse, tutt'in una volta, quasi avesse fretta:

«Ho bisogno di denaro: mio figlio ha da pagare dei debiti: perdite di giuoco, vuoto di cassa, che cosa so io? Se non paga, se non gli mando i denari, subito, è rovinato, la sua carriera è finita. Coi militari, non si scherza; capite? E quell'altra sventurata che è buttata in fondo a un letto! E dei creditori che non mi dànno pace: carta bollata su carta bollata; sapete com'è: dei piccoli impegni, che ne abbiamo tutti, contratti con la sicurezza di poter far fronte... Chi avrebbe previsto quest'inferno?...»

Adesso il sensale s'era appoggiato allo schienale della poltrona, scuotendo la testa e torcendo un poco la bocca.

«Eh!... Sono guai serii... Ma voi, così accorto?...»

«E che accortezza volete che basti, se le tegole vi cascano sul capo?... Bussare a tutte le porte, salire e scendere scale, e tornarsene sempre con le mani vuote; perché? certe volte mi viene da ridere, perché! Per ottomila lire, che solo l'ingrasso[2] delle stalle di Primosole vale di più! Ottomila lire, anche meno, per tre mesi, anche per due! con la certezza di pagarle fino all'ultimo centesimo, anche prima della scadenza, non si possono avere, capite?...»

---

[2] Letame.

«A chi lo dite!...»

«Ora mi resta questa speranza, del commendatore. Dicono che lui può tutto, gli ho fatto parlare... Voi che speranze mi date? Dirà di sì?...»

«Eh! se lui vuole...»

Tacquero. Don Rosario, girando penosamente il capo come in cerca d'aria, picchiò colla mano grossa, corta e pelosa sul proprio ginocchio.

Tutt'intorno, si parlottava sommessamente, come nell'anticamera di un dottore. Ad intervalli, la bussola[3] si schiudeva, qualcuno usciva indietreggiando e salutando; e il cameriere introduceva un altro. Dall'uscio dirimpetto, si vedeva una fila di stanze divise per il lungo da uno steccato basso, oltre il quale gl'impiegati stavano curvi sui loro registri. Ogni tanto, il campanello elettrico tintinnava, il cameriere andava a prendere gli ordini, e un commesso, con la penna all'orecchio, un libro dal dorso verde sotto l'ascella, traversando rapidamente l'anticamera, passava di là, dal commendatore.

Il sensale non interrogava più l'amico; si gingillava con la catenella dell'orologio, per darsi un contegno. Poi venne il cameriere a dirgli:

«Tocca a lei, vuole accomodarsi?...»

«Allora, permettete? Due parole, e vi cederò il posto.»

Infatti, dopo qualche momento la bussola si riaperse; Faranda venne fuori e don Rosario Leone entrò.

Il commendatore, seduto al grande scrittoio a ribalta, s'era voltato dalla sua parte, si era tolto il sigaro di bocca e gli aveva stesa la mano, invitandolo ad avanzarsi.

«Oh, lei! Qui, s'accomodi; tenga in testa, la prego!... È un tempaccio... Metta dunque il suo cappello!»

Don Rosario sedette sull'orlo d'una seggiola di Vienna, senza osare di appoggiarsi alla spalliera.

---

[3] Porta divisoria.

«Lei vorrà perdonarmi» cominciò «se vengo a disturbarla...»

«Lei non mi disturba niente affatto; mi fa un vero piacere. Si è molto onorati...»

«Per carità!...»

«Di ricevere una persona del suo merito!»

«Il cavaliere Pagliari» disse allora don Rosario, cogli occhi che gli ridevano «le avrà parlato...»

«Signor sì, è stato qua stamani; lui e tutta la Camera di commercio, e tutti i direttori delle banche. Come mi vede, io non ho ancora preso un boccone...»

«Mi dispiace...»

«Eh, fosse questo soltanto! È che la cosa non può durare. L'affare è serio, gravissimo! Più tempo passa, più la situazione si complica. Sa che è fallito Serrigliano?»

«Non so...»

«Ma è naturale, signori miei! I nodi vengono al pettine. È finito il tempo delle lusinghe! Prima si pigliavano i quattrini da una parte e si pagavano all'altra, e poi da capo; e con questo va e vieni si tirava via. Ora è finita! Non si scherza! Se lei scende in piazza, per mille lire, può avere la firma di Torlonia – dico, di Torlonia! – non ne trova neppur cento. Ieri, non più tardi di ieri, una persona che non posso nominare – ma si figuri: una delle migliori firme, due milioni di proprietà, una gestione di affari considerevole – ebbene, lo crederebbe? cercava otto mila lire, ed era disposta a pagare anche il dieci![4] Capisce bene, non è a dire che fosse il sei, o l'otto; perché tutto è relativo. Sono venuti da me, ed io sono l'ultimo! Vuol dire che non hanno trovato a nessun'altra parte. Ma è naturale: le banche non ne vogliono saper niente, nessuna fa operazioni nuove, i depositi sono tutti ritirati, e ognuno seppellisce il numerario[5] sotto un mattone! I privati, non ne parliamo; chi ha quattro soldi

---

[4] Di seguito anche «il sei, o l'otto»: percentuale di interesse.
[5] Contante.

se li tien cari. C'è più, gli strozzini? Ma senta dunque un poco: il Chiara cerca lui denari!...»

E il commendatore riaccese il suo virginia.

Don Rosario girava intorno uno sguardo vago, facendo macchinalmente dei conti sulle dita. Poi disse:

«Allora, una metà, lei non crede?...»

«Io credo» riprese subito il commendatore infilando il pollice nello sparato del panciotto «che chi ha coraggio e quattrini, in questo momento, può far quel che vuole, e tiene in pugno un paese. Quando vi vengono ad offrire la firma di Gerandi e Milio – di Gerandi e Milio, signori miei! – per cinque mila lire, all'otto!... Gerandi e Milio che cercano cinque mila lire!... Ma una cambiale con la firma di Gerandi e Milio, se io la chiudo dentro la mia cassaforte, è meglio che se ci tenessi altrettanti napoleoni[6] d'oro! Capisce bene, io non le avevo, le cinque mila lire; ma avrei impegnato gli orecchini di mia moglie, per dire; tanto l'affare era vantaggioso. Non si scherza: Gerandi e Milio!... E tutti, tutti gli altri, i più grossi, tutti inclusi e nessuno escluso. Lei vede: le riferisco fatti, fatti che parlano chiaro! Per venire da me, costoro, vuol dire che non hanno trovato nulla alla Banca Nazionale; Gerandi e Milio, che in tempi ordinarii, se scontavano un milione[7] era come se io scontassi mille lire! Ma il direttore ha le sue istruzioni, non c'è cristi, ed ieri lo ripeteva in pubblico casino:[8] "Nessun effetto nuovo! Fuori i sensali! Fuori gli strozzini! Qualche ope-

---

[6] Moneta recante l'effigie di Napoleone I.
[7] *scontavano... milione*: l'espressione è particolarmente ambigua, potrebbe significare "estinguere un debito" oppure concludere un contratto di sconto (cedere un credito per il quale si ottiene l'anticipo dell'ammontare del credito detratto degli interessi dovuti fino alla scadenza del credito stesso) o più in generale stipulare un mutuo (lo sconto indica comunemente la differenza tra la somma che il mutuatario ottiene in prestito e la somma maggiore che dovrà restituire).
[8] Luogo pubblico di ritrovo e ricreazione, circolo.

razione limitatissima con chi è stato sempre esatto come una sentinella!". Certuni, non si crederebbe, se la pigliano con lui, come se quello i denari li cavasse dalla propria saccoccia. Non lo voleva mandare a sfidare, il barone Giammaria? Dice: "A me respinge una cambiale di sei mila lire? O non lo posso comperare, lui e tutti i consiglieri di sconto?". Ma, signori miei, io domando e dico: quelli che colpa ci hanno? Quelli hanno una consegna, e la consegna viene dall'alto. Il direttore dice: "Io sono direttore commerciale e industriale; il denaro della Banca serve al commercio e all'industria, non ai proprietari! Il proprietario faccia l'operazione del credito fondiario; il credito fondiario è istituito per questo". Ma, fra di noi, caro signore, possiamo confessarlo: la rovina della piazza non è cagionata da questa facilità di credito al proprietario? Piglia oggi e piglia domani, invece che per migliorare le terre il denaro si inverte ad altri usi – lasciamo star quali! – e quando un bel giorno il più corto riman da piede,[9] mandano a sfidare il direttore della Banca Nazionale! C'è serietà? Questo si chiama fare gli amministratori?...»

«Ma, una cifra più piccola..." interruppe ancora don Rosario, facendo sempre dei conti, con un'espressione febbrile nello sguardo: «Soltanto tre mila...».

«Io glie l'ho già detto: cifre, interessi, scadenze: tutto è relativo. Se ne sono fatte delle operazioni, per diecine e centinaia di migliaia, a lunghi termini, al sei ed anche al cinque, che pareva una usura! Ora come ora, cento lire, creda a me, è bravo chi le trova. Stia sicuro che non esagero. Ma senta un poco qui: c'è più dell'anticipo sopra pegno?[10] La cambiale è un pezzo di carta firmata – la fiducia, sta bene; tutti siamo galantuomini, eccete-

---

[9] *il... piede*: «allude alle ristrettezze economiche che succedono alle spese eccessive.»
[10] Prestito di denaro dato in cambio di un pegno.

ra, eccetera – ma la carta, carta è! Il pegno ha un valore intrinseco, il pegno rappresenta qualche cosa per sé stesso! Io vi porto un oggetto che vale, puta, dieci, e vi dico: "Questo è un oggetto che vale dieci" oppure: "Dite voi stesso che cosa vale!... Quanto dite che vale? Otto? sei?... Ebbene, io vi domando di prestarmi quattro, tre...". Nossignore! Non è più possibile! Non si fanno nemmeno anticipi! Quando si rifiutano gli anticipi – contro il pegno! – non c'è più dove arrivare!... È una cosa che non si è mai vista. Krak ce ne sono stati tanti, difficoltà ne abbiamo incontrate; ma come ora? È il finimondo! Gli avvisi di protesto[11] raccomandati ogni giorno alla posta, sa a quanto sommano?... Dica lei... Non si crede: a duecento, a trecento!... C'è questo di buono, che i notai hanno affari!...»

E il commendatore si mise a ridere.

Ora, don Rosario Leone non diceva più nulla, non faceva più conti sulla punta delle dita. Se ne restava lì, come non avendo più la forza di alzarsi, inchiodato su quella seggiola dalla stanchezza, dall'avvilimento, tenendo il suo berretto in mano come se domandasse l'elemosina, cogli occhi stranamente fissi sopra un calendario americano appeso al muro.

«Ma, dice, il denaro è finito?» riprendeva il commendatore, rovesciandosi un poco sulla poltrona. «Il denaro è nascosto, in questi paesi di provincia, che rappresentano il forte dei depositi. Tutti i depositi furono ritirati. I milioni ritirati non saremmo buoni neanche a contarli. Che cosa ne fanno? Si contentano di starli a guardare. Questa, io dico, è cretineria bella e buona. Ma comprate dunque; perché occasioni come queste, con tante espropriazioni iniziate, non se ne presenteranno mai più!... Qualcuno se ne comincia a persuadere. L'altro ieri, Montesani ha firmato il contratto per la

---

[11] Avvisi pubblici su cui si indicavano i debitori che avevano sottoscritto cambiali ed erano insolventi.

compra dei cinque feudi di Roccellara: due milioni e settecento trenta mila lire, cinque feudi che valgono cinque milioni, ad occhi chiusi. La *Bisaccia*, qui alle porte, è stata venduta duecento mila lire; per mezzo milione avrei creduto di fare un bell'affare. Questo Montesani prima era un fallito; furono i zolfi che lo salvarono. Ora è il più forte proprietario della provincia. Si vendono anche le *Terre grosse*, mezzo milione; il feudo della Barca, un milione...»

Allora, don Rosario si alzò. Appoggiandosi ai bracciali della poltrona, il commendatore si alzò anche lui.

«Questo è il momento di fare buoni acquisti. Chi ha quattrini, e non sa profittarne, è uno sciocco. Pel credito, ci vuole del coraggio. Se si trovasse un uomo di coraggio, potrebbe fare la sua fortuna; i galantuomini ci sono ancora, quelli su cui si può aver fiducia... Ma bisognerebbe stare con tanto di occhi spalancati, perché i tempi sono difficili, e il più onesto di questo mondo, con gl'imbarazzi sempre crescenti, non so a che cosa potrebbe essere tentato!... Lei dunque va via? Si stia bene, a rivederla...»

Sull'uscio, mentre girava la maniglia per dargli passaggio, il commendatore riprese:

«Vede, il sicuro è comprare, con la proprietà così rinvilita. Tutti i generi sono in ribasso: il grano, il vino, l'olio – non parliamo del resto! Ma la reazione che non ha da venire? Staremmo freschi! Allora, chi avrà avuto naso, se ne troverà bene...»

La bussola era aperta; don Rosario mormorò qualche cosa come un saluto.

«Di nuovo, si stia bene. Lo ripeto: comprare è il mio consiglio.»

Commento al testo

Il krak viene pubblicata per la prima volta nel 1888 sul «Giornale di Sicilia» con il titolo *La crisi*, cambiato in quello attuale quando la novella viene accolta nel volume *Processi verbali*.

Nella *Prefazione* ai *Processi verbali* De Roberto puntualizza quanto già realizzato nella pratica con le novelle della *Sorte* in materia di narrazione impersonale:

> L'impersonalità assoluta non può conseguirsi che nel puro dialogo, e l'ideale della rappresentazione obiettiva consiste nella *scena* come si scrive pel teatro.[1]

Di conseguenza nelle novelle la narrazione viene affidata quasi integralmente alla drammatizzazione dialogica e l'autore si limita «a mettere accanto alle trascrizioni delle vive voci dei suoi personaggi quelle che i commediografi chiamano didascalie».[2] La concezione e l'intenzione progettuale che animano il volume sono ancora quelle della precedente raccolta realista: fornire la «nuda e impersonale trascrizione di piccole commedie di piccoli drammi colti sul vivo», quindi

> rappresentare, volta per volta, un momento del vero, di quella parte di vero [...] alla quale si può adattar questo

---

[1] F. De Roberto, *Prefazione* a *Processi verbali* in *Romanzi Novelle e Saggi*, cit., p. 1641.
[2] *Ibid.*, p. 1642.

metodo: perché, sarà bene ricordarlo sempre, ogni soggetto si porta con sé la sua forma. E viceversa.[3]

Ma, data per assodata l'interdipendenza del modo e del soggetto dell'arte, occorre far notare che in *Il krak* i soggetti sono due, due mondi, come due sono i personaggi che identificano tali soggetti: Don Rosario Leone e il banchiere; perciò, siccome «il compito dell'artista consiste appunto nel trovare, in ogni caso speciale, la pratica applicazione di questa legge d'intima, di assoluta, d'infrangibile convenienza», nella novella *Il krak* si devono di fatto identificare, all'interno della narrazione drammatizzata, due modi narrativi diversi.

Il primo ruota appunto attorno alla figura di Don Rosario Leone che è personaggio tecnicamente verista e di cui De Roberto è interessato a mettere in rilievo la psicologia attraverso l'interpretazione dei dati ricavabili dall'osservazione esterna. Ciò significa seguire la metodologia analitica funzionalizzata all'esame psicologico teorizzata per la raccolta non realista dei *Documenti umani*, quindi «far intravedere le modificazioni interiori dai segni esterni, rappresentando un caso di coscienza col gesto o con la parola che lo riassumono» e ricorrendo, come fanno i realisti, «alla sintesi fisiologica».[4] Ma De Roberto non si limita a «far intravedere» attraverso i segni esteriori – il modo di sedere, di tenere il cappello, di guardare, l'impaccio della persona, il tono del discorso – e interviene direttamente a interpretare il personaggio, e solo nelle didascalie relative a Don Rosario, a partire dalla presentazione in scena.[5] Delle tre novelle antologizzate *Il krak* è quella in cui la forte evidenza umana di Don Rosario sembra manifestare più chiaramente la voce dell'autore come "preferenza" nei confronti di un personaggio; in tal modo De Roberto forza il limite della referenzialità impersonale fornendo una chiave di lettura che indirizza alla volta di Don Rosario la

---

[3] *Ibid.*, pp. 1641-42.
[4] Id., *Prefazione* a *Documenti umani*, in *ibid.*, p. 1638.
[5] «Egli si mise a sedere [...] panno grossolano», «faccione [...] bonaria».

partecipazione simpatetica del lettore sin dall'inizio della novella.

Di tutt'altro segno è la figura del banchiere, che non è un vero e proprio personaggio, ma un esponente non altrimenti connotato di un sistema economico: nominato solo come «il commendatore» e privo di una esplicita dinamica psicologica, il banchiere è rappresentato esclusivamente attraverso le battute di dialogo, che sono la manifestazione verbale della relazione di forza che si stabilisce tra i due interlocutori. Sotto il profilo economico il confronto tra i due decide definitivamente del dissesto finanziario di Don Rosario, che non solo vede rifiutata la richiesta di prestito, ma, interpretando il consiglio del banchiere ad acquistare, comprende che le proprie terre sono condannate alla vendita. Il consiglio di rilancio imprenditoriale è infatti da intendersi per il suo esatto contrario, poiché è manifestamente assurdo in relazione alla mancanza di liquidità di Don Rosario (che, per altro, è un coltivatore, non un investitore). L'obliquità, che culmina nell'esortazione a comprare, cioè a vendere, caratterizza l'intero discorso del commendatore, che in un dialogo-monologo sommerge Don Rosario, e proprio la sperequazione quantitativa è il primo segnale della prevaricazione del banchiere sul proprietario incapace di adattarsi alla situazione economica tanto da far fronte alla crisi (ancora una volta la sintesi esplicativa della novella è affidata al titolo, che da *La crisi* a *Il krak* diviene più esplicita). L'ipertrofia e la prosopopea del discorso del commendatore non hanno alcuna funzione parodica e tanto meno caricaturale; l'autore vi cela un proprio opposto discorso leggibile in controluce e nemmeno enfatizza bozzettisticamente il personaggio. Quello del banchiere è un pezzo di quotidiana bravura, da consumato affarista: l'elenco dei fallimenti e dei prestiti impossibili fino alla crisi psicologica dell'interlocutore, quindi l'elenco delle compravendite e l'esortazione: «comprare è il mio consiglio». I caratteri del discorso del banchiere e la sua prevaricazione verbale sull'interlocutore sono da acquisire come dati espressionistico-realistici che sintetizzano il contesto di relazioni economiche, sociali e umane di cui i due personaggi fanno parte.

GABRIELE D'ANNUNZIO

La vita e le opere

Gabriele d'Annunzio (D'Annunzio per l'anagrafe) nasce a Pescara il 12 marzo 1863, da una famiglia del ceto medio possidente abruzzese. Compie gli studi liceali a Prato, nel prestigioso Collegio Cicognini, tra il 1874 e il 1881 e già nel 1879 pubblica, a spese del padre, la prima raccolta di versi: *Primo vere*, ispirata alle *Odi barbare* di Carducci. Nel 1881 si trasferisce a Roma dove dovrebbe seguire i corsi universitari alla facoltà di Lettere e dove invece comincia a frequentare tanto i circoli intellettuali e le redazioni dei giornali, in cui trova impiego come cronista mondano, quanto i salotti dell'alta borghesia e dell'aristocrazia. Fa così il proprio ingresso sia nel mondo delle lettere sia nella buona società, suscitando in entrambi i campi, con le proprie opere e i propri atteggiamenti, pari entusiasmi e censure, sintomo che il giovane artista, di anno in anno, si afferma come personaggio pubblico, in grado di raccogliere attorno a sé grande attenzione, se non sempre consensi e approvazione, fino a influenzare l'arte e il costume italiano e a imporsi anche all'estero tra le più rappresentative voci della cultura italiana.

Agli anni romani risalgono le raccolte di versi *Canto novo* (1882), *Intermezzo di rime* (1883, ma con data 1884), *Isaotta Guttadàuro ed altre poesie* (1886, che nel 1890 si divide in due volumi: *Isottèo* e *Chimera*) e soprattutto il romanzo *Il Piacere* (1889), che ottiene un successo clamoroso. Da Roma, nel 1891, d'Annunzio si trasferisce a Napoli, "ospite" del «Mattino» fondato da Matilde Serao con il marito Edoardo Scarfoglio; dal 1893 soggiorna non continuativamente in Abruzzo e a metà degli anni Novanta intreccia una relazione amorosa con Eleonora Duse, relazione duratura che si conclude solo nel 1904. La grande attrice, già affermata sulle scene internazionali, grazie alla fama e alla stima di cui gode negli ambienti del teatro, diventa la maggiore interprete e promotrice delle opere drammaturgiche dannunziane, senza però che queste incontrino mai completamente il gusto del pubblico fino alla *Figlia di Iorio* e alla *Nave* (*La città morta*, 1895, *Sogno d'un mattino di primavera*, 1897, *Sogno d'un tramonto d'autunno*, 1898, *Gioconda*, 1898, *Gloria*, 1899, *Francesca da Rimini*, 1901, *La figlia di Iorio*, 1903, *Fiaccola sotto il moggio*, 1905, *Più che l'amore*, 1906, *La nave*, 1907, *Fedra*, 1908, *Le martyre de Saint Sébastien*, 1911, *Pisanelle, ou la mort parfumée*, 1914).[1]

Gli anni Novanta vedono la pubblicazione di un'altra importante serie di volumi: da un lato le liriche delle *Elegie romane* (1892), le *Odi navali* (1893, ma con data 1892) e il *Poema Paradisiaco*. *Odi navali* nello stesso anno; dall'altro i romanzi *Giovanni Episcopo* (1892), *L'innocente* (1892), *Il trionfo della morte* (1894), *Le vergini delle rocce* (1895, ma con data 1896) e *Il Fuoco* (1900). Dal 1898 lo scrittore prende casa in Toscana, in Versilia, nella celebre villa detta "La Capponcina", nella quale rimane fino al 1910. La stagione della Capponcina vede nascere il progetto del ciclo delle *Laudi del Cielo, del Mare, della Terra e degli Eroi*, il punto più alto della produzione poetica dannunziana edito nei cinque libri di *Maia* (1903), *Elettra* e *Alcyone* (nello stesso anno ma con data 1904), *Merope* (1912) e *Asterope - Canti della guerra latina* tra 1914 e 1918 (edito col titolo definitivo di *Canti della guerra latina* nel 1933). Nel 1910, letteralmente assediato dai creditori, d'Annunzio lascia la Capponcina e l'Italia riparando in Francia, dove rimane, tra Parigi e le Landes, fino al 1915, anno in cui rientra in patria per prendere parte prima alla campagna interventista e poi alla guerra. Del 1910 è il romanzo *Forse che sì forse che no*, mentre del quinquennio francese si segnalano la *Contemplazione della morte* (1912), *La Leda senza cigno* (1913, edita con una lunga *Licenza* nel 1916) e la pubblicazione delle prime *Faville del maglio* sulle pagine del «Corriere della Sera», dal 1911

---

[1] Delle opere drammaturgiche si indica la data di composizione, mentre per le altre opere si fa riferimento alle prime edizioni.

al 1914, *Faville* che sono riprese e edite in volume tra il 1924 e il 1928. Alla conclusione della guerra, insoddisfatto degli accordi di pace di Versailles, con un gruppo di militari occupa la città di Fiume, che gli accordi non assegnano all'Italia, e la tiene fino al dicembre del 1920; fallita l'impresa di trascinare la nazione, con l'esempio fiumano, a un cambiamento violento dell'ordine politico – che sarà realizzato l'anno successivo da Mussolini con la marcia su Roma – si ritira nel 1921 sul lago di Garda, a Gardone Riviera (Brescia), nella sua ultima dimora, la villa di Cargnacco. Con imponenti lavori la trasforma in un mausoleo dedicato alla celebrazione della propria gloria e alla propria memoria: il Vittoriale degli Italiani, e lì muore il 1° marzo 1938. Certamente il capolavoro di quest'ultima fase della vita dannunziana, avviata dalla partecipazione alla guerra, è il *Notturno*, edito nel 1921, mentre tra le tante prose del dopoguerra si distinguono in particolare le *Cento e cento e cento pagine del libro segreto di Gabriele d'Annunzio tentato di morire* del 1935.

D'Annunzio è probabilmente la personalità artistica più eclettica nel panorama letterario nazionale a cavallo tra diciannovesimo e ventesimo secolo: per la molteplicità degli interessi, per la diversità delle correnti culturali che attraversa nella sua prolifica carriera e per la varietà delle forme artistiche con cui si cimenta. In tal senso si segnala tra gli interpreti di maggiore rilievo nel processo di evoluzione che porta alla letteratura del primo Novecento, di cui riesce a essere ora interprete, ora anticipatore, ora ispiratore. Tuttavia interamente ed esclusivamente ottocentesca può dirsi la produzione novellistica, che è limitata ai primi anni dell'attività letteraria e non raggiunge, né nel suo complesso né in singoli testi, il livello delle punte più elevate dell'arte dannunziana. In vero nella concezione poetica di d'Annunzio la narrazione breve è subordinata alla narrazione lunga, al romanzo, in cui l'autore riconosce la possibilità di elaborare e offrire una sintesi estetica di maggiore portata. Tutt'altro discorso è il fatto che d'Annunzio approdi a una nuova forma di narrazione breve con la letteratura del frammento della stagione notturna negli anni Venti (che ha le migliori prove nel *Notturno* e nelle *Faville del maglio*), poiché si tratta di una prosa di natura diversa rispetto alla novellistica e che non nasce dal recupero del racconto breve, ma dalla frantumazione della narrazione lunga, rispondendo semmai a un processo involutivo del romanzo e non evolutivo della novella.

I libri di novelle curati dall'autore sono: *Terra vergine* (1882), *Il libro delle vergini* (1884), *San Pantaleone* (1886), *I violenti* e *Gli idolatri* (entrambi del 1892), *Le novelle della Pescara* (1902). *Terra vergine* non subisce rimaneggiamenti dopo l'edizione del 1884 (che conta undici testi, due dei quali aggiunti ai nove della prima edizione) e viene inclusa con *Le novelle della Pescara* nel progetto dell'*Opera Omnia* voluta dall'autore negli ultimi anni del Vittoriale (sono molti i testi novellistici che rimangono esclusi da tale progetto). *Le novelle della Pescara* assomma diciotto novelle tratte (e sottoposte a una significativa revisione) da *Il libro delle vergini*, *San Pantaleone* e *I violenti*.

Per la prima raccolta d'Annunzio inizialmente ipotizza un titolo, *Figurine abruzzesi*, indicato, più di quello successivamente scelto, per sottolineare la prevalente natura descrittiva e spesso bozzettistica delle novelle; il titolo *Terra vergine* invece sposta l'accento sulla peculiarità essenziale della terra abruzzese quale emerge dalle "figurine", ossia la "verginità" intesa come condizione elementare e atemporale. Le novelle della raccolta portano infatti in scena una "terra" non connotata cronologicamente e regionalmente, nella quale è ambientata una descrizione della realtà naturale e umana senza tempo, che allude a una dimensione statica dell'essere naturale, non contestualizzato dal punto di vista geografico e storico. Uno degli elementi testuali che maggiormente contribuisce a generare tale effetto è proprio la componente descrittiva delle novelle, che fornisce al lettore non una serie di coordinate spazio-temporali bensì di impressioni e dettagli di un paesaggio colto nella sua immutabilità. I testi iniziano spesso con ampie e minuziose descrizioni (tanto più notevoli nell'insieme di novelle prevalentemente di limitata estensione) che si ripetono o rinnovano in più punti e finiscono col prevalere sull'intreccio vero e proprio, tanto che si può rilevare da un lato che tali descrizioni non hanno funzione digressiva rispetto alla narrazione in corso, ma sembrano spiegarsi ed esaurirsi nel descrittivismo puro, dall'altro che non in tutte le novelle "accade" effettivamente qualcosa (esempio estremo in tal senso è la brevissima *Fiore fiurelle* che è totalmente priva di trama). Se si considera inoltre che l'intreccio, per propria natura, si estende sul piano temporale, ossia lo rende esplicito, "visibile" al lettore, mentre l'elemento descrittivo ha un'estensione più propriamente "spaziale", statica, si ricava che l'annullamento della contestualizzazione storica e geografica delle vicende si somma alla prevalenza di una funzione narrativa atemporale – la descrizione appunto –, e che dunque il tempo viene omesso non soltanto come referente storico, ma anche come funzione prioritaria del narrare. L'esito è una narrazione che si confonde con la descrizione, o meglio, un descrittivismo che si fa interamente portatore delle istanze narrative del testo e che subordina la scelta stessa dei soggetti: per lo più scene e personaggi fermati nel momento culminante di una pulsione elementare, prima fra tutte quella sessuale. La sensazione conseguente per il lettore è di grande prevedibilità, soprattutto nello svolgimento dell'intreccio, ma anche nelle strutture, nel sistema figurativo e nello stile. Anche quest'ultimo infatti concorre a sostenere l'effetto complessivo: la voce narrante (quasi sempre esterna alla scena ed estranea al contesto della narrazione) interviene di frequente a spiegare e a commentare facendo ricorso a stilemi tipici della narrazione orale e favolistica, come le allocuzioni al lettore, le anticipazioni e le reticenze sullo svolgimento del racconto, e analogamente si serve di un lessico semplice e ripetitivo, che affianca a termini di particolare ricercatezza (secondo una costante irrinunciabile del gusto dannunziano) formule elementari e fisse che assumono funzione prosodica.

Mentre *Terra vergine* si presenta come una raccolta molto uniforme, se non addirittura monocorde, al contrario *Le novelle della Pescara* attesta una netta inversione di tendenza, progressivamente affermatasi nelle raccolte intermedie da cui l'ultimo volume trae i testi di cui si compone. La distanza tra l'inizio e la fine dell'esperienza novellistica di d'Annunzio si rileva sin dal titolo poiché, se il titolo *Terra vergine* rappresenta la sintesi del tema che domina tutti i testi che il libro raccoglie, il titolo *Le novelle della Pescara* individua, all'opposto, l'unico elemento comune a testi tra loro anche profondamente diversi: l'ambientazione pescarese. La varietà è certamente il primo tratto evidente della maturazione della novella dannunziana: varietà nelle strutture, nello stile, nei soggetti, nei temi e nei modelli, senza che ciò escluda, naturalmente, la presenza di elementi di continuità con le prime prove novellistiche. Sotto il profilo strutturale i testi diventano più complessi: la misura breve sembra insufficiente alle nuove esigenze dell'autore e le strutture si articolano e complicano in misura proporzionale all'allungamento della misura testuale. Lo stile si arricchisce accogliendo le esperienze artistiche che l'autore conduce nel ventennio 1882-1902, in conseguenza delle quali si amplia la rosa dei temi e dei soggetti immessi nelle novelle, che includono il racconto psicologico, la satira di costume e la prosa realistica. Tra i modelli si fanno strada, a fianco dei grandi nomi della tradizione storica italiana (primo fra tutti Boccaccio), gli esempi del verismo italiano, ossia Verga, e del realismo francese, soprattutto Zola, Flaubert e Maupassant.

Al proposito è opportuno puntualizzare che la contestualizzazione delle vicende in un preciso momento storico e geografico, l'indubbio aumento del "tasso" di realismo delle vicende e dei personaggi nonché la ripresa dei modelli contemporanei elencati, non significa affatto che la novellistica dannunziana rientra nell'alveo della narrativa realista del secondo Ottocento italiano o europeo. Di fatto d'Annunzio segue una via autonoma, perché riprende indubbiamente elementi propri della narrativa verista e naturalista – le descrizioni degli umili, l'ambientazione provinciale, agreste e popolare, i lemmi, i nomi e le formule proverbiali dialettali, i "che" irrazionali e l'indiretto libero verghiano ecc.[2] – ma li estropola dalla poetica in cui sono stati elaborati e li ricontestualizza nella propria (si pensi solo alla rappresentazione degli umili, di cui si dà un saggio nella seconda novella antologizzata, che invece di essere il momento di maggiore realismo è al contrario il mo-

---

[2] Si rinvia al riguardo alla raccolta di saggi AA.VV., *D'Annunzio giovane e il verismo*, Centro Nazionale di Studi Dannunziani in Pescara, Atti del I Convegno internazionale di studi dannunziani, Pescara 21-23 settembre 1979, Arti Grafiche Garibaldi, Pescara 1981.

mento di minore adesione al dato reale e di maggiore trasfigurazione letteraria). Manca essenzialmente a d'Annunzio l'intenzione di condurre un'indagine oggettiva sul reale, tanto meno di fornirne una lettura scientifica, men che meno impersonale o in chiave sociale ed economica. L'artista per d'Annunzio è creatore non testimone di realtà e di verità, e in relazione ai modelli è necessario condurre un'analisi che – individuato l'autore o gli autori di riferimento per ogni novella – chiarisca prima la relazione diretta, ossia il confronto tra pari, che l'autore stabilisce con il modello quando lo rinnova, poi consideri che l'assoluta facilità di individuazione di tali modelli è spesso uno scoperto invito al lettore a operare un paragone, una sorta di confronto condizionato, e infine tenga conto che d'Annunzio abitualmente fa leva sui gusti già diffusi nel pubblico, quindi sulla notorietà di scuole già affermate e sulle mode letterarie, per sollecitare l'attenzione del mercato e promuovere i propri testi.

La contessa d'Amalfi[1]

I

Quando, verso le due del pomeriggio, Don Giovanni Ussorio stava per mettere il piede su la soglia della casa di Violetta Kutufà, Rosa Catana apparve in cima alle scale e disse a voce bassa, tenendo il capo chino:

«Don Giovà, la signora è partita.»

Don Giovanni, alla novella improvvisa, rimase stupefatto; e stette un momento, con gli occhi spalancati, con la bocca aperta, a guardare in su, quasi aspettando altre parole esplicative. Poiché Rosa taceva, in cima alle scale, torcendo fra le mani un lembo del grembiule e un poco dondolandosi, egli chiese:

«Ma come? ma come?...»

E salì alcuni gradini, ripetendo con una lieve balbuzie:

«Ma come? ma come?»

«Don Giovà, che v'ho da dire? È partita.»

«Ma come?»

«Don Giovà, io non saccio, mo.»[2]

E Rosa fece qualche passo nel pianerottolo, verso l'uscio dell'appartamento vuoto. Ella era una femmina piuttosto magra, con i capelli rossastri, con la pelle del

---

[1] La *Contessa d'Amalfi* è un'opera lirica (prima rappresentazione 1864) musicata da Enrico Petrella (1813-1877) su libretto di Giovanni Peruzzini (1815-1869).
[2] Adesso, ora (già in Nievo, cfr. p. 145, nota 107).

viso tutta sparsa di lentiggini. I suoi larghi occhi cinerognoli avevano però una vitalità singolare. La eccessiva distanza tra il naso e la bocca dava alla parte inferiore del viso un'apparenza scimmiesca.

Don Giovanni spinse l'uscio socchiuso ed entrò nella prima stanza, poi entrò nella seconda, poi nella terza; fece il giro di tutto l'appartamento, a passi concitati; si fermò nella piccola camera da bagno. Il silenzio quasi lo sbigottì; un'angoscia enorme gli prese l'animo.

«È vero! È vero!» balbettava, guardandosi a torno, smarrito.

Nella camera i mobili erano al loro posto consueto. Mancavano però su la tavola, a piè dello specchio rotondo, le fiale di cristallo, i pettini di tartaruga, le scatole, le spazzole, tutti quei minuti oggetti che servono alla cura della bellezza muliebre. Stava in un angolo una specie di gran bacino di zinco in forma di chitarra; e dentro il bacino l'acqua traluceva, tinta lievemente di roseo da una essenza. L'acqua esalava un profumo sottile che si mesceva nell'aria col profumo della cipria. L'esalazione aveva in sé qualche cosa di carnale.

«Rosa! Rosa!» chiamò Don Giovanni, con la voce soffocata, sentendosi invadere da un rammarico immenso.

La femmina comparve.

«Racconta com'è stato! Per dove è partita? E quando è partita? E perché?» chiedeva Don Giovanni, facendo con la bocca una smorfia puerile e buffa come per rattenere il pianto o per respingere il singhiozzo. Egli aveva presi ambedue i polsi di Rosa; e così la sollecitava a parlare, a rivelare.

«Io non saccio, signore... Stamattina ha messa la roba nelle valige; ha mandato a chiamare la carrozza di Leone; e se n'è andata senza dire niente. Che ci volete fare? Tornerà.»

«Torneràaa?» piagnucolò Don Giovanni, sollevando gli occhi dove già le lacrime incominciavano a sgorgare. «Te l'ha detto? Parla!»

E quest'ultimo verbo fu uno strillo quasi minaccioso e rabbioso.

«Eh... veramente a me m'ha detto: "Addio, Rosa. Non ci vediamo più...". Ma... insomma... chi lo sa!... Tutto può essere.»

Don Giovanni si accasciò sopra una sedia, a queste parole; e si mise a singhiozzare con tanto impeto di dolore che la femmina ne fu quasi intenerita.

«Don Giovà, mo che fate? Non ci stanno altre femmine a questo mondo? Don Giovà, mo vi pare?...»

Don Giovanni non intendeva. Seguitava a singhiozzare come un bambino, nascondendo la faccia nel grembiule di Rosa Catana; e tutto il suo corpo era scosso dai sussulti del pianto.

«No, no, no... Voglio Violetta! Voglio Violetta!»

A quello stupido pargoleggiare, Rosa non poté tenersi di sorridere. E si diede a lisciare il cranio calvo di Don Giovanni, mormorando parole di consolazione:

«Ve la ritrovo io Violetta; ve la ritrovo io... Zitto! Zitto! Non piangete più, Don Giovannino. La gente che passa può sentire. Mo vi pare, mo?»

Don Giovanni, a poco a poco, sotto la carezza amorevole, frenava le lacrime: si asciugava gli occhi al grembiule.

«Oh! Oh! che cosa!» esclamò, dopo essere stato un momento con lo sguardo fisso al bacino di zinco, dove l'acqua scintillava ora sotto un raggio. «Oh! Oh! che cosa! Oh!»

E si prese la testa fra le mani, e due o tre volte oscillò come fanno talora gli scimmioni prigionieri.

«Via, Don Giovannino, via!» diceva Rosa Catana, prendendolo pianamente per un braccio e tirandolo.

Nella piccola camera il profumo pareva crescere. Le mosche ronzavano innumerevoli in torno a una tazza dov'era un residuo di caffè. Il riflesso dell'acqua nella parete tremolava come una sottil rete di oro.

«Lascia tutto così!» raccomandò Don Giovanni alla femmina, con una voce interrotta dai singulti mal repressi. E discese le scale, scotendo il capo su la sua sorte. Egli aveva gli occhi gonfi e rossi, a fior di testa, simili a quelli di certi cani imbastarditi. Il suo corpo rotondo, dal ventre prominente, gravava su due gambette un poco volte in dentro. In torno al suo cranio calvo girava una corona di lunghi capelli arricciati, che parevano non crescere dalla cotenna ma dalle spalle e salire verso la nuca e le tempie. Egli con le mani inanellate, di tanto in tanto, soleva accomodare qualche ciocca scomposta: gli anelli preziosi e vistosi gli rilucevano perfino nel pollice, e un bottone di corniola[3] grosso come una fragola gli fermava lo sparato[4] della camicia a mezzo il petto.

Come uscì alla luce viva della piazza, provò di nuovo uno smarrimento invincibile. Alcuni ciabattini attendevano all'opera loro, lì accanto, mangiando fichi. Un merlo in gabbia fischiava l'inno di Garibaldi, continuamente, ricominciando sempre da capo, con una persistenza accorante.

«Servo suo, Don Giovanni!» disse Don Domenico Oliva passando e togliendosi il cappello con quella sua gloriosa cordialità napoletana. E, mosso a curiosità dall'aspetto sconvolto del signore, dopo poco ripassò e risalutò con maggior larghezza di gesto e di sorriso. Egli era un uomo che aveva il busto lunghissimo e le gambe corte e l'atteggiamento della bocca involontariamente irrisorio. I cittadini di Pescara lo chiamavano Culinterra.

«Servo suo!»

Don Giovanni, in cui un'ira velenosa cominciava a fermentare poiché le risa dei mangiatori di fichi e i sibili del merlo lo irritavano, al secondo saluto voltò dispettoso le spalle e si mosse, credendo quel saluto un'irrisione.

Don Domenico, stupefatto, lo seguiva.

---

[3] Pietra semipreziosa di colore rosso.
[4] Parte anteriore della camicia.

«Ma... Don Giovà!... sentite... ma...»

Don Giovanni non voleva ascoltare. Camminava innanzi a passi lesti, verso la sua casa. Le fruttivendole e i maniscalchi lungo la via guardavano, senza capire, l'inseguimento di quei due uomini affannati e gocciolanti di sudore sotto il solleone.

Giunto alla porta, Don Giovanni, che quasi stava per scoppiare, si voltò come un aspide, giallo e verde per la rabbia.

«Don Domé, o Don Domé, io ti do in capo!»[5]

Ed entrò, dopo la minaccia; e chiuse la porta dietro di sé con violenza.

Don Domenico, sbigottito, rimase senza parole in bocca. Poi rifece la via, pensando quale potesse essere la causa del fatto. Matteo Verdura, uno dei mangiatori di fichi, chiamò:

«Venite! venite! Vi debbo dire 'na cosa grande.»

«Che cosa?» chiese l'uomo di schiena lunga, avvicinandosi.

«Non sapete niente?»

«Che?»

«Ah! Ah! Non sapete niente ancóra?»

«Ma che?»

Verdura si mise a ridere; e gli altri ciabattini lo imitarono. Un momento tutti quelli uomini sussultarono d'uno stesso riso rauco e incomposto, in diverse attitudini.

«Pagate tre soldi di fichi se ve lo dico?»

Don Domenico, ch'era tirchio, esitò un poco. Ma la curiosità lo vinse.

«Be', pago.»

Verdura chiamò una femmina e fece ammonticchiare sul suo desco le frutta. Poi disse:

«Quella signora che stava là sopra, Donna Viuletta, sapete?... Quella del teatro, sapete?...»

«Be'?»

---

[5] *io. capo*: "io ti batto in testa".

«Se n'è scappata stamattina. Tombola!»
«Da vero?»
«Da vero, Don Domé.»
«Ah, mo' capisco!» esclamò Don Domenico, ch'era un uomo fino, sogghignando crudelissimamente.

E, come voleva vendicarsi della contumelia di Don Giovanni e rifarsi dei tre soldi spesi per la notizia, andò sùbito verso il *casino*[6] per divulgare la cosa, per ingrandire la cosa.

Il *casino*, una specie di bottega del caffè, stava immerso nell'ombra; e su dal tavolato sparso di acqua saliva un singolare odore di polvere e di muffa. Il dottore Panzoni russava abbandonato sopra una sedia con le braccia penzolanti. Il barone Cappa, un vecchio appassionato per i cani zoppi e per le fanciulle tenerelle, sonnecchiava discretamente su una gazzetta. Don Ferdinando Giordano moveva le bandierine su una carta rappresentante il teatro della guerra franco-prussiana.[7] Don Settimio de Marinis discuteva di Pietro Metastasio[8] col dottor Fiocca, non senza molti scoppi di voce e non senza una certa eloquenza fiorita di citazioni poetiche. Il notaro Gaiulli, non sapendo con chi giocare, maneggiava le carte da giuoco solitariamente e le metteva in fila sul tavolino. Don Paolo Seccia girava in torno al quadrilatero del biliardo, con passi misurati per favorire la digestione.

Don Domenico Oliva entrò con tale impeto che tutti si voltarono verso di lui, tranne il dottore Panzoni il quale rimase tra le braccia del sonno.

«Sapete? sapete?»

Don Domenico era così ansioso di dire la cosa e così

---

[6] Luogo pubblico di ritrovo e ricreazione, circolo (già in De Roberto, cfr. p. 780, nota 8).
[7] 1870-1871.
[8] Pietro Trapassi (1698-1782), maggiore autore di melodrammi tra diciassettesimo e diciottesimo secolo.

affannato che da prima balbettava senza farsi intendere. Tutti quei galantuomini[9] in torno a lui pendevano dalle sue labbra, presentivano con gioia un qualche strano avvenimento che alimentasse alfine le loro chiacchiere pomeridiane.

Don Paolo Seccia, che era un poco sordo da un orecchio, disse impazientito:

«Ma che v'hanno legata la lingua, Don Domé?»

Don Domenico ricominciò da capo la narrazione, con più calma e più chiarezza. Disse tutto; ingrandì i furori di Don Giovanni Ussorio; aggiunse particolarità fantastiche; s'inebriò delle parole. «Capite? capite? E poi questo; e poi quest'altro...»

Il dottore Panzoni al clamore aperse le palpebre; volgendo i grossi globi visivi ancóra stupidi di sonno e russando ancóra pel naso tutto vegetante di nèi mostruosi, disse o russò, nasalmente:

«Che c'è? Che c'è?»

E con fatica puntellandosi al bastone si levò piano piano e venne nel crocchio per udire.

Il barone Cappa ora narrava, con alquanta saliva nella bocca, una storiella grassa, a proposito di Violetta Kutufà. Nelle pupille degli ascoltatori intenti passavano luccicori, a tratti. Gli occhiolini verdognoli di Don Paolo Seccia scintillavano come immersi in un umore esilarante. Alla fine, le risa scoppiarono.

Ma il dottor Panzoni, così ritto, s'era riaddormentato; poiché a lui sempre il sonno, grave come un morbo, siedeva dentro le nari. E rimase a russare, solo nel mezzo, con il capo chino sul petto; mentre gli altri si disperdevano per tutto il paese a divulgare la novella, di famiglia in famiglia.

E la novella, divulgata, mise a rumore Pescara. Verso sera, co 'l fresco della marina e con la luna crescente, tutti i cittadini uscirono per le vie e per le piazzette. Il

---

[9] Personaggi distinti, gentiluomini.

chiacchierìo fu infinito. Il nome di Violetta Kutufà correva su tutte le bocche. Don Giovanni Ussorio non fu veduto.

II

Violetta Kutufà era venuta a Pescara nel mese di gennaio, in tempo di carnevale, con una compagnia di cantatori. Ella diceva d'essere una Greca dell'Arcipelago, di aver cantato in un teatro di Corfù al cospetto del re degli Elleni e di aver fatto impazzire d'amore un ammiraglio d'Inghilterra. Era una donna di forme opulente, di pelle bianchissima. Aveva due braccia straordinariamente carnose e piene di piccole fosse che apparivano rosee ad ogni moto; e le piccole fosse e le anella e tutte le altre grazie proprie di un corpo infantile rendevano singolarmente piacevole e fresca e quasi ridente la sua pinguedine. I lineamenti del volto erano un po' volgari: gli occhi color tané,[10] pieni di pigrizia; le labbra grandi, piatte e come schiacciate. Il naso non rivelava l'origine greca: era corto, un poco erto, con le narici lunghe e respiranti. I capelli, neri, abbondavano. Ed ella parlava con un accento molle, esitando ad ogni parola, ridendo quasi sempre. La sua voce spesso diventava roca, d'improvviso.

Quando la compagnia giunse, i Pescaresi smaniavano nell'aspettazione. I cantatori forestieri furono ammirati per le vie, nei loro gesti, nel loro incedere, nel loro vestire, e in ogni loro attitudine. Ma la persona su cui tutta l'attenzione converse fu Violetta Kutufà.

Ella portava una specie di giacca scura orlata di pelliccia e chiusa da alamari d'oro, e sul capo una specie di tôcco[11] tutto di pelliccia, chino un po' da una parte. An-

---

[10] Marrone.
[11] Copricapo rotondo.

dava sola, camminando speditamente; entrava nelle botteghe, trattava con un certo disdegno i bottegai, si lagnava della mediocrità delle merci, usciva senza aver nulla comprato: cantarellava, con noncuranza.

Per le vie, nelle piazzette, su tutti i muri, grandi scritture a mano annunziavano la rappresentazione della *Contessa d'Amalfi*. Il nome di Violetta Kutufà risplendeva in lettere vermiglie. Gli animi dei Pescaresi si accendevano. La sera aspettata giunse.

Il teatro era in una sala dell'antico Ospedale militare, all'estremità del paese, verso la marina. La sala era bassa, stretta e lunga come un corridoio: il palco scenico, tutto di legname e di carta dipinta, s'innalzava pochi palmi da terra; contro le pareti maggiori stavano le tribune, costruite d'assi e di tavole, ricoperte di bandiere tricolori, ornate di festoni. Il sipario, opera insigne di Cucuzzitto figlio di Cucuzzitto, raffigurava la Tragedia, la Comedia e la Musica allacciate come le tre Grazie e trasvolanti sul ponte a battelli sotto cui passava la Pescara turchina. Le sedie, tolte alle chiese, occupavano metà della platea. Le panche, tolte alle scuole, occupavano il resto.

Verso le sette la banda comunale prese a sonare in piazza e sonando fece il giro del paese; e si fermò quindi al teatro. La marcia fragorosa sollevava gli animi al passaggio. Le signore fremevano d'impazienza, nei loro belli abiti di seta. La sala rapidamente si empì.

Su le tribune raggiava una corona di signore e di signorine gloriosissima. Teodolinda Pomàrici, la filodrammatica sentimentale e linfatica,[12] sedeva accanto a Fermina Memma la *mascula*.[13] Le Fusilli, venute da Castellammare, grandi fanciulle dagli occhi nerissimi, vestite di una eguale stoffa rosea, tutte con i capelli stretti in treccia giù per la schiena, ridevano forte e ge-

---

[12] Affetta da linfatismo, di aspetto gracile.
[13] Maschia.

sticolavano. Emilia d'Annunzio volgeva attorno i belli occhi lionati[14] con un'aria di tedio infinito. Mariannina Cortese faceva segni col ventaglio a Donna Rachele Profeta che stava di fronte. Donna Rachele Bucci con Donna Rachele Carabba ragionava di tavolini parlanti e di apparizioni.[15] Le maestre Del Gado, vestite tutt'e due di seta cangiante, con mantellette di moda antichissima e con certe cuffie luccicanti di pagliuzze d'acciaio, tacevano, compunte, forse stordite dalla novità del caso, forse pentite d'esser venute a uno spettacolo profano. Costanza Lesbii tossiva continuamente, rabbrividendo sotto lo scialle rosso; bianca bianca, bionda bionda, sottile sottile.

Nelle prime sedie della platea sedevano gli ottimati.[16] Don Giovanni Ussorio primeggiava, bene curato nella persona, con magnifici calzoni a quadri bianchi e neri, con soprabito di castoro lucido, con alle dita e alla camicia una gran quantità di oreficeria chietina. Don Antonio Brattella, membro dell'Areopago[17] di Marsiglia, un uomo spirante la grandezza da tutti i pori e specialmente dal lobo auricolare sinistro ch'era grosso come un'albicocca acerba, raccontava, a voce alta, il dramma lirico di Giovanni Peruzzini; e le parole, uscendo dalla sua bocca, acquistavano una rotondità ciceroniana. Gli altri su le sedie si agitavano con maggiore o minore importanza. Il dottore Panzoni lottava in vano contro le lusinghe del sonno e di tanto in tanto faceva un rumore che si confondeva con il *la* degli strumenti preludianti.

«Pss! psss! psssss!»

Nel teatro il silenzio divenne profondo. All'alzarsi della tela, la scena era vuota. Il suono d'un violoncello

---

[14] Fulvi.
[15] *tavolini... apparizioni*: fenomeni delle sedute spiritiche.
[16] Persone altolocate, maggiorenti.
[17] Il più antico tribunale di Atene; si intenda ogni tribunale o assemblea con funzioni giudicanti.

veniva di tra le quinte. Uscì Tilde, e cantò. Poi uscì Sertorio, e cantò. Poi entrò una torma di allievi e di amici, e intonò un coro. Poi Tilde si avvicinò pianamente alla finestra.

> *Oh! come lente l'ore*
> *Sono al desio!...*

Nel pubblico incominciava la commozione, poiché doveva essere imminente un duetto d'amore. Tilde, in verità, era un *primo soprano* non molto giovine; portava un abito azzurro; aveva una capellatura biondastra che le ricopriva insufficientemente il cranio; e, con la faccia bianca di cipria, rassomigliava a una costoletta cruda e infarinata che fosse nascosta dentro una parrucca di canapa.

Egidio venne. Egli era il tenore giovine. Come aveva il petto singolarmente incavato, le gambe un po' curve, rassomigliava un cucchiaio a doppio manico, su 'l quale fosse appiccicata una di quelle teste di vitello raschiate e pulite che si veggono talvolta nelle mostre dei beccai.

> *Tilde! il tuo labbro è muto,*
> *Abbassi al suol gli sguardi.*
> *Un tuo gentil saluto,*
> *Dimmi, perché mi tardi?*
> *È la tua man tremante...*
> *Fanciulla mia, perché?*

E Tilde, con un impeto di sentimento:

> *In sì solenne istante*
> *Tu lo domandi a me?*

Il duetto crebbe in tenerezza. Le melodie del cavaliere Petrella deliziavano le orecchie degli uditori. Tutte le signore stavano chinate sul parapetto delle tribune, immobili, attente; e i loro volti, battuti dal riflesso del verde delle bandiere, impallidivano.

Un cangiar di paradiso
Il morir ci sembrerà!

Tilde uscì; ed entrò, cantando, il duca Carnioli ch'era un uomo corpulento e truculento e zazzeruto[18] come ad un baritono si addice. Egli cantava fiorentinamente, aspirando le *c* iniziali, anzi addirittura sopprimendole talvolta.

Non sai tu che piombo è a ippiede
La atena oniugale?

Ma quando nel suo canto nominò alfine *d'Amalfi la contessa*, corse nel pubblico un fremito lungo. La contessa era desiderata, invocata.
Chiese Don Giovanni Ussorio a Don Antonio Brattella: «Quando viene?»
Rispose Don Antonio, lasciando cadere dall'alto la risposta:
«Oh, mio Dio, Don Giovà! Non sapete? Nell'atto secondo! Nell'atto secondo!»
Il sermone di Sertorio fu ascoltato con una certa impazienza. Il sipario calò fra applausi deboli. Il trionfo di Violetta Kutufà così incominciava. Un gran susurro correva per la platea, per le tribune, crescendo, mentre si udivano dietro il sipario i colpi di martello dei macchinisti. Quel lavorìo invisibile aumentava l'aspettazione.
Quando il sipario si alzò, una specie di stupore invase gli animi. L'apparato scenico parve meraviglioso. Tre arcate si prolungavano in prospettiva, illuminate; e quella di mezzo terminava in un giardino fantastico. Alcuni paggi stavano sparsi qua e là, e s'inchinavano. La contessa d'Amalfi, tutta vestita di velluto rosso, con uno strascico regale, con le braccia e le spalle nude, rosea nella faccia, entrò a passi concitati.

---

[18] Con una capigliatura lunga e folta dietro la testa.

> *Fu una sera d'ebrezza, e l'alma mia*
> *N'è piena ancor...*

La sua voce era disuguale, talvolta stridula, ma spesso poderosa, acutissima. Produsse nel pubblico un effetto singolare, dopo il miagolìo tenero di Tilde. Subitamente il pubblico si divise in due fazioni: le donne stavano per Tilde; gli uomini, per Leonora.

> *A' vezzi miei resistere*
> *Non è sì facil gioco...*

Leonora aveva nelle attitudini, nei gesti, nei passi, una procacità che inebriava ed accendeva i celibi avvezzi alle flosce Veneri del vico di Sant'Agostino,[19] e i mariti stanchi delle scipitezze coniugali. Tutti guardavano, ad ogni volgersi della cantatrice, le spalle grasse e bianche, dove al gioco delle braccia rotonde due fossette parevano ridere.

Alla fine dell'*a solo* gli applausi scoppiarono con un fragore immenso. Poi lo svenimento della contessa, le simulazioni dinanzi al duca Carnioli, il principio del duetto, tutte le scene suscitarono applausi. Nella sala s'era addensato il calore: per le tribune i ventagli s'agitavano confusamente, e nello sventolìo le facce femminili apparivano e sparivano. Quando la contessa si appoggiò a una colonna, in un'attitudine d'amorosa contemplazione, e fu rischiarata dalla luce lunare d'un *bengala*,[20] mentre Egidio cantava la romanza soave, Don Antonio Brattella disse forte:

«È grande!»

Don Giovanni Ussorio, con un impeto subitaneo, si mise a battere le mani, solo. Gli altri imposero silen-

---

[19] *flosce... Agostino*: le prostitute che esercitavano nel vicolo Sant'Agostino.
[20] Fuoco artificiale utilizzato per illuminare.

zio, perché volevano ascoltare. Don Giovanni rimase confuso.

Tutto d'amore, tutto ha favella:
La luna, il zeffiro, le stelle, il mar...

Le teste degli uditori, al ritmo della melodia petrelliana, ondeggiavano, se bene la voce di Egidio era ingrata; e gli occhi si deliziavano, se bene la luce della luna era fumosa e un po' giallognola. Ma quando, dopo un contrasto di passione e di seduzione, la contessa d'Amalfi incamminandosi verso il giardino riprese la romanza, la romanza che ancóra vibrava nelle anime, il diletto degli uditori fu tanto che molti sollevavano il capo e l'abbandonavano un poco in dietro quasi per gorgheggiare insieme con la sirena perdentesi tra i fiori.

La barca è presta... deh vieni, o bella!
Amor c'invita... vivere è amar.

In quel punto Violetta Kutufà conquistò intero Don Giovanni Ussorio che, fuori di sé, preso da una specie di furore musicale ed erotico, acclamava senza fine:
«Brava! Brava! Brava!»
Disse Don Paolo Seccia, forte:
«'O vi',[21] 'o vi', s'è 'mpazzito Ussorio!»
Tutte le signore guardavano Ussorio, stordite, smarrite. Le maestre Del Gado scorrevano il rosario, sotto le mantelline. Teodolinda Pomàrici rimaneva estatica. Soltanto le Fusilli conservavano la loro vivacità e cinguettavano, tutte rosee, facendo guizzare nei movimenti le trecce serpentine.
Nel terzo atto, non i morenti sospiri di Tilde che le donne proteggevano, non le rampogne di Sertorio e Carnioli, non le canzonette dei popolani, non il monologo del malinconico Egidio, non le allegrezze delle da-

---

[21] *'o vi'*: "lo vedi".

me e dei cavalieri ebbero virtù di distrarre il pubblico dalla voluttà antecedente. «Leonora! Leonora!»

E Leonora ricomparve a braccio del conte di Lara, scendendo da un padiglione. E toccò il culmine del trionfo.

Ella aveva ora un abito violetto, ornato di galloni d'argento e di fermagli enormi. Si volse verso la platea, dando un piccolo colpo di piede allo strascico e scoprendo nell'atto la caviglia. Poi, inframmezzando le parole di mille vezzi e di mille lezii, cantò fra gioiosa e beffarda:

> *Io son la farfalla che scherza tra i fiori...*

Quasi un delirio prese il pubblico a quell'aria già nota. La contessa d'Amalfi, sentendo salire fino a sé l'ammirazione ardente degli uomini e la cupidigia, s'inebriò, moltiplicò le seduzioni del gesto e del passo; salì con la voce a supreme altitudini. La sua gola carnosa, segnata dalla collana di Venere,[22] palpitava ai gorgheggi, scoperta.

> *Son l'ape che solo di mèle si pasce;*
> *M'inebrio all'azzurro d'un limpido ciel...*

Don Giovanni Ussorio, rapito, guardava con tale intensità che gli occhi parevano volergli uscir fuori delle orbite. Il barone Cappa faceva un po' di bava, incantato. Don Antonio Brattella, membro dell'Areopago di Marsiglia, gonfiò, gonfiò, fin che disse, in ultimo:

«Colossale!»

---

[22] «Alterazione dell'epidermide femminile intorno al collo.»

III

E Violetta Kutufà così conquistò Pescara.

Per oltre un mese le rappresentazioni dell'opera del cavaliere Petrella si seguirono con favore crescente. Il teatro era sempre pieno, gremito. Le acclamazioni a Leonora scoppiavano furiose ad ogni fine di romanza. Un singolare fenomeno avveniva: tutta la popolazione di Pescara pareva presa da una specie di manìa musicale; tutta la vita pescarese pareva chiusa nel circolo magico di una melodia unica, di quella ov'è la farfalla che scherza tra i fiori. Da per tutto, in tutte le ore, in tutti i modi, in tutte le possibili variazioni, in tutti gli strumenti, con una persistenza stupefacente, quella melodia si ripeteva; e l'imagine di Violetta Kutufà collegavasi alle note cantanti, come, Dio mi perdoni, agli accordi dell'organo l'imagine del Paradiso. Le facoltà musiche e liriche, le quali nel popolo aternino[23] sono nativamente vivissime, ebbero allora una espansione senza limiti. I monelli fischiavano per le vie; tutti i dilettanti sonatori provavano. Donna Lisetta Memma sonava l'aria sul gravicembalo,[24] dall'alba al tramonto; Don Antonio Brattella la sonava sul flauto; Don Domenico Quaquino sul clarinetto; Don Giacomo Palusci, il prete, su una sua vecchia spinetta[25] rococò; Don Vincenzo Rapagnetta sul violoncello; Don Vincenzo Ranieri su la tromba; Don Nicola d'Annunzio sul violino. Dai bastioni di Sant'Agostino all'Arsenale e dalla Pescheria alla Dogana, i vari suoni si mescolavano e contrastavano e discordavano. Nelle prime ore del pomeriggio il paese pareva un qualche grande ospizio di pazzi incurabili. Perfino gli arrotini, affilando i coltelli alla ruota, cerca-

---

[23] Pescarese.
[24] Clavicembalo.
[25] «Strumento a tastiera analogo al clavicembalo» (già in Faldella, cfr. p. 471, nota 57).

vano di seguire con lo stridore del ferro e della cote[26] il ritmo.

Com'era tempo di carnevale, nella sala del teatro fu dato un festino pubblico.

Il giovedì grasso, alle dieci di sera, la sala fiammeggiava di candele steariche,[27] odorava di mortelle,[28] risplendeva di specchi. Le maschere entravano a stuoli. I pulcinelli predominavano. Sopra un palco, fasciato di veli verdi e constellato di stelle di carta argentea, l'orchestra incominciò a sonare. Don Giovanni Ussorio entrò.

Egli era vestito da gentiluomo spagnuolo, e pareva un conte di Lara più grasso. Un berretto azzurro con una lunga piuma bianca gli copriva la calvizie; un piccolo mantello di velluto rosso gli ondeggiava su le spalle, gallonato d'oro. L'abito metteva più in vista la prominenza del ventre e la picciolezza delle gambe. I capelli, lucidi di olii cosmetici, parevano una frangia artificiale attaccata intorno al berretto, ed erano più neri del consueto.

Un pulcinella impertinente, passando, strillò con la voce falsa:

«Mamma mia!»

E fece un gesto di orrore così buffonesco, dinanzi al travestimento di Don Giovanni, che intorno molte risa scampanellarono. La Ciccarina, tutta rosea dentro il cappuccio nero della bautta, simile a un bel fiore di carne, rideva d'un riso luminosissimo, dondolandosi fra due arlecchini cenciosi.

Don Giovanni si perse tra la folla, con dispetto. Egli cercava Violetta Kutufà. I sarcasmi delle altre maschere lo inseguivano e lo ferivano. D'un tratto egli s'incontrò in un secondo gentiluomo di Spagna, in un secondo

---

[26] Pietra abrasiva usata per affilare lame.
[27] Candele fabbricate con acido stearico.
[28] Mirto.

conte di Lara. Riconobbe Don Antonio Brattella, ed ebbe una fitta al cuore. Già tra quei due uomini la rivalità era scoppiata.

«Quanto 'sta nespola?» squittì Don Donato Brandimarte, velenosamente, alludendo all'escrescenza carnosa che il membro dell'Areopago di Marsiglia aveva nell'orecchio sinistro.

Don Giovanni esultò di una gioia feroce. I due rivali si guardarono e si osservarono dal capo alle piante; e si mantennero sempre l'uno poco discosto dall'altro, pur girando tra la folla.

Alle undici, nella folla corse una specie di agitazione. Violetta Kutufà entrava.

Ella era vestita diabolicamente, con un dominò[29] nero a lungo cappuccio scarlatto e con una mascherina scarlatta su la faccia. Il mento rotondo e niveo, la bocca grossa e rossa si vedevano a traverso un sottil velo. Gli occhi, allungati e resi un po' obliqui dalla maschera, parevano ridere.

Tutti la riconobbero, sùbito; e tutti quasi fecero ala al passaggio di lei. Don Antonio Brattella si avanzò, leziosamente, da una parte. Dall'altra si avanzò Don Giovanni. Violetta Kutufà ebbe un rapido sguardo per gli anelli che brillavano alle dita di quest'ultimo. Indi prese il braccio dell'Areopagita. Ella rideva, e camminava con un certo vivace ondeggiare de' lombi. L'Areopagita, parlandole e dicendole le sue solite gonfie stupidezze, la chiamava contessa, e intercalava nel discorso versi lirici di Giovanni Peruzzini. Ella rideva e si piegava verso di lui e premeva il braccio di lui, ad arte, perché gli ardori e gli sdilinquimenti di quel brutto e vano signore la dilettavano. A un certo punto, l'Areopagita, ripetendo le parole del conte di Lara nel melodramma petrelliano, disse, anzi sommessamente cantò:

---

[29] Maschera composta di una cappa lunga fino ai piedi e di un cappuccio.

«Poss'io dunque sperarrr?»
Violetta Kutufà rispose, come Leonora:
«Chi ve lo vieta?... Addio.»
E, vedendo Don Giovanni poco discosto, si staccò dal cavaliere affascinato e si attaccò all'altro che già da qualche tempo seguiva con occhi pieni d'invidia e di dispetto gli avvolgimenti della coppia tra la folla danzante.

Don Giovanni tremò, come un giovincello al primo sguardo della fanciulla adorata. Poi, preso da un impeto glorioso, trasse la cantatrice nella danza. Egli girava affannosamente, con il naso sul seno della donna; e il mantello gli svolazzava dietro, la piuma gli si piegava, rivi di sudore misti ad olii cosmetici gli colavano giù per le tempie. Non potendo più, si fermò. Traballava per la vertigine. Due mani lo sorressero; e una voce beffarda gli disse nell'orecchio:

«Don Giovà, riprendete fiato!»
Era la voce dell'Areopagita, il quale a sua volta trasse la bella nella danza.

Egli ballava tenendo il braccio sinistro arcuato sul fianco, battendo il piede ad ogni cadenza, cercando parer leggiero e molle come una piuma, con atti di grazia così goffi e con smorfie così scimmiescamente mobili che intorno a lui le risa e i motti dei pulcinelli cominciarono a grandinare.

«Un soldo si paga, signori!»
«Ecco l'orso della Polonia, che balla come un cristiano! Mirate, signori!»
«Chi vuol nespoleeee? Chi vuol nespoleeee?»
«'O vi'! 'O vi'! L'urangutango!»
Don Antonio fremeva, dignitosamente, pur seguitando a ballare.

In torno a lui altre coppie giravano. La sala si era empita di gente variissima; e nel gran calore le candele ardevano con una fiamma rossiccia, tra i festoni di mortella. Tutta quella agitazione multicolore si rifletteva negli specchi.

La Ciccarina, la figlia di Montagna, la figlia di Suriano, le sorelle Montanaro apparivano e sparivano, mettendo nella folla l'irraggiamento della loro fresca bellezza plebea. Donna Teodolinda Pomàrici, alta e sottile, vestita di raso azzurro, come una madonna, si lasciava portare trasognata; e i capelli sciolti in anella le fluttuavano su gli òmeri. Costanzella Caffè, la più agile e la più infaticabile fra le danzatrici e la più bionda, volava da una estremità all'altra in un baleno. Amalia Solofra, la rossa dai capelli quasi fiammeggianti, vestita da forosetta,[30] con audacia senza pari, aveva il busto di seta sostenuto da un solo nastro che contornava l'appiccatura[31] del braccio; e, nella danza, a tratti le si vedeva una macchia scura sotto le ascelle. Amalia Gagliano, la bella dagli occhi cisposi, vestita da maga, pareva una cassa funeraria che camminasse verticalmente. Una specie di ebrietà teneva tutte quelle fanciulle. Esse erano alterate dall'aria calda e densa, come da un falso vino. Il lauro e la mortella formavano un odore singolare, quasi ecclesiastico.

La musica cessò. Ora tutti salivano i gradini conducenti alla sala dei rinfreschi.

Don Giovanni Ussorio venne ad invitare Violetta a cena. L'Areopagita, per mostrare d'essere in grande intimità con la cantatrice, si chinava verso di lei e le susurrava qualche cosa all'orecchio e poi si metteva a ridere. Don Giovanni non si curò del rivale.

«Venite, contessa?» disse, tutto cerimonioso, porgendo il braccio.

Violetta accettò. Ambedue salirono i gradini, lentamente, con Don Antonio dietro.

«Io vi amo!» avventurò Don Giovanni, tentando di dare alla sua voce un accento di passione appreso dal *primo amoroso giovine* d'una compagnia drammatica di Chieti.

---

[30] «Ragazza di campagna» (già in Percoto, cfr. p. 83, nota 24).
[31] Attaccatura.

Violetta Kutufà non rispose. Ella si divertiva a guardare il concorso della gente verso il banco di Andreuccio che distribuiva rinfreschi gridando il prezzo ad alta voce, come in una fiera campestre. Andreuccio aveva una testa enorme, il cranio polito, un naso che si curvava su la sporgenza del labbro inferiore poderosamente; e somigliava una di quelle grandi lanterne di carta, che hanno la forma d'una testa umana. I mascherati mangiavano e bevevano con una cupidigia bestiale, spargendosi su gli abiti le briciole delle paste dolci e le gocce dei liquori.

Vedendo Don Giovanni, Andreuccio gridò:

«Signó, comandate?»

Don Giovanni aveva molte ricchezze, era vedovo senza parenti prossimi; cosicché tutti si mostravano servizievoli per lui e lo adulavano.

«Na' cenetta» rispose. «Ma!...»

E fece un segno per indicare che la cosa doveva essere eccellente e rara.

Violetta Kutufà sedette e con un gesto pigro si tolse la mascherina dal volto ed aprì un poco sul seno il dominò. Dentro il cappuccio scarlatto la sua faccia, animata dal calore, pareva più procace. Per l'apertura del dominò si vedeva una specie di maglia rosea che dava l'illusione della carne viva.

«Salute!» esclamò Don Pompeo Nervi fermandosi alla tavola imbandita e sedendosi, attirato da un piatto di aragoste succulente.

E allora sopraggiunse Don Tito de Sieri e prese posto, senza complimenti; sopraggiunse Don Giustino Franco insieme con Don Pasquale Virgilio e con Don Federico Sicoli. La tavola s'ingrandì. Dopo molto rigirare tortuoso, venne anche Don Antonio Brattella. Tutti costoro erano per lo più i convitati ordinari di Don Giovanni; gli formavano intorno una specie di corte adulatoria; gli davano il vóto nelle elezioni del Comune; ridevano ad ogni sua facezia; lo chiamavano, per antonomasia, *il principale*.

Don Giovanni disse i nomi di tutti a Violetta Kutufà. I parassiti si misero a mangiare, chinando su i piatti le bocche voraci. Ogni parola, ogni frase di Don Antonio Brattella veniva accolta con un silenzio ostile. Ogni parola, ogni frase di Don Giovanni veniva applaudita con sorrisi di compiacenza, con accenni del capo. Don Giovanni, tra la sua corte, trionfava. Violetta Kutufà gli era benigna, poiché sentiva l'oro; e, oramai liberata dal cappuccio, con i capelli un po' in ribellione per la fronte e per la nuca, si abbandonava alla sua naturale giocondità un po' clamorosa e puerile.

D'in torno, la gente movevasi variamente. In mezzo alla folla tre o quattro arlecchini camminavano sul pavimento, con le mani e con i piedi; e si rotolavano, simili a grandi scarabei. Amalia Solofra, ritta sopra una sedia, con alte le braccia ignude, rosse ai gomiti, agitava un tamburello. Sotto di lei una coppia saltava alla maniera rustica, gittando brevi gridi; e un gruppo di giovani stava a guardare con gli occhi levati, un poco ebri di desio. Di tanto in tanto dalla sala inferiore giungeva la voce di Don Ferdinando Giordano che comandava le quadriglie con gran bravura:

«*Balanzé! Turdemè! Rondagósce!*»[32]

A poco a poco la tavola di Violetta Kutufà diveniva amplissima. Don Nereo Pica, Don Sebastiano Pica, Don Grisostomo Troilo, altri della corte ussoriana, sopraggiunsero; poi anche Don Cirillo d'Amelio, Don Camillo d'Angelo, Don Rocco Mattace. Molti estranei d'intorno stavano a guardar mangiare, con volti stupidi. Le donne invidiavano. Di tanto in tanto, dalla tavola si levava uno scoppio di risa rauche; e, di tanto in tanto, saltava un turacciolo e le spume del vino si riversavano. Don Giovanni amava spruzzare i convitati, specialmente i

---

[32] *Balanzé... Rondagósce!*: "*Balancez, tour des mains!, rond à gauche!*", sono le istruzioni impartite da chi dirige le danze ("Bilanciate, giro di mani, cerchio a sinistra").

calvi, per far ridere Violetta. I parassiti levavano le facce arrossite; e sorridevano, ancóra masticando, al *principale*, sotto la pioggia nivea. Ma Don Antonio Brattella s'impermalì e fece per andarsene. Tutti gli altri, contro di lui, misero un clamore basso che pareva un abbaiamento.

Violetta disse:

«Restate.»

Don Antonio restò. Poi fece un brindisi poetico in quinarii.

Don Federico Sicoli, mezzo ebro, fece anche un brindisi a gloria di Violetta e di Don Giovanni, in cui si parlava persino di *sacre tede*[33] e di *felice imene*.[34] Egli declamò a voce alta. Era un uomo lungo e smilzo e verdognolo come un cero. Viveva componendo epitalami[35] e strofette per gli onomastici e laudazioni per le festività ecclesiastiche. Ora, nell'ebrietà, le rime gli uscivano dalla bocca senza ordine, vecchie rime e nuove. A un certo punto egli, non reggendosi su le gambe, si piegò come un cero ammollito dal calore; e tacque.

Violetta Kutufà si diffondeva in risa. La gente accalcavasi intorno alla tavola, come ad uno spettacolo.

«Andiamo» disse Violetta, a un certo punto, rimettendosi la maschera e il cappuccio.

Don Giovanni, al culmine dell'entusiasmo amoroso, tutto invermigliato e sudante, porse il braccio. I parassiti bevvero l'ultimo bicchiere e si levarono confusamente, dietro la coppia.

---

[33] *sacre tede*: sacra fiaccola.
[34] *felice imene*: felice matrimonio.
[35] Componimenti poetici scritti e recitati in occasione di nozze.

IV

Pochi giorni dopo, Violetta Kutufà abitava un appartamento in una casa di Don Giovanni, su la piazza comunale; e una gran diceria correva a Pescara. La compagnia dei cantori partì, senza la contessa d'Amalfi, per Brindisi. Nella grave quiete quaresimale, i Pescaresi si dilettarono della mormorazione e della calunnia, modestamente. Ogni giorno una novella nuova faceva il giro della città, e ogni giorno dalla fantasia popolare sorgeva una favola.

La casa di Violetta Kutufà stava proprio dalla parte di Sant'Agostino, in contro al palazzo di Brina, accosto al palazzo di Memma. Tutte le sere le finestre erano illuminate. I curiosi, sotto, si assembravano.

Violetta riceveva i visitatori in una stanza tappezzata di carta francese su cui erano francescamente[36] rappresentati taluni fatti mitologici. Due canterali panciuti del Settecento occupavano i due lati del caminetto. Un canapè giallo stendevasi lungo la parete opposta, tra due portiere[37] di stoffa simile. Sul caminetto s'alzava una Venere di gesso, una piccola Venere de' Medici,[38] tra due candelabri dorati. Su i canterali posavano vari vasi di porcellana, un gruppo di fiori artificiali sotto una campana di cristallo, un canestro di frutta di cera, una casetta svizzera di legno, un blocco d'allume,[39] alcune conchiglie, una noce di cocco.

Da prima i signori avevano esitato per una specie di pudicizia, a salire le scale della cantatrice. Poi, a poco a poco, avevano vinta ogni esitazione. Anche gli uomini

---

[36] Secondo l'uso francese.
[37] Cortine, tende (già in Neera, cfr. p. 410, nota 2).
[38] Copia del I secolo a.C. conservata a Firenze dall'originale di Prassitele del IV-III secolo a.C.
[39] «Solfato doppio di alluminio e di potassio, comunemente chiamato *allume di rocca*».

più gravi facevano di tanto in tanto la loro comparsa nel salotto di Violetta Kutufà, anche gli uomini di famiglia; e ci andavano quasi trepidando, con un piacere furtivo, come se andassero a commettere una piccola infedeltà alle mogli loro, come se andassero in un luogo di dolce perdizione e di peccato. Si univano in due, in tre; formavano leghe, per maggior sicurezza e per giustificarsi; ridevano tra loro e si spingevano i gomiti a vicenda per incoraggiamento. Poi la luce delle finestre e i suoni del pianoforte e il canto della contessa d'Amalfi e le voci e gli applausi degli altri visitatori li inebriavano. Essi erano presi da un entusiasmo improvviso; ergevano il busto e la testa, con un moto giovanile; salivano risolutamente, pensavano che infine bisognava godersi la vita e cogliere le occasioni del piacere.

Ma i ricevimenti di Violetta avevano un'aria di grande convenienza, erano quasi cerimoniosi. Violetta accoglieva con gentilezza i nuovi venuti ed offriva loro sciroppi nell'acqua e rosolii. I nuovi venuti rimanevano un po' attoniti, non sapevano come muoversi, dove sedere, che dire. La conversazione si versava sul tempo, su le notizie politiche, su la materia delle prediche quaresimali, su altri argomenti volgari e tediosi. Don Giuseppe Postiglione parlava della candidatura del principe prussiano Hohenzollern[40] al trono di Spagna; Don Antonio Brattella amava talvolta discutere dell'immortalità dell'anima e d'altre cose edificanti. La dottrina dell'Areopagita era grandissima. Egli parlava lento e rotondo, di tanto in tanto pronunziando rapidamente una parola difficile e mangiandosi qualche sillaba. Secondo la cronaca veridica, una sera, prendendo una bacchetta e piegandola, disse: «Com'è *flebile*!» per dire flessibile; un'al-

---

[40] *Hohenzollern... Spagna*: Leopoldo Hohenzollern accettò nel 1870 la candidatura al trono di Spagna e, sebbene di fronte alle pretese della Francia avesse rinunciato, la candidatura fu occasione della già menzionata guerra franco-prussiana (cfr. p. 801, nota 7).

tra sera, indicando il palato e scusandosi di non potere suonare il flauto, disse: «Mi s'è infiammata tutta la *platea*!» e un'altra sera, indicando l'orificio[41] di un vaso, disse che, perché i fanciulli prendessero la medicina, bisognava spargere di qualche materia dolce tutta l'*oreficeria* del bicchiere.

Di tratto in tratto, Don Paolo Seccia, spirito incredulo, udendo raccontare fatti troppo singolari, saltava su:

«Ma, Don Antò, voi che dite?»

Don Antonio assicurava, con una mano sul cuore:

«Testimone *oculista*! Testimone *oculista*!»

Una sera egli venne, camminando a fatica; e piano piano si mise a sedere: aveva un reuma *lungo il reno*.[42] Un'altra sera venne, con la guancia destra un po' illividita: era caduto *di soppiatto*, cioè aveva sdrucciolato battendo la guancia sul suolo.

«Come mai, Don Antò?» chiese qualcuno.

«Eh guardate! Ho perfino un *impegno* rotto» egli rispose, indicando il tomaio[43] che nel dialetto nativo si chiama '*mbìgna*, come nel proverbio *Senza m'bìgna nen ze mandé la scarpe*.[44]

Questi erano i belli ragionari di quella gente. Don Giovanni Ussorio, presente sempre, aveva delle arie padronali; ogni tanto si avvicinava a Violetta e le mormorava qualche cosa nell'orecchio, con familiarità, per ostentazione. Avvenivano lunghi intervalli di silenzio, in cui Don Grisostomo Troilo si soffiava il naso e Don Federico Sicoli tossiva come un macacco tisico portando ambo le mani alla bocca ed agitandole.

La cantatrice ravvivava la conversazione narrando i suoi trionfi di Corfù, di Ancona, di Bari. Ella a poco a poco si eccitava, si abbandonava tutta alla fantasia; con

---

[41] Bordo, apertura circolare.
[42] *reuma... reno*: dolore reumatico a un rene.
[43] Tomaia, parte superiore della scarpa.
[44] *Senza... scarpe*: "senza tomaia non si regge la scarpa".

reticenze discrete, parlava di amori principeschi, di favori reali, di avventure romantiche, evocava tutti i suoi tumultuarii[45] ricordi di letture fatte in altro tempo: confidava largamente nella credulità degli ascoltatori. Don Giovanni in quei momenti le teneva addosso gli occhi pieni d'inquietudine, quasi smarrito, pur provando un orgasmo singolare che aveva una vaga e confusa apparenza di gelosia.

Violetta finalmente s'interrompeva, sorridendo d'un sorriso fatuo.

Di nuovo, la conversazione languiva.

Allora Violetta si metteva al pianoforte e cantava. Tutti ascoltavano, con attenzione profonda. Alla fine, applaudivano.

Poi sorgeva l'Areopagita, col flauto. Una malinconia immensa prendeva gli uditori, a quel suono, uno sfinimento dell'anima e del corpo. Tutti stavano col capo basso, quasi chino sul petto, in attitudini di sofferenza.

In ultimo, tutti uscivano l'uno dietro l'altro. Come avevano presa la mano di Violetta, un po' di profumo, d'un forte profumo muschiato, restava loro nelle dita; e n'erano turbati alquanto. Allora, nella via, si riunivano in crocchio, tenevano discorsi libertini, si rinfocolavano, cercavano d'immaginare le occulte forme della cantatrice; abbassavano la voce o tacevano, se qualcuno s'appressava. Pianamente se ne andavano sotto il palazzo di Brina, dall'altra parte della piazza. E si mettevano a spiare le finestre di Violetta ancóra illuminate. Su i vetri passavano ombre indistinte. A un certo punto, il lume spariva, attraversava due o tre stanze; e si fermava nell'ultima, illuminando l'ultima finestra. Dopo poco, una figura veniva innanzi a chiudere le imposte. E i riguardanti credevano riconoscere la figura di Don Giovanni. Seguitavano ancóra a discorrere, sotto le stelle; e di tanto in tanto ridevano, dandosi piccole spinte a vi-

---

[45] Raffazzonati, approssimativi.

cenda, gesticolando. Don Antonio Brattella, forse per effetto della luce d'un lampione comunale, pareva di color verde. I parassiti, a poco a poco, nel discorso, cacciavan fuori una certa animosità contro la cantatrice che spiumava con tanto garbo il loro anfitrione.[46] Essi temevano che i larghi pasti corressero pericolo. Già Don Giovanni era più parco d'inviti. "Bisognava aprire gli occhi a quel poveretto. Un'avventuriera!... Puah! Ella sarebbe stata capace di farsi sposare. Come no? E poi lo scandalo..."

Don Pompeo Nervi, scotendo la grossa testa vitulina,[47] assentiva:

«È vero! È vero! Bisogna pensarci.»

Don Nereo Pica, la faina, proponeva qualche mezzo, escogitava stratagemmi, egli uomo pio, abituato alle secrete e laboriose guerre della sacrestia, scaltro nel seminar le discordie.

Così quei mormoratori s'intrattenevano a lungo; e i discorsi grassi ritornavano nelle loro bocche amare. Come era la primavera, gli alberi del giardino pubblico odoravano e ondeggiavano bianchi di fioriture, dinanzi a loro: e pei vicoli vicini si vedevano sparire figure di meretrici discinte.

V

Quando dunque Don Giovanni Ussorio, dopo aver saputo da Rosa Catana la partenza di Violetta Kutufà, rientrò nella casa vedovile e sentì il suo pappagallo modulare l'aria della farfalla e dell'ape, fu preso da un nuovo e più profondo sgomento.

Nell'andito, tutto candido, entrava una zona di sole. A traverso il cancello di ferro si vedeva il giardino tran-

---

[46] Ospite generoso, dal nome del mitico re di Tebe Anfitrione.
[47] Da vitello.

quillo, pieno di eliotropii.[48] Un servo dormiva sopra una stuoia, co 'l cappello di paglia su la faccia.

Don Giovanni non risvegliò il servo. Salì con fatica le scale, tenendo gli occhi fissi ai gradini, soffermandosi, mormorando:

«Oh, che cosa! Oh, oh, che cosa!»

Giunto alla sua stanza, si gettò sul letto, con la bocca contro i guanciali; e ricominciò a singhiozzare. Poi si sollevò. Il silenzio era grande. Gli alberi del giardino, alti sino alla finestra, ondeggiavano appena, nella quiete dell'ora. Nulla di straordinario avevano le cose in torno. Egli quasi n'ebbe meraviglia.

Si mise a pensare. Stette lungo tempo a rammentarsi le attitudini, i gesti, le parole, i minimi cenni della fuggitiva. La forma di lei gli appariva chiara, come se fosse presente. Ad ogni ricordo, il dolore cresceva; fino a che una specie di ebetudine gli occupò il cervello.

Egli rimase a sedere sul letto, quasi immobile, con gli occhi rossi, con le tempie tutte annerite dalla tintura dei capelli mista al sudore, con la faccia solcata da rughe diventate più profonde all'improvviso, invecchiato di dieci anni in un'ora; ridevole e miserevole.

Venne Don Grisostomo Troilo, che aveva saputo la novella; ed entrò. Era un uomo d'età, di piccola statura, con una faccia rotonda e gonfia, d'onde uscivan fuori due baffi acuti e sottili, bene incerati, simili a due aculei. Disse:

«Be', Giovà, che è questo?»

Don Giovanni non rispose; ma scosse le spalle come per rifiutare ogni conforto. Don Grisostomo allora si mise a riprenderlo amorevolmente, con unzione, senza parlare di Violetta Kutufà.

Sopraggiunse Don Cirillo d'Amelio con Don Nereo Pica. Tutt'e due, entrando, avevano quasi un'aria trionfante.

---

[48] Girasoli.

«Hai visto? Hai visto? Giovà? Noi lo dicevaaamo! Noi lo dicevaaamo!»

Essi avevano ambedue una voce nasale e una cadenza acquistata nella consuetudine del cantare su l'organo, poiché appartenevano alla Congregazione del Santissimo Sacramento. Cominciarono a imperversare contro Violetta, senza misericordia. "Ella faceva questo, questo e quest'altro."

Don Giovanni, straziato, tentava di tanto in tanto un gesto per interrompere, per non udire quelle vergogne. Ma i due seguitavano. Sopraggiunsero anche Don Pasquale Virgilio, Don Pompeo Nervi, Don Federico Sicoli, Don Tito de Sieri, quasi tutti i parassiti, insieme. Essi, così collegati, diventavano feroci. "Violetta Kutufà s'era data a Tizio, a Caio, a Sempronio... Sicuro! Sicuro!" Esponevano particolarità precise, luoghi precisi.

Ora Don Giovanni ascoltava, con gli occhi accesi, avido di sapere, invaso da una curiosità terribile. Quelle rivelazioni, invece di disgustarlo, alimentavano in lui la brama. Violetta gli parve più desiderabile, ancóra più bella; ed egli si sentì mordere dentro da una gelosia furiosa che si confondeva col dolore. Subitamente, la donna gli apparve nel ricordo atteggiata ad una posa molle. Egli più non la vide se non in quell'atto. Quell'immagine permanente gli dava le vertigini. «Oh Dio! Oh Dio! Oh! Oh!» Egli ricominciò a singhiozzare. I presenti si guardarono in volto e contennero il riso. In verità, il dolore di quell'uomo pingue calvo e deforme aveva un'espressione così ridicola che non pareva reale.

«Andatevene ora!» balbettò tra le lacrime Don Giovanni.

Don Grisostomo Troilo diede l'esempio. Gli altri seguirono. E per le scale cicalavano.

Come venne la sera, l'abbandonato si sollevò, a poco a poco. Una voce femminile chiese all'uscio:

«È permesso, Don Giovanni?»

Egli riconobbe Rosa Catana e provò d'un tratto una

gioia istintiva. Corse ad aprire. Rosa Catana apparve, nella penombra della stanza.

Egli disse:

«Vieni! Vieni!»

La fece sedere accanto a sé, la fece parlare, l'interrogò in mille modi. Gli pareva di soffrir meno, ascoltando quella voce familiare in cui egli per illusione trovava qualche cosa della voce di Violetta. Le prese le mani.

«Tu la pettinavi; è vero?»

Le accarezzò le mani ruvide, chiudendo gli occhi, co 'l cervello un po' svanito, pensando all'abbondante capellatura disciolta che quelle mani avevano tante volte toccata. Rosa, da prima, non comprendeva; credeva a qualche subitaneo desiderio di Don Giovanni, e ritirava le mani mollemente, dicendo qualche parola ambigua, ridendo. Ma Don Giovanni mormorò:

«No, no!... Zitta! Tu la pettinavi; è vero? Tu la mettevi nel bagno; è vero?»

Egli si mise a baciare le mani di Rosa, quelle mani che pettinavano, che lavavano, che vestivano Violetta. Tartagliava, baciandole; faceva versi così strani che Rosa a fatica poteva ritenere le risa. Ma ella finalmente comprese; e da femmina accorta, sforzandosi di rimanere in serietà, calcolò tutti i vantaggi ch'ella avrebbe potuto trarre dalla melensa commedia di Don Giovanni. E fu docile; si lasciò accarezzare; si lasciò chiamare Violetta; si servì di tutta l'esperienza acquistata guardando dal buco della chiave ed origliando tante volte all'uscio della padrona; cercò anche di rendere la voce più dolce.

Nella stanza ci si vedeva appena. Dalla finestra aperta entrava un chiarore roseo; e gli alberi del giardino, quasi neri, stormivano. Dai pantani dell'Arsenale giungeva il gracidare lungo delle rane. Il romorìo delle strade cittadine era indistinto.

Don Giovanni attirò la donna su le sue ginocchia; e, tutto smarrito, come se avesse bevuto qualche liquore troppo ardente, balbettava mille leziosaggini puerili, pargoleggiava, senza fine, accostando la sua faccia a quella di lei.

«Violettuccia bella! Cocò mio! Non te ne vai, Cocò!... Se te ne vai, Ninì tuo muore. Povero Ninì!... Baubau-baubauuu!»

E seguitava ancóra, stupidamente, come faceva prima con la cantatrice. E Rosa Catana, paziente, gli rendeva le piccole carezze, come a un bambino malaticcio e viziato; gli prendeva la testa e se la teneva contro la spalla; gli baciava gli occhi gonfi e lagrimanti; gli palpava il cranio calvo; gli ravviava i capelli untuosi.

VI

Così Rosa Catana a poco a poco guadagnò l'eredità di Don Giovanni Ussorio, che nel marzo del 1871 moriva di paralisìa.[49]

---

[49] Paralisi.

Commento al testo

La contessa d'Amalfi viene pubblicata sul «Fanfulla della Domenica» nel 1885, quindi inclusa nel *San Pantaleone* da cui passa nelle *Novelle della Pescara*.

Poste le considerazioni introduttive sul carattere secondario della novellistica rispetto ai romanzi nel quadro della produzione narrativa dannunziana e sulla limitatezza cronologica di tale esperienza artistica, l'impressione generale che si ricava è che le novelle per d'Annunzio rappresentino da un lato una sorta di passaggio obbligato, richiesto dal mercato letterario, dall'altro un "banco di prova" per sondare temi, strutture e stili per la propria prosa. Allo stesso tempo però, come anticipato nell'introduzione, le novelle beneficiano a loro volta delle esperienze artistiche che l'autore matura in altre opere e altri generi; in particolare in *La contessa d'Amalfi* si riversano molti aspetti della prosa giornalistica dannunziana del periodo romano, durante il quale il giovane autore lavora come cronista mondano per il «Fanfulla della Domenica», per il «Capitan Fracassa», ma soprattutto per la «Tribuna», con cui collabora dal 1884 al 1888. L'abitudine e l'abilità maturata nel redigere eleganti cataloghi mondani relativi alle *toelette* sfoggiate in società dalle signore o agli arredi e agli addobbi di sale, ville, ippodromi, teatri e musei, si trasferisce specificamente nella lunga parte centrale della novella, ovvero nella descrizione della rappresentazione teatrale e della festa da ballo (capitoli II e III). Al di là della derivazione diretta sotto il profilo "tecnico", risulta però evidente una sostanziale differenza di tono tra le cronache romane e la novella pescarese, nella quale prevale un'impostazione comico-sarcastica, costruita grazie a una poderosa dose di elementi grotteschi e a qualche punta ironica, impostazione che serve all'autore per esprimere la propria distanza e la propria irritazione nei confronti dell'ambiente provinciale che mostra e di cui sottolinea la grossolanità, l'ignoranza e la limitatezza di orizzonti.

La rappresentazione polemica in chiave comica dell'ambiente pescarese comincia dalle prime battute del I capitolo e prosegue per tutta la novella raggiungendo le punte più alte nelle descrizioni dei diversi ritrovi (al circolo, a teatro, al ballo, in casa di Violetta o di Don Giovanni) del consesso degli ottimati pescaresi. Va detto al proposito che la corda del comico non è tra le più consone alla sensibilità artistica dannunziana, che in effetti la tenta assai di rado e preferibilmente, come nella novella in esame, puntando su una realizzazione del comico che passa appunto attraverso il grottesco; un grottesco per altro piuttosto facile, perché quasi tutto giocato sulla caricatura che accentua i caratteri di deformità fisica dei personaggi, specialmente quelli maschili. Si vedano i frequenti paragoni con animali, scimmie in particolare – nel solo capitolo I: «La eccessiva distanza tra il naso e la bocca dava alla parte inferiore del viso un'apparenza scimmiesca»; «E si prese la testa fra le mani, e due o tre volte oscillò come fanno talora gli scimmioni prigionieri» – e soprattutto si noti il proliferare di nasi, orecchie, teste, capelli, gambe, ventri di dimensioni abnormi e forme disgustose – «pel naso tutto vegetante di néi mostruosi, disse o russò»; «un uomo spirante la grandezza da tutti i pori e specialmente dal lobo auricolare sinistro ch'era grosso come un'albicocca acerba», nell'insieme i personaggi di Tilde ed Egidio e la calca affamata al *buffet* del ballo –. Al grottesco che si appunta sui dati fisici si assomma quello relativo ai limiti intellettuali dei personaggi che suggella, forse con anche maggiore insofferenza, la condanna del provincialismo culturalmente asfittico della cittadina abruzzese; si considerino in questo caso le ingenue reazioni del pubblico a teatro o la serie di fantasie lessicali di Don Antonio Brattella «l'Areopagita» – «flebile» per «flessibile», «platea» per «palato», «oreficeria» per «orifizio», «oculista» per «oculare», «lungo il reno» per «al rene», «di soppiatto» per «sdrucciolato battendo la guancia al suolo», «impegno» per «tomaia».

Forse solo nei confronti dei personaggi femminili il tono si alleggerisce, si fa meno caustico, specialmente nella descrizione delle signore raccolte in sala per la prima, che è anche il punto più strettamente connesso al modello delle prose giornalistiche.

Rara invece, anche in questo testo, è l'ironia (rarissima invero nella prosa di d'Annunzio): l'autore infatti solo con i nomi dei due personaggi principali riesce a suggerire con sagacia quella lettura del contrario che è appunto l'ironia. La protagonista femminile porta il nome di Violetta ed è una assai florida e procace donna di spettacolo (o donna di mondo), ma se si parla di melodramma a tale nome non può non venire in mente al lettore ben altra eroina, quella della *Traviata* verdiana, consunta dalla tisi e dal sacrificio d'amore compiuto per Alfredo, ed è questa seconda Violetta che emerge inevitabilmente nella memoria del pubblico come antimodello della Kutufà. Allo stesso modo alle spalle dell'amante Don Giovanni si profila il ricordo di ben altro celeberrimo, omonimo, seduttore. Perfettamente autoironico sarebbe anche, se fosse intenzionale, il catalogo degli oggetti kitsch contenuti nell'appartamento che Don Giovanni allestisce per Violetta, descritto nel IV capitolo, che suona come una autoparodia dei cataloghi di oggetti raffinati che stipano le pagine (e le case) dannunziane dal *Piacere* in poi.

Sotto il profilo strutturale, la novella è costruita in sei capitoli, tre dei quali occupati da un lungo *flash back* che narra l'arrivo della compagnia e la rappresentazione teatrale, ossia l'ingresso della contessa nella vita pescarese e di Don Giovanni in particolare (capitolo II), la festa da ballo (capitolo III), la permanenza della contessa in città e la consuetudine di vita con l'amante (capitolo IV); nel I e nel V capitolo Violetta è la protagonista "assente" che lascia sulla scena lo sconsolato Don Giovanni insieme a Rosa Catana, sulla cui astuzia e fortuna si chiude la storia nel VI capitolo. Dal punto di vista delle strutture narrative il capitolo più interessante è il secondo, di cui si è già segnalato il debito con le cronache mondane della «Tribuna» e che offre un saggio di una tecnica "contrappuntistica" di costruzione del racconto che l'autore prova in più novelle della raccolta. Tale tecnica consiste nel montaggio alternato (estremamente moderno e cinematografico) di brani descrittivi degli stati emotivi dei personaggi e di una linea acustica, di suoni o rumori, in modo tale che quest'ultima va a fare da contrappunto ai turbamenti del personaggio, sottolineandoli ed eccitandoli, come avviene nel caso della *Contessa d'Amalfi* nell'alternanza tra il fraseggio dell'opera musicale e il crescendo di partecipazione del pubblico maschile. In tal senso la linea acustica si caratterizza come elemento interno alla scena e contribuisce (come una sorta di sollecitazione meccanica) all'evoluzione emotiva dei personaggi, ma allo stesso tempo rappresenta anche un artificio con cui il narratore definisce i loro stati d'animo attraverso una forma di corrispettivo oggettivo.

Si segnala, in conclusione, una seconda costante nelle *Novelle della Pescara* che interessa anche *La contessa d'Amalfi*: nei volumi successivi a *Terra vergine* d'Annunzio tende a estendere alcune novelle oltre i rispettivi spazi testuali e a dare vita a sistemi che legano all'interno delle raccolte due o più unità tra loro. Nel caso della *Contessa d'Amalfi* ciò avviene con la novella successiva, *La morte del duca d'Ofena*, attraverso alcuni rinvii formali. Le due novelle sono collegate, oltre che dalla intenzionale similitudine del titolo, dallo stesso *incipit* – «Quando verso le due del pomeriggio...» e «Quando giunse di lontano...». Questa evidente cerniera, però, invece che preludere a due racconti analoghi lega due testi radicalmente diversi, a ulteriore dimostrazione di come il genere novellistico dannunziano sia in grado di essere sede di sperimentazione di territori narrativi assai distanti. Così, dopo l'esempio del racconto a sfondo mondano-sociale caratterizzato da un'intenzione comica e dal tono grottesco, si offre un esempio del filone opposto, il tragico e l'eroico, filone certo di maggiore successo nella narrativa di d'Annunzio e che recupera, anche se in tutt'altra complessità di strutture e forme, la ricerca della prima raccolta di novelle, poiché sceglie soggetti narrativi decontestualizzabili e assoluti, e li trova, dopo *Terra vergine*, nei soggetti eroici; in tale direzione si orienta la seconda novella di seguito antologizzata.

L'eroe

Già i grandi stendardi di San Gonselvo erano usciti su la piazza ed oscillavano nell'aria pesantemente. Li reggevano in pugno uomini di statura erculea, rossi in volto e con il collo gonfio di forza, che facevano giuochi.

Dopo la vittoria su i Radusani, la gente di Mascàlico celebrava la festa di settembre con magnificenza nuova.[1] Un meraviglioso ardore di religione teneva gli animi. Tutto il paese sacrificava la recente ricchezza del fromento a gloria del Patrono. Su le vie, da una finestra all'altra, le donne avevano tese le coperte nuziali. Gli uomini avevano inghirlandato di verzura le porte e infiorato le soglie. Come soffiava il vento, per le vie era un ondeggiamento immenso e abbarbagliante di cui la turba si inebriava.

Dalla chiesa la processione seguitava a svolgersi e ad allungarsi su la piazza. Dinanzi all'altare, dove san Pantaleone era caduto, otto uomini, i privilegiati, aspettavano il momento di sollevare la statua di san Gonselvo; e si chiamavano: Giovanni Curo, l'Ummàlido, Mattalà, Vincenzio Guanno, Rocco di Céuzo, Benedetto Galante, Biagio di Clisci, Giovanni Senzapaura. Essi stavano in silenzio, compresi della dignità del loro ufficio, con la testa un po' confusa. Parevano assai forti; avevano l'occhio ardente dei fanatici; portavano agli orecchi, come

---

[1] Il riferimento è ai fatti narrati nella novella *Gli idolatri*.

le femmine, due cerchi d'oro. Di tanto in tanto si toccavano i bicipiti e i polsi, come per misurarne la vigoria; o tra loro si sorridevano fuggevolmente.

La statua del Patrono era enorme, di bronzo vuoto, nerastra, con la testa e con le mani di argento, pesantissima.

Disse Mattalà:

«Avande!»[2]

Intorno, il popolo tumultuava per vedere. Le vetrate della chiesa romoreggiavano ad ogni colpo di vento. La navata fumigava di incenso e di belzuino.[3] I suoni degli stromenti giungevano ora sì ora no. Una specie di febbre religiosa prendeva gli otto uomini, in mezzo a quella turbolenza. Essi tesero le braccia, pronti.

Disse Mattalà:

«Una!... Dua!... Trea!...»[4]

Concordemente, gli uomini fecero lo sforzo per sollevare la statua di su l'altare. Ma il peso era soverchiante: la statua barcollò a sinistra. Gli uomini non avevano potuto ancóra bene accomodare le mani intorno alla base per prendere. Si curvavano tentando di resistere. Biagio di Clisci e Giovanni Curo, meno abili, lasciarono andare. La statua piegò tutta da una parte, con violenza. L'Ummàlido gittò un grido.

«Abbada![5] Abbada!» vociferavano intorno, vedendo pericolare il Patrono. Dalla piazza veniva un frastuono grandissimo che copriva le voci.

L'Ummàlido era caduto in ginocchio; e la sua mano destra era rimasta sotto il bronzo. Così, in ginocchio, egli teneva gli occhi fissi alla mano che non poteva liberare, due occhi larghi, pieni di terrore e di dolore; ma la

---

[2] "Avanti."
[3] Benzoino, pianta «dell'arcipelago malese da cui si ricava il balsamo omonimo».
[4] *Una... Trea*: "uno, due, tre".
[5] "Attento."

sua bocca torta non gridava più. Alcune gocce di sangue rigavano l'altare.

I compagni, tutt'insieme, fecero forza un'altra volta per sollevare il peso. L'operazione era difficile. L'Ummàlido, nello spasimo, torceva la bocca. Le femmine spettatrici rabbrividivano.

Finalmente la statua fu sollevata; e l'Ummàlido ritrasse la mano schiacciata e sanguinolenta che non aveva più forma.

«Va a la casa, mo'! Va a la casa!» gli gridava la gente, sospingendolo verso la porta della chiesa.

Una femmina si tolse il grembiule e gliel'offerse per fasciatura. L'Ummàlido rifiutò. Egli non parlava; guardava un gruppo d'uomini che gesticolavano in torno alla statua e contendevano.

«Tocca a me!»

«No, no! Tocca a me!»

«No! A me!»

Cicco Ponno, Mattia Scafarola e Tommaso di Clisci gareggiavano per sostituire nell'ottavo posto di portatore l'Ummàlido.

Costui si avvicinò ai contendenti. Teneva la mano rotta lungo il fianco, e con l'altra mano si apriva il passo.

Disse semplicemente:

«Lu poste è lu mi'.»[6]

E porse la spalla sinistra a sorreggere il Patrono. Egli soffocava il dolore stringendo i denti, con una volontà feroce.

Mattalà gli chiese:

«Tu che vuo' fa'?»

Egli rispose:

«Quelle che vo' Sante Gunzelve.»

E, insieme con gli altri, si mise a camminare.

La gente lo guardava passare, stupefatta. Di tanto in

---

[6] *Lu... mi'*: "Il posto è mio".

tanto, qualcuno, vedendo la ferita che dava sangue e diventava nericcia, gli chiedeva al passaggio:

«L'Ummà, che tieni?»

Egli non rispondeva. Andava innanzi gravemente, misurando il passo al ritmo delle musiche, con la mente un po' alterata, sotto le vaste coperte che sbattevano al vento, tra la calca che cresceva.

All'angolo d'una via cadde, tutt'a un tratto. Il Santo si fermò un istante e barcollò, in mezzo a uno scompiglio momentaneo: poi si rimise in cammino. Mattia Scafarola subentrò nel posto vuoto. Due parenti raccolsero il tramortito e lo portarono nella casa più vicina.

Anna di Céuzo, ch'era una vecchia femmina esperta nel medicare le ferite, guardò il membro informe e sanguinante; e poi scosse la testa.

«Che ce pozze fa'?»[7]

Ella non poteva far niente con l'arte sua.

L'Ummàlido, che aveva ripreso gli spiriti,[8] non aprì bocca. Seduto, contemplava la sua ferita, tranquillamente. La mano pendeva, con le ossa stritolate, oramai perduta.

Due o tre vecchi agricoltori vennero a vederla. Ciascuno, con un gesto o con una parola, espresse lo stesso pensiero.

L'Ummàlido chiese:

«Chi ha purtate lu Sante?»

Gli risposero:

«Mattia Scafarola.»

Di nuovo, chiese:

«Mo' che si fa?»

Risposero:

«Lu vespre 'n mùseche.»[9]

---

[7] *Che... fa'*: "Che ci posso fare".
[8] Sensi.
[9] *Lu... mùseche*: "Il vespro in musica".

Gli agricoltori salutarono. Andarono al vespro. Un grande scampanìo veniva dalla chiesa madre.

Uno dei parenti mise accanto al ferito un secchio d'acqua fredda, dicendo:

«Ogne tante mitte la mana a qua. Nu mo veniamo. Jame a sentì lu vespre.»[10]

L'Ummàlido rimase solo. Lo scampanìo cresceva, mutando metro.[11] La luce del giorno cominciava a diminuire. Un ulivo, investito dal vento, batteva i rami contro la finestra bassa.

L'Ummàlido, seduto, si mise a bagnare la mano, a poco a poco. Come il sangue e i grumi cadevano, il guasto appariva maggiore.

L'Ummàlido pensò:

"È tutt'inutile! È pirduta. Sante Gunzelve, a te le offre."

Prese un coltello, e uscì. Le vie erano deserte. Tutti i devoti erano nella chiesa. Sopra le case correvano le nuvole violacee del tramonto di settembre, come mandre fuggiasche.

Nella chiesa la moltitudine agglomerata cantava quasi in coro, al suono degli stromenti, per intervalli misurati. Un calore intenso emanava dai corpi umani e dai ceri accesi. La testa argentea di San Gonselvo scintillava dall'alto come un faro.

L'Ummàlido entrò. Fra la stupefazione di tutti, camminò sino all'altare.

Egli disse, con voce chiara, tenendo nella sinistra il coltello:

«Sante Gunzelve, a te le offre.»

E si mise a tagliare in torno al polso destro, pianamente, in cospetto del popolo che inorridiva. La mano informe si distaccava a poco a poco, tra il sangue. Pen-

---

[10] *Ogne... vespre*: "Ogni tanto metti la mano qui dentro. Noi tra poco torniamo. Andiamo a sentire il vespro".
[11] Ritmo, cadenza.

zolò un istante trattenuta dagli ultimi filamenti. Poi cadde nel bacino di rame che raccoglieva le elargizioni di pecunia, ai piedi del Patrono.

L'Ummàlido allora sollevò il moncherino sanguinoso; e ripeté con voce chiara:

«Sante Gunzelve, a te le offre.»

Commento al testo

L'eroe compare edita per la prima volta sulle pagine delleriviste «Cronaca Bizantina» e «La Domenica Letteraria», nel 1885, quindi entra nelle raccolte *San Pantaleone* e *Le novelle della Pescara*.

Anche questa seconda novella è legata da precisi rapporti di dipendenza con altri testi, in particolare con la novella che la precede, *Gli idolatri*; tra le due sussiste un legame anzitutto di tipo tematico, dal momento che il secondo testo ha per soggetto un evento consecutivo ai fatti narrati nel primo ed è da questi parzialmente determinato. *Gli idolatri* tratta della lotta fanatica e violenta, conclusasi nel sangue, che si scatena tra le opposte fazioni della «gente di Mascàlico» devota a san Gonselvo e quella di Radusa devota a san Pantaleone. L'ambientazione della novella *L'eroe*, il contesto sociale in cui si muovono i suoi personaggi e soprattutto il clima di fanatismo religioso in base al quale agiscono sono dunque già illustrati negli *Idolatri*, il che consente all'autore di svolgere la seconda novella con particolare concisione ed efficacia senza che questa perda in comprensibilità, proprio perché si giova dell'appoggio della narrazione precedente.

Ciò naturalmente non toglie che *L'eroe* sia, considerata in sé, sufficientemente coesa e solida e soprattutto tematicamente autosufficiente, in modo da reggere anche se estrapolata dal contesto della sequenza del volume. Questo è possibile perché il nucleo centrale dell'interesse di d'Annunzio non è il medesimo degli *Idolatri*, ma varia: dalla rappresentazione dell'assassinio compiuto nella follia del fanatismo di massa, l'autore passa a osservare il gesto compiuto da un singolo individuo, il portatore della statua, e quindi dalla dinamica psicologica della folla si passa alla tragedia personale dell'Ummàlido, che diviene il nucleo tematico su cui si basa, autonomamente, il nuovo testo. In altre parole, la autoamputazione dell'arto, per quanto sia meglio contestualizzabile se ne è noto l'antefatto collettivo, non perde il proprio valore anche se non ne sussiste l'antecedente della lotta fra le due opposte comunità di fedeli.

L'offerta estrema della mano, che per un bracciante agricolo significa la rovina o poco meno, in sé e per sé impressiona e affascina narratore e lettore e si caratterizza come un atto assoluto ed eroico (la sintesi autoriale è chiaramente affidata al titolo) degno delle tante figure tragiche di individui eccezionali di cui è popolata la letteratura dannunziana e che non mancano nemmeno nelle novelle (si è già citato il caso di *La morte del duca d'Ofena*, nella quale il protagonista sceglie sdegnosamente di darsi la morte nel rogo del proprio palazzo piuttosto che cadere in mano a una folla di braccianti inferociti). Per altro va notato che proprio il carattere eroico, quindi assoluto e senza epoca, che distingue il gesto finale dell'amputazione e dell'offerta, si sottrae a una contestualizzazione in senso regionalistico o storico e di conseguenza contraddice ogni eventuale tentativo di lettura in senso realistico della vicenda, la quale invece conferma la tendenza dannunziana a costruire storie e modelli fuori dal tempo e immortali e si pone sul versante opposto rispetto a testi come *La contessa d'Amalfi*, che invece funziona e diverte proprio per la precisa contestualizzazione della polemica che conduce.

Indice

V   *Introduzione*
di Carla Riccardi

CXV   *Bibliografia*

CXLV   *Nota della curatrice*

RACCONTI ITALIANI DELL'OTTOCENTO

NICCOLÒ TOMMASEO
5   *La vita e le opere*
12   L'assedio di Tortona

GIULIO CARCANO
33   *La vita e le opere*
37   La vecchia della mezzegra

CATERINA PERCOTO
71   *La vita e le opere*
75   Il licof

IPPOLITO NIEVO
109   *La vita e le opere*
117   Il milione del bifolco

CAMILLO BOITO
161   *La vita e le opere*
166   Santuario

IGINO UGO TARCHETTI
193 *La vita e le opere*
198 Uno spirito in un lampone

LUIGI CAPUANA
221 *La vita e le opere*
225 Un caso di sonnambulismo
252 Conclusione

GIOVANNI VERGA
267 *La vita e le opere*
272 L'amante di Gramigna
284 In piazza della Scala
293 Il tramonto di Venere

ARRIGO BOITO
309 *La vita e le opere*
314 Il pugno chiuso

MARIO PRATESI
345 *La vita e le opere*
348 Un corvo tra i selvaggi

EDMONDO DE AMICIS
371 *La vita e le opere*
376 Fortezza

NEERA
403 *La vita e le opere*
408 Paolina
432 Zia Severina

GIOVANNI FALDELLA
447 *La vita e le opere*
452 Una serenata ai morti

CARLO DOSSI
- 491 *La vita e le opere*
- 497 Profumo di poesìa
- 505 Odio amoroso
- 525 Ancora in terra. Adele

REMIGIO ZENA
- 537 *La vita e le opere*
- 541 La Bricicca in gloria

EMILIO DE MARCHI
- 583 *La vita e le opere*
- 589 Zoccoli e stivaletti
- 606 Regi impiegati

MATILDE SERAO
- 619 *La vita e le opere*
- 625 Telegrafi dello Stato
- 678 Scena

SALVATORE DI GIACOMO
- 691 *La vita e le opere*
- 695 Pesci fuor d'acqua
- 711 "Cocotte"
- 725 Le bevitrici di sangue

FEDERICO DE ROBERTO
- 733 *La vita e le opere*
- 740 Rivolta
- 760 Una dichiarazione
- 776 Il krak

GABRIELE D'ANNUNZIO
- 789 *La vita e le opere*
- 796 La contessa d'Amalfi
- 832 L'eroe

«Racconti italiani dell'Ottocento»
a cura di Mara Santi
Oscar grandi classici
Arnoldo Mondadori Editore

Questo volume è stato stampato
presso Mondadori Printing S.p.A.
Stabilimento NSM - Cles (TN)
Stampato in Italia. Printed in Italy